KB246192

더 쉽게 배우는
유일한 입문 + 활용서
더[THE]
쉽게 NO.6
배우기

Flash CS6

플래시 CS6
더[THE] 쉽게 배우기

문기선, 이정휘 저

YoungJin.com Y.
영진닷컴

플래시 CS6 더 쉽게 배우기

ISBN : 978-89-314-4556-5

독자님의 의견을 받습니다.
이 책을 구입한 독자님은 영진닷컴의 가장 중요한 비평가이자 조언가입니다. 저희 책의 장점과 문제점이 무엇인지, 어떤 책이 출판되기를 바라는지, 책을 더욱 알차게 꾸밀 수 있는 아이디어가 있으면 팩스나 이메일, 또는 우편으로 연락주시기 바랍니다. 의견을 주실 때에는 책 제목 및 독자님의 성함과 연락처(전화번호나 이메일)를 꼭 남겨 주시기 바랍니다. 독자님의 의견에 대해 바로 답변을 드리고, 또 독자님의 의견을 다음 책에 충분히 반영하도록 늘 노력하겠습니다.

이 메 일 : support@youngjin.com
주   소 : (우)153-803 서울특별시 금천구 가산동 664번지 대륭테크노타운 13차 10층
등   록 : 2007. 4. 27. 제16-4189호

STAFF

저자 문기선, 이정휘 | **책임** 김태경 | **진행** 서정임 | **본문 디자인 · 편집** 지화경, 이유미 | **표지 디자인** 임정원

INTRODUCTION 들어가면서

무엇인가에 깊게 빠져서 며칠씩 밤잠을 설치며 고민하고 애를 써 본 기억이 하나둘씩 있을 것입니다. 플래시는 이러한 기억을 만들기에 충분한 소프트웨어입니다. 어쩌면 플래시가 생소하고 어렵게 느껴질 수 있지만 어떤 과목을 공부한다 할지라도 넘어야 할 산은 있기 마련입니다. 영어를 공부하려면 먼저 알파벳을 알아야 하고, 수학을 공부하려면 구구단이나 공식 등을 알아야 하듯이 플래시를 제대로 이해하고 공부하려면 오브젝트, 심벌, 타임라인, 레이어 등 플래시와 관련된 기본적인 용어를 알아야 합니다.

플래시를 처음 접하는 분이라면 이 책은 신비한 애니메이션의 세계로 빠져들도록 할 것이고 플래시를 경험해 본 분들에게는 이 책에 수록된 예제들을 통하여 실무에서 활용할 수 있는 방법을 제시할 것입니다.

어렵게 공부했을 때를 생각하며 다시 배운다는 마음으로 이 책을 집필하였습니다. 가벼운 마음으로 시작하시고 마지막 장까지 포기하지 않는다면 전문가의 길이 멀지 않을 것입니다. 도전하는 삶은 아름답지만 포기하는 삶은 비참하다고 합니다. 끝까지 인내심을 가지고 공부하시길 바라겠습니다.

끝으로 이 책이 나오기까지 시간도 많이 걸렸지만 많은 분들이 고생하시고 격려해 주셨습니다. 일일이 찾아 뵙고 인사 드리지 못함을 죄송스럽게 생각하며 이 지면을 빌려 감사한 마음을 전합니다.

저자 문기선

미리보기

이 책은 플래시 CS6를 처음 사용하는 입문자들이 체계적으로 학습할 수 있도록 9개의 PART로 구성되어 있으며, 각각의 PART는 Lesson과 따라하기 형식의 Step으로 세분화되어 있습니다. 각 Lesson의 시작 부분에는 '기초탄탄' 코너를 마련하여 어떤 내용을 학습하게 되는지 살펴보고, 중요하게 사용하는 대화상자나 메뉴들의 기능들도 소개합니다. 'Tip', '문제해결' 코너에서는 따라하기 단계별 참고 내용을 소개하며, '연관 검색'에서는 복합적으로 학습하면 좋을 내용들의 위치를 안내합니다. 그럼 미리 보기 내용을 통해 플래시 CS6 더 쉽게 배우기를 간략하게 소개합니다.

Lesson
플래시 CS6의 다양한 기능을 Lesson으로 구성합니다.

Step
본격적인 학습 코너로써 따라하기 형식으로 구성하여 플래시 CS6의 기능을 쉽게 익힐 수 있도록 유도합니다.

연관 검색
학습 내용과 연관되는 기능이 수록된 페이지를 알려주거나 함께 사용하면 좋을 기능들을 간단히 소개합니다.

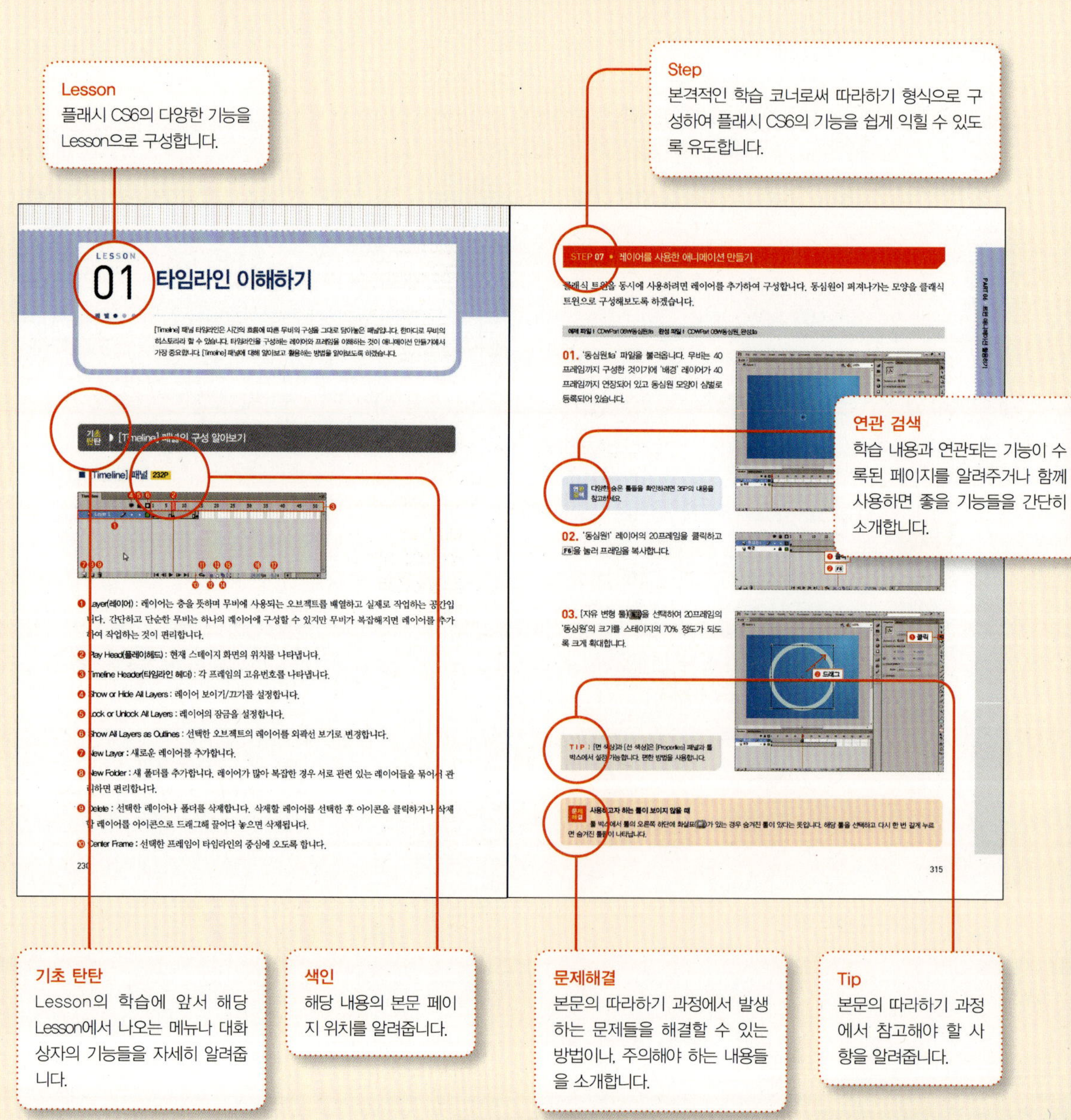

기초 탄탄
Lesson의 학습에 앞서 해당 Lesson에서 나오는 메뉴나 대화상자의 기능들을 자세히 알려줍니다.

색인
해당 내용의 본문 페이지 위치를 알려줍니다.

문제해결
본문의 따라하기 과정에서 발생하는 문제들을 해결할 수 있는 방법이나, 주의해야 하는 내용들을 소개합니다.

Tip
본문의 따라하기 과정에서 참고해야 할 사항을 알려줍니다.

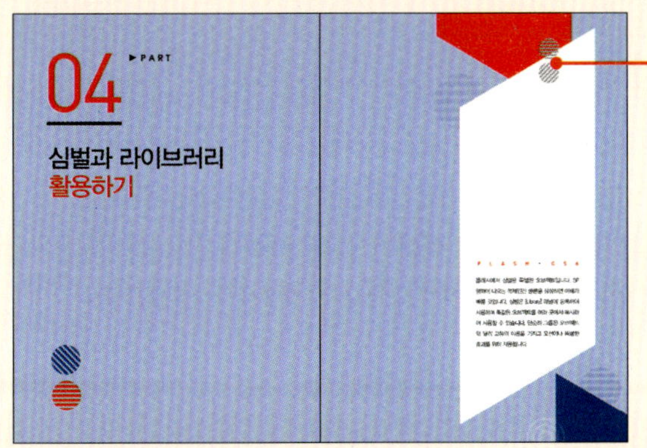

PART

총 9개의 PART로 구성되어 있으며 PART
의 시작 전에 배우게 될 내용을 간략하게
살펴봅니다.

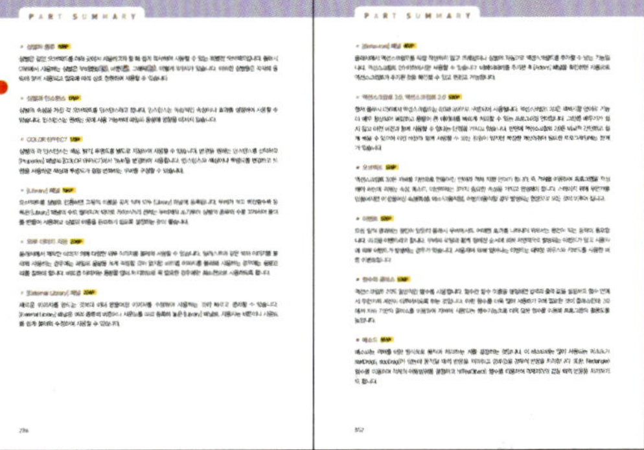

PART Summary

PART에서 배운 플래시 CS6의 핵심 내용
들을 다시 한 번 복습할 수 있도록 간단히
요약해서 소개합니다.

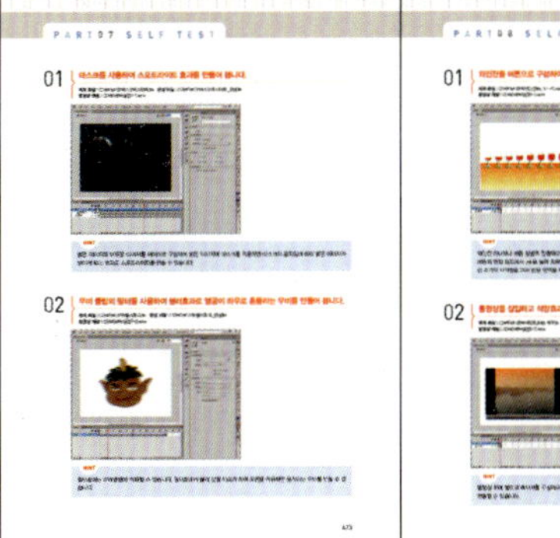

SELF TEST

PART에서 배운 내용을 바탕으로 문제를
풀어볼 수 있는 코너로써, 문제 풀이 과정
은 별도의 동영상으로 제공됩니다.

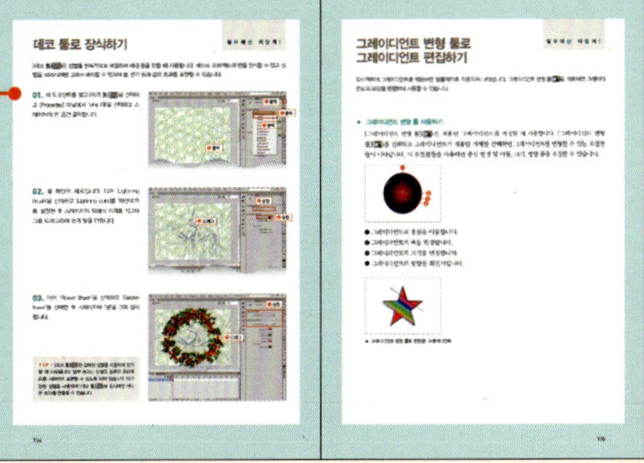

실무에선 이렇게

본문의 학습 내용과는 별도로 실무 활용
팁이나 저자의 플래시 CS6 사용 노하우를
소개합니다.

특징

플래시 CS6를 쉽고 빠르게 학습할 수 있도록 구성되어 있는 '플래시 CS6 더 쉽게 배우기'의 PART별 구성을 간단히 소개합니다.

PART 01

플래시 CS6 기본기 다지기

플래시를 처음 접하는 분들은 플래시의 다양한 기능과 활용도에 신선한 충격과 즐거움을 느끼곤 합니다. 일상에서 겪을 수 있는 일들을 재미있는 애니메이션으로 담을 수 있고, 웹과 모바일 분야에서 상당 부분을 차지하고 있습니다. 플래시 CS6를 시작하기에 앞서 플래시에서 사용하는 이미지와 활용 분야, 구성요소와 화면 구성, 환경 설정 등 준비 운동의 단계로 플래시에 대해 파악하는 기초 다지기 시간을 가져 보겠습니다.

PART 02

오브젝트 드로잉 시작하기

플래시에서는 다양한 도형을 드로잉하여 사용할 수 있습니다. 기본 툴로 제공되는 도형 툴 외에도 다양한 드로잉 툴들을 활용하여 각종 캐릭터나 패턴 등을 그릴 수도 있고 이미지를 변형하거나 색상을 변경하여 자유롭고 다양한 그림들을 만들어 낼 수도 있습니다. PART 02에서는 플래시에서 오브젝트를 드로잉하는 방법과 오브젝트들의 속성, 주로 사용하는 툴의 기능 등에 대해 학습합니다.

PART 03

오브젝트 편집하기

플래시에서 오브젝트를 편집하는 작업은 매우 중요한 작업입니다. 가장 자주하는 작업은 오브젝트를 복사하고 붙여 넣는 작업으로, 다른 프로그램에서도 사용되는 기능이기에 플래시 초보자들도 쉽게 작업할 수 있습니다. 이 외에도 플래시에서는 오브젝트를 다양하게 편집할 수 있습니다. 흩어진 오브젝트들을 정렬하거나 배치하며, 원하는 모양으로 변형하여 사용하기도 하는데, 이렇듯 간단한 편집들이 플래시에서 디자인을 하는데 큰 기본기가 되기에 PART 03에서는 이러한 오브젝트 편집 방법들에 대해 학습합니다.

PART 04

심벌과 라이브러리 활용하기

플래시에서는 심벌은 아주 특별한 오브젝트입니다. 심벌은 총 3가지로 나누어 지는데, 무비클립, 버튼, 그래픽 심벌입니다. 이러한 심벌은 용도에 따라 선택해 사용하며 [Library] 패널에 등록하여 사용됩니다. 똑같은 오브젝트를 드래그 한 번으로 가져와 사용할 수 있으며 단순히 그룹된 오브젝트와 달리 고유의 이름을 가지고 모션이나 특별한 효과를 위해 사용됩니다. PART 04에서는 이러한 심벌과 [Library] 패널에 대해 학습합니다.

부록 CD

이 책에서 제공하는 부록 CD에는 각 Part별 예제 파일과 완성 파일, 그리고 각 Part별 Self Test의 풀이 과정을 담은 동영상 파일이 수록되어 있습니다. 부록 CD의 파일들은 내 컴퓨터에서 복사한 후에 사용할 것을 권장합니다.

■ 예제 파일 사용법

부록 CD의 각 Part별 폴더에는 각 Part별로 제공하는 예제 파일과 완성 파일이 수록되어 있습니다.

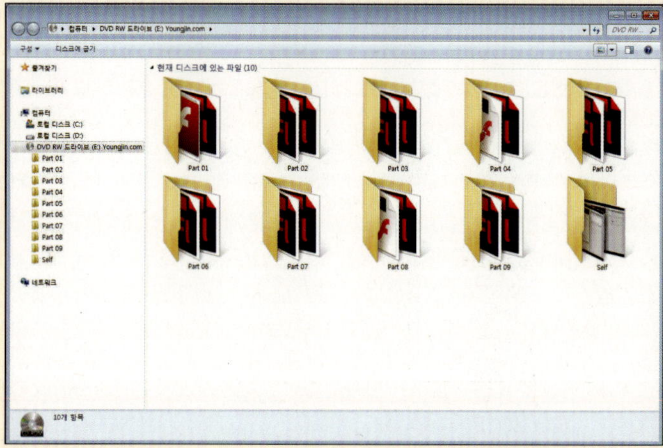

■ Self Test 동영상

부록 CD의 Self 폴더에는 각 Part별 Self Test의 풀이 과정을 담은 동영상 파일이 수록되어 있습니다.

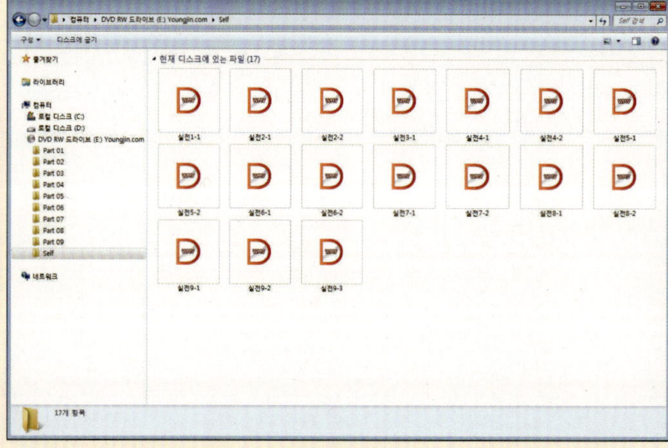

■ 홈페이지에서 부록 CD 자료 다운로드 받는 법

이 책에서 제공하는 부록 CD의 내용은 영진닷컴 홈페이지(www.youngjin.com)의 [고객센터]-[도서자료실/CD 다운로드] 게시판에서 검색 창에 도서명이나 키워드를 입력한 후 다운로드 받아 사용하실 수 있습니다.

목차

PART
05

플래시 애니메이션 기본기 다지기

PART
06

트윈 애니메이션 활용하기

PART 08

사운드 및 동영상 활용하기

01

플래시 CS6
기본기 다지기

플래시는 처음 접하는 분들에게 신선한 충격과 즐거움을 주기에 충분한 프로그램입니다. 플래시는 일상에서 일어날 수 있는 모든 것들을 애니메이션으로 담을 수 있고 웹과 모바일 분야에서 상당한 부분을 차지하고 있습니다. 이제! 신나는 플래시의 세계로 들어가 보겠습니다.

플래시 CS6 만나기

플래시는 웹 상에서 구현할 수 있는 애니메이션을 제작하는 툴입니다. 인터넷을 사용해 본 사람이면 모르는 사람이 없을 정도로 흔하게 접하게 되는 것이 플래시이지만 막상 배워보려고 하면 막막하고 시작하기가 쉽지 않습니다. 하지만 대부분의 프로그램들이 그렇듯이 플래시도 기본 개념과 원리만 터득하면 쉽게 사용할 수 있습니다.

기초탄탄 ▶ 벡터/비트맵 이미지란?

플래시는 그래픽 데이터를 사용하는 프로그램이기 때문에 플래시에서 사용되는 이미지의 형식은 알고 있어야 합니다. 컴퓨터에서 사용되는 그래픽 데이터의 형식은 비트맵과 벡터, 2가지로 구분할 수 있는데 이 2가지 형식은 서로 다른 특징과 장·단점을 가지고 있습니다. 플래시에서는 주로 벡터 이미지를 사용합니다. 때문에 쉽게 접할 수 있는 비트맵 이미지와 벡터 이미지의 차이점에 대해 알아 두는 것이 좋습니다.

■ 픽셀로 이루어진 비트맵 이미지

비트맵 이미지는 이미지를 구성하는 단위인 픽셀로 이루어져 있습니다. 이미지를 확대해보면 정사각형 모양의 작은 점들로 이루어진 것을 알 수 있습니다. 픽셀 하나하나에 색상정보를 담아 이미지를 표현하는 것으로 픽셀의 수가 많을수록 섬세한 표현이 가능하지만 이미지의 용량이 상대적으로 커지게 되고 확대하면 이미지가 깨져 보이는 단점이 있습니다. 우리가 컴퓨터에서 사용하는 대부분의 사진과 그림 파일이 비트맵 이미지입니다.

▲ 확대 시 선명하지 못한 비트맵 이미지

■ 비트맵 이미지의 특징

비트맵 이미지는 사실적이고 자연스러운 표현이 가능합니다. 해상도에 따라 이미지의 품질이 달라지며 픽셀 수와 이미지의 용량은 비례합니다. 따라서 작업 시에 이미지의 사용 목적에 따라 크기와 해상도를 결정하여 사용하는 것이 좋고 이미지 크기를 자주 변경하여 사용하면 이미지가 왜곡되거나 품질이 떨어질 수 있으므로 주의해야 합니다.

■ 직선과 곡선으로 이루어진 벡터 이미지

벡터 이미지는 비트맵 이미지와는 전혀 다른 방식으로 이미지를 표현합니다. 점과 점을 연결하는 직선이나 곡선으로 이미지를 표현합니다. 아무리 확대해도 이미지가 왜곡되거나 손상되지 않고 매끄럽게 표현되지만 다음과 같이 복잡한 이미지를 표현하는 데는 한계가 있습니다.

▲ 확대 시 깨끗한 벡터 이미지

■ 벡터 이미지의 특징

벡터 이미지는 해상도와 크기에 영향을 받지 않습니다. 비트맵 이미지에 비해 크기가 작고 다루기가 쉬우며 오브젝트 개념으로 이미지를 관리하기 때문에 수정과 편집이 훨씬 자유롭습니다. 플래시에서 사용되는 이미지가 바로 벡터 이미지입니다. 벡터 이미지는 비트맵 이미지로 쉽게 전환하여 사용할 수 있지만 비트맵 이미지를 벡터 이미지로 전환하는 것은 복잡하고 완벽한 전환이 어렵습니다.

웹에서 사용되는 애니메이션은 작은 용량으로도 많은 내용을 전달할 수 있도록 구성되어야 합니다. 플래시는 이러한 요구조건을 충분히 만족시키는 프로그램으로 많은 사랑을 받고 있습니다.

플래시는 그래픽 소프트웨어 전문회사인 어도비(Adode)사에서 개발한 웹 애니메이션 제작 툴입니다. 용량이 적으면서도 뛰어난 화질과 애니메이션 효과를 구현할 수 있어 웹 디자이너들의 꾸준한 사랑을 받고 있으며 기대에 부응하는 버전업을 통해 그 명성을 이어가고 있습니다. 플래시는 홈페이지, 웹 애니메이션뿐만 아니라 교육, 게임, 광고, 모바일 콘텐츠 분야에서 널리 사용되고 있습니다.

▲ 한국 어도비시스템즈(http://www.adobe.com/kr/)

쉬운 인터페이스와 공용 라이브러리 사용으로 복잡한 작업도 쉽게 해결할 수 있으며 용량 걱정 없는 벡터 이미지 사용은 플래시의 가장 큰 장점 중의 하나라고 할 수 있습니다.

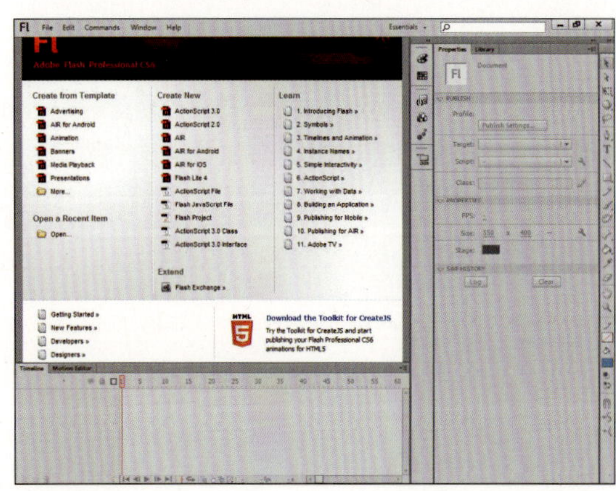

▲ 플래시 CS6 실행 초기화면

플래시로 무엇을 할 수 있을까 고민할 필요가 없습니다. 이미 플래시는 단순한 애니메이션을 뛰어넘어 게임, 교육, 모바일 등 디지털 콘텐츠 영역의 상당 부분에 자리를 차지하고 있습니다.

■ 웹 애니메이션

플래시는 홈페이지 제작과 웹 애니메이션에 널리 사용되고 있습니다. 용량이 적고 다양한 효과를 사용할 수 있어 애니메이션 제작에 널리 활용되고 있습니다.

▲ 마시마로(http://www.mashimaro.com/)

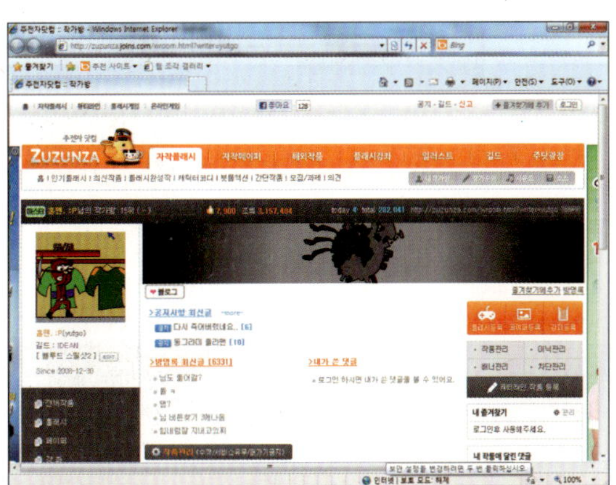

▲ 주전자닷컴(http://zuzunza.joins.com/)

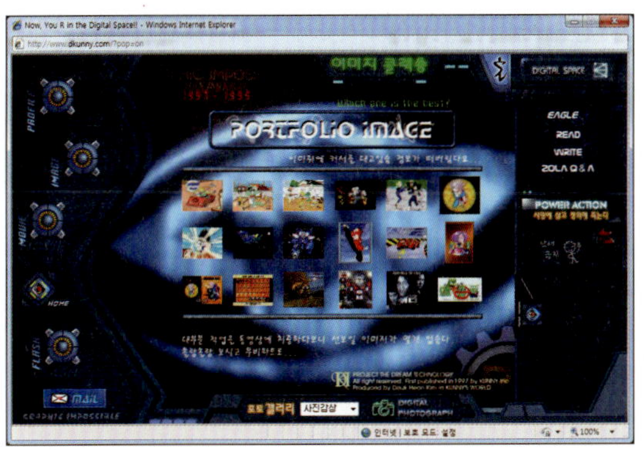

▲ 김득헌의 디지털 스페이스(http://www.dkunny.com/)

■ 플래시 게임

웹에서 부담 없이 즐기는 게임 대부분이 플래시로 제작된 것입니다. 설치과정도 필요 없고 클릭과 간단한 키 조작으로 쉽게 즐길 수 있기에 플래시 게임의 종류는 무궁무진하고 남녀노소와 관계없이 많은 인기를 끌고 있습니다.

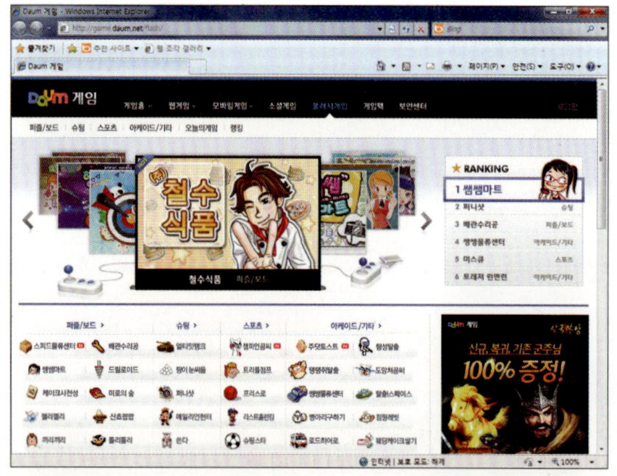

▲ 다음 플래시 게임(http://game.daum.net/flash/)

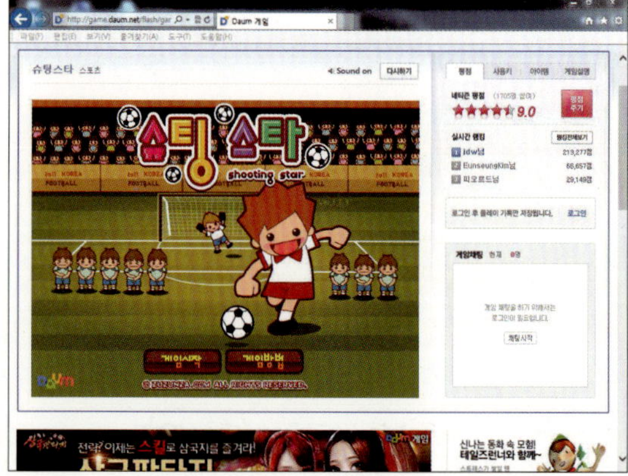

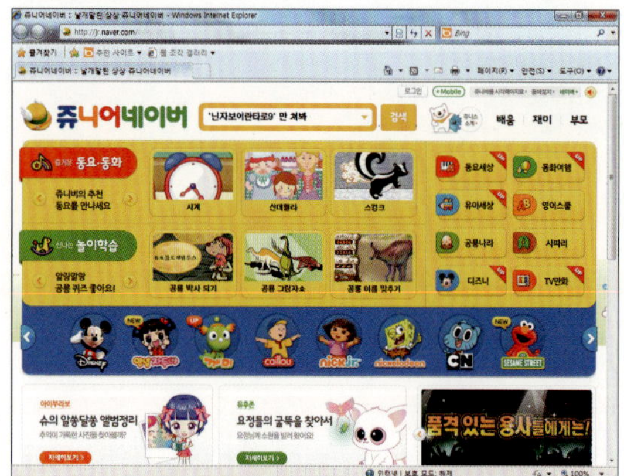

▲ 쥬니어네이버(http://jr.naver.com/)

■ 플래시 교육

플래시는 플래시 플레이어만 설치되어 있으면 쉽고 빠르게 바로 실행할 수 있기에 학습용 콘텐츠로 제작되어 활용되고 있습니다. 유아 교육부터 성인을 위한 교육까지 플래시를 활용한 교육 사이트는 날로 늘어가는 추세입니다.

▲ 깨비키즈(http://www.kebikids.com/)

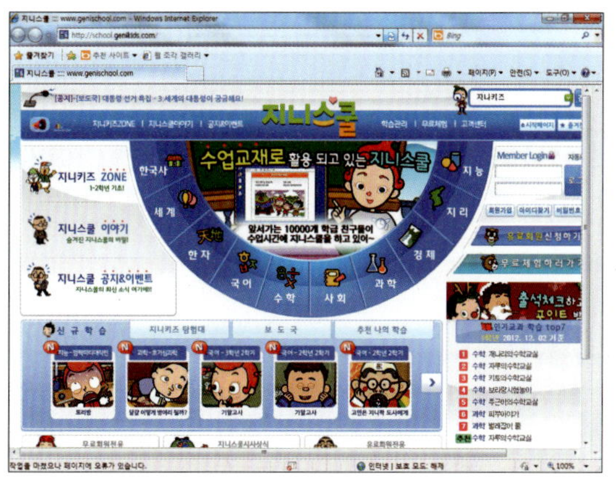

▲ 지니스쿨(http://school.genikids.com/)

▲ 에듀펜(http://www.edupen.com/)

플래시 CS6의 작업공간은 작업용도에 맞춰 다양하게 변경하여 사용할 수 있습니다. 기본적으로 제공하는 작업공간으로 대부분 작업이 가능하지만, 나만의 작업공간을 구성하여 사용하는 것이 좋습니다. 작업공간을 잘 구성하여 사용하는 것이 시간을 절약하고 작업효율을 극대화할 수 있는 비결입니다.

기초탄탄 ▶ 플래시 CS6 구성요소 이해하기

플래시의 화면구성은 초보자가 보기에 매우 복잡하게 보일 수 있습니다. 특히 종류가 다양한 패널의 구성은 단시간에 이해하기가 어렵습니다. 플래시 CS6의 화면구성을 더욱 쉽게 이해하는데 도움을 줄 수 있는 기능을 알아보도록 하겠습니다.

■ 작업공간이 이상해졌다면 'Reset' 명령으로 해결

플래시 CS6에서 작업하다 보면 패널들이 사라지거나 뒤죽박죽되어 어려움을 겪을 때가 있습니다. 이럴 때에는 힘들게 찾아서 배치하려 하지 말고 작업공간 메뉴(Essentials ▾)를 클릭하여 'Reset' 명령을 실행하여 복구하도록 합니다.

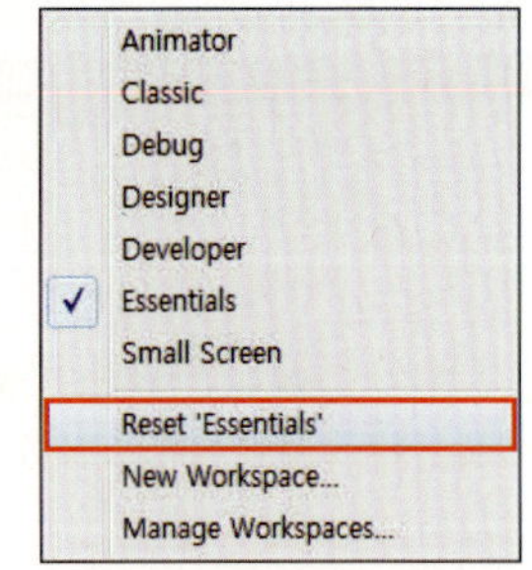

■ 툴의 옵션과 속성을 설정하는 [Properties] 패널

툴 박스에서 사용하고자 하는 툴을 선택하면 툴 박스의 옵션 부분과 속성을 설정하는 [Properties] 패널의 내용이 변경됩니다. 플래시 CS6의 많은 기능을 사용하려면 옵션과 속성을 꼭 확인하도록 합니다.

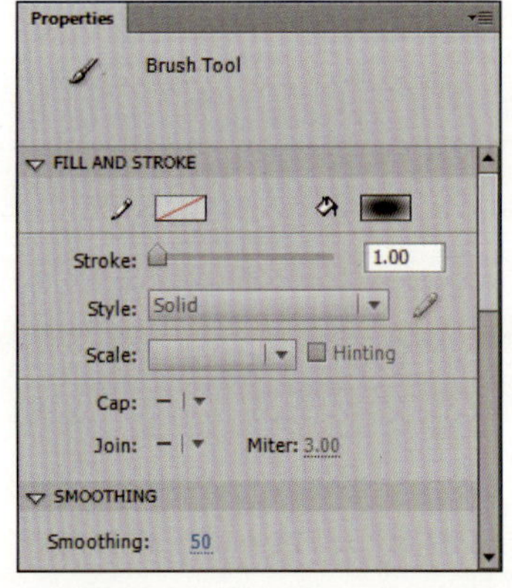

▶ 브러시 툴의 [Properties] 패널

■ 패널 아이콘

[Properties] 패널이나 [Library] 패널 등은 자주 사용되는 패널로 화면에 기본적으로 표시되지만, 가끔씩 사용되는 패널은 화면에 아이콘 형태로 표시됩니다. 해당 패널이 필요한 경우 아이콘을 클릭하면 해당 패널이 확장되어 표시됩니다.

■ 패널의 그룹 및 분리

플래시 CS6의 패널은 서로 연관성 있는 패널들끼리 그룹으로 묶여 있습니다. 필요에 따라 하나씩 분리하여 화면에 나타낼 수 있고 원하는 패널들만 재구성하여 새로운 패널 그룹을 만들 수도 있습니다. 패널을 분리하거나 그룹으로 만드려면 패널의 이름 부분을 드래그하여 옮기면 됩니다.

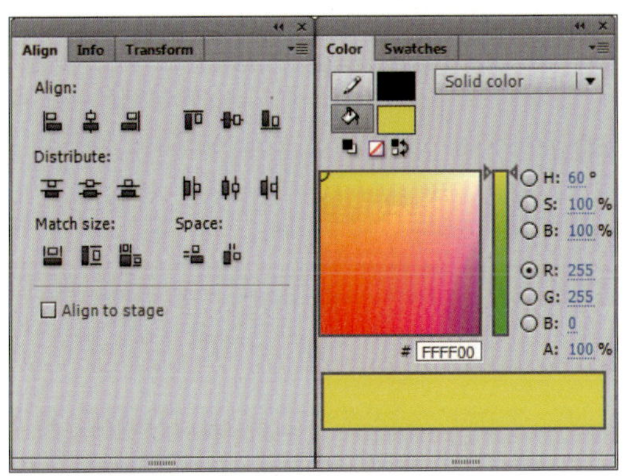

▲ 그룹으로 묶여 있는 패널들

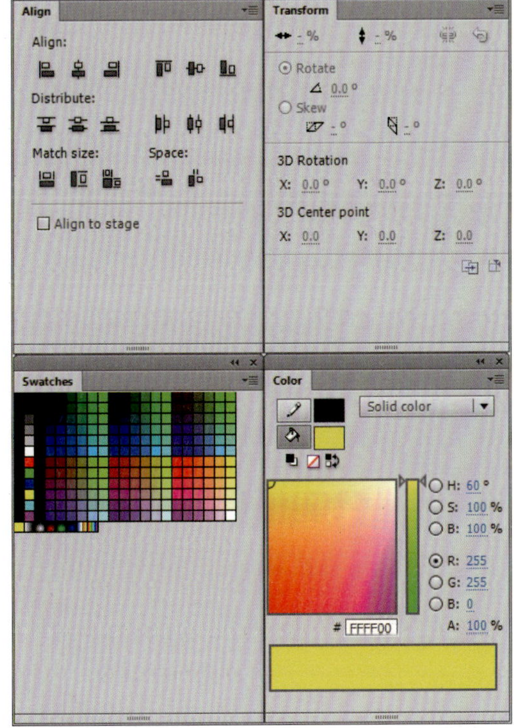

▲ 하나씩 분리된 패널들

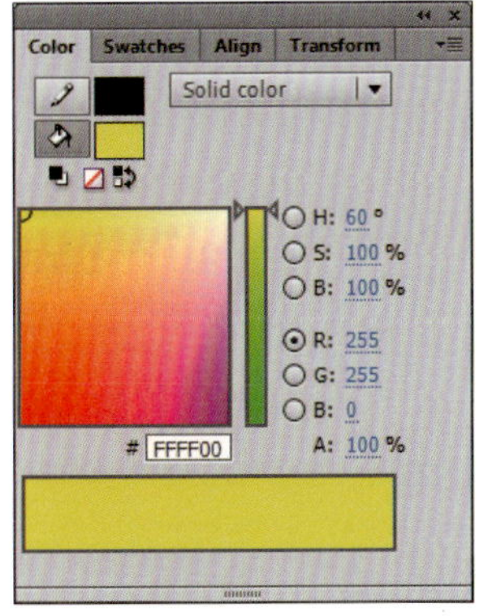

▲ 새로운 그룹으로 묶인 패널들

플래시는 스테이지를 중심으로 메뉴와 툴 박스, 그리고 많은 패널들로 구성되어 있습니다. 내가 사용하고자 하는 기능이 어떤 메뉴, 어떤 패널에 위치하는지 학습할 때마다 잘 기억해 두어야 나중에 시간낭비를 하지 않게 됩니다. 작업에 필요한 기능들을 잘 배치하고 사용하는 것이 중요합니다.

■ 화면 구성

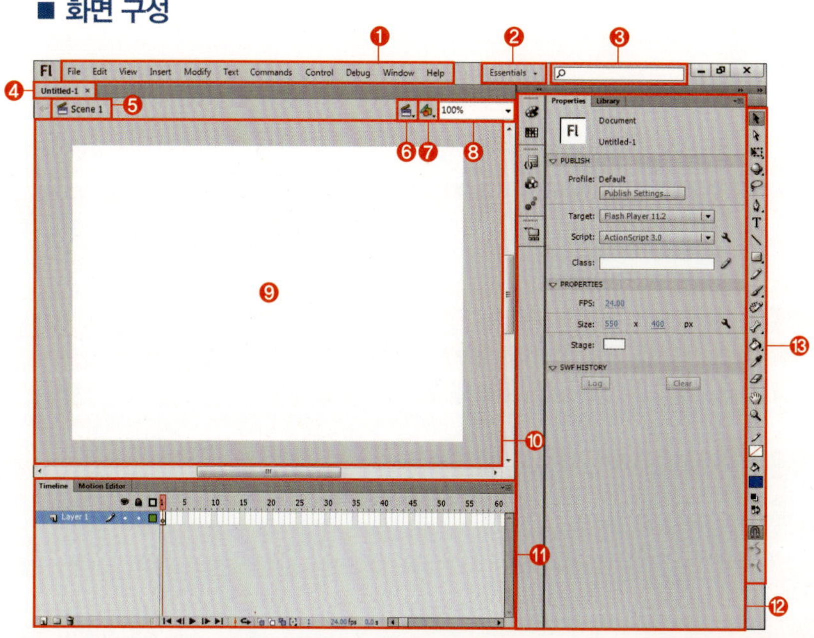

❶ 메뉴 : 플래시 CS6의 모든 기능들이 종류별로 분류되어 있습니다. 자주 사용되는 기능은 단축키가 표시되어 있어 편리하게 사용할 수 있습니다.

❷ 작업공간 메뉴 : 7개의 기본적인 작업공간과 사용자가 새로 정의한 작업공간의 내용을 표시하여 빠르게 원하는 작업공간으로 변경할 수 있습니다.

❸ 도움말 검색 : 플래시 CS6 사용 중 도움말을 검색할 수 있습니다.

❹ 도큐먼트 탭 : 현재 작업 중인 파일의 이름이 표시되며 여러 개의 파일을 열어 작업하는 경우 도큐먼트 탭을 클릭하면 작업 파일을 빠르게 전환할 수 있습니다.

❺ Scene : 현재 작업 중인 Scene을 표시합니다.

❻ Edit Scene : 여러 개의 Scene을 사용하여 작업하는 경우 편집할 Scene으로 전환할 수 있습니다.

❼ Edit Symbol : 심벌의 목록을 선택하여 편집할 수 있습니다.

❽ 화면 확대/축소 : 스테이지 영역을 확대 또는 축소해서 보여줍니다.

❾ 스테이지 : 실질적인 작업 영역으로 화면 출력 시 보이는 공간입니다.

❿ 작업공간 : 스테이지와 함께 오브젝트를 배치하고 작업할 수 있지만 무비 실행 시 보여지지 않으므로 주의해서 작업합니다.

⑪ **타임라인** : 무비의 시간에 따른 흐름을 총체적으로 제어하는 곳입니다.

⑫ **패널 영역** : 작업에 필요한 각종 패널들을 배치하여 사용하는 곳입니다. 불필요한 패널을 많이 배치하면 작업공간이 작아져서 불편하므로 꼭 필요한 패널만 배치하여 작업합니다.

⑬ **툴 박스** : 무비 제작에 필요한 각종 툴들을 모아놓은 곳입니다.

■ [File] 메뉴

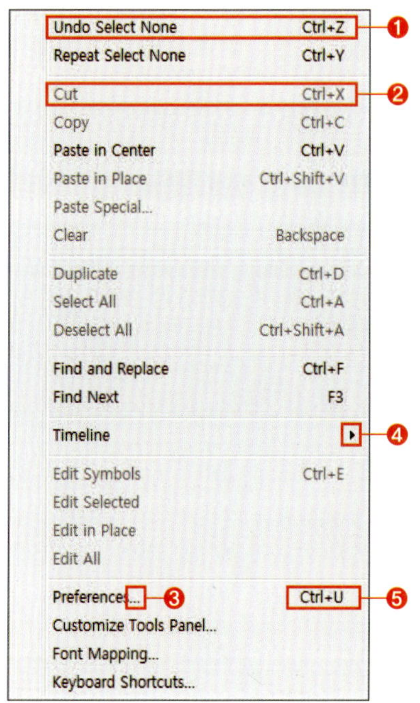

① 현재 사용할 수 있는 메뉴는 진하게 표시되어 있습니다.

② 현재 사용할 수 없는 메뉴는 흐리게 표시되어 있습니다.

③ 메뉴 뒤에 '…'으로 표시된 것은 별도의 대화상자를 표시합니다.

④ 화살표(▶)가 표시된 메뉴는 다른 하위 메뉴를 포함하고 있습니다.

⑤ 자주 사용되는 기능은 메뉴 옆에 단축키가 표시되어 있습니다.

플래시 CS6의 작업공간은 디자이너의 작업 의도에 따라 쉽게 작업할 수 있도록 구성되어 있습니다. 기본적으로 7개의 작업공간을 제공하지만 원하는 대로 나만의 작업공간을 구성하고 저장하여 사용할 수 있습니다. 화면 상단의 작업공간 메뉴(Essentials ▾)를 클릭하면 원하는 작업공간을 선택할 수 있습니다.

■ Animator

플래시 CS6에서 애니메이션 작업 시 필요한 패널들을 모두 배치하여 사용합니다. 상대적으로 스테이지 공간이 가장 작게 구성됩니다.

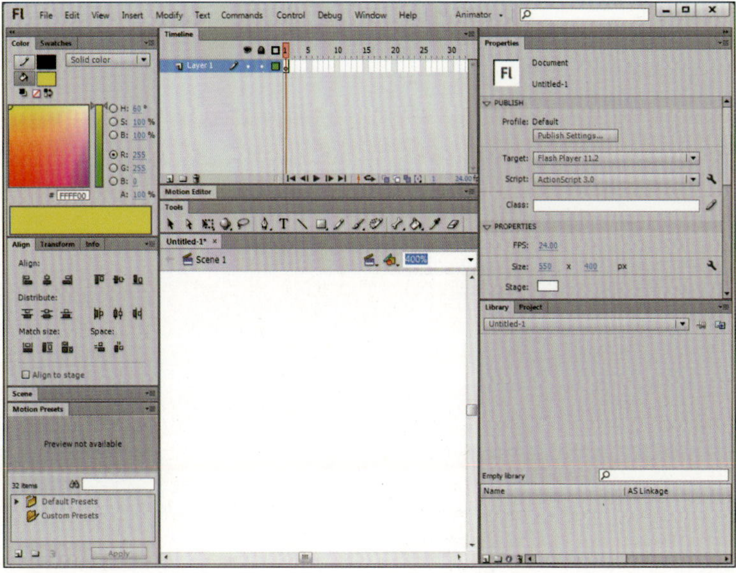

■ Classic

플래시 CS3 이전에 많이 사용되던 작업 공간으로 이전 버전 사용자에게 친숙한 작업공간입니다.

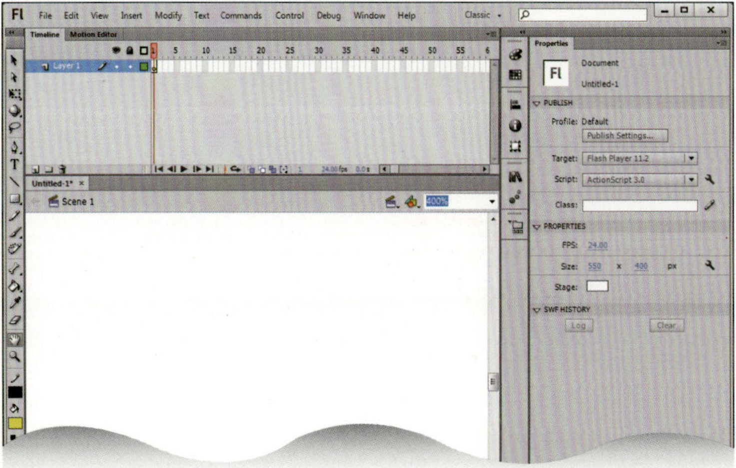

■ Debug

플래시 CS6에서 액션스크립트 문제점을 해결하기 위해 사용되는 작업공간입니다. 디자인과 관련된 툴 박스와 패널들은 화면에 표시하지 않습니다.

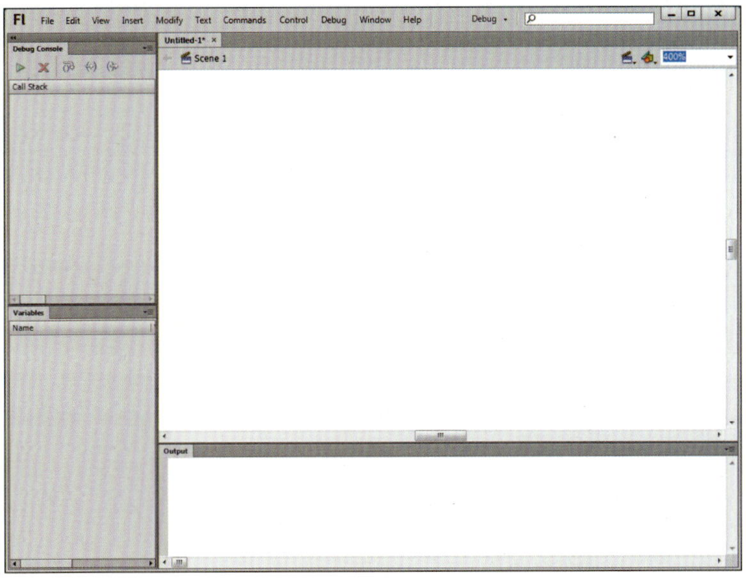

■ Designer

드로잉과 같은 디자인 작업을 할 때 사용합니다. 새로운 무비 구성을 시작할 때 편리하게 작업할 수 있는 작업공간입니다.

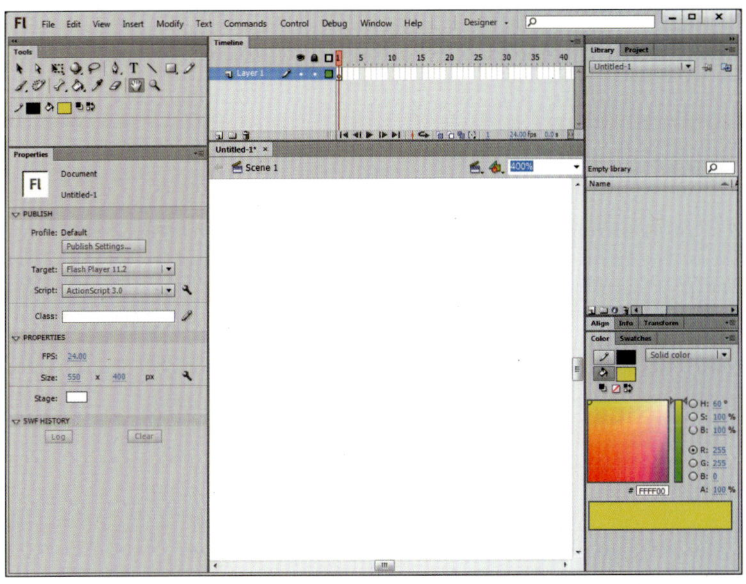

■ Developer

개발자를 위한 작업공간으로 프로젝트를 구성하여 사용할 수 있도록 구성되어 있습니다.

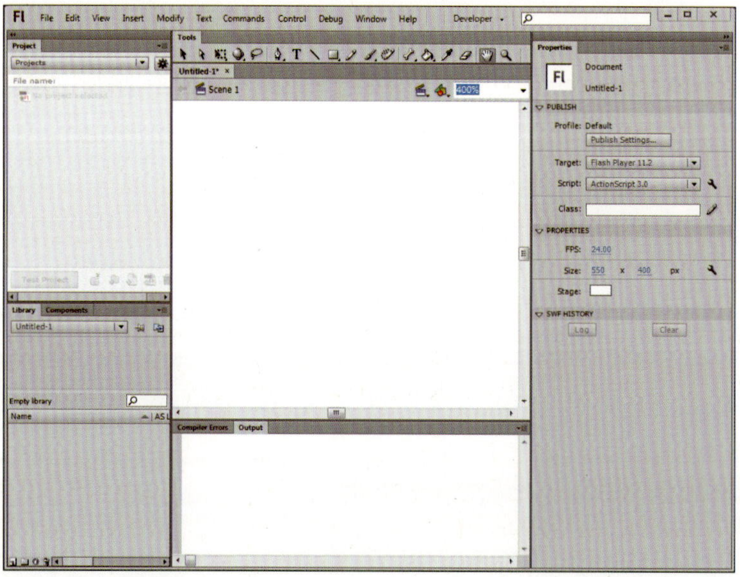

■ Essentials

플래시 CS6의 기본 작업공간으로 처음 플래시를 접하는 분들이 쉽게 접근할 수 있도록 구성되어 있습니다.

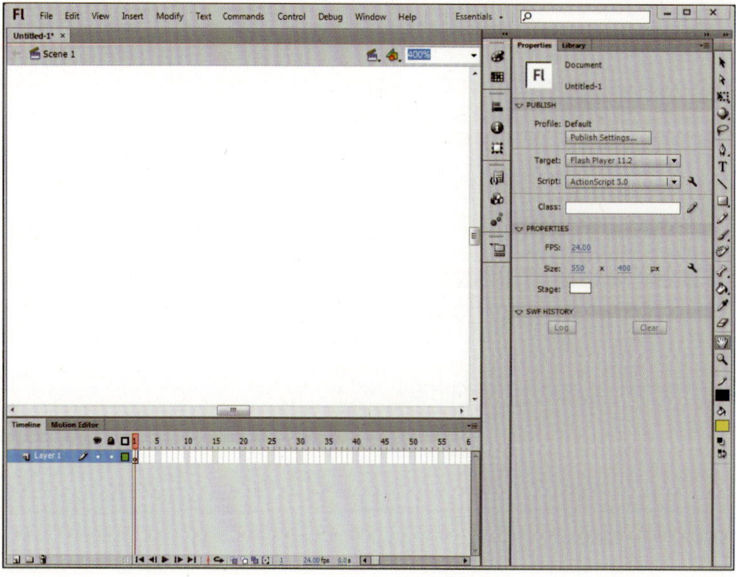

■ Small Screen

노트북과 같이 작은 모니터에서 작업이 편리하도록 패널들을 기본 아이콘 모양으로 만들어 배치한 작업
공간입니다.

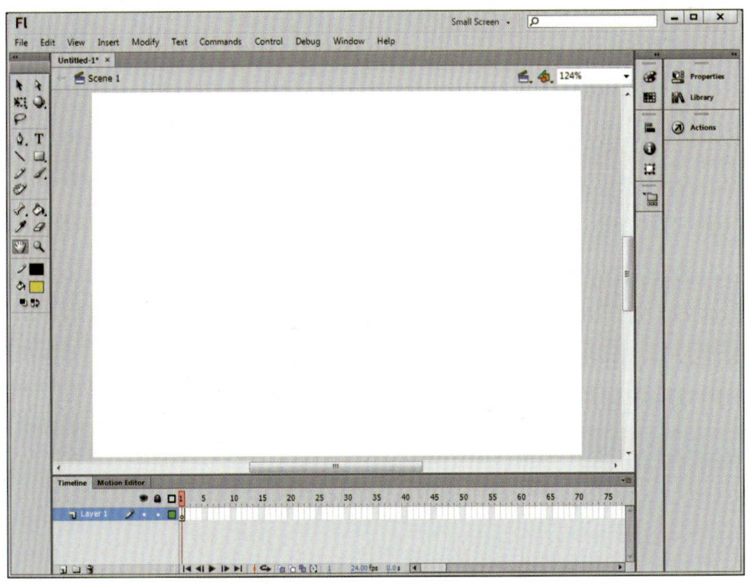

■ New Workspace

나만의 작업공간을 구성하고 저장할 수 있습니다.

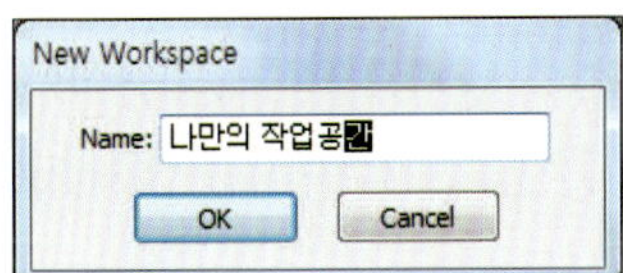

■ Manage Workspaces

새로 구성한 작업공간을 관리합니다. 작업공간의 이름을 변경하고 삭제할 수 있습니다.

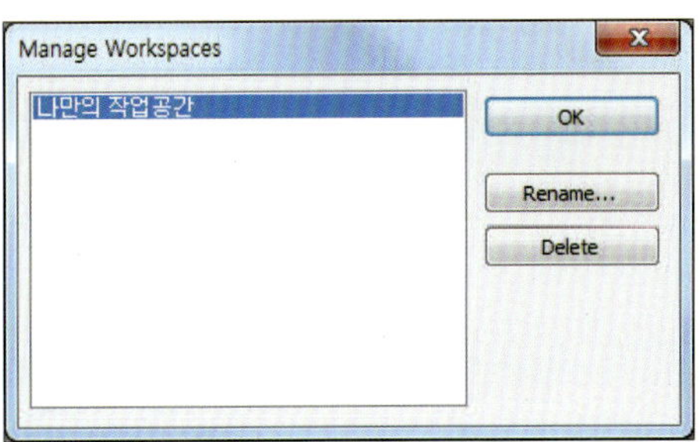

플래시에서 툴 사용 시 숨은 툴의 위치를 잘 파악하도록 합니다. 또한 툴에 설정되어 있는 단축키를 숙지하여 사용하면 더욱 빠른 작업을 할 수 있습니다.

■ 툴 박스

툴 박스는 작업에 필요한 툴을 모아놓은 곳으로 용도에 따라 종류별로 분류되어 있습니다.

❶ 선택 툴(Selection Tool, ▶) : 화면의 오브젝트를 선택, 변형, 이동할 때 사용합니다. 하나 또는 여러 개의 오브젝트를 이동할 수 있습니다.

❷ 부분 선택 툴(Subselection Tool, ▶) : 패스의 일부를 선택하여 도형을 변형할 때 사용합니다. 변형할 도형의 앵커포인트나 핸들을 움직여 변형합니다. 드로잉한 도형을 섬세하게 수정할 수 있습니다.

❸ 자유 변형 툴(Free Transform Tool, ▦) : 선택한 오브젝트를 회전, 크기 변경, 기울기를 자유롭게 조절할 때 사용합니다.

- 그레이디언트 변형 툴(Gradient Transform Tool, ▦) : 그레이디언트 모양을 변경할 때 사용합니다.

❹ 3D 회전 툴(3D Rotation Tool, ●) : 3차원 공간에서 오브젝트를 X/Y/Z 축을 기점으로 회전할 때 사용합니다.

- 3D 평행 이동 툴(3D Translation Tool, ▲) : 3차원 공간에서 오브젝트를 이동할 때 사용합니다.

❺ 올가미 툴(Lasso Tool, ●) : 오브젝트를 드래그하여 선택합니다. 셰이프의 일부분을 선택할 때 유용합니다.

❻ 펜 툴(Pen Tool, ♠) : 앵커포인트와 핸들을 사용하여 직선과 베지어 곡선을 그릴 때 사용합니다.

- 앵커포인트 추가 툴(Add Anchor Point Tool, ♠) : 세그먼트 위에 앵커포인트를 추가할 때 사용합니다.
- 앵커포인트 삭제 툴(Delete Anchor Point Tool, ♠) : 불필요한 앵커포인트를 삭제할 때 사용합니다.
- 앵커포인트 변환 툴(Convert Anchor Point Tool, ▶) : 패스를 변환할 때 사용합니다. 직선을 곡선으로, 곡선을 직선으로 변환합니다.

❼ 문자 툴(Text Tool, T) : 글자를 입력할 때 사용합니다.

❽ 선 툴(Line Tool, ＼) : 직선을 그릴 때 사용합니다.

❾ 사각형 툴(Rectangle Tool, ▢) : 사각형을 그릴 때 사용합니다. 옵션에서 둥근 사각형을 지정할 수 있습니다.

- 원형 툴(Oval Tool, ●) : 타원을 그릴 때 사용합니다. 옵션에서 호, 도넛 모양을 지정할 수 있습니다.

- 프리미티브 사각형 툴(Rectangle Primitive Tool, ▣) : 그룹 속성을 갖고 있는 사각형을 그릴 때 사용합니다. 조절점을 이용하여 각의 둥글기를 조절할 수 있습니다.
- 프리미티브 원형 툴(Oval Primitive Tool, ◉) : 그룹 속성을 갖고 있는 타원을 그릴 때 사용합니다. 조절점을 이용하여 호의 모양과 도넛 모양을 변경할 수 있습니다.
- 다각형 툴(Polystar Tool, ▣) : 다각형과 별을 그릴 때 사용합니다.

⑩ 연필 툴(Pencil Tool, ✎) : 자유롭게 드래그하여 선을 그릴 때 사용합니다.

⑪ 브러시 툴(Brush Tool, ✍) : 붓으로 그리는 효과를 만들 때 사용합니다.

- 스프레이 브러시 툴(Spray Brush Tool, 📷) : 스프레이를 뿌려 그리는 효과를 만들 때 사용합니다.

⑫ 데코 툴(Deco Tool, 🖌) : 심벌을 반복하여 나열하여 배경 소스 등을 만들 때 사용합니다.

⑬ 뼈 툴(Bone Tool, 🦴) : 객체 속에 뼈를 넣거나 2개 이상의 객체를 관절처럼 연결하여 움직임을 자연스럽게 만들 때 사용합니다.

- 바인드 툴(Bind Tool, ⚲) : 셰이프를 연결하여 자연스러운 움직임을 구현할 때 사용합니다.

⑭ 페인트통 툴(Paint Bucket Tool, ▸) : 셰이프 도형의 면 색상을 변경할 때 사용합니다.
- 잉크병 툴(Ink Bottle Tool, ▣) : 선의 색상이나 형태를 변경할 때 사용합니다.

⑮ 스포이드 툴(Eyedropper Tool, ✐) : 면 또는 선의 색상이나 형태를 추출할 때 사용합니다.

⑯ 지우개 툴(Eraser Tool, ▱) : 셰이프를 지울 때 사용합니다.

⑰ 손 툴(Hand Tool, ✋) : 스테이지 화면을 이동할 때 사용합니다.

⑱ 돋보기 툴(Zoom Tool, 🔍) : 스테이지 화면을 확대/축소할 때 사용합니다.

⑲ 선 색상(Stroke Color, ✎▢) : 오브젝트의 테두리 색상을 설정할 때 사용합니다.

⑳ 면 색상(Fill Color, ▨■) : 오브젝트의 면 색상을 설정할 때 사용합니다.

㉑ 기본 색상 설정(Black and White, ▣) : 기본 색상인 면 색상(흰색)/선 색상(검정)으로 설정할 때 사용합니다.

㉒ 색상 교환(Swap Color, ▣) : 면 색상과 테두리 색상을 변경하여 설정할 때 사용합니다.

㉓ 옵션(Options) : 선택된 도구의 옵션이 표시되는 영역입니다.

TIP : 숨은 툴 보이기

툴의 오른쪽 아래에 작은 삼각형 표시가 있는 것은 숨겨진 툴이 있다는 뜻입니다. 숨겨진 툴을 보이도록 하려면 마우스로 해당 툴을 길게 누르면 나타납니다.

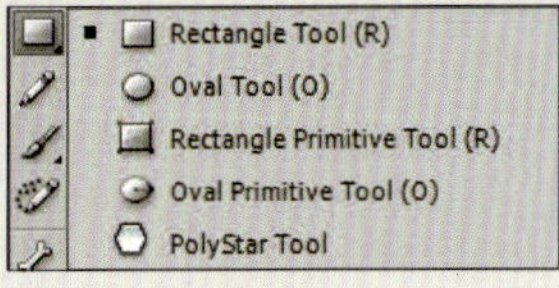

플래시에서 사용하는 패널은 종류가 많고 복잡합니다. 작업 목적에 따라 필요 적절한 패널들을 열어 사용하고 불필요한 패널들은 숨겨 놓고 작업하도록 합니다.

■ 패널의 구성요소

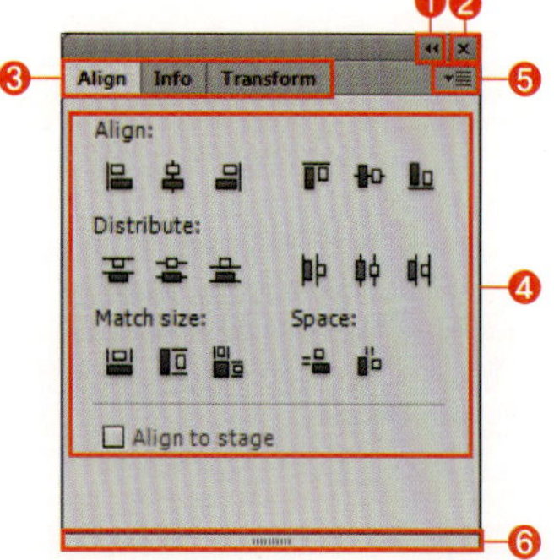

❶ **패널 아이콘 표시** : 패널의 내용을 모두 표시할 것인지 아이콘만 표시할 것인지 선택할 수 있습니다.

❷ **패널 닫기** : 현재 패널을 화면에서 감춥니다.

❸ **패널 탭** : 여러 개의 패널이 그룹되어 표시된 경우 탭을 클릭해 패널을 보이도록 할 수 있습니다.

❹ **패널 내용** : 패널에서 사용할 수 있는 기능들이 표시되는 부분입니다.

❺ **패널 메뉴** : 패널의 도움말을 표시하거나 패널을 닫을 수 있습니다.

❻ **패널 크기 조절** : 패널의 크기를 조절할 수 있습니다.

■ [Properties] 패널

[Properties] 패널은 툴이나 오브젝트, 타임라인 등을 선택하면 해당 항목에 대한 세부적인 조건을 설정할 수 있는 내용들을 표시합니다. 가장 많이 사용되는 패널 중 하나로 대부분의 작업에서 사용됩니다.

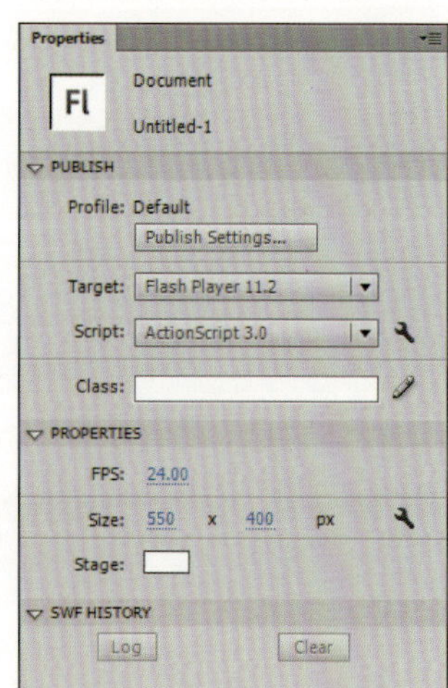

■ [Library] 패널

무비에 사용되는 심벌과 이미지, 사운드 등이 등록되어 손쉽게 관리할 수 있는 패널입니다.

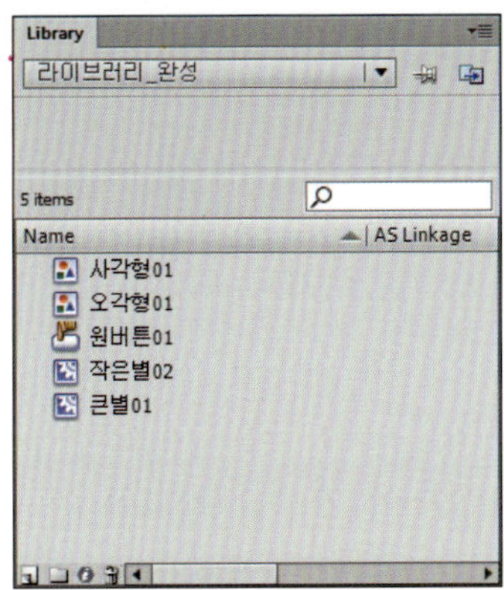

■ [Timeline] 패널

무비의 시간에 따른 흐름을 확인할 수 있는 패널입니다. 무비 구성의 모든 내용은 타임라인에 기록되어
관리됩니다.

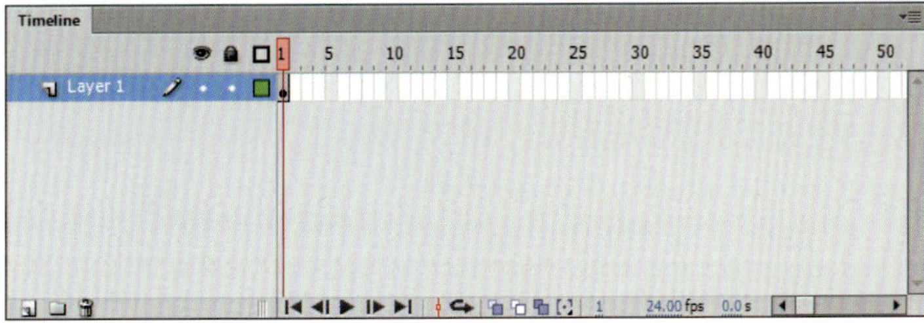

■ [Color] 패널

오브젝트의 색상을 설정할 수 있습니다. 선과 면 색상을 설정할 수 있고 그레이디언트를 선택할 수 있습
니다.

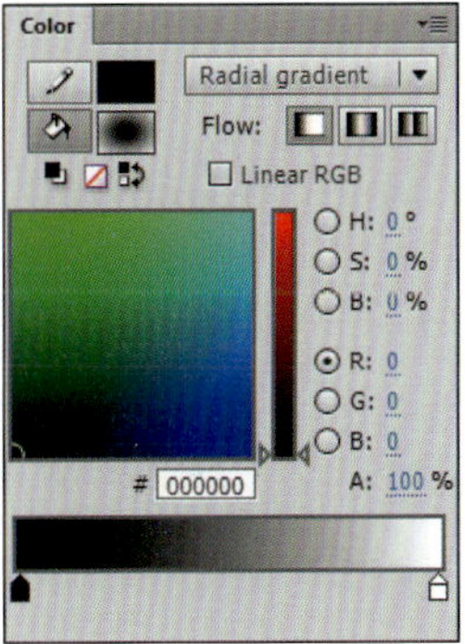

■ [Swatches] 패널

미리 정의된 색상을 선택하여 사용할 수 있도록 구성되어 있습니다. 새로운 색상을 추가할 수 있고 패널 메뉴(▼≡)를 통해 색상표를 저장하거나 불러와 사용할 수 있습니다.

■ [Info] 패널

선택된 오브젝트의 크기와 좌표, 색상 등을 표시합니다.

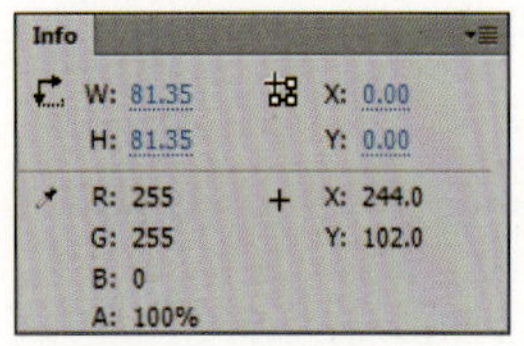

■ [Align] 패널

여러 개의 오브젝트를 선택하여 정렬하거나 간격 등을 조절할 수 있습니다.

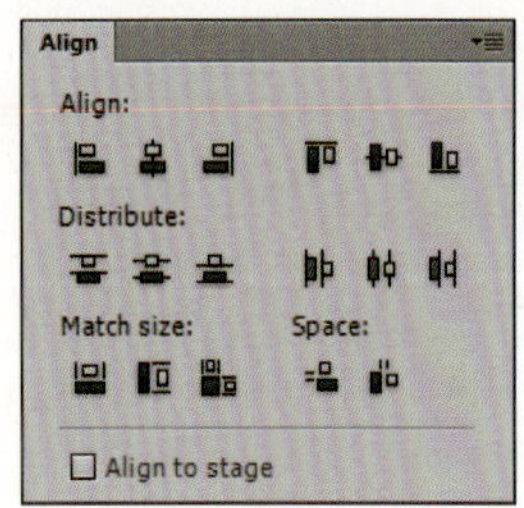

■ [Transform] 패널

오브젝트의 크기를 변경하거나 회전, 기울임을 조절할 수 있습니다.

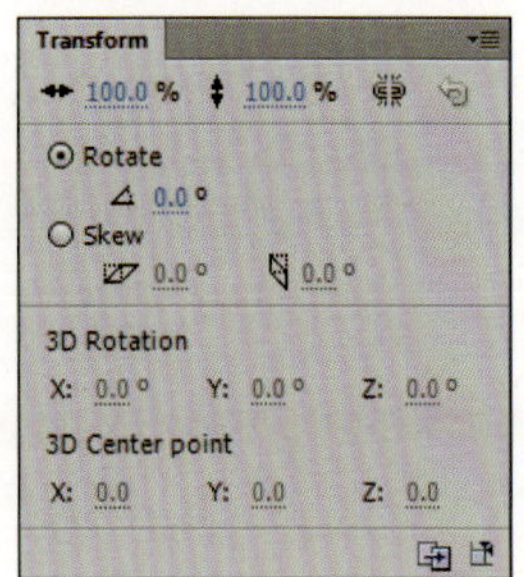

■ [Actions] 패널

액션스크립트를 작성하여 사용할 수 있습니다.

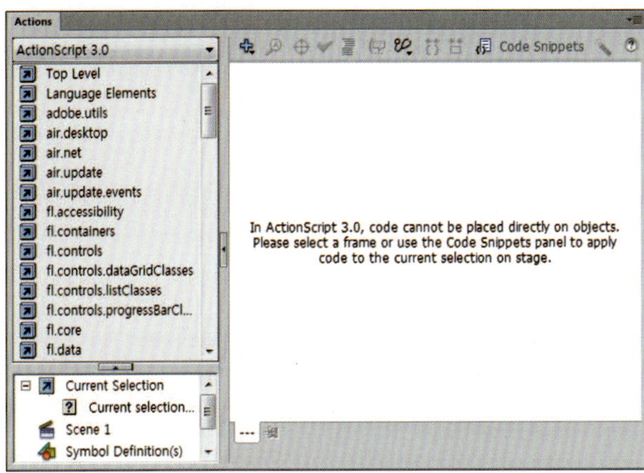

■ [Motion Editor] 패널

모션을 편집하여 다양한 모션을 구현할 수 있습니다. 모션의 동선을 자유롭게 변경하여 복잡한 모션을 만들 때 사용합니다.

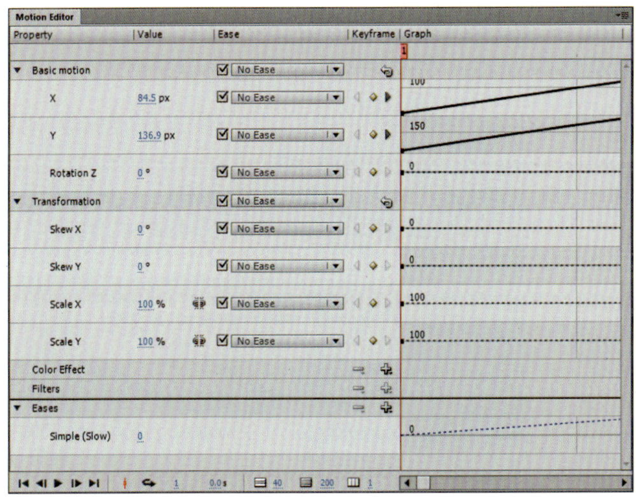

■ [Behaviors] 패널

[Behaviors] 패널은 스크립트 코드를 직접 작성하지 않고 자동으로 액션스크립트를 추가할 수 있습니다.

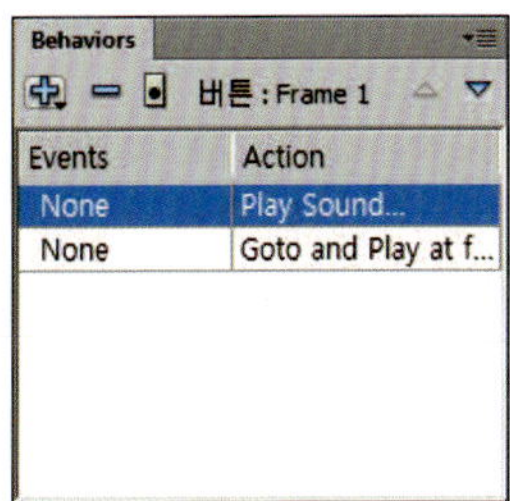

플래시 CS6의 시작 종료 알아보기

플래시 CS6을 설치하면 시작 메뉴의 모든 프로그램에 플래시 CS6가 등록됩니다. 시작 메뉴에서 실행하거나 바탕화면에 바로가기를 등록하여 플래시를 실행할 수 있습니다.

기초탄탄 ▶ 플래시 CS6 파일 포맷과 대화상자 알아보기

■ 플래시의 파일 포맷

플래시 CS6에서 여러 가지 포맷의 파일을 열고 저장할 수 있습니다. 벡터 이미지뿐만 아니라 비트맵 이미지, 동영상 파일과 사운드 파일을 사용할 수 있습니다. 작업한 플래시 파일은 무비 파일로 제작하여 사용되지만 이미지나 동영상 파일로 저장할 수도 있습니다.

'*.fla' 파일

플래시 CS6에서 작업한 파일을 저장했을 시 생성되는 기본적인 플래시 파일 포맷입니다. 작업한 내용의 원본 파일로써 작업한 내용을 수정하려면 반드시 'fla' 형식으로 저장해야 합니다.

'*.swf' 파일

플래시 무비 파일로 웹에서 바로 사용할 수 있는 파일 포맷입니다. 플래시에 의해서 실행이 되며 사용자가 수정하여 사용할 수 없습니다. 플래시 무비의 최종 완성 파일이며 'Export'나 'Publish' 명령에 의해 생성할 수 있고 작업 도중 Ctrl + Enter 를 눌러 테스트 무비를 확인하면 'fla' 파일과 동일한 폴더에 자동으로 생성됩니다.

■ *.JPEG 파일 [Export] 대화상자

[Export] 대화상자에서 'swf' 파일 외에 여러 가지 이미지 파일이나 동영상 파일로 저장할 수 있습니다.

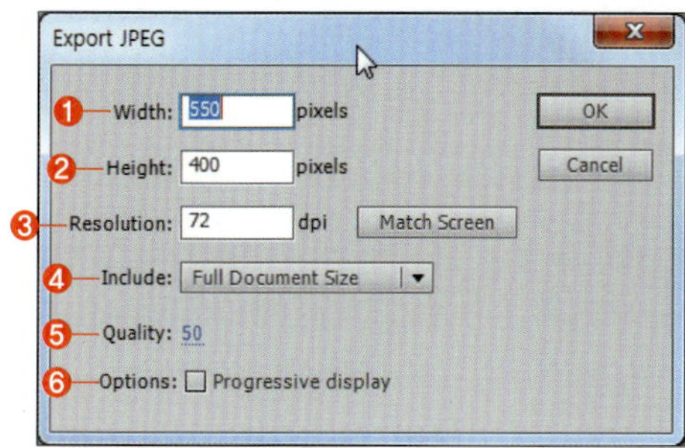

❶ Width : 이미지의 가로 크기를 설정합니다.

❷ Height : 이미지의 세로 크기를 설정합니다.

❸ Resolution : 이미지의 해상도를 설정합니다.

❹ Include : 저장되는 이미지의 영역을 설정합니다.
   • Full Document Size : 설정된 스테이지 영역 크기와 동일한 이미지를 생성합니다.
   • Minimum Image Area : 스테이지에 배치된 오브젝트 영역만 이미지를 생성합니다.

❺ Quality : JPEG 이미지의 압축률을 설정합니다.

❻ Options : 이미지 로딩 시에 화면에 이미지를 보여주는 방법을 설정합니다.

■ *.xfl 파일

'.xfl' 파일 포맷은 플래시의 저장 형식인 fla와는 다른, 별도의 저장 방식으로 XML 기반의 작업 내역이 저장됩니다. 파일 저장 위치에 파일명으로 폴더가 생성되며 그 안에 XML 기반의 작업 내역이 여러 개의 파일과 폴더로 저장됩니다.

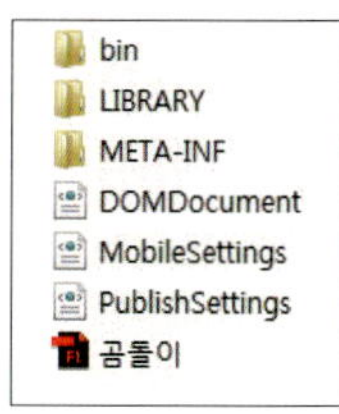

▲ '곰돌이.xfl' 파일로 저장하면 별도의 폴더가 생성되어 저장됩니다.

■ [New Document] 대화상자

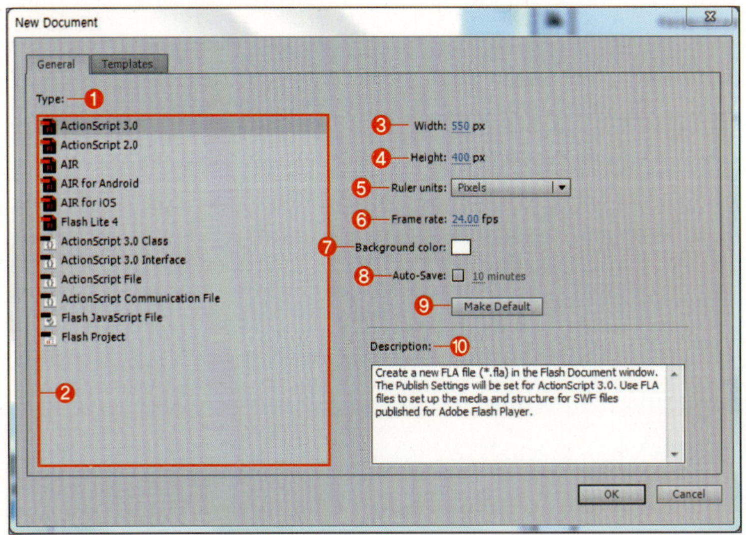

❶ Type : 새로 작업할 파일의 액션스크립트를 선택합니다.

❷ Templates : 미리 지정된 템플릿을 사용하여 시작합니다.

❸ Width : 도큐먼트의 가로 크기를 설정합니다.

❹ Height : 도큐먼트의 세로 크기를 설정합니다.

❺ Ruler units : 눈금자의 단위를 선택합니다.

❻ Frame rate : 무비 실행 시 초당 재생되는 프레임 수를 설정합니다.

❼ Background color : 배경 색상을 선택합니다.

❽ Auto-Save : 작업 파일의 자동 저장 시간을 설정합니다.

❾ [Make Default] 단추 : 현재 설정한 값을 기본 값으로 설정합니다.

❿ Description : 선택한 'Type'의 설명이 표시됩니다.

플래시의 실행은 다른 프로그램의 실행 방법과 같습니다. 실행 초기 화면에서 작업의 목적에 맞는 다양한 작업을 선택할 수 있습니다.

01. [시작]–[모든 프로그램]–[Adobe Flash Professional CS6] 메뉴를 클릭하여 실행합니다.

02. 프로그램이 구동되는 과정이 화면에 나타난 후 플래시 CS6가 실행됩니다.

> **TIP : 플래시 CS6를 실행하는 방법**
>
> 플래시를 실행하는 방법은 [시작]–[모든 프로그램] 메뉴를 이용하는 방법 외에 바탕화면에 바로가기를 만들어 실행하거나 '*.fla' 파일을 더블클릭하여 실행하는 방법 등이 있습니다.

03. 플래시를 실행한 초기화면에서 원하는 템플릿이나 새 도큐먼트를 선택할 수 있습니다. [Create New]–[ActionScript 3.0]을 선택합니다.

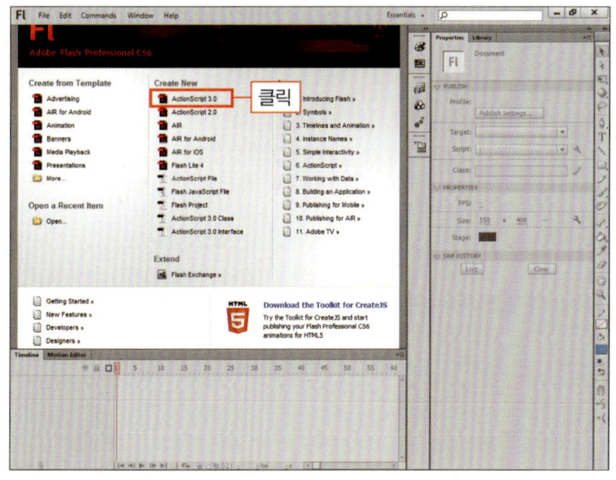

04. 스테이지를 중심으로 메뉴와 툴 박스, 타임
라인, 패널들로 이루어진 화면이 나타납니다.

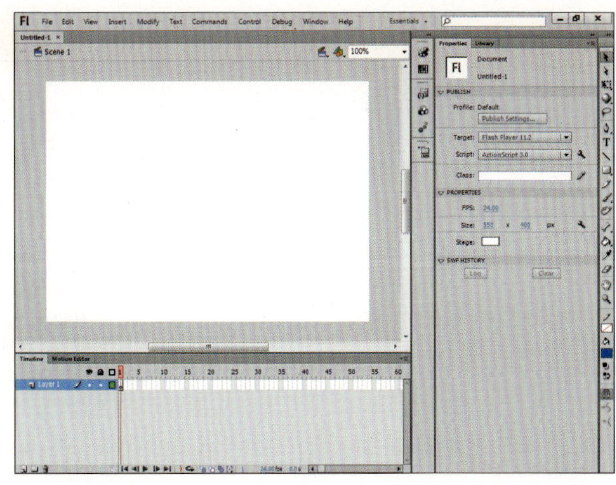

TIP : 액션스크립트 버전의 선택

플래시는 단순한 애니메이션뿐만 아니라 다양한 효과와 기능들을 사용할 수 있습니다. 따라서 액션스크립트를 사용하게 되는데 액션스크
립트 버전에 따라 사용할 수 있는 기능에 차이가 있습니다. 특별한 경우가 아니라면 ActionScript 3.0을 선택하여 작업합니다.

05. 플래시의 종료는 화면 오른쪽 상단에 [닫기](✕)를 클릭합니다.
작업한 내용이 있거나 기존 파일을 불러와 수정한 경우 [닫기](✕)를
클릭하면 저장여부를 묻는 대화상자가 나타납니다. 저장을 해야 하는 경우
에는 반드시 [Yes] 단추를 클릭하여 저장한 후 종료합니다.

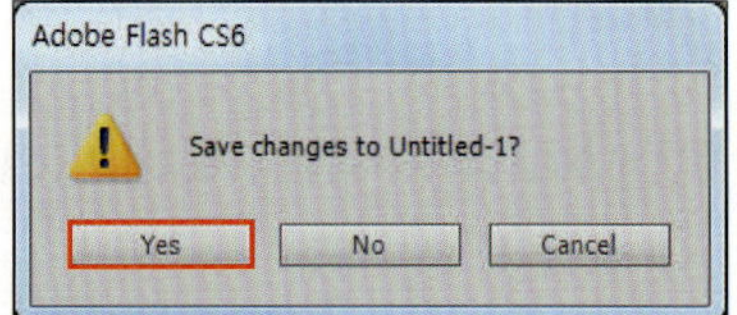

TIP : 플래시 CS6를 종료하는 방법

[닫기](✕) 외에 [File]-[Exit](**Ctrl** + **Q**) 메뉴를 클릭하거나 **Alt** + **F4** 를 눌러 종료할 수 있습니다.

STEP 02 ● 새로운 도큐먼트 시작하기

플래시에서 새로 무비를 구성하는 경우 새로운 도큐먼트를 열어서 작업합니다.

01. [File]–[New] 메뉴를 클릭하여 [New Document] 대화상자를 엽니다.

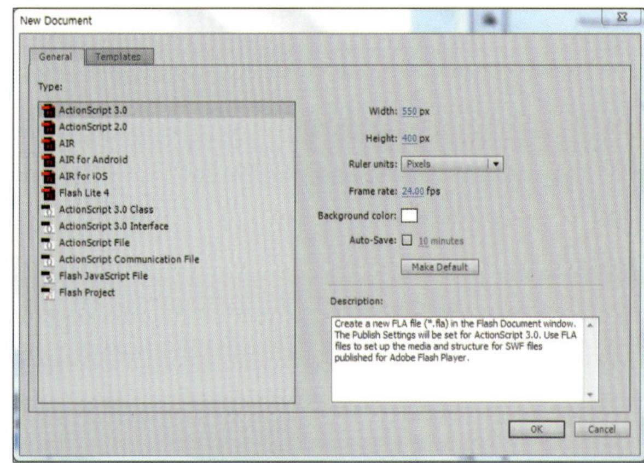

02. [Type]에서 'ActionScript 3.0'을 선택하고 [Width]는 '640px', [Height]는 '480px', [Background color]는 '노란색'을 설정하고 [OK] 단추를 클릭합니다.

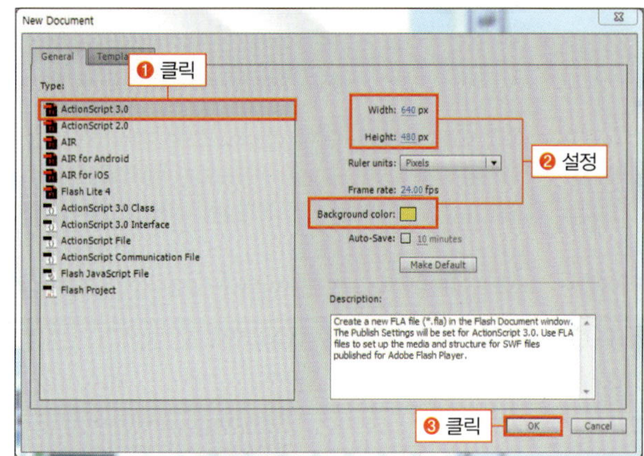

03. 새로운 도큐먼트가 열리면 작업공간을 선택하고 원하는 작업을 시작합니다.

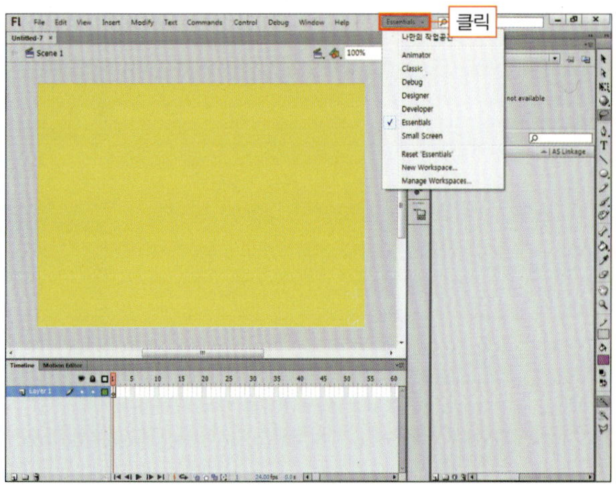

플래시에서 여러 종류의 미디어 파일을 불러와 사용할 수 있지만 기본 파일 포맷은 '*.fla' 파일입니다. 저장된 파일을 열고 저장하는 방법을 알아보도록 하겠습니다.

예제 파일 | CD₩Part 01₩꽃.fla

01. 저장된 플래시 파일을 불러오기 위해 [File]—[Open](**Ctrl** + **O**) 메뉴를 클릭합니다.

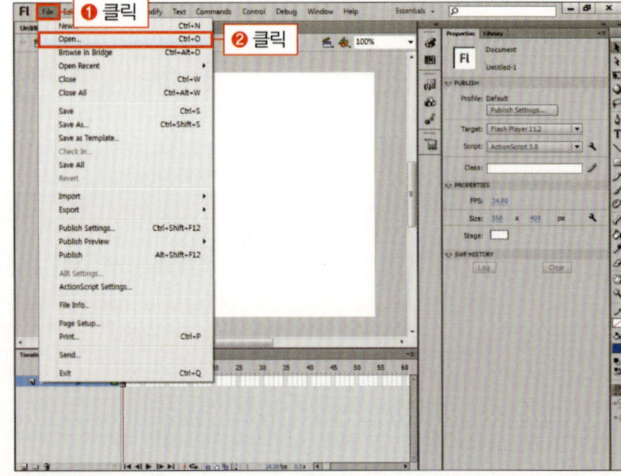

02. [Open] 대화상자가 열리면 예제 파일이 저장된 폴더를 찾아서 '꽃.fla' 파일을 선택하고 [열기] 단추를 클릭합니다.

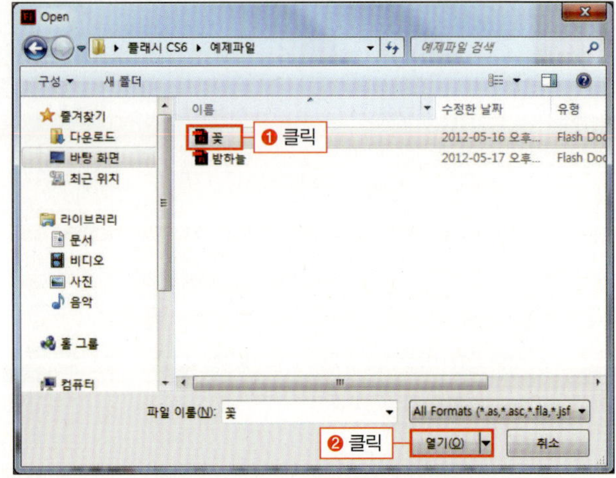

03. 파일이 열리면 해당 파일의 내용을 확인할 수 있습니다.

플래시에서 작업한 파일은 'fla'나 'xfl' 파일로 저장할 수 있습니다. 무비 파일인 'swf' 파일은 수정이 불가능한 파일이므로 저장 시에는 꼭 'fla' 파일 포맷으로 저장해야 합니다.

완성 파일 | CD₩Part 01₩꽃이동.fla

01. 작업한 파일을 저장하기 위해 [선택 툴]( )을 선택하고 스테이지의 '꽃'을 클릭해 드래그하여 오른쪽으로 옮깁니다.

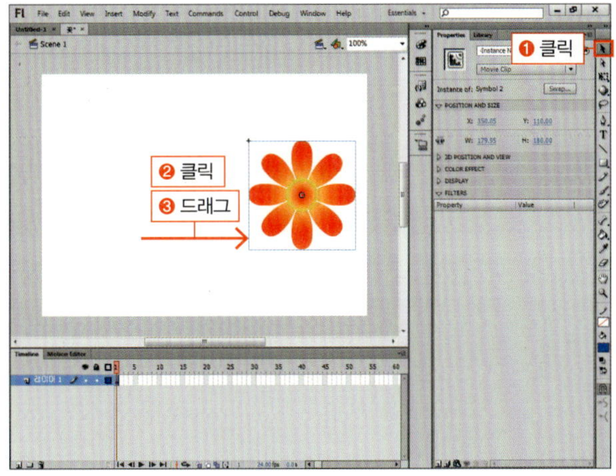

02. 파일의 내용을 수정하고 [File]-[Save](Ctrl + S) 메뉴를 클릭해 저장하면 이전 파일의 내용은 사라지고 작업한 파일만 덮어지게 됩니다. 이전 파일도 보존하려면 [File]-[Save As](Ctrl + Shift + S) 메뉴를 클릭하여 저장합니다. [파일 이름]은 '꽃이동', [파일 형식]은 'Flash CS6 Document(*.fla)'로 선택하고 [저장] 단추를 클릭해 저장합니다.

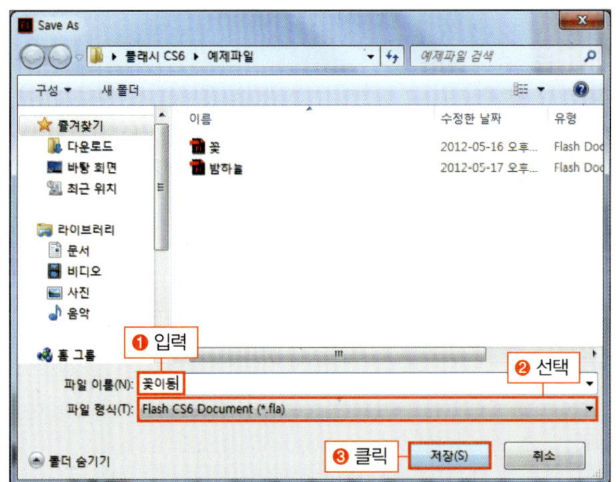

TIP : 플래시 CS6의 확장자

플래시 파일의 확장자는 'fla'입니다. 파일 저장 시 파일 형식을 'Flash CS6 Document(*.fla)'로 선택하면 확장자를 입력하지 않아도 됩니다.

웹에서 실제로 사용되는 플래시 파일은 'fla' 파일이 아닌 'swf' 파일입니다. 원본 파일은 바로 사용할 수 없으므로 반드시 'swf' 파일로 제작해서 배포해야 합니다.

예제 파일 | CD\Part 01\꽃.fla **완성 파일 |** CD\Part 01\꽃.swf

01. '꽃.fla' 파일을 불러옵니다.

02. [Ctrl]+[Enter]를 눌러 테스트 무비를 확인합니다.

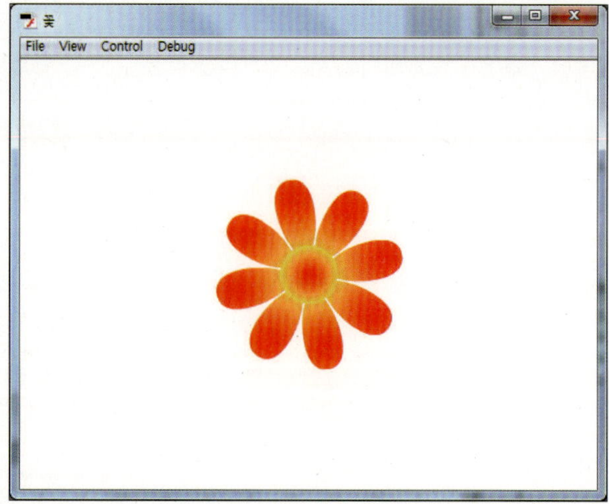

TIP : 테스트 무비

플래시 작업 도중 언제든지 [Ctrl]+[Enter]를 눌러 무비를 테스트할 수 있습니다. 이 때 원본 'fla' 파일이 위치한 폴더에 'swf' 파일이 자동으로 생성됩니다.

플래시에서 작업한 파일을 그림 파일로 저장해보도록 하겠습니다.

완성 파일 I CD₩Part 03₩꽃.jpg

01. [File]-[Export]-[Export Image] 메뉴를 클릭합니다.

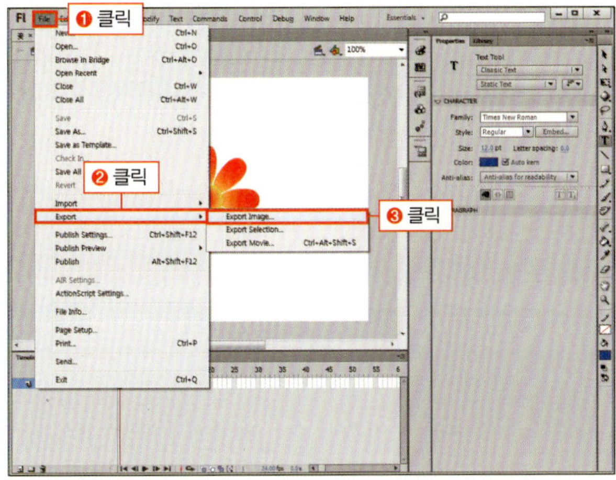

02. [Export Image] 대화상자가 열리면 저장 폴더를 설정하고 [파일 이름]을 입력하고 [파일 형식]에서 'JPEG Image(*.jpg,*.jpeg)'를 선택한 후 [저장] 단추를 클릭합니다.

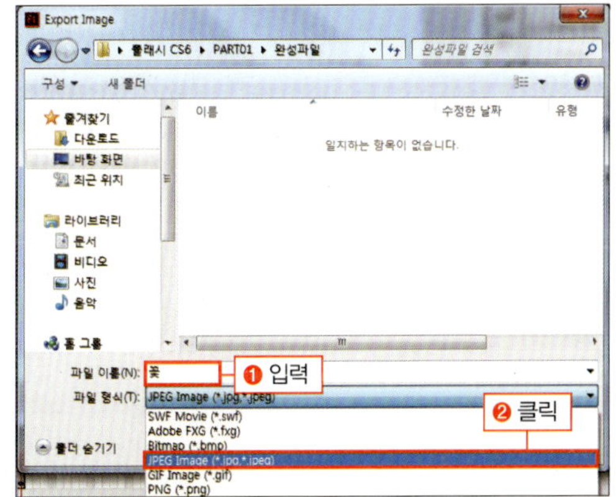

03. [Export JPEG] 대화상자가 열리면 [Include]를 'Full Document Size'로 선택한 후 [OK] 단추를 클릭합니다. 그림 파일로 저장됩니다.

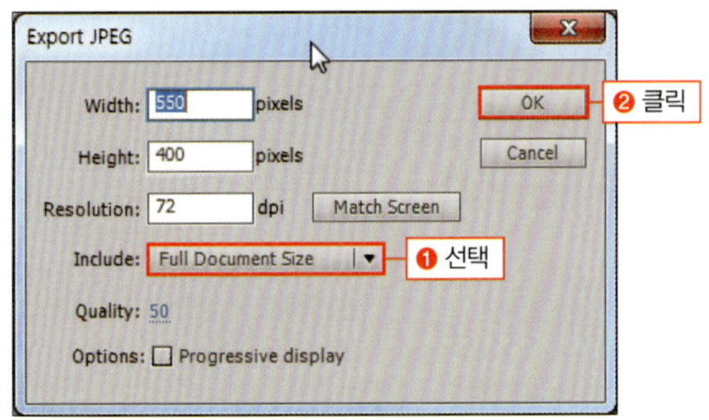

플래시 CS6 작업환경 설정하기

간단한 워드 작업 시에도 용지설정이 필요하듯이 플래시 CS6에서 작업하려면 기본적인 환경설정이 필요합니다. 무비의 크기와 Frame Rate, 액션스크립트 버전 등을 설정하고 작업에 들어가도록 합니다.

기초탄탄 ● 플래시 CS6 환경설정 관련 용어 알아보기

플래시는 멀티미디어 기술의 종합체라 할 수 있습니다. 따라서 사용되는 용어들이 생소할 때가 많습니다. 환경설정을 하기 위해 플래시에서 사용되는 용어들에 대해서 정리해보도록 하겠습니다.

■ 환경설정 용어

Document

작업 중인 플래시 파일을 의미합니다. 가장 큰 작업 단위로 전체적인 무비의 크기, 배경, Frame Rate를 설정하여 사용합니다.

Frame Rate

초당 보여지는 프레임 수를 결정하는 것으로 숫자가 높을수록 무비가 부드럽게 진행되지만 용량이 커지고 컴퓨터 성능에 따라 끊어짐이 있을 수 있습니다. 사람의 눈으로 인식할 수 있는 한계가 있기 때문에 Frame Rate를 너무 높게 설정하지 않도록 합니다. 플래시 CS6에서는 기본 값으로 '24fps'를 사용하며 일반적인 무비 진행에는 아무런 문제가 없습니다.

■ [Publish Settings] 대화상자

플래시 무비를 내보내기할 때 기본적으로 'swf' 파일이 생성되는데 이와 함께 'html' 파일이나 이미지 파일, 프로젝터 파일이 함께 생성되도록 설정하는 기능입니다.

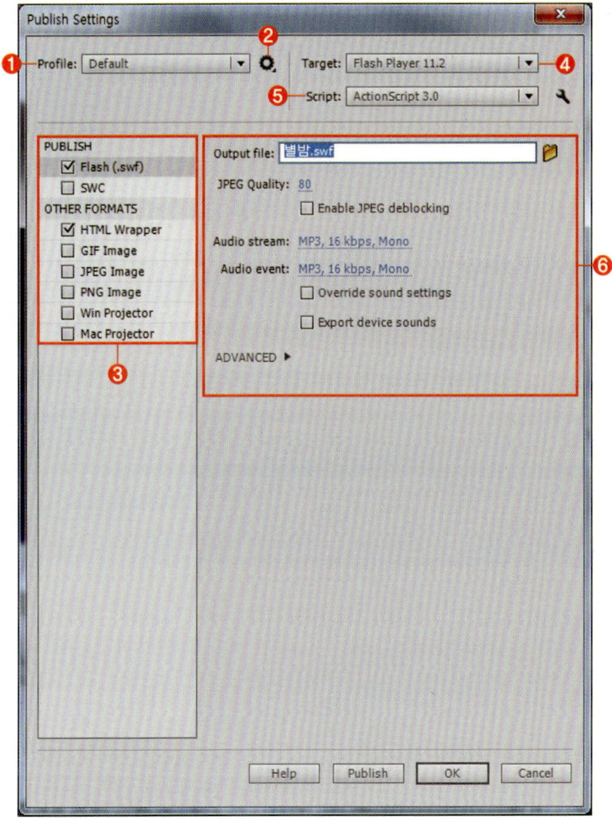

❶ Profile : 프로파일을 선택합니다.

❷ 프로파일을 관리할 수 있는 옵션을 나타냅니다.

❸ Publish 포맷을 선택합니다.

❹ 플래시 플레이어 버전을 선택합니다.

❺ Script : 액션스크립트 버전을 선택합니다.

❻ 선택한 포맷의 세부 옵션을 표시합니다.

새로운 작업을 시작하기 전에 먼저 제작하는 무비의 크기와 Frame Rate, 배경 등을 설정하고 작업합니다.

01. [Modify]-[Document](**Ctrl**+**J**) 메뉴를 클릭하여 [Documnet Settings] 대화상자를 엽니다.

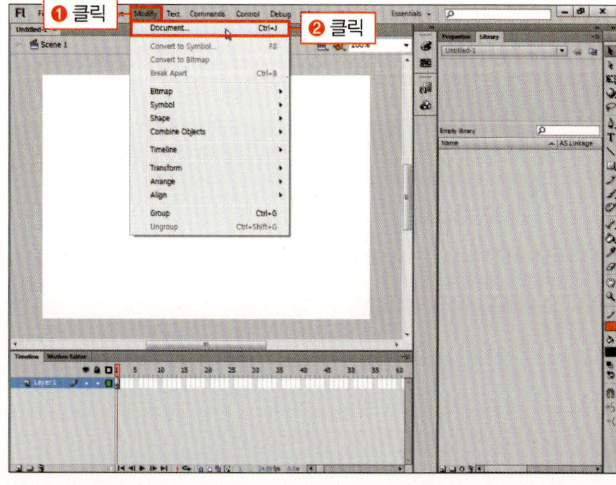

02. 다음과 같이 설정을 수정한 후 [OK] 단추를 클릭하여 도큐먼트 설정을 마칩니다.

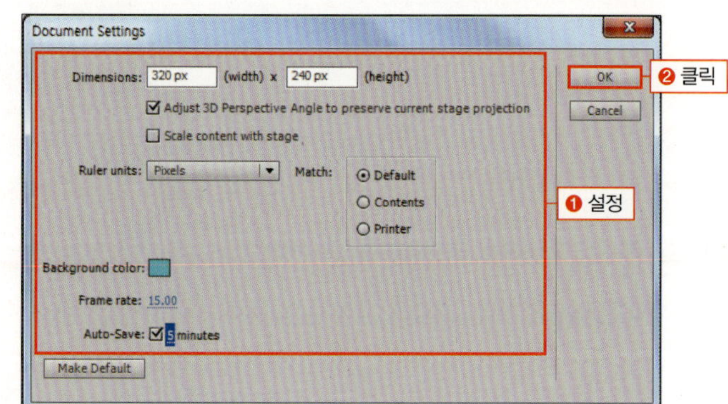

TIP : 또 다른 도큐먼트 설정 방법

스테이지 공간을 클릭하면 [Properties] 패널에 도큐먼트를 설정할 수 있는 내용이 나타납니다. 'FPS'와 'Size', 배경 색상을 설정할 수 있고 다른 설정은 [Properties] 패널의 [편집](🔧)을 클릭해 [Documnet Settings] 대화상자를 열어서 설정합니다.

무비 제작 후 배포하는 목적에 따라 내보내기할 파일의 형식을 선택해야 합니다. 'swf' 파일 외에 다른 형식의 파일을 선택할 수 있습니다.

예제 파일 | CD\Part 01\별밤.fla **완성 파일 |** CD\Part 01\별밤.exe, 별밤.html, 별밤.jpg, 별밤.swf

01. '별밤.fla' 파일을 불러온 후 [File]–[Publish Settings](**Ctrl** + **Shift** + **F12**) 메뉴를 클릭하여 [Publish Settings] 대화상자를 열고 대화상자 왼쪽의 [OTHER FORMATS]–[HTML Wrapper], [JPEG Image], [Win Projector]를 체크하고 [Publish] 단추를 클릭한 후 [OK] 단추를 클릭합니다.

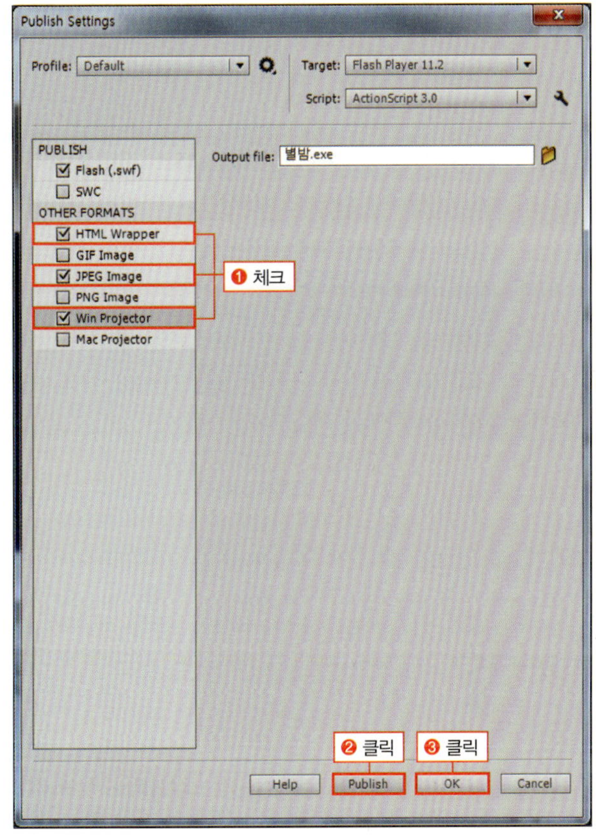

02. 예제 파일이 있는 폴더를 열면 '별밤'이라는 이름을 가진 서로 다른 형식의 파일이 4개가 추가된 것을 확인할 수 있습니다.

■ 나만의 작업공간 만들기 `33P`

옵션이 빠진 자동차를 구입하면 왠지 아쉬움이 남듯이 작업공간을 기본 값으로만 사용하면 뭔가 부족한 느낌이 들 때가 있습니다. 나에게 맞는 작업공간을 별도로 구성하여 작업공간 메뉴(Essentials ▾)의 'New Workspace'를 선택하여 저장하고 사용하도록 합니다.

■ 패널 관리는 효율적으로 하기 `36P`

필요 없는 공구는 일하는데 방해만 되듯이 불필요한 패널은 공간만 차지할 뿐 작업 효율의 떨어뜨리는 원인이 됩니다. 스테이지 공간은 넓을수록 좋습니다. 꼭 필요한 패널만 화면에 표시하도록 하고 가끔 사용하는 패널은 없애거나 아이콘화하여 사용하도록 합니다.

■ 환경설정은 시작할 때 하기 `50P`

기본적인 작업환경은 무비를 처음 구성할 때 하는 것이 좋습니다. 물론 작업 도중에 환경설정을 해도 되지만 작업 도중에 환경설정이 바뀌게 되면 작업하던 내용들을 재구성해야 할 수도 있기 때문에 작업하는 내용의 성격에 맞도록 시작할 때 미리 환경설정을 하도록 합니다.

■ 작업 파일 관리하기 `53P`

플래시 CS6에서 작업을 하다보면 'fla' 파일 외에 여러 종류의 파일이 생성됩니다. 파일의 이름은 알아보기 쉬운 것으로 설정하도록 하고 수시로 폴더를 확인하여 불필요한 파일들을 정리하는 습관을 들이는 것이 좋습니다. 또한 별도의 폴더를 만들어 작업 파일을 관리하면 작업 효율을 높일 수 있습니다.

01 '나만의 작업공간'이라는 작업공간을 만들어 봅니다.

동영상 해설 : CD₩Self₩실전1-1.wmv

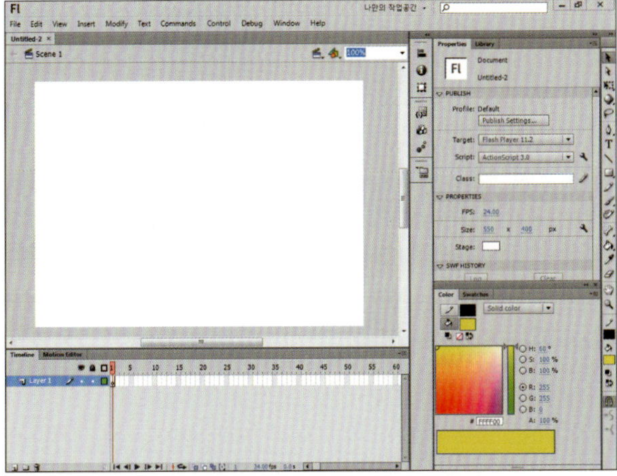

HINT

'Essentials' 작업공간을 선택하고 패널의 위치와 크기를 조절합니다. 원하는 패널의 모양이 만들어지면 'New Workspace'를 선택해 작업공간을 저장하여 언제든지 '나만의 작업공간'을 불러와 사용할 수 있습니다.

02

오브젝트 드로잉 시작하기

플래시 CS6에서는 다양한 도형을 드로잉하여 사용할 수 있습니다. 기본 툴로 제공되는 도형 외에도 다양한 툴을 이용하여 각종 캐릭터 등을 그릴 수 있고 이미지 변형 기능으로 자유롭고 다양한 그림을 만들어 낼 수 있습니다. 드로잉을 시작해 봅니다.

오브젝트 속성과
선택 방법 알아보기

플래시에서 드로잉하는 도형은 선과 면 2개의 속성을 가지고 있습니다. 2개의 속성이 하나의 도형을 이루기도 하지만 하나의 속성만 가진 도형을 사용할 수 있습니다. 선택 툴을 사용하여 오브젝트를 선택하는 방법에 대해 알아보도록 하겠습니다.

기초탄탄 ▶ 선택 툴과 부분 선택 툴 사용하기

오브젝트를 선택하기 위해 사용하는 화살표 모양의 선택 툴이 2가지가 있습니다. [선택 툴]과 [부분 선택 툴]입니다. 이 2가지 툴들은 오브젝트의 선택을 위해 사용되지만 셰이프 오브젝트를 선택하는데 있어서 서로 다른 방식을 사용합니다.

■ 셰이프 오브젝트 64P

셰이프 오브젝트는 그룹되지 않은 그림을 말합니다. 벡터 이미지이지만 비트맵 이미지처럼 부분부분 조각내어 사용할 수 있는 독특한 오브젝트입니다. 플래시의 드로잉 툴로 그린 그림은 기본적으로 셰이프 도형으로 그려지는데 도형의 사용 용도에 따라 셰이프 오브젝트 자체로 사용되기도 하지만 대부분 그룹 형태의 심벌로 변환하여 사용합니다. 그룹된 오브젝트를 분해하면 셰이프 오브젝트로 변환됩니다.

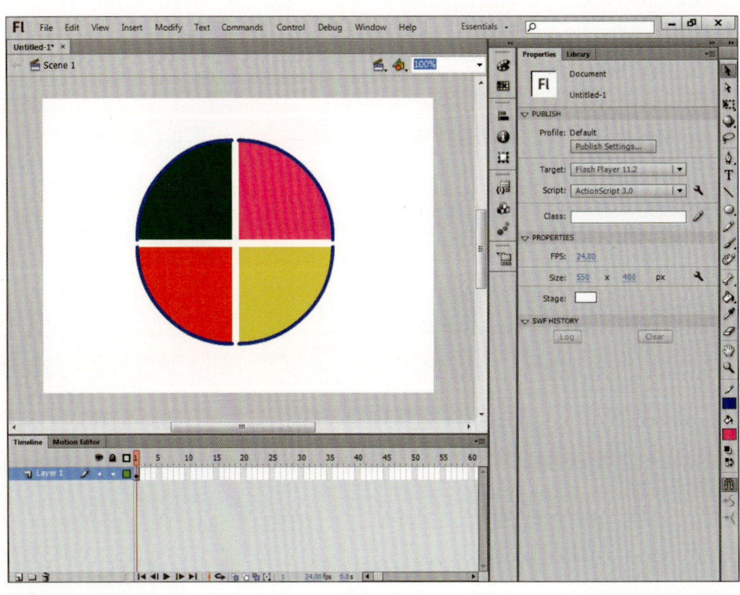

■ 선택 툴로 셰이프 오브젝트 선택하기 62P

[선택 툴](화살표)로 셰이프 오브젝트를 선택하기 위해서는 클릭, 더블클릭, 드래그 방식으로 사용합니다. 셰이프 오브젝트의 선과 면을 각각 클릭하여 선택하면 선과 면을 분리할 수 있습니다. 선과 면을 동시에 선택하기 위해서는 셰이프 오브젝트의 면을 더블클릭합니다. 여러 개의 선으로 구성된 셰이프 오브젝트의 경우 선을 클릭하면 하나의 선만 선택됩니다. 외곽선 모두를 선택하려면 선 부분을 더블클릭하여 선택합니다. 또한 오브젝트의 외곽에서부터 드래그하면 셰이프 오브젝트의 일부를 선택하여 사용할 수 있습니다.

■ 부분 선택 툴 사용하기

[부분 선택 툴](화살표)은 패스를 선택하여 셰이프 오브젝트의 모양을 변형하기 위해 사용합니다. 셰이프 오브젝트의 면은 선택할 수 없고 외곽선만 선택할 수 있습니다. [부분 선택 툴](화살표)로 셰이프 오브젝트이 외곽선을 클릭하면 점과 선으로 이루어진 패스 선이 나타납니다. 점을 정확히 클릭하여 이동하거나 핸들을 조절하여 모양을 변형할 수 있습니다.

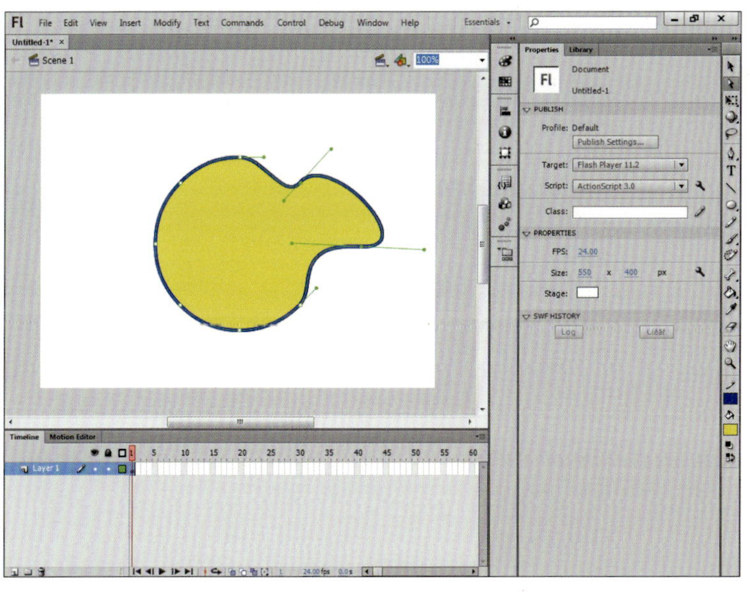

선은 오브젝트의 외곽을 둘러싸고 있으며 길이와 방향, 두께, 색상 등의 속성을 가지고 있습니다. 면은 도형의 모양을 이루는 색상이 채워진 단위로 선에 의해 모양이 결정됩니다.

예제 파일ㅣ CD₩Part 02₩선속성.fla, 선스타일.fla, 선캡.fla, 선연결.fla, 면색.fla, 투명도형.fla

01. 선은 직선과 곡선으로 구분되고 일정한 두께와 색상을 가지고 있습니다.

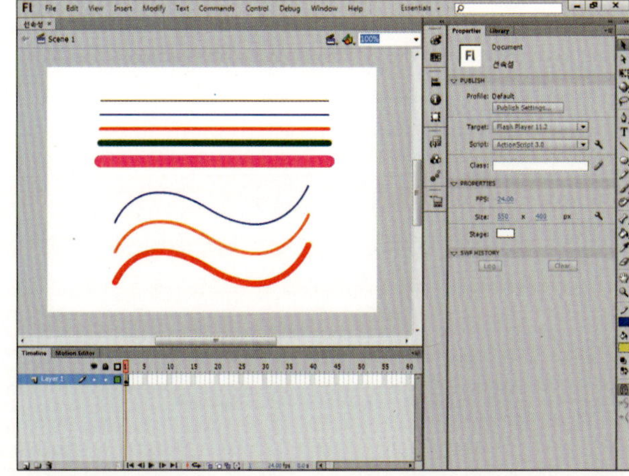

02. 선은 실선과 점선 등과 같이 여러 가지 스타일로 표현할 수 있습니다.

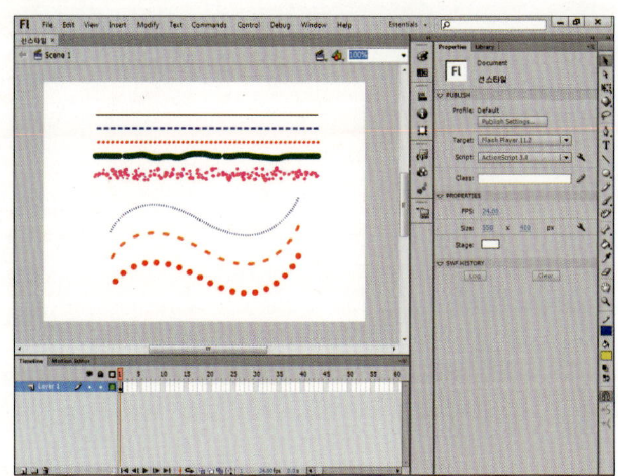

03. 선의 끝 부분을 처리하는 방법으로 'None', 'Round', 'Square', 이렇게 3가지 [Cap] 중에서 선택하여 처리할 수 있습니다.

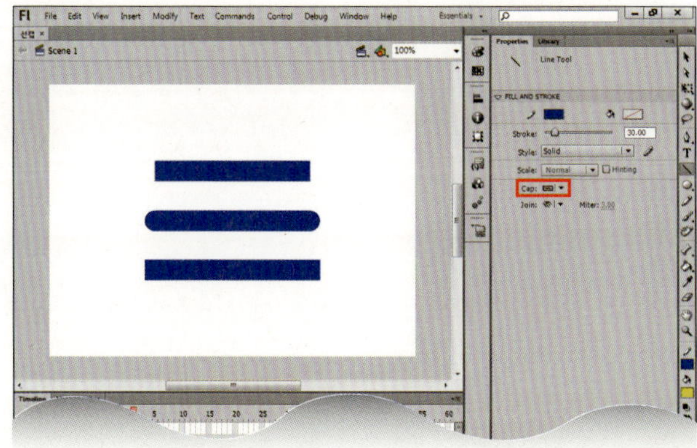

04. 선과 선을 연결하는 방법으로 'Miter', 'Round', 'Bevel', 이렇게 3가지 [Join] 중에서 선택하여 처리할 수 있습니다.

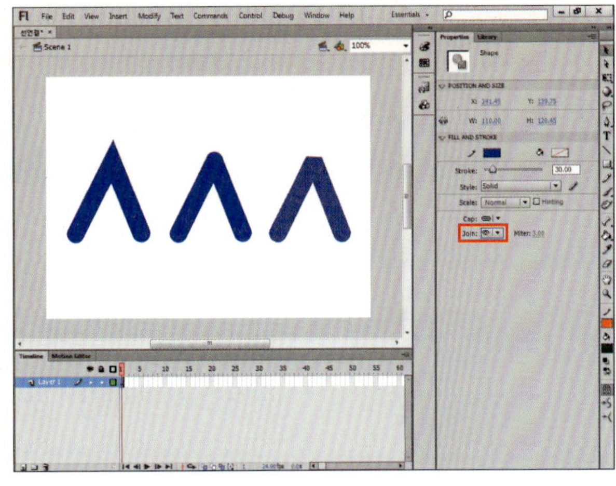

TIP : 'Miter' 값의 이해

[Join]에서 'Miter'는 수치를 조절할 수 있습니다. 선과 선이 만나는 모서리가 뾰족한 경우 수치에 따라 점의 길이를 조절할 수 있습니다. 수치를 낮추면 'Bevel'과 같이 뾰족한 부분이 잘려서 표현될 수 있습니다. 이 부분은 선의 두께가 두꺼워야 효과를 확인할 수 있습니다.

05. 면은 단일 색상 또는 그레이디언트 속성을 가질 수 있습니다. 원하는 색상을 채울 수 있고 [선택 툴](🔲)을 사용하여 일부분의 색상을 다르게 할 수 있습니다. 그레이디언트를 적용하여 원형 또는 선형으로 그레이디언트 색상을 적용할 수 있습니다.

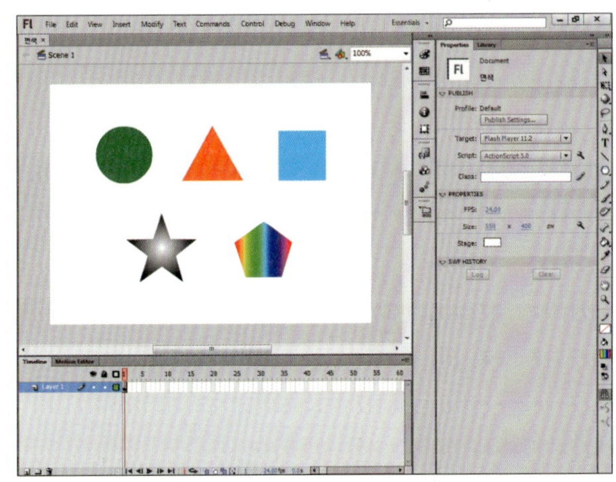

06. [Properties] 패널에서 [선 색상]과 [면 색상]을 설정할 때 투명도를 조절할 수 있습니다. [Alpha]를 조절하여 배경과 어울리는 효과를 연출해 낼 수 있습니다.

오브젝트를 이동, 복사, 수정하는 작업을 위해서는 먼저 오브젝트를 선택해야 합니다. [선택 툴]( )을 사용하여 오브젝트를 선택하는 방법을 알아보도록 하겠습니다.

예제 파일ㅣ CD₩Part 02₩도형.fla **완성 파일ㅣ** CD₩Part 02₩도형_완성.fla

01. '도형.fla' 파일을 불러옵니다.

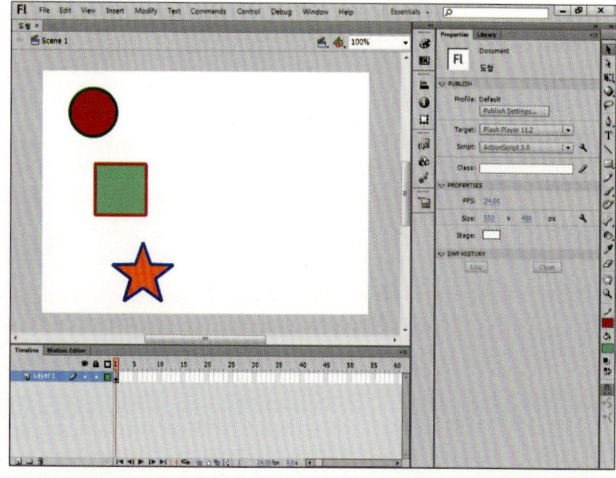

02. [선택 툴]( )을 선택하여 '원'의 안쪽 면을 클릭하고 드래그하여 옮깁니다. 원의 면만 분리되어 움직입니다.

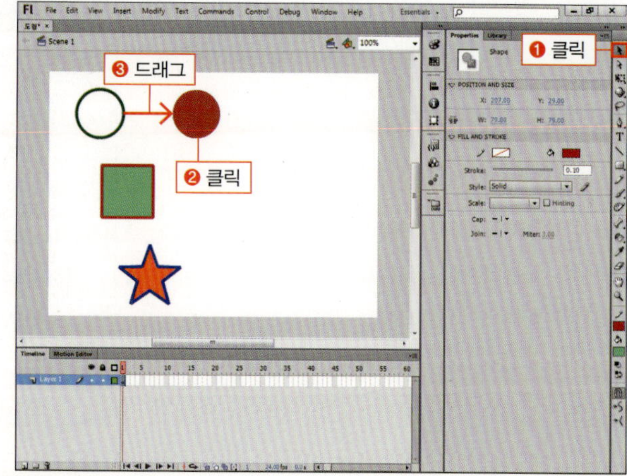

TIP : 셰이프 오브젝트의 면과 선을 동시에 선택하려면

셰이프 오브젝트는 면과 선을 별도로 분리할 수 있기 때문에 어느 한쪽만 선택하면 따로따로 움직입니다. 따라서 면과 선을 동시에 선택하기 위해서는 도형의 면을 더블클릭하여 선택합니다.

03. 이번에는 '사각형'의 오른쪽 선만 클릭하여 옮깁니다. 선 전체가 움직이지 않고 선 하나만 분리되어 움직입니다.

> **TIP : 셰이프 오브젝트의 선 전체를 선택하려면**
> 여러 개의 선으로 이루어진 셰이프 오브젝트는 선을 클릭하면 하나의 선만 선택됩니다. 셰이프 오프젝트를 구성하는 모든 선을 선택하려면 선을 더블클릭하여 선택합니다.

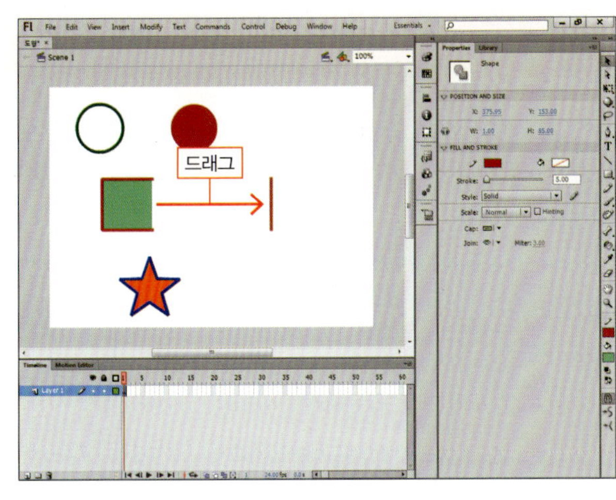

04. 이번에는 '별'의 일부를 선택하여 옮겨 봅니다. '별'의 왼쪽 위 빈 공간에서부터 오른쪽 아래로 드래그하여 '별'의 반쪽만 선택합니다.

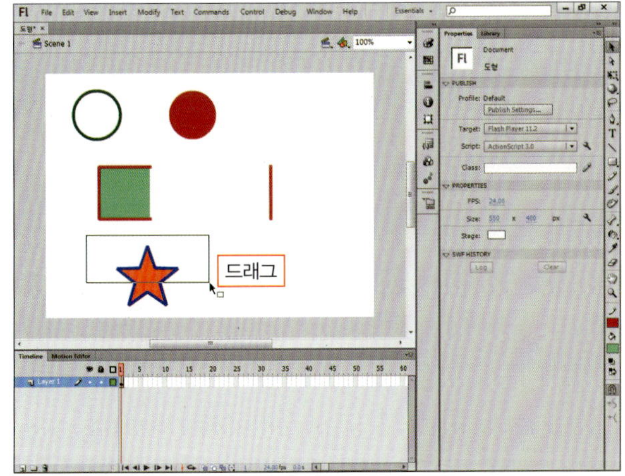

05. 선택 영역이 결정되면 드래그하여 옮깁니다. 선택한 '별'의 반쪽만 옮겨집니다.

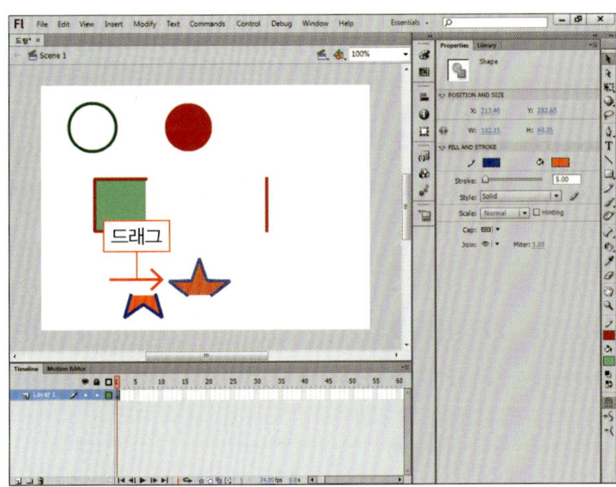

변형 툴을 사용하지 않고 [선택 툴](▸)로 셰이프 오프젝트를 변형시키거나 수정할 수 있습니다.

예제 파일 | CD₩Part 02₩원.fla **완성 파일 |** CD₩Part 02₩사탕_완성.fla

01. '원'을 가지고 사탕 모양을 만들기 위해 '원.fla' 파일을 불러옵니다.

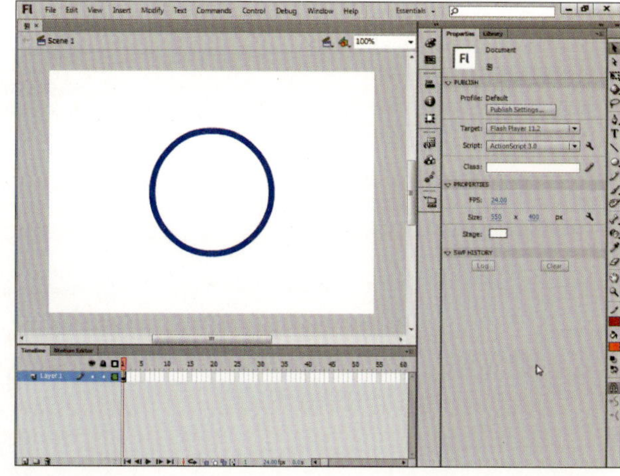

02. [선택 툴](▸)을 선택하고 '원'의 위쪽을 클릭하고 아래로 드래그하여 원의 1/4 지점까지 끌어줍니다.

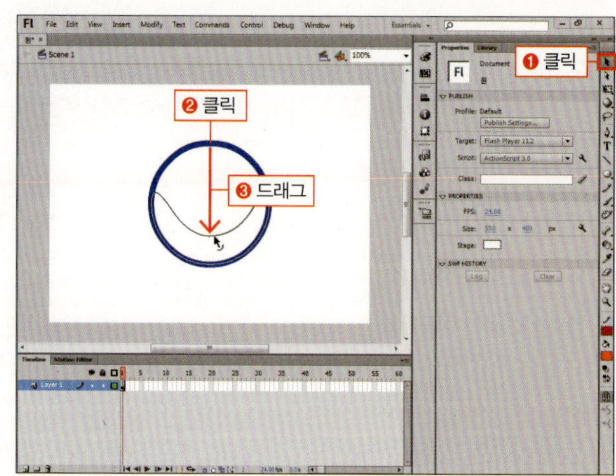

03. 같은 방법으로 '원'의 아래쪽을 클릭하고 위로 드래그하여 사탕 모양을 완성합니다.

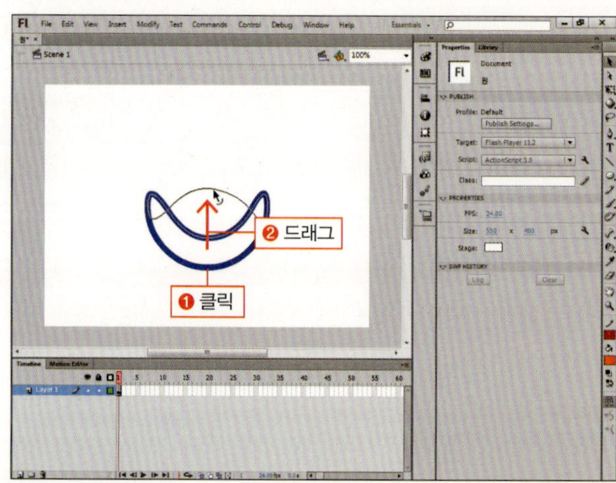

[올가미 툴]( )은 마우스로 드래그하여 선택 영역을 설정하여 오프젝트를 자유롭게 선택할 수 있는 툴입니다. 여러 개의 오브젝트를 선택할 수 있고 셰이프 오브젝트의 경우 일부분을 조각내어 선택할 수 있습니다.

예제 파일 | CD\Part 02\곰돌이.fla **완성 파일** | CD\Part 02\곰돌이올가미_완성.fla

01. '곰돌이.fla' 파일을 불러온 후 오브젝트가 그룹되지 않은 셰이프 오브젝트임을 확인합니다.

02. [올가미 툴]( )을 선택하고 그리듯이 드래그하여 '곰돌이' 오른쪽 반을 선택합니다.

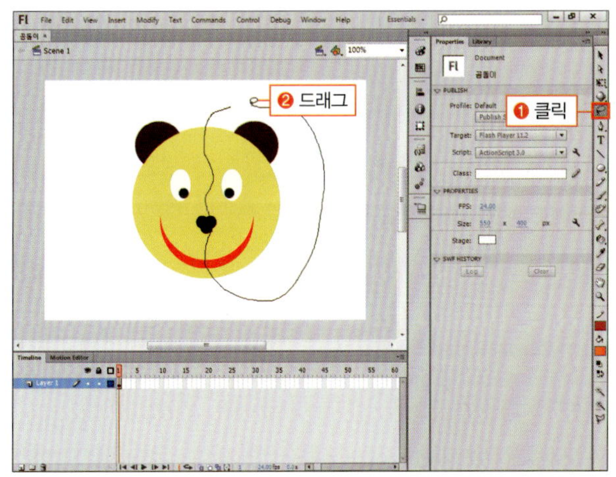

03. 선택 영역이 지정되면 오른쪽으로 드래그해 옮겨 얼굴을 분리합니다.

> **TIP : 다각형 올가미 툴**
>
> [올가미 툴]( )로 드래그하여 선택하는 것이 쉽지 않다면 툴 박스 옵션에서 [다각형 올가미 툴]( )을 사용해 봅니다. [다각형 올가미 툴]( )은 드래그하여 선택하는 방식이 아니고 클릭하여 직선형 올가미를 형성하여 선택하는 툴입니다.

셰이프 오브젝트는 그룹으로 묶어서 사용할 수 있습니다. 플래시에서 셰이프 오브젝트를 그대로 사용하기도 하지만 대부분 그룹화된 심벌로 변환하여 사용합니다. 셰이프 오브젝트를 심벌로, 심벌을 셰이프 오브젝트로 간단히 변환하여 사용할 수 있습니다.

예제 파일 l CD₩Part 02₩도형그룹.fla

01. '도형그룹.fla' 파일을 불러온 후 여러 가지 도형들을 확인합니다.

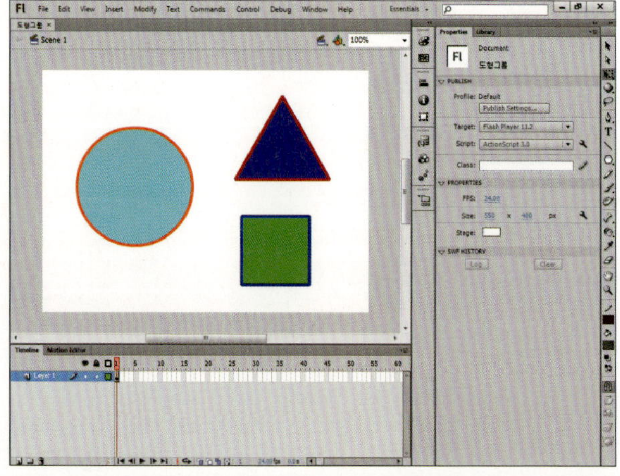

02. '원'을 선택하여 하나의 그룹으로 묶기 위해 [선택 툴]( )을 선택하고 '원'을 더블클릭하여 선택합니다. [Modify]–[Group](Ctrl + G) 메뉴를 클릭해 선택된 오브젝트를 그룹으로 묶습니다.

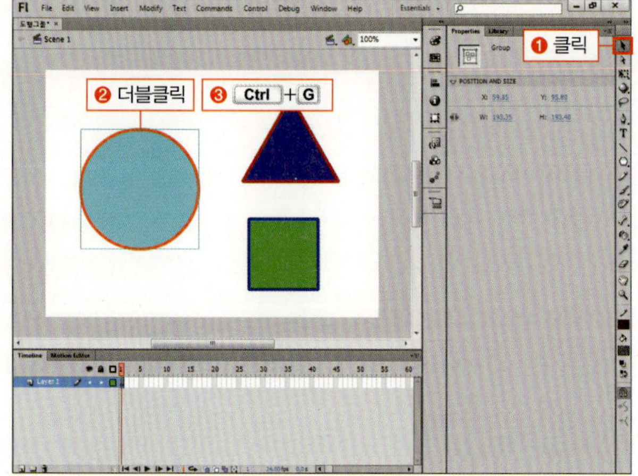

03. 그룹된 오브젝트를 다른 도형 위로 옮기면 셰이프 오브젝트와 병합되지 않고 위에 겹쳐집니다.

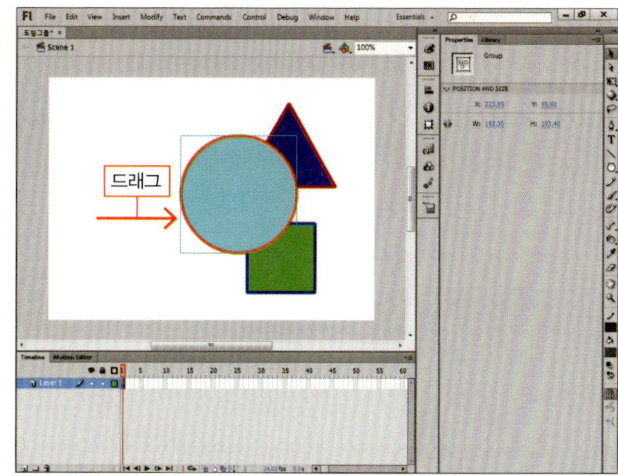

04. 그룹된 오브젝트를 수정하려면 각각의 오브젝트를 더블클릭합니다. 그룹 편집 모드로 전환되면서 편집할 수 있는 상태가 됩니다. 이 때 다른 오브젝트는 흐리게 표시됩니다. 그룹 편집 모드에서 나오려면 배경을 더블클릭합니다.

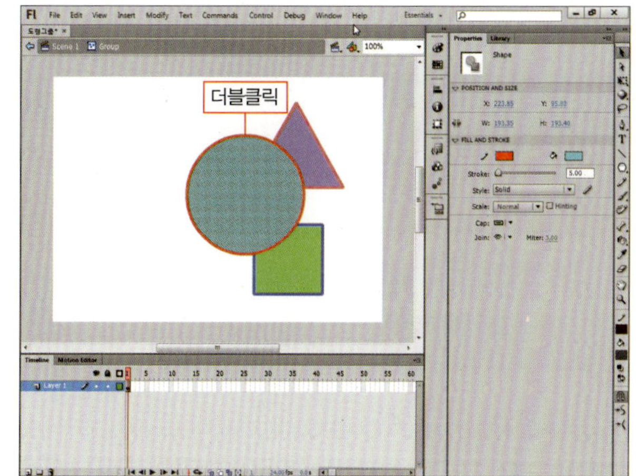

TIP : Ungroup과 Break Apart

그룹된 오브젝트를 그룹 해제하는 것은 [Modify]-[Ungroup] 메뉴를 클릭하여 실행할 수 있지만 심벌을 셰이프 오브젝트로 만들지는 못합니다. 이런 경우에는 'Break Apart' 명령으로 실행할 수 있습니다. 'Break Apart' 명령은 그룹된 오브젝트뿐만 아니라 심벌과 비트맵 이미지까지 셰이프 오브젝트로 변환시켜 줍니다(**Ctrl** + **B**).

셰이프 오브젝트를 서로 겹치게 하면 하나의 셰이프 오브젝트로 결합됩니다. 이 때 겹쳐진 셰이프 오브젝트의 가려진 부분은 원래대로 돌아오지 않기 때문에 주의해야 합니다.

예제 파일ㅣ CD\Part 02\도형그룹.fla

01. '도형그룹.fla' 파일을 불러옵니다.

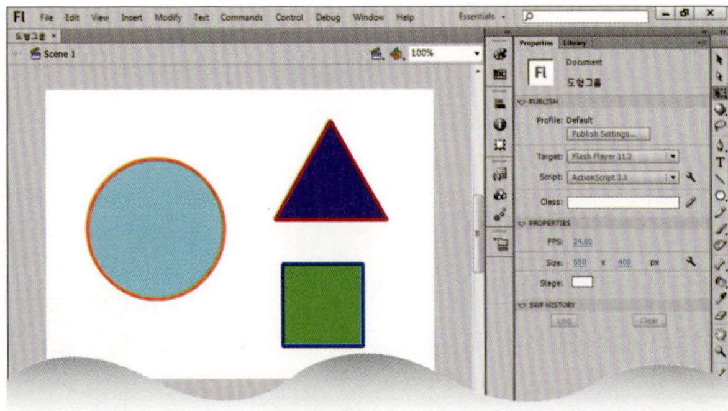

02. [선택 툴]( )을 선택하고 '원'을 더블클릭한 후 드래그하여 '삼각형'과 '사각형'에 위에 겹치도록 합니다.

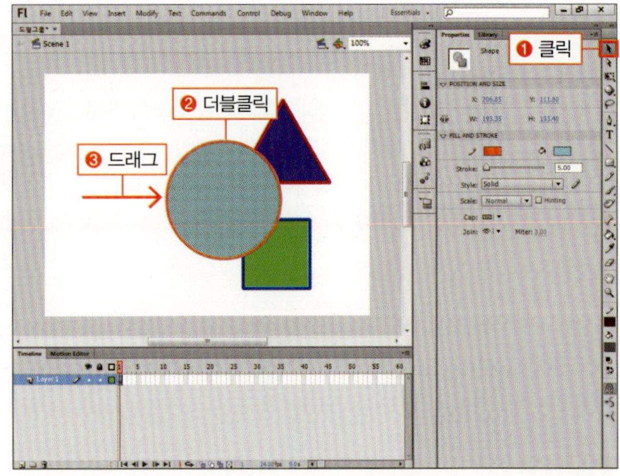

03. 셰이프 오브젝트를 겹친 후 선택을 풀지 않으면 셰이프 오브젝트가 결합되지 않습니다. 스테이지의 빈 공간을 클릭하여 선택을 해제한 후 다시 '원'을 더블클릭하여 선택하고 원래 위치로 옮깁니다. 원과 겹쳐졌던 부분이 삭제되었습니다.

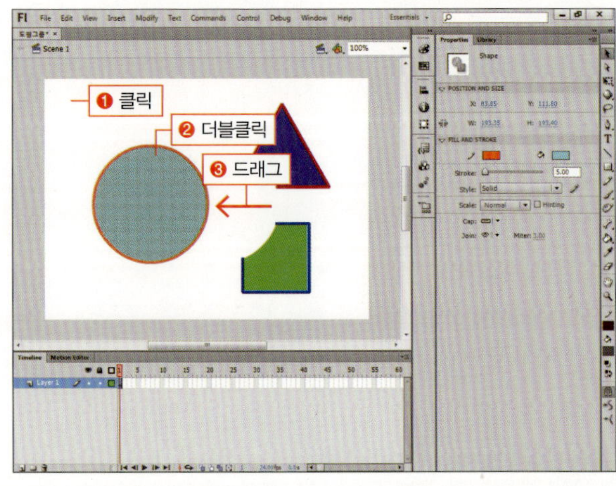

선 툴, 연필 툴, 브러시 툴 사용하기

오브젝트의 외곽을 이루고 있는 것이 선입니다. 플래시에서는 선 툴, 연필 툴, 펜 툴로 선과 곡선을 그릴 수 있습니다. 드로잉을 공부하기에 앞서 화면을 확대하고 축소하는 방법과 드로잉에 사용되는 툴들의 옵션에 대해 알아보도록 하겠습니다.

기초탄탄 ● 화면 조절 방법과 드로잉 툴 옵션 알아보기

플래시는 많은 패널들을 사용합니다. 따라서 상대적으로 스테이지 공간이 작아지게 됩니다. 작업이 불편하지 않도록 패널을 적절히 배치하는 것도 중요하지만 필요에 따라 화면을 적절히 확대하고 축소하여 사용하는 것이 좋습니다.

■ 화면 확대하고 축소하기 `75P`

돋보기 툴로 클릭하여 화면 확대/축소

[돋보기 툴](🔍)을 사용하여 화면을 확대하고 축소할 수 있습니다. [돋보기 툴](🔍)을 선택하고 화면을 클릭하면 클릭한 부분이 중심이 되어 일정한 비율만큼 화면이 확대됩니다. 화면을 축소하려면 툴 박스의 옵션에서 [축소](🔍)를 선택하고 화면을 클릭하거나 **Alt** 를 누른 상태로 화면을 클릭하면 축소됩니다.

돋보기 툴로 드래그하여 화면 확대/축소

[돋보기 툴](🔍)을 선택하고 화면에서 원하는 부위를 드래그하면 화면을 확대할 수 있습니다. 이 때 옵션에서 [축소](🔍)를 선택한 상태에서도 화면이 확대됩니다.

◀ 돋보기 툴을 사용하여 확대한 화면

단축키를 사용하여 화면 확대/축소

[돋보기 툴](🔍)을 사용하지 않고 **Ctrl** + **+** (확대), **Ctrl** + **−** (축소)를 눌러 확대 및 축소를 할 수 있습니다.

돋보기 툴과 손 툴을 더블클릭하여 화면 확대/축소

[돋보기 툴](🔍)을 선택하고 스테이지를 더블클릭하면 스테이지의 크기가 100% 크기로 표시됩니다. 도큐먼트의 크기에 따라 작업영역을 벗어날 수 있습니다. [손 툴](✋)을 선택하고 스테이지를 더블클릭하면 스테이지의 크기가 작업영역에 꼭 맞게 조절됩니다.

▲ 돋보기 툴을 더블클릭하여 100% 크기로 맞춘 화면 　　　▲ 손 툴을 더블클릭하여 작업영역에 맞춘 화면

■ 선 툴과 연필 툴의 [Properties] 패널　72P

[선 툴](\\)과 [연필 툴](✏)은 같은 속성을 가지고 있습니다. 차이점은 [선 툴](\\)은 직선만 그릴 수 있고 [연필 툴](✏)은 곡선을 표현할 수 있다는 것입니다. 이 두 툴의 [Properties] 패널을 살펴보도록 하겠습니다.

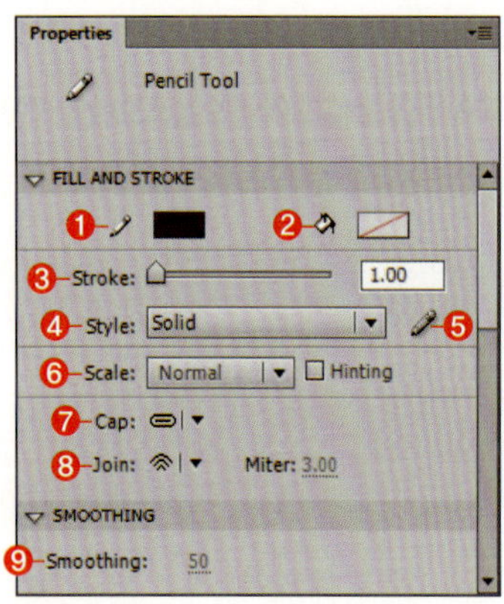

❶ Stroke color : 선 색상을 설정합니다.

❷ Fill color : 면 색상을 설정합니다.

❸ Stroke : 선의 두께를 설정합니다.

❹ Style : 점선과 같은, 선의 스타일을 변경합니다.

❺ Edit Stroke Style : 선의 스타일을 편집합니다.

❻ Scale : 선의 확대 비율을 설정합니다.

❼ Cap : 선의 끝 부분의 모양을 설정합니다.

❽ Join : 선이 만나는 부분의 처리 방법을 설정합니다.

❾ Smoothing : 선을 부드럽게 처리하는 것으로 [연필 툴]( )에서 사용할 수 있으며 툴 박스 옵션에서 Smooth( )를 선택했을 경우에만 활성화됩니다.

■ **브러시 툴의 옵션** `75P`

[브러시 툴]( )은 툴 중에서 가장 많은 옵션을 가지고 있습니다. [브러시 툴]( )의 옵션을 이해하고 기능들을 살펴보도록 하겠습니다.

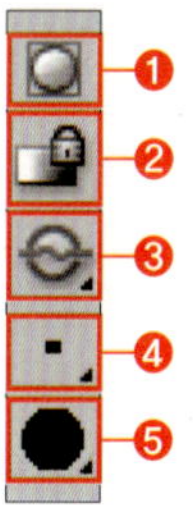

❶ Object Drawing : [브러시 툴]( )로 그린 오브젝트를 그룹으로 묶어줍니다.

❷ Lock Fill : 그레이디언트 색상을 선택해서 브러시로 그리는 경우 그레이디언트가 적용되는 방식을 선택합니다.

❸ Brush Mode : 셰이프 오브젝트 위에 브러시로 그림을 그리는 경우 채우기가 적용되는 범위를 설정합니다.

 • Paint Normal( ) : 기본적으로 셰이프 오브젝트의 선과 면 위에 채우기가 적용됩니다.
 • Paint Fills( ) : 선을 제외한 면과 빈 영역에만 채우기가 적용됩니다.
 • Paint Behind( ) : 기존 오브젝트 영역 뒤로 채우기가 적용됩니다.
 • Paint Selection( ) : 선택한 셰이프 오브젝트의 위에만 채우기가 적용됩니다. 선택된 셰이프 오브젝트의 영역이 없으면 채우기가 되지 않습니다.
 • Paint Inside( ) : 처음 그리기 시작한 셰이프 오브젝트에만 채우기가 적용됩니다.

❹ Brush Size : 브러시의 크기를 선택합니다.

❺ Brush Shape : 브러시의 모양을 선택합니다.

벡터 드로잉에서 선은 가장 기본적인 오브젝트라 할 수 있습니다. 플래시에서 선 오브젝트가 가지고 있는 속성은 길이, 색상, 두께, 스타일입니다. [선 툴]( )은 직선을 그릴 때 사용합니다. **Shift** 를 사용하여 그리면 수평/수직/45° 대각선을 그릴 수 있습니다.

01. 새 도큐먼트에서 화면에 수평/수직/45° 대각선을 그리기 위해 [선 툴]( )을 선택하고 **Shift** 를 누른 상태에서 스테이지의 원하는 부위에 드래그하여 그립니다.

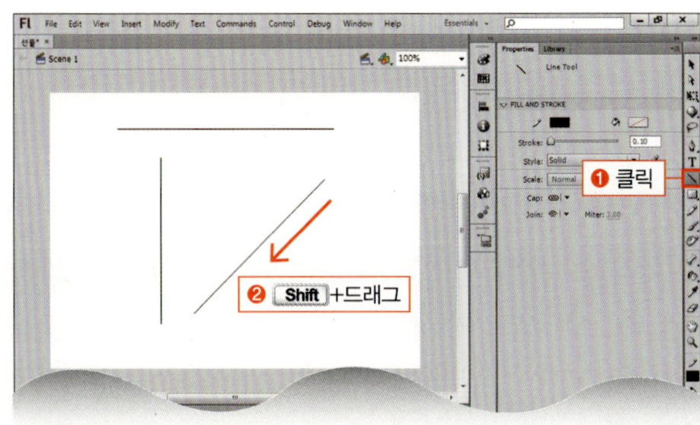

02. 이어 두께가 두꺼운 선을 그리기 위해 [선 툴]( )의 [Properties] 패널에서 [Stroke]를 '5'로 설정하고 선을 자유롭게 그립니다.

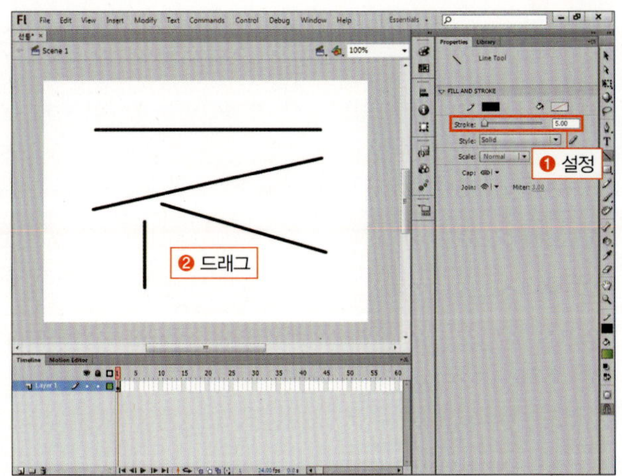

03. 이어 선 스타일을 점선으로 그리기 위해 [선 툴]( )의 [Properties] 패널에서 [Style]을 'Dashed'로 선택하여 선을 그립니다.

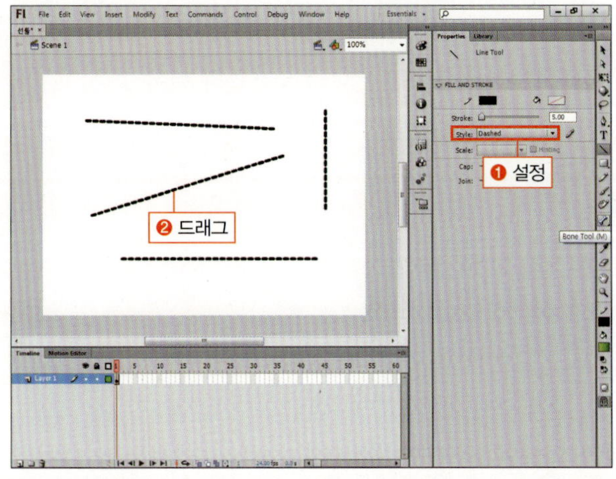

[연필 툴](📝)은 드로잉을 통해 자유로운 선을 그릴 때 사용합니다. [선 툴](📏)과 같이 면이 없기 때문에 면 색상을 사용할 수 없고, 같은 속성을 가지고 있지만 [선 툴](📏)과 달리 곡선을 그릴 수 있습니다.

완성 파일 ǀ CD₩Part 02₩연필툴.fla, 연필툴(곡선).fla, 연필툴(잉크).fla

01. '원', '사각형', '삼각형' 등 기본적인 도형을 그리기 위해 새 도큐먼트에서 [연필 툴](📝)을 선택하고 드래그하여 도형을 그려봅니다. 반듯하게 처리되어 그려집니다.

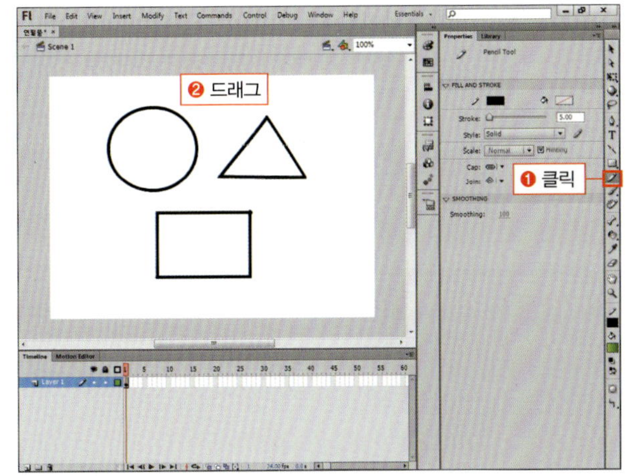

> **TIP :** [연필 툴](📝)에서 대충 그려도 원하는 도형에 가깝게 그려지는데 그것은 옵션의 [Pencil Mode]가 [Straighten](┑)으로 선택되어 있기 때문입니다.

02. [Pencil Mode]는 3가지 중에서 선택할 수 있습니다. 기본적으로 [Straighten](┑)으로 설정되어 있습니다. [Pencil Mode]를 [Smooth](S)로 선택하여 도형을 새로 그려봅니다. 선이 곡선으로 부드럽게 처리되어 그려집니다.

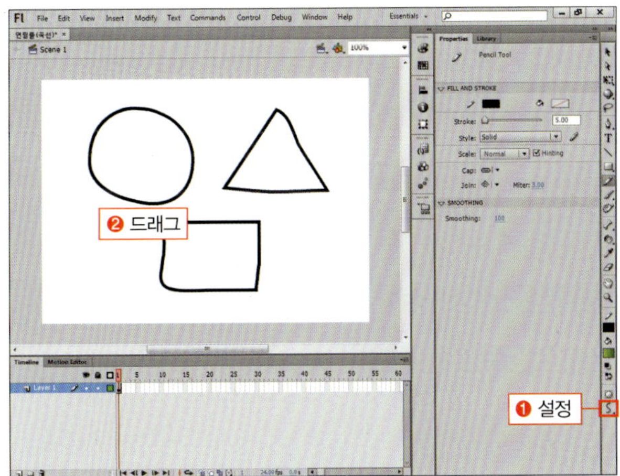

03. 이번에는 [Pencil Mode]를 [Ink](🖊)로 선택하여 그려봅니다. 선이 별도로 처리되지 않고 연필이 지나가는 그대로 그려집니다.

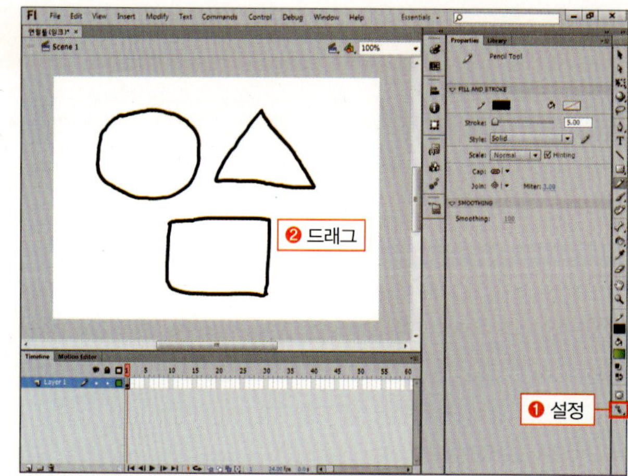

TIP : Pencil Mode의 종류

- **Straighten**(🖊) : 선을 직선으로 연결하여 처리합니다.
- **Smooth**(🖊) : 선을 곡선으로 부드럽게 연결하여 처리합니다.
- **Ink**(🖊) : 선을 변경하지 않고 그린 그대로 연결합니다.

---

04. 거칠게 그려진 선은 [Smooth](🖊)로 부드럽게 만들 수 있습니다. 선을 모두 선택한 후 [Pencil Mode]를 [Smooth](🖊)로 선택합니다. 선의 모양이 부드럽게 될 때까지 여러 번 클릭하여 완성합니다.

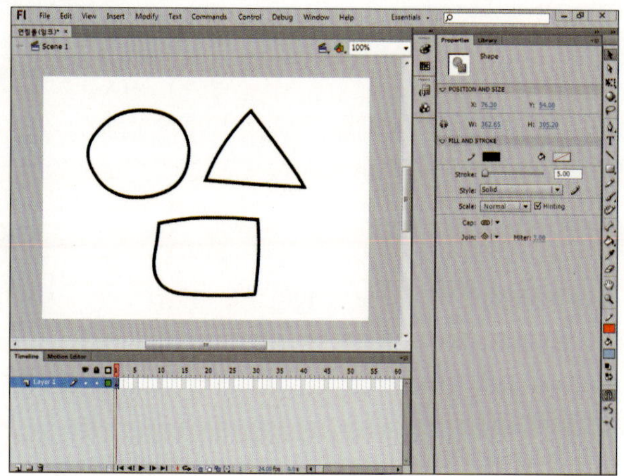

[브러시 툴]로 자유롭게 칠하는 방식으로 그림을 그릴 수 있습니다. [브러시 툴]은 면의 속성을 가진 오브젝트를 생성하며 선 속성을 가지고 있지 않기 때문에 선이 필요하면 별도로 선을 넣어야 합니다.

예제 파일 | CD₩Part 02₩나무.fla **완성 파일 |** CD₩Part 02₩나무_완성.fla

01. 나무의 비어있는 영역에 브러시로 색을 넣기 위해 '나무.fla' 파일을 불러옵니다.

02. 나무의 맨 위 삼각형을 칠하기 위해 [돋보기 툴]을 선택하고 드래그하여 화면을 확대합니다.

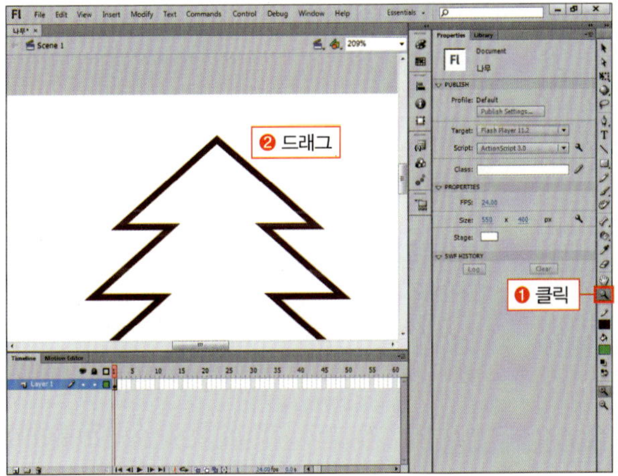

03. [브러시 툴]( )을 선택하고 옵션의 [Brush Mode]를 [Paint Inside]( )로 선택하고 [Brush Size]를 큰 브러시로 선택합니다.

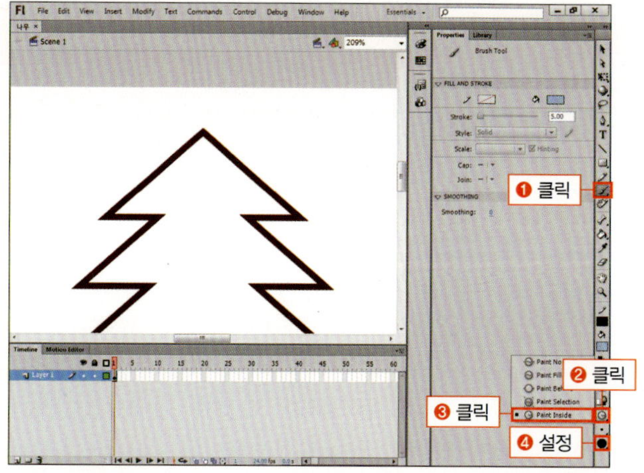

TIP : Brush Size의 이해

브러시의 크기는 화면의 확대/축소와 상관 없이 고정된 크기로 사용됩니다. 같은 크기의 브러시로 그림을 그리더라도 화면이 축소된 상태로 그리면 실제로는 많은 영역에 칠이 적용됩니다. 정교한 칠을 위해서는 화면을 확대하여 그리도록 합니다.

---

04. [면 색상]을 '연한 녹색'으로 변경합니다.

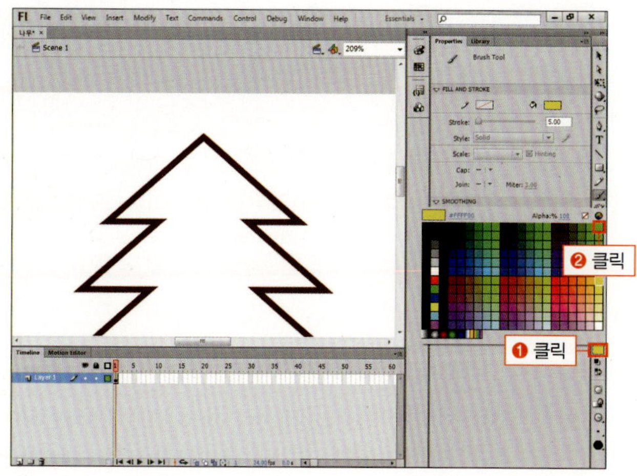

05. [Brush Mode]를 [Paint Inside]( )를 선택했기 때문에 칠하고자 하는 삼각형 영역 안에서 시작하여 손을 떼지 않고 한 번에 칠하도록 합니다.

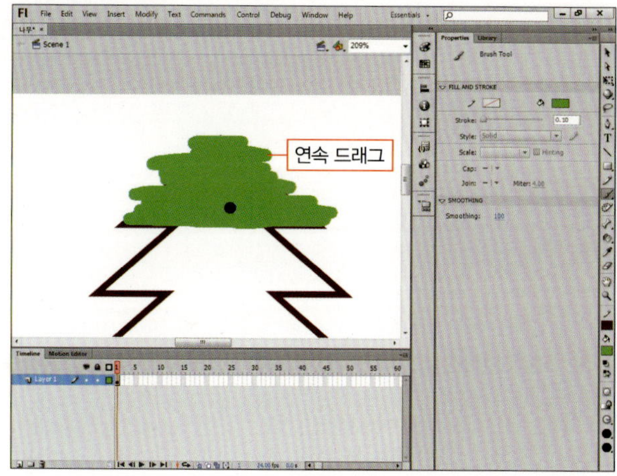

06. 손을 떼면 처음 그리기 시작한 면에만 채우기가 적용됩니다. 이번에는 [Properties] 패널에서 [면 색상]을 조금 '진한 녹색'으로 변경하여 설정하고 두 번째 삼각형에 색을 칠합니다.

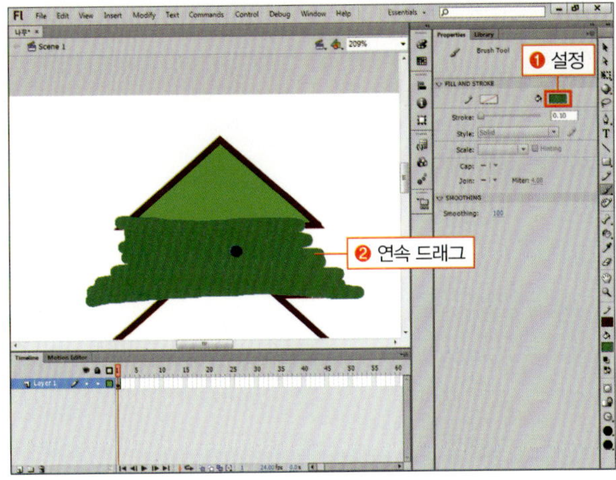

07. 화면을 이동하기 위해 [손 툴]을 선택하고 화면을 위로 옮깁니다.

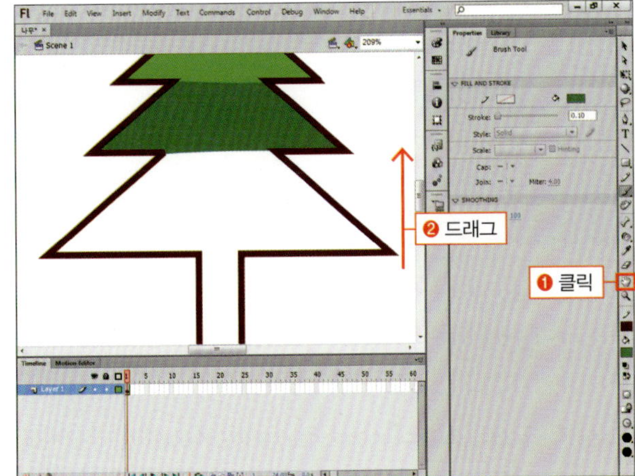

> **TIP :** 다른 툴을 사용 중일 때에는 Space Bar 를 눌러 일시적으로 [손 툴]을 사용할 수 있습니다.

08. 같은 방법으로 색상을 채워 그림을 완성합니다.

TIP : Brush Mode 적용 예

• Paint Normal( )

• Paint Fills( )

• Paint Behind( )

• Paint Selection( )

• Paint Inside( )

원과 다각형 등 기본적인 도형을 그려보도록 합니다. 기본 도형을 변형하는 것만으로도 여러 가지 형태의 도형을 만들어 낼 수 있습니다. 간단한 로고나 캐릭터 등은 직접 드로잉을 하지 않고 도형 툴로 그리는 것이 훨씬 간단한 작업이 될 수 있습니다.

기초 탄탄 ▶ 도형 툴의 속성 알아보기

도형 툴을 사용하기 위해서는 각 도형 툴의 속성을 이해해야 합니다. 기본 모양 외에 도형 툴의 속성을 변경하여 다양한 형태의 도형을 그릴 수 있으며 [Properties] 패널에서 설정 가능합니다.

■ 사각형 툴의 [Properties] 패널 `82P`

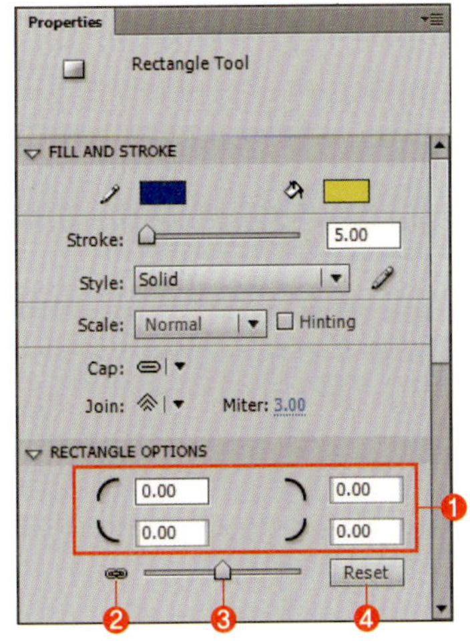

❶ Rectangle corner radius : 각 모서리의 곡률을 설정합니다.

❷ Lock corner radius controls to one control : 각 모서리의 곡률을 모두 같게 설정하거나 따로 따로 설정할 때 사용합니다.

❸ 곡률 조절 슬라이더 : 모서리의 곡률을 입력하지 않고 슬라이더를 움직여 조절합니다. 모든 곡률을 동시에 조절할 때 사용합니다.

❹ [Reset] 단추 : 곡률을 모두 '0'으로 되돌립니다.

■ 원형 툴의 [Properties] 패널 84P

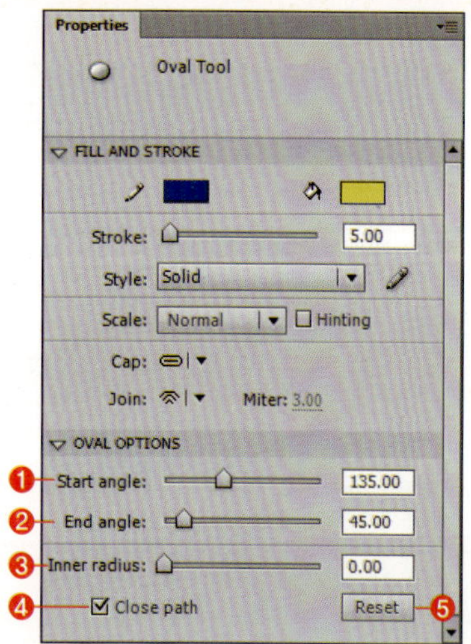

❶ Start angle : 부채꼴의 시작 부분의 각도를 설정합니다.

❷ End angle : 부채꼴이 끝나는 부분의 각도를 설정합니다. 각도는 X 축의 '+' 방향을 0°로 하고, 시계 반대 방향으로 계산하여 적용됩니다. 시작 각도와 끝 각도를 동일하게 설정하면 완전한 타원이 그려집니다.

❸ Inner radius : 도넛 모양을 그릴 수 있으며 안쪽 원의 반지름을 설정합니다.

❹ Close path : 부채꼴 모양을 그릴 때 적용할 수 있으며 선택을 해제하면 면이 없는 패스가 열린 도형으로 그려집니다.

❺ [Reset] 단추 : 옵션의 모든 설정을 기본 값으로 되돌립니다.

■ 다각형 툴의 [Properties] 패널 `86P`

[다각형 툴](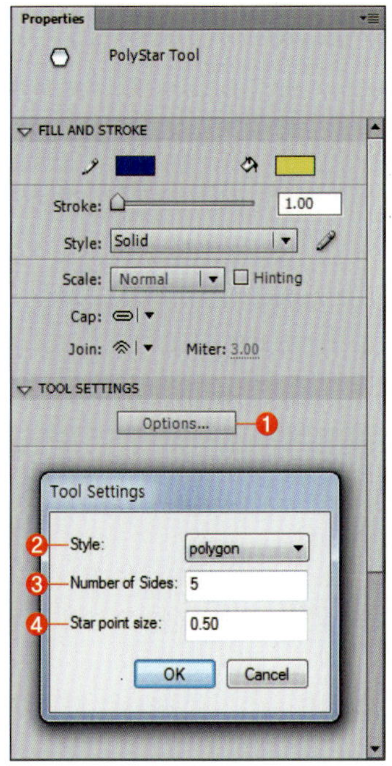)은 다각형과 별 모양을 그릴 때 사용합니다. [Properties] 패널의 [Options] 단추를 클릭하여 원하는 도형을 설정할 수 있습니다.

❶ [Options] 단추 : [Tool Settings] 대화상자를 불러옵니다.

❷ Style : 그리는 도형을 다각형(polygon)과 별(star) 중에서 선택할 수 있습니다.

❸ Number of Sides : 그리는 도형의 면 수를 설정합니다.

❹ Star point size : 별을 그릴 때 뾰족한 정도를 0~1 사이의 수치로 설정합니다. 숫자가 작을수록 뾰족한 별이 그려집니다.

[Properties] 패널에서 곡률을 설정하여 다양한 모양의 사각형을 그릴 수 있습니다.

완성 파일 | CD\Part 02\사각형_완성.fla

01. 새 도큐먼트에서 툴 박스에서 [사각형 툴] (圖)을 선택하고 [Properties] 패널에서 [선 색상] 은 '파란색', [면 색상]은 '노란색', [Stroke]는 '5', [Join]은 'Miter'로 설정하고 드래그하여 사각형을 그립니다.

> **TIP : 도형을 그릴 때 조합 키의 사용**
>
> • **Shift** : 수평선, 수직선, 45° 대각선, 정원, 정사각형 을 그릴 수 있습니다.
> • **Alt** : 드래그를 시작한 위치가 도형의 중심이 되 도록 그릴 수 있습니다.

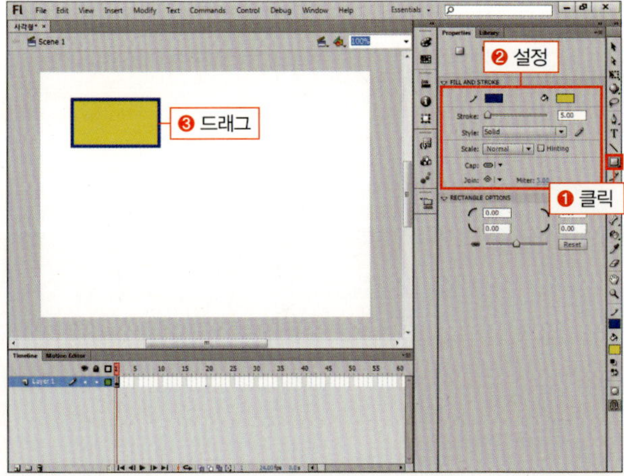

02. [곡률]을 설정하여 사각형을 그리기 위해 [곡률]을 모두 '10'으로 설정하고 드래그해 '사각 형'을 그립니다. 모서리가 둥글게 처리된 사각형 이 그려집니다.

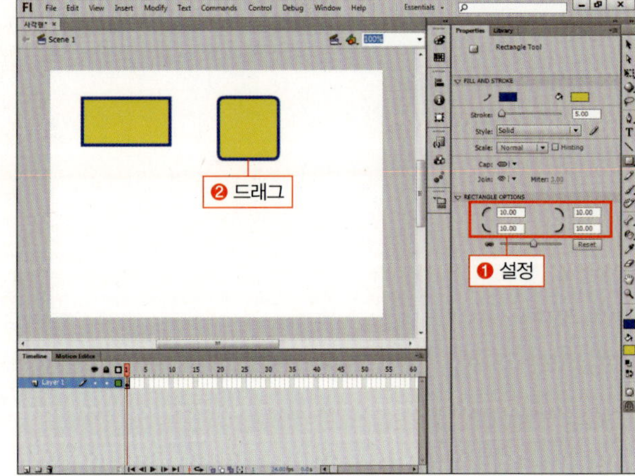

03. 이어 [곡률]을 모두 '–30'으로 설정하고 드래 그해 '사각형'을 그립니다. 모서리가 안쪽으로 패 인 사각형이 그려집니다.

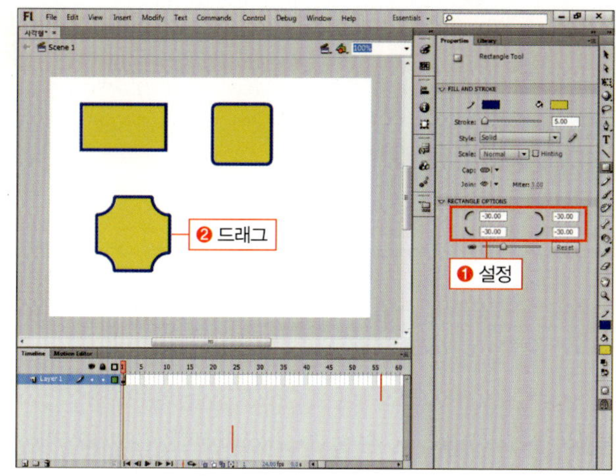

04. [곡률]을 서로 다르게 설정하여 '사각형'을 그리기 위해 [코너 잠금](🔗)을 클릭하여 잠금을 풀고 다음과 같이 [곡률]을 설정합니다.

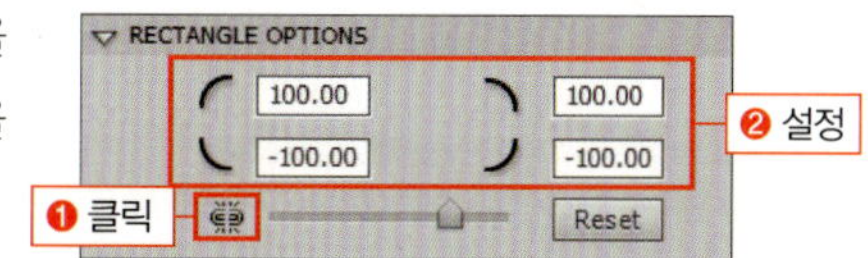

05. Shift 를 누르고 '사각형'을 그리면 부채 모 양이 만들어집니다.

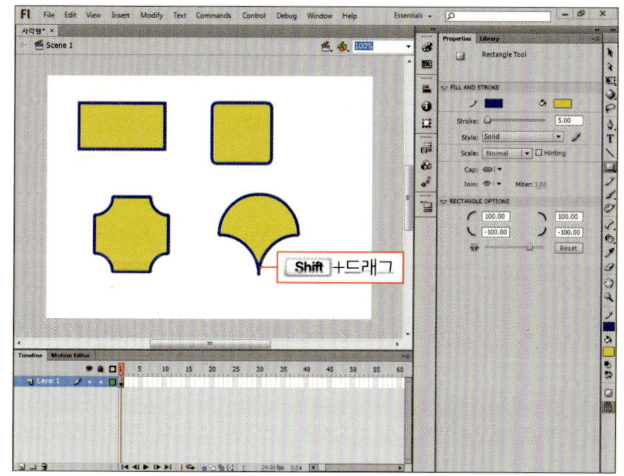

타원을 그릴 때도 [사각형 툴](■)과 마찬가지로 [Properties] 패널에서 조절하여 그릴 수 있습니다. **Shift** 를 눌러 정원을 그릴 수 있고 부채꼴과 도넛 모양을 그릴 수 있습니다.

완성 파일 | CD₩Part 02₩타원_완성.fla

01. 새 도큐먼트에서 [원형 툴](◉)을 선택하고 [Properties] 패널에서 [선 색상]은 '파란색', [면 색상]은 '노란색', [Stroke]는 '5', [Join]은 'Miter'로 설정하고 드래그하여 타원을 그립니다.

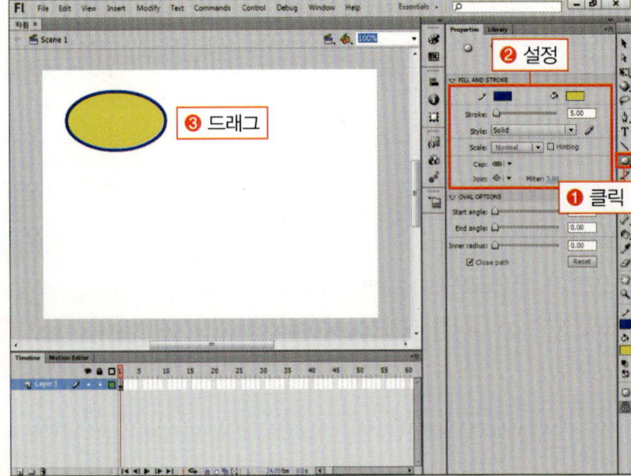

> **연관 검색** 다양한 숨은 툴들을 확인하려면 35P의 내용을 참고하세요.

> **문제 해결** **사용하고자 하는 툴이 보이지 않을 때**
> 툴 박스에서 툴의 오른쪽 하단에 화살표(■)가 있는 경우 숨겨진 툴이 있다는 뜻입니다. 해당 툴을 선택하고 다시 한 번 길게 누르면 숨겨진 툴들이 나타납니다.

02. 부채꼴 모양을 그리기 위해 [Start angle]을 '225', [End angle]을 '315'로 설정하고 드래그하여 그립니다.

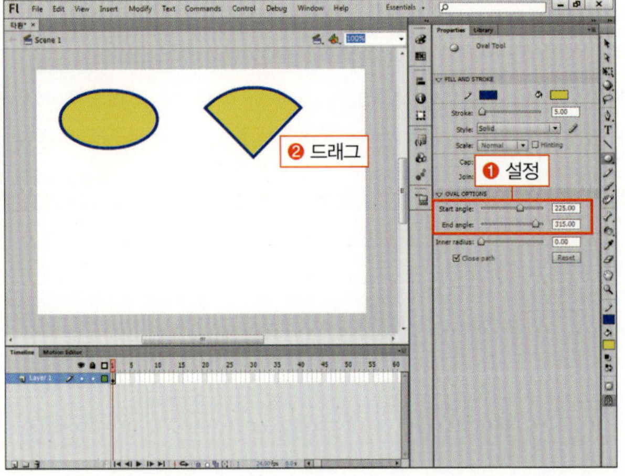

03. 이어 옛날 오락실 게임의 하나인 팩맨의 모양을 그리기 위해 [Start angle]을 '30', [End angle]을 '330'으로 설정하고 드래그하여 그립니다.

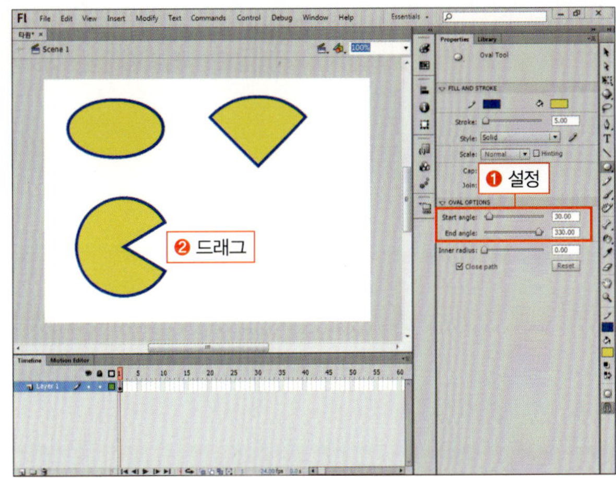

04. 이어 도넛 모양을 그리기 위해 [OVAL OPTIONS]의 설정 값을 초기 값으로 되돌립니다. [Reset] 단추를 클릭한 후 [Inner radius]를 '30'으로 설정하고 드래그하여 그립니다.

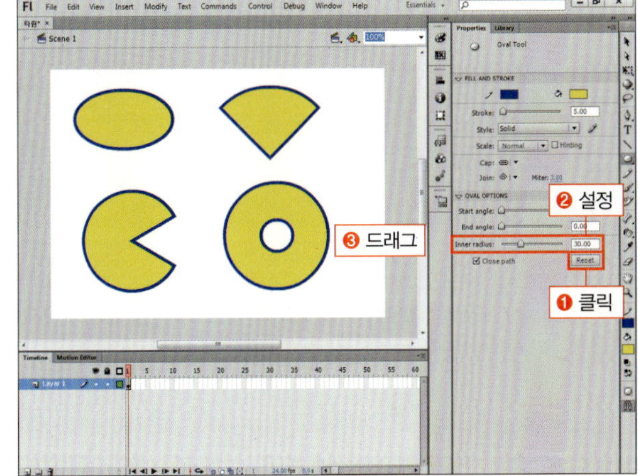

연관
검색
프리미티브 툴을 활용한 그리기는 90P의 내용을 참고하세요.

[다각형 툴](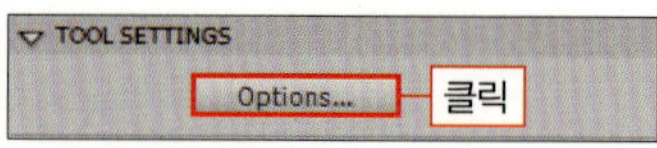)로 그릴 수 있는 도형은 정다각형으로 3각형부터 32각형까지 그릴 수 있습니다. 여러 가지 다각형을 그려보도록 하겠습니다.

완성 파일 | CD₩Part 02₩다각형_완성.fla

01. 새 도큐먼트에서 정삼각형을 그리기 위해 [다각형 툴]()을 선택하고 [Properties] 패널의 [Options] 단추를 클릭합니다.

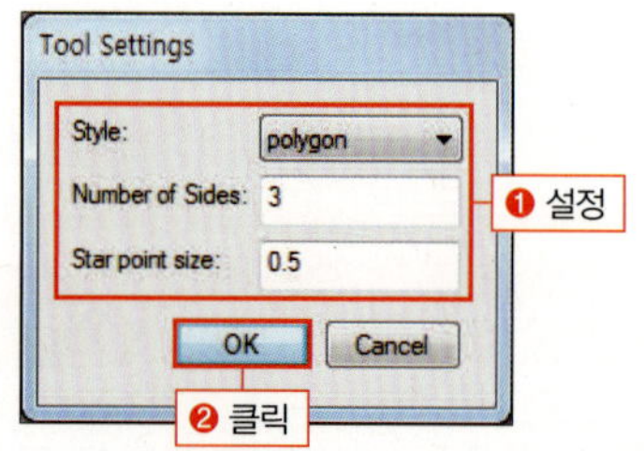

02. [Tool Settings] 대화상자에서 [Style]은 'polygon', [Number of Sides]는 '3'으로 설정하고 [OK] 단추를 클릭합니다.

03. 스테이지에서 드래그하여 '정삼각형'을 그립니다. 이 때 Shift 를 누른 상태로 그리면 꼭지점의 방향을 90° 방향으로 조절할 수 있습니다.

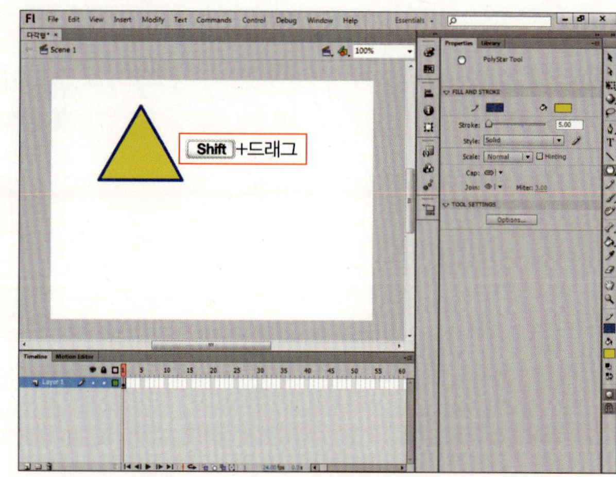

TIP : 다각형의 중심
다각형을 그릴 때는 원, 사각형을 그릴 때와 달리 클릭한 부분이 중심이 되어 그려집니다. 따라서 원하는 위치를 잘 선정하여 그려야 합니다.

04. 이어 5각형을 그리기 위해 [다각형 툴]( )을 선택하고 [Properties] 패널의 [Options] 단추를 클릭합니다. [Tool Settings] 대화상자에서 [Number of Sides]를 '5'로 변경하여 설정하고 [OK] 단추를 클릭합니다.

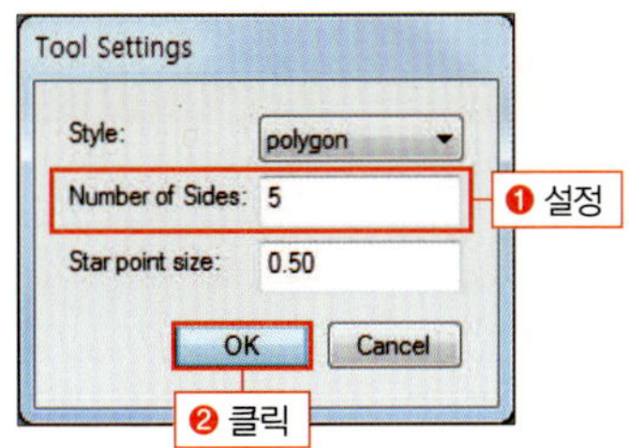

05. 스테이지의 빈 공간에서 드래그하여 5각형을 그립니다.

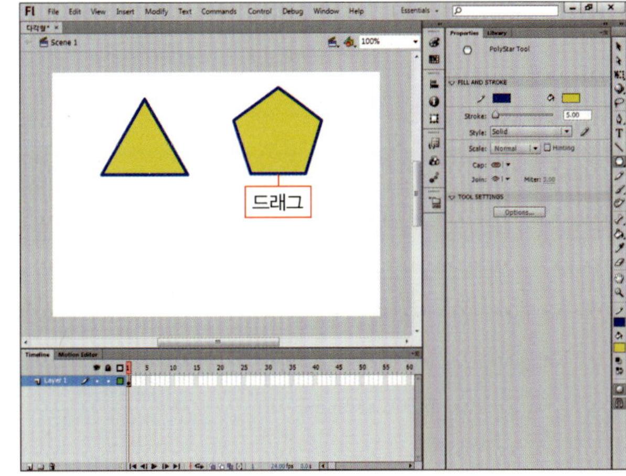

06. 같은 방법으로 8각형과 12각형을 그립니다.

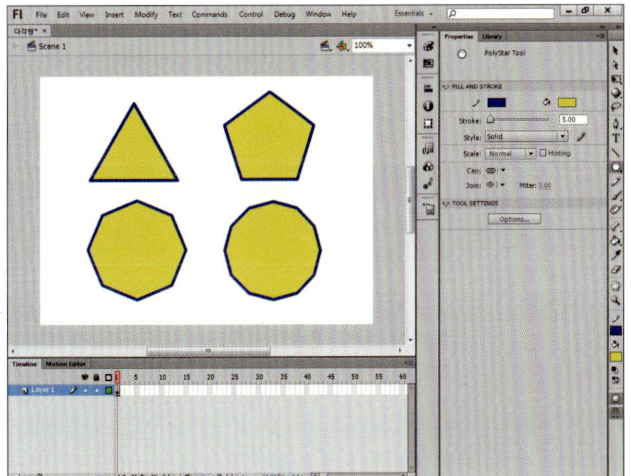

[다각형 툴]( )의 [Properties] 패널에서 별 모양을 선택하여 그릴 수 있습니다. 여러 가지 모양의 별을 그려보도록 하겠습니다.

완성 파일 | CD₩Part 02₩별_완성.fla

01. 새 도큐먼트에서 [다각형 툴]( )을 선택하고 [Properties] 패널의 [Options] 단추를 클릭하고 [Tool Settings] 대화상자에서 [Style]은 'star', [Number of Sides]는 '5', [Star point size]는 '0.50'으로 설정하고 [OK] 단추를 클릭합니다.

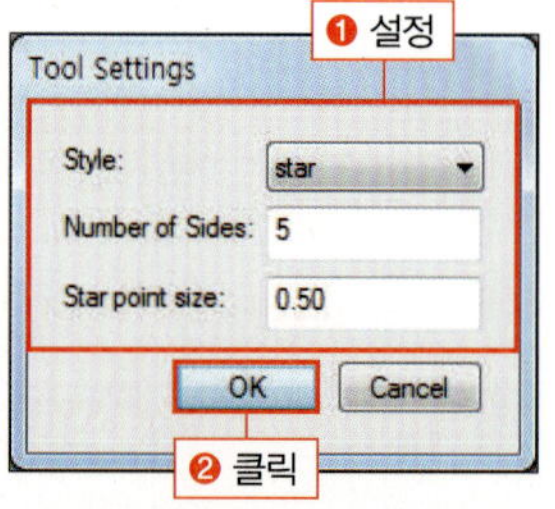

02. 스테이지에서 드래그하여 '별'을 그립니다. 이 때 **Shift** 를 누른 상태로 그리면 꼭지점의 방향을 90° 방향으로 조절할 수 있습니다.

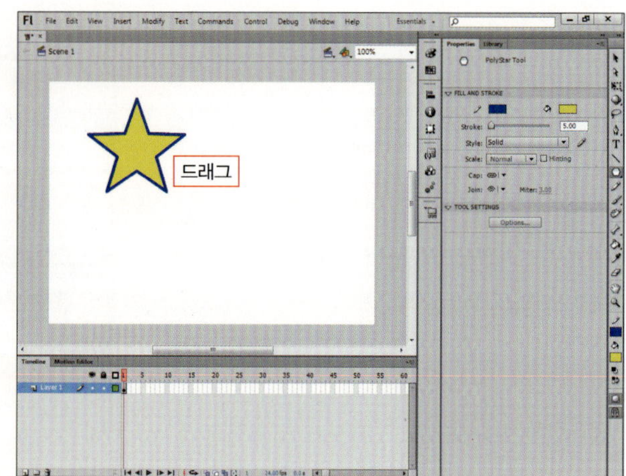

03. 이어 보안관 마크를 그리기 위해 [다각형 툴]( )을 선택하고 [Properties] 패널의 [Options] 단추를 클릭합니다. [Tool Settings] 대화상자에서 [Style]은 'star', [Number of Sides]는 '6', [Star point size]는 '0.67'로 설정하고 [OK] 단추를 클릭합니다.

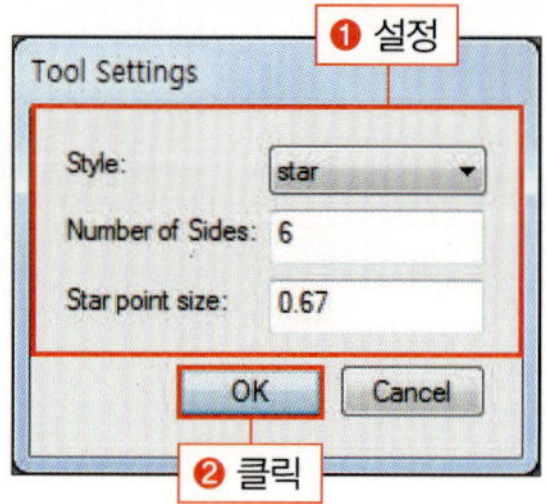

04. 스테이지의 빈 공간에서 드래그하여 '별'을
그립니다.

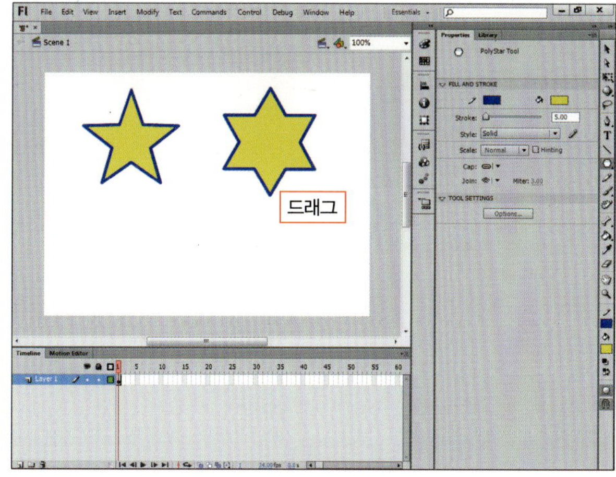

05. 반짝이는 모양의 별도 그려봅니다. 별을
뾰족하게 처리하여 그리면 되기 때문에 [Tool
Settings] 대화상자에서 [Star point size]를 '0.3'으로
설정하고 그립니다.

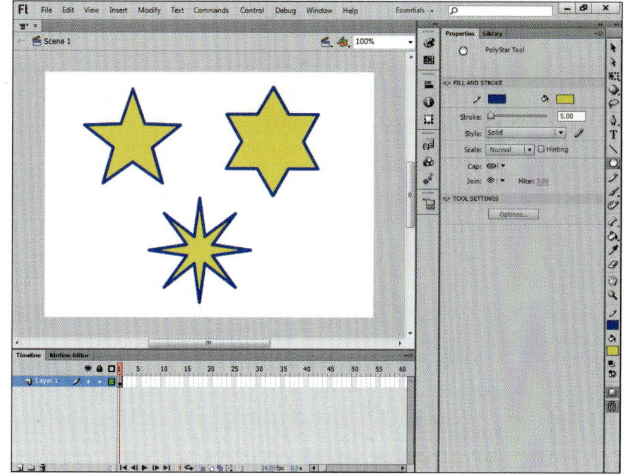

프리미티브 툴 활용하기

사각형의 곡률과 부채꼴, 도넛 모양을 매번 수치를 입력하여 그리면 불편한 점이 많습니다. 이럴 때는 프리미티브 툴을 사용하여 사각형과 원을 그려봅니다. [선택 툴](	)로 곡률과 모양을 자유롭게 조절할 수 있습니다.

■ 프리미티브 사각형 툴 사용하기

[프리미티브 사각형 툴](	)로 코너를 자유롭게 변경할 수 있는 사각형을 그릴 수 있습니다. 그룹으로 묶인 상태의 사각형이 그려지면서 코너를 조절할 수 있는 조절점들이 나타납니다. 이 조절점을 [선택 툴](	)을 사용하여 움직이면 코너의 모양을 조절할 수 있습니다.

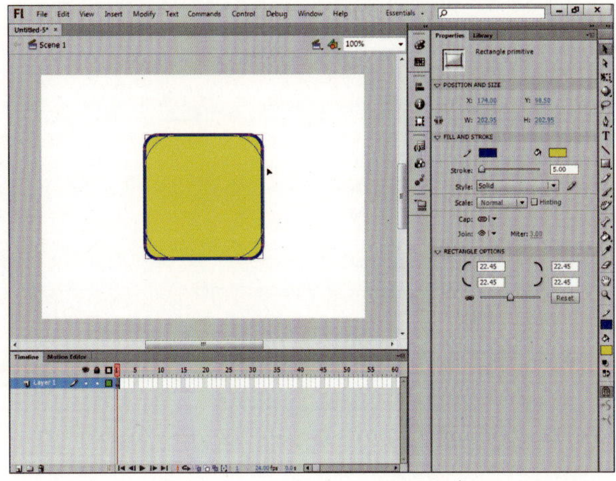

[Properties] 패널의 [코너 잠금](	)을 클릭해 코너 잠금을 풀면 각각의 코너를 자유롭게 변경할 수 있습니다. [곡률]을 '-' 값으로 입력하면 안쪽으로 오목한 도형을 그릴 수 있습니다.

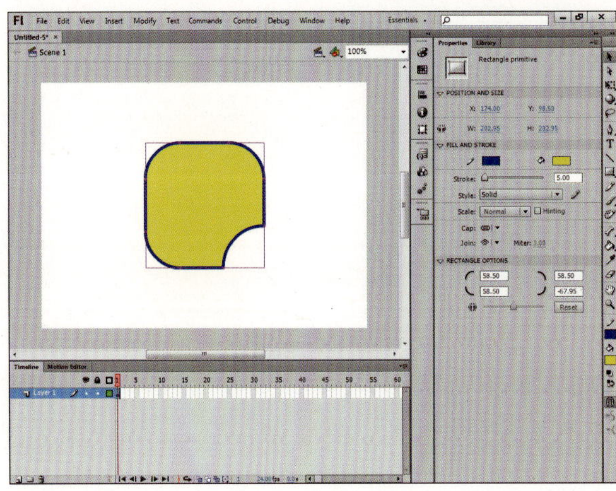

■ 프리미티브 원형 툴 사용하기

[프리미티브 원형 툴]( )로 부채꼴 모양을 자유롭게 변형하여 그릴 수 있습니다. [프리미티브 원형
툴]( )로 타원을 그린 후에 타원의 오른쪽에 나타난 점을 [선택 툴]( )로 드래그하여 부채꼴 모양
을 조절합니다.

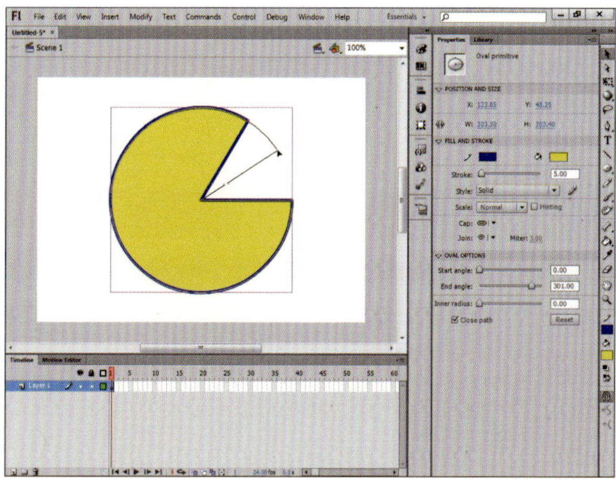

원의 가운데 점을 드래그하면 도넛 모양을 변경할 수 있습니다.

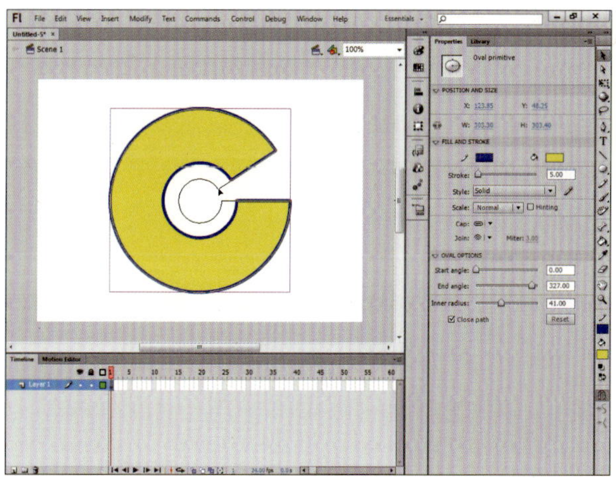

도형의 색상은 선 색상과 면 색상을 따로 설정할 수 있습니다. 단순히 색상뿐 아니라 선의 굵기와 투명도 등을 조절하여 설정할 수 있습니다. 도형의 색상을 변경하는 방법과 사용되는 패널들에 대해 알아보고 활용해 보도록 하겠습니다.

기초탄탄 ▶ 색상관련 패널 알아보기

■ [Color] 패널 **101P**

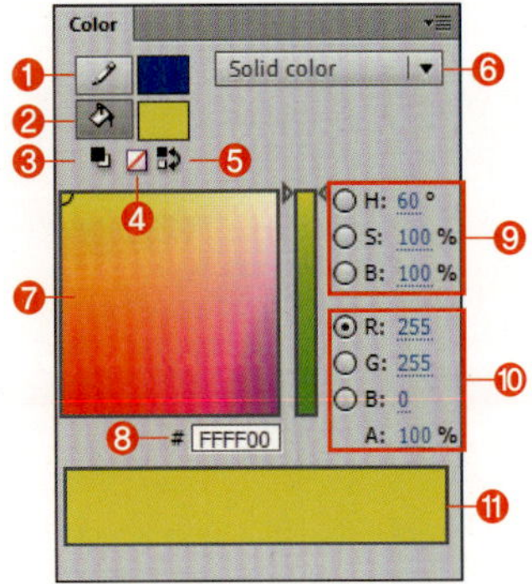

❶ **선 색상** : 선 색상을 설정합니다.

❷ **면 색상** : 면 색상을 설정합니다.

❸ **기본 색상 설정** : 기본 색상으로 설정합니다.

❹ **색상 없음** : 색상을 없앱니다.

❺ **색상 교환** : 선 색상과 면 색상을 전환합니다.

❻ **채우기 종류를 선택합니다.**
- None : 채우기 색상을 '없음'으로 설정합니다.
- Solid color : 채우기 색상을 단색으로 설정합니다.
- Linear gradient : 채우기 색상을 선형 그레이디언트로 설정합니다.
- Radial gradient : 채우기 색상을 원형 그레이디언트로 설정합니다.
- Bitmap fill : 비트맵 이미지로 채웁니다.

❼ **색상피커** : 마우스로 클릭하여 색상을 변경합니다.

❽ **색상코드** : 선택한 색상의 코드 값을 표시합니다. 코드 값을 알면 직접 입력하여 색상을 선택합니다.

❾ H/S/B : 색의 3속성인 색상, 채도, 명도 값을 설정하여 색상을 설정합니다.

❿ R/G/B/A : RGB 값을 변경하여 색상을 설정하고 A 값을 조절하여 투명도를 설정합니다.

⓫ 색상 미리보기 : 선택한 색상을 크게 보여줍니다.

■ [Swatches] 패널 `103P`

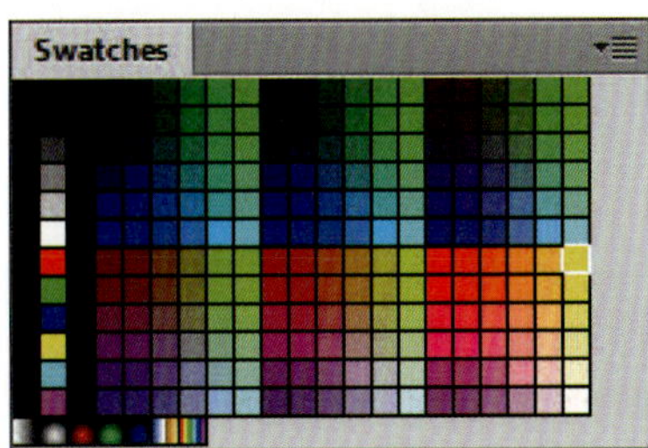

자주 사용하는 색상을 모아놓은 패널입니다. 색상을 클릭하여 도형의 색상을 선택할 수 있고 새로운 색상을 추가하여 사용할 수 있습니다. 오른쪽 상단의 [패널 메뉴](▾≣)를 클릭하여 선택한 색상을 파일로 저장하거나 저장된 색상을 불러와 추가할 수 있습니다.

도형의 선은 색상과 두께를 가지고 있습니다. 색상은 단색과 그레이디언트, 투명도를 적용할 수 있습니다.

예제 파일 | CD₩Part 02₩도형색상.fla　**완성 파일 |** CD₩Part 02₩도형선색_완성.fla

01. '도형색상.fla' 파일을 불러온 후 스테이지의 도형 중에서 원의 선 색상을 변경하기 위하여 [선택 툴]( )을 선택하고 '원'의 선 부분을 클릭합니다.

02. [Properties] 패널에서 [선 색상]을 '빨간색'으로 설정합니다.

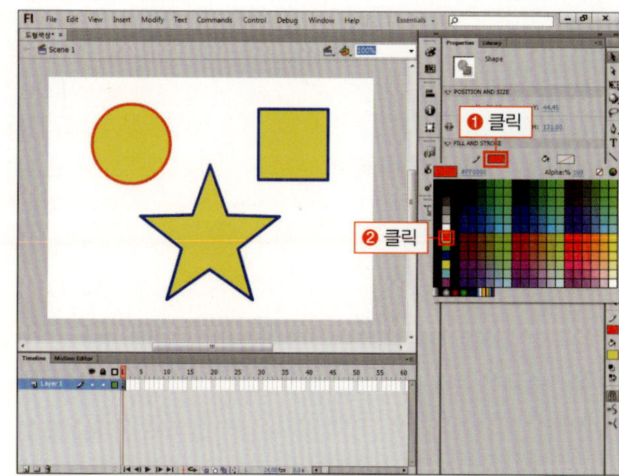

03. 이번에는 [잉크병 툴]( )을 선택하고 [Properties] 패널에서 [선 색상]을 '자주색'으로 설정합니다.

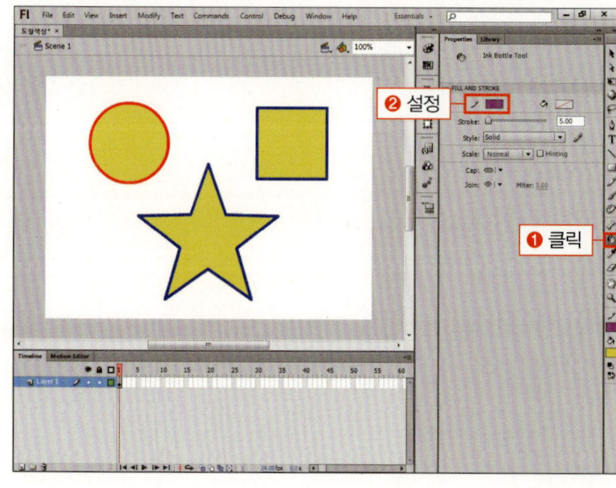

> **TIP :** [잉크병 툴]( )은 [페인트통 툴]( )과 함께 묶여 있는 툴로 선이 복잡한 오브젝트도 한 번 클릭으로 선 색상을 적용할 수 있습니다. 또한 선이 없는 셰이프 오브젝트에도 선을 만들 수 있습니다.

04. 선 색상을 적용하기 위해 '사각형'의 선을 클릭합니다.

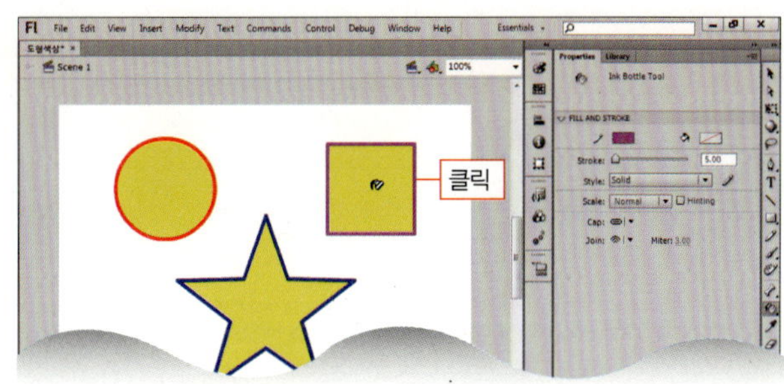

05. 이어 선 색상을 따로따로 지정해 봅니다. '별'을 보면 10개의 변으로 되어있고 [선택 툴]( )로 선을 클릭하면 하나씩 선택할 수 있습니다. 별의 뾰족한 부분의 한쪽, 즉 2개의 변만 클릭합니다. Shift 를 누른 상태로 클릭합니다.

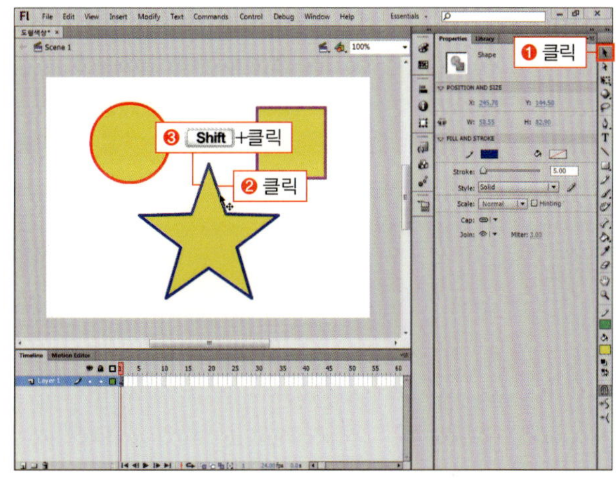

06. [Properties] 패널에서 [선 색상]을 '빨간색'으로 설정합니다.

07. 같은 방법으로 선택하여 각각 다른 선 색상을 적용합니다.

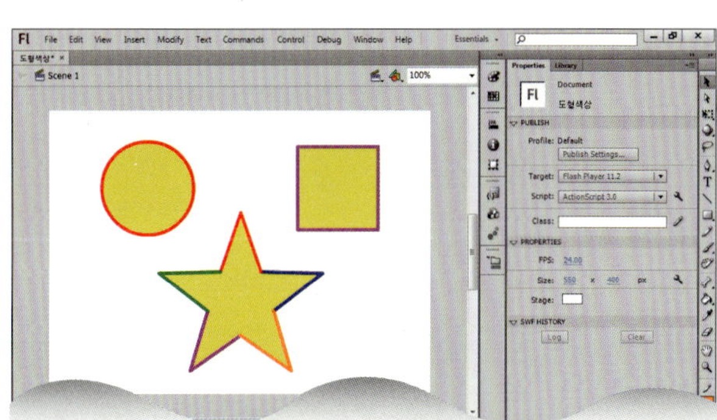

셰이프 오브젝트 도형의 면은 색상을 적용하고 마음대로 변경할 수 있습니다. 그레이디언트와 투명도를 적용할 수 있습니다.

예제 파일 ┃ CD\Part 02\도형색상.fla   **완성 파일** ┃ CD\Part 02\도형면색_완성.fla

01. 면 색상을 변경하기 위해 '도형색상.fla' 파일을 불러온 후 [선택 툴]([\|])을 선택하고 '원'의 면 부분을 클릭합니다.

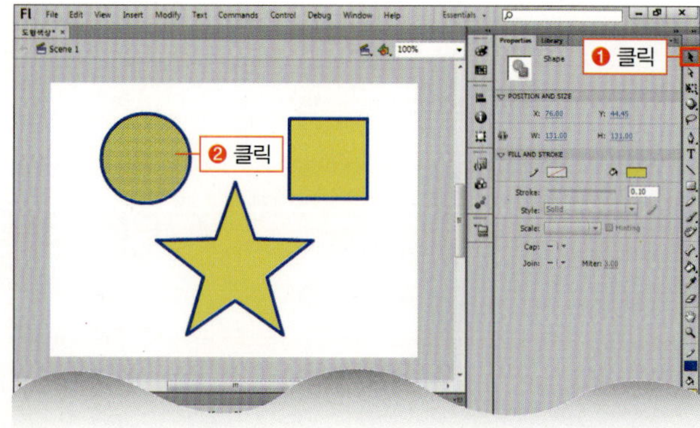

02. [Properties] 패널에서 [면 색상]을 '빨간색'으로 설정합니다.

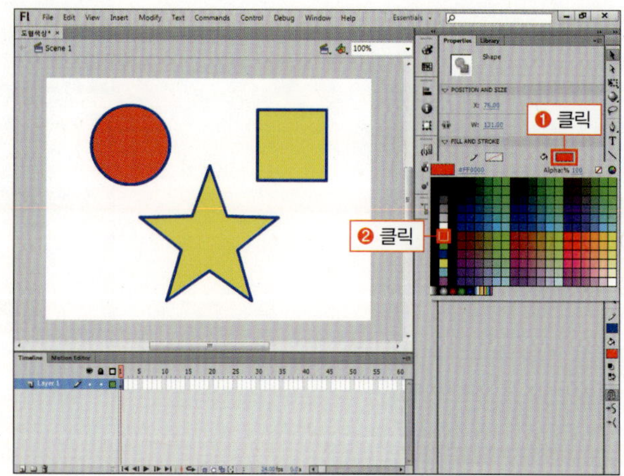

03. 이어 면의 일부분만 색상을 변경하기 위해 [올가미 툴]([🔍])을 선택하고 사각형의 윗부분 절반만 자유롭게 드래그하여 선택합니다.

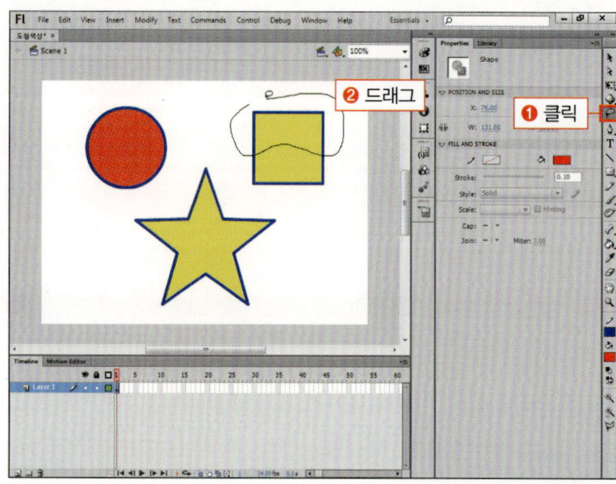

04. 선택된 부분의 면 색상을 변경하기 위해
[Properties] 패널에서 [면 색상]을 '초록색'으로 설
정합니다.

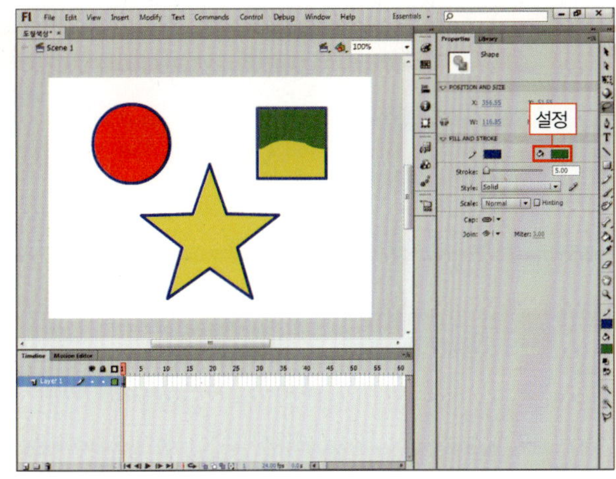

05. 이어 투명도를 변경하여 색상을 적용해 봅
니다. [페인트통 툴]( )을 선택하고 [Properties]
패널에서 [면 색상]을 클릭하여 '파란색'을 선택하
고 색상표 오른쪽 상단의 [Alpha]를 '50%'로 설정
합니다.

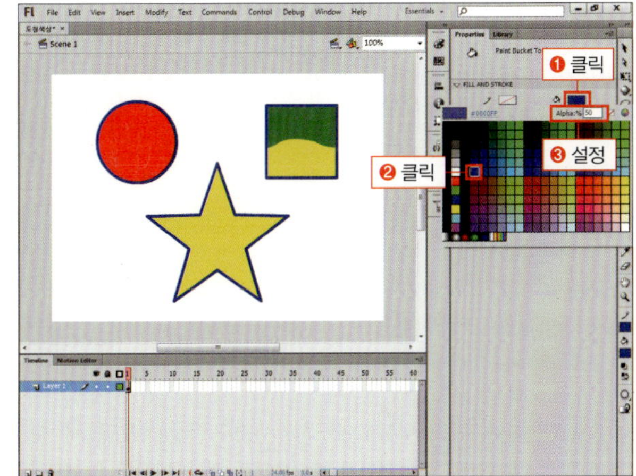

06. '별'의 면을 클릭하여 색상을 적용합니다. 선
색상과 같은 색상이지만 투명도가 적용되어 옅은
색상의 '파란색'이 적용됩니다.

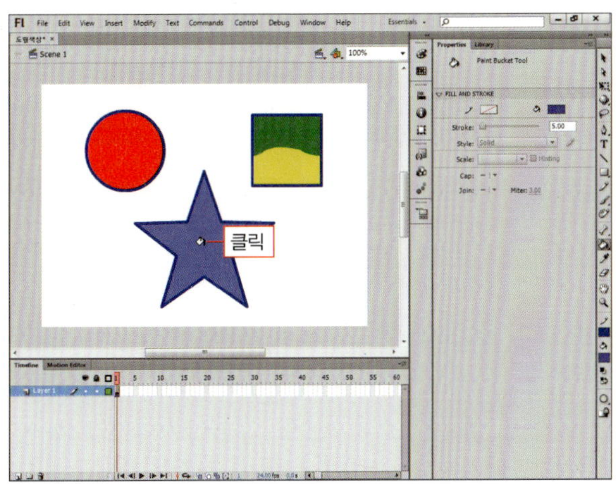

그레이디언트 색상은 선과 면에 각각 적용할 수 있습니다. 다양한 그레이디언트를 적용해 보도록 하겠습니다.

예제 파일 | CD\Part 02\도형색상.fla **완성 파일 |** CD\Part 02\도형그레이디언트_완성.fla

01. '도형색상.fla' 파일을 불러온 후 [선택 툴] ( )을 선택하고 '원'의 면 부분을 더블클릭하여 선과 면을 모두 선택합니다.

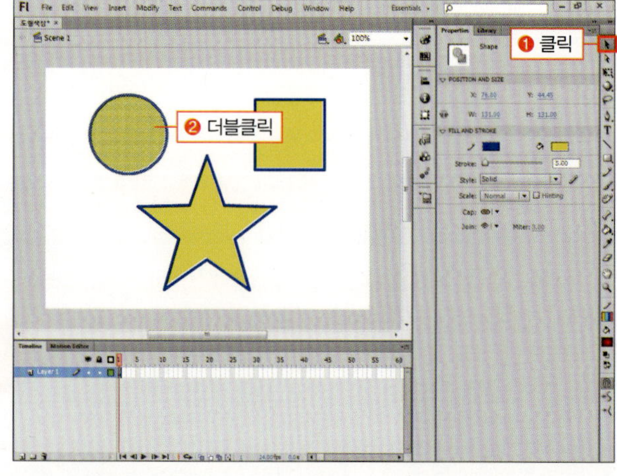

02. [Properties] 패널에서 [선 색상]을 클릭하고 색상표 아래의 '선형 무지개 그레이디언트'를 선택합니다.

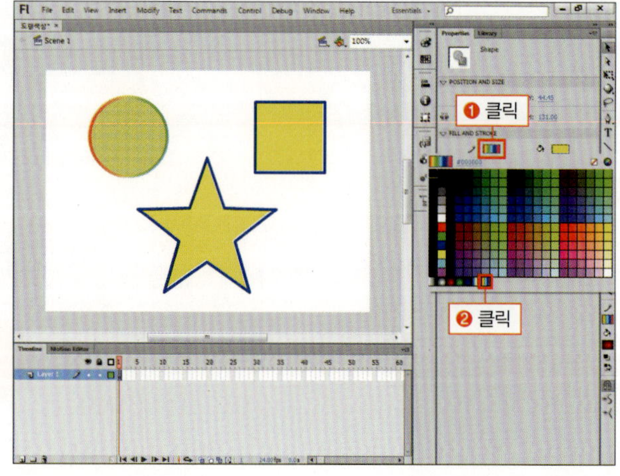

03. 이어 [면 색상]을 클릭하고 색상표 아래의 '빨강과 검정 원형 그레이디언트'를 선택합니다.

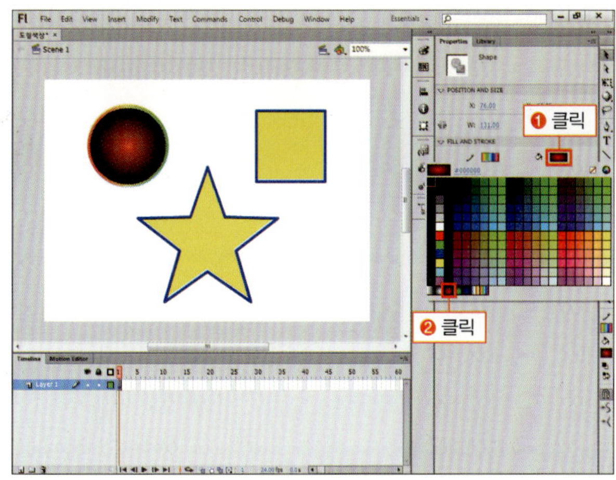

04. [페인트통 툴]( )을 선택하여 그레이디언트 색상을 적용하기 위해 [면 색상]을 클릭하고 '초록–검정의 원형 그레이디언트'를 선택합니다.

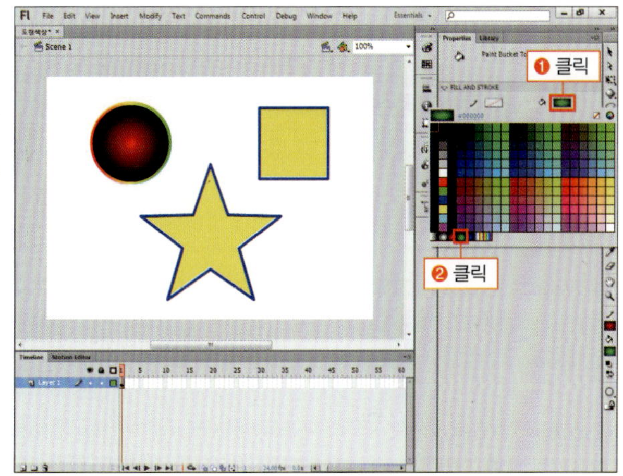

05. [페인트통 툴]( )로 '사각형'의 면을 클릭합니다. 이 때 클릭한 지점이 그레이디언트의 중심이 되어 색상이 적용됩니다.

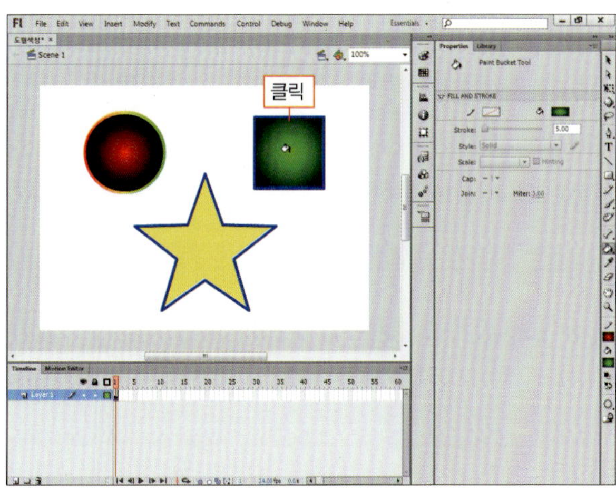

06. 이번에는 '무지개 색의 선형 그레이디언트'를 선택하고 '별'에 색상을 적용해 봅니다. [페인트 통 툴]( )로 클릭하여 적용합니다.

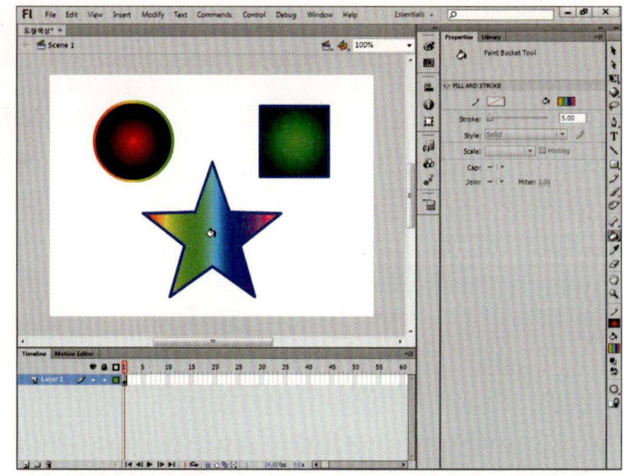

07. 선형 그레이디언트는 [페인트통 툴]( )을 드래그하여 색상의 적용 범위와 방향을 변경할 수 있습니다. [페인트통 툴]( )로 '별'의 위에서 아래로 드래그하여 색상을 변경합니다.

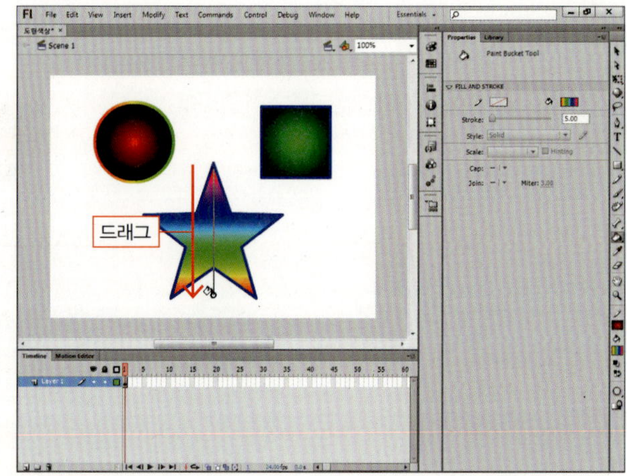

TIP : 그레이디언트 색상 적용하기

그레이디언트는 선형과 원형으로 적용할 수 있습니다. 그레이디언트를 적용할 오브젝트를 클릭한 후 그레이디언트 색상을 클릭하여 적용할 수 있지만 [페인트 통 툴]( )을 사용하면 그레이디언트 방향과 적용 범위를 드래그 방식으로 바꾸어 적용할 수 있습니다.

그레이디언트는 원하는 색상을 조합하여 만들 수 있습니다. 그레이디언트 색상을 직접 만들어보고 만든 색상을 저장하는 방법을 알아보도록 하겠습니다.

예제 파일 l CD₩Part 02₩그레이디언트만들기.fla **완성 파일 l** CD₩Part 02₩그레이디언트만들기_완성.fla

01. '그레이디언트만들기.fla' 파일을 불러온 후 [선택 툴](▶)을 선택하여 그레이디언트가 적용된 '꽃'을 클릭합니다.

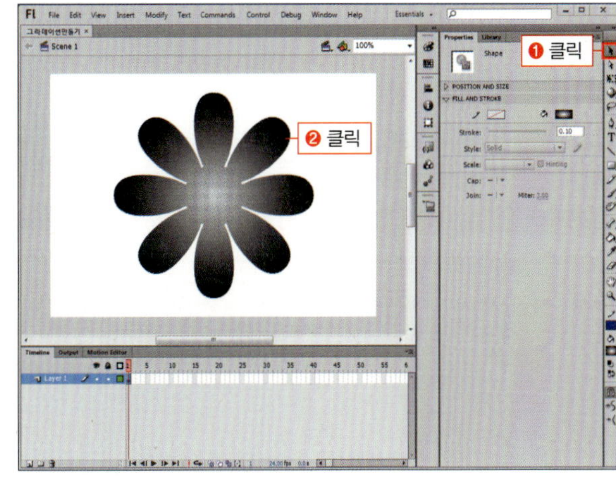

02. [Color](🎨)를 클릭해 [Color] 패널을 열면 패널 아래에 2가지 색상이 적용된 그레이디언트 슬라이드 바를 확인할 수 있습니다.

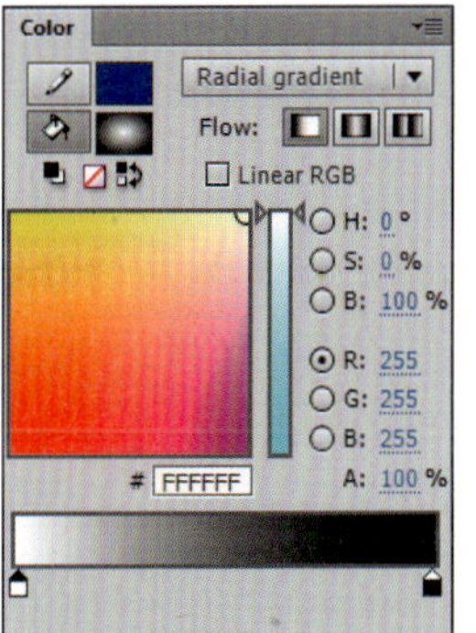

03. 색상을 변경하기 위해 흰색으로 지정된 슬라이더를 클릭하고 [색상피커]에서 '빨간색'을 클릭하여 색상을 변경합니다.

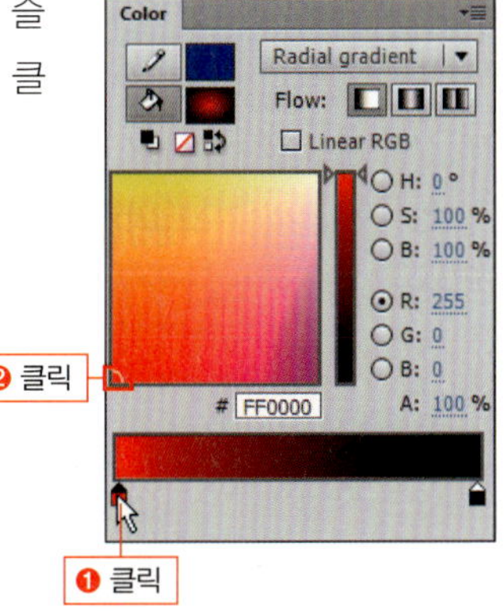

04. 검은색으로 설정된 색상을 변경하기 위해 오른쪽 슬라이더를 클릭하면 피커의 색상이 변경되는데 이 때 [색상피커] 오른쪽의 슬라이더를 상하로 움직이면 [색상 피커]의 색상을 변경할 수 있습니다. 슬라이더를 드래그하여 위로 올립니다.

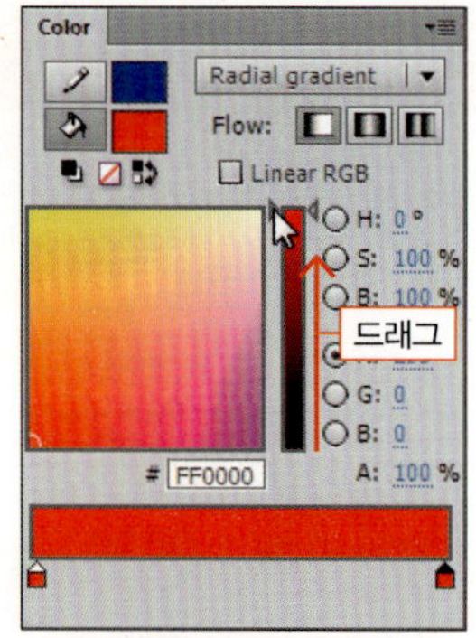

05. 오른쪽 슬라이더의 [색상]을 '자주색'으로 변경합니다.

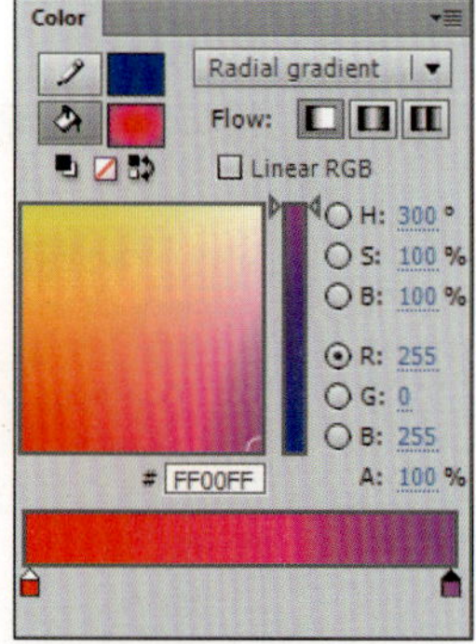

06. 그레이디언트 슬라이더 가운데 아래를 클릭하여 슬라이더를 추가합니다.

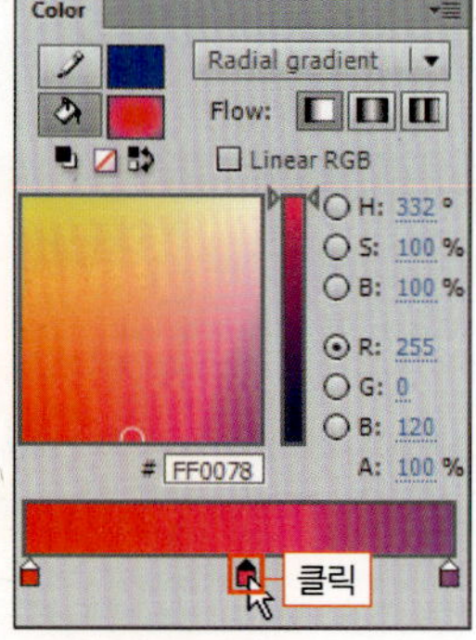

07. 추가한 슬라이더의 [색상]을 '노란색'으로 변경합니다.

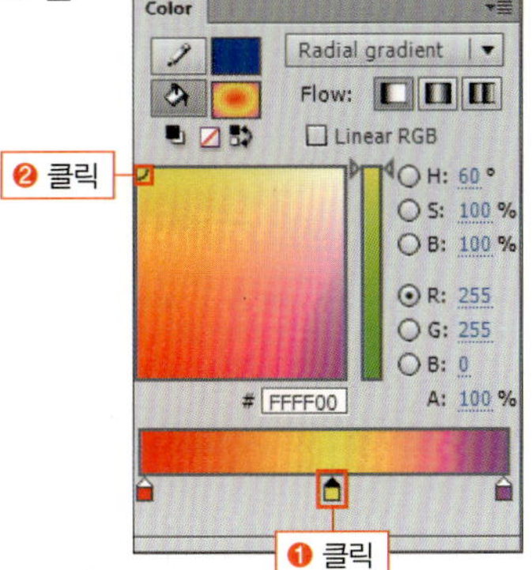

08. 만들어진 그레이디언트 색상을 [Swatches] 패널에 추가하기 위해 [Color] 패널 오른쪽 위의 패널 메뉴(▾≣)를 클릭하고 'Add Swatch'를 선택합니다.

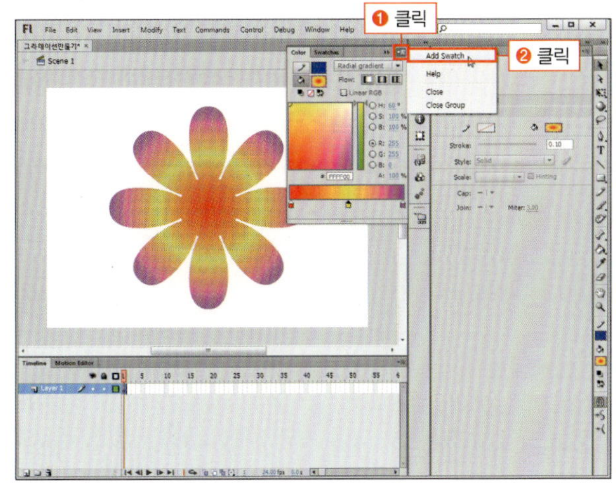

09. [Swatches](▦)를 클릭해 [Swatches] 패널을 열면 새로 추가된 그레이디언트 색상을 확인할 수 있습니다.

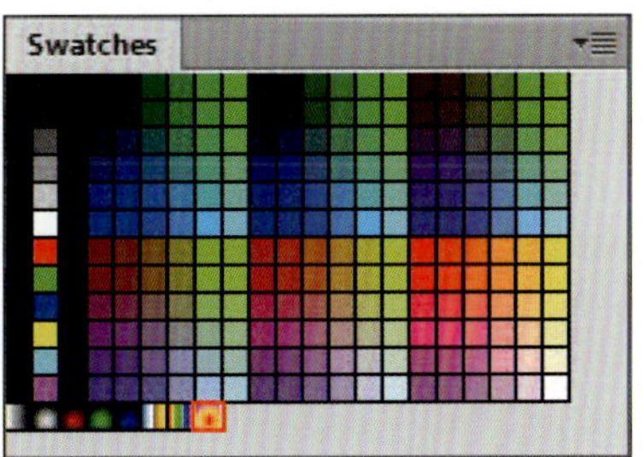

데코 툴로 장식하기

[데코 툴]( )은 심벌을 반복적으로 배열하여 배경 등을 만들 때 사용합니다. 세이프 오브젝트의 면을 장식할 수 있고 심벌을 브러시처럼 그려서 배치할 수 있으며 불, 연기 등과 같은 효과를 표현할 수 있습니다.

01. 새 도큐먼트를 열고 [데코 툴]( )을 선택하고 [Properties] 패널에서 'Vine Fill'을 선택하고 스테이지의 빈 공간 클릭합니다.

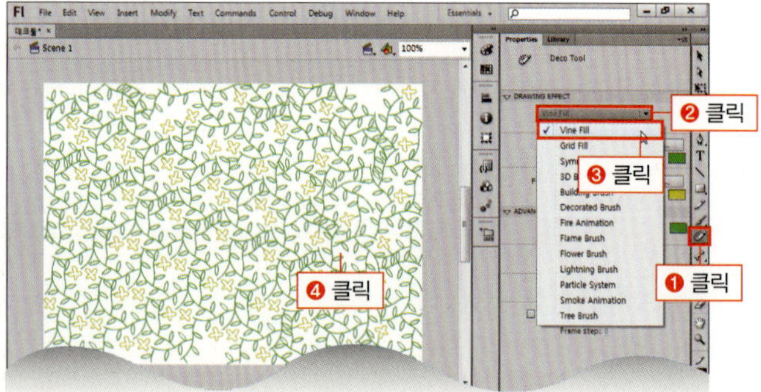

02. 꽃 패턴이 채워집니다. 이어 'Lightning Brush'을 선택하고 [Lightning color]를 '파란색'으로 설정한 후 스테이지의 위에서 아래로 지그재그로 드래그하여 번개 빛을 만듭니다.

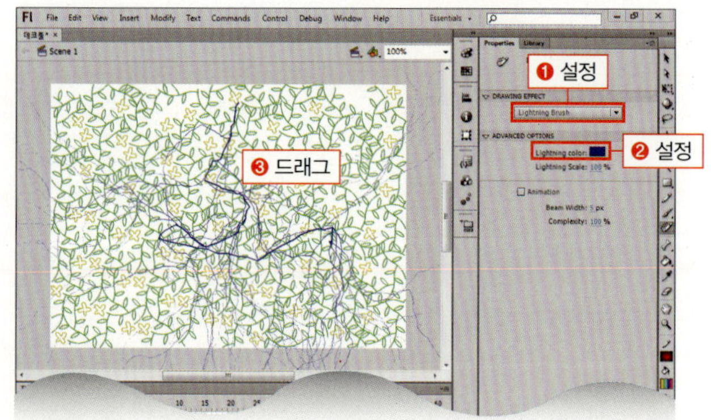

03. 이어 'Flower Brush'을 선택하고 'Garden flower'를 선택한 후 스테이지에 '원'을 그려 장식합니다.

TIP : [데코 툴]( )은 정해진 심벌을 사용하여 장식할 때 사용됩니다. 일부 효과는 심벌로 등록된 오브젝트를 사용하여 표현할 수 있도록 되어 있습니다. 내가 만든 심벌을 사용하여 [데코 툴]( )로 장식하면 색다른 효과를 연출할 수 있습니다.

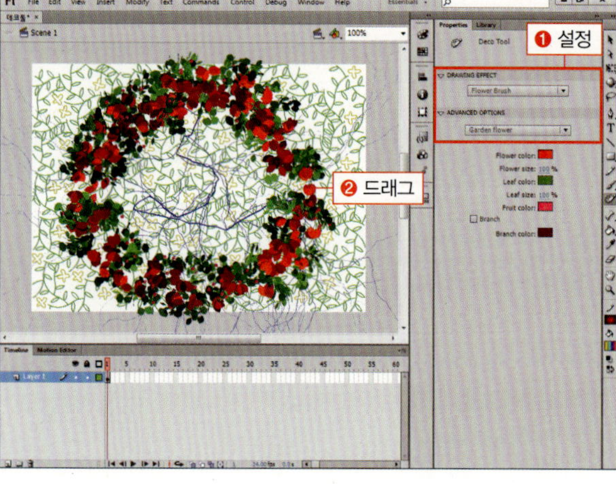

그레이디언트 변형 툴로 그레이디언트 편집하기

오브젝트에 그레이디언트를 적용하면 일률적으로 적용되어 나타납니다. 그레이디언트 변형 툴(□)을 사용하면 그레이디언트의 모양을 변형하여 사용할 수 있습니다.

■ 그레이디언트 변형 툴 사용하기

[그레이디언트 변형 툴](□)은 적용된 그레이디언트를 편집할 때 사용합니다. [그레이디언트 변형 툴](□)을 선택하고 그레이디언트가 적용된 개체를 선택하면 그레이디언트를 변형할 수 있는 조절점들이 나타납니다. 이 조절점들을 사용하면 중심 변경 및 이동, 크기, 방향 등을 조절할 수 있습니다.

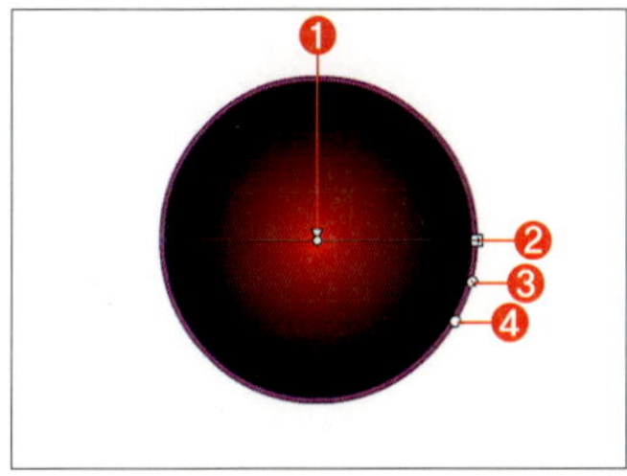

❶ 그레이디언트의 중심을 이동합니다.
❷ 그레이디언트의 폭을 변경합니다.
❸ 그레이디언트의 크기를 변경합니다.
❹ 그레이디언트의 방향을 회전시킵니다.

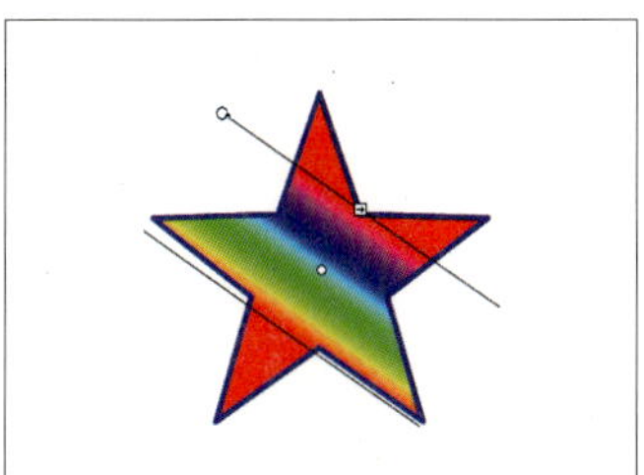

▲ 그레이디언트 변형 툴로 변형한 그레이디언트

펜 툴은 정교한 드로잉 작업을 위해 사용됩니다. 베지어 곡선을 사용하여 도형, 캐릭터 등을 그릴 수 있으며 상당수의 그래픽 소프트웨어에서 사용되고 있는 툴입니다. 펜 툴을 처음 접한다면 다소 어려울 수 있지만 잘 익혀두면 유용하게 사용할 수 있는 툴이므로 펜 툴로 다양한 드로잉을 해보도록 하겠습니다.

기초탄탄 ▶ 패스의 구성요소 알아보기

패스는 앵커포인트와 세그먼트로 이루어진 선과 곡선을 뜻합니다. 패스를 구성하는 모든 세그먼트가 연결되어 있으면 닫힌 패스, 하나라도 끊어져 있으면 열린 패스라고 합니다.

■ 패스의 구성요소

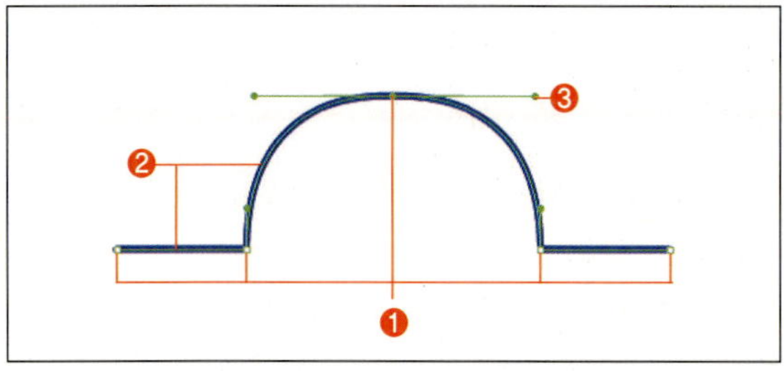

① **앵커포인트** : 세그먼트와 세그먼트를 연결하는 점을 뜻하며 보통 직선이나 곡선의 방향이 바뀌는 경우 해당 부위에 앵커포인트를 생성해야 합니다. 복잡한 오브젝트일수록 앵커포인트의 수가 많고 용량이 커집니다.

② **세그먼트** : 패스의 모양을 이루는 실제 직선이나 곡선을 뜻합니다.

③ **핸들러** : 세그먼트가 곡선일 경우에만 나타나며 곡선의 방향과 휘는 정도를 결정합니다.

■ 핸들러의 역할 `111P`

[펜 툴]( )로 곡선을 그리면, 곡선의 모양을 결정하는 핸들러는 양쪽 방향으로 대칭되어 나타납니다.
마우스 방향 반대쪽의 핸들러는 현재 그려지는 곡선의 모양을 결정하고 마우스와 동일한 방향의 핸들러
는 다음에 그려지는 곡선의 모양이 부드럽게 이어지도록 하는 역할을 하게 됩니다. 만약 다음에 그려지
는 세그먼트가 직선이거나 곡선의 방향이 이어지지 않도록 하려면 핸들러를 끊어주어야 합니다. 핸들러
를 끊어주는 방법은 곡선을 그리고서 바로 앵커포인트를 다시 클릭하면 됩니다.

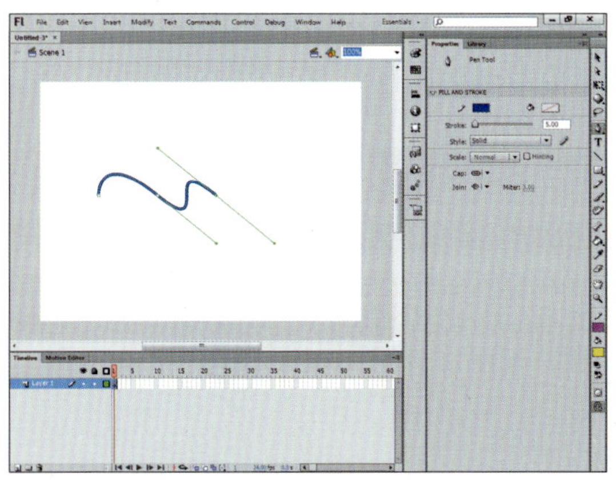

▲ 핸들러를 끊지 않고 그린 곡선의 모양

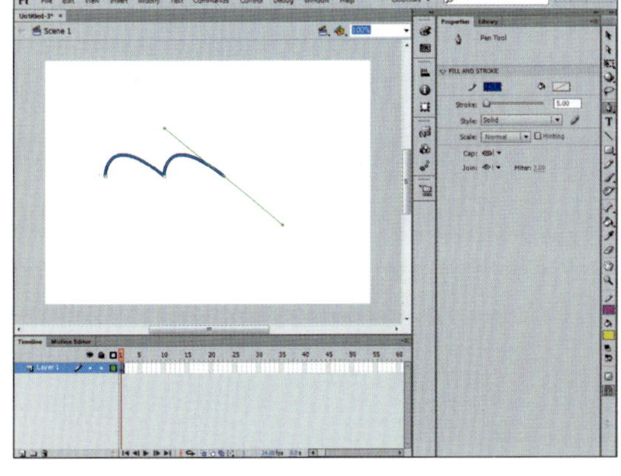

▲ 핸들러를 끊고 그린 곡선의 모양

■ 펜 툴의 수정과 전환 `113P`

[펜 툴]( )로 그린 세그먼트는 추가, 삭제, 직선과 곡선의 변환을 할 수 있습니다. [펜 툴]( )의 숨은
도구 중 [앵커포인트 추가 툴]( )은 세그먼트 선을 클릭하여 앵커포인트를 추가할 수 있고, [앵커포인트
삭제 툴]( )은 불필요한 앵커포인트를 클릭하여 삭제할 수 있습니다. [앵커포인트 변환 툴]( )은 곡선
의 앵커포인트를 클릭하여 직선으로 변환하고, 직선의 앵커포인트를 드래그하여 곡선으로 변환할 수 있
습니다.

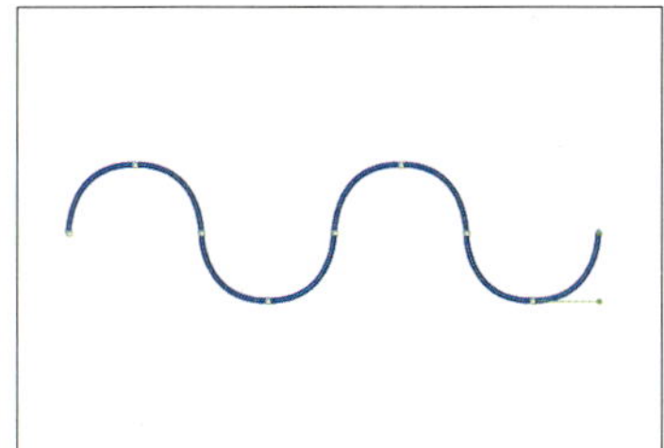

▲ 펜 툴을 사용하여 그린 곡선의 모양

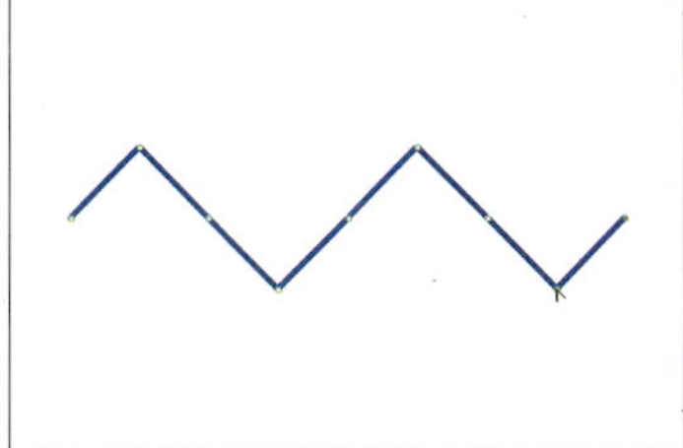

▲ 앵커포인트 변환 툴을 사용하여 직선으로
변환된 모양

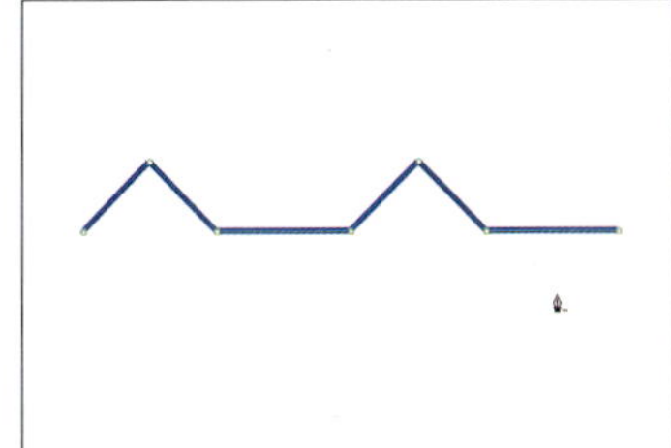

▲ 앵커포인트 삭제 툴을 사용하여 일부 앵커
포인트를 삭제한 모양

■ [Grid] 대화상자 `109P`

도큐먼트의 격자를 설정할 수 있는 [Grid] 대화상자는 [View]-[Grid]-[Show Grid](`Ctrl` + `` ` ``) 메뉴를 클릭하여 엽니다.

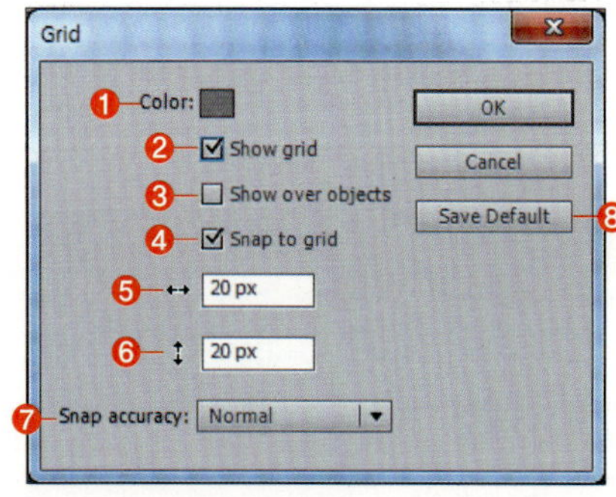

❶ Color : 격자의 색상을 표시합니다.

❷ Show grid : 격자를 스테이지에 표시합니다.

❸ Show over objects : 격자 선을 오브젝트 위에 표시합니다.

❹ Snap to grid : 오브젝트 배치나 드로잉 시 격자에 물리도록 설정합니다.

❺ 격자의 가로 간격을 설정합니다.

❻ 격자의 세로 간격을 설정합니다.

❼ Snap accuracy : 스냅의 정확도를 선택합니다.

❽ [Save Default] 단추 : 설정 값을 기본 값으로 저장합니다.

■ [Guides] 대화상자

도큐먼트의 가이드를 설정할 수 있는 [Guides] 대화상자는 [View]-[Guides]-[Edit Guides](`Ctrl` + `Alt` + `Shift` + `G`) 메뉴를 클릭하여 엽니다.

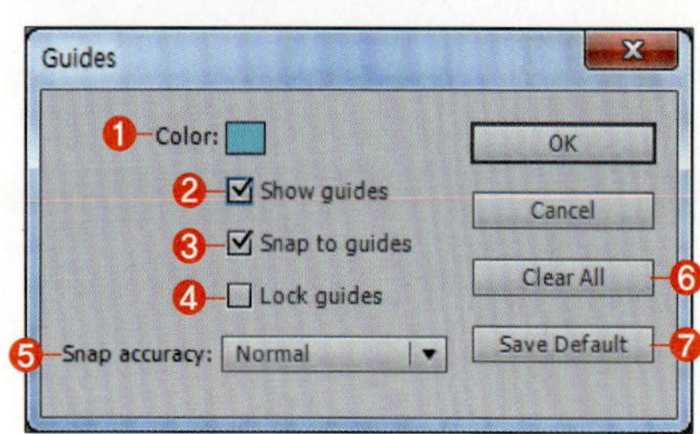

❶ Color : 가이드의 색상을 표시합니다.

❷ Show guides : 가이드를 스테이지에 표시합니다.

❸ Snap to guides : 오브젝트 배치나 드로잉 시 가이드에 물리도록 설정합니다.

❹ Lock guides : 가이드를 고정하여 움직이지 않도록 합니다.

❺ Snap accuracy : 스냅의 정확도를 선택합니다.

❻ [Clear All] 단추 : 화면에 설정된 모든 가이드를 없앱니다.

❼ [Save Default] 단추 : 설정 값을 기본 값으로 저장합니다.

격자와 가이드는 오브젝트 드로잉과 배치를 손쉽게 할 수 있도록 스테이지에 구분표시를 하는 것으로 자를 대고 그린 듯 반듯하게 표현할 수 있습니다.

01. 격자와 가이드를 화면에 설정해 봅니다. 새 도큐먼트에서 격자를 설정하기 위해 [View]–[Grid]–[Show Grid](**Ctrl** + **'**) 메뉴를 클릭합니다.

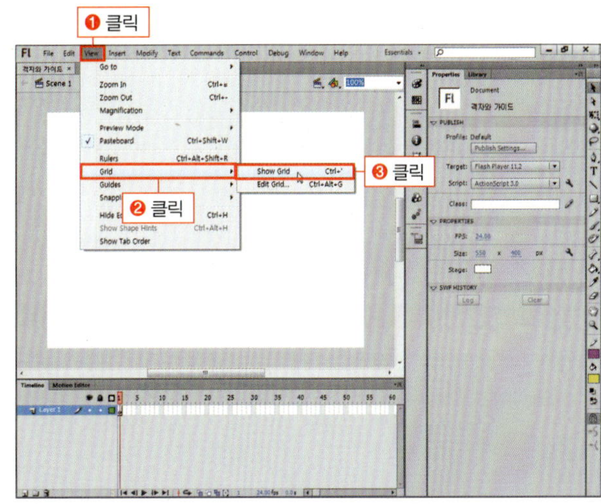

02. 화면에 격자가 표시되면 [View]–[Grid]–[Edit Grid](**Ctrl** + **Alt** + **G**) 메뉴를 클릭하여 [Grid] 대화상자를 엽니다. 격자의 크기를 [가로 x 세로] 각각 '20px x 20 px'로 설정하고 [OK] 단추를 클릭합니다.

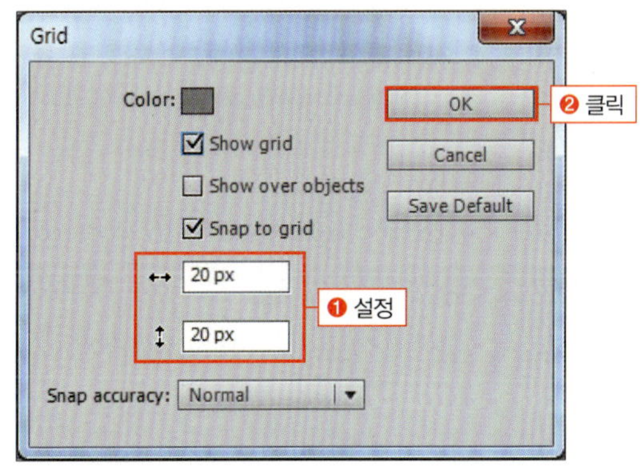

03. 격자 간격이 넓어진 상태로 화면에 표시됩니다.

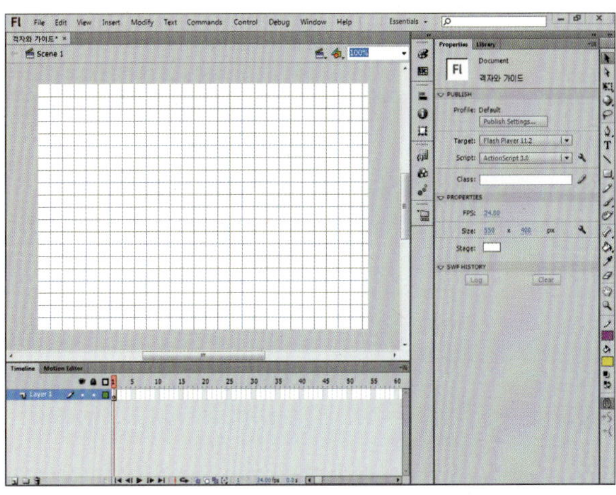

04. 격자와 스냅이 설정된 상태에서 도형을 그려 봅니다. '원'을 그려보면 격자에 물려 쉽게 그릴 수 있습니다.

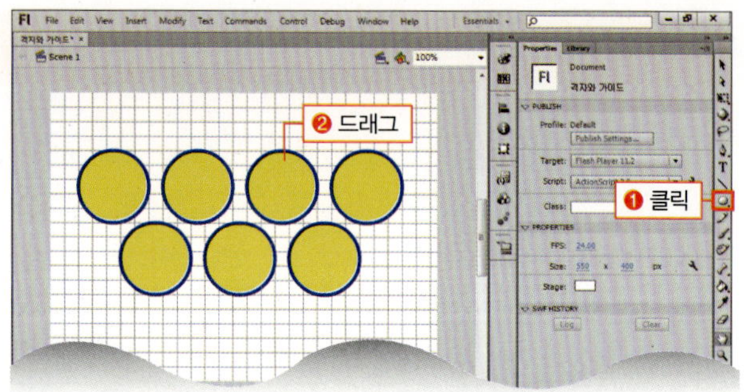

05. 이번에는 가이드를 사용하기 위해 설정을 해 봅니다. 눈금자를 화면에 표시하기 위해 [View]-[Rulers](**Ctrl** + **Alt** + **Shift** + **R**) 메뉴를 클릭합니다.

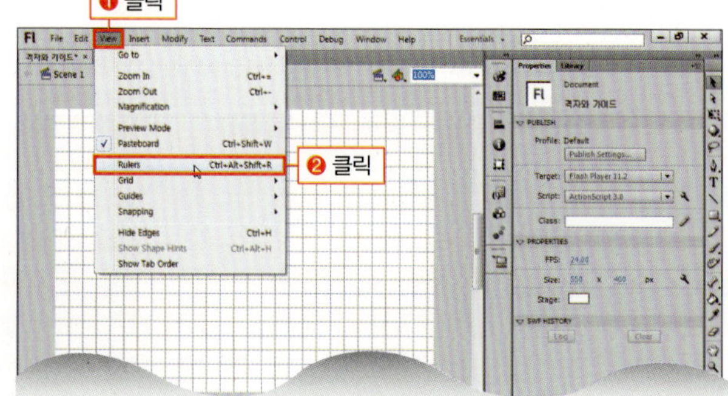

06. 눈금자가 표시되면 [View]-[Guides]-[Show Guides](**Ctrl** + **;**) 메뉴를 클릭하여 가이드를 보이도록 설정합니다.

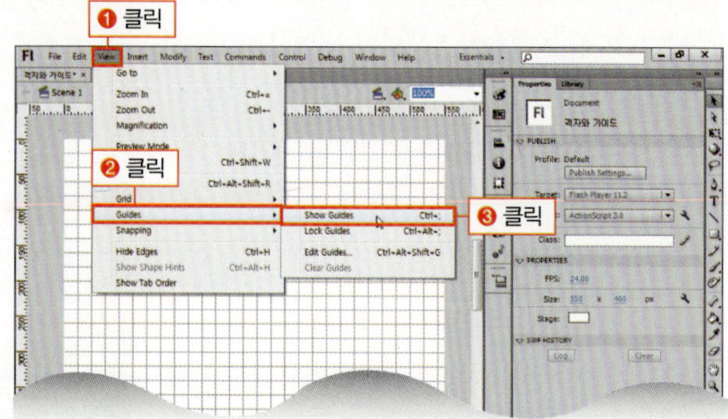

07. 가이드를 사용하기 위해서 눈금자의 눈금 부분을 클릭하고 마우스로 드래그하면 가이드를 꺼내어 사용할 수 있습니다. 불필요한 가이드는 [선택 툴]( )을 사용하여 눈금자나 작업영역의 보이지 않는 영역으로 드래그하면 삭제할 수 있습니다.

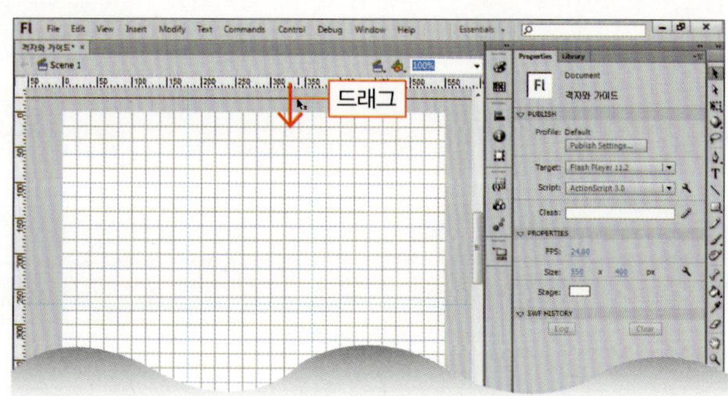

[펜 툴]( )로 그림을 그려보도록 하겠습니다. [펜 툴]( )을 사용하면 자유롭고 정교한 드로잉을 할 수 있습니다. 앵커포인트와 핸들을 사용하여 원하는 모양의 직선과 곡선을 그릴 수 있고 격자와 스냅기능을 활용하면 동일한 모양과 패턴을 쉽게 그릴 수 있습니다.

완성 파일 ㅣ CD\Part 02\펜툴_완성.fla

01. 새 도큐먼트에서 [View]-[Grid]-[Edit Grid](Ctrl + Alt + G) 메뉴를 클릭하여 [Grid] 대화상자를 엽니다. [Grid] 대화상자에서 다음과 같이 격자를 설정하고 [OK] 단추를 클릭합니다.

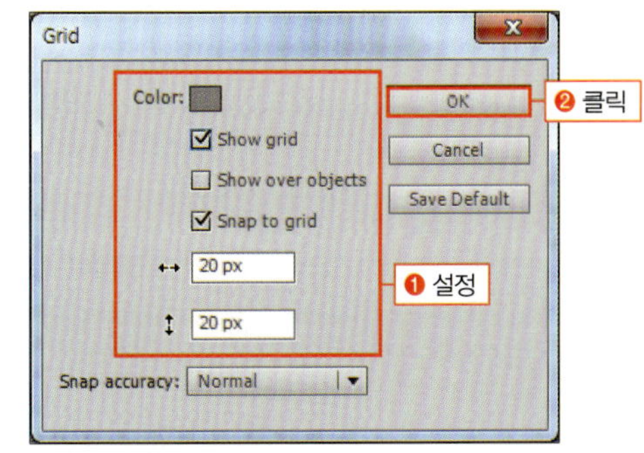

02. [펜 툴]( )을 선택하고 스테이지의 왼쪽 가운데의 첫 번째 교차점을 클릭하여 패스를 시작합니다.

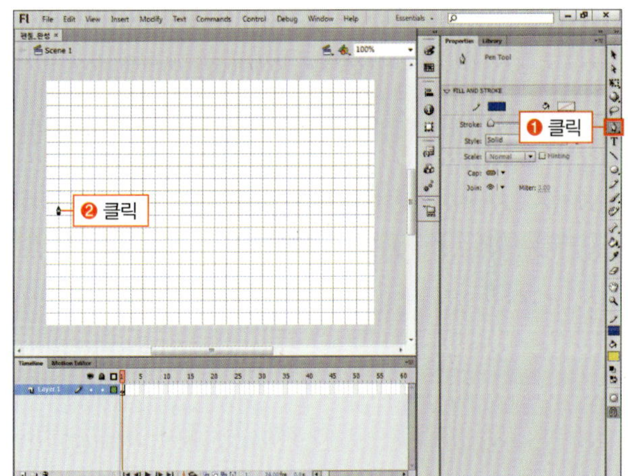

03. 첫 번째 점으로부터 오른쪽으로 3칸, 위로 3칸되는 지점을 클릭한 상태로 오른쪽으로 3칸 드래그합니다.

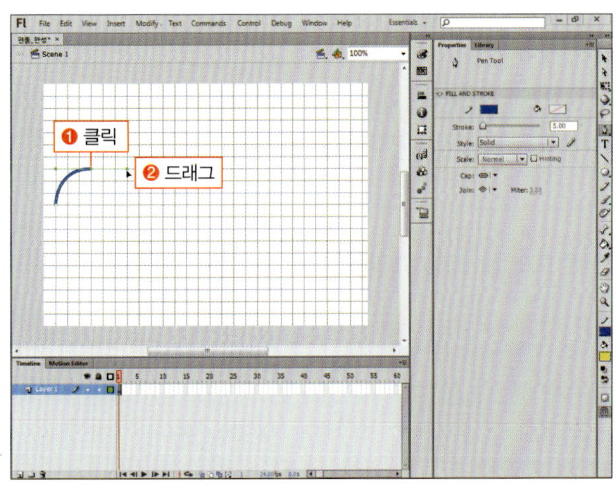

T I P : 클릭한 상태로 마우스에서 손을 떼지 않고 드래그합니다.

04. 두 번째 점으로부터 오른쪽으로 3칸, 아래로 3칸되는 점을 클릭합니다.

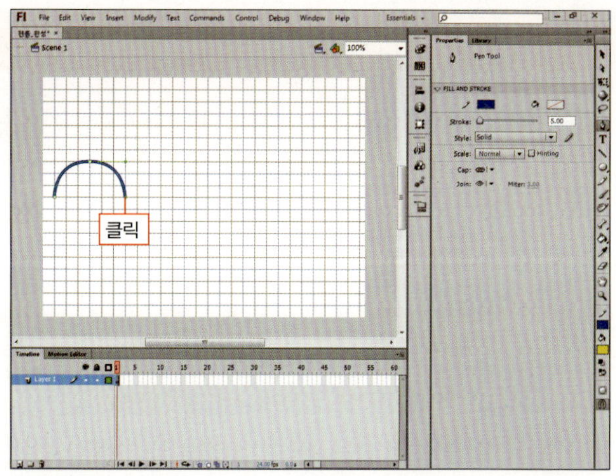

05. 이번에는 세 번째 점으로부터 오른쪽으로 3칸, 아래로 3칸되는 점을 클릭한 상태로 오른쪽으로 3칸 드래그합니다.

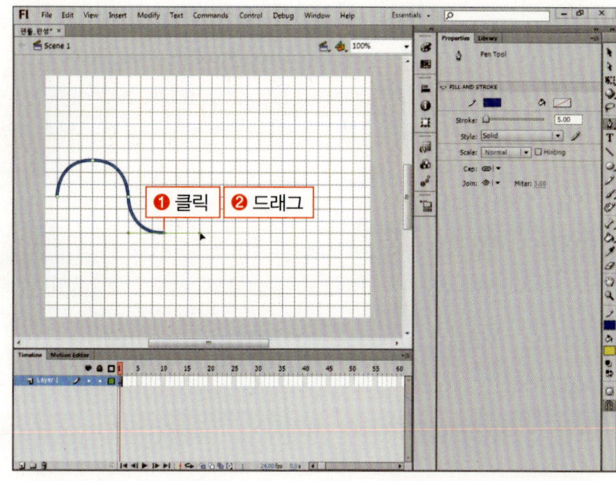

06. 같은 방법으로 3칸씩 클릭과 드래그를 반복하면서 포물선을 완성합니다.

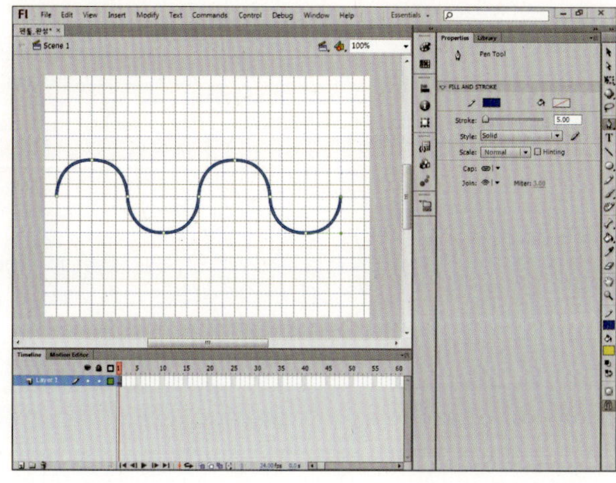

플래시에서 사용하는 셰이프 오브젝트는 패스를 수정할 수 있습니다. [펜 툴]( )로 그린 그림뿐 아니라 도형들도 패스 수정을 할 수 있습니다.

예제 파일 | CD₩Part 02₩패스수정.fla **완성 파일** | CD₩Part 02₩패스수정_완성.fla

01. '별'을 수정하여 간단한 사람 모양을 만들기 위해 '패스수정.fla' 파일을 불러옵니다.

02. [부분 선택 툴]( )을 선택하고 '별'의 외곽선을 클릭하면 별을 이루고 있는 패스가 나타납니다.

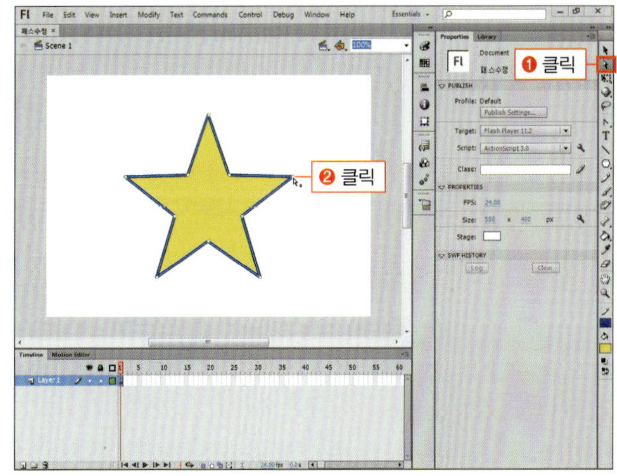

03. [부분 선택 툴]( )로 별의 5개 꼭지점 중에서 왼쪽과 오른쪽 꼭지점을 각각 클릭하고 아래로 60° 정도 드래그하여 내립니다.

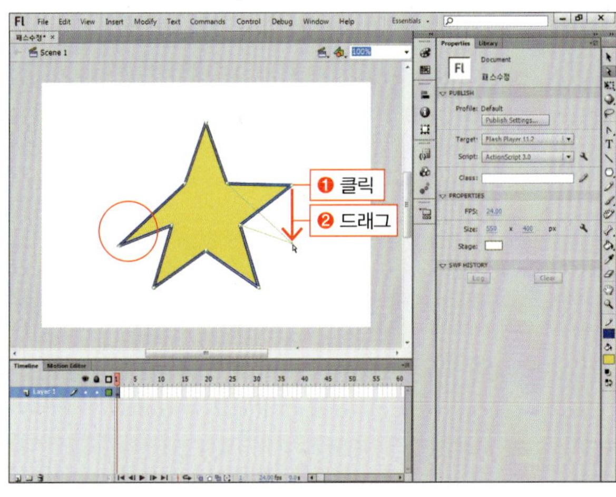

04. 이번에는 아래쪽 꼭지점 2개를 안쪽으로 30° 정도 모읍니다.

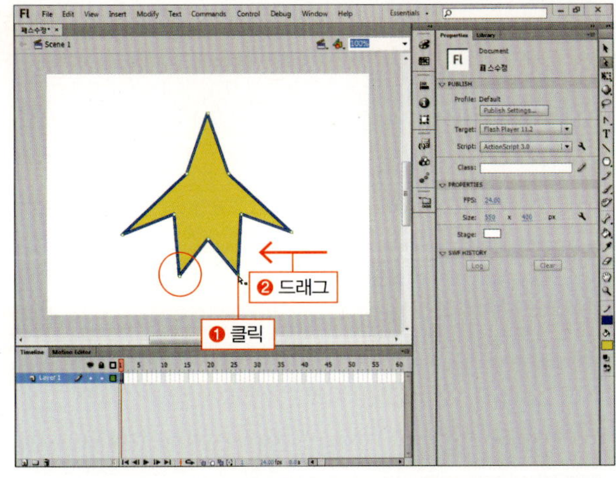

05. [앵커포인트 변환 툴]( )을 선택하고 '별'의 위 꼭지점을 클릭하고 왼쪽으로 드래그하여 머리 모양을 완성합니다.

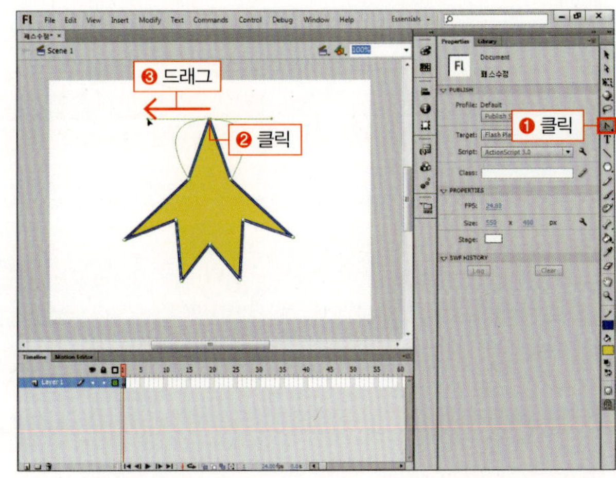

06. 양 팔의 꼭지점을 각각 클릭하고 대각선 방향으로 약간씩 드래그하여 둥글게 처리합니다.

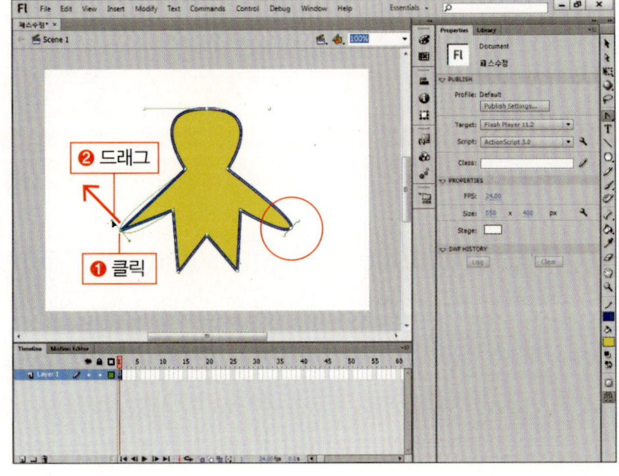

07. 다리 부분의 꼭지점을 각각 클릭하고 좌우
로 약간씩 드래그하여 둥글게 처리합니다.

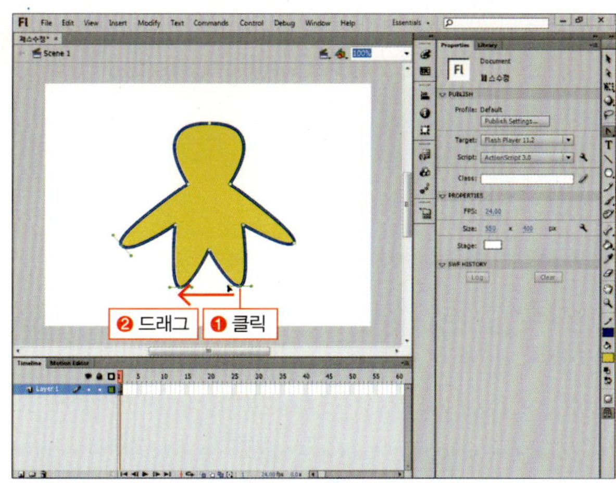

08. 어색한 부분을 [부분 선택 툴]( )을 사용하
여 조금씩 수정하여 완성합니다.

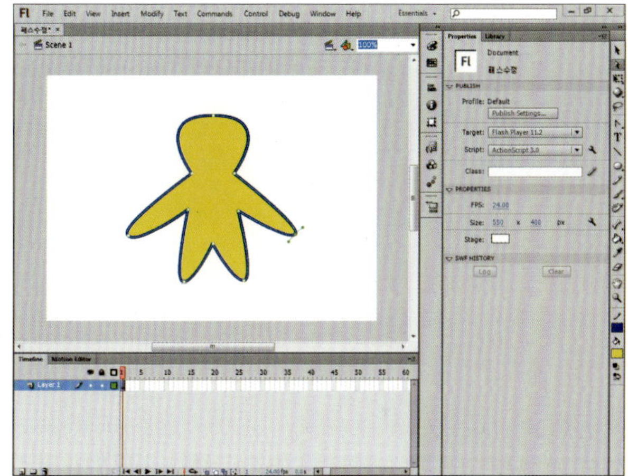

[펜 툴](✒)을 사용하여 캐릭터를 그려보도록 하겠습니다. 패스 사용을 자유롭게 하기 위해 많은 연습이 필요합니다.

예제 파일 | CD\Part 02\펜툴로그리기.fla **완성 파일 |** CD\Part 02\펜툴로그리기_완성.fla

01. '펜툴로그리기.fla' 파일을 불러온 후 비트맵 이미지로 이루어진 캥거루 그림이 밑그림으로 설정되어 있는 것을 확인합니다. 정확한 드로잉을 위해 [돋보기 툴](🔍)을 선택하여 캥거루의 머리 부분을 픽셀이 보일 정도로 확대합니다.

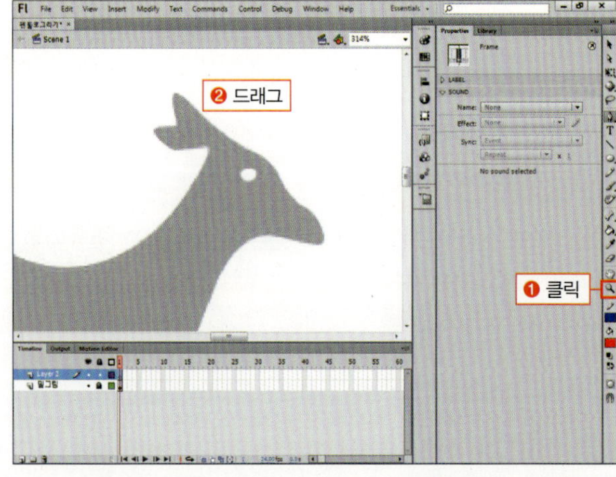

02. 패스의 시작은 선이나 곡선이 끝나는 지점이 좋습니다. [펜 툴](✒)을 선택하고 캥거루 귀 사이의 오목한 부분을 클릭하여 패스를 시작합니다.

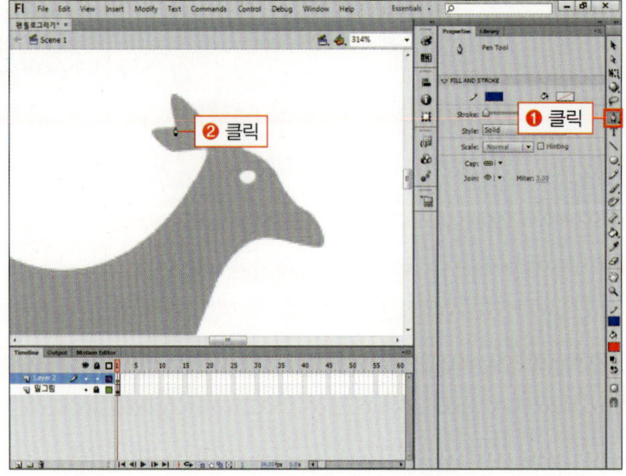

03. 이미지의 오른쪽 방향으로 패스를 만들어 가도록 합니다. 오른쪽 귀 끝 부분을 클릭하고 핸들을 오른쪽으로 약간 드래그하여 이미지를 따라 패스 선을 그립니다.

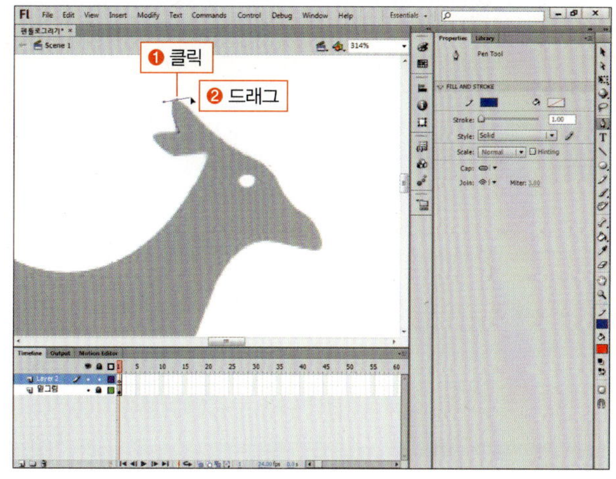

04. 앵커포인트를 클릭하여 핸들을 끊어주고 다음 점은 귀 아래를 클릭하고 핸들을 아래로 드래그하여 곡선을 생성합니다.

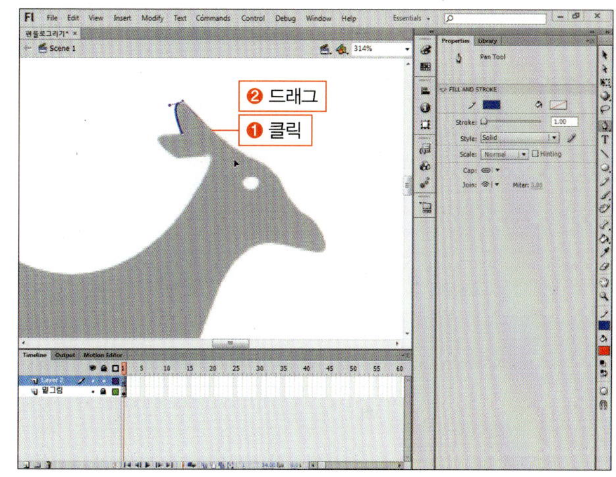

05. 앵커포인트가 너무 촘촘하면 거칠게 표현되고 간격이 너무 넓으면 패스의 정확도가 떨어지게 됩니다. 곡선과 직선이 변환되는 지점을 정확히 판단하여 그려 나가도록 합니다. 얼굴 부분을 그려 턱 부분까지 그립니다.

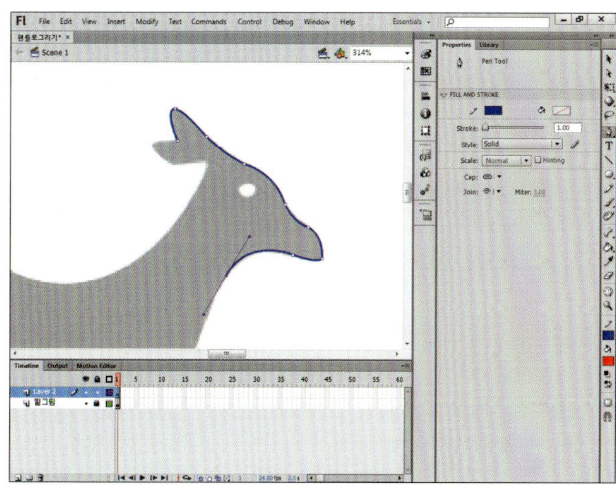

06. Space Bar 를 누르고 마우스로 화면을 이동합니다. 패스를 계속하여 앞발까지 그립니다.

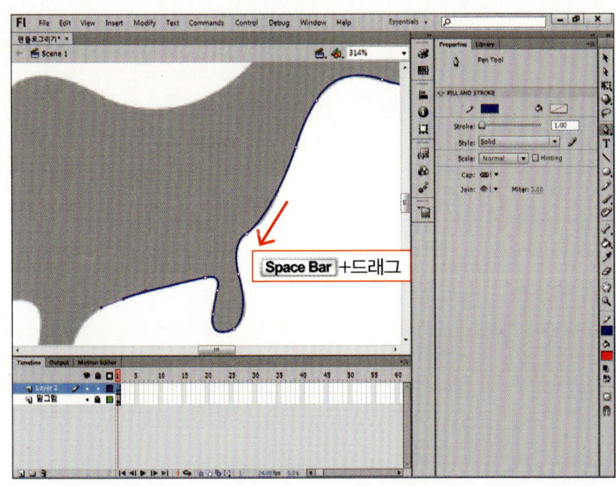

07. 같은 방법으로 화면을 이동하면서 패스를 그려 나갑니다. 외곽선 패스가 완성되면 눈 부분을 [펜 툴]( )로 그리고, 완성되면 화면을 축소합니다.

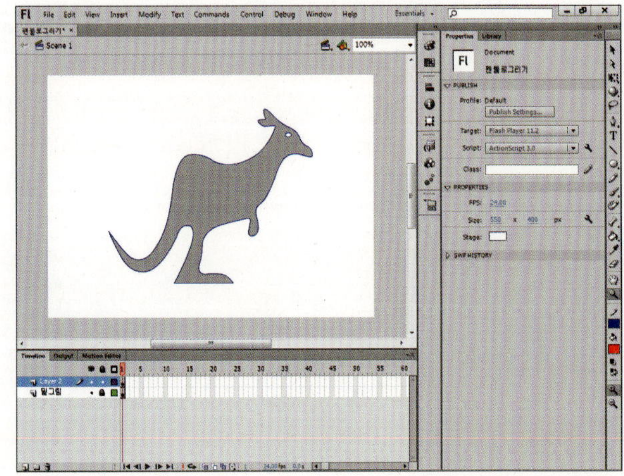

08. [페인트통 툴]( )을 선택하고 [Properties] 패널에서 [면 색상]을 '노란색'으로 설정한 후 '캥거루'의 몸을 클릭하여 색상을 적용합니다.

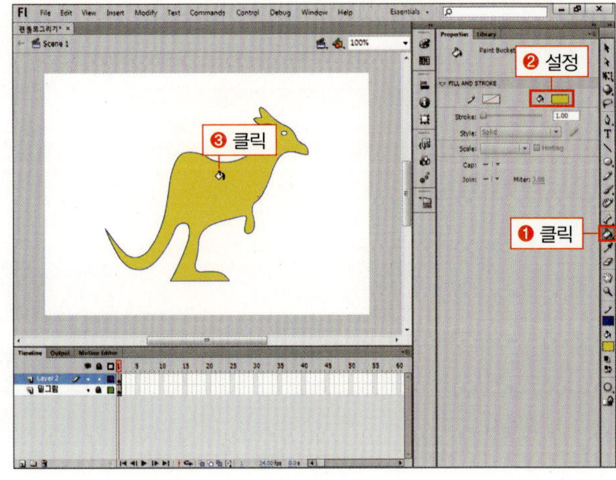

LESSON 06 문자 툴 다양하게 사용하기

레 벨 ● ● ●

문자는 의사전달에서 가장 기본적인 역할을 하는 것이지만 플래시에서 문자 사용은 단순히 의사전달을 위한 목적뿐 아니라 중요한 디자인 요소로서의 자리를 차지하고 있습니다. 문자의 변형과 효과 적용으로 고급스러운 영상제작에 널리 활용할 수 있는 장점이 있습니다. 이러한 문자 툴에 대해 알아보도록 하겠습니다.

기초탄탄 ▶ 문자 툴의 속성과 셰이프화 알아보기

[문자 툴](**T**)은 다른 어떤 디자인 요소보다도 다양한 속성을 가지고 있습니다. 대부분 서식과 관련된 기능으로 구성되어 있어 쉽게 익숙해질 수 있습니다.

■ 문자 툴의 [Properties] 패널 `121P`

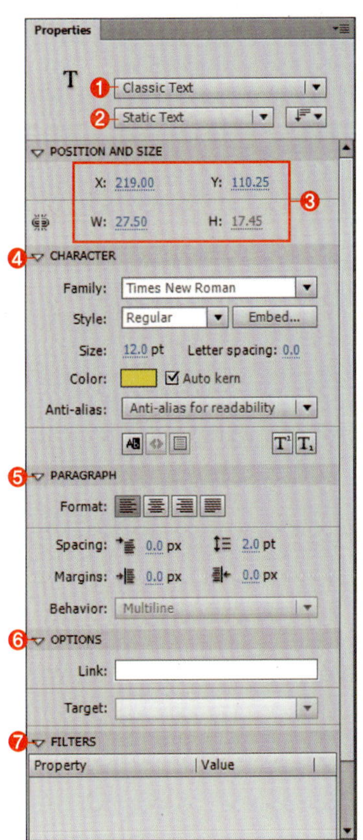

❶ **Text engine** : Classic Text와 TLF Text를 선택할 수 있습니다. TLF Text를 선택하면 더욱 다양한 문서 편집을 할 수 있습니다.

❷ **Text type** : Static Text, Dynamic Text, Input Text 중에서 선택할 수 있습니다.
- **Static Text** : 일반적인 디자인 작업에 사용되며 하나의 디자인 오브젝트로 무비 실행 중에 문자를 수정할 수 없습니다.
- **Dynamic Text** : 액션 스크립트 상에서 제어할 수 있는 동적 문자를 사용할 수 있습니다.
- **Input Text** : 사용자가 문자를 입력할 수 있는 폼을 구성할 때 사용됩니다.

❸ **X/Y/W/H 축** : 문자가 화면 상에 위치하는 좌표와 좌표와 가로/세로 크기를 나타냅니다.

❹ **CHARACTER** : 글꼴, 크기, 간격 등과 같이 글자 모양과 관련된 옵션을 설정합니다.

❺ **PARAGRAPH** : 정렬, 여백, 줄간격 등과 같이 문단 모양과 관련된 옵션을 설정합니다.

❻ **OPTIONS** : 웹과 하이퍼링크에 관련된 옵션을 설정합니다.

❼ **FILTERS** : 문자에 다양한 필터 효과를 적용할 수 있습니다.

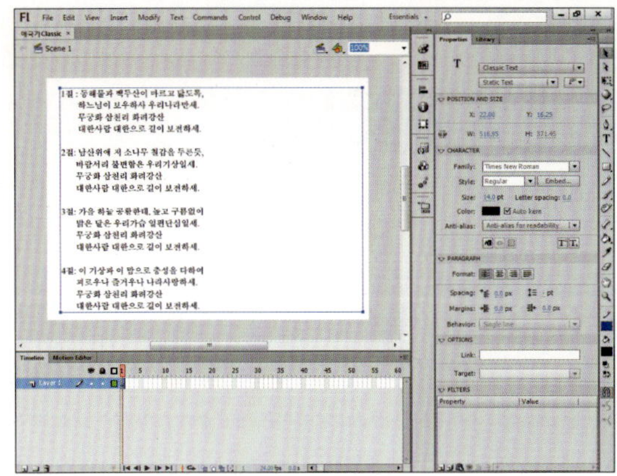

▲ Classic Text를 사용하여 입력한 문자

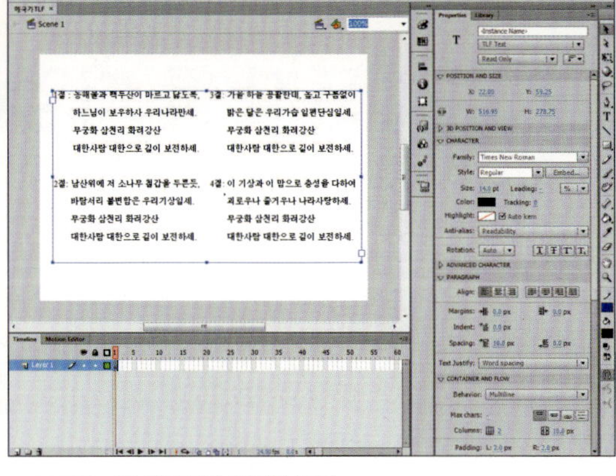

▲ TLF Text를 사용하여 입력한 문자

■ 문자 분리와 셰이프화 123P

문자는 입력 후 한 글자씩 분리가 가능하고 문자의 속성이 없어진 셰이프 오브젝트로 전환이 가능합니다. 입력된 문자를 선택하고 **Ctrl** + **B** 를 누르면 한 글자씩 분리되고 다시 한 번 **Ctrl** + **B** 를 누르면 셰이프 오브젝트로 전환됩니다.

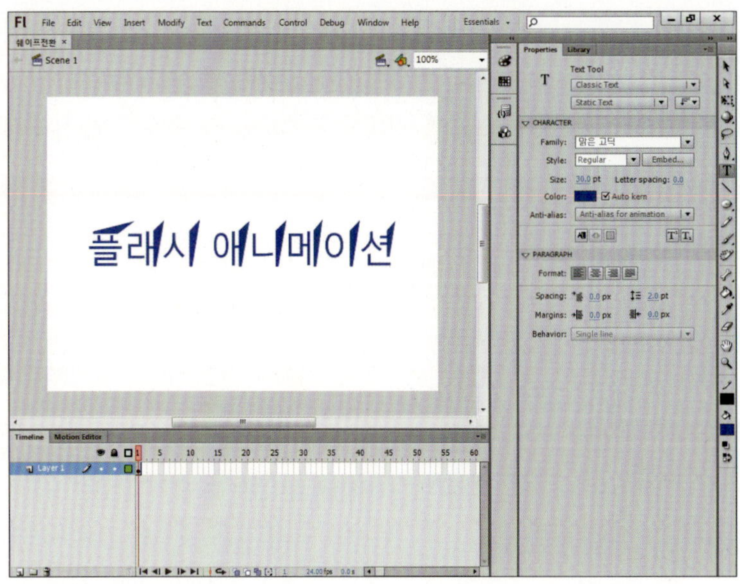

▲ 셰이프 오브젝트로 전환한 후 변형한 문자

문자를 입력하고 서식을 지정하여 꾸며보도록 하겠습니다. 플래시에서 입력한 문자는 문자 속성을 가진
채로 사용할 수 있고 셰이프 오브젝트로 변환하여 사용할 수 있습니다. 이 때 문자 속성은 잃어버리게
되므로 필요에 따라 적절히 사용하도록 합니다.

완성 파일 | CD\Part 02\문자입력.fla

01. 새 도큐먼트에서 [문자 툴](**T**)을 선택하
고 [Properties] 패널에서 [Text engine]은 'Calssic Text',
[Text type]은 'Static Text', [Family]에 '맑은 고딕', [Size]
는 '50', [Color]는 '파란색'으로 설정합니다.

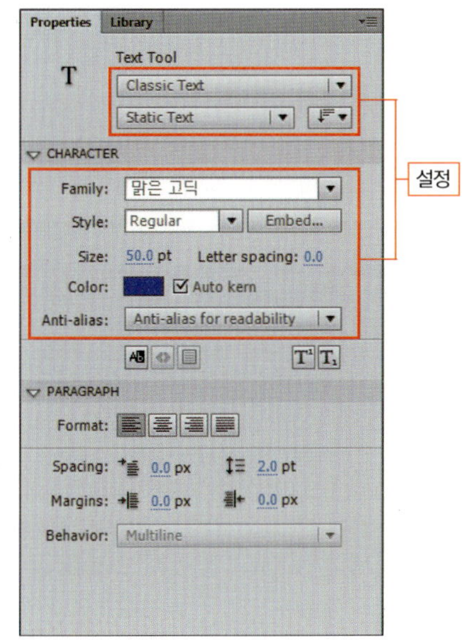

02. 스테이지의 왼쪽을 클릭하고 '플래시 애니
메이션'을 입력합니다. 문자를 입력하는 대로 문
자 영역이 늘어나면서 입력됩니다.

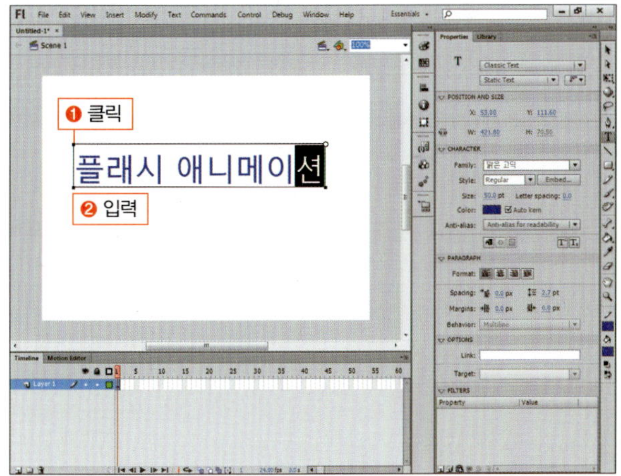

03. 이번에는 문자 영역을 지정하여 입력하기 위해 입력된 문자 아래에 다음과 같이 드래그하여 문자 영역을 지정합니다.

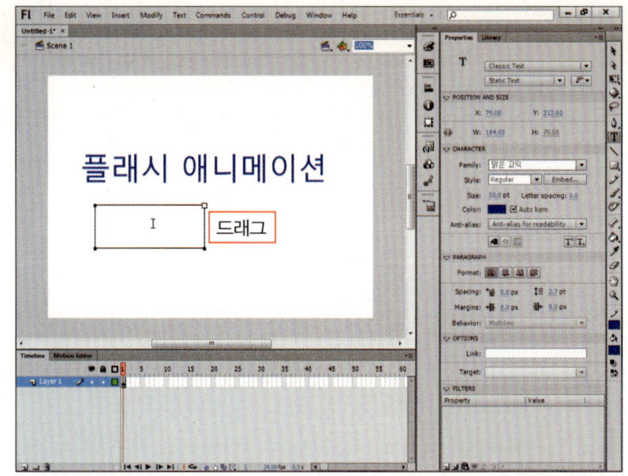

04. 지정된 문자 영역에 '쉽게 배우기'를 입력합니다. 문자 영역이 좁기 때문에 문자가 자동으로 줄바꿈이 되었습니다.

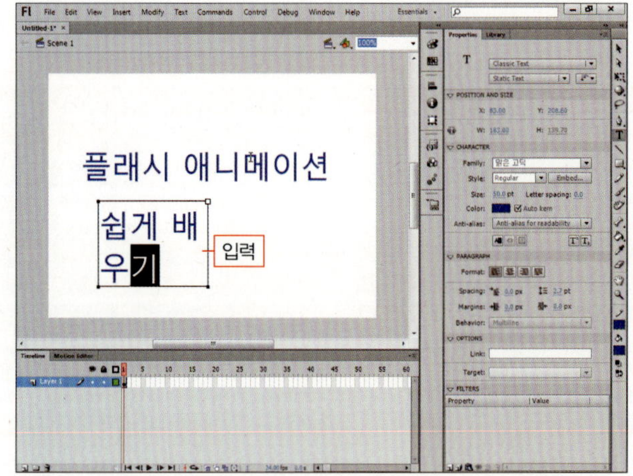

05. 문자 영역 오른쪽 위에 나타난 사각형을 오른쪽으로 드래그하여 영역을 넓힙니다.

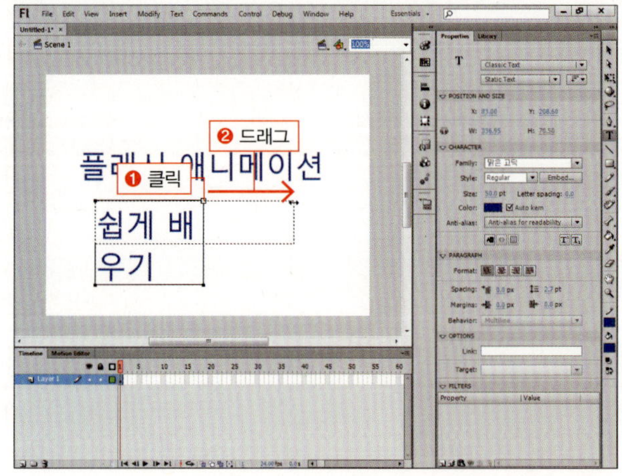

TIP : 문자 입력 방법

플래시에서 문자 입력 시 문자가 입력될 위치를 클릭하여 입력하는 방법과 문자가 입력될 영역을 드래그하여 입력하는 방법이 있습니다. 영역을 지정하지 않고 문자를 입력하면 줄바꿈을 강제로 해야 하는 불편함이 있고, 영역을 지정하고 문자를 입력하면 원하지 않는 줄바꿈이 될 수 있기 때문에 영역을 다시 조정해야 하는 불편함이 있습니다. 어떤 방법을 사용하든 결과적으로는 스테이지 영역에 문자를 배치해야 하기 때문에 사용할 문자의 숫자가 적으면 클릭으로, 문자의 분량이 많으면 영역을 지정하여 입력하는 것이 편리합니다.

입력한 문자는 서식 외에 필터 효과를 적용할 수 있습니다. 또한 'Break Apart' 명령(**Ctrl** + **B**)으로 셰이프 오브젝트로 변환하면 변형하거나 다양한 효과를 줄 수 있습니다.

예제 파일ㅣ CD₩Part 02₩Text.fla **완성 파일ㅣ** CD₩Part 02₩Text_완성.fla

01. 입력한 문자에 필터 효과를 적용하기 위해 'Text.fla' 파일을 불러온 후 [선택 툴]( )을 선택하고 '플래시 애니메이션' 문자를 클릭합니다.

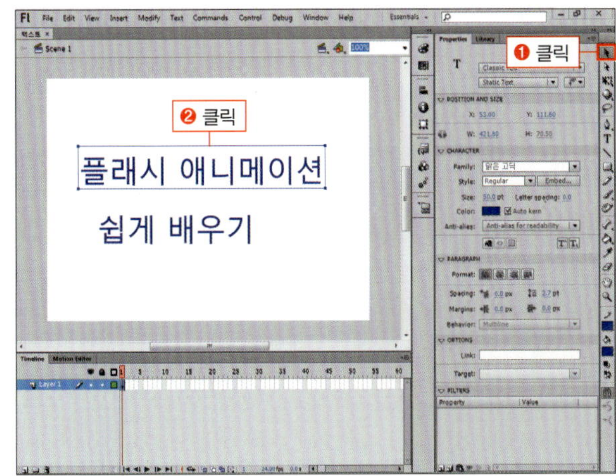

02. [Properties] 패널에서 [Add Filter]( )를 클릭하고 'Drop Shadow'를 선택합니다.

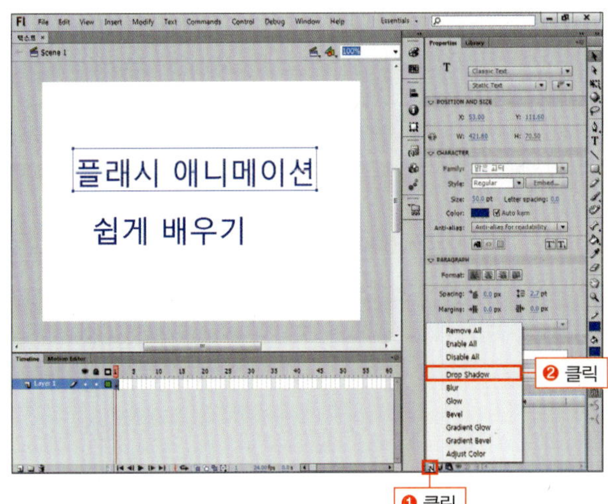

03. 나타나는 세부 옵션에서 [Distance]를 '3px', [Color]를 '자주색'으로 설정합니다.

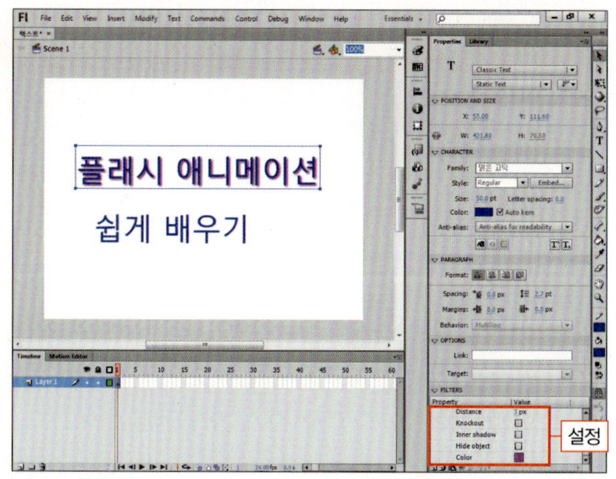

04. 이어 문자를 분해하여 효과 적용을 하기 위해 '쉽게 배우기' 문자를 클릭하고 **Ctrl**+**B**를 한 번 눌러 문자를 한 글자씩 분해합니다.

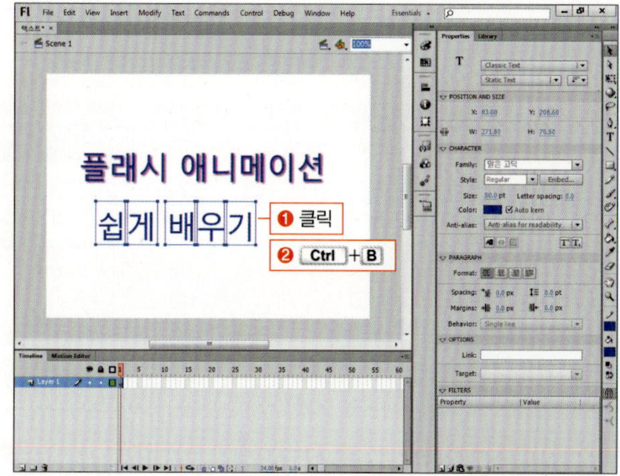

05. [선택 툴]로 **Shift**를 누른 상태로 '쉽', '게' 2개의 문자를 클릭하여 선택하고 [Properties] 패널의 [Add Filter]를 클릭하고 'Grow'를 선택합니다.

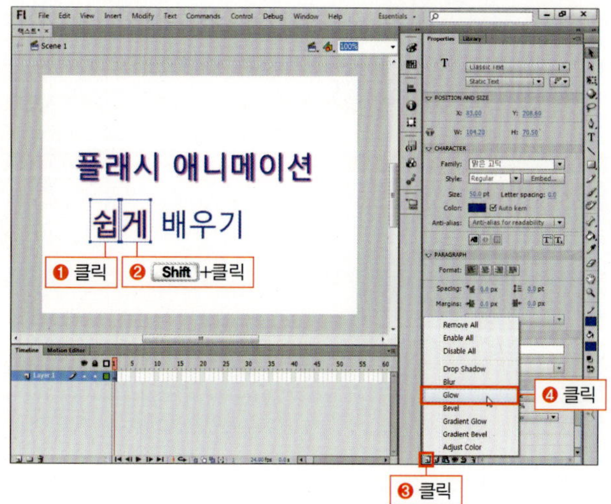

06. 세부 옵션에서 [Blur X], [Blur Y]를 '50px', [Color]를 '초록색'으로 설정합니다.

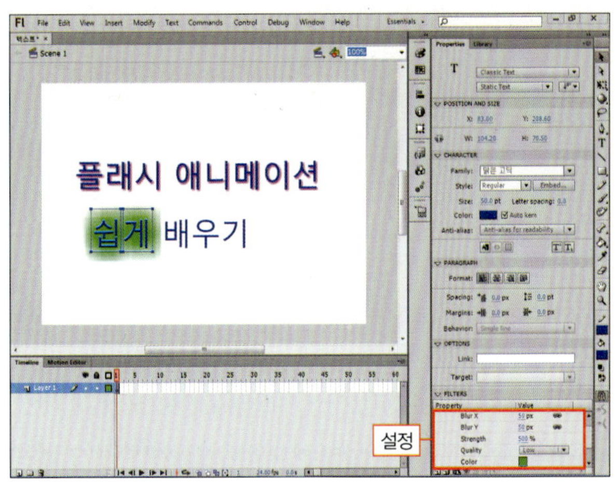

07. 나머지 문자는 셰이프 오브젝트로 변환하여 색상 변경하기 위해 [선택 툴](▶)로 드래그하여 '배', '우', '기' 문자를 선택한 후 **Ctrl** + **B** 를 눌러 셰이프 오브젝트로 변환합니다.

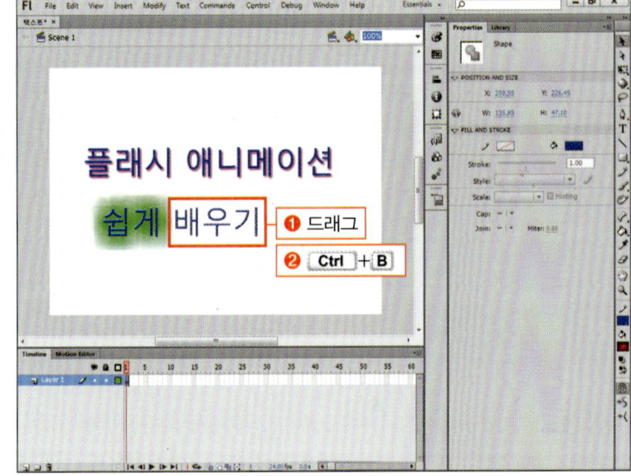

TIP : 문자를 직접 클릭해 선택할 수도 있고, 드래그하여 선택할 수도 있습니다.

08. 문자가 셰이프 오브젝트로 변환되면 [Properties] 패널의 내용이 셰이프 오브젝트로 변경됩니다. [채우기 색상]으로 '원형 그레이디언트'를 선택합니다.

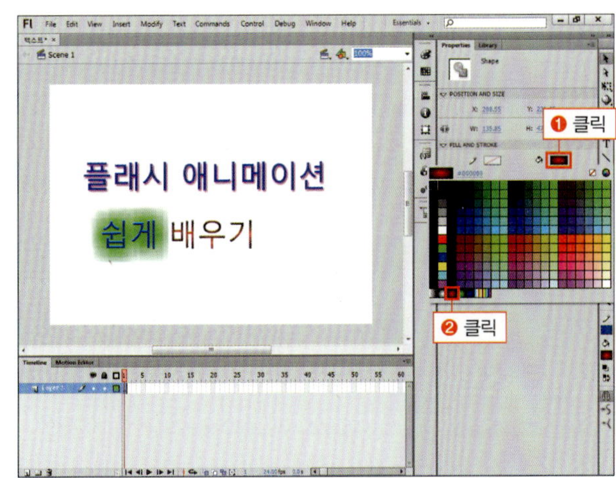

TIP : 'Break Apart' 명령(**Ctrl** + **B**)

플래시에서 그래픽 오브젝트의 가장 하위 단계는 셰이프 오브젝트입니다. 심벌이나 그룹으로 묶인 오브젝트를 **Ctrl** + **B** 로 한 단계씩 분해할 수 있으며 최종적으로 셰이프 오브젝트로 변환됩니다. 문자를 분해하면 한 글자씩 분해되고 **Ctrl** + **B** 를 한 번 더 누르게 되면 셰이프 오브젝트로 변환됩니다.

다양한 필터 효과 알아보기

필터를 이용하면 밋밋한 오브젝트에 다양한 효과를 적용하여 화려하게 꾸밀 수 있습니다. 모든 오브젝트에 적용할 수는 없지만 필터 효과가 필요한 오브젝트를 무비클립 심벌로 전환하여 효과를 나타낼 수 있습니다. 다양한 필터 효과를 알아 보고 익혀, 실무에서 활용할 수 있으며, 화려한 효과의 문자와 무비클립 심벌을 만들 수 있습니다.

■ 필터 효과

필터 효과는 문자와 무비클립 심벌에만 적용할 수 있습니다. 필터 메뉴에 대해서 알아보도록 하겠습니다.

필터 효과의 적용

심벌을 선택하고 [Add Filter]()를 클릭하여 원하는 효과를 적용할 수 있습니다.

❶ Add Filter : 적용하고자 하는 필터 효과를 선택합니다.

❷ Presets : 적용된 필터 효과의 옵션을 별도로 저장하여 사용할 수 있습니다.

❸ Clipboard : 여러 개의 심벌에 동일한 필터 효과를 적용하기 위해 현재 옵션을 복사하고 붙여넣기를 수 행합니다.

❹ Enable or Disable Filter : 선택한 필터 효과의 옵션 값을 숨기거나 나타나게 합니다.

❺ Reset Filter : 선택한 필터 효과의 옵션 값을 변경 전으로 되돌립니다.

❻ Delete Filter : 선택한 필터 효과를 삭제합니다.

Add Filter 항목

❶ Remove All
❷ Enable All
❸ Disable All
❹ Drop Shadow
❺ Blur
❻ Glow
❼ Bevel
❽ Gradient Glow
❾ Gradient Bevel
❿ Adjust Color

❶ Remove All : 적용된 필터 효과를 모두 제거합니다.

❷ Enable All : 필터 효과를 보이도록 합니다.

❸ Disable All : 필터 효과를 보이지 않도록 합니다.

❹ Drop Shadow : 선택한 오브젝트에 그림자 효과를 적용합니다.

- Blue X/Blue Y : 그림자의 크기를 X,Y 축을 기준으로 픽셀 값을 입력하여 설정합니다.
- Strength : 그림자의 진한 정도를 설정합니다.
- Quality : 그림자의 품질을 Low/Medium/High 중에서 설정합니다.
- Angle : 그림자가 나타나는 각도를 설정합니다.
- Distance : 그림자의 길이를 설정합니다.
- Knockout : 심벌을 투명하게 설정하고 그림자만 보이도록 합니다.
- Inner Shadow : 심벌 안쪽으로 그림자 효과를 적용합니다.
- Hide object : 심벌을 감추고 그림자만 보이도록 합니다.
- Color : 그림자의 색상을 변경합니다.

❺ Blur : 흐림 효과를 적용합니다.

- Blue X/Blue Y : 흐려지는 정도를 X,Y 축을 기준으로 픽셀 값을 입력하여 설정합니다.
- Quality : 흐려지는 품질을 Low/Medium/High 중에서 설정합니다.

❻ Glow : 가장자리에 후광 효과를 적용합니다.

- Blue X/Blue Y : 후광이 번지는 정도를 X,Y 축을 기준으로 픽셀 값을 입력하여 설정합니다.

- Strength : 번짐의 진한 정도를 설정합니다.
- Quality : 후광 효과의 품질을 Low/Medium/High 중에서 설정합니다.
- Color : 후광의 색상을 선택할 수 있습니다.
- Knockout : 심벌을 투명하게 설정하고 후광 효과만 보이도록 합니다.
- Inner Glow : 심벌 안쪽으로 후광 효과를 적용합니다.

❼ Bevel : 입체 효과를 적용합니다.

- Blue X/Blue Y : 입체 효과가 적용되는 정도를 X, Y 축을 기준으로 픽셀 값을 입력하여 설정합니다.
- Strength : 입체 효과의 밝고 어두운 부분의 진한 정도를 설정합니다.
- Quality : 입체 효과의 품질을 Low/Medium/High 중에서 설정합니다.
- Shadow : 그림자 부분의 색상을 설정합니다.
- Highlight : 밝은 부분의 색상을 설정합니다.
- Angle : 효과가 적용되는 각도를 설정합니다.
- Distance : 효과가 적용되는 길이를 설정합니다.
- Knockout : 심벌을 투명하게 설정하고 입체 효과만 보이도록 합니다.
- Type : 입체 효과를 나타낼 위치를 선택합니다. Inner(안쪽)/Outer(바깥쪽)/Full(모두) 중에서 선택할 수 있습니다.

❽ Gradient Glow : 그레이디언트를 이용하여 가장자리에 후광 효과를 적용합니다.

- Blue X/Blue Y : 후광 효과가 적용되는 정도를 X, Y 축을 기준으로 픽셀 값을 입력하여 설정합니다.
- Strength : 번짐의 진한 정도를 설정합니다.
- Quality : 후광 효과의 품질을 Low/Medium/High 중에서 설정합니다.
- Angle : 후광 효과가 나타나는 각도를 설정합니다.
- Distance : 후광 효과의 길이를 설정합니다.
- Knockout : 심벌을 투명하게 설정하고 후광 효과만 보이도록 합니다.

- Type : 후광 효과를 나타낼 위치를 선택합니다. Inner(안쪽)/Outer(바깥쪽)/Full(모두) 중에서 선택할 수 있습니다.
- Gradient : 적용되는 그레이디언트 색상을 설정합니다.

❾ **Gradient Bevel** : 그레이디언트를 이용하여 입체 효과를 적용합니다.

- Blue X/Blue Y : 입체 효과가 적용되는 정도를 X, Y 축을 기준으로 픽셀 값을 입력하여 설정합니다.
- Strength : 입체 효과의 밝고 어두운 부분의 진한 정도를 설정합니다.
- Quality : 입체 효과의 품질을 Low/Medium/High 중에서 설정합니다.
- Angle : 효과가 적용되는 각도를 설정합니다.
- Distance : 효과가 적용되는 길이를 설정합니다.
- Knockout : 심벌을 투명하게 설정하고 입체 효과만 보이도록 합니다.
- Type : 입체 효과를 나타낼 위치를 선택합니다. Inner(안쪽)/Outer(바깥쪽)/Full(모두) 중에서 선택할 수 있습니다.
- Gradient : 적용되는 그레이디언트 색상을 설정합니다.

❿ **Adjust Color** : 색상을 변경합니다.

- Brightness : 심벌의 밝기를 조절합니다.
- Contrast : 심벌의 색상 대비를 조절합니다.
- Saturation : 심벌의 채도를 조절합니다.
- Hue : 심벌의 색조를 변경합니다.

■ 셰이프 오브젝트 `58P`

플래시에서 사용하는 셰이프 오브젝트는 벡터 방식으로 선과 면으로 구성되어 있습니다. 자유로운 변형과 색상 적용이 가능하고 심벌로 변환하여 사용할 수 있습니다. 심벌이나 그룹된 오브젝트는 'Break Apart(Ctrl + B)' 명령으로 분해하면 최종적으로 셰이프 오브젝트로 변환됩니다.

■ 오브젝트 드로잉 `106P`

도형은 오브젝트를 드로잉하는데 있어서 가장 기본이 됩니다. 캐릭터나 로고 등과 같이 간단한 그림들은 직접 드로잉하는 것보다 도형을 변형하여 만드는 것이 쉬운 방법일 수 있습니다. [펜 툴]( )로 드로잉 시에는 한번에 그리기보다 앵커포인트와 핸들러를 이용해 수정해 가면서 완성하는 것이 좋습니다.

■ 색과 그레이디언트 `92P`

도형의 색상은 툴 박스나 [Properties] 패널, [Color] 패널, [Swatches] 패널에서 변경할 수 있습니다. 선 색상과 면 색상을 구분하여 색상을 설정할 수 있고 색상의 투명도를 조절하여 적용할 수 있습니다. 그레이디언트는 화려한 색상을 연출할 수 있고 적용 범위와 중심을 이동하여 사용할 수 있습니다. 색상이 적용된 그레이디언트도 [그레이디언트 변형 툴]( )을 사용하여 모양을 수정할 수 있습니다.

■ 문자 `119P`

플래시에서 문자의 사용은 더 정확한 의사전달을 위해 필수적인 요소입니다. 다양한 서식을 사용할 수 있고 필터를 적용하여 화려한 효과를 사용할 수 있습니다. 입력된 문자는 Ctrl + B 로 한 글자씩 분해하거나 셰이프 오브젝트로 전환하여 사용할 수 있습니다. 문자를 셰이프 오브젝트로 변환하면 문자의 속성을 잃어버리게 되어 서식을 사용할 수 없게 되지만 패스 수정이 가능해져 다양한 효과와 변형 작업을 할 수 있습니다.

01 그레이디언트로 배경그림을 만들어 봅니다.

완성 파일 : CD₩Part 02₩그레이디언트배경_완성.fla
동영상 해설 : CD₩Self₩실전2-1.wmv

HINT

그레이디언트는 [Color] 패널에서 설정합니다. 그레이디언트 슬라이더를 조절하여 원하는 색상을 만들고 사각형 오브젝트에 그레이디언트를 적용시켜 배경을 만들 수 있습니다.

02 애국가를 2단 편집으로 입력해 봅니다.

예제 파일 : CD₩Part 02₩애국가.txt   **완성 파일 :** CD₩Part 02₩애국가TLF.fla
동영상 해설 : CD₩Self₩실전2-2.wmv

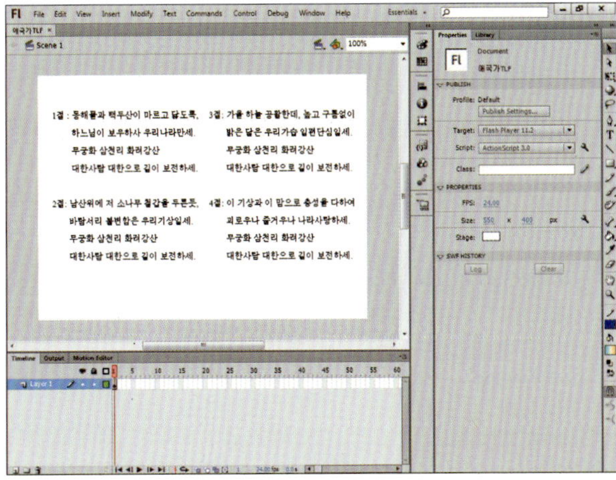

HINT

애국가를 복사하여 붙여넣기한 후 [Properties] 패널에서 'TLF'를 선택한 후 [Colomns]을 2단으로 설정해 만들 수 있습니다.

03

오브젝트 편집하기

플래시에서 오브젝트를 편집하는 작업은 매우 중
요합니다. 오브젝트를 복사하여 사용하고 흩어진
오브젝트를 정렬하고 배치하며 원하는 모양으로
변형하여 사용하는 것은 디자인의 기본이라고 할
수 있습니다. 오브젝트를 편집하는 과정에 대하
여 공부해보도록 하겠습니다.

01 오브젝트의 복사 기능 활용하기

레 벨 ● ● ●

플래시에서는 심벌 기능을 활용하여 동일한 오브젝트를 여러 개 복사하여 사용할 수 있습니다. 단순히 복사하는 기능은 심벌로 변환하지 않아도 쉽게 사용할 수 있습니다. 이러한 복사 기능의 기본 사용 방법과 복사 기능을 활용한 작업 방법에 대해서 알아보도록 하겠습니다.

기초탄탄 ● 오브젝트 복사 방법 알아보기

■ 오브젝트 복사 방법 `135P`

오브젝트를 복사하는 것은 다른 프로그램들과 크게 다르지 않습니다. 잘 알고 있는 **Ctrl**+**C**(복사), **Ctrl**+**V**(붙여 넣기)를 사용하는 방법이 있고 **Ctrl**+**D**로 빠르게 복사하는 방법이 있습니다. 일반적인 복사와 붙여 넣기 방법으로 오브젝트를 복사하면 항상 화면의 중앙에 붙여 넣기가 되고, **Ctrl**+**D**로 복사를 하면 선택된 오브젝트의 오른쪽 아래에 어긋나도록 복사가 수행됩니다.

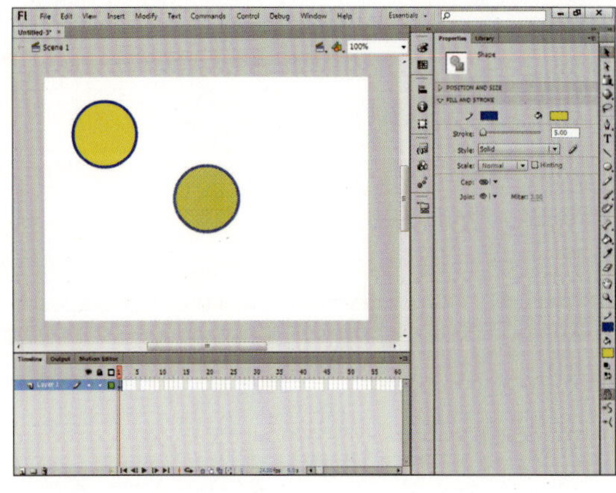

▲ 복사하여 붙여 넣기한 경우

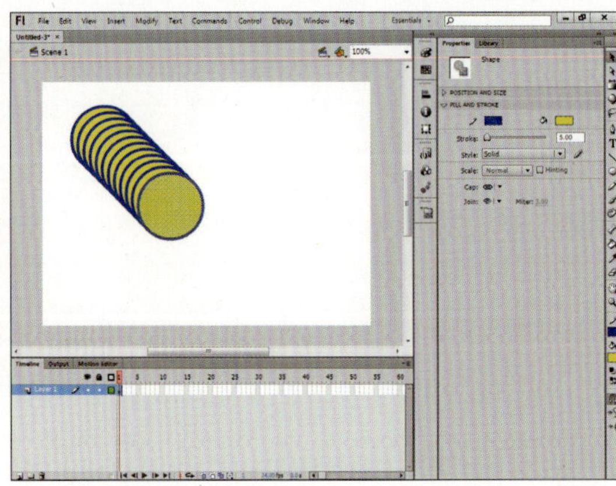

▲ **Ctrl**+**D**로 복사한 경우

오브젝트를 복사하는 방법을 알아보도록 하겠습니다. 오브젝트 복사는 **Ctrl**+**C**와 **Ctrl**+**V**를 사용하여 복사할 수 있고, **Ctrl**과 [선택 툴]( )을 사용하여 복사할 수 있습니다.

예제 파일 | CD\Part 03\하트.fla **완성 파일 |** CD\Part 03\하트_완성.fla

01. '하트.fla' 파일을 불러온 후 [선택 툴]( )을 선택하여 '하트'를 클릭합니다.

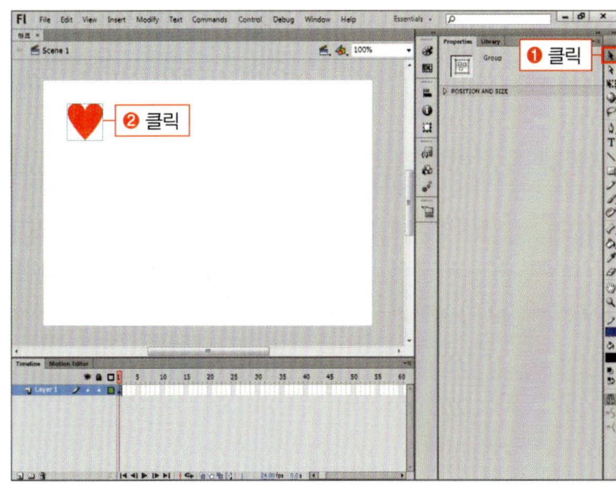

02. [Edit]–[Copy](**Ctrl**+**C**) 메뉴를 클릭합니다.

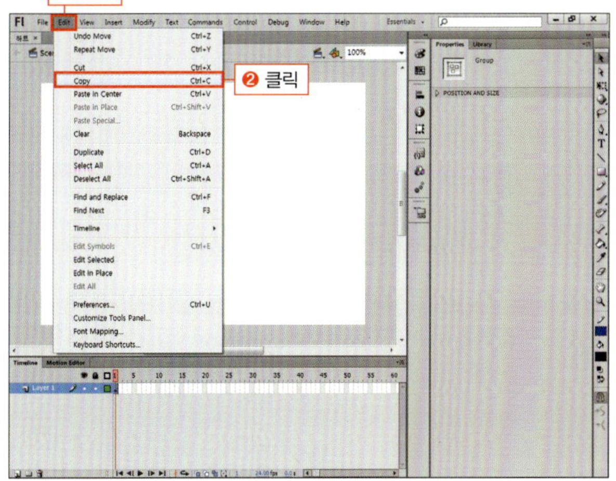

03. 복사한 '하트'를 붙여 넣기 위해 [Edit]-[Paste in Center](Ctrl + V) 메뉴를 클릭하여 붙여 넣기합니다. 복사한 '하트'가 스테이지의 가운데에 복사되어 나타납니다.

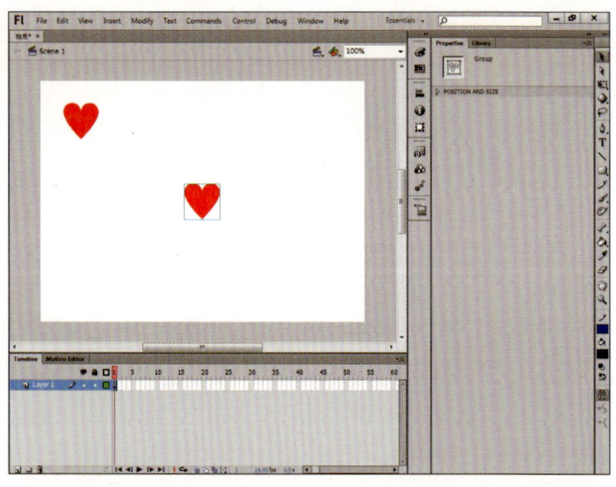

04. 이번에는 마우스를 이용하여 복사를 해 봅니다. Ctrl 을 누른 상태로 [선택 툴]( )로 '하트'를 클릭한 후 원하는 위치로 드래그합니다.

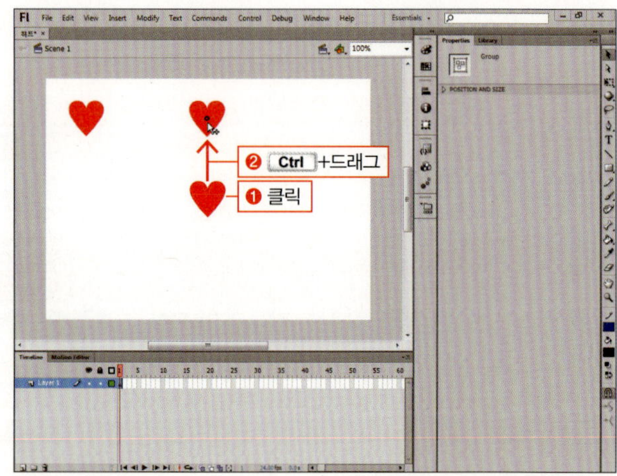

05. 같은 방법으로 '하트'를 복사하여 배열합니다.

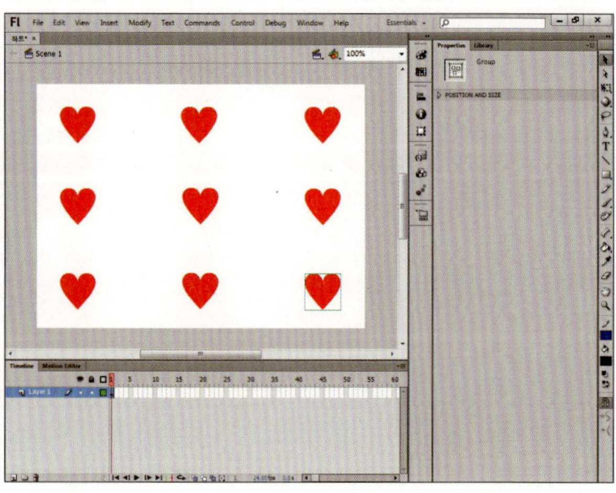

그룹화된 도형은 만들어진 순서에 의해 상·하 위치가 정해지지만 셰이프 오브젝트는 겹쳐서 배열하면 결합되어 새로운 모양이 만들어집니다. 앞에서 배운 셰이프 오브젝트 겹치기만으로도 새로운 도형을 만들어 낼 수 있습니다.

예제 파일 ┃ CD₩Part 03₩삼각형.fla, 원.fla **완성 파일 ┃** CD₩Part 03₩나무_완성.fla, 사과_완성.fla

01. 삼각형을 가지고 나무 모양을 만들기 위해 '삼각형.fla' 파일을 불러옵니다.

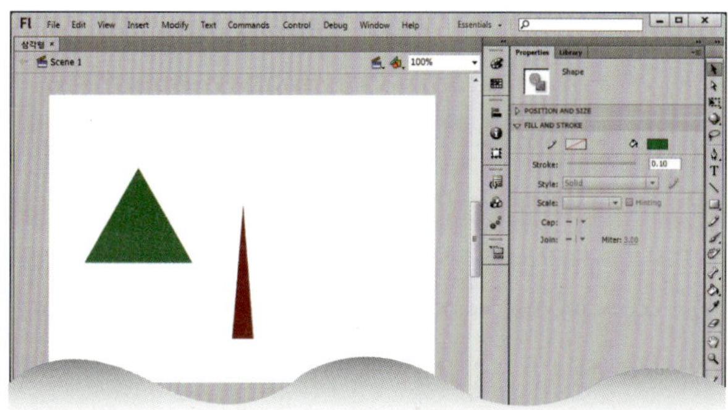

02. [선택 툴]( )을 선택하고 초록색 '삼각형'을 클릭하여 나무 밑과 절반 정도 겹쳐지도록 드래그해 옮깁니다.

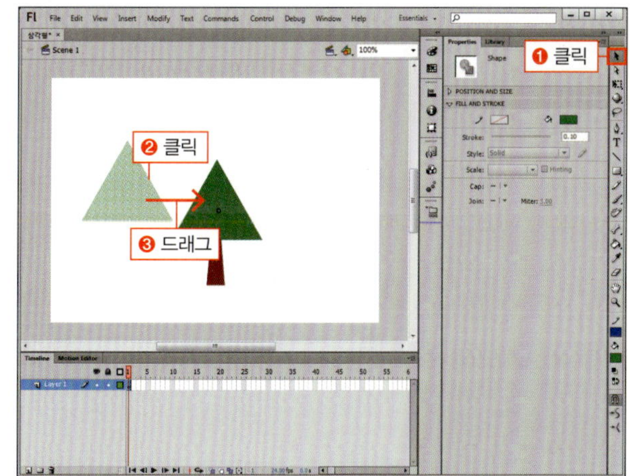

03. 이동된 '삼각형'을 Ctrl 을 누른 상태로 위로 옮겨 2/3 정도가 겹쳐지도록 복사합니다.

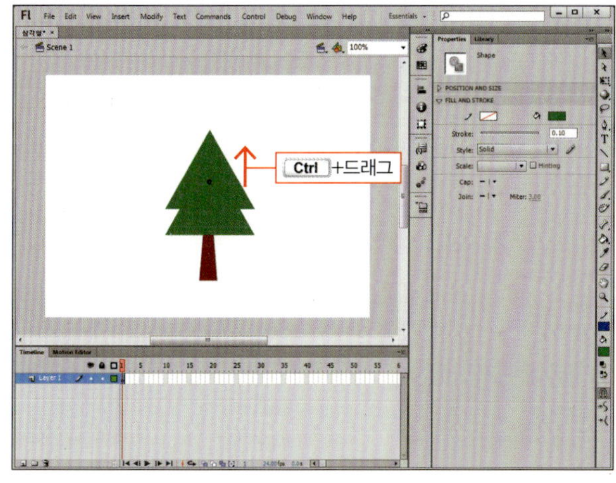

04. '삼각형'의 선택을 풀지 않은 상태에서 다시 한 번 `Ctrl` 을 누른 상태로 삼각형을 위로 옮겨 2/3 정도 겹쳐지도록 복사하여 완성합니다.

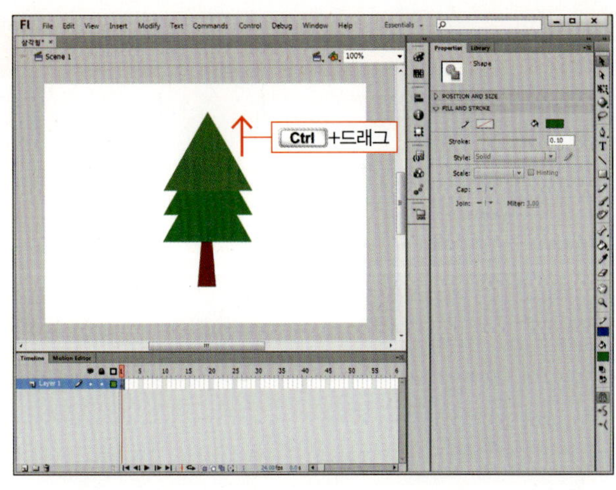

> **TIP : 셰이프 오브젝트의 순서**
>
> 셰이프 오브젝트는 그룹된 다른 오브젝트와 달리 순서가 없습니다. 셰이프 오브젝트 겹치기를 할 때 항상 이동한 셰이프 오브젝트가 오브젝트 위에 위치하게 되며 가려지는 셰이프 오브젝트는 겹쳐진 만큼 속성을 잃어버리게 됩니다.

05. 이어 셰이프 오브젝트를 복사하면서 다 먹은 사과 모양을 만들어 봅니다. '원.fla' 파일을 불러옵니다.

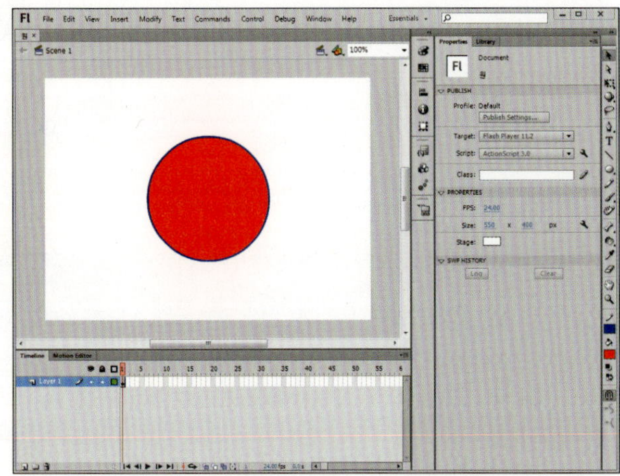

06. [선택 툴](　)을 선택하여 '원'을 더블클릭하여 면과 선을 모두 선택합니다.

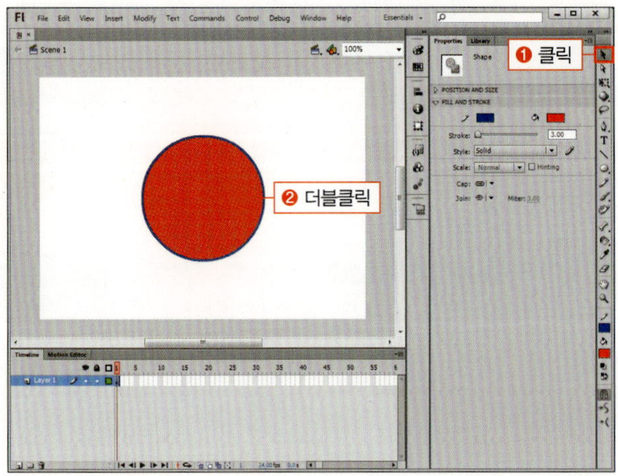

07. `Ctrl`을 누른 상태로 '원'을 왼쪽으로 옮겨 1/3 정도 겹쳐지도록 복사합니다.

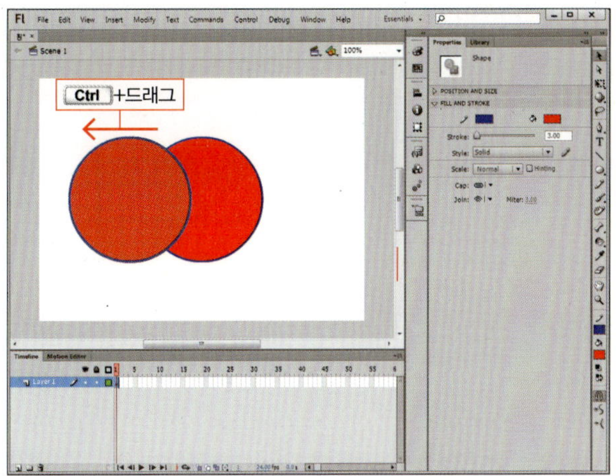

08. 스테이지의 빈 공간을 클릭해 선택을 해제합니다.

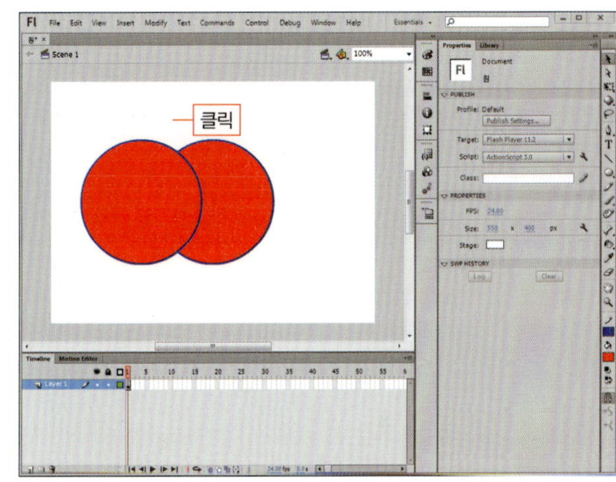

09. 이어 복사한 '원'을 더블클릭하여 선택하고 `Ctrl`을 누른 상태로 오른쪽으로 옮겨 첫 번째 '원'과 1/3 정도 겹쳐지도록 복사합니다.

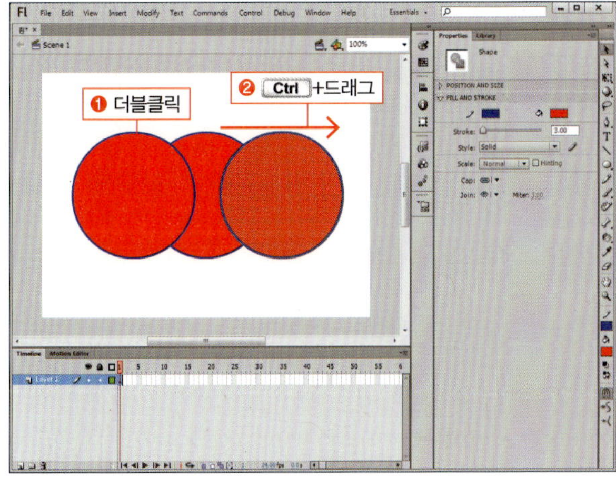

10. 스테이지의 빈 공간을 클릭해 선택을 해제
하고 왼쪽 '원'의 면을 클릭하고 Del 을 눌러
삭제합니다.

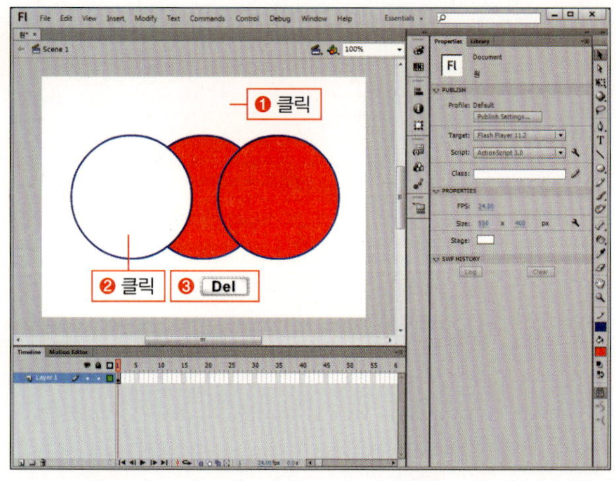

11. 왼쪽 '원'의 바깥쪽 선 부분을 클릭한 후
Del 을 눌러 삭제합니다. 이 때 더블클릭으로
선택하면 모든 선이 선택되므로 주의합니다.

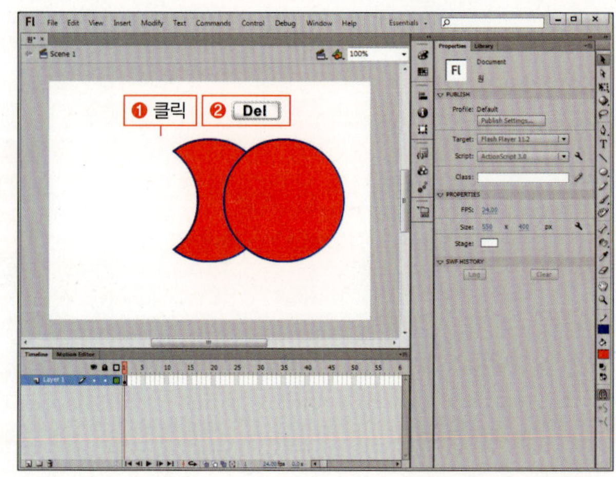

12. 오른쪽 '원'도 같은 방법으로 면과 선을 선택
하여 삭제합니다.

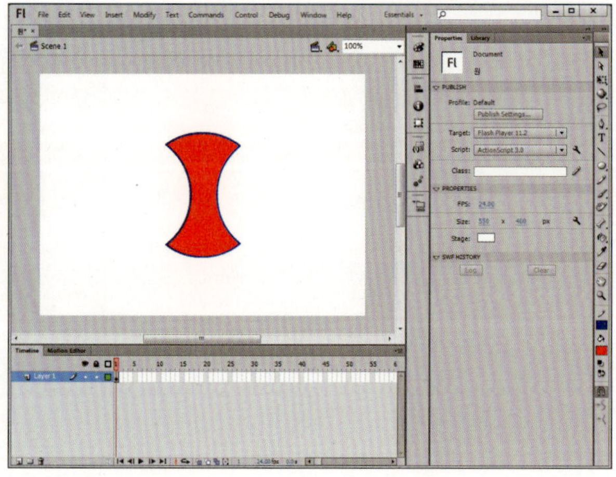

이전의 작업을 반복시키는 기능을 복사 작업에 적용하여 오브젝트를 동일한 간격으로 복사하는 방법을
알아보도록 하겠습니다.

예제 파일 ⎮ CD₩Part 03₩나비.fla **완성 파일 ⎮** CD₩Part 03₩나비_완성.fla

01. '나비.fla' 파일을 불러온 후 [선택 툴]( )을
선택해 '나비'를 클릭합니다.

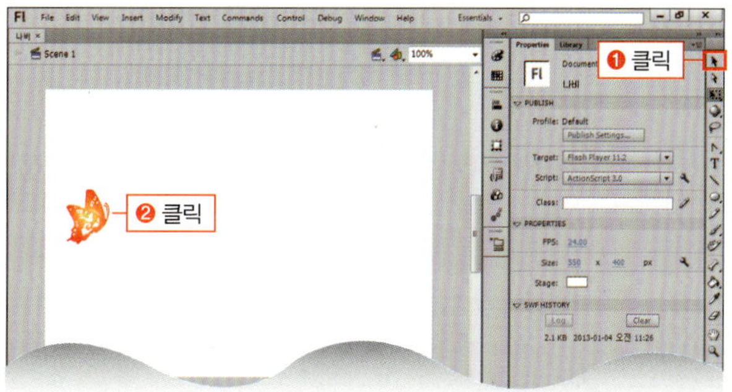

02. Alt 를 누른 상태로 '나비'를 오른쪽으로
옮겨 복사합니다.

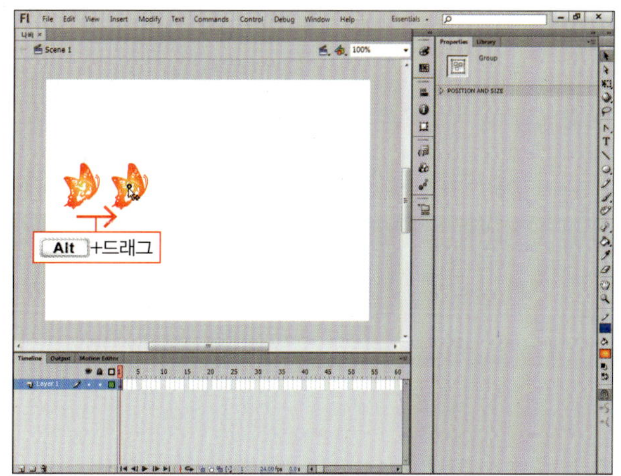

03. 선택 해제하지 않은 상태에서 Ctrl + Y
를 눌러 원하는 나비 숫자만큼 눌러서 복사합니다.

TIP : Ctrl + D , Ctrl + Y

오브젝트를 빠르게 복사하는 기능으로 Ctrl + D 를
사용합니다. 하지만 이 기능은 오브젝트를 단순히 복사
하는 것으로 오브젝트 변형이나 간격 조절을 할 수 없
습니다. Ctrl + Y 의 기능은 마지막에 수행한 변형
작업을 반복시키는 역할을 하기 때문에 마우스를 사용
하여 오브젝트를 복사하면 등 간격 복사를 할 수가 있
는 것입니다.

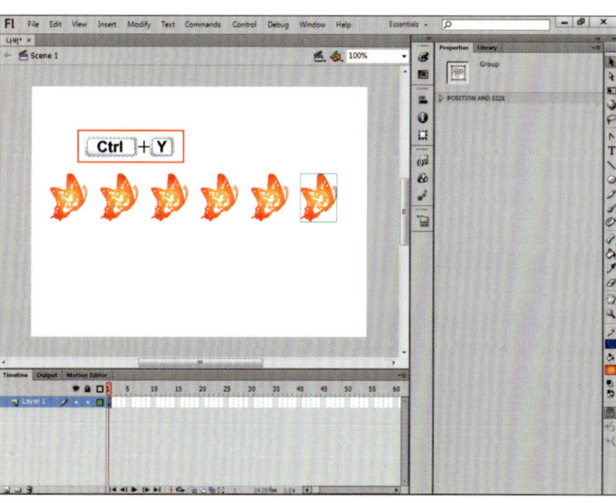

오브젝트 붙여 넣기 기능 활용하기

오브젝트를 복사하여 붙여 넣기를 하면 원하지 않게 붙여 넣기가 되는 경우가 있습니다. 다양한 명령의 붙여 넣기를 사용하여 원하는 위치에 붙여 넣기를 해 작업 시간을 줄일 수 있습니다.

■ 오브젝트 붙여 넣기 방법

Paste in Place

오브젝트를 복사하여 **Ctrl**+**V**를 눌러 붙여 넣기하면 현재 보이는 화면의 중앙에 붙여 넣기됩니다. 복사한 오브젝트를 제자리에 붙여 넣기하려면 **Ctrl**+**Shift**+**V**를 눌러 사용하면 됩니다.

Paste in Center

일반적인 붙여 넣기 방법으로 **Ctrl**+**V**를 사용합니다. 화면의 이동이나 확대/축소에 상관 없이 현재 화면에 보이는 부분의 중앙에 붙여 넣기됩니다. 따라서 작업 과정에서 오브젝트를 스테이지 정 중앙에 위치하도록 하려면 [손 툴](🖐)을 더블클릭하여 화면을 맞춘 후 **Ctrl**+**X**를 눌러 오브젝트를 잘라내기하고 바로 **Ctrl**+**V**를 눌러 붙여 넣기하면 됩니다.

Duplicate

Ctrl+**D**로 선택한 오브젝트를 복사 과정 없이 바로 붙여 넣기할 수 있습니다. 복사되는 위치는 현재 위치에서 오른쪽 아래로 약간 빗겨서 복사됩니다. 오브젝트를 다량 복사할 때 편리하게 사용할 수 있습니다.

Paste Special

복사한 오브젝트를 데이터 형식을 선택하여 붙여 넣기할 수 있습니다. 복사한 데이터 형식에 따라 사용할 수 있는 데이터 형식이 표시되어 플래시 오브젝트나 비트맵 이미지 등으로 붙여 넣기할 수 있습니다.

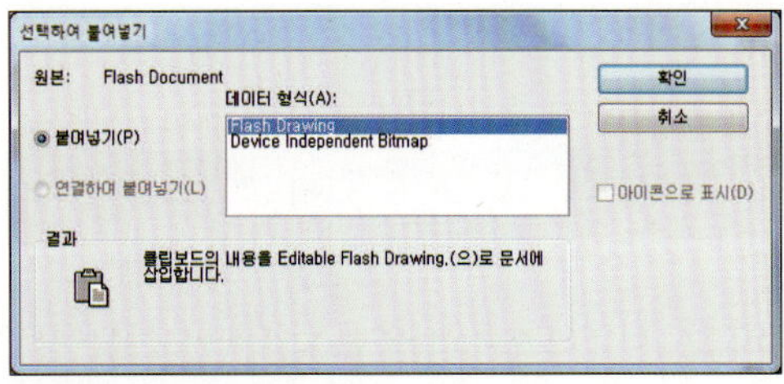

Alt와 마우스 사용

이전 동작을 반복하는 기능으로 복사를 위한 기능은 아니지만 **Alt**를 누른 상태로 마우스로 드래그하여 복사한 오브젝트를 똑같은 간격으로 복사할 수 있습니다.

많은 오브젝트를 다루다 보면 정렬되지 않아 위치가 어긋나고 간격이 맞지 않는 일이 발생합니다. 일일이 마우스를 사용하여 맞추다 보면 시간도 많이 걸리지만 정확한 작업이 어렵고 효율이 떨어집니다. 이럴 경우 정렬과 배분 기능을 활용하면 빠르고 쉽게 작업을 할 수 있습니다.

기초탄탄 ▶ [Align] 패널 알아보기

[Align] 패널은 오브젝트를 일정한 기준에 맞추어 정렬하고 분배시키는 작업을 쉽게 할 수 있도록 하며 많은 오브젝트를 효율적으로 사용할 수 있도록 합니다.

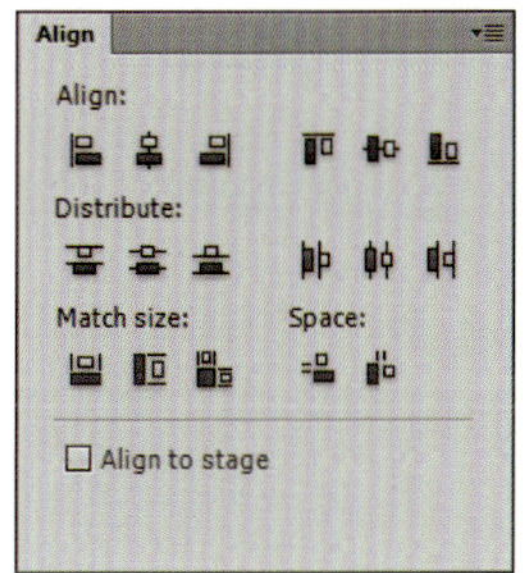

■ Align `147P`

오브젝트를 각각의 기준에 맞추어 정렬합니다.

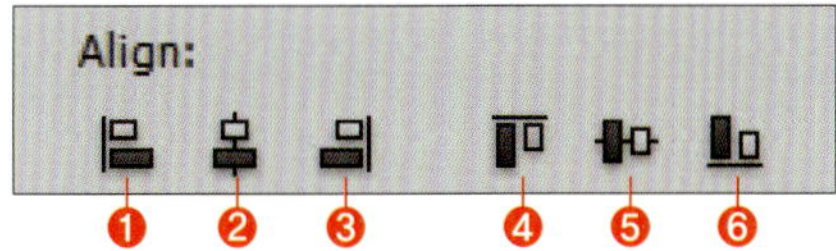

❶ Align left edge : 선택한 오브젝트 중에서 가장 왼쪽에 위치한 오브젝트의 왼쪽 끝에 맞추어 정렬합니다.

❷ Align horizontal center : 선택한 오브젝트를 세로 방향(수직) 중심을 기준으로 정렬합니다.

❸ Align right edge : 선택한 오브젝트 중에서 가장 오른쪽에 위치한 오브젝트의 오른쪽 끝에 맞추어 정렬합니다.

❹ Align top edge : 선택한 오브젝트 중에서 가장 위쪽에 위치한 오브젝트의 위에 맞추어 정렬합니다.

❺ Align vertical center : 선택한 오브젝트 중에서 가로 방향(수평) 중심을 기준으로 정렬합니다.

❻ Align bottom edge : 선택한 오브젝트를 가장 아래쪽에 위치한 오브젝트의 아래에 맞추어 정렬합니다.

■ Distribute 150P

오브젝트 간의 간격을 맞추고자 할 때 사용합니다.

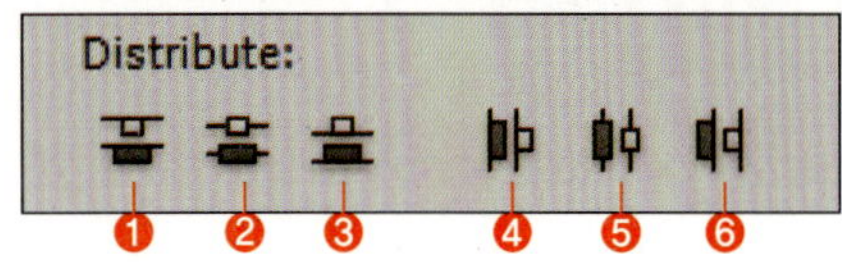

❶ Distribute top edge : 선택한 오브젝트들의 위쪽을 기준으로 세로 간격을 맞춥니다.

❷ Distribute vertical center : 선택한 오브젝트들의 중심을 기준으로 세로 간격을 맞춥니다.

❸ Distribute bottom edge : 선택한 오브젝트들의 아래쪽을 기준으로 세로 간격을 맞춥니다.

❹ Distribute left edge : 선택한 오브젝트들의 왼쪽을 기준으로 가로 간격을 맞춥니다.

❺ Distribute horizontal center : 선택한 오브젝트들의 중심을 기준으로 가로 간격을 맞춥니다.

❻ Distribute right edge : 선택한 오브젝트들의 오른쪽을 기준으로 가로 간격을 맞춥니다.

■ Match size

선택한 오브젝트들의 크기를 맞추고자 할 때 사용합니다.

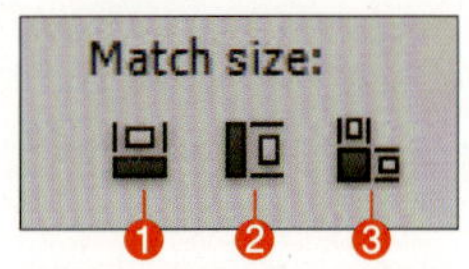

❶ Match width : 선택한 오브젝트 중 가장 큰 오브젝트와 가로 크기를 맞춥니다.

❷ Match height : 선택한 오브젝트 중 가장 큰 오브젝트와 세로 크기를 맞춥니다.

❸ Match width and height : 선택한 오브젝트 중 가장 큰 오브젝트와 가로/세로 크기를 맞춥니다.

■ Space

오브젝트의 크기에 상관없이 선택한 오브젝트 간의 거리를 맞추고자 할 때 사용합니다.

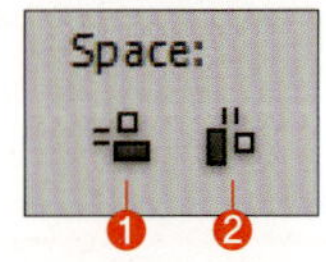

❶ Space evenly vertically : 오브젝트 간의 세로 방향 거리를 맞춥니다.

❷ Space evenly horizontally : 오브젝트 간의 가로 방향 거리를 맞춥니다.

서로 겹쳐지지 않았거나 레이어를 별도로 사용한 경우라면 오브젝트 간의 순서가 의미 없겠지만 동일 레이어, 동일 프레임에서 오브젝트를 겹쳐서 작업하는 경우에는 순서를 정해주어야 합니다. 오브젝트의 순서는 만들어진 순서에 의해 자동으로 결정되지만 작업 도중 필요에 따라 순서를 변경해 줄 수 있습니다.

예제 파일 | CD₩Part 03₩다각형.fla

01. '다각형.fla' 파일을 불러온 후 겹쳐진 도형들을 확인합니다. '삼각형', '육각형', '별'은 그룹으로 묶여 있고 '오각형'은 셰이프 오브젝트로 구성되어 있습니다.

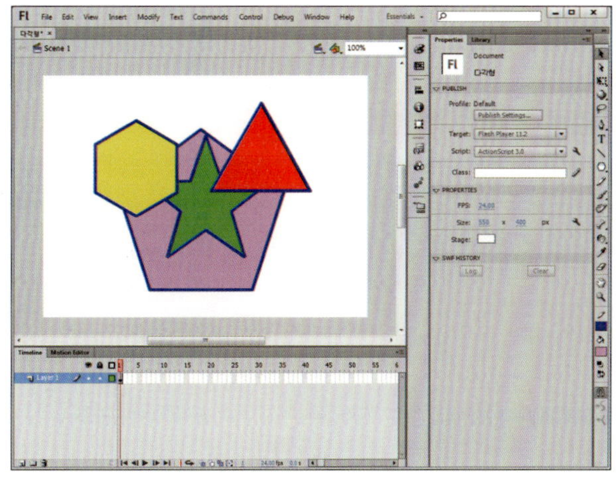

02. 각 오브젝트의 순서를 변경하기 위해 마우스 포인터를 '별' 위로 위치한 후 마우스 오른쪽 버튼을 클릭하여 'Arrange'–'Bring to Front'를 선택합니다.

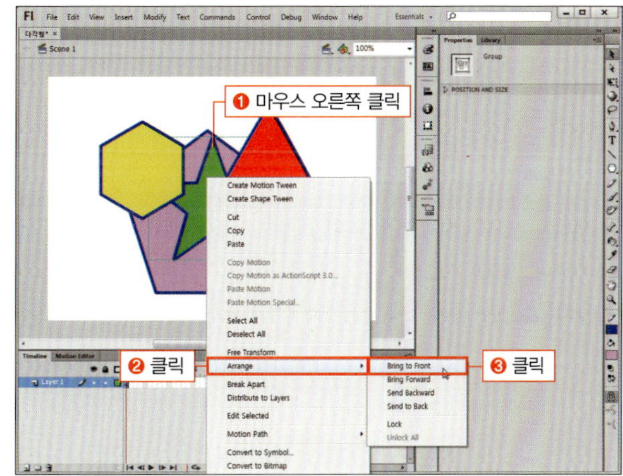

03. 순서가 변경되어 '별'이 맨 위로 올라왔습니다.

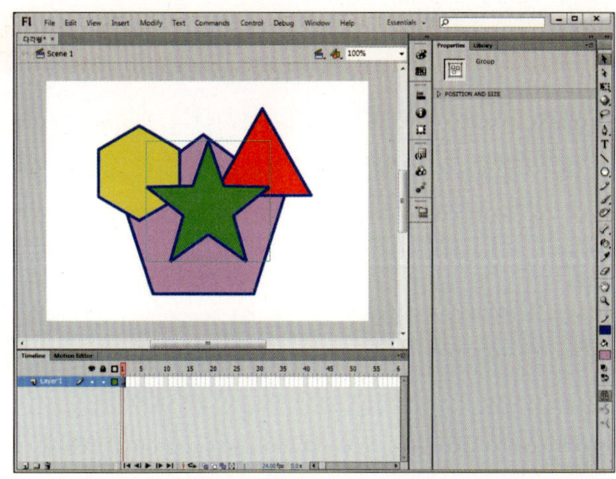

04. 이어 '별'을 맨 뒤로 보내기 위해 '별' 위에서 마우스 오른쪽 버튼을 클릭하여 'Arrange'-'Send to Back'을 선택합니다.

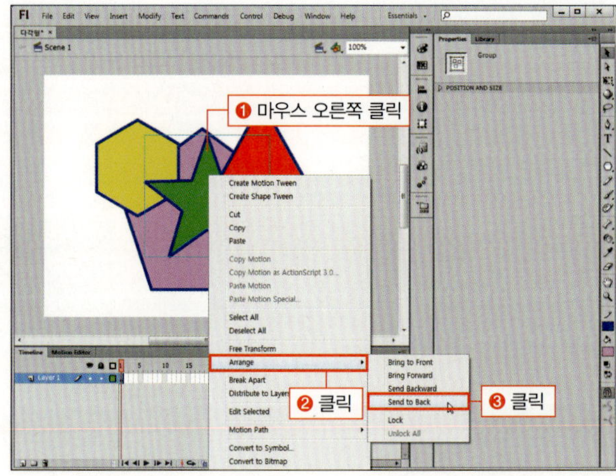

05. '별'이 '육각형'과 '삼각형' 뒤로 순서가 바뀌지만 여전히 '오각형' 위에 위치합니다. 셰이프 오브젝트는 항상 맨 뒤에 위치하게 되며 그룹된 오브젝트 위에 위치할 수 없습니다.

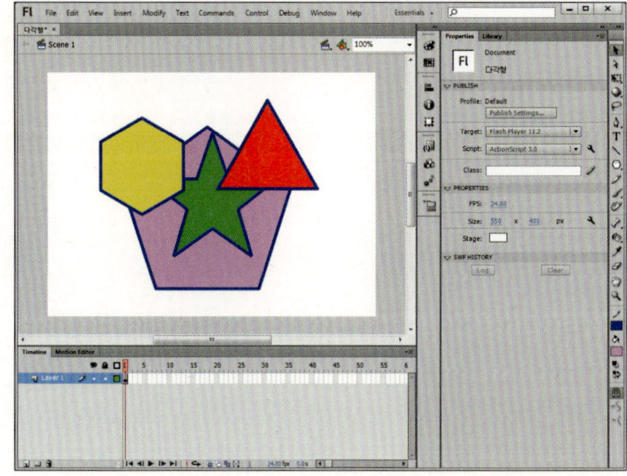

T I P ： Arrange

- **Bring to Front :** 선택한 오브젝트를 맨 앞으로 오게 합니다.
- **Bring Forward :** 선택한 오브젝트를 한 단계 앞으로 오게 합니다.
- **Send Backward :** 선택한 오브젝트를 한 단계 뒤로 보냅니다.
- **Send to Back :** 선택한 오브젝트를 맨 뒤로 보냅니다.
- **Lock :** 선택한 오브젝트를 선택할 수 없도록 고정시킵니다.

흩어진 오브젝트 정렬 시 [Align] 패널을 사용하면 빠르고 정확하게 정렬 작업을 할 수 있습니다. 'Align' 기능을 활용하여 오브젝트를 정렬해보도록 하겠습니다.

예제 파일 | CD\Part 03\삼각형조각.fla, 태양만들기.fla, 원정렬.fla **완성 파일 |** CD\Part 03\삼각형조각_완성.fla, 태양만들기_완성.fla, 원정렬_완성.fla

01. '삼각형조각.fla' 파일을 불러온 후 `Ctrl` + `A` 를 눌러 흩어진 오브젝트를 모두 선택합니다.

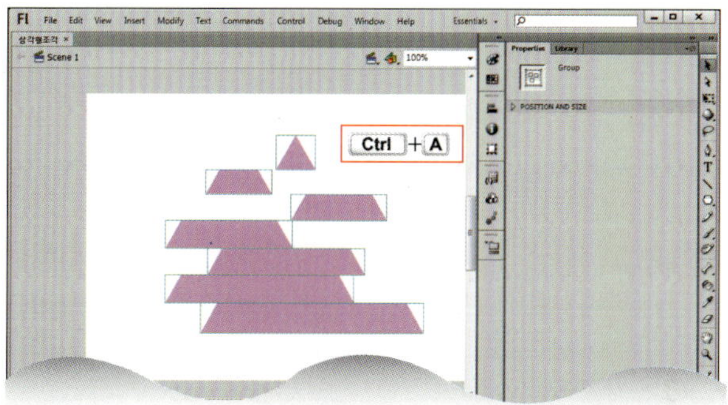

02. 축소된 패널 아이콘 중에서 [Align](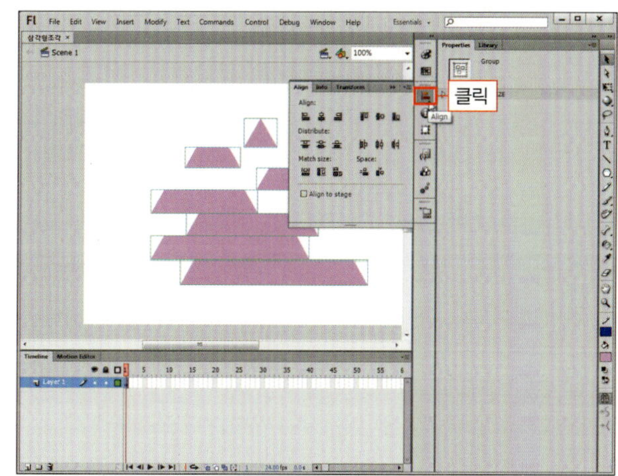)을 클릭하여 [Align] 패널을 엽니다.

03. [Align] 패널의 [Align horizontal center](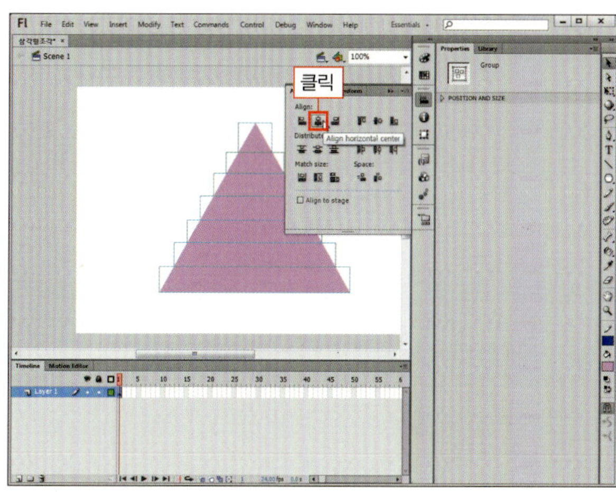)를 클릭하여 오브젝트들을 정렬합니다.

04. 이번에는 '별'과 '원'을 태양의 모양으로 만들어 봅니다. '태양만들기.fla' 파일을 불러온 후 Ctrl + A 를 눌러 모두 선택합니다.

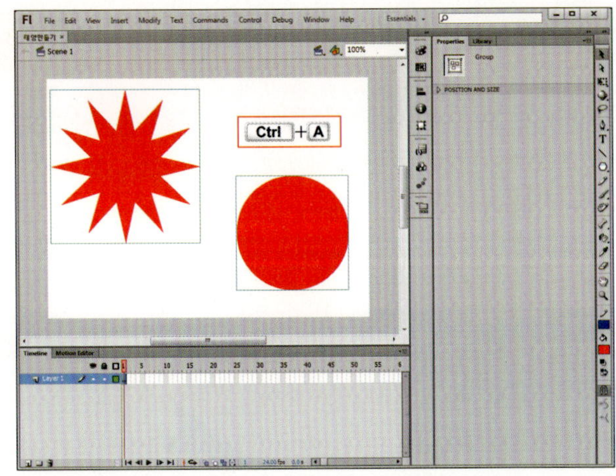

05. [Align] 패널의 [Align horizontal center]( )를 클릭하여 정렬합니다.

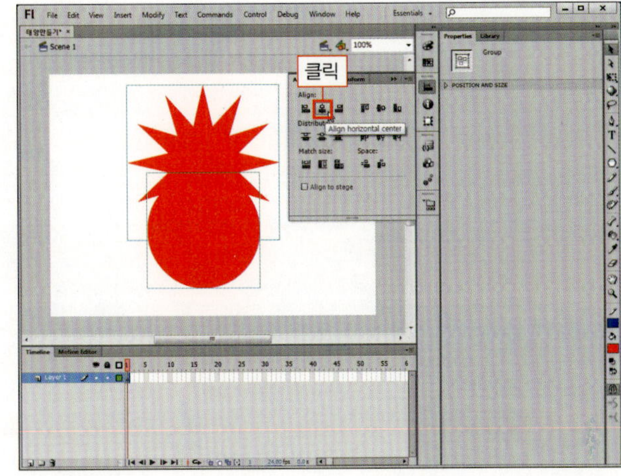

06. 오브젝트가 가운데로 정렬되면 [Align vertical center]( )를 클릭하여 정렬합니다.

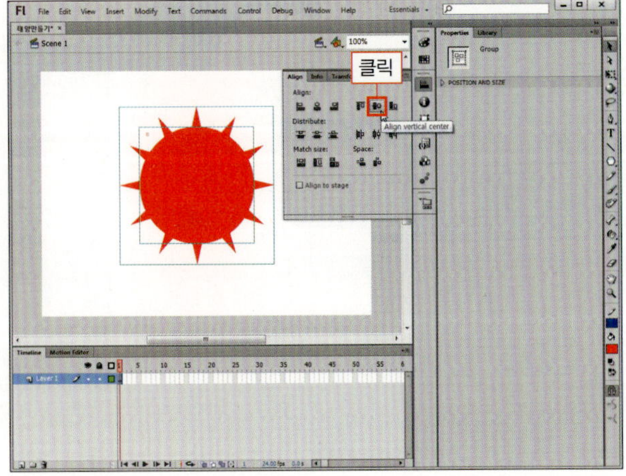

07. '원'으로 기하학 도형을 만들어 봅니다. '원
정렬.fla' 파일을 불러온 후 흩어져 있는 '원'들을
Ctrl + A 를 눌러 모두 선택합니다.

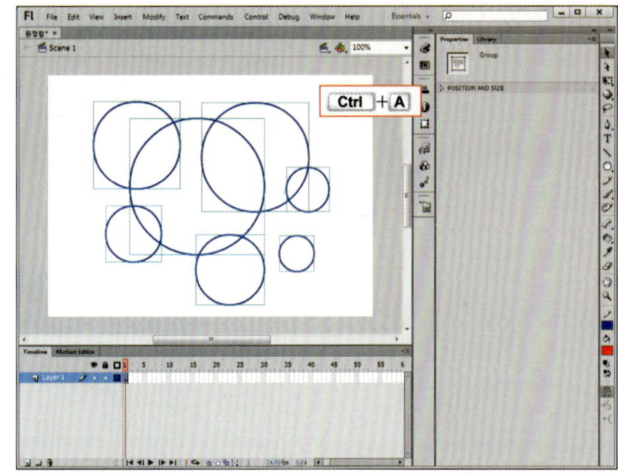

08. [Align] 패널의 [Align horizontal center](함)
를 클릭하여 정렬합니다.

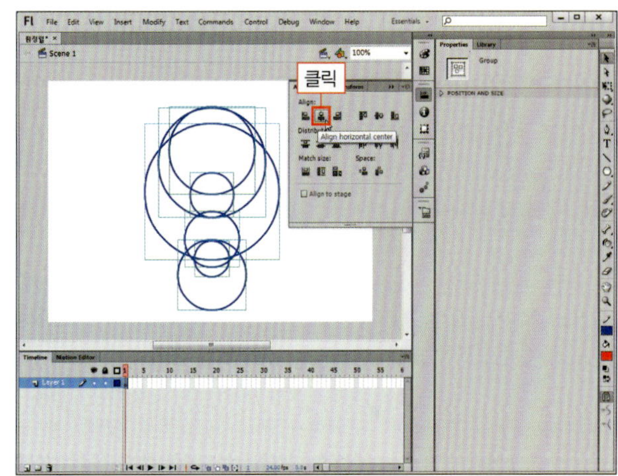

09. 오브젝트가 가운데로 정렬되면 [Align bottom
edge](함)를 클릭하여 정렬합니다.

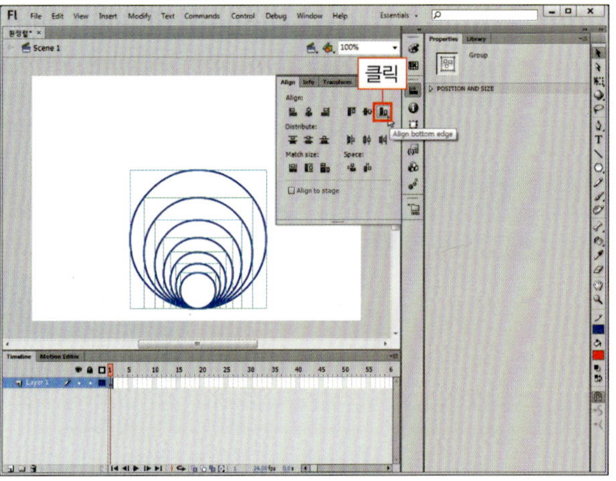

[Align] 패널을 활용하여 오브젝트 간의 간격을 맞추어 배열해보도록 하겠습니다.

예제 파일 | CD₩Part 03₩도형배분.fla, 사선.fla **완성 파일 |** CD₩Part 03₩도형배분_완성.fla, 사선_완성.fla

01. '도형배분.fla' 파일을 불러온 후 흩어져 있는 도형들을 Ctrl + A 를 눌러 모두 선택합니다.

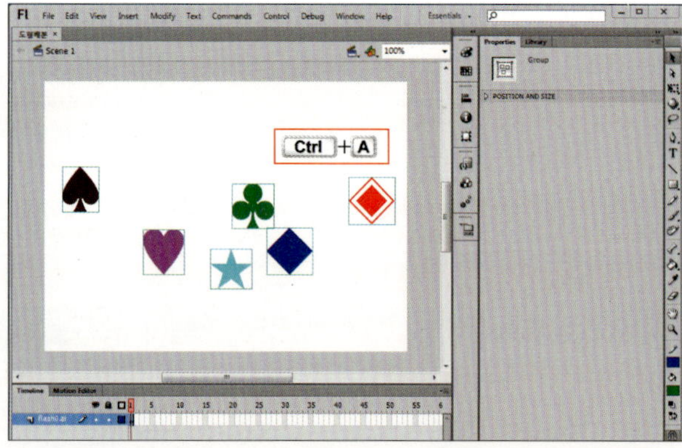

02. [Align] 패널의 [Align vertical center](아이콘)를 클릭하여 정렬합니다.

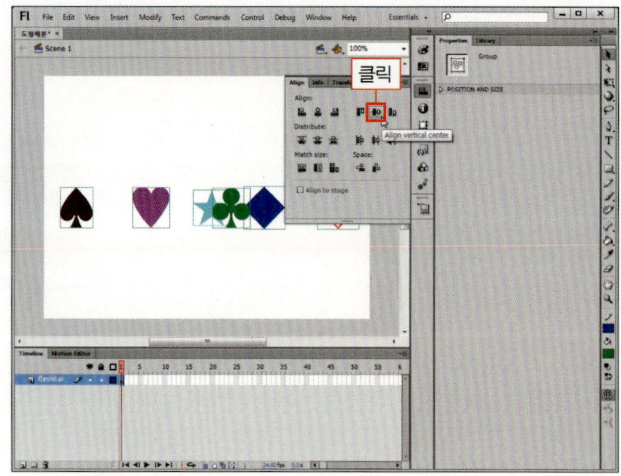

03. 오브젝트가 정렬되면 [Distribute horizontal center](아이콘)를 클릭하여 오브젝트의 간격을 배분하여 맞춥니다.

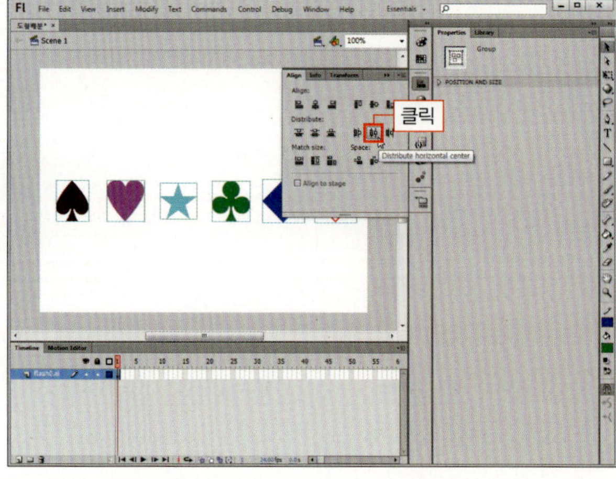

04. 이어 도형을 복제하여 일정한 간격으로 배열하기 위해 '사선.fla' 파일을 불러온 후 사선을 선택한 후 `Ctrl`+`D`를 20회 정도 눌러 사선을 복사합니다.

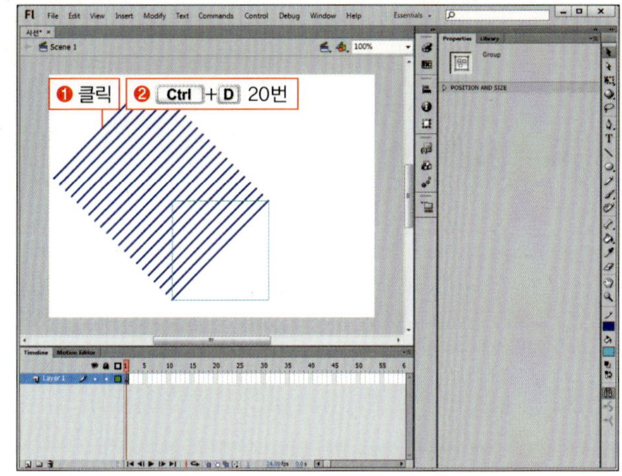

05. 마지막으로 복사된 '사선'을 드래그하여 스테이지 오른쪽으로 옮깁니다.

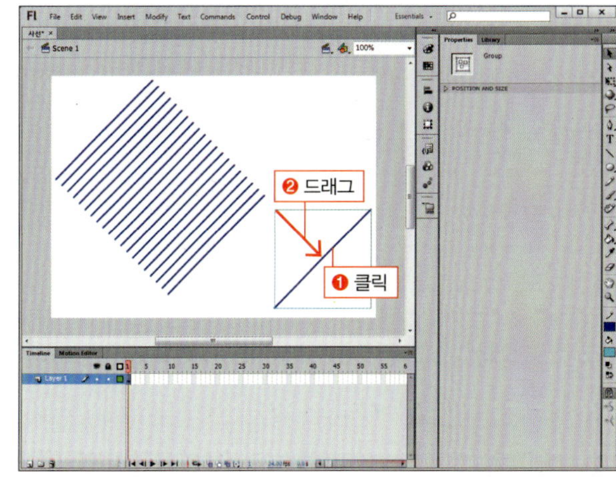

06. `Ctrl`+`A`를 눌러 '사선'을 모두 선택한 후 [Align] 패널의 [Align vertical center]( )를 클릭한 후 [Distribute horizontal center]( )를 클릭하여 정렬합니다.

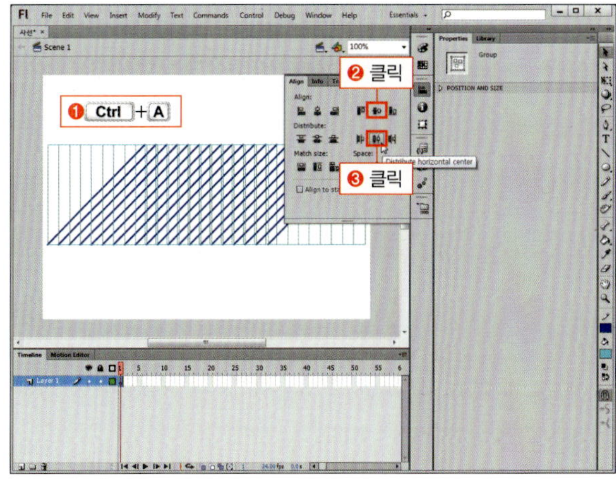

플래시 오브젝트의 장점은 크기나 모양 변형 시 이미지가 손상되지 않는 것입니다. 오브젝트를 회전시키거나 변형함으로써 다양한 오브젝트를 생성할 수 있습니다. 오브젝트를 회전하고 다양하게 변형하는 방법에 대해 알아보도록 하겠습니다.

기초탄탄 ▶ 회전·변형 기능 알아보기

■ [Modify]–[Transform] 메뉴

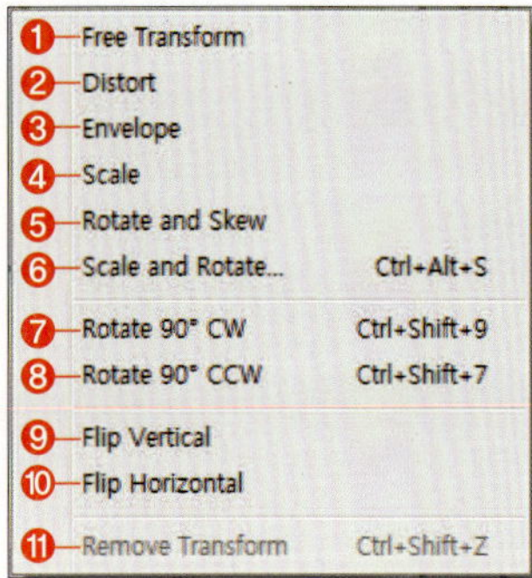

❶ Free Transform : 오브젝트의 크기, 회전, 기울이기 등을 자유롭게 변형할 수 있습니다.

❷ Distort : 오브젝트의 모서리를 드래그하여 왜곡하거나, 원근감을 줄 때 사용합니다. 셰이프 오브젝트만 사용할 수 있습니다.

❸ Envelope : 오브젝트에 앵커포인트를 표시하여 패스를 수정하여 복잡한 변형이 가능합니다. 셰이프 오브젝트만 사용할 수 있습니다.

❹ Scale : 오브젝트의 크기를 변경합니다.

❺ Rotate and Skew : 오브젝트의 회전과 기울이기를 조절합니다.

❻ Scale and Rotate : 오브젝트의 크기와 회전을 조절합니다.

❼ Rotate 90° CW : 오브젝트를 시계 방향으로 90도 회전시킵니다.

❽ Rotate 90° CCW : 오브젝트를 시계 반대 방향으로 90도 회전시킵니다.

❾ Flip Vertical : 오브젝트를 수직 방향으로 대칭시킵니다.

❿ Flip Horizontal : 오브젝트를 수평 방향으로 대칭시킵니다.

⑪ Remove Transform : 변형된 오브젝트를 원래 상태로 되돌립니다.

■ [Transform] 패널 `154P`

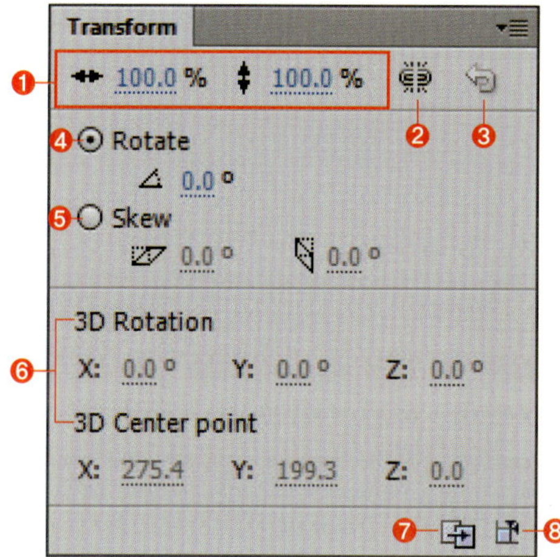

❶ Scale Width/Scale Height : 오브젝트의 크기를 변경합니다.

❷ Constrain : 오브젝트 크기 변경 시 가로/세로 비율을 고정할 때 사용합니다.

❸ Reset : 가로/세로 비율 설정을 초기화합니다.

❹ Rotate : 오브젝트를 회전시킵니다.

❺ Skew : 오브젝트의 기울기를 조절합니다.

❻ 3D Rotation/3D Center point : 오브젝트의 3차원 변형을 설정합니다.

❼ Duplicate Selection and Transform : 변형된 오브젝트를 복사합니다.

❽ Remove Transform : 설정된 변형 속성을 제거합니다.

오브젝트를 회전시키는 것은 크기를 변경하는 것과 같은 기본적인 변형 작업입니다. 오브젝트 회전은 회전축을 중심으로 각도를 설정하여 회전시킬 수 있습니다.

예제 파일 l CD\Part 03\토성.fla **완성 파일 l** CD\Part 03\토성_완성.fla

01. 회전 기능으로 토성의 고리를 만들기 위해 '토성.fla' 파일을 불러온 후 [선택 툴]( )을 선택하고 토성의 고리가 될 '타원'을 선택합니다.

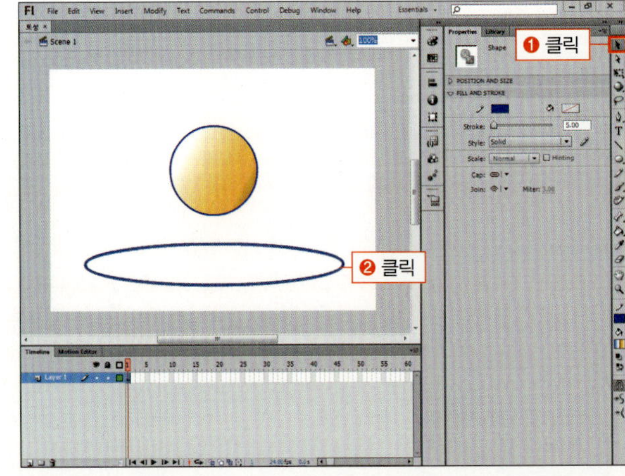

02. [Transform]( )을 클릭해 [Transform] 패널을 열고 [Rotate]를 '20°'로 설정합니다.

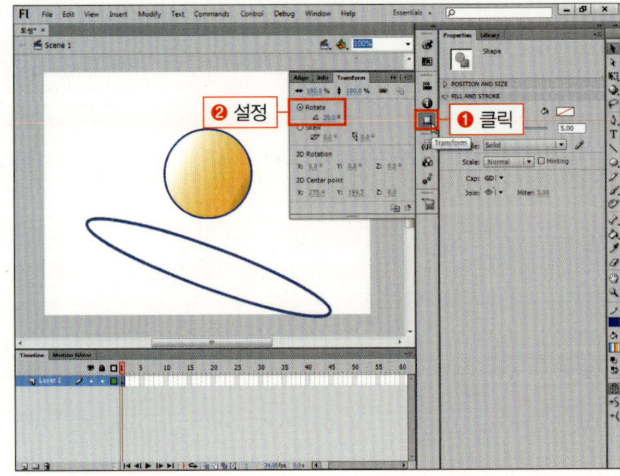

03. 회전된 '타원'을 위로 옮겨 '원'과 겹쳐 모양을 구성한 후 스테이지 빈 공간을 클릭하여 선택을 해제합니다.

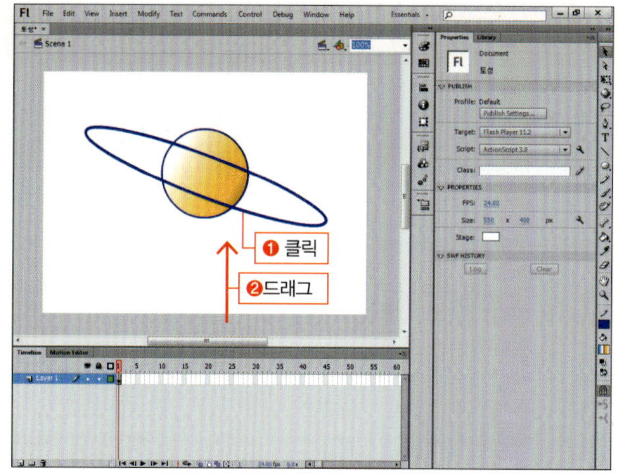

04. '원'과 '타원'이 겹쳐진 '선' 중에서 위의 '선'을 클릭하고 Del 을 눌러 삭제합니다.

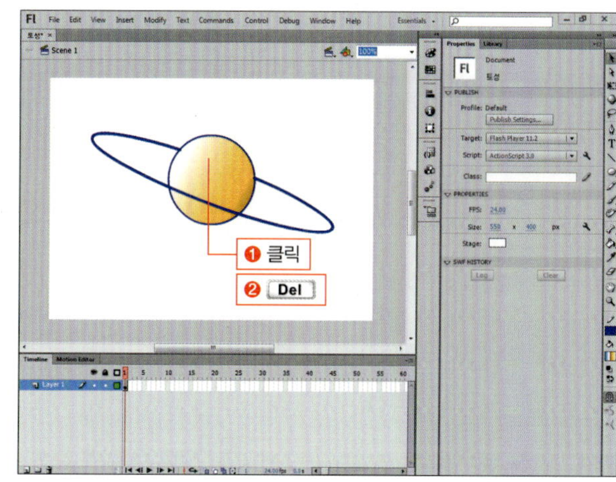

05. 삭제되어 끊어진 '선'의 끝 부분을 처리하기 위해 끊어진 '선'을 선택하고 [Properties] 패널의 [Cap]을 'None'으로 설정합니다.

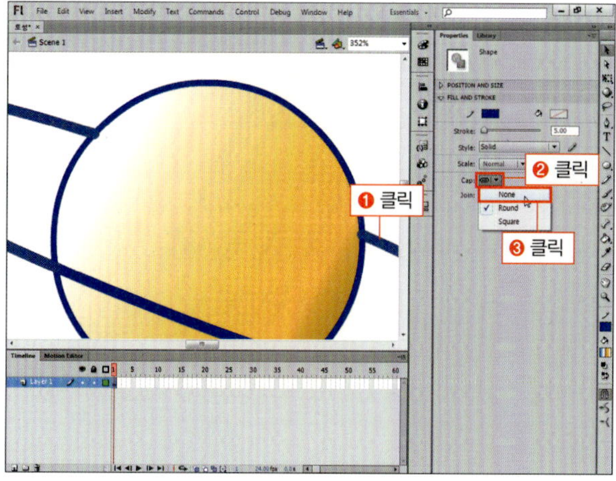

동일한 변형 작업을 반복하면서 오브젝트를 복사할 수 있습니다. [Transform] 패널 오른쪽 아래의 [Duplicate Selection and Transform](🔲)을 사용하여 모양을 구성해보도록 하겠습니다.

예제 파일 | CD₩Part 03₩꽃잎.fla **완성 파일 |** CD₩Part 03₩꽃잎_완성.fla

01. '꽃잎.fla' 파일을 불러온 후 [선택 툴](🔲)을 선택하여 그레이디언트가 적용된 '타원'을 클릭합니다.

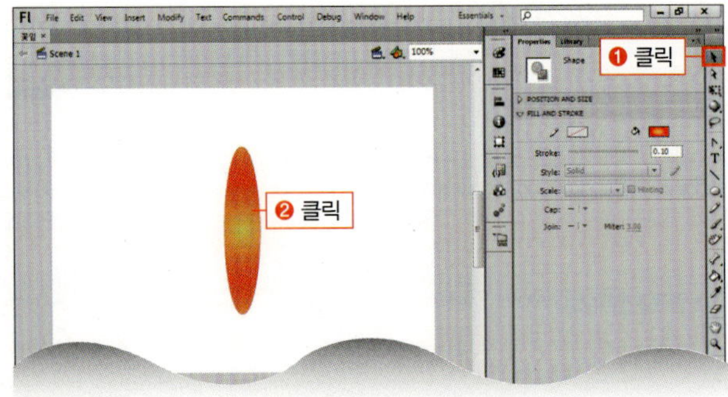

02. [Transform](🔲)을 클릭해 [Transform] 패널을 열고 [Rotate]를 '30°'로 설정합니다.

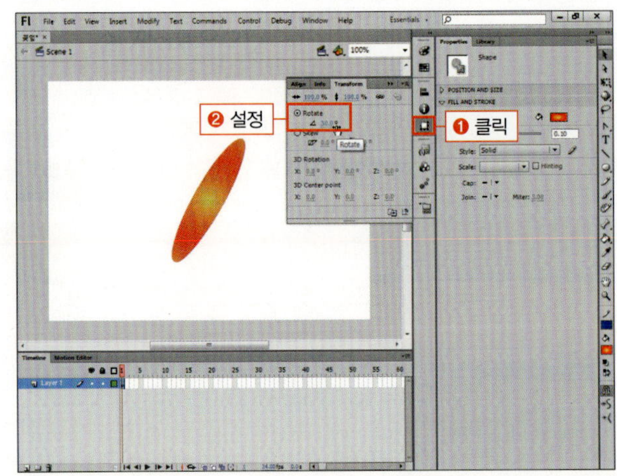

03. 회전된 '꽃잎'을 확인하고 [Transform] 패널 오른쪽 아래의 [Duplicate Selection and Transform] (🔲)을 5번 클릭하여 꽃잎 모양을 완성합니다.

> **TIP : Duplicate Selection and Transform**
> 오브젝트의 변형 작업을 반복하면서 복사하는 기능입니다. 이 기능 사용 시 변형된 오브젝트에 바로 적용하여야 하며 변형된 오브젝트의 선택을 해제하거나 다른 오브젝트를 선택하면 기능이 해제되므로 주의하여야 합니다.

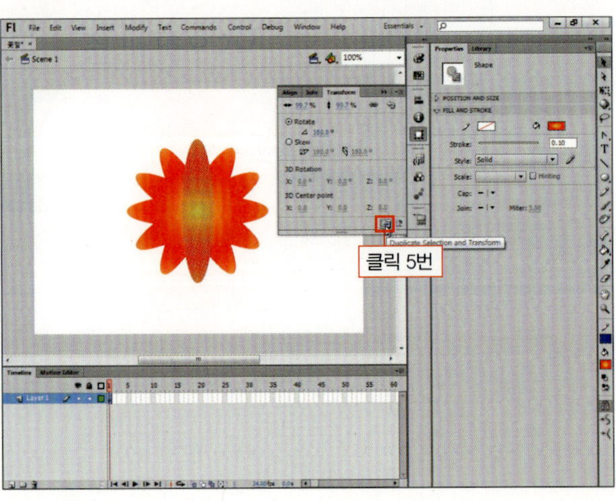

[자유 변형 툴]()은 오브젝트의 크기, 회전, 기울임을 조절할 수 있는 툴입니다. [자유 변형 툴]()을 사용하여 오브젝트를 변형해보도록 하겠습니다.

예제 파일 l CD₩Part 03₩물고기.fla, 플래시.fla **완성 파일 l** CD₩Part 03₩물고기_완성.fla, 플래시_완성.fla

01. '물고기.fla' 파일을 불러온 후 [자유 변형 툴]()을 선택하고 '물고기'를 클릭합니다.

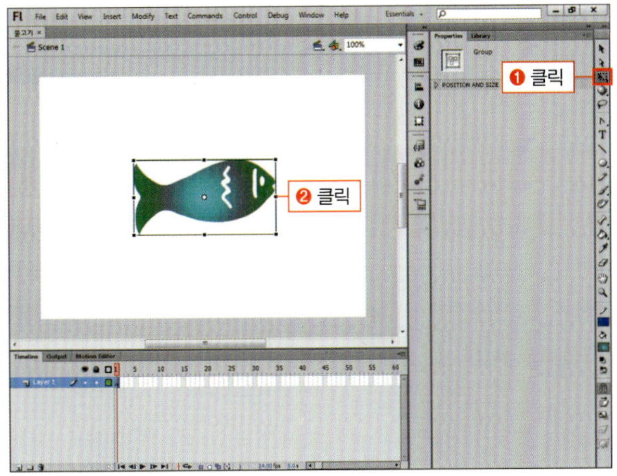

02. [자유 변형 툴]()로 오브젝트를 선택하면 오브젝트를 변형하기 위한 조절점과 변형의 중심이 표시됩니다. 마우스를 조절점이나 외곽선에 가져가게 되면 오브젝트의 크기 변경, 회전, 기울이기를 할 수 있도록 마우스 포인터의 모양이 변경됩니다.

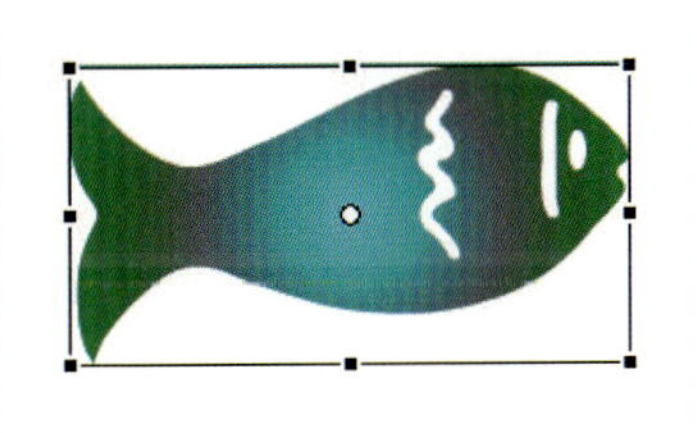

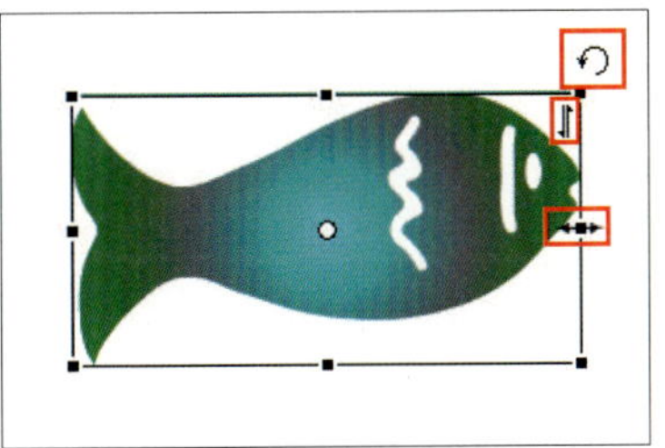

03. '물고기'의 가운데 위 조절점을 아래로 드래그하여 크기를 줄입니다.

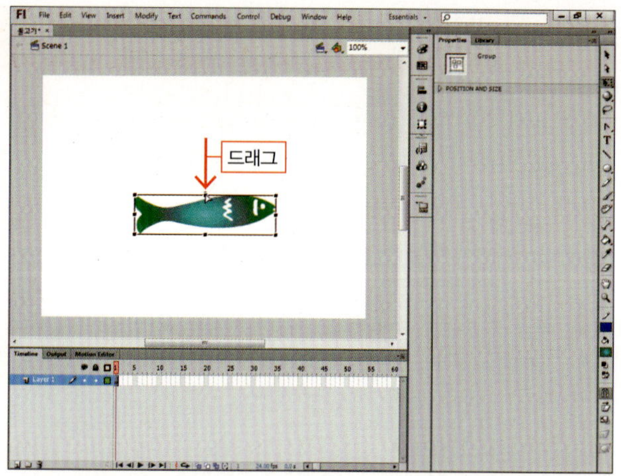

04. 이어 오른쪽 위 조절점 바깥쪽으로 마우스 포인터를 가져갑니다. 커서 모양이 회전 모양(↻)으로 변경되면 위로 드래그하여 '물고기' 머리가 위를 향하도록 회전시킵니다.

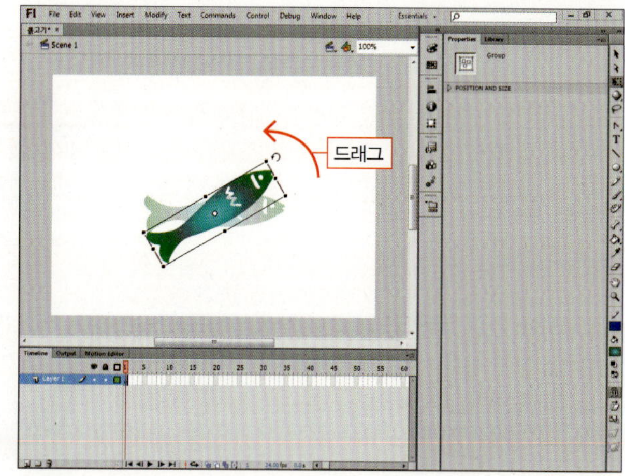

05. 이어 문자에 기울임을 주기 위해 '플래시.fla' 파일을 불러온 후 [자유 변형 툴](☒)로 문자를 클릭합니다.

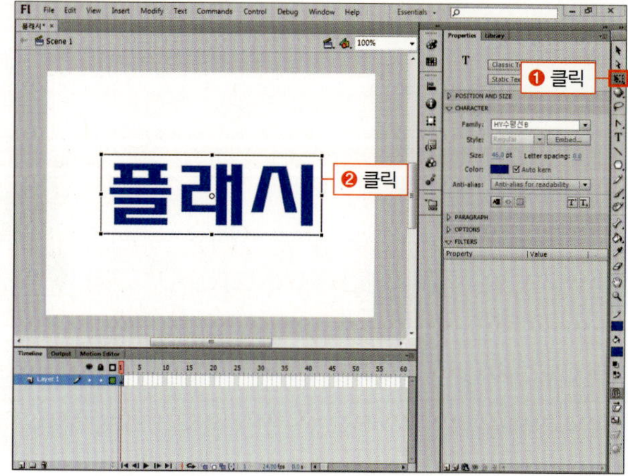

06. 마우스 포인터를 문자 영역 위에 위치하여 커서 모양이 기울이기 모양(⇌)으로 변경되면 오른쪽으로 드래그하여 문자를 기울입니다.

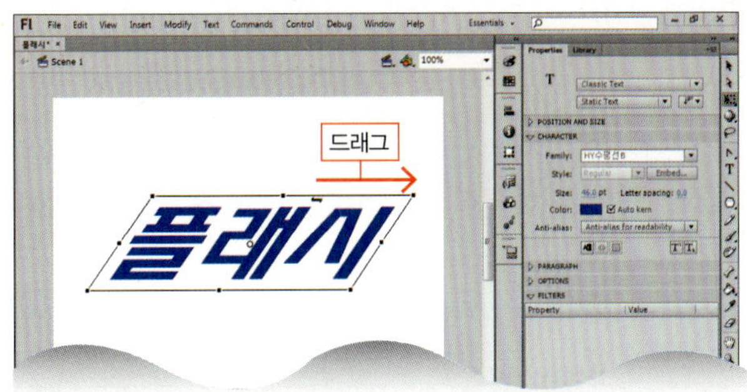

07. 기울이기는 가로와 세로가 평행하게 이미지 변형이 됩니다. 이어 이미지를 왜곡시켜 변형하는 방법을 알아봅니다. 기울어진 문자를 원래대로 되돌리기 위해 **Ctrl** + **Z** 를 누릅니다.

08. 문자가 선택된 상태로 **Ctrl** + **B** 를 2번 눌러 셰이프 오브젝트로 변환합니다.

09. 마우스 포인터를 문자의 왼쪽 위 조절점으로 가져간 후 **Ctrl** 과 **Shift** 를 누른 상태로 위로 드래그합니다. 이 때 **Ctrl** 의 역할은 이미지를 왜곡시키기 위한 것이고 **Shift** 의 역할은 왜곡을 대칭으로 적용하기 위함입니다.

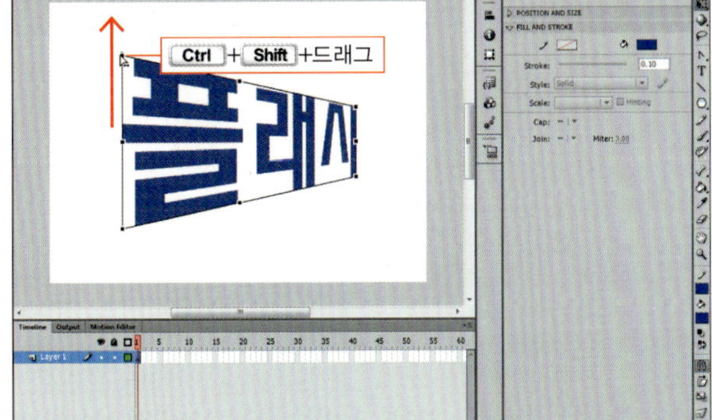

> **TIP : 문자의 왜곡**
>
> 크기, 회전, 기울이기를 사용하여 변형할 수 있지만 왜곡 기능은 사용할 수 없습니다. 문자에 왜곡 기능으로 변형을 주려면 셰이프 오브젝트로 변환하여야 합니다.

Envelope 기능은 선택된 이미지에 여러 개의 조절점을 표시하여 변형할 수 있는 기능으로 이 기능을 활용하면 더욱 섬세한 이미지 변형 작업을 할 수 있습니다.

예제 파일 | CD₩Part 03₩나무.fla **완성 파일 |** CD₩Part 03₩나무변형_완성.fla

01. 3개의 나무 모양을 각각 변형하기 위해 '나무.fla' 파일을 불러온 후 [자유 변형 툴]()을 선택하고 첫 번째 '나무'를 클릭합니다.

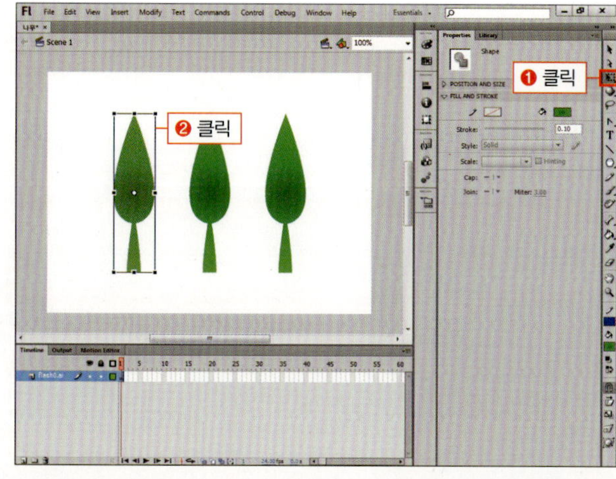

02. 툴 박스의 옵션에서 [Envelope]()를 클릭합니다. 오브젝트 주위에 많은 조절점들이 나타납니다.

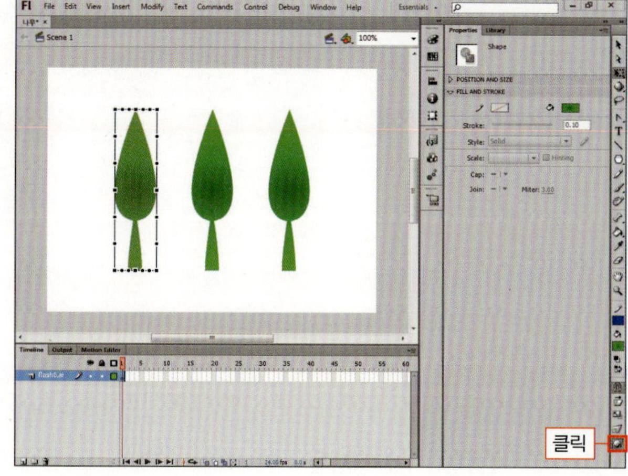

03. 마우스로 조절점을 드래그하여 이미지를 변형합니다. 다양한 모양으로 이미지를 변형할 수 있습니다.

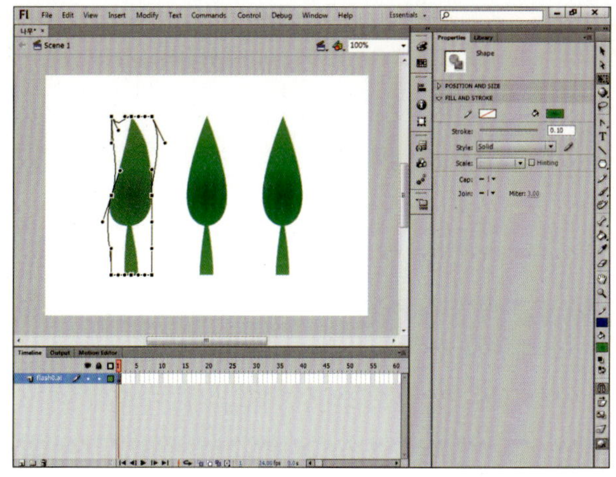

04. 모양이 완성되면 다른 오브젝트를 각각 변형합니다. [Envelope](이미지)를 활용하면 복사된 이미지에 조금씩 변화를 주어 다른 느낌을 연출할 수 있습니다.

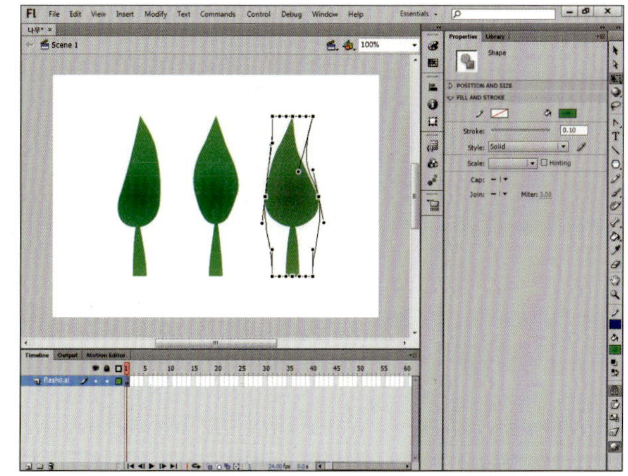

TIP : [Envelope](이미지)는 셰이프 오브젝트에만 적용할 수 있습니다. 그룹이나 심벌로 지정된 오브젝트는 Envelope 기능을 바로 사용할 수 없고 오브젝트를 더블클릭하여 편집 모드로 전환하면 사용할 수 있습니다.

■ 오브젝트 복사 `134P`

오브젝트를 복사해서 사용하는 경우 `Ctrl`+`C`나 `Ctrl`+`D`를 사용하거나 `Alt`를 누른 상태로 마우스로 드래그하여 복사할 수 있습니다. 셰이프 오브젝트를 복사할 경우 겹치게 되는 경우, 오브젝트가 결합되므로 주의해서 사용합니다. 간격을 맞추어 복사하는 경우 격자와 가이드를 사용하면 더욱 쉬운 작업이 가능합니다.

■ 변형을 반복하는 `Ctrl`+`Y` `141P`

`Ctrl`+`Y`는 등 간격 복사나 동일한 변형 작업을 여러 오브젝트에 적용할 때 사용하는 명령입니다. `Alt`를 눌러 마우스로 오브젝트를 드래그하여 복사한 후 `Ctrl`+`Y`를 누르면 같은 간격으로 오브젝트를 복사할 수 있고 하나의 오브젝트에 크기 변경, 회전, 기울이기 등의 변형 작업을 수행한 경우 바로 다른 오브젝트를 선택해서 `Ctrl`+`Y`를 누르면 같은 변형 작업을 수행할 수 있습니다.

■ 정렬과 배치는 [Align] 패널에서! `143P`

오브젝트를 정렬하고 배치하는 작업은 디자인 작업에서 빠질 수 없는 일입니다. 정확도를 요하는 작업의 경우 직접 배치하는 것은 한계가 있습니다. [Align] 패널의 Align과 Distribute 기능을 활용하여 정렬과 배치를 하도록 합니다.

■ 자유 변형 툴 `157P`

[자유 변형 툴]( )은 크기 변경, 회전, 기울이기, 왜곡 등의 작업을 한 번에 할 수 있는 툴입니다. [선택 툴]( )의 역할도 하기 때문에 오브젝트 변형 작업이 많은 경우 굳이 [선택 툴]( )을 사용하지 않더라도 선택과 변형 작업을 할 수 있습니다.

■ Envelope 기능 `160P`

셰이프 오브젝트를 자유롭게 변형할 수 있는 기능입니다. 많은 조절점들을 표시하여 조절점을 움직여 다양한 변형을 사용할 수 있습니다. 그룹된 오브젝트나 심벌에는 직접 사용할 수 없으며 편집 모드로 전환해 셰이프 오브젝트가 되면 사용할 수 있습니다.

01 네잎클로버를 만들어 봅니다.

예제 파일 : CD\Part 03\네잎클로버.fla   **완성 파일 :** CD\Part 03\네잎클로버_완성.fla
동영상 해설 : CD\Self\실전3-1.wmv

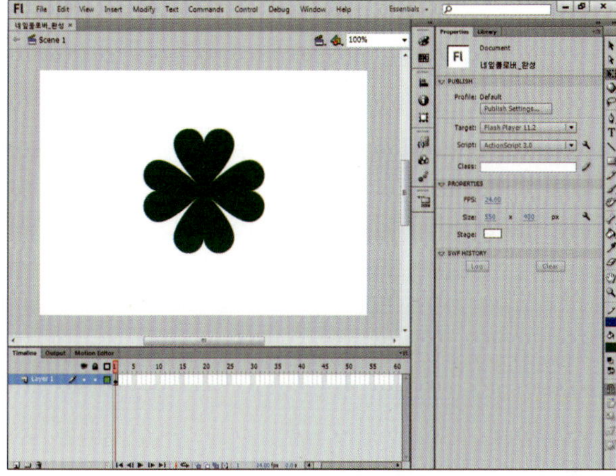

HINT

[자유 변형 툴]( )을 사용하여 중심점을 이동한 후 [Transform] 패널의 [Duplicate selection and Transform]( )을 활용해 하트
를 반복 변형하여 배열하면 클로버 모양을 만들 수 있습니다.

04

심벌과 라이브러리 활용하기

플래시에서 심벌은 특별한 오브젝트입니다. SF 영화에 나오는 복제인간 클론을 상상하면 이해가 빠를 것입니다. 심벌은 [Library] 패널에 등록하여 사용하며 똑같은 오브젝트를 여러 곳에서 복사하여 사용할 수 있습니다. 단순히 그룹된 오브젝트와 달리 고유의 이름을 가지고 모션이나 특별한 효과를 위해 사용됩니다.

01 심벌 만들기

레벨 ● ○ ○

플래시에서 사용하는 심벌은 무비클립, 버튼, 그래픽, 이렇게 3가지로 사용됩니다. 각각 사용하는 용도는 다르지만 필요에 따라 상호 전환이 가능하며 [Library] 패널에 등록되어 필요할 때마다 복제하여 사용할 수 있습니다.

기초탄탄 ▶ 심벌 이해하기

오브젝트를 심벌로 전환하려면 오브젝트를 선택한 후 F8을 눌러 나타나는 [Convert to Symbol] 대화상자에서 심벌의 이름을 지정하고 심벌의 종류를 선택하여 전환합니다.

■ [Convert to Symbol] 대화상자 169P

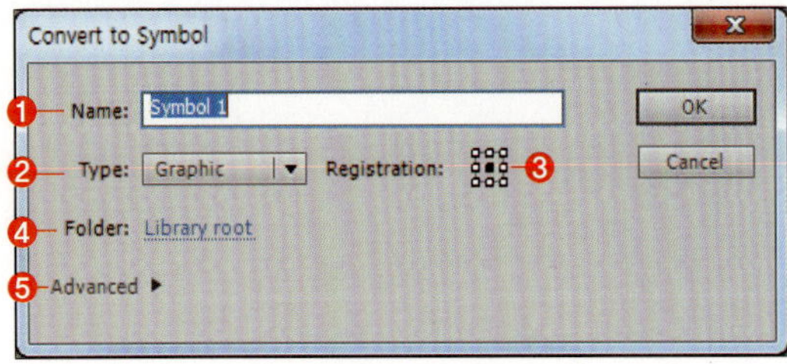

❶ Name : 심벌의 이름을 입력합니다.

❷ Type : 생성되는 심벌의 종류를 무비클립, 버튼, 그래픽 심벌 중에서 선택합니다.

❸ Registration : 심벌의 중심점을 설정합니다. 이 중심점은 액션스크립트에서 심벌을 제어할 때 사용됩니다.

❹ Folder : 심벌을 [Library] 패널의 어떤 위치에 둘 것인가를 선택합니다.

❺ Advanced : 액션스크립트에서 심벌을 제어하기 위해 링크나 공유 등의 속성을 설정할 수 있는, 고급 옵션을 표시합니다.

■ 심벌의 편집 모드

심벌로 전환된 오브젝트를 편집하기 위해서는 별도의 편집 모드로 전환해야 합니다. 편집하고자 하는 심벌을 선택하고 마우스 오른쪽 버튼을 클릭해 Edit/Edit in Place/Edit in New Window 중에서 선택할 수 있습니다.

Edit

심벌의 편집 모드로 화면을 전환합니다. 다른 오브젝트는 보이지 않게 되고 해당 심벌이 스테이지의 중앙에 위치하게 됩니다. [Library] 패널의 심벌 아이콘(📷)을 더블클릭해도 편집 모드로 전환할 수 있습니다.

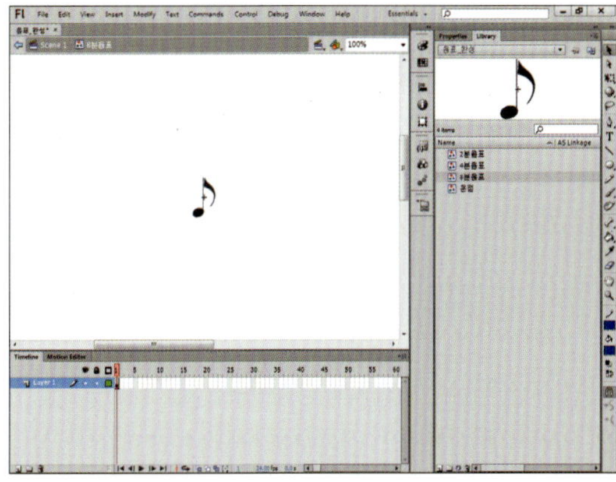

Edit in Place

심벌을 제자리에서 편집합니다. 다른 오브젝트는 흐리게 처리되며 오브젝트의 편집 시 크기나 위치를 변동하는 경우 다른 오브젝트를 보면서 작업할 수 있어 편리합니다. 스테이지의 심벌을 더블클릭하여도 제자리 편집을 할 수 있습니다.

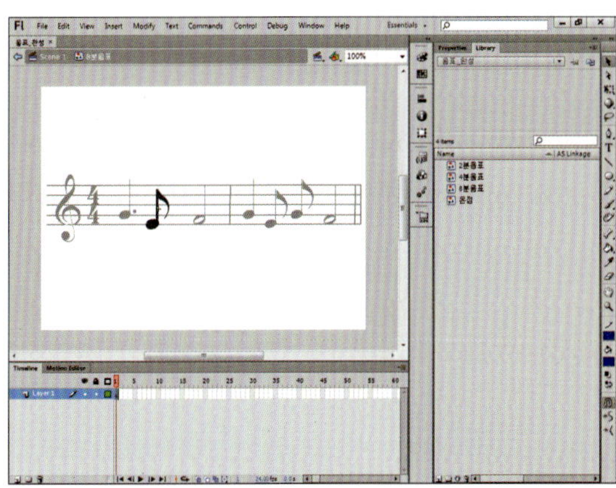

Edit in New Window

심벌을 편집할 수 있는 별도의 창을 열어서 편집합니다. 심벌을 수시 편집해야 하는 경우 사용합니다.

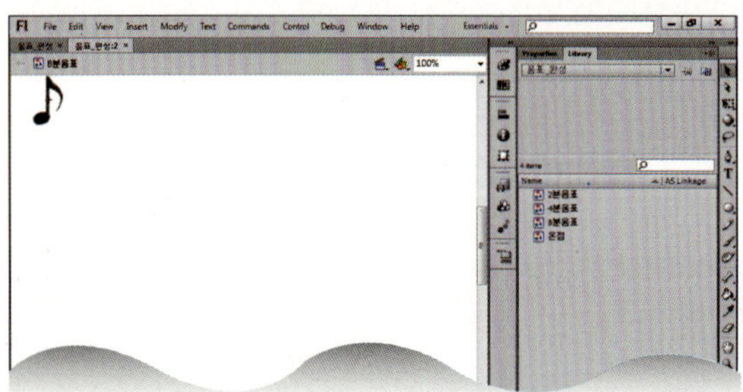

■ 심벌의 특징과 종류

심벌의 특징

오브젝트를 하나로 묶어서 사용하는 것이 그룹과 같지만 고유의 이름을 지정하여 다양한 효과에 활용할 수 있다는 점이 심벌은 다릅니다. [Library] 패널에 등록되어 무비에서 반복 사용할 수 있고 여러 번 사용하여도 파일의 용량에 영향을 주지 않으며 액션스크립트에서 심벌에 특수 효과를 지정할 수 있습니다.

심벌의 종류

- 무비 클립 : 심벌 안에 별도의 독립된 타임라인을 구성할 수 있습니다. 무비 안에 또 다른 무비, 즉 동시에 여러 동작을 반복하여 사용하는 무비를 구성할 수 있습니다. Scene의 타임라인과 무관하게 재생되고 무비를 정지해도 동작을 반복하는 특징이 있습니다.
- 버튼 : 타임라인이나 심벌, 사운드 등을 제어할 때 사용합니다. 심벌 안에 Up/Over/Down/Hit와 같이 독특한 프레임이 구성되어 있는 버튼 기능으로 사용자가 무비를 제어할 수 있습니다.
- 그래픽 : 기본적인 심벌로 오브젝트를 여러 개 복사하여 구성할 때 사용합니다. 별도 타임라인이 존재하여 무비를 구성할 수 있지만 무비클립과 달리 Scene의 타임라인에 종속되어 재생됩니다.

■ 버튼 심벌의 타임라인

버튼 심벌은 Up/Over/Down/Hit프레임으로 구성된 별도의 타임라인을 가지고 있습니다.

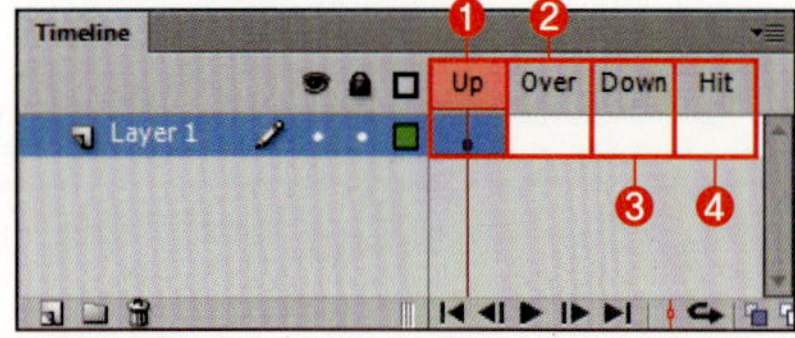

❶ Up프레임 : 기본적인 상태의 버튼의 모양입니다.

❷ Over프레임 : 마우스 포인터가 심벌의 Hit 영역 안으로 롤오버되었을 때의 모양을 설정합니다.

❸ Down프레임 : 단추를 클릭했을 때 보여지는 모양을 설정합니다.

❹ Hit프레임 : 마우스 포인터에 반응하는 버튼의 영역을 설정합니다.

그래픽 심벌은 가장 기본적인 심벌입니다. 반복적으로 사용되는 오브젝트의 경우 그래픽 심벌로 전환하여 사용하면 용량을 줄일 수 있고 오브젝트 관리를 더욱 쉽게 할 수 있습니다.

예제 파일 | CD₩Part 04₩음표.fla **완성 파일 |** CD₩Part 04₩음표_완성.fla

01. '음표.fla' 파일을 불러온 후, 음표를 확인합니다.

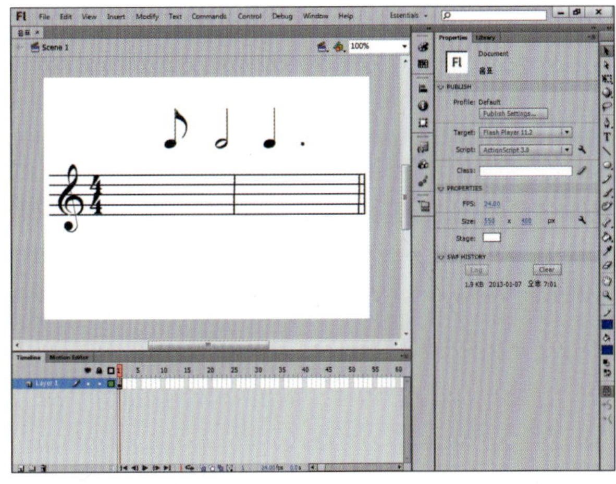

02. [선택 툴]( )을 선택하고 '8분음표'를 드래그하여 선택하고 F8 을 누릅니다.

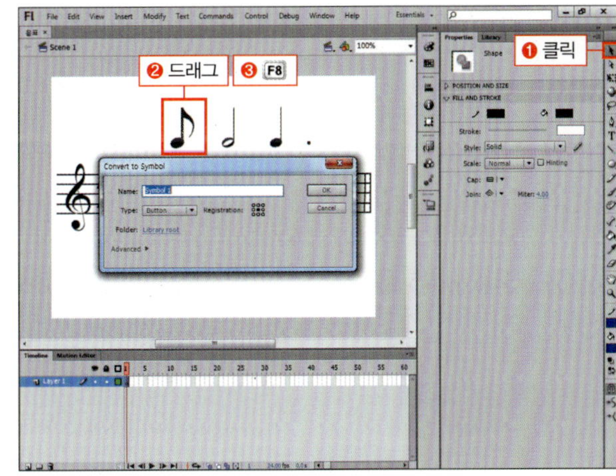

03. [Convert to Symbol] 대화상자가 열리면 [Name]은 '8분음표', [Type]은 'Graphic'으로 설정한 후 [OK] 단추를 클릭합니다.

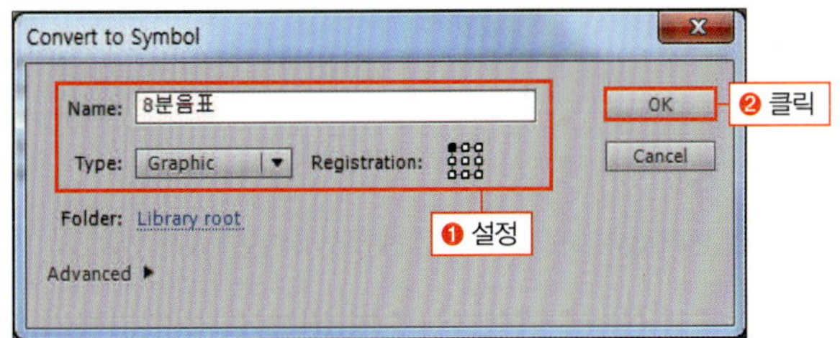

04. 오브젝트를 심벌로 전환하면 그룹으로 묶임
과 동시에 [Library] 패널에 등록됩니다.

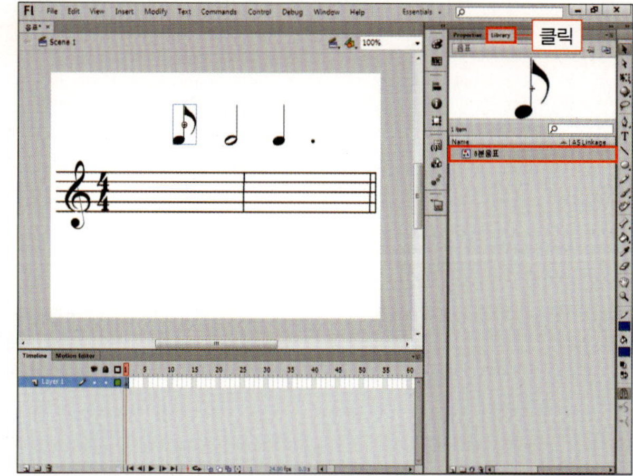

TIP : [Library] 패널을 클릭하여 화면에 표시하면 방
금 등록한 심벌을 확인할 수 있습니다.

05. '4분음표'와 '2분음표', '온점'을 각각 선택하
고 **F8**을 눌러 그래픽 심벌로 전환합니다. 심벌의
이름은 '4분음표', '2분음표', '온점'으로 지정합니다.

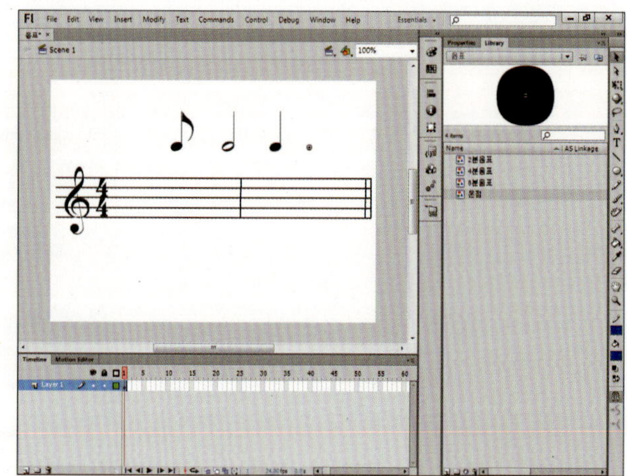

06. 스테이지의 음표를 각각 선택하고 악보의
첫 번째 칸으로 드래그하여 원하는 위치에 배치
합니다.

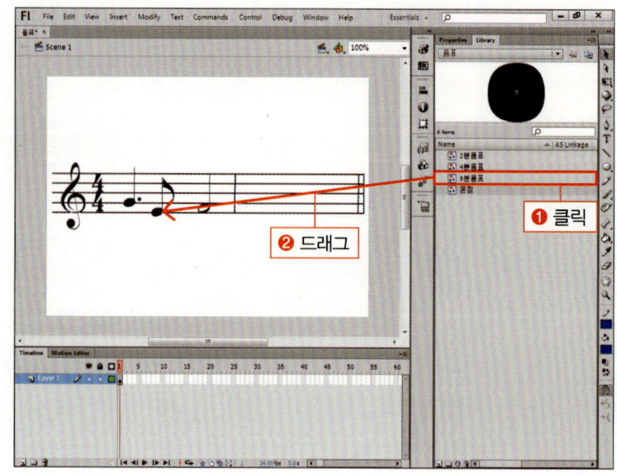

07. [Library] 패널에서 '4분음표'를 선택하고 스테이지로 드래그하여 악보의 두 번째 칸에 배치합니다.

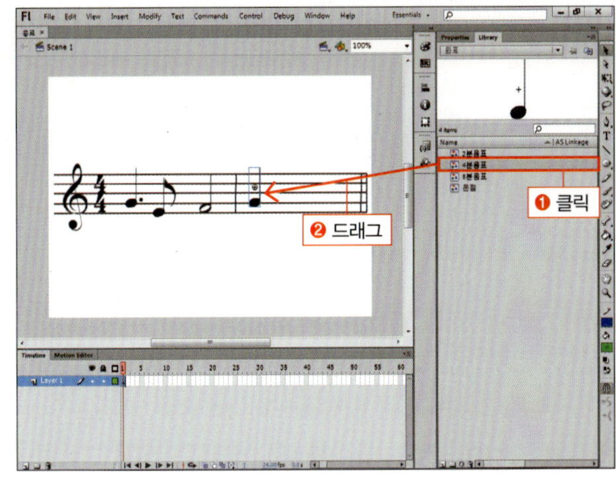

08. 같은 방법으로 악보에 '8분음표' 2개와 '2분음표' 1개를 추가하여 악보를 완성합니다.

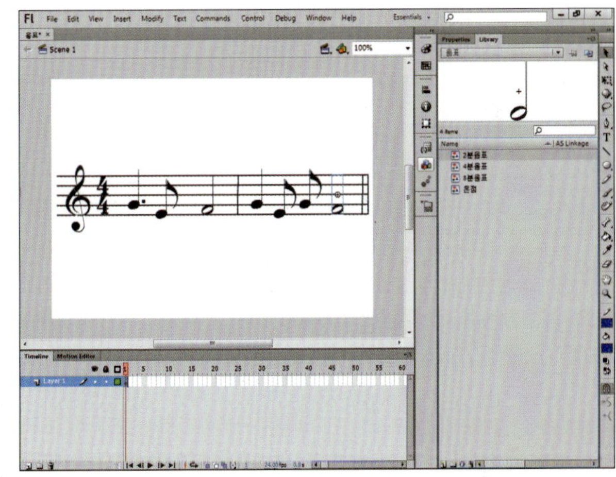

TIP : 심벌의 복사

심벌의 복사는 [Library] 패널의 사용하지 않아도 오브젝트를 복사하는 방법으로도 복사하여 사용할 수 있습니다. 하지만 무비의 구성이 복잡해지면 원하는 오브젝트를 찾아서 복사하는 것이 번거롭게 됩니다. [Library] 패널에 심벌로 등록하면 언제든지 원하는 오브젝트를 불러와 사용할 수 있습니다.

오브젝트를 심벌로 전환하여 여러 곳에 복사하여 사용한 경우에 심벌을 편집하면 모든 오브젝트에 편집한 내용이 똑같이 적용됩니다.

완성 파일 l CD\Part 04\음표편집_완성.fla

01. [Library] 패널에서 '8분음표' 심벌 아이콘을 더블클릭하거나 스테이지에 구성된 '8분음표' 중에서 하나를 선택하고 마우스 오른쪽 버튼을 클릭해 'Edit'를 선택합니다.

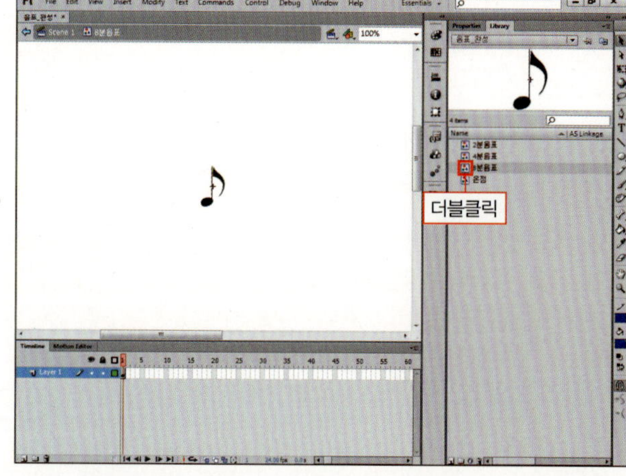

02. 편집 모드로 전환되면 음표의 [선 색상]과 [면 색상]을 모두 '빨간색'으로 변경합니다.

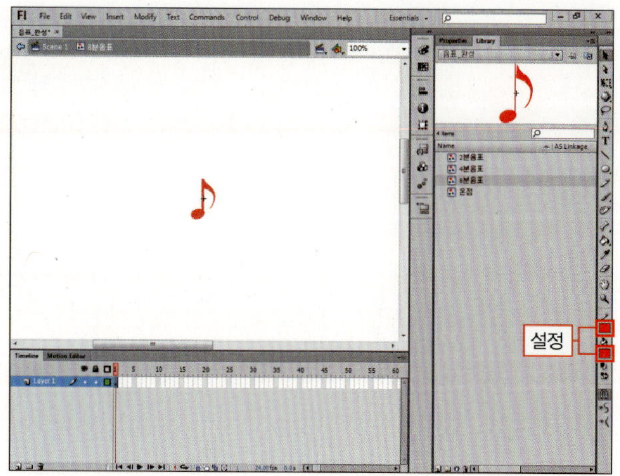

03. 편집 작업이 끝나면 스테이지 왼쪽 상단의 Scene 1을 클릭하여 메인화면으로 돌 아오면 '8분음표' 모두가 색상 변경됩니다.

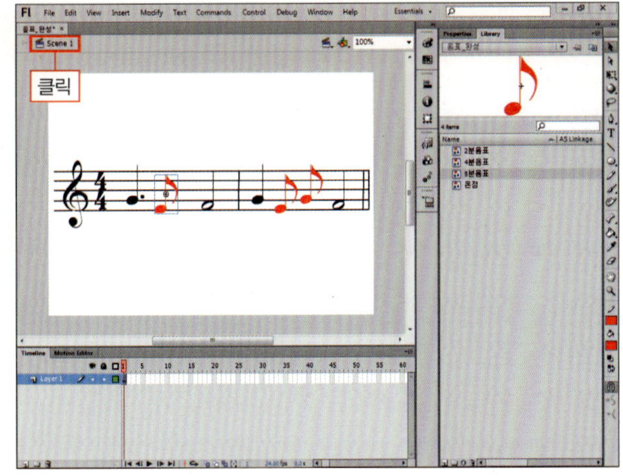

04. 이번에는 제자리 편집으로 심벌의 위치를 옮기기 위해 스테이지의 '2분음표' 중 하나를 더블 클릭하거나 마우스 오른쪽 버튼을 클릭해 'Edit in Space'를 선택합니다.

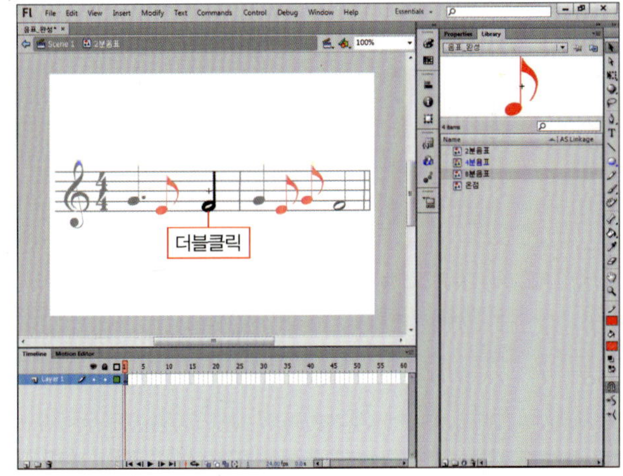

05. 음표의 [선 색상]과 [면 색상]을 모두 '파란 색'으로 변경하고 음표의 위치를 위로 한 칸 옮깁 니다. 흐리게 처리된 다른 '2분음표'도 같이 변경 됩니다.

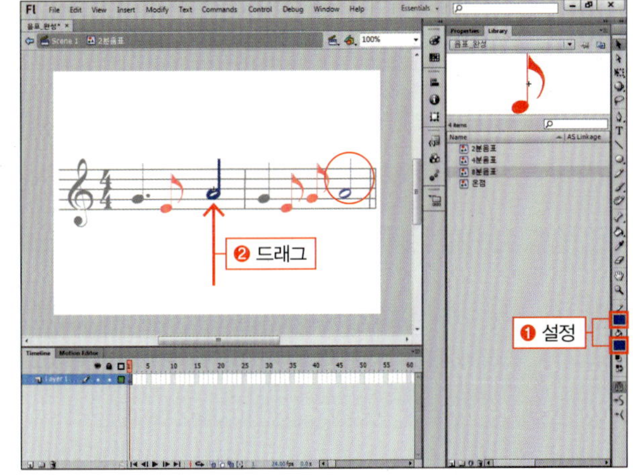

TIP : 오브젝트 잠그기

앞의 작업에서 보면 음표의 오선부분은 선택이 되지 않는다는 것을 알 수 있습니다. 스테이지에서 배치가 완료된 오브젝트는 작업 시 불필 요한 선택이 되지 않도록 잠그고 사용하는 것이 좋습니다. 오브젝트의 잠금과 해제 설정은 해당 오브젝트를 선택한 후 [Modify]-[Arrange]- [Lock]/[Unlock All] 메뉴를 통해 할 수 있으며 셰이프 오브젝트는 Lock 설정을 할 수 없으므로 그룹이나 심벌로 전환한 후 설정합니다.

버튼 심벌은 롤오버, 클릭, 드래그 등 마우스의 이벤트에 따라 별도 동작을 수행하기 위해 사용되는 심벌입니다. 액션스크립트와 연동하여 무비를 제어할 수 있는 독특한 심벌입니다.

예제 파일 | CD₩Part 04₩버튼.fla **완성 파일 |** CD₩Part 04₩버튼_완성.fla

01. '버튼.fla' 파일을 불러온 후 3개의 버튼 모양을 확인합니다.

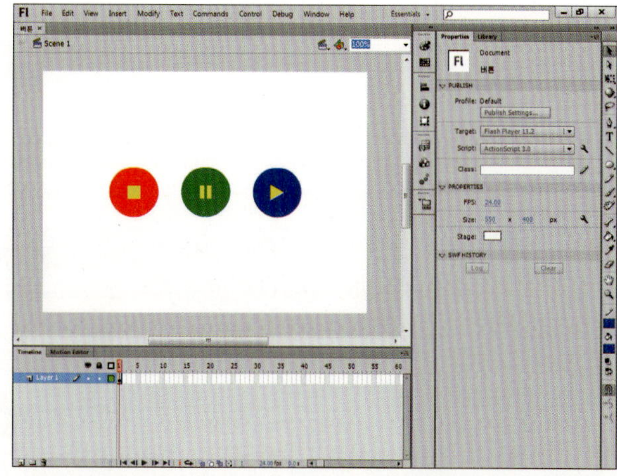

02. [선택 툴]( )을 선택하고 드래그하여 첫 번째 단추를 선택하고 F8을 누릅니다.

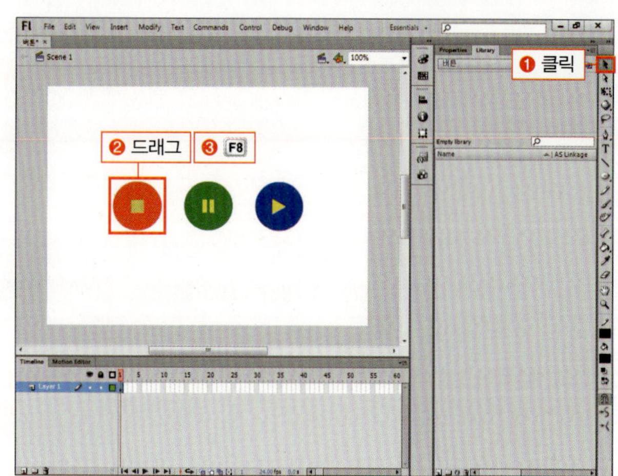

03. [Convert to Symbol] 대화상자에서 심벌의 이름이 되는 [Name]은 '정지', [Type]는 'Button'으로 설정하고 [OK] 단추를 클릭합니다.

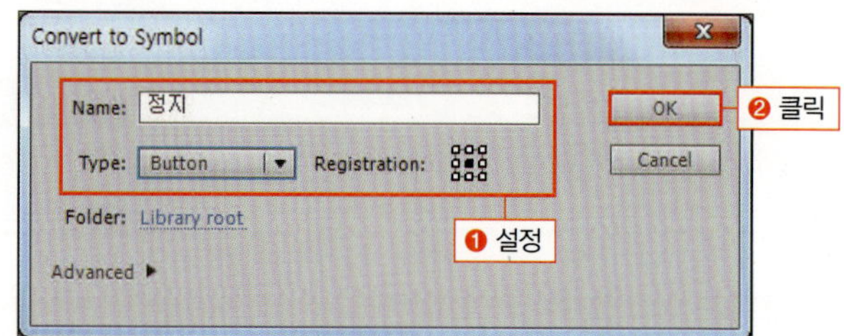

04. 두 번째 버튼과 세 번째 단추를 각각 선택하고 버튼 심벌로 전환합니다. 이름은 각각 '일시정지', '재생'으로 설정합니다. [Library] 패널에 버튼 심벌로 등록됩니다.

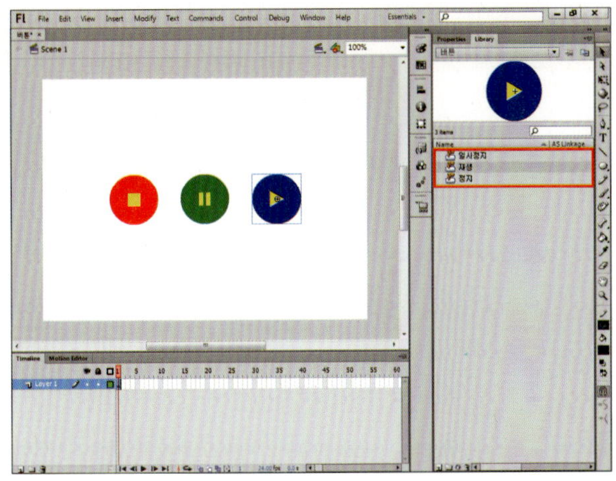

05. 버튼의 타임라인을 수정하기 위해 스테이지의 '정지'를 더블클릭하여 버튼 심벌의 편집 모드로 전환합니다.

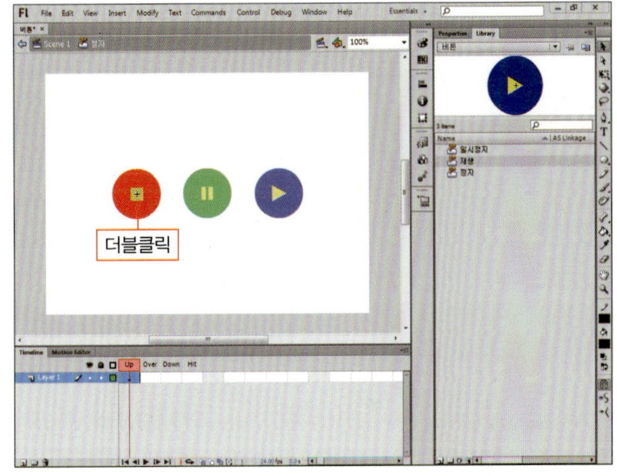

06. 버튼의 타임라인은 Up/Over/Down/Hit 프레임으로 구성되어 있습니다. Over프레임을 클릭하고 **F6**을 눌러 프레임을 복사합니다.

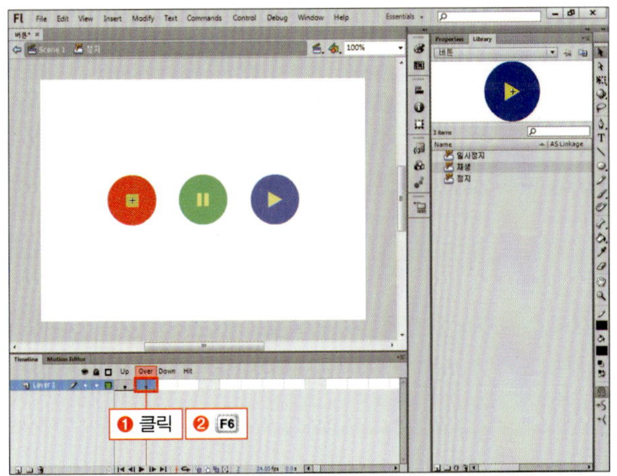

07. Over프레임의 버튼의 배경 색상을 '자주색'으로 변경합니다.

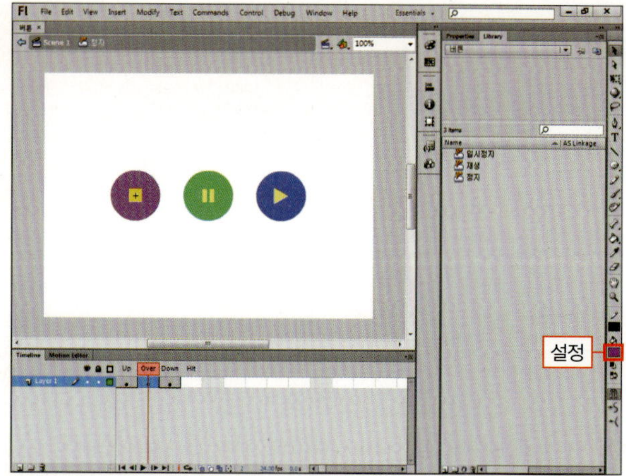

08. Down프레임을 클릭하고 F6을 눌러 프레임을 복사한 후 배경 색상을 '주황색'으로 변경합니다.

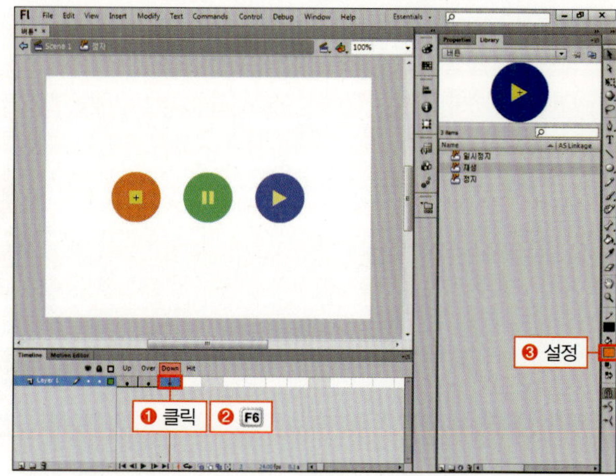

09. Ctrl + Enter 를 눌러 테스트 무비를 실행하고 편집한 '정지' 버튼에 마우스를 올려보면 버튼의 색상이 자주색으로 변경됩니다. 단추를 클릭하면 버튼의 색상이 주황색으로 변경됩니다.

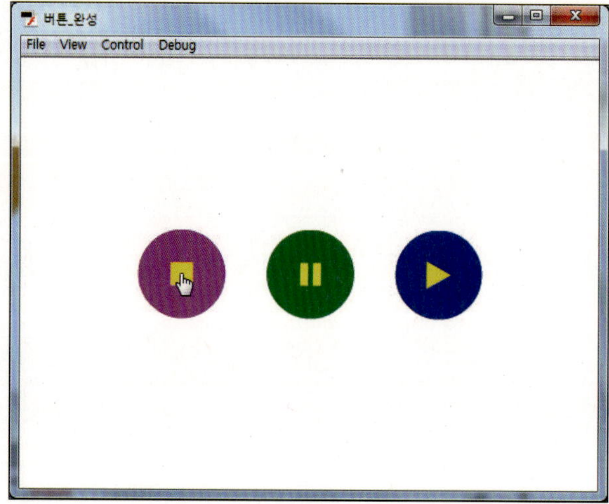

무비클립은 심벌 자체에 독립된 타임라인을 구성할 수 있는 심벌입니다. 타임라인의 진행과 상관 없이 독자적으로 반복되는 동작을 표현할 때 사용되며 액션스크립트와 연계하여 다양한 효과를 사용할 수 있는 심벌입니다.

예제 파일 | CD₩Part 04₩무비클립.fla　**완성 파일 |** CD₩Part 04₩무비클립_완성.fla

01. '무비클립.fla' 파일을 불러온 후 무비클립으로 설정된 오브젝트를 확인합니다.

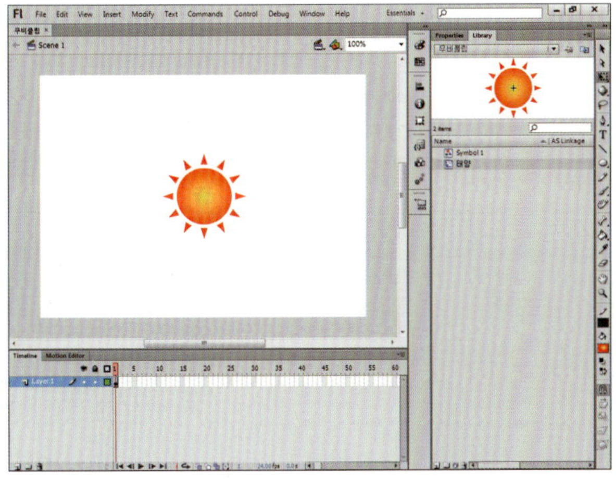

02. [선택 툴]()을 선택하고 '태양'을 더블클릭하여 편집 모드로 전환하면 타임라인에 20프레임까지 무비가 구성되어 있습니다. 이 무비는 메인 무비의 실행시간과 상관없이 반복되어 실행됩니다.

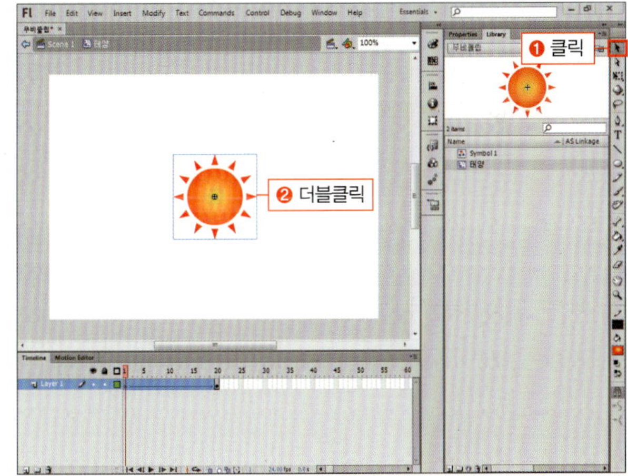

03. [Scene 1]을 클릭해 메인화면으로
돌아와 `Ctrl` + `Enter` 를 눌러 테스트 무비를 실
행하면 제자리에서 회전하는 태양의 모습을 확인
할 수 있습니다.

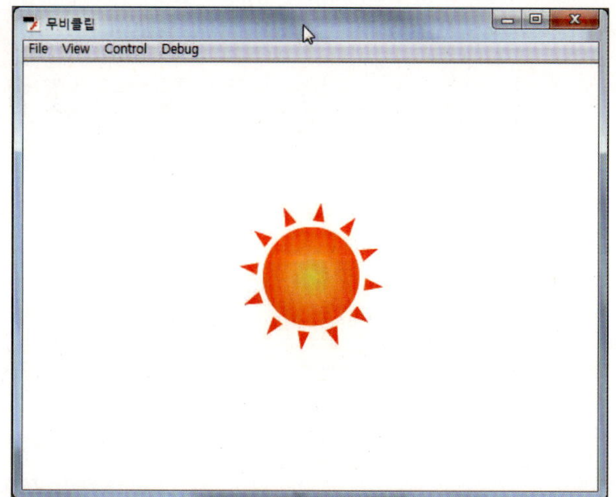

04. 무비클립을 `Alt` 를 누른 상태로 드래그
해 복사하여 여러 개 배치하고 [자유 변형 툴]( )
을 선택하여 각 오브젝트들을 서로 크기와 모양이
달라지도록 변형합니다.

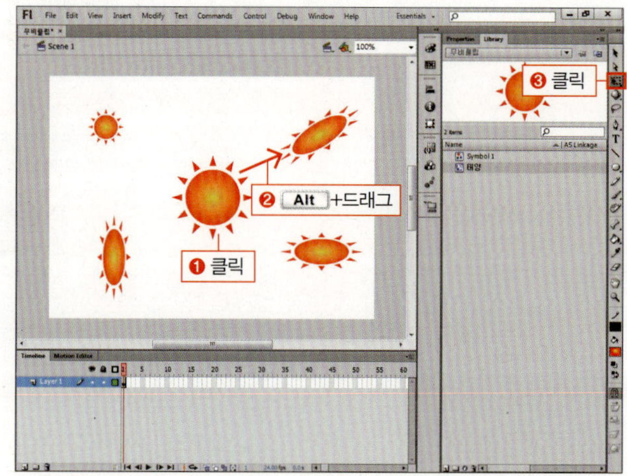

05. `Ctrl` + `Enter` 를 눌러 테스트 무비를 실
행합니다. 크기와 모양이 변했지만 각각 독립적으
로 무비가 실행되는 것을 확인할 수 있습니다.

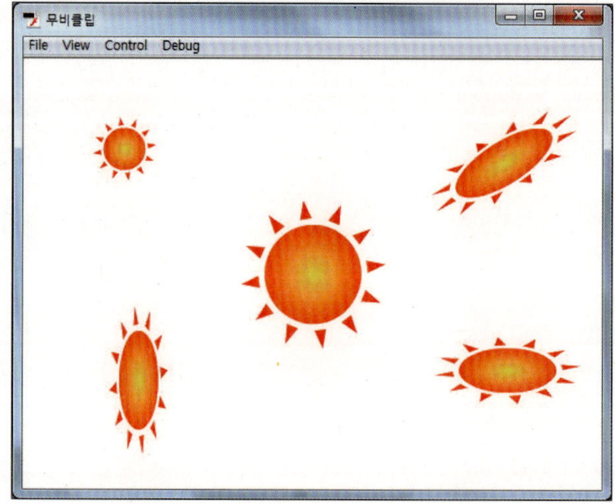

178

심벌에 효과주기

레 벨 ● ● ●

심벌을 수정하면 모든 인스턴스가 수정되지만 인스턴스를 변형하고 효과를 설정하면, 심벌에는 영향을 주지 않으며 독립적으로 효과적용을 할 수 있습니다. 인스턴스의 개념을 잘 이해하고 사용하면 제한된 심벌로도 다양한 무비를 제작할 수 있습니다.

기초탄탄 ● 심벌의 속성 알아보기

■ 인스턴스 `182P`

인스턴스란 심벌의 속성을 가지고 있는 복사된 각각의 오브젝트를 말합니다. 즉, 하나의 그래픽 심벌을 복사해서 여러 곳에 사용했다면 사용된 오브젝트는 똑같은 심벌이지만 색상이나 크기 등을 따로 변경하여 사용할 수 있습니다. 이렇게 사용되어진 심벌을 인스턴스라고 합니다. 인스턴스는 아무리 많이 사용하여도 전체 파일의 용량에는 영향을 주지 않습니다.

■ 그래픽 심벌의 [Properties] 패널

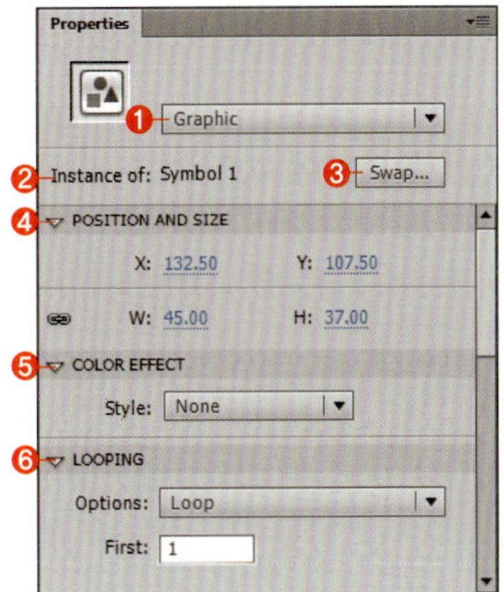

❶ Instance behavior : 심벌의 종류를 변경합니다.

❷ Instance of : [Library] 패널에 등록된 심벌의 이름을 표시합니다.

❸ [Swap] 단추 : 심벌을 교체합니다.

❹ POSITION AND SIZE : 심벌의 크기와 위치를 변경할 수 있습니다.

❺ COLOR EFFECT : 심벌의 색상, 명도, 채도, 투명도 등을 설정합니다.

- Brightness : 심벌의 밝기를 조절합니다.

- Tint : 심벌의 색조와 채도를 조절합니다.

- Advanced : 심벌의 색상과 투명도를 변경합니다.

- Alpha : 심벌의 투명도를 조절합니다.

❻ LOOPING : 심벌에 적용된 타임라인의 반복여부를 설정합니다.

■ 버튼 심벌의 [Properties] 패널

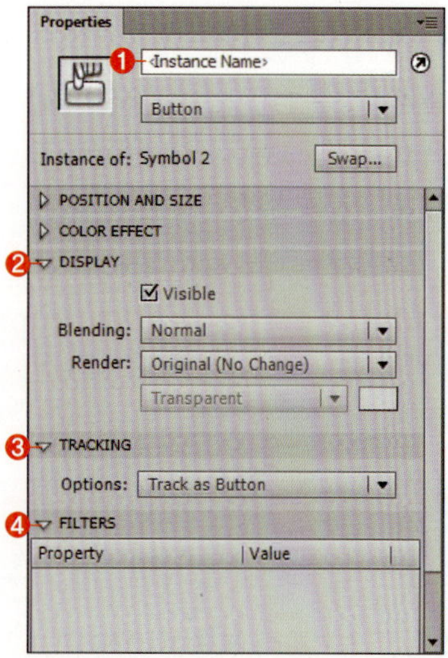

❶ Instance Name : 심벌의 이름과 별도로 인스턴스 이름을 설정합니다.

❷ DISPLAY : 심벌의 블렌딩 모드 등을 설정합니다.

❸ TRACKING : 마우스 이벤트에 따른 버튼의 사용방법을 설정합니다.

❹ FILTERS : 필터 효과를 적용합니다.

■ 무비클립 심벌의 [Properties] 패널

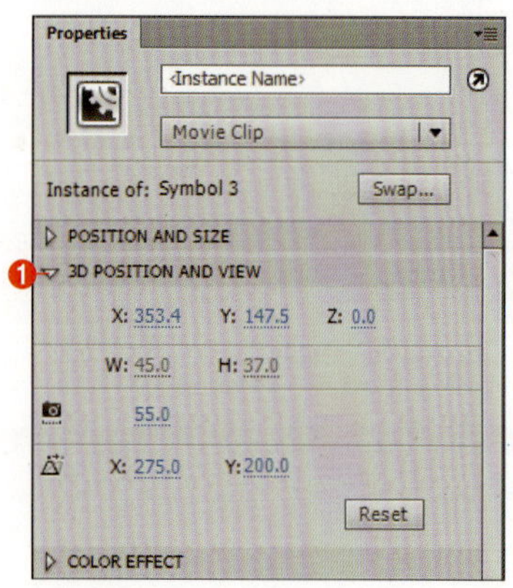

❶ 3D POSITION AND VIEW : 심벌의 3차원 변형 속성을 설정합니다.

■ 블렌딩 모드 이해하기 `188P`

블렌딩 모드는 색상을 혼합하여 표현하는 것을 말합니다. 오브젝트가 겹쳐 있는 경우 각각의 색상을 혼합하여 표현하는 방법을 설정하는 것으로 버튼과 무비클립 심벌에 적용할 수 있습니다.

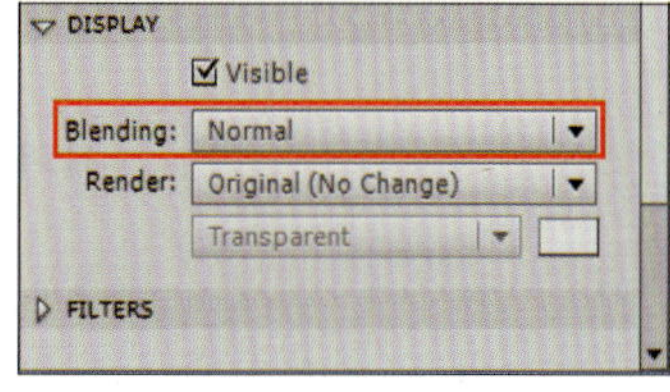

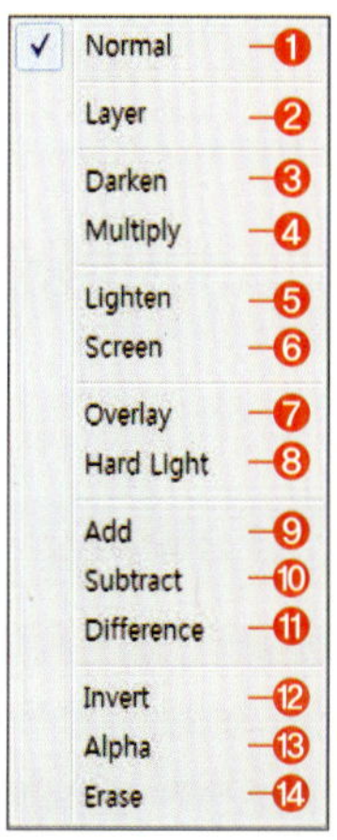

❶ Normal : 오브젝트를 보이는 그대로 나타냅니다.

❷ Layer : 레이어 단위로 오브젝트를 표현합니다.

❸ Darken : 색상 중에서 어두운 부분을 강조하여 표현합니다.

❹ Multiply : 색상을 곱하여 표현하여 전체적으로 어둡게 표현합니다.

❺ Lighten : 색상 중에서 밝은 부분을 강조하여 표현합니다.

❻ Screen : 겹쳐진 색상 중에서 밝은 색상을 우선하여 표현합니다. 전체적으로 밝아집니다.

❼ Overlay : 채도가 높고 진한 강조 색상은 그대로 표현하고 나머지 색상은 혼합하여 표현합니다.

❽ Hard Light : Lighten보다 더 밝게 표현합니다.

❾ Add : 색상을 더하는 방식으로 표현하며 가산 혼합으로 색상이 밝아집니다.

❿ Subtract : 색상을 빼는 방식으로 표현하며 감산 혼합으로 색상이 어두워집니다.

⓫ Difference : 색상을 곱하는 방식으로 표현합니다.

⓬ Invert : 색상을 반전하여 표현합니다.

⓭ Alpha : 투명도를 변경하여 표현합니다.

⓮ Erase : 오브젝트를 보이지 않도록 설정합니다.

인스턴스는 심벌 속성을 가지고 복제된 각각의 오브젝트를 말합니다. 독립적인 효과를 설정하여 사용할 수 있습니다. 인스턴스의 속성을 변경해보도록 하겠습니다.

예제 파일 I CD₩Part 04₩들판.fla　**완성 파일 I** CD₩Part 04₩들판_완성.fla

01. '들판.fla' 파일을 불러옵니다.

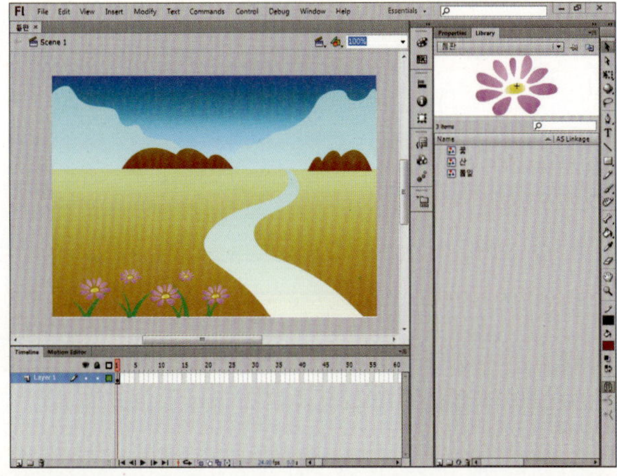

02. [Library] 패널에 3개의 그래픽 심벌이 등록되어 있고 스테이지에 여러 개의 인스턴스로 복사되어 있습니다. '꽃'의 색상을 변경해 봅니다. [선택 툴]( )을 선택하고 스테이지에서 왼쪽 첫 번째 '꽃'을 클릭합니다.

03. [Properties] 패널의 [Style]을 'Tint'로 선택합
니다.

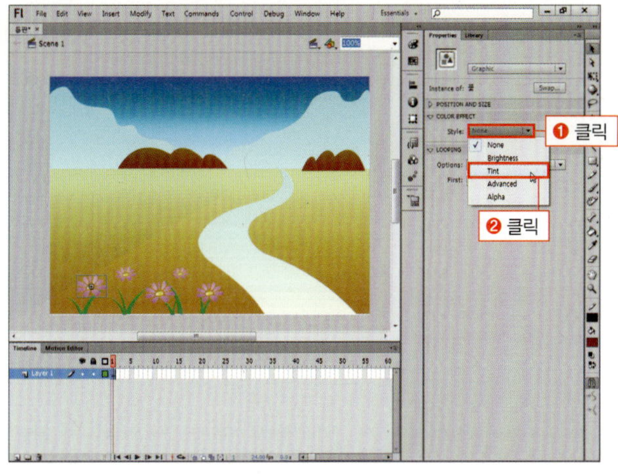

04. 값을 다음과 같이 설정합니다.

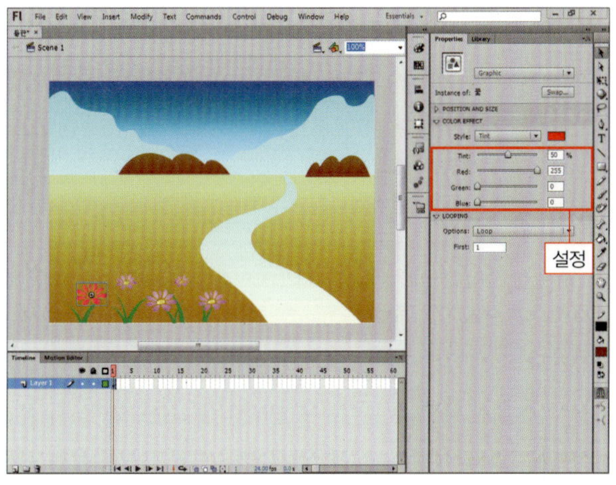

05. 같은 방법으로 [Tint]를 변경하여 다른 '꽃'의
색상을 다양하게 변경하여 완성합니다.

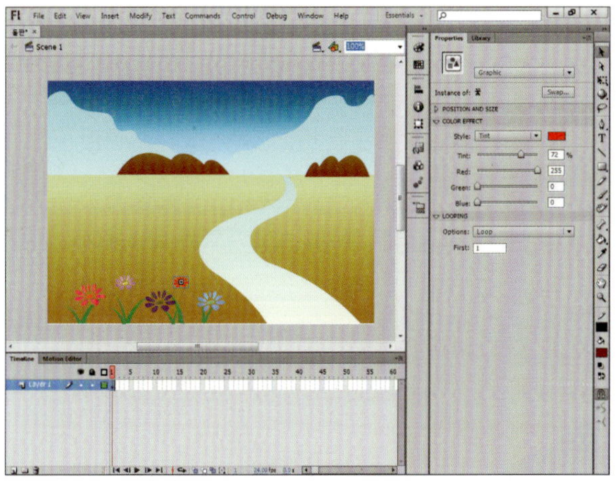

183

06. '산'의 투명도를 변경하기 위해 [Shift] 를 누른 상태로 2개의 산을 클릭하여 선택하고 [Properties] 패널의 [Style]을 'Alpha'로 선택합니다.

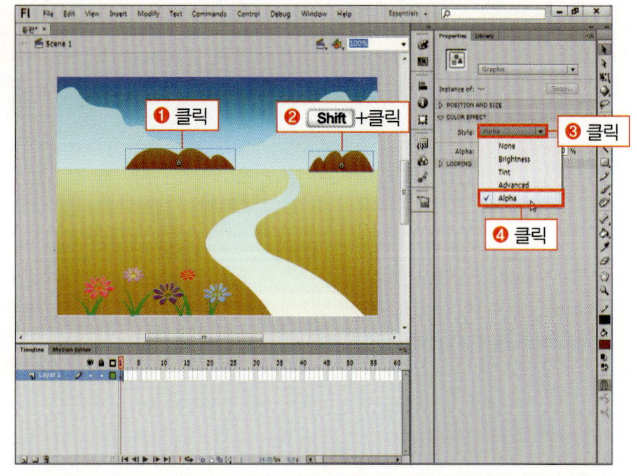

07. [Alpha]를 '30%'로 설정하여 완성합니다.

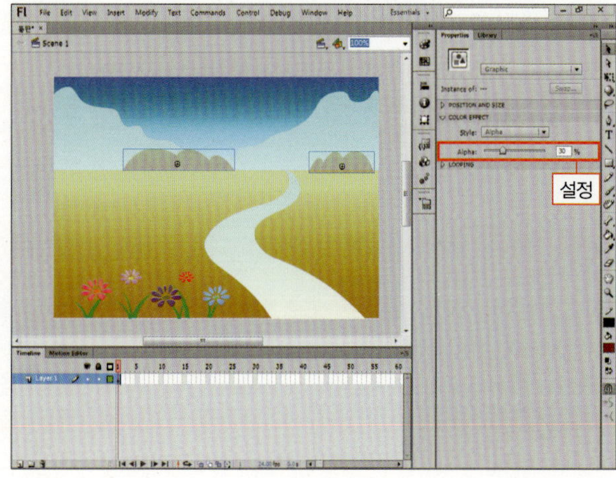

무비에 구성된 오브젝트가 마음에 들지 않으면 해당 오브젝트를 삭제하지 않고도 다른 오브젝트로 교체하여 사용할 수 있습니다. 물론 오브젝트가 심벌 속성을 가지고 있어야 합니다.

예제 파일 | CD₩Part 04₩밤하늘.fla　**완성 파일 |** CD₩Part 04₩밤하늘_완성.fla

01. '밤하늘.fla' 파일을 불러옵니다.

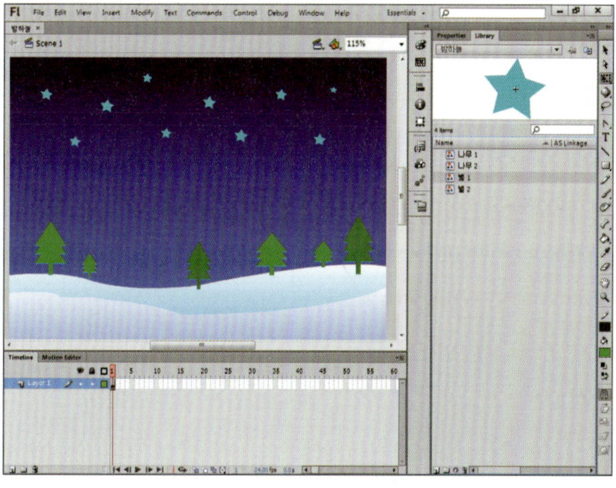

02. 하늘의 '별'과 '나무'의 모양을 변경하기 위해 [선택 툴]([   ])을 선택하고 '별'을 하나 클릭합니다.

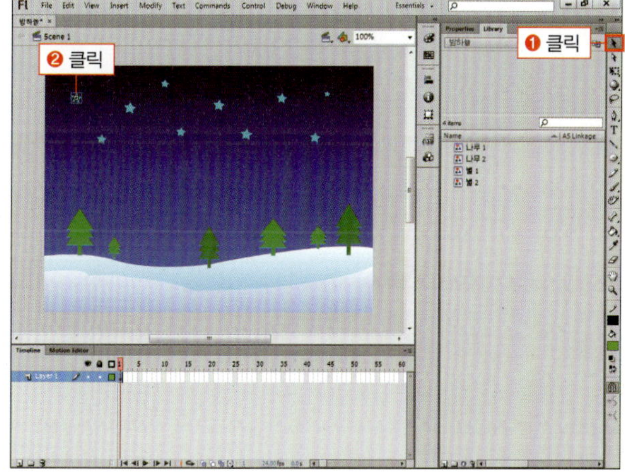

03. [Properties] 패널에서 [Swap] 단추를 클릭하여 [Swap Symbol] 대화상자를 엽니다.

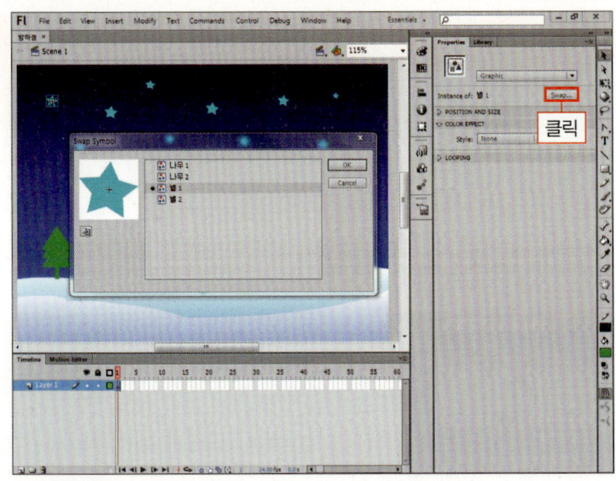

04. [Swap Symbol] 대화상자에 표시된 라이브러리 항목 중에서 '별 2'를 선택하고 [OK] 단추를 클릭합니다.

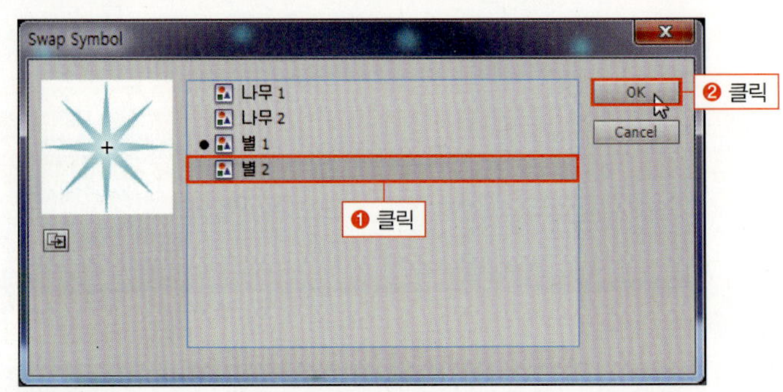

05. 나머지 '별'들을 하나씩 선택하여 [Properties] 패널의 [Swap] 단추를 클릭해 '별 2'로 모두 교체합니다.

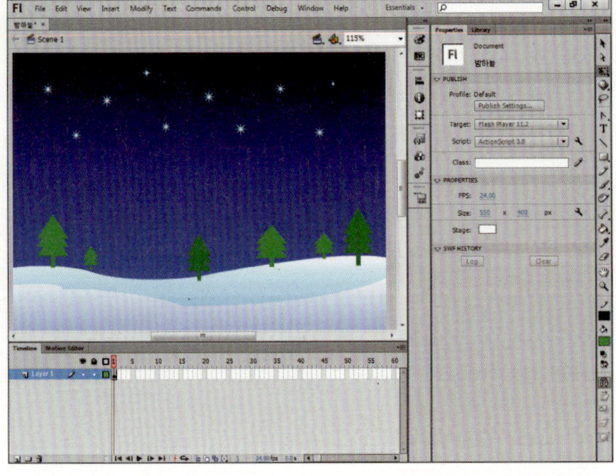

06. '나무'를 클릭하고 [Swap] 단추를 클릭해 동일한 방법으로 '나무 1'을 모두 '나무 2'로 교체합니다.

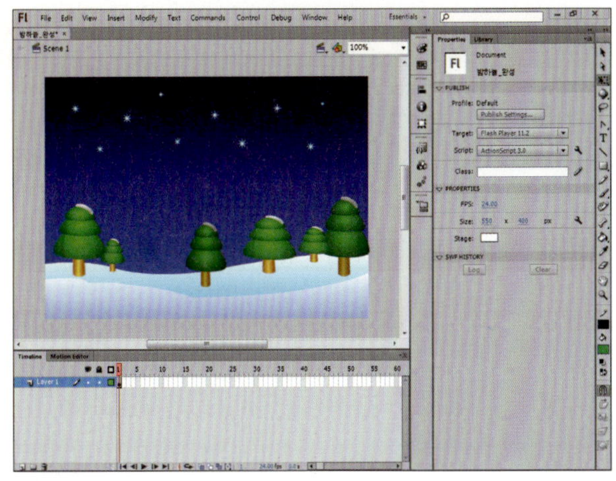

07. '나무 1'보다 '나무 2'의 크기가 커서, 교체된 '나무'의 크기가 전체적으로 커져 버렸습니다. 심벌 교체 시 심벌의 크기는 비율대로 변환됩니다. 나무의 크기를 줄여봅니다. '나무' 하나를 더블클릭하여 편집 모드로 전환합니다.

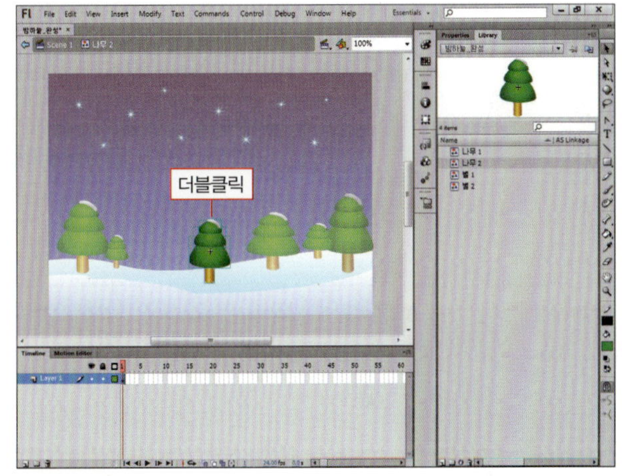

08. [자유 변형 툴]( )을 선택하고 Alt 와 Shift 를 누른 상태로 대각선 방향으로 '나무'의 크기를 약간 줄입니다. 심벌을 편집하는 것이기 때문에 모든 인스턴스의 크기가 동일한 비율로 줄어듭니다.

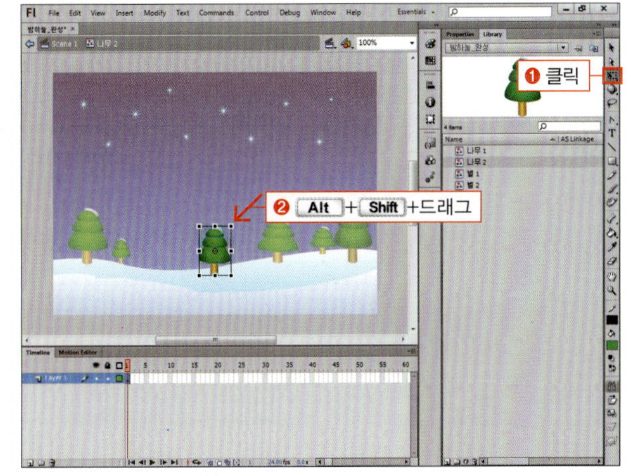

T I P : 오브젝트 크기 변경 시 Alt 와 Shift 의 역할

Shift 를 누른 상태로 오브젝트의 크기를 변경하면 가로/세로의 비율을 유지하면서 크기가 변경됩니다. 이 때 크기를 변경하는 방향은 대각선 방향이어야 하며 가로/세로 방향으로 크기를 줄이면 적용되지 않습니다. Alt 를 누른 상태로 크기 변경을 하면 오브젝트의 중심을 기준으로 크기가 변경됩니다.

블렌딩 모드는 겹쳐진 오브젝트의 색상을 혼합하여 표현하는 것입니다. 버튼과 무비클립 심벌에 적용할 수 있습니다.

예제 파일 | CD\Part 04\밤하늘블렌딩.fla **완성 파일 |** CD\Part 04\밤하늘블렌딩_완성.fla

01. 스테이지에 구성된 나무들에 블렌딩 모드를 적용하기 위해 '밤하늘블렌딩.fla' 파일을 불러옵니다.

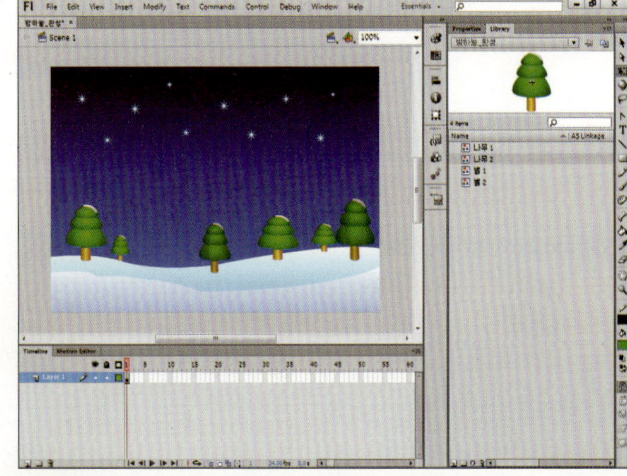

02. 블렌딩 모드를 적용하려면 버튼이나 무비클립 속성을 가지고 있어야 합니다. 스테이지에 구성된 나무들은 현재 그래픽 속성을 가지고 있기 때문에 먼저 무비클립 속성으로 변경해 봅니다. [선택 툴]( )을 선택하고 스테이지의 모든 '나무'를 드래그해 선택합니다.

03. [Properties] 패널의 [Instance behavior]를 'Movie Clip'으로 선택합니다.

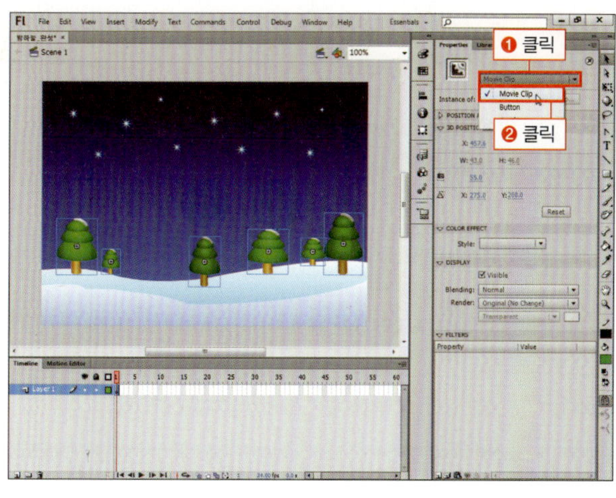

TIP : Instance behavior

인스턴스가 가지고 있는 심벌의 속성을 변경하여 사용할 수 있습니다. 이 때 인스턴스의 심벌 자체는 변경되지 않고 속성만 변경됩니다. 따라서 원래 심벌을 삭제하거나 편집 작업을 할 경우 속성이 변경된 인스턴스도 같이 변경됩니다.

04. 블렌딩 효과를 확인하기 위하여 '나무' 하나씩 서로 다른 블렌딩 모드로 변경해 봅니다. [선택 툴]( )로 왼쪽 첫 번째 '나무'를 클릭하고 [Properties] 패널에서 [Blending]을 'Multiply'로 선택합니다.

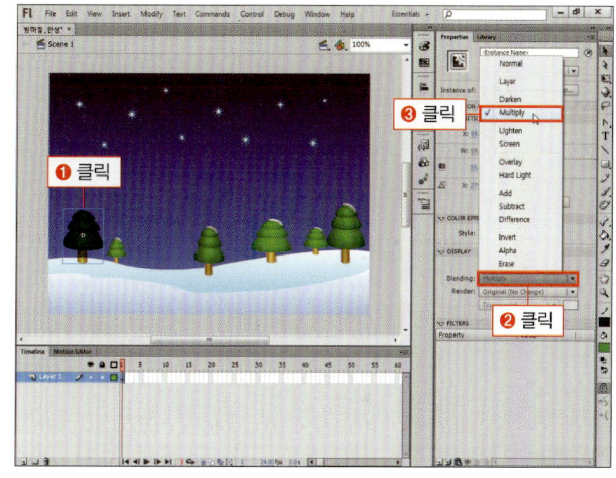

05. 두 번째 '나무'부터 차례로 블렌딩 모드를 'Lighten', 'Overlay', 'Hard Light', 'Add', 'Difference'로 설정합니다.

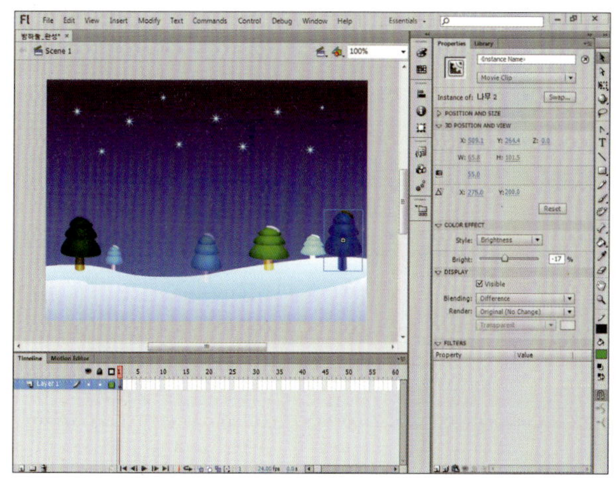

3차원 변형은 오브젝트를 입체적으로 변형할 때 사용되는데 무비클립 심벌에만 적용할 수 있습니다. 모션 트윈과 함께 사용하면 입체적인 움직임을 구현할 수 있습니다.

예제 파일 | CD₩Part 04₩시계.fla   **완성 파일 |** CD₩Part 04₩시계_완성.fla

01. [3차원 변형 툴]( )을 사용하여 오브젝트를 변형해 보기 위해 '시계.fla' 파일을 불러옵니다.

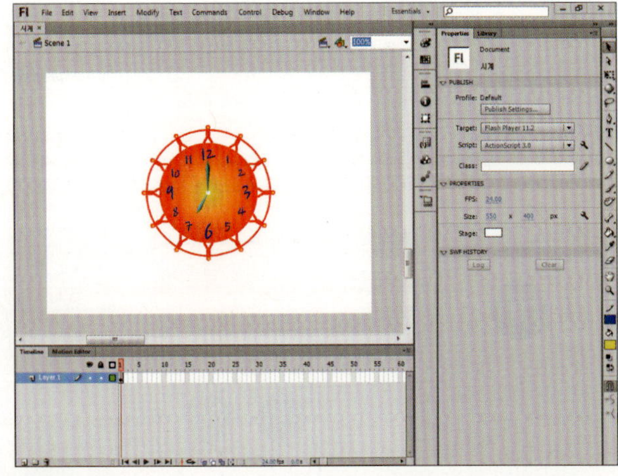

02. [선택 툴]( )을 선택하고 드래그하여 모두 선택하고 F8 을 눌러 [Name]은 '시계', [Type]는 'Movie Clip'으로 선택한 뒤 [OK] 단추를 클릭하여 무비클립 심벌로 전환합니다.

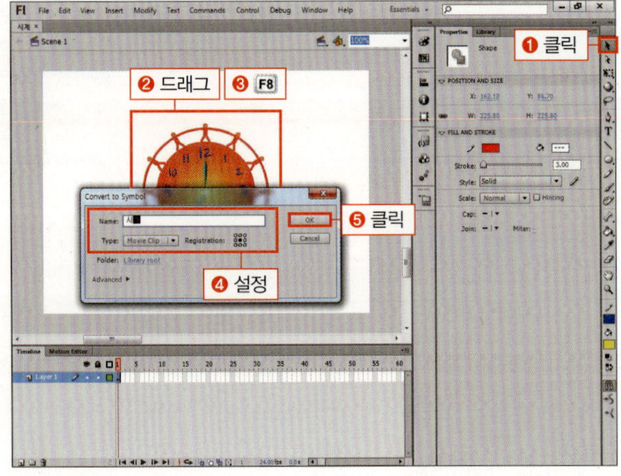

03. 좀 더 사실적인 입체감을 주기 위해 필터 효과를 함께 사용해 봅니다. 스테이지의 '시계'를 클릭하고 [Properties] 패널의 [Add Filter]()를 클릭하여 'Drop Shadow'를 선택합니다. 필터의 설정 값은 기본 값으로 합니다.

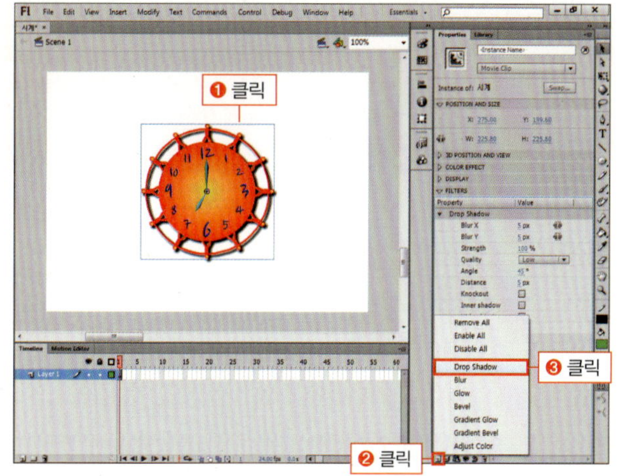

04. 다시 [Add Filter]()를 클릭하여 'Bevel'을 선택합니다. 필터의 설정 값은 [Blur X]와 [Blur Y]을 '10px'로 설정하고 나머지는 기본 값으로 합니다.

05. 툴 박스에서 [3차원 변형 툴]()을 선택하고 '시계'를 클릭하면 3차원 변형을 할 수 있는 안내선들이 나타납니다.

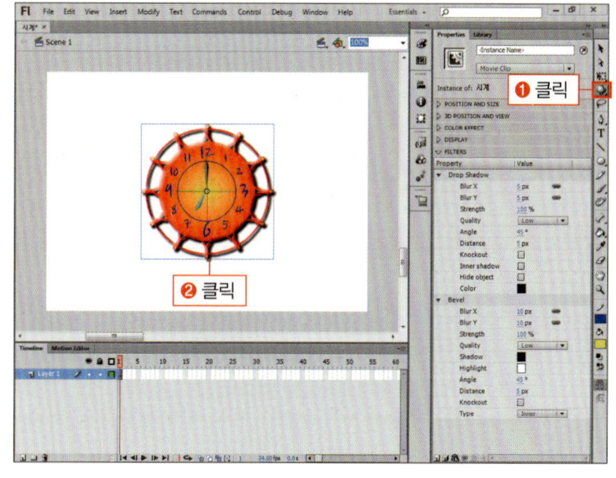

06. 빨간색 선은 X 축 방향, 초록색 선은 Y 축 방향, 파란색 선은 Z 축 방향, 주황색 선은 모든 방향으로 변형할 수 있습니다. 마우스로 선을 움직이면 3차원 변형을 할 수 있습니다.

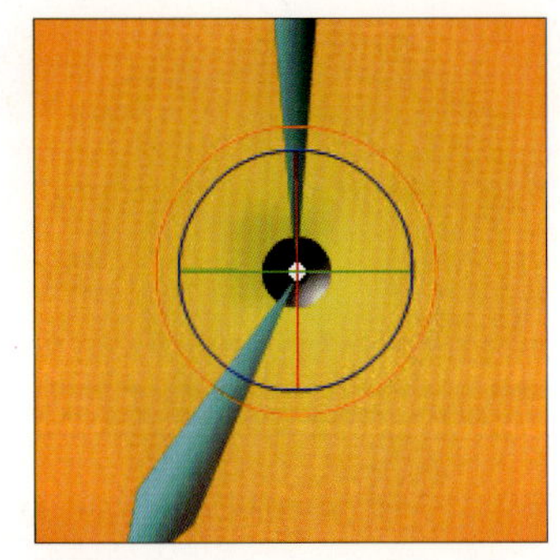

07. 빨간색 선을 클릭하고 오른쪽으로 드래그하여 45° 정도 기울입니다.

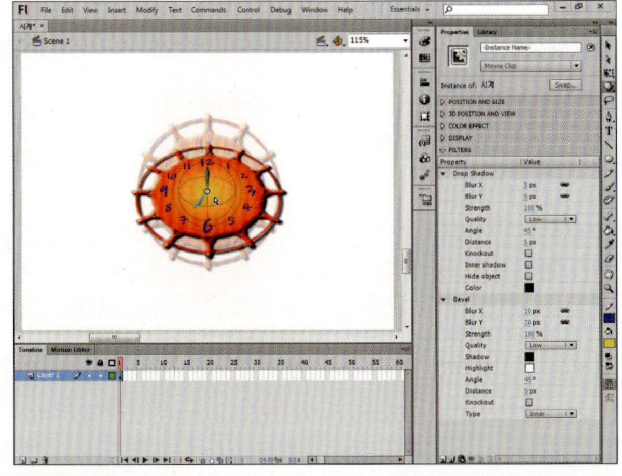

08. 이번에는 초록색 선을 클릭하고 아래로 드래그하여 45° 정도 기울입니다.

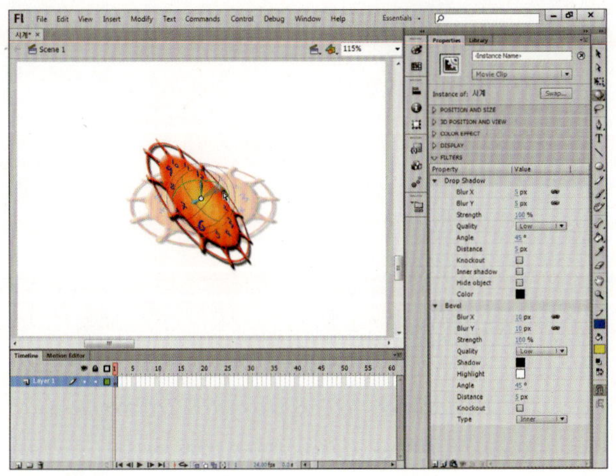

09. 이번에는 파란색 선을 클릭하고 오른쪽 방
향으로 30° 정도 회전시킵니다.

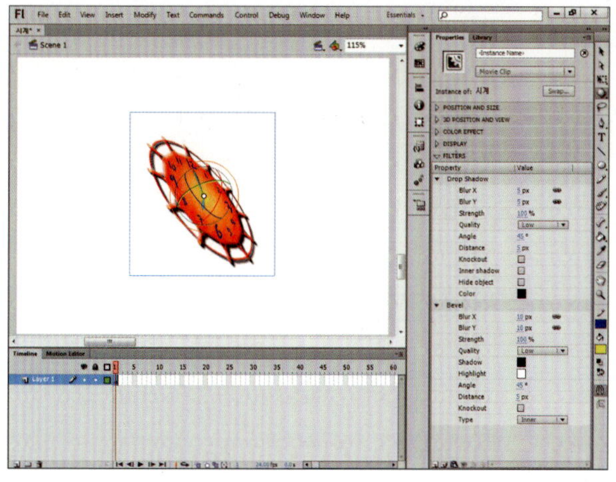

TIP : [3차원 변형 툴]( )

플래시에서 3D 효과를 사용할 수 있도록 오브젝트를 변형할 수 있습니다. X, Y, Z 축을 기준으로 각각 조절할 수 있습니다. 변형되는 모양을
자유롭게 확인하면서 변형하려면 변형 안내선 중 제일 바깥쪽에 위치한 주황색 선을 드래그하여 변형하면 됩니다.

플래시에서 작업 시 등록한 심벌은 중복되지 않은 고유의 이름을 가지게 되며 모두 [Library] 패널에 등록되어 관리할 수 있습니다. [Library] 패널을 효율적으로 사용할 수 있어야 작업의 능률을 올릴 수 있습니다. [Library] 패널을 자세히 살펴보고 관리하는 방법을 알아보도록 하겠습니다.

기초탄탄 ▶ [Library] 패널 알아보기

■ [Library] 패널 `196P`

심벌을 등록하거나 외부 미디어 파일을 사용하는 경우 [Library] 패널에 등록되어 쉽게 관리할 수 있습니다.

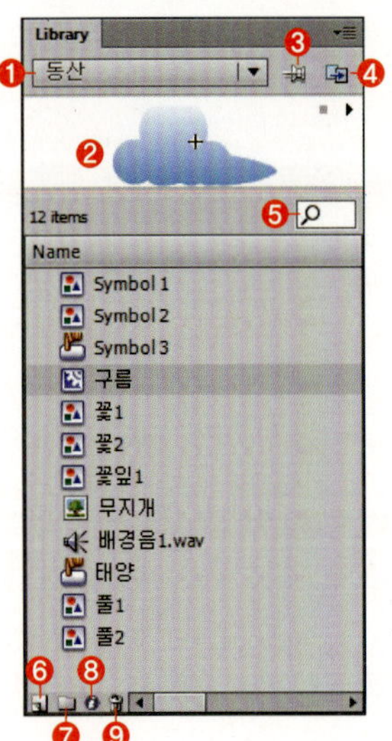

❶ **파일 선택** : 현재 열려 있는 플래시 파일을 선택하여 [Library] 패널의 내용을 확인하고 사용할 수 있습니다.

❷ **미리 보기** : [Library] 패널에서 선택한 항목의 내용을 보여줍니다. 심벌에 별도의 무비가 구성된 경우 [▶] 단추를 클릭해 무비의 내용을 미리보기할 수 있습니다.

❸ **Pin current library** : 2개 이상의 파일을 열어서 작업하는 경우 파일을 선택하면 해당 파일에 등록된 라이브러리로 변경되는데 [Pin current library]를 클릭해 고정하면 다른 파일을 선택해도 라이브러리 항목이 바뀌지 않게 됩니다.

❹ New library panel : [Library] 패널을 추가로 표시합니다. 2개 이상의 파일을 열어서 작업하는 경우 편리합니다.

❺ 검색 : 등록된 라이브러리가 많은 경우 이름을 검색하여 찾을 수 있습니다. 문자를 입력하면 해당 문자가 포함된 라이브러리 항목만 즉시 표시됩니다.

❻ New Symbol : 새로운 심벌을 등록합니다.

❼ New Folder : 심벌을 관리할 수 있도록 폴더를 생성합니다.

❽ Properties : 심벌의 속성을 확인하고 변경할 수 있습니다.

❾ Delete : 선택한 심벌을 삭제합니다.

■ [Library] 목록의 머리글 이해

❶ Name : 심벌의 이름이 표시됩니다.

❷ ▼/▲ : 심벌을 정렬합니다. 목록의 머리글 항목을 클릭하면 화살표가 해당 머리글로 이동되어 정렬 기준을 변경할 수 있습니다.

❸ AS Linkage : 연결된 파일을 표시합니다.

❹ Use Count : 무비에서 해당 심벌이 사용된 횟수를 표시합니다.

❺ Date Modified : 심벌을 등록, 또는 수정한 날짜와 시간을 표시합니다.

❻ Type : 심벌의 속성을 표시합니다.

라이브러리 항목 관리는 매우 중요합니다. [Library] 패널에 등록된 항목이 많을수록 체계적인 관리가 필요합니다. 심벌의 이름을 쉽게 알아볼 수 있도록 설정하는 것이 좋습니다.

예제 파일 | CD₩Part 04₩동산.fla **완성 파일** | CD₩Part 04₩동산_완성.fla

01. '동산.fla' 파일을 불러옵니다.

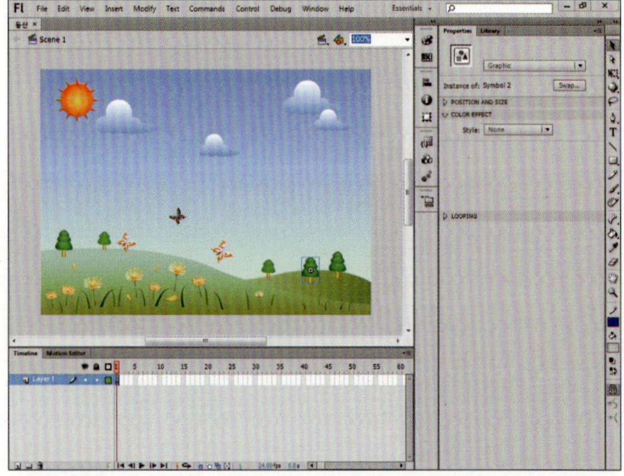

02. [Window]–[Library](**Ctrl** + **L**) 메뉴를 클릭하여 [Library] 패널을 엽니다. 여러 심벌들이 [Library] 패널에 등록되어 있음을 확인할 수 있습니다.

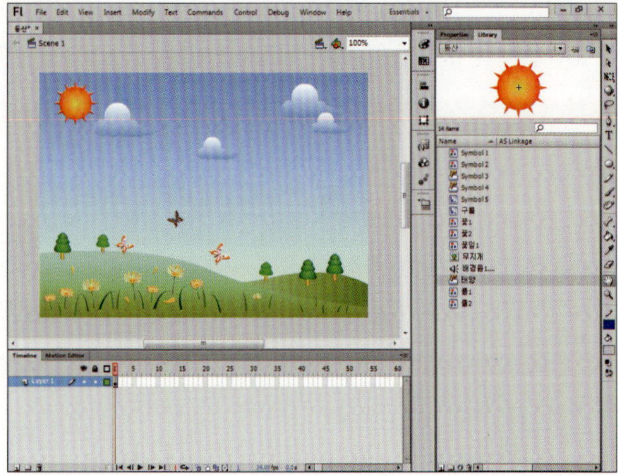

03. 불필요한 심벌들을 삭제하기 위해 [패널
메뉴](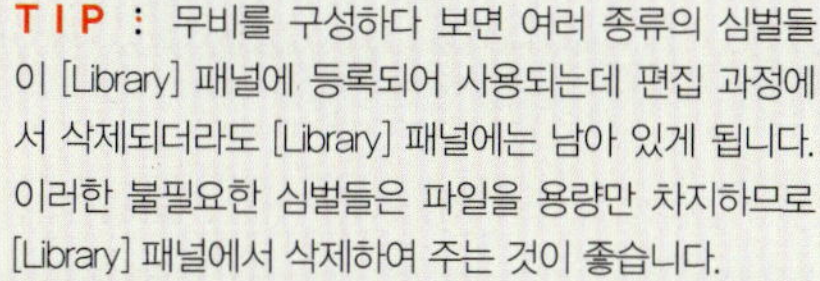)를 클릭합니다. 메뉴 중에서 'Select
Unused Items'를 선택합니다.

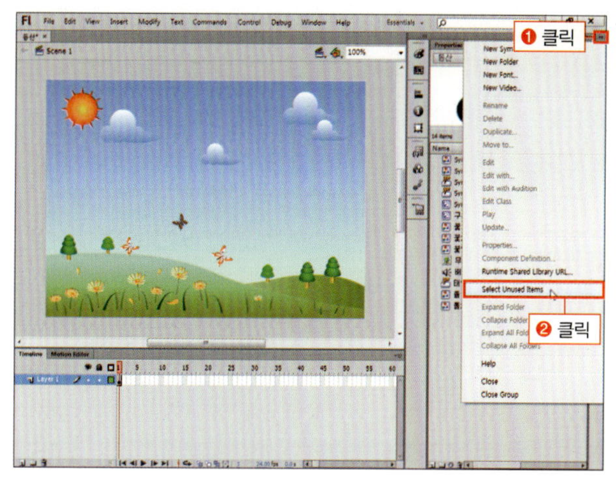

> **T I P :** 무비를 구성하다 보면 여러 종류의 심벌들
> 이 [Library] 패널에 등록되어 사용되는데 편집 과정에
> 서 삭제되더라도 [Library] 패널에는 남아 있게 됩니다.
> 이러한 불필요한 심벌들은 파일을 용량만 차지하므로
> [Library] 패널에서 삭제하여 주는 것이 좋습니다.

04. 무비에서 한 번도 사용되지 않은 심벌들이
자동으로 선택됩니다.

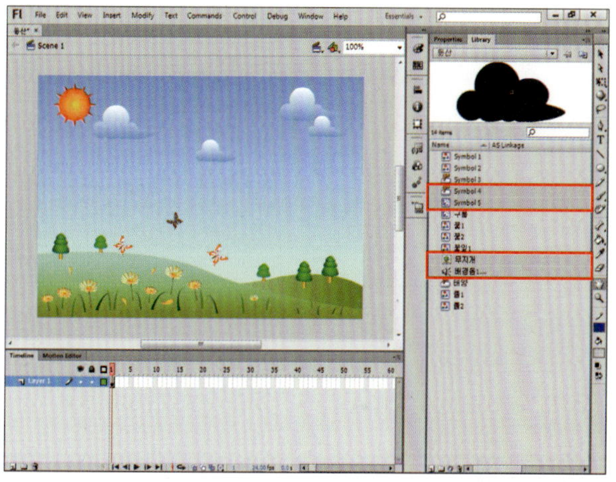

05. [Library] 패널 하단의 [Delete]()를 클릭하
거나 Del 을 눌러 심벌을 삭제합니다.

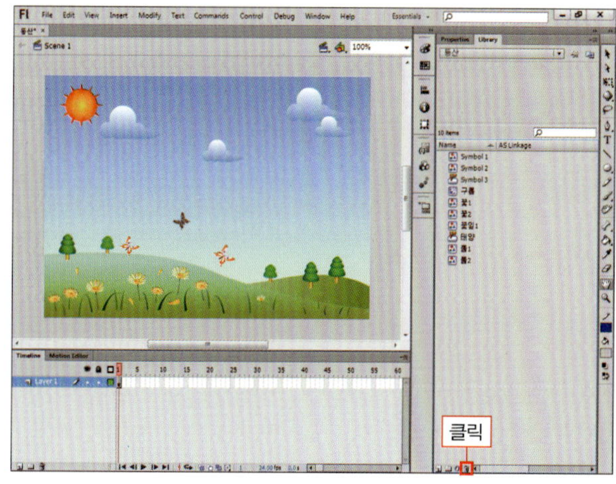

06. 이번에는 심벌 등록 시 별도의 이름을 설정하지 않아 Symbol 1, Symbol 2, Symbol 3…과 같이 기본 값으로 설정되어 있습니다. 심벌들의 이름을 변경하기 위해 [Library] 패널의 라이브러리 중 'Symbol 1'의 이름 부분을 더블클릭합니다.

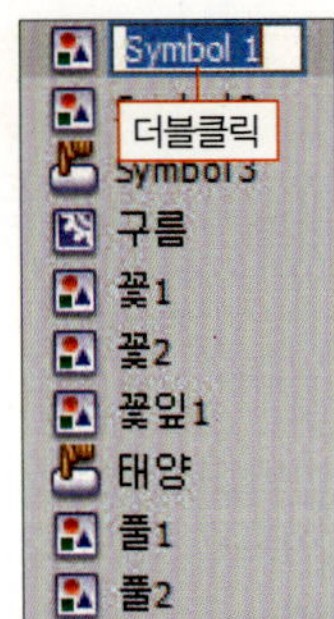

07. 'Symbol 1'의 이름을 '나무1'로 변경합니다. 심벌의 이름이 변경되면 목록의 순서가 이름순으로 지정된 경우 목록의 순서가 재정렬됩니다.

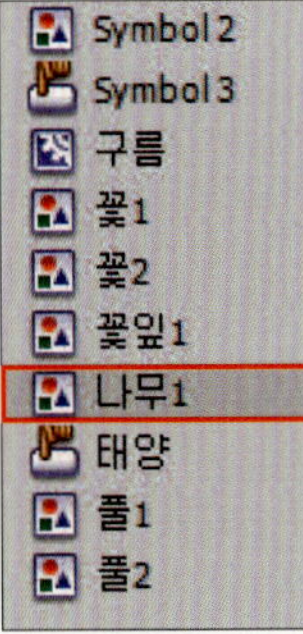

08. 같은 방법으로 'Symbol 2'의 이름은 '나무2'로, 'Symbol 3'의 이름은 '나비1'로 변경합니다.

T I P : 심벌의 이름 변경

심벌의 이름 변경 시 반드시 심벌의 이름 부분을 더블클릭해야 합니다. 심벌의 아이콘을 더블클릭하면 심벌 편집 모드로 전환되므로 주의합니다.

심벌들 간의 속성은 상호 변경이 가능합니다. 그래픽 심벌을 버튼으로 변경하거나 단추를 무비클립으로 변경하여 사용할 수 있습니다.

예제 파일 | CD₩Part 04₩심벌변경.fla **완성 파일 |** CD₩Part 04₩심벌변경_완성.fla

01. '심벌변경.fla' 파일을 불러온 후 [Window]–[Library](**Ctrl**+**L**) 메뉴를 클릭해 [Library] 패널을 열고 버튼 심벌로 설정된 '하트'를 확인합니다.

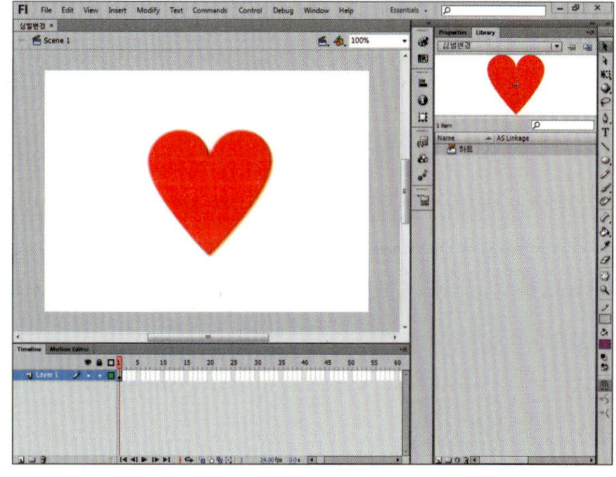

02. **Ctrl**+**Enter**를 눌러 테스트 무비를 확인하면 마우스 롤오버와 클릭 시 '하트'의 색상이 변하는 것을 알 수 있습니다.

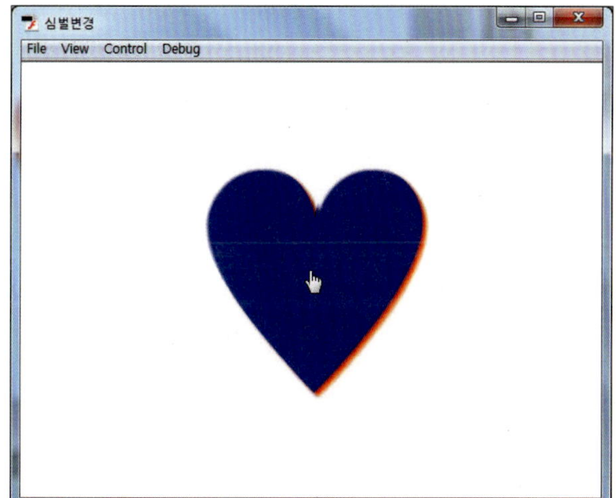

03. 이번에는 버튼의 구성을 확인하기 위해 [선택 툴]( )을 선택하고 스테이지의 '하트'를 더블클릭하여 심벌 편집 모드로 전환합니다.

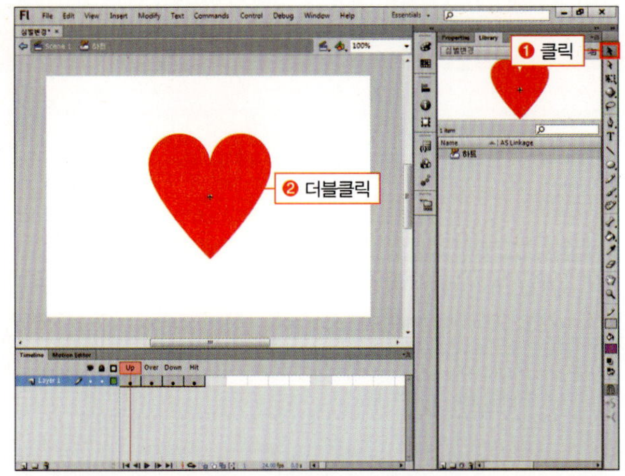

04. 타임라인의 Up/Over/Down/Hit프레임을 클릭해 보면 하트의 색상이 서로 다르게 설정되어 있는 것을 알 수 있습니다.

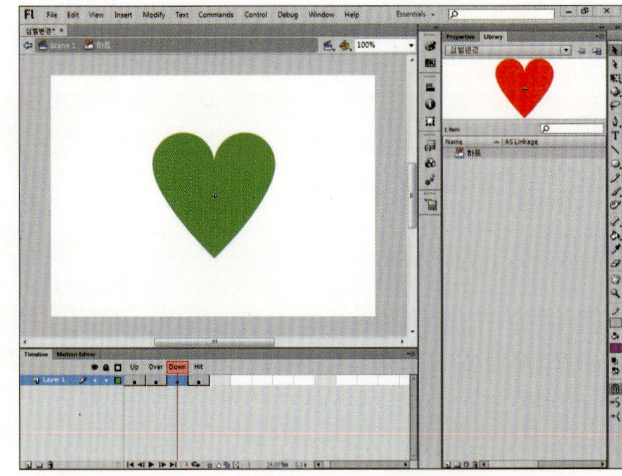

05. Scene 1을 클릭해 메인화면으로 돌아와 [Library] 패널의 '하트'를 클릭하고 패널 하단의 [Properties]( )를 클릭하여 [Symbol Properties] 대화상자를 엽니다.

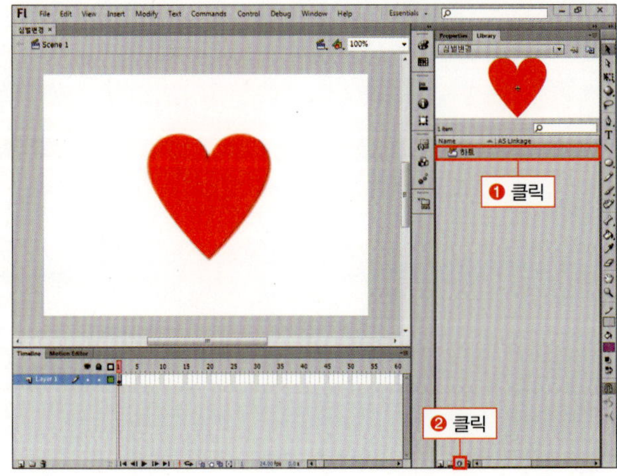

06. [Symbol Properties] 대화상자의 [Type]를 'Movie Clip'으로 선택하고 [OK] 단추를 클릭합니다.

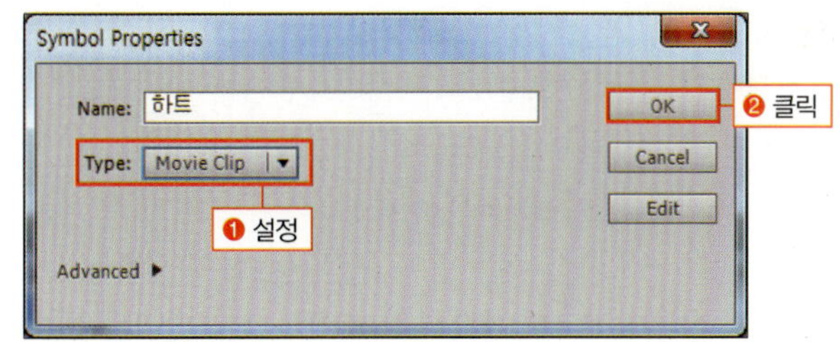

07. '하트' 심벌의 버튼( )이 무비클립( )으로 변경됩니다. 스테이지의 '하트'를 더블클릭하여 편집 모드로 전환합니다.

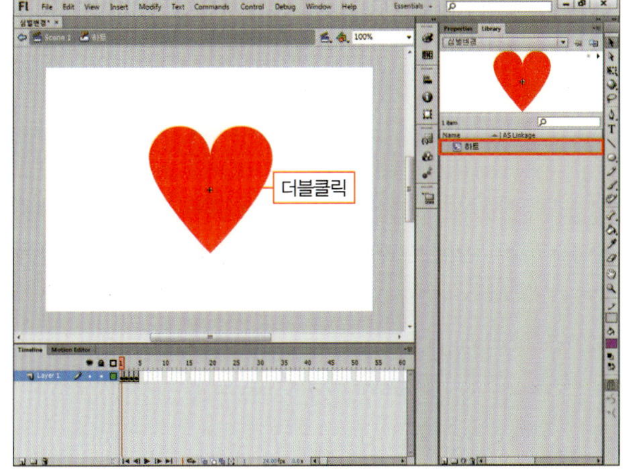

08. 심벌의 타임라인이 무비클립의 타임라인으로 바뀌면서 버튼의 Up/Over/Down/Hit프레임에 구성된 내용이 1~4프레임에 그대로 구성된 것을 알 수 있습니다.

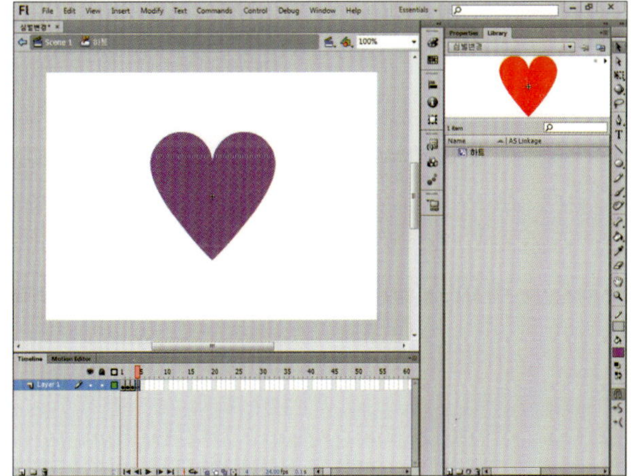

09. 심벌의 속성이 변경되어도 인스턴스의 속성은 바뀌지 않습니다. 인스턴스의 속성까지 변경해 봅니다. 스테이지의 '하트'를 클릭하고 [Properties] 패널의 [Instance behavior]를 'Movie Clip'으로 선택합니다.

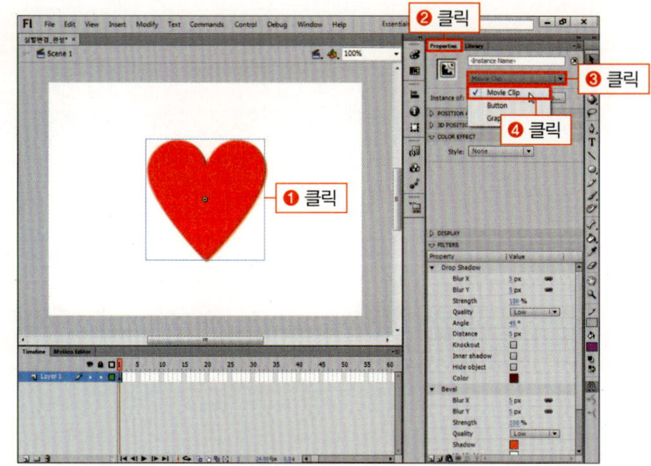

10. Ctrl + Enter 를 눌러 테스트 무비를 실행하면 '하트'의 색상이 반짝이며 바뀌는 무비를 확인할 수 있습니다.

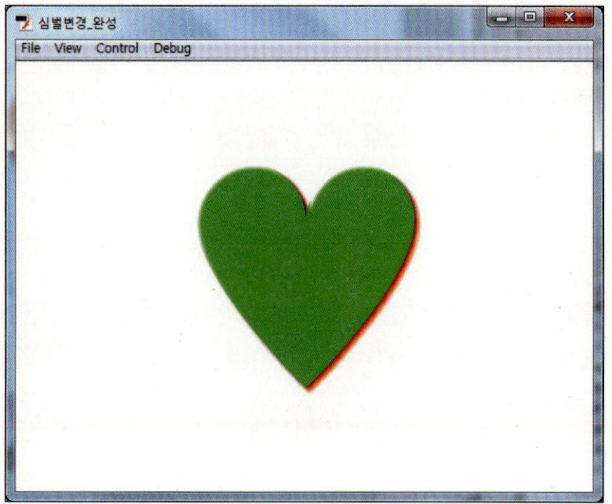

[Library] 패널에 등록된 심벌이 많아질수록 보다 효율적인 관리가 필요합니다. 같은 속성 또는 서로 연관성 있는 심벌끼리 묶어서 폴더를 만들어 관리하면 쉽게 관리할 수 있습니다.

예제 파일 | CD₩Part 04₩동산폴더.fla   **완성 파일 |** CD₩Part 04₩동산폴더_완성.fla

01. '동산폴더.fla' 파일을 불러온 후 [Window]–[Library](**Ctrl** + **L**)을 클릭해 [Library] 패널을 엽니다.

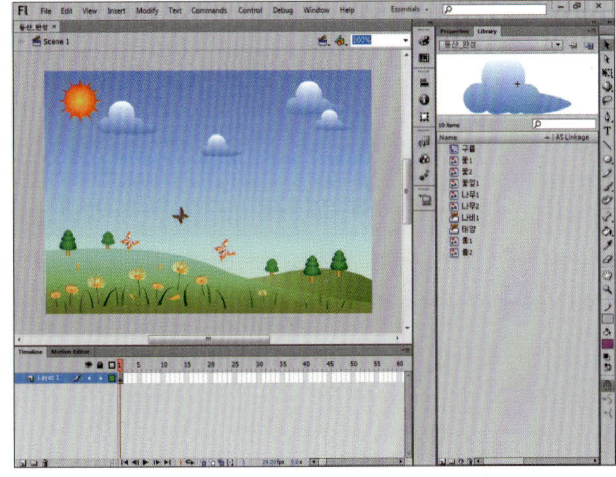

02. [Library] 패널 하단의 [New Folder](□)를 클릭하여 목록에 폴더를 추가하고 이름을 '버튼'으로 변경합니다.

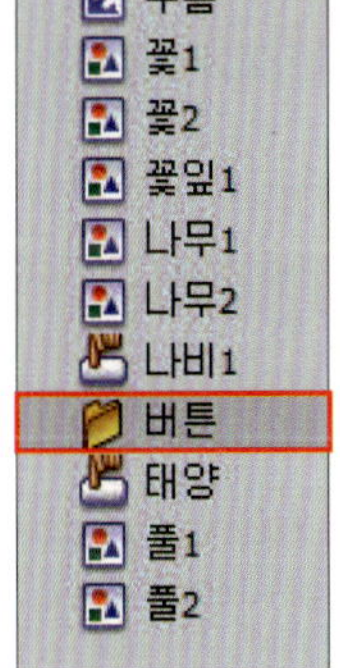

> **연관 검색** [Library] 패널의 라이브러리 항목의 이름 변경 방법은 198P의 내용을 참고하세요.

03. '나비1'과 '태양'을 선택하고 '버튼' 폴더에 드래그하여 심벌을 이동합니다. 이 때 서로 떨어져 있는 심벌을 선택하기 위해서는 **Ctrl** 을 누르고 선택합니다.

04. '버튼' 폴더의 좌측에 '▶' 표시가 나타나 폴더 안에 심벌이 있음을 알 수 있습니다. '▶'를 클릭하여 심벌을 확인합니다.

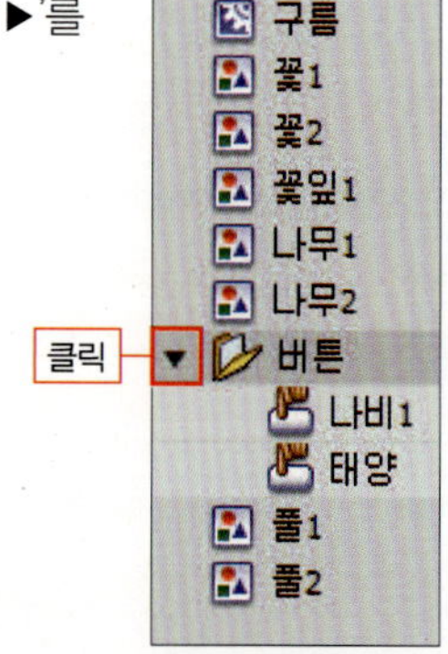

05. 이번에는 폴더 생성과 이동을 동시에 해 봅니다. **Ctrl** 을 누른 상태로 그래픽 심벌을 모두 선택합니다.

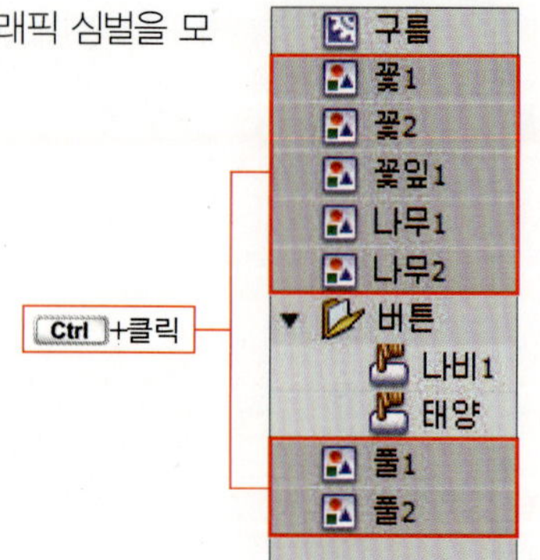

06. 선택된 심벌 위에서 마우스 오른쪽 버튼을 클릭하거나 [패널 메뉴](▼≡)를 클릭하여 'Move to'를 선택합니다.

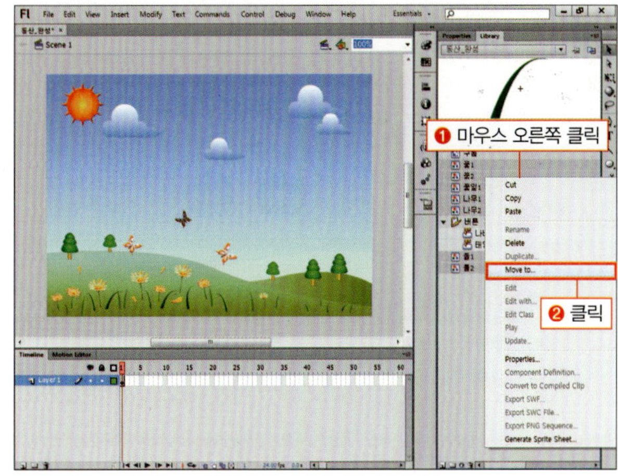

07. [Move to folder] 대화상자가 나타나면 [New folder]를 선택하고 이름을 '그래픽'으로 설정한 후 [Select] 단추를 클릭합니다.

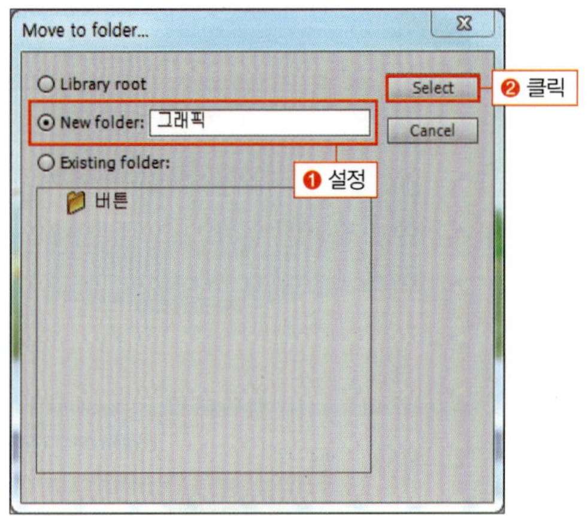

08. [Library] 패널에 '그래픽' 폴더가 생성되면서 선택한 심벌들이 모두 이동됩니다.

플래시 CS6의 드로잉 툴은 다른 그래픽 소프트웨어에 비해 부족한 점이 많습니다. 그러나 이러한 점을 극복할 수 있도록 다양한 외부 이미지를 불러와서 사용할 수 있습니다. 무엇보다도 벡터 방식의 일러스트 파일을 그대로 불러와 사용할 수 있다는 것이 큰 장점이라 할 수 있습니다.

기초탄탄 ▶ 외부 이미지 소스 사용의 기초 알아보기

■ 마술봉 툴 `213P`

[마술봉 툴](🪄)은 [올가미 툴](🔍)을 선택했을 때 옵션으로 선택할 수 있는 툴입니다. 비트맵 이미지를 셰이프화한 후 사용할 수 있는 툴로 포토샵의 [마술봉 툴](🪄)과 같은 용도로 사용됩니다. 비트맵 이미지의 색상 영역을 클릭하여 비슷한 색상 영역을 선택할 수 있습니다.

■ [Magic Wand Settings] 대화상자

[마술봉 툴](🪄)의 [Magic Wand Settings](🪄)를 클릭하여 대화상자를 열고 [마술봉 툴](🪄)로 선택되는 영역의 범위와 선택된 부분의 경계를 처리하는 방법을 설정합니다.

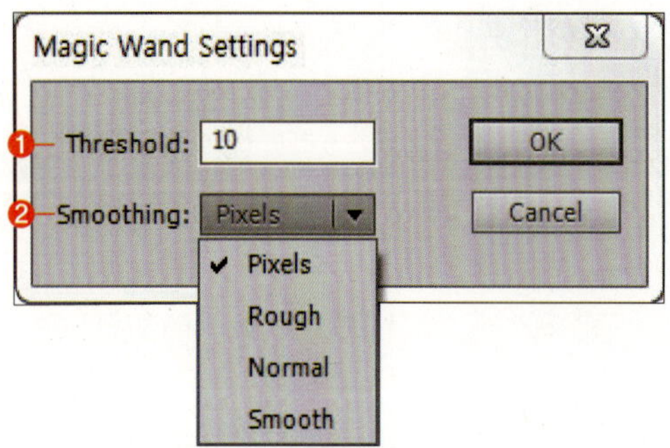

❶ Threshold : 선택되는 색상 범위를 설정합니다. 값이 클수록 선택영역이 확장됩니다.

❷ Smoothing : 선택되는 경계 처리 방법을 설정합니다.
  • Pixels : 픽셀을 경계로 선택합니다.
  • Rough : 경계가 거칠게 선택됩니다.
  • Normal : 경계가 보통으로 선택됩니다.
  • Smooth : 경계가 부드럽게 선택됩니다.

■ ['psd' 파일 Import] 대화상자 `217P`

플래시 CS6에서 포토샵 파일인 'psd' 파일을 불러오면 각 레이어별로 선택과 옵션을 설정할 수 있습니다.

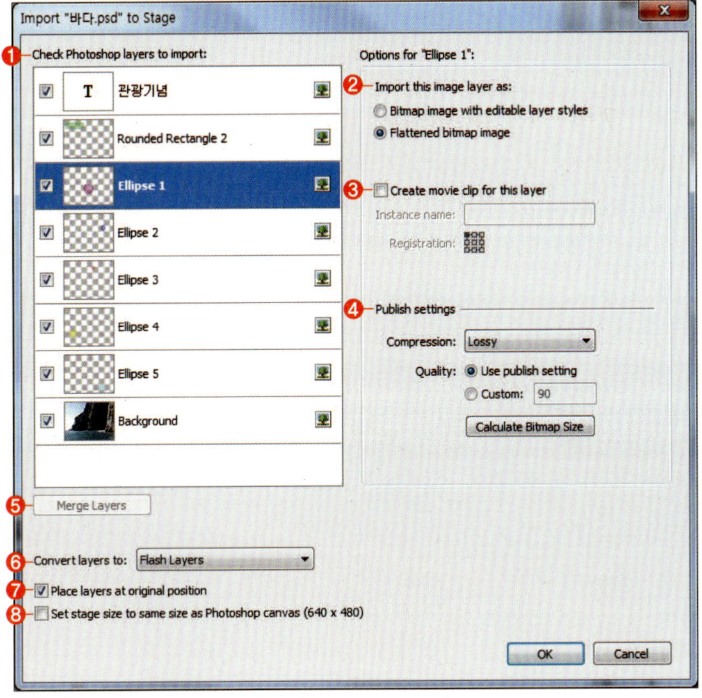

❶ **Check Photoshop layers to import** : 파일에 구성된 레이어가 표시되며 원하지 않는 레이어는 선택을 해제할 수 있습니다.

❷ **Import this image layer as** : 레이어에 적용된 투명도와 레이어 스타일을 불러오는 방법을 선택합니다.

❸ **Create movie clip for this layer** : 선택한 레이어를 무비클립으로 변환하여 불러옵니다.

❹ **Publish settings** : 무비 파일을 만들 때 압축률과 품질을 설정합니다.

❺ **[Merge Layers] 단추** : 여러 개의 레이어를 선택하여 하나의 레이어로 합칩니다. `Ctrl` 이나 `Shift` 를 눌러 여러 레이어를 선택할 수 있습니다.

❻ **Convert layers to** : 레이어를 불러오는 방법을 선택합니다.
- **Flash Layers** : 'psd' 파일의 레이어를 그대로 플래시 레이어로 불러옵니다.
- **Keyframes** : 레이어를 키프레임에 연속적으로 불러옵니다.

❼ **Place layers at original position** : 레이어의 위치를 유지하여 불러옵니다.

❽ **Set stage size to same size as Photoshop canvas** : 불러올 이미지의 크기에 맞도록 스테이지 크기를 변경합니다.

■ 문자 레이어를 선택한 경우 추가 옵션

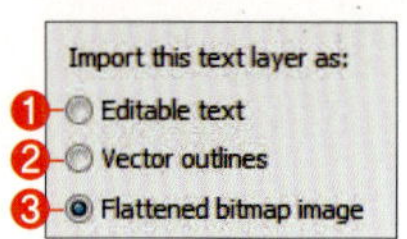

❶ Editable text : 문자를 수정할 수 있도록 문자로 불러옵니다.

❷ Vector outlines : 벡터 이미지로 변환하여 불러옵니다.

❸ Flattened bitmap image : 비트맵 이미지로 변환하여 불러옵니다.

■ ['AI' 파일 Import] 대화상자 221P

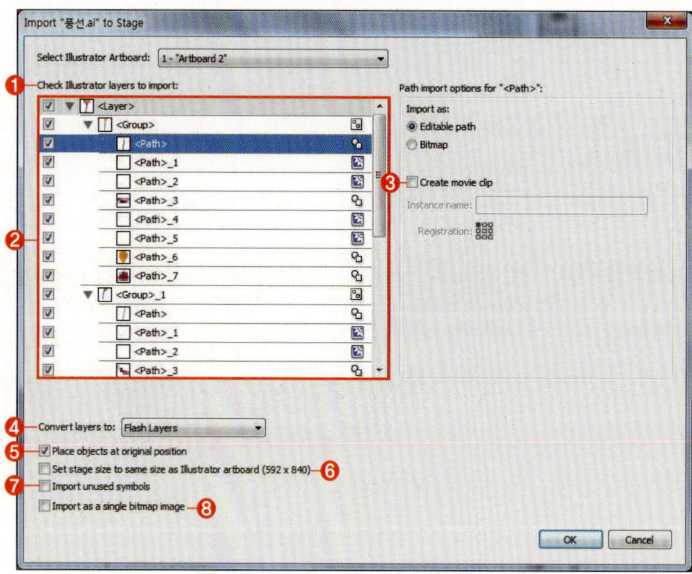

❶ Check Illustrator layers to import : 내용을 불러올 레이어와 패스를 선택할 수 있습니다.

❷ 레이어나 패스를 선택 시 사용할 수 있는 세부 옵션을 표시합니다.

❸ Create movie clip : 선택한 레이어나 패스를 무비클립으로 변환하여 불러옵니다.

❹ Convert layers to : 레이어를 불러오는 방법을 선택합니다.

　　• Flash Layers : 'ai' 파일의 레이어를 그대로 플래시 레이어로 불러옵니다.

　　• Keyframes : 레이어를 키프레임에 연속적으로 불러옵니다.

　　• Single Flash Layer : 모든 레이어를 하나의 레이어에 통합하여 불러옵니다.

❺ Place objects at original position : 레이어의 위치를 유지하여 불러옵니다.

❻ Set stage size to same size as Illustrator arboard : 불러올 이미지의 크기에 맞도록 스테이지 크기를 변경합니다.

❼ Import unused symbols : 일러스트에서 사용되지 않은 심벌을 무비클립으로 불러옵니다.

❽ Import as a single bitmap image : 이미지를 비트맵 이미지로 변환하여 불러옵니다.

플래시 CS6에서는 촬영한 사진이나 스캔한 비트맵 이미지를 그대로 불러와 사용할 수 있습니다. 하지만 해상도가 높은 파일이나 많은 양의 비트맵 이미지를 사용하면 파일의 용량이 매우 커지기 때문에 권장하지는 않습니다.

예제 파일 | CD₩Part 04₩사진.jpg, 사진01~05.jpg　**완성 파일 |** CD₩Part 04₩비트맵연속_완성.fla

01. 플래시 실행 초기 화면에서 [Create New]의 'ActionScript 3.0'을 선택합니다. 플래시 작업 중이라면 [File]―[New](**Ctrl** + **N**) 메뉴를 클릭하여 기본 값으로 새로운 도큐먼트를 시작합니다.

02. [File]―[Import]―[Import to Stage](**Ctrl** + **R**) 메뉴를 클릭합니다.

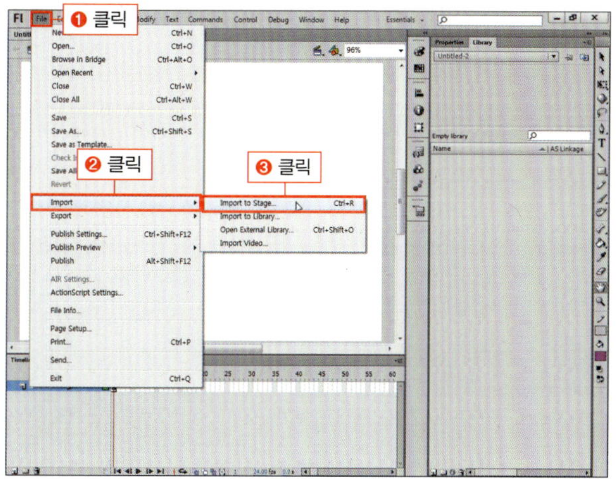

TIP : Import to Stage와 Import to Library

[Import] 메뉴 중 [Import to Stage]는 가져오는 파일을 현재 작업 중인 프레임에 바로 적용하고자 할 때 사용합니다. [Import to Library]는 무비에서 사용할 파일을 가져와 필요할 때 사용할 수 있도록 미리 [Library] 패널에 등록시켜 놓는 것입니다.

03. '사진.jpg' 파일을 선택한 후 [열기] 단추를
클릭합니다.

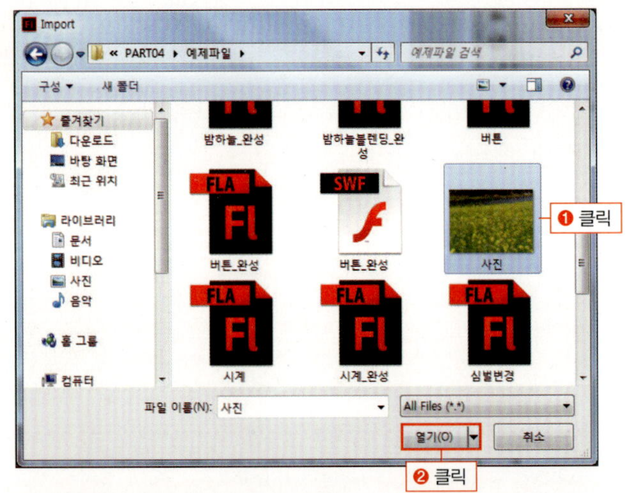

04. 비트맵 이미지가 현재 프레임에 삽입되면서
[Library] 패널에 자동으로 등록됩니다.

05. 이번에는 여러 장의 이미지를 가져와 프
레임에 연속으로 등록하는 방법을 알아봅니다.
[File]–[New](Ctrl+N) 메뉴를 클릭하여 기본
값으로 새 도큐먼트를 열고 Ctrl+J 를 눌러
[Document Settings] 대화상자를 엽니다.

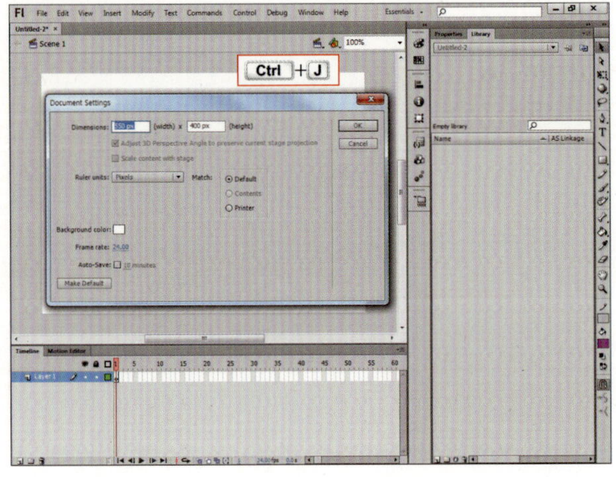

06. 'Import' 명령으로 가져올 이미지의 크기와 도큐먼트 크기를 맞추기 위해 [Dimensions]를 '640px x 480px'로 설정하고 [OK] 단추를 클릭합니다.

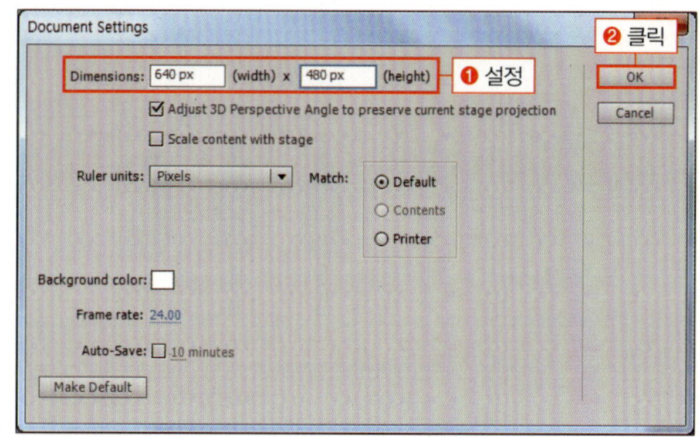

07. 스테이지의 크기가 커지면서 작업영역을 벗어나면 [손 툴]( )을 더블클릭하여 스테이지의 크기를 작업영역에 맞추고 [File]-[Import]-[Import to Stage](**Ctrl** + **R**) 메뉴를 클릭합니다.

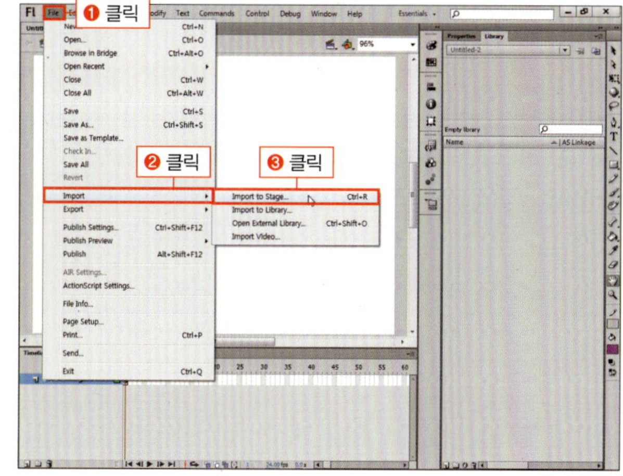

08. '사진' 폴더의 '사진01.jpg' 파일을 선택하고 [열기] 단추를 클릭합니다.

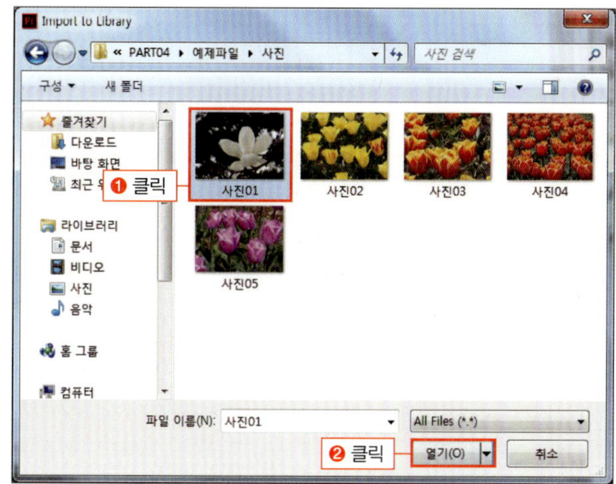

09. 가져올 이미지가 위치한 폴더에 연속되는 숫자로 파일명이 지정된 이미지가 존재하는 경우 동일한 이름의 이미지를 모두 가져올 것인지 확인하는 메시지가 나타납니다. [Yes] 단추를 클릭하여 이미지를 모두 가져옵니다.

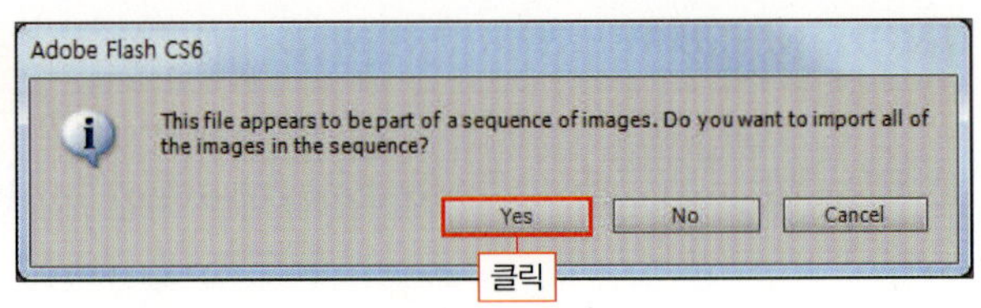

10. 이미지가 이름의 순서대로 프레임에 각각 삽입되면서 [Library] 패널에 등록됩니다.

비트맵 이미지는 직사각형 모양으로 모든 픽셀에 색상정보를 담고 있습니다. 비트맵 이미지를 불러와 필요 없는 부분을 삭제하고 일부만 사용할 수 있습니다.

예제 파일 Ι CD₩Part 04₩비트맵수정.fla, 나비.jpg, 거미.png   **완성 파일** Ι CD₩Part 04₩비트맵수정_완성.fla

01. '비트맵수정.fla' 파일을 불러옵니다.

02. [File]-[Import]-[Import to Stage](**Ctrl** + **R**) 메뉴를 선택하고 '나비.jpg' 파일을 선택하고 [열기] 단추를 클릭합니다.

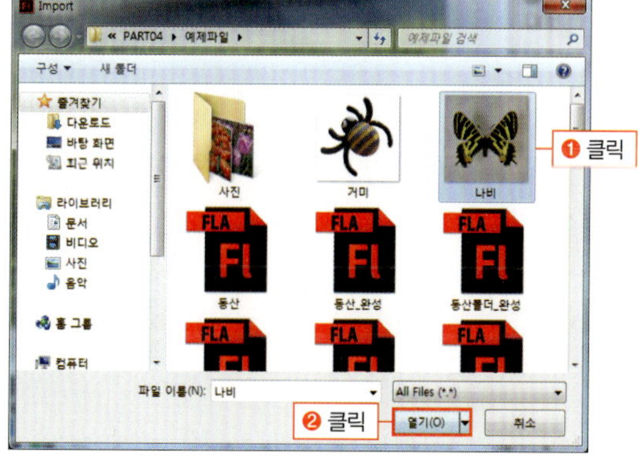

03. '나비' 이미지가 삽입되면 [Ctrl]+[B]를 눌러 이미지를 셰이프 오브젝트로 변환하고 스테이지를 클릭합니다.

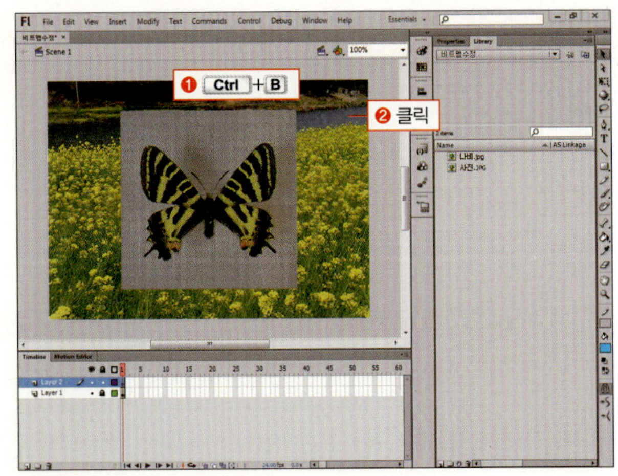

04. [올가미 툴](🔎)을 선택하고 옵션에서 [마술봉 툴](🪄)을 선택한 후 '나비' 이미지의 배경 부분을 클릭합니다.

05. [마술봉 툴](🪄)로 클릭하면 동일한 색상 영역이 확장되어 선택됩니다. [Del]을 눌러 선택된 부분을 삭제합니다.

06. [마술봉 툴]( )은 비트맵 이미지를 선택할 때 사용되지만 비트맵 이미지의 특성상 색상의 경계 부분을 뚜렷이 구분하기가 어렵습니다. 선택되지 않은 배경부위를 [마술봉 툴]( )로 클릭하여 삭제하고 [마술봉 툴]( )로 선택하기 어려운 작은 점들은 [지우개 툴]( )을 사용하여 정리합니다.

07. 완성된 이미지를 [자유 변형 툴]( )을 선택하여 적절히 변형한 후 배치합니다.

08. [마술봉 툴]( )로 작업한 비트맵 이미지를 확대해 보면 배경이 그대로 남아 있습니다. 플래시에서 비트맵 이미지를 가져와 사용하는 경우 투명처리된 'png' 파일의 이미지를 사용하면 더욱 깨끗한 이미지를 사용할 수 있습니다.

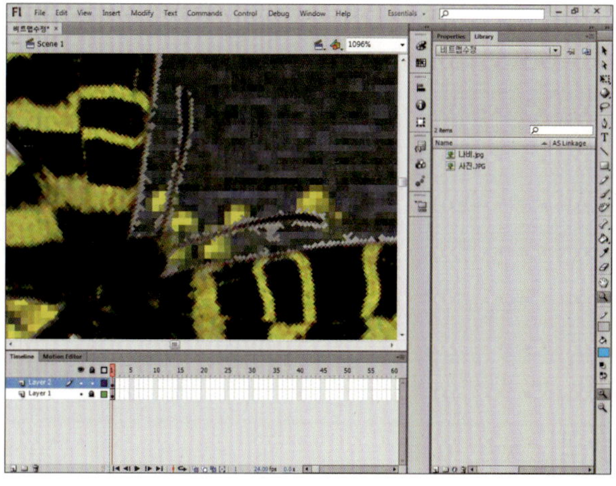

09. 'png' 파일을 불러오기 위해 [File]–[Import]–
[Import to Stage](**Ctrl** + **R**) 메뉴를 클릭하고
'거미.png' 파일을 선택하고 [열기] 단추를 클릭합
니다.

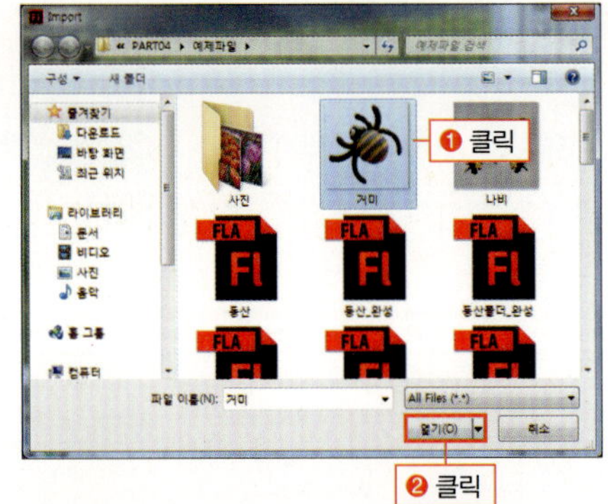

10. 가져온 이미지는 포토샵 등에서 선택을 완
료하고 배경을 투명하게 처리한 것입니다. 경계
부분이 매끄럽게 처리되어 깨끗한 이미지를 제공
합니다.

11. 'png' 이미지는 별다른 처리를 하지 않고 바
로 사용할 수 있습니다. [자유 변형 툴]( )로 크
기 등을 조절한 후 배치하여 사용합니다.

포토샵 이미지는 비트맵 이미지이면서 레이어를 포함할 수 있습니다. 플래시 CS6에서는 다중 레이어가 지정된 포토샵 파일을 불러와 사용할 수 있습니다.

예제 파일 | CD\Part 04\바다.psd **완성 파일 |** CD\Part 04\PSD_완성.fla

01. 새 도큐먼트를 열고 **Ctrl**+**J**를 눌러 불러올 포토샵 이미지에 맞게 도큐먼트 크기를 조절합니다. '640px x 480px'로 설정하고 [OK] 단추를 클릭합니다.

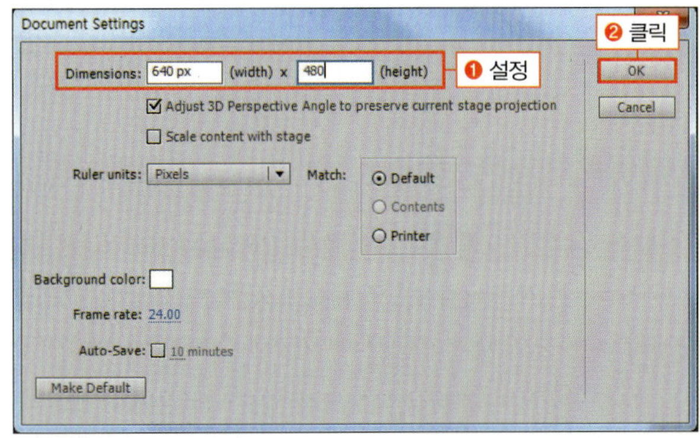

02. [손 툴](🖐)을 더블클릭하여 스테이지의 크기를 작업영역에 맞추고 [File]-[Import]-[Import to Stage](**Ctrl**+**R**) 메뉴를 클릭하고 '바다.psd' 파일을 선택한 후 [열기] 단추를 클릭합니다.

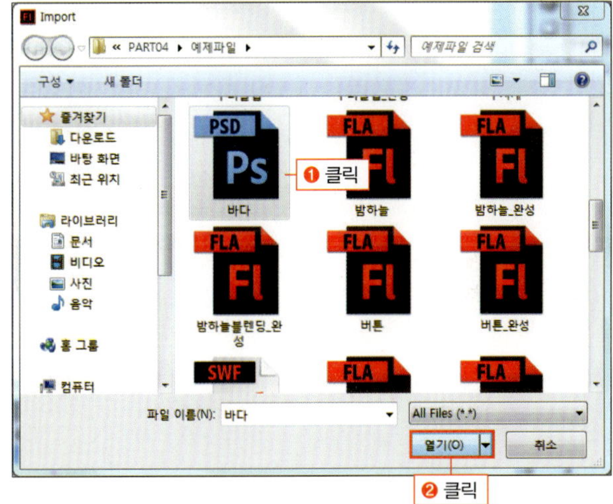

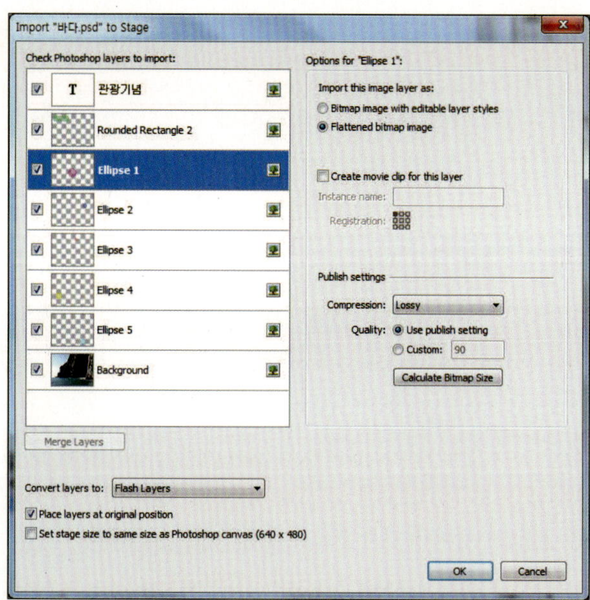

04. 'Ellipse 1', 'Ellipse 2', 'Ellipse 3', 'Ellipse 4',
'Ellipse 5' 레이어를 선택합니다. 'Ellipse 1' 레이어
를 선택하고 **Shift** 를 누른 상태로 'Ellipse 5' 레
이어를 선택하면 쉽게 다중 선택할 수 있습니다.
레이어 목록 창 하단의 [Merge Layers] 단추를 클
릭하여 레이어를 병합합니다.

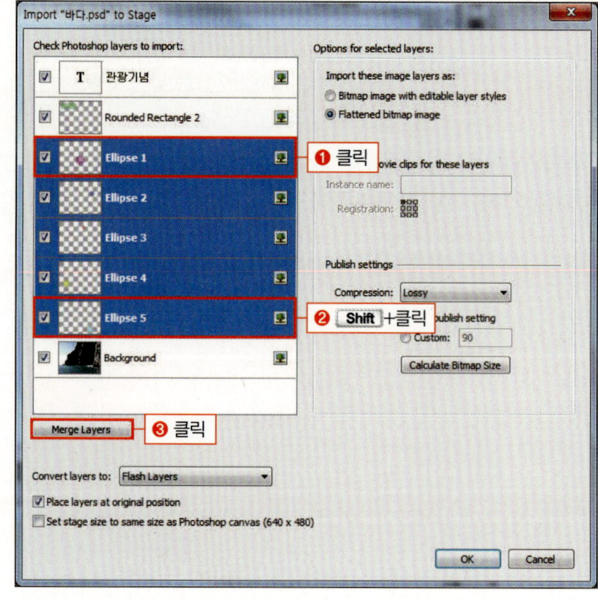

05. 선택한 레이어 5개가 1개의 레이어로 병합
됩니다.

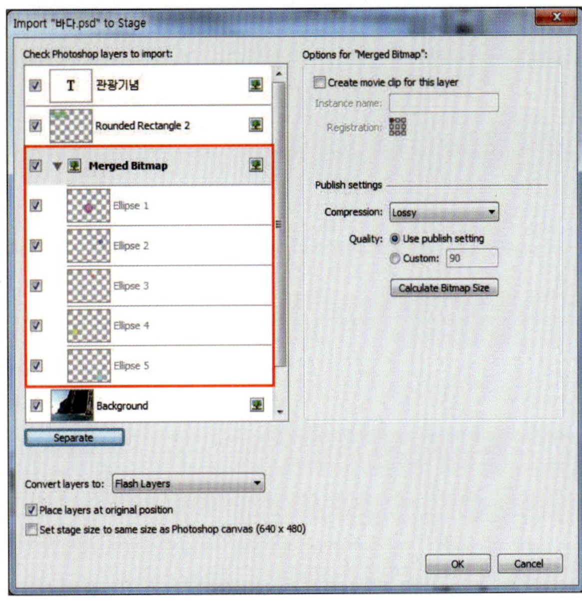

06. '관광기념' 레이어를 선택하고 옵션에서
'Editable text'를 선택하고 [OK] 단추를 클릭합니다.

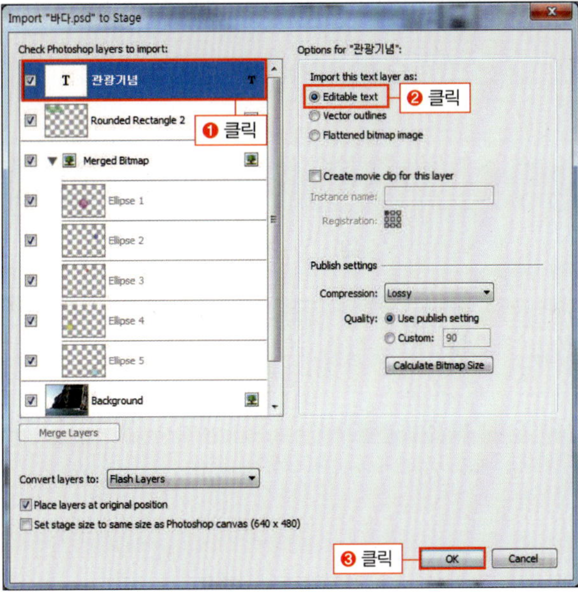

07. 이미지를 삽입하면 각 레이어의 이미지가 플래시 레이어에 구성됩니다.

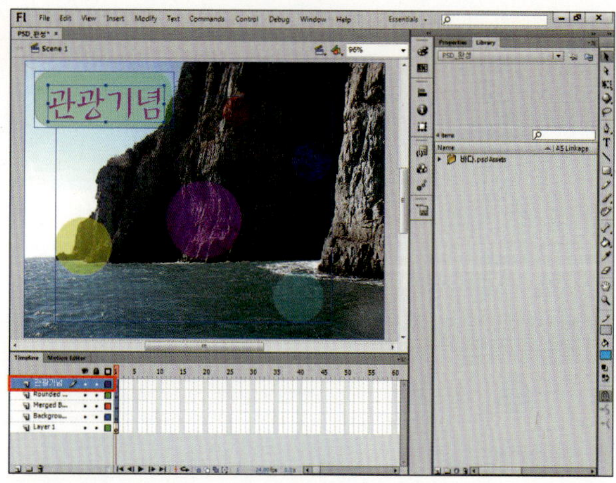

08. [문자 툴](T)을 선택하고 '관광기념' 클릭하여 '여행기념'으로 문자를 수정합니다.

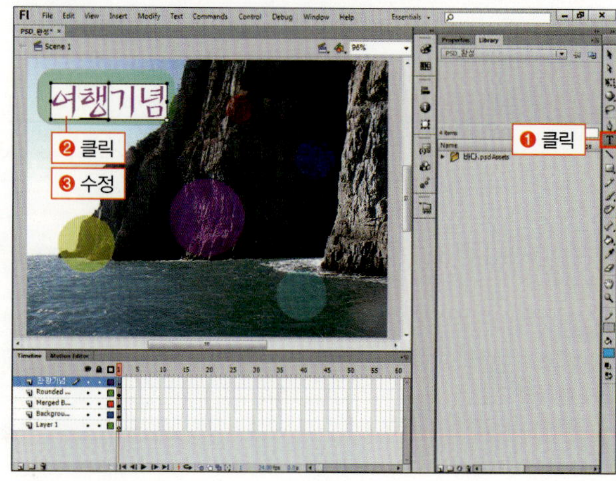

일러스트레이터는 벡터 그래픽을 사용하기 때문에, 일러스트레이터에서 만든 이미지를 플래시에 불러와 사용하면 플래시에서 드로잉한 것과 똑같이 사용할 수 있습니다. 일러스트레이터는 전문 벡터 드로잉 프로그램으로 플래시에서 표현하기 힘든 이미지를 그려낼 수 있어 플래시 무비 제작 시 많이 활용됩니다.

예제 파일 | CD₩Part 04₩풍선.ai **완성 파일 |** CD₩Part 04₩AI_완성.fla

01. 새 도큐먼트를 열고 [File]-[Import]-[Import to Stage](Ctrl + R) 메뉴를 클릭하고 '풍선.ai' 파일을 선택한 후 [열기] 단추를 클릭합니다.

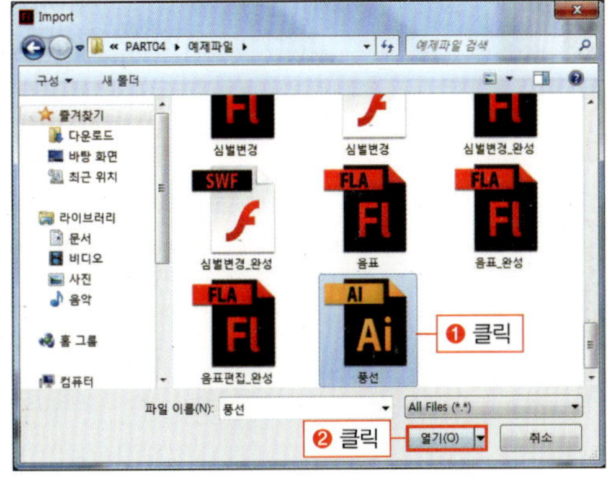

02. [Import "풍선.ai" to Stage] 대화상자에서 〈Group〉을 선택하고 옵션에서 'Create movie clip'을 체크한 후 [Instance name]을 '풍선1'로 설정합니다.

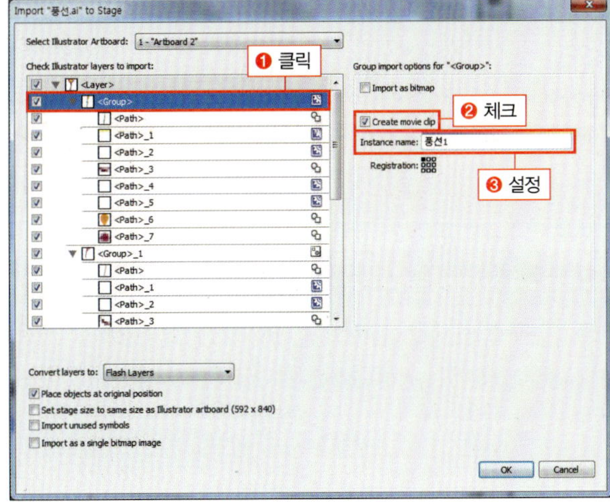

03. '〈Group〉_1'을 선택하고 옵션에서 'Create movie clip'을 체크한 후 [Instance name]을 '풍선2'로 설정합니다.

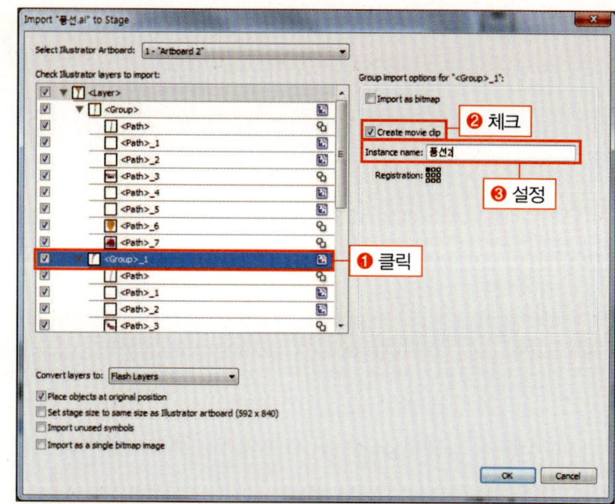

04. '〈Group〉_2'를 선택하고 옵션에서 'Create movie clip'을 체크한 후 [Instance name]을 '풍선3'으로 설정하고 [OK] 단추를 클릭합니다.

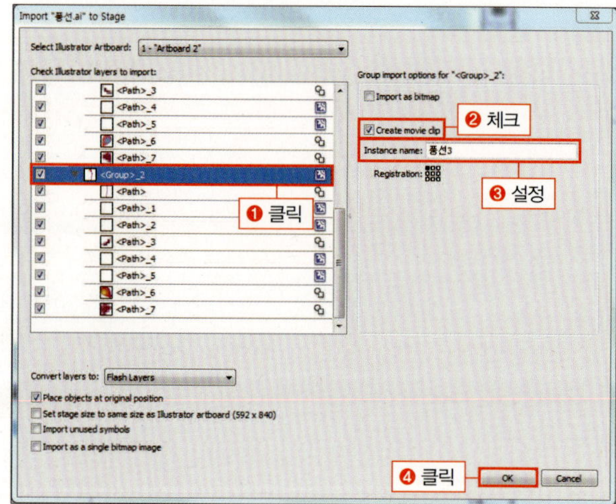

05. 불러온 이미지를 스테이지 안으로 옮깁니다.

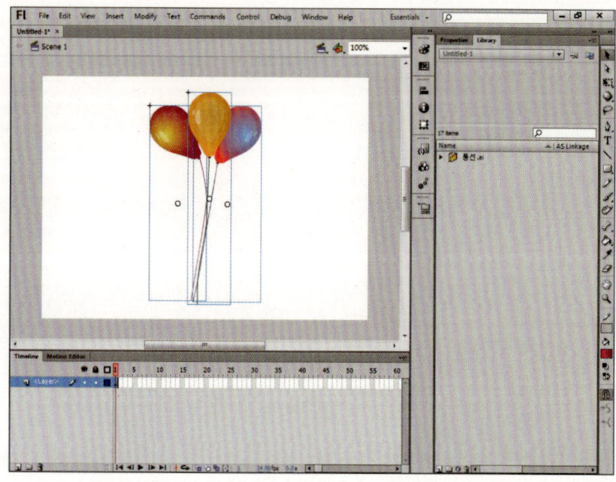

06. 불러온 이미지는 여러 개의 패스로 이루어
져 있습니다. 더블클릭하여 편집하거나 **Ctrl**
+**B**를 눌러 셰이프 오브젝트로 변환하여 사
용할 수 있습니다. 각각의 '풍선'을 클릭하고
[Properties] 패널을 확인하면 'Import' 명령에서 입
력한 [Instance name]을 확인할 수 있습니다.

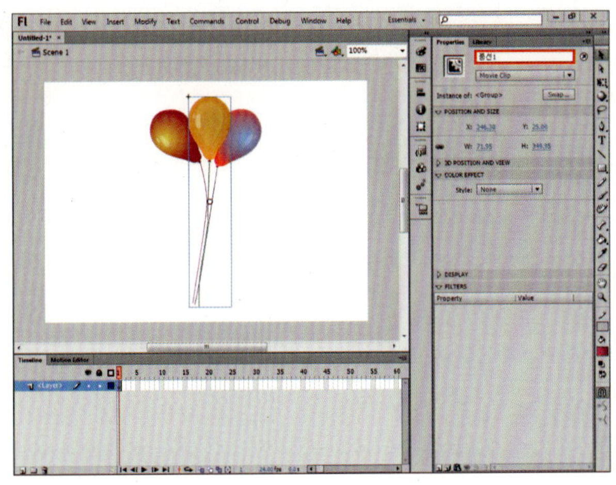

[External Library] 패널은 플래시 CS6에서 기본적으로 제공하는 버튼이나 사운드를 모아놓은 패널입니다. [External Library] 패널을 사용하면 플래시 무비 제작 시 많이 사용되는 버튼 제작을 쉽게 할 수 있습니다.

완성 파일 I CD₩Part 04₩공용라이브러리_완성.fla

01. 새 도큐먼트를 열고 [Window]–[Common Libraries]–[Buttons] 메뉴를 클릭합니다.

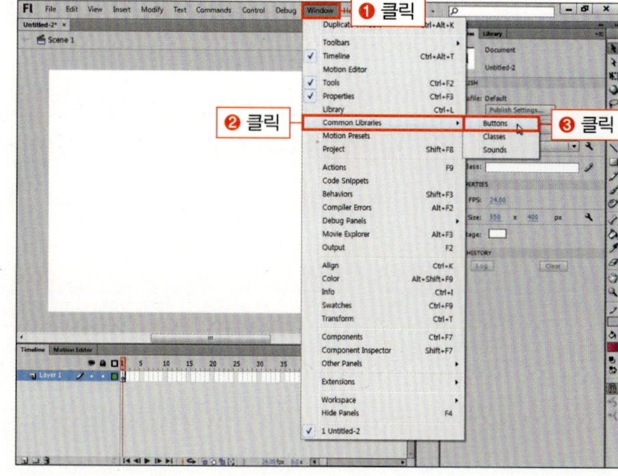

02. 화면에 [External library] 패널이 열립니다.

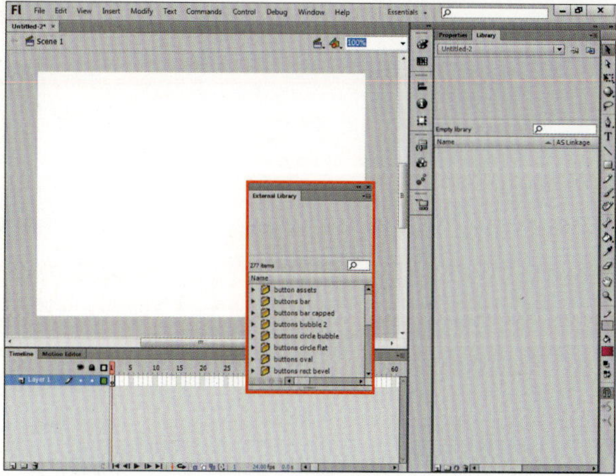

03. [External Library] 패널 항목 중에서 'buttons bar' 폴더의 [▶]를 클릭해 열고 'bar blue'를 선택하고 스테이지로 드래그하여 추가합니다.

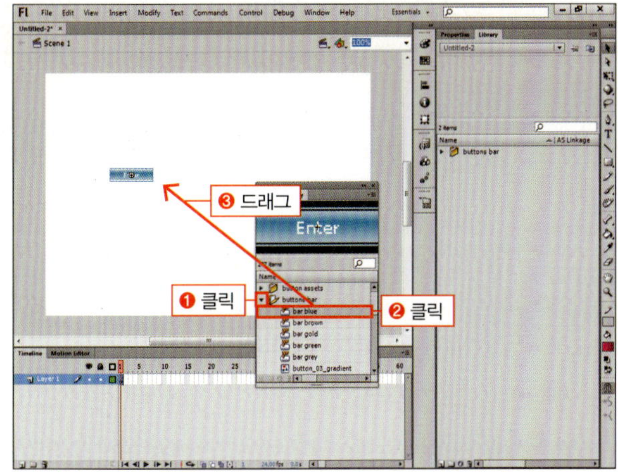

04. 추가된 단추를 [돋보기 툴]( )을 선택해 확대한 후 '버튼'을 더블클릭하여 편집 모드로 전환합니다.

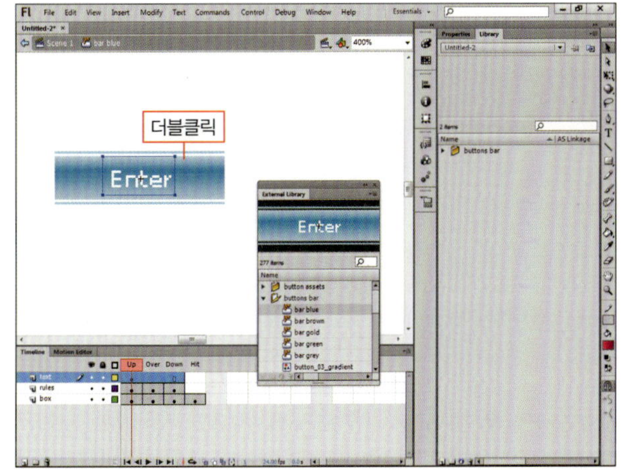

05. 타임라인에 버튼의 프레임이 완성되어 있습니다. 문자를 수정해 봅니다. [문자 툴]( )을 선택하고 문자를 클릭하여 'Enter'를 '홈페이지'로 수정합니다. Ctrl + Enter 를 눌러 테스트 무비를 실행하고 버튼에 롤오버와 클릭을 실행하면 '버튼'을 확인할 수 있습니다.

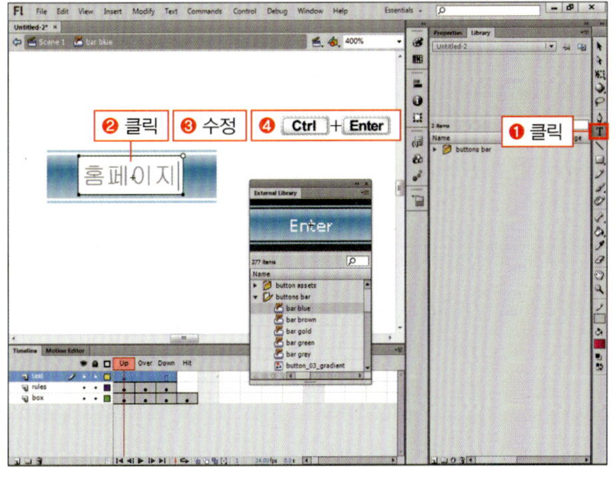

■ 심벌의 종류 168P

심벌은 같은 오브젝트를 여러 곳에서 사용하고자 할 때 쉽게 복사하여 사용할 수 있는 특별한 오브젝트입니다. 플래시 CS6에서 사용하는 심벌은 무비클립(), 버튼(), 그래픽(), 이렇게 3가지가 있습니다. 이러한 심벌들은 각각의 용도에 맞게 사용되고 필요에 따라 상호 전환하여 사용할 수 있습니다.

■ 심벌과 인스턴스 179P

심벌의 속성을 가진 각 오브젝트를 인스턴스라고 합니다. 인스턴스는 독립적인 속성이나 효과를 설정하여 사용할 수 있습니다. 인스턴스는 원하는 곳에 사용 가능하며 파일의 용량에 영향을 미치지 않습니다.

■ COLOR EFFECT 179P

심벌의 각 인스턴스는 색상, 밝기, 투명도를 별도로 지정하여 사용할 수 있습니다. 변경을 원하는 인스턴스를 선택하고 [Properties] 패널의 [COLOR EFFECT]에서 'Style'을 변경하여 사용합니다. 인스턴스의 색상이나 투명도를 변경하고 트윈을 사용하면 색상과 투명도가 점점 변화하는 무비를 구성할 수 있습니다.

■ [Library] 패널 194P

오브젝트를 심벌로 전환하면 고유의 이름을 갖게 되며 모두 [Library] 패널에 등록됩니다. 무비가 크고 복잡할수록 등록된 [Library] 패널의 수도 많아지게 되므로 라이브러리 관리는 무비제작 초기부터 심벌의 종류와 수를 고려하여 폴더를 만들어 사용하고 심벌의 이름을 관리하기 쉽도록 설정하는 것이 좋습니다.

■ 외부 이미지 사용 206P

플래시에서 제작한 이미지 외에 다양한 외부 이미지를 불러와 사용할 수 있습니다. 일러스트와 같은 벡터 이미지를 불러와 사용하는 경우에는 파일의 용량을 크게 걱정할 것이 없지만 비트맵 이미지를 불러와 사용하는 경우에는 용량관리를 잘해야 합니다. 비트맵 이미지는 용량을 많이 차지하므로 꼭 필요한 경우에만 최소한으로 사용하도록 합니다.

■ [External Library] 패널 224P

새로운 이미지를 만드는 것보다 이미 만들어진 이미지를 수정하여 사용하는 것이 빠르고 편리할 수 있습니다. [External Library] 패널은 여러 종류의 버튼이나 사운드를 미리 등록해 놓은 [Library] 패널로, 사용자는 버튼이나 사운드를 쉽게 불러와 수정하여 사용할 수 있습니다.

01 무비클립 심벌을 삭제하지 않고 다른 심벌로 교체해 봅니다.

예제 파일 : CD₩Part 04₩사진₩Swap.fla　　**완성 파일** : CD₩Part 04₩사진₩Swap_완성.fla
동영상 해설 : CD₩Self₩실전4-1.wmv

HINT

변경하고자 하는 심벌을 선택하고 [Properties] 패널에서 [Swap] 단추의 기능을 사용하면 다른 심벌로 변경할 수 있습니다.

02 공용 라이브러리를 활용해 무비제어 단추를 구성해 봅니다.

예제 파일 : CD₩Part 04₩공용버튼.fla　　**완성 파일** : CD₩Part 04₩공용버튼_완성.fla
동영상 해설 : CD₩Self₩실전4-2.wmv

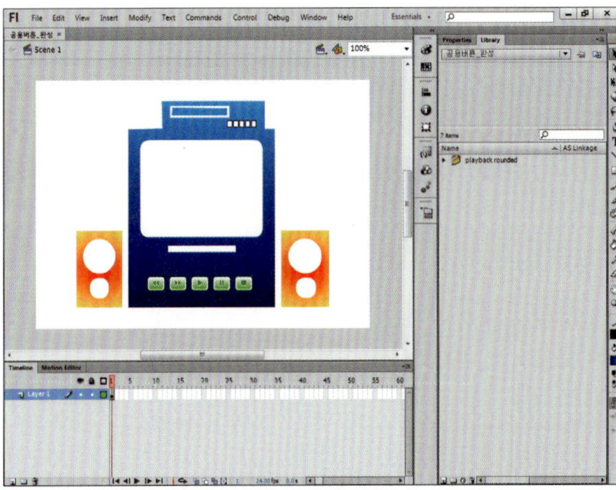

HINT

[External Library] 패널 'Play back rounded'에서 원하는 버튼을 찾아 무비에 추가하고 [Transform] 패널 기능을 사용해 간격을 맞추어 배열합니다.

05

플래시 애니메이션 기본기 다지기

플래시를 배우는 가장 기본적인 목적이 애니메이션 제작입니다. 애니메이션은 연속된 이미지를 빠르게 보여주어 마치 움직이는 것처럼 느껴지도록 구성하는 것입니다. 원리는 간단하지만 훌륭한 무비를 만들어 내기 위해서는 많은 노력과 연습이 필요합니다. 기본적인 애니메이션 관련 용어와 기능에 대해 공부해보도록 합니다.

01 타임라인 이해하기

레 벨 ● ○ ○

[Timeline] 패널 타임라인은 시간의 흐름에 따른 무비의 구성을 그대로 담아놓은 패널입니다. 한마디로 무비의 히스토리라 할 수 있습니다. 타임라인을 구성하는 레이어와 프레임을 이해하는 것이 애니메이션 만들기에서 가장 중요합니다. [Timeline] 패널에 대해 알아보고 활용하는 방법을 알아보도록 하겠습니다.

기초탄탄 ▶ [Timeline] 패널의 구성 알아보기

■ [Timeline] 패널 `232P`

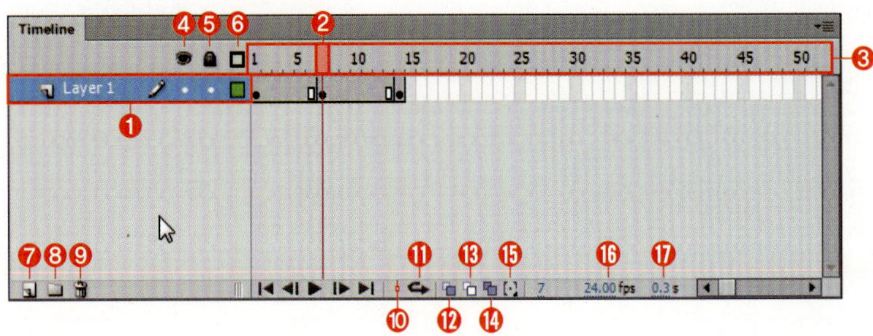

❶ Layer(레이어) : 레이어는 층을 뜻하며 무비에 사용되는 오브젝트를 배열하고 실제로 작업하는 공간입니다. 간단하고 단순한 무비는 하나의 레이어에 구성할 수 있지만 무비가 복잡해지면 레이어를 추가하여 작업하는 것이 편리합니다.

❷ Play Head(플레이헤드) : 현재 스테이지 화면의 위치를 나타냅니다.

❸ Timeline Header(타임라인 헤더) : 각 프레임의 고유번호를 나타냅니다.

❹ Show or Hide All Layers : 레이어 보이기/끄기를 설정합니다.

❺ Lock or Unlock All Layers : 레이어의 잠금을 설정합니다.

❻ Show All Layers as Outlines : 선택한 오브젝트의 레이어를 외곽선 보기로 변경합니다.

❼ New Layer : 새로운 레이어를 추가합니다.

❽ New Folder : 새 폴더를 추가합니다. 레이어가 많아 복잡한 경우 서로 관련 있는 레이어들을 묶어서 관리하면 편리합니다.

❾ Delete : 선택한 레이어나 폴더를 삭제합니다. 삭제할 레이어를 선택한 후 아이콘을 클릭하거나 삭제할 레이어를 아이콘으로 드래그해 끌어다 놓으면 삭제됩니다.

❿ Center Frame : 선택한 프레임이 타임라인의 중심에 오도록 합니다.

⑪ Loop : **Enter** 로 무비를 확인할 때 설정한 영역에서만 반복하도록 합니다.

⑫ Onion Skin(어니언스킨) : 선택한 프레임의 좌우 프레임을 미리보기할 수 있도록 합니다.

⑬ Onion Skin Outlines : 어니언스킨 사용 시 좌우 프레임의 오브젝트는 외곽선만 보이게 합니다.

⑭ Edit Multiple Frames : 좌우 프레임의 내용을 동시에 편집할 수 있도록 합니다.

⑮ Modify Marker(마커 편집) : 어니언스킨 등을 사용 시 타임라인 헤더에 표시되는 마커의 범위를 설정합니다.

⑯ Frame Rate : 무비 실행 시 1초에 재생되는 프레임 수를 설정합니다.

⑰ Elapsed Time : 플레이헤드가 위치한 프레임을 무비 진행의 경과시간으로 표시합니다.

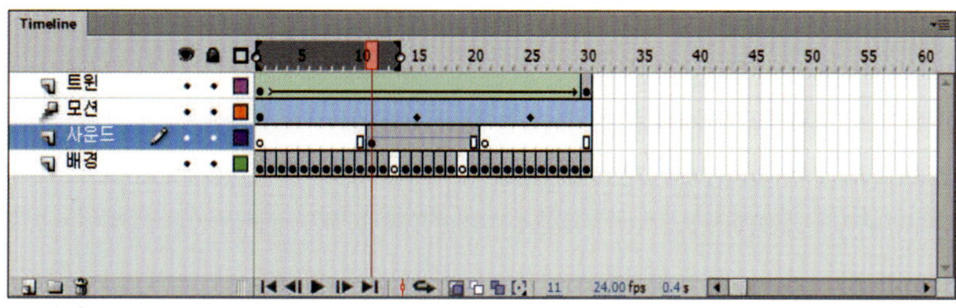

▲ 무비를 구성한 [Timeline] 패널

[Timeline] 패널의 프레임을 클릭하거나 플레이헤드를 사용하여 무비구성을 확인할 수 있습니다. 무비를 제작할때는 수시로 [Timeline] 패널을 확인하여 무비흐름을 파악하는 것이 좋습니다. [Timeline] 패널의 사용법에 대해 알아보도록 하겠습니다.

예제 파일 | CD₩Part 05₩타임라인.fla

01. '타임라인.fla' 파일을 불러온 후 '타임라인'이라고 입력된 문자가 여러 프레임에 색상만 다르게 설정되어 입력되어 있는 것을 확인합니다. [Timeline] 패널의 각 프레임을 마우스로 클릭하면 해당 프레임의 내용이 화면에 표시됩니다.

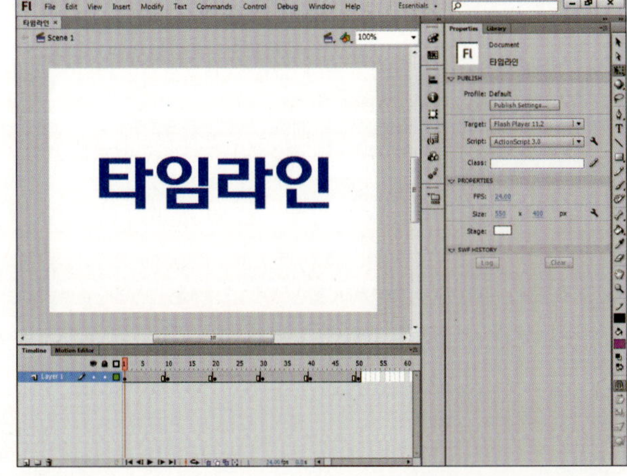

02. Enter 를 누릅니다. 플레이헤드가 이동하며 화면 상에서 무비가 재생됩니다.

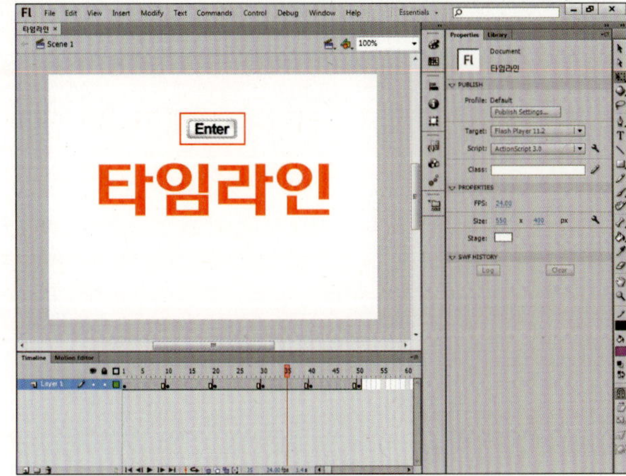

03. 플레이헤드를 마우스로 클릭하고 좌우로 드래그합니다. 플레이헤드가 위치한 프레임의 내용이 스테이지에 나타납니다.

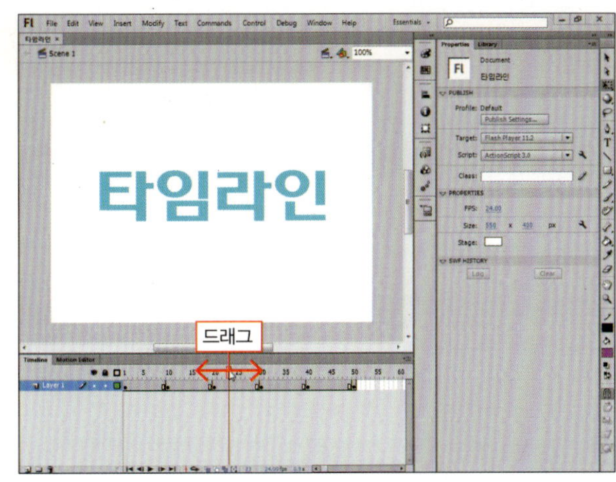

04. 플레이헤드를 20프레임에 위치시키고 [Timeline] 패널의 [Loop]()를 클릭합니다. 플레이헤드 왼쪽·오른쪽에 마커가 나타납니다. 마커 옆의 작은 동그라미를 드래그하면 마커의 범위를 수정할 수 있습니다.

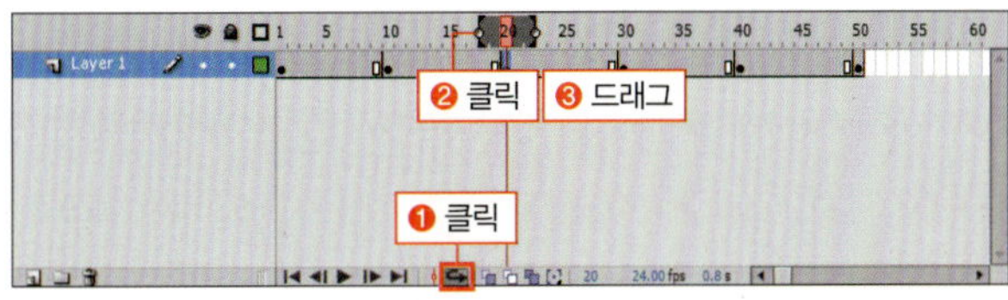

05. Loop 영역을 설정하고 Enter 를 누릅니다. Loop 영역 범위에서만 플레이헤드가 움직이며 무비가 반복 재생됩니다.

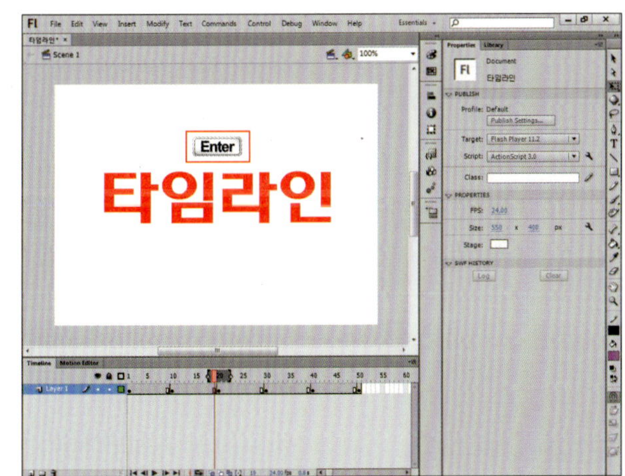

TIP : 무비를 확인하는 방법

- **Ctrl** + **Enter** : 테스트 무비를 실행하여 무비를 확인합니다. 'fla' 파일이 저장된 폴더에 'swf' 파일이 생성되고 무비클립과 버튼, 액션 스크립트 등 실제 완성된 무비를 확인할 수 있습니다.
- **Enter** : 단순히 현재 타임라인을 재생합니다. 버튼이나 무비클립의 실행은 확인할 수 없습니다.

무비구성에서 한 컷의 장면을 프레임이라 합니다. 키프레임은 장면이 변하거나 특별한 효과를 사용할 때 기준이 되는 프레임을 말합니다. 일정 시간동안 장면이나 효과에 변화가 없다면 키프레임을 구성하지 않고 프레임의 연장으로 무비를 구성합니다.

완성 파일 l CD₩Part 05₩키프레임_완성.fla

01. 새로운 도큐먼트를 열고 [Timeline] 패널의 타임라인을 확인합니다. 플레이헤드가 1프레임에 있고 프레임에 'ㅇ'가 있습니다. 프레임에 'ㅇ' 또는, '●' 가 있는 것은 키프레임을 뜻합니다. 키프레임에 아무런 내용이 없으면 'ㅇ'가 나타나고, 키프레임에 내용이 구성되면 '●'로 변경됩니다.

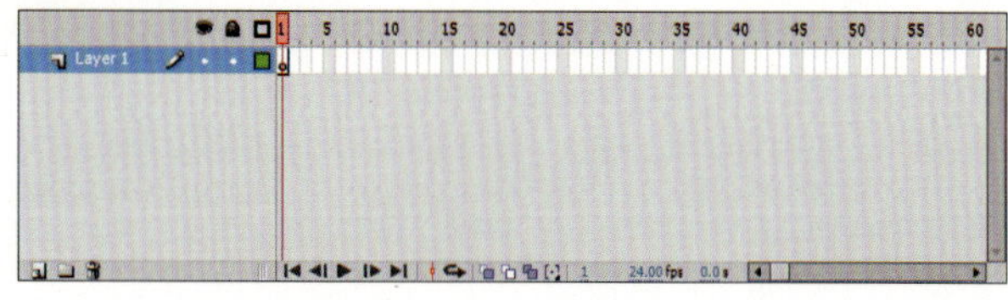

02. [원형 툴](●)을 선택하고 스테이지 가운데에 '원'을 하나 그립니다. 키프레임의 모양이 '●'으로 변경됩니다.

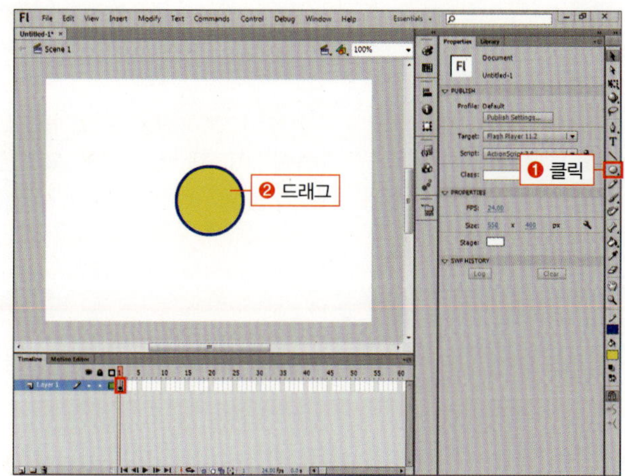

03. 다른 프레임에 내용을 구성하기 위해서는 키프레임을 삽입해야 합니다. 원하는 프레임에 키프레임을 삽입하기 위해서는 해당 프레임을 클릭하고 F7을 누르면 됩니다. 2프레임을 클릭하고 F7을 눌러 빈 키프레임('ㅇ')을 생성합니다.

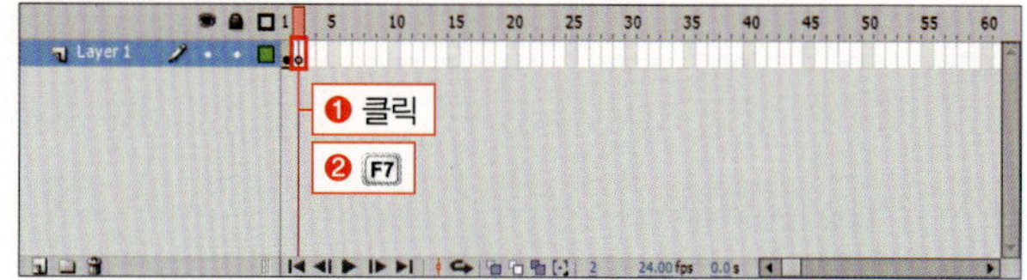

04. [사각형 툴](□)을 선택하고 스테이지 가운데에 '사각형'을 하나 그립니다. 키프레임의 모양이 '●'으로 변경됩니다.

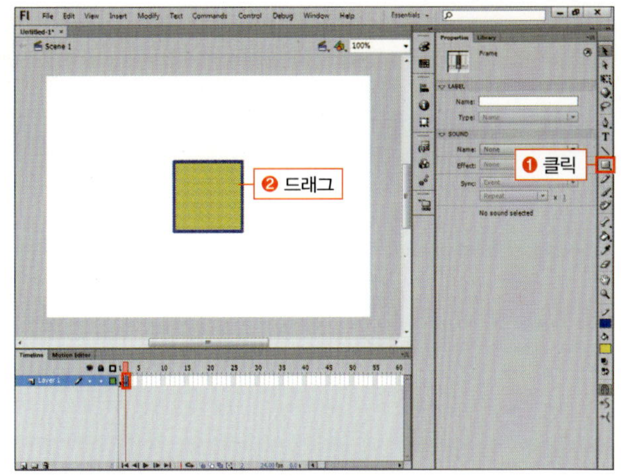

05. 이어 10프레임을 클릭하고 F7 을 누릅니다. 프레임이 연장되면서 10프레임에 빈 키프레임('○')이 생성됩니다.

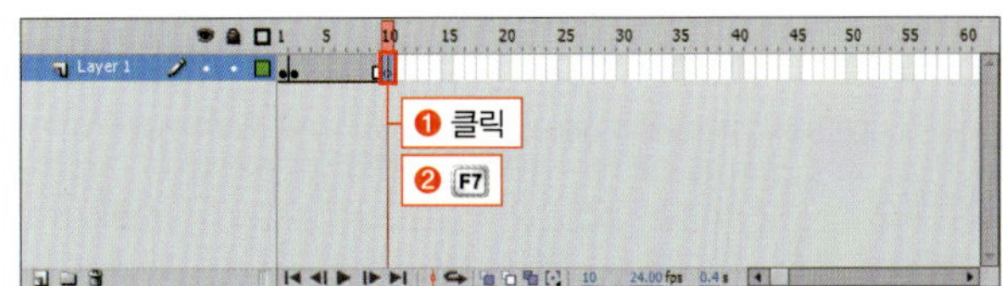

06. [다각형 툴](○)을 선택하고 스테이지 가운데에 '오각형'을 하나 그립니다. 키프레임의 모양이 '●'으로 변경됩니다.

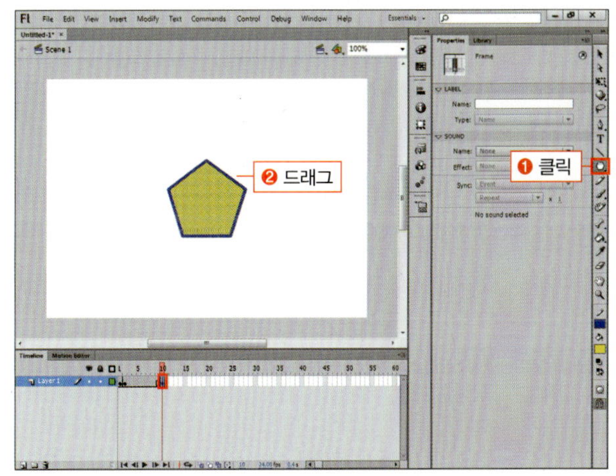

07. 프레임이 연장되면서 2~10프레임 사이의 색상이 회색으로 변경되었습니다. 프레임을 클릭하면 2프레임에 구성된 '사각형'이 연장되어 구성된 것을 확인할 수 있습니다.

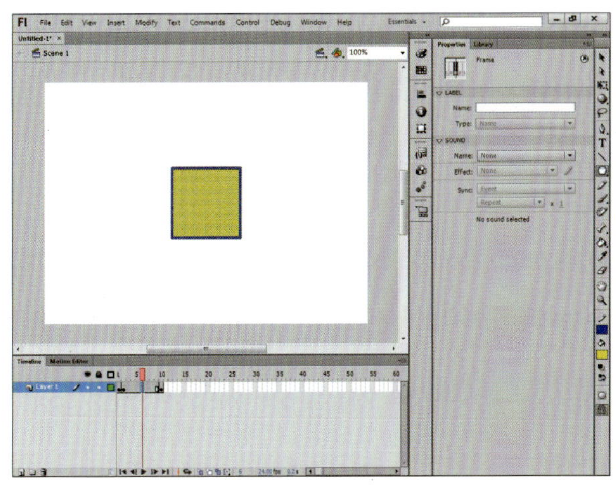

무비에서 새로운 장면 전환이나 트윈 기능을 사용하려면 반드시 키프레임을 만들어야 합니다. 키프레임을 복사하여 추가하고 삭제하는 방법을 알아보도록 하겠습니다.

예제 파일 | CD\Part 05\키프레임복사.fla, 키프레임무비.fla **완성 파일 |** CD\Part 05\키프레임복사_완성.fla, 키프레임무비_완성.fla

01. 키프레임을 복사하기 위해 '키프레임복사.fla' 파일을 불러옵니다.

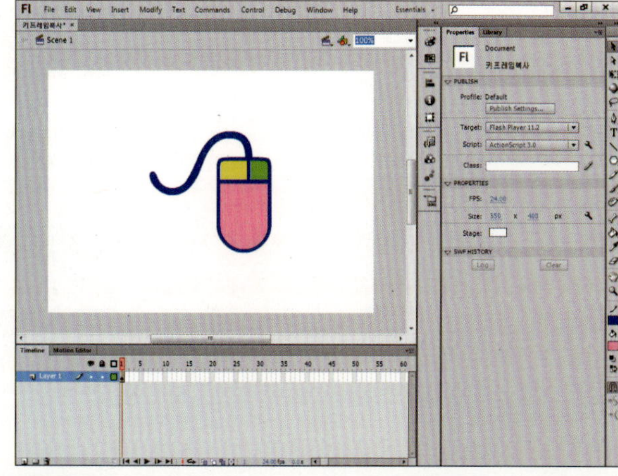

02. [Timeline] 패널의 10프레임을 클릭하고 **F6**을 눌러 키프레임을 복사합니다. 1프레임의 내용이 9프레임까지 연장되면서 10프레임에 복사된 키프레임이 생성됩니다.

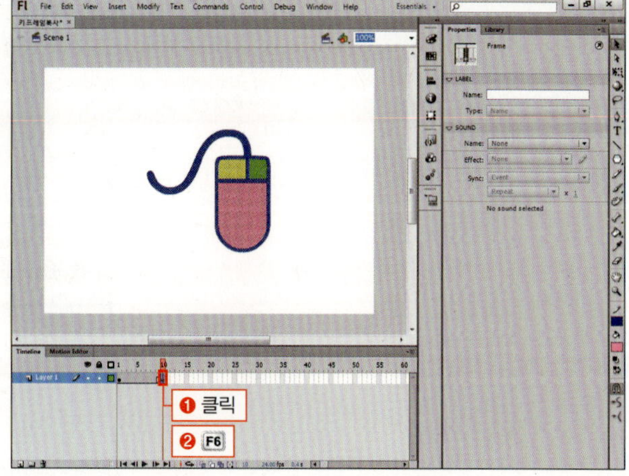

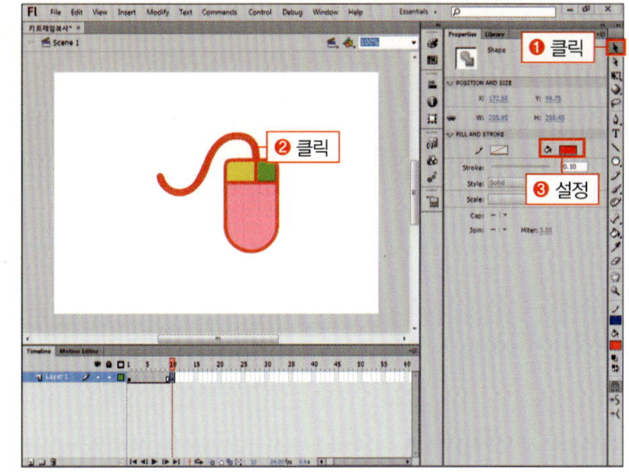

03. [선택 툴](화살표)을 선택하고 복사된 키프레임의 이미지 중에서 '파란색 선' 부분을 클릭하고 [Properties] 패널에서 [채우기 색상]을 '빨간색'으로 설정합니다.

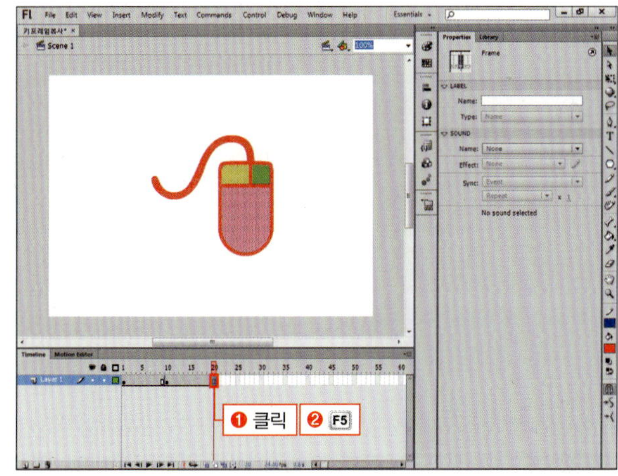

04. 이어 20프레임을 클릭하고 F5 를 누릅니다. 키프레임이 생성되지 않고 10프레임의 내용이 20프레임까지 그대로 연장됩니다.

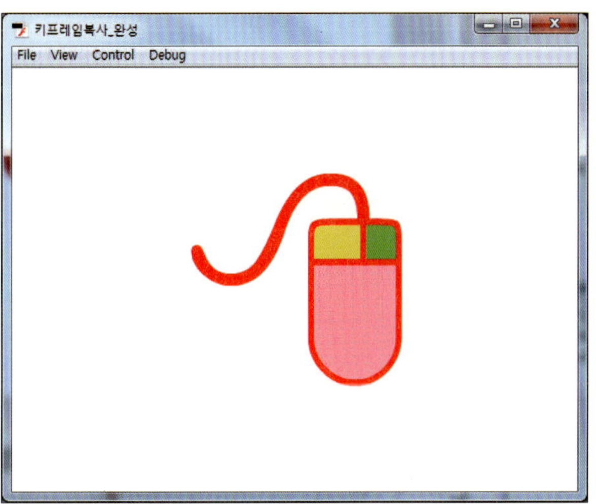

05. Ctrl + Enter 를 눌러 테스트 무비를 실행하면 색상이 변경되는 시간이 비슷하게 구성된 것을 확인할 수 있습니다.

06. 이어 반짝이는 불빛을 키프레임을 한번에 복사하여 다중 프레임 편집 기능으로 만들어 봅니다. '키프레임무비.fla' 파일을 불러옵니다.

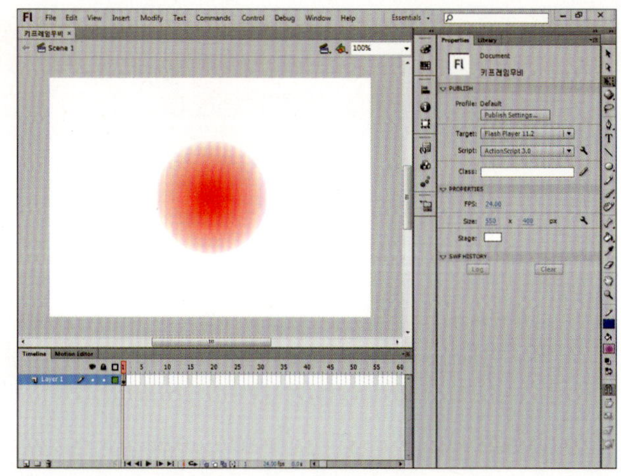

07. 화면에 구성된 '원'은 무비클립으로 1프레임씩 색상이 변경되도록 구성되어 있습니다. '원'을 여러 개의 프레임에 복사하기 위하여 먼저 [Timeline] 패널의 2프레임부터 30프레임까지 드래그하여 선택합니다.

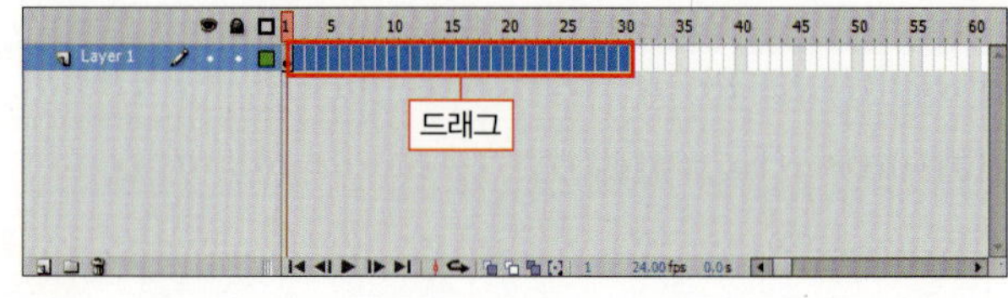

08. F6을 눌러 선택한 모든 프레임에 키프레임을 생성하며 복사합니다.

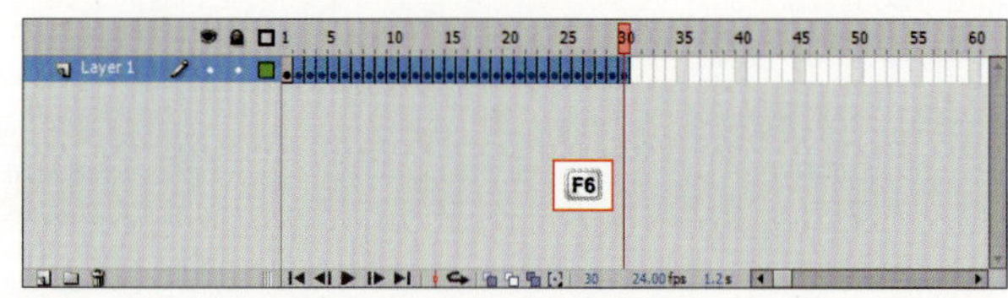

09. 하단의 [Edit Multiple Frames]( )을 클릭하여 플레이헤드에 마커를 표시합니다.

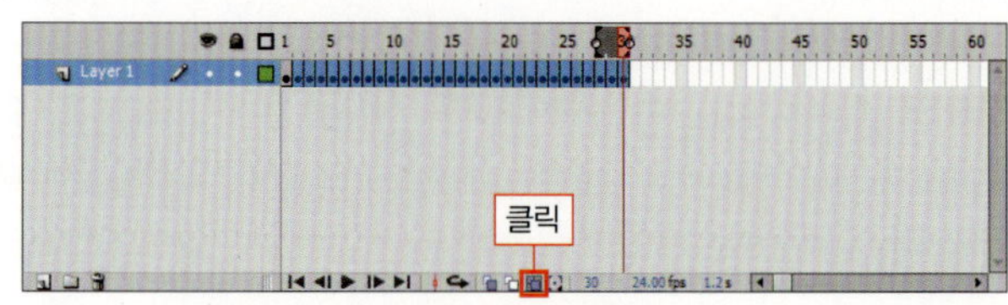

10. 하단의 [Modify Marker]( )를 클릭하여 메뉴 중에서 'Marker Range All'을 선택하여 마커를 모든 프레임으로 확장시킵니다.

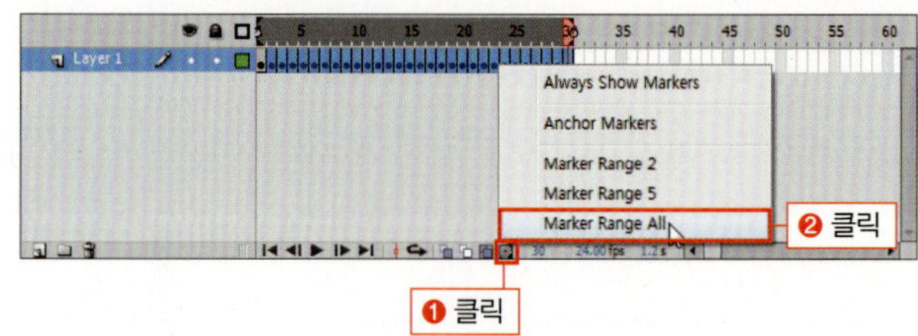

11. 30프레임까지 복사했으므로 스테이지 가운데의 '원'은 30개가 겹쳐 있습니다. [선택 툴]( )을 선택하고 '원'을 하나씩 옮겨 무작위로 배치합니다.

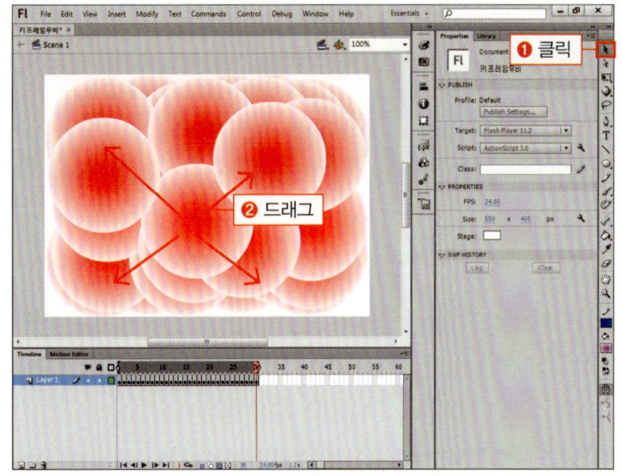

12. [Edit Multiple Frames]( )을 클릭하여 마커를 해제하고 Enter 로 타임라인을 재생합니다. 빨간색 '원'이 하나씩 무작위로 나타나게 되지만 무비클립이 실행되지 않으므로 색상의 변화는 알 수 없습니다.

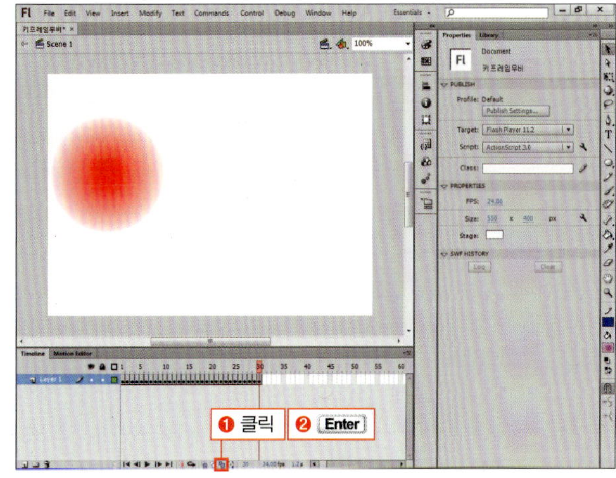

13. Ctrl + Enter 를 눌러 테스트 무비를 실행합니다. 무비클립으로 구성된 '원'의 색상이 변경되면서 무작위로 나타나 반짝이는 무비가 실행됩니다.

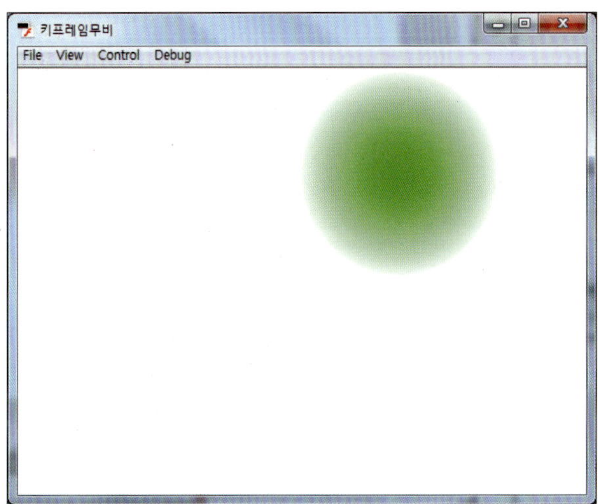

키프레임에 구성된 오브젝트를 삭제하더라도 키프레임은 삭제되지 않고 빈 키프레임으로 바뀌게 됩니다. 키프레임을 삭제하는 방법을 알아보도록 하겠습니다.

예제 파일 | CD₩Part 05₩키프레임삭제.fla　**완성 파일 |** CD₩Part 05₩키프레임삭제_완성.fla

01. '키프레임삭제.fla' 파일을 불러온 후 동산이 만들어지는 과정을 간단한 키프레임 방식으로 구현한 것을 확인해 봅니다. **Enter** 를 누르면 꽃과 '나무', '구름'이 단계적으로 나타나는 무비가 재생됩니다.

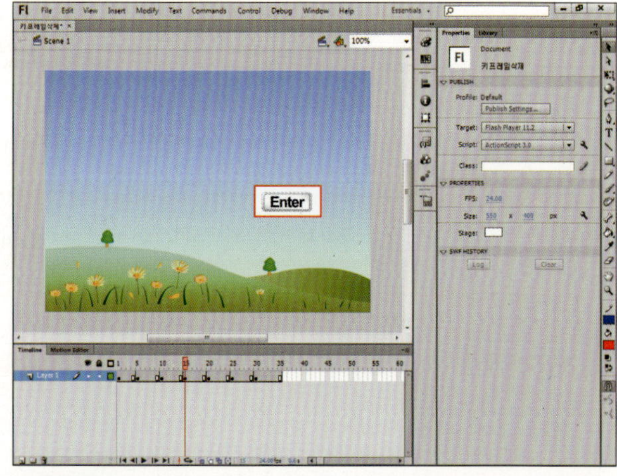

02. 무비의 중간 단계를 삭제하기 위해 [Timeline] 패널의 5프레임을 클릭합니다. 5프레임은 꽃들이 생기는 중간 단계입니다. 5프레임 위에서 마우스 오른쪽 버튼을 클릭하고 'Clear Keyframe'을 선택합니다.

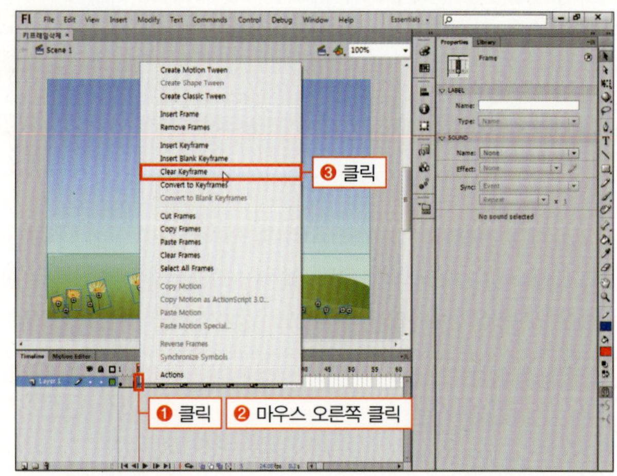

TIP : 프레임/키프레임 삭제

- **Remove Frames(Shift + F5) :** 선택한 프레임을 삭제하고 다음 프레임을 앞으로 당겨옵니다. 무비의 총 프레임 수가 줄어듭니다.
- **Clear Keyframe(Shift + F6) :** 선택한 키프레임을 완전히 삭제하고 이전 프레임의 내용이 그대로 이어지도록 합니다. 무비의 총 프레임 수는 변동이 없습니다.
- **Clear Frames :** 선택한 프레임을 빈 키프레임으로 만듭니다. 무비의 총 프레임 수는 변동이 없습니다.

03. 5프레임의 키프레임이 삭제되면서 1프레임의 내용이 그대로 이어지도록 구성됩니다.

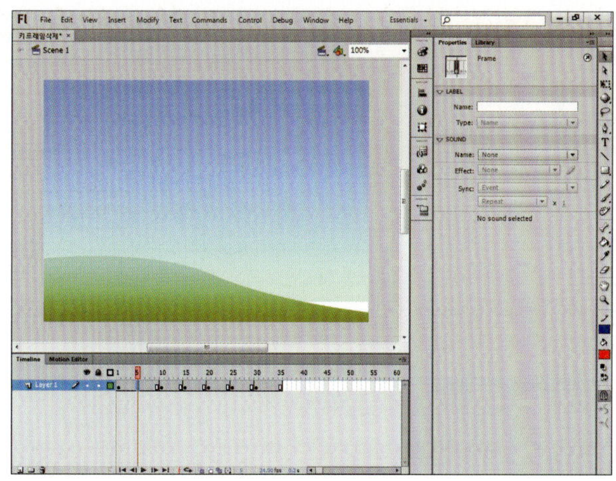

04. 15프레임과 25프레임도 각각 클릭하고 Shift + F6 을 눌러 키프레임을 삭제합니다.

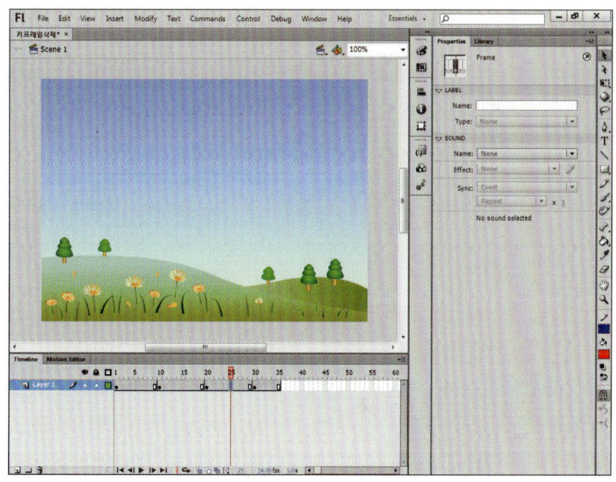

플래시에서 무비 구성 시 다양한 움직임을 위해서는 레이어 사용이 필수적입니다. 오브젝트의 순서 배열만 가지고 무비를 구성하면 금방 한계에 부딪히고 맙니다. 플래시에서 레이어는 단순히 층만 나누는 것이 아니라 레이어별로 별도의 모션을 구성하여 복잡한 무비 제작을 가능하게 합니다.

기초탄탄 ▶ 레이어 속성 알아보기

■ [Layer Properties] 대화상자 247P

레이어의 속성에 대해 알아봅니다. [Layer Properties] 대화상자는 레이어 이름 앞의 [Layer Properties] (🔲)를 더블클릭하면 열 수 있습니다.

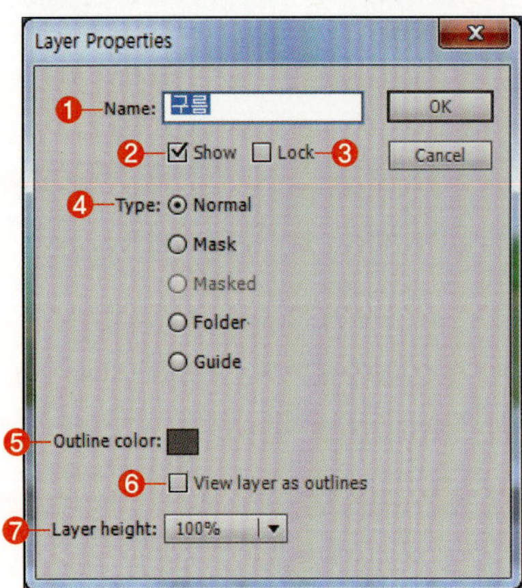

❶ Name : 레이어의 이름을 표시하고 수정할 수 있습니다.

❷ Show : 레이어를 표시합니다.

❸ Lock : 레이어 선택과 편집을 할 수 없도록 잠급니다.

❹ Type : 레이어의 종류를 선택합니다.

❺ Outline color : 외곽선 보기 선택 시 각 오브젝트의 외곽선 색상을 설정합니다.

❻ View layer as outlines : 레이어를 외곽선 보기로 변경합니다.

❼ Layer height : [Timeline] 패널에 표시되는 레이어의 높이를 변경합니다.

■ [Timeline] 패널 메뉴

패널 오른쪽의 [패널 메뉴](▼≡)를 클릭하면 [Timeline] 패널의 모양을 변경할 수 있습니다.

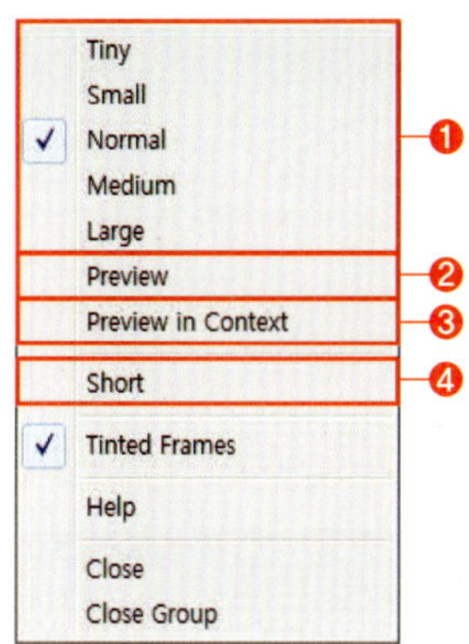

❶ Tiny ~ Large : [Timeline] 패널의 프레임 크기를 설정합니다. 'Tiny'는 타임라인의 폭이 가장 좁으면서 가장 많은 프레임을 표시할 수 있고 'Large'는 타임라인의 폭이 가장 넓으면서 적은 수의 프레임을 표시합니다.

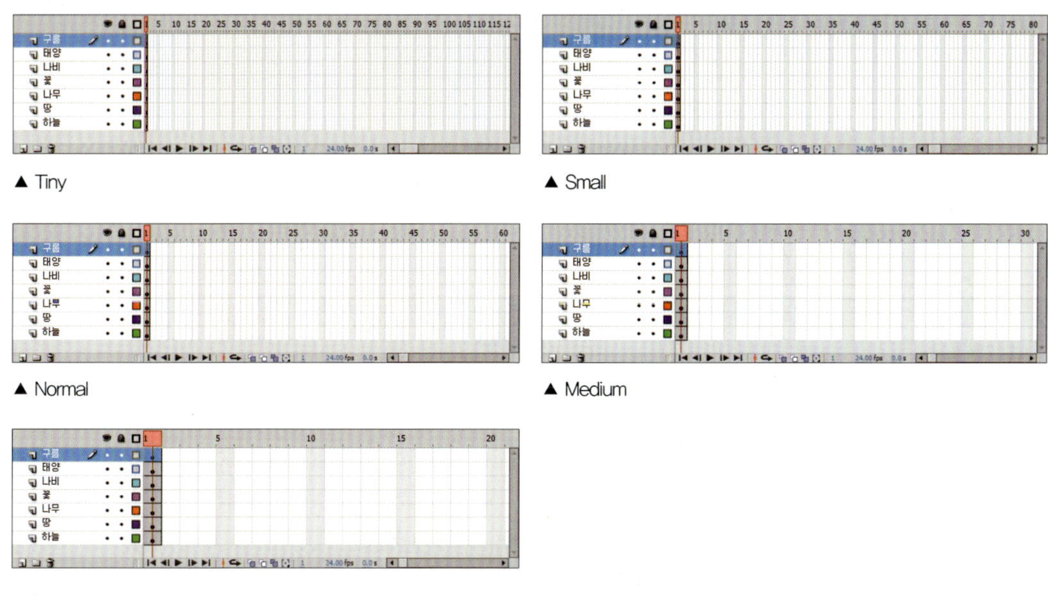

▲ Tiny

▲ Small

▲ Normal

▲ Medium

▲ Large

❷ Preview : 각 프레임과 레이어의 오브젝트 미리보기를 할 수 있습니다.

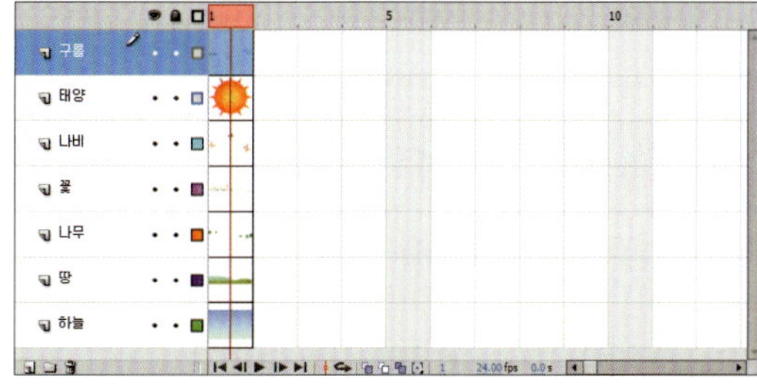

❸ Preview in Context : 레이어의 오브젝트를 스테이지 기준으로 미리보기하여 보여줍니다. 스테이지에서
해당 오브젝트의 위치를 확인할 수 있습니다.

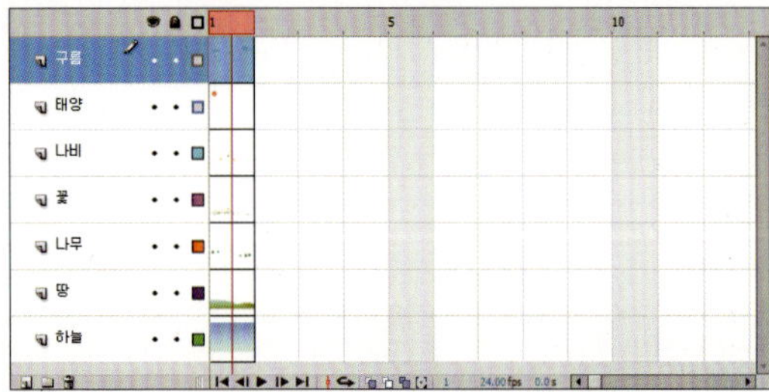

❹ Short : 레이어의 높이를 줄여서 표시합니다. 여러 개의 레이어를 사용하여 작업할 때 편리합니다.
'Preview'와 'Preview in Context'를 선택했을 때는 사용할 수 없습니다.

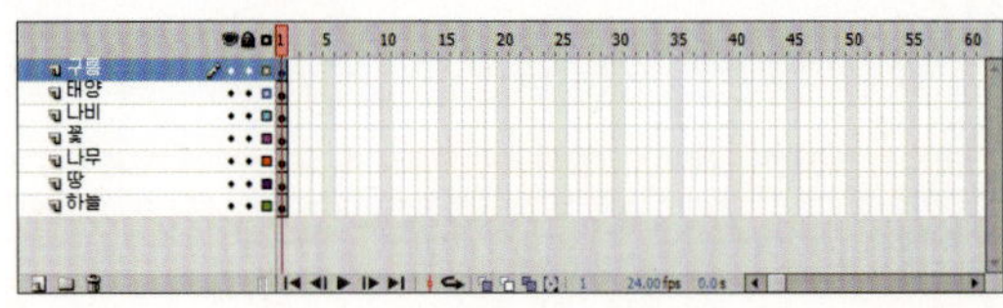

레이어는 '층'이란 뜻을 가지고 있습니다. 플래시에서 레이어는 동시에 움직이는 복잡한 모션 등을 구현하기 위해 꼭 필요한 요소입니다. 레이어에 대해 알아보도록 하겠습니다.

예제 파일 | CD₩Part 05₩레이어.fla **완성 파일 |** CD₩Part 05₩레이어_완성.fla

01. '레이어.fla' 파일을 불러온 후 각 오브젝트가 몇 개의 레이어로 나누어져 구성되어 있는지 확인합니다.

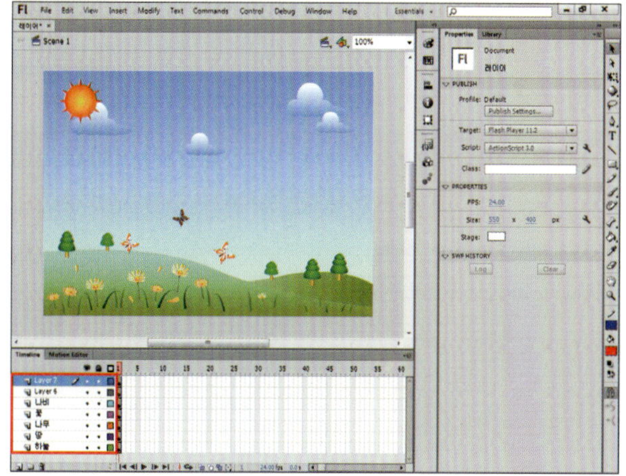

02. '나무' 레이어를 선택합니다. 레이어를 선택하면 해당 레이어의 모든 오브젝트가 선택됩니다. 서로 연관성 있는 오브젝트를 레이어로 구성하면 오브젝트 이동이나 속성 변경을 위한 오브젝트 선택을 쉽게 할 수 있습니다.

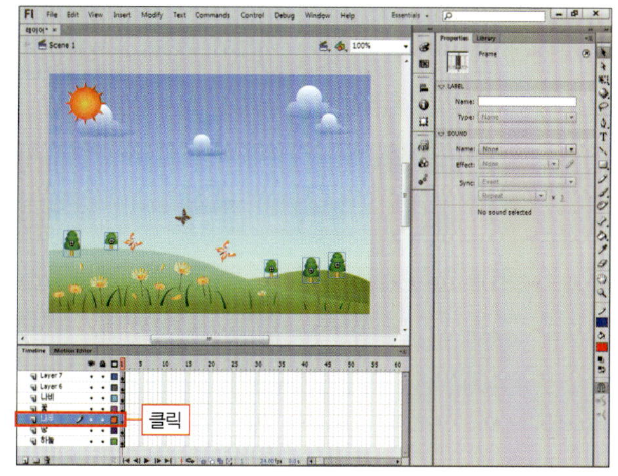

03. 레이어의 이름은 알아보기 쉬운 것으로 사용하는 것이 좋습니다. 이름이 설정되지 않은 레이어의 이름을 변경하기 위해 'Layer 6' 레이어의 이름을 더블클릭합니다.

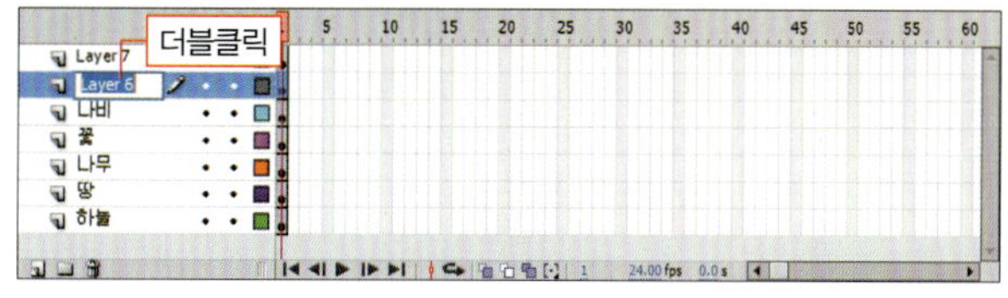

04. 레이어의 이름을 '구름'으로 변경하고 Enter 를 누릅니다. 'Layer 7' 레이어의 이름도 동일한 방법으로 '태양'으로 변경합니다.

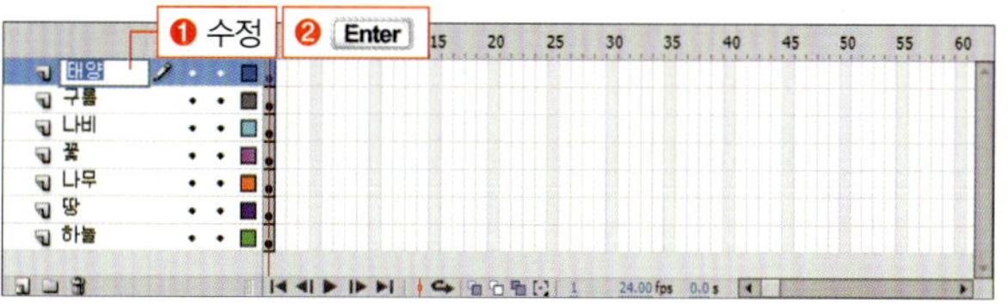

05. 이어 레이어의 순서를 변경해 봅니다. 스테이지를 보면 '태양'의 위치가 '구름' 뒤로 가야 하는데 '구름' 앞에 위치하고 있습니다. 레이어가 별도로 구성되어 있기 때문에 'Arrange' 명령으로는 순서를 변경할 수 없습니다. 레이어의 순서를 변경해야 합니다.

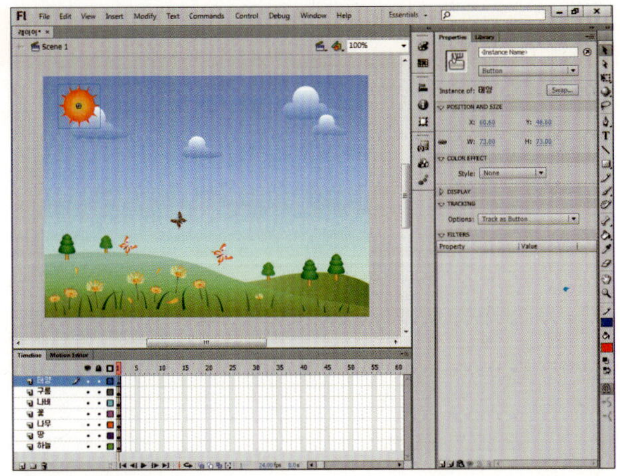

06. [Timeline] 패널의 '태양' 레이어를 선택한 후 '구름' 레이어 아래로 드래그합니다.

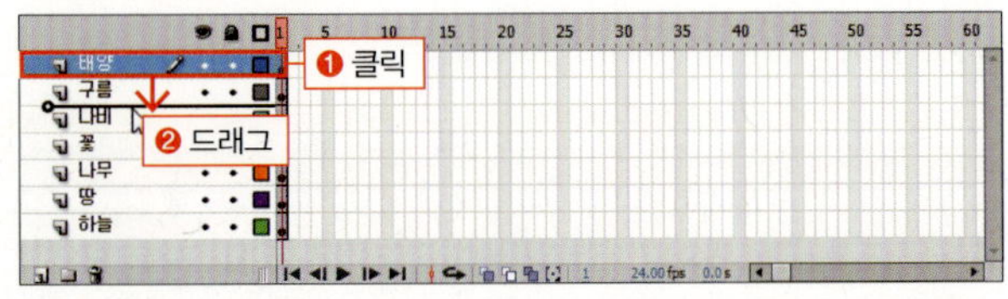

07. 레이어의 위치가 변경되면서 오브젝트의 순서도 변경됩니다.

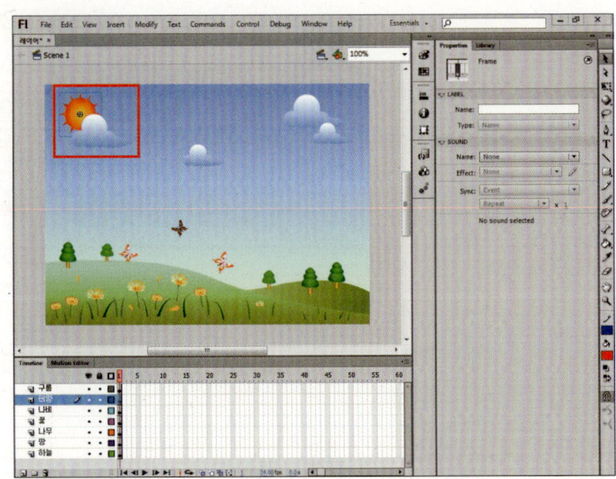

레이어는 필요에 따라 편집 모드를 전환하여 사용할 수 있습니다. 화면에 보이지 않도록 하거나, 선택과 편집이 불가능하도록 잠금을 설정할 수 있고, 외곽선 보기로 전환할 수 있습니다.

01. 레이어를 화면에서 보이지 않도록 설정해 봅니다. '태양'과 '구름' 레이어의 [Show/Hide](●) 를 클릭합니다.

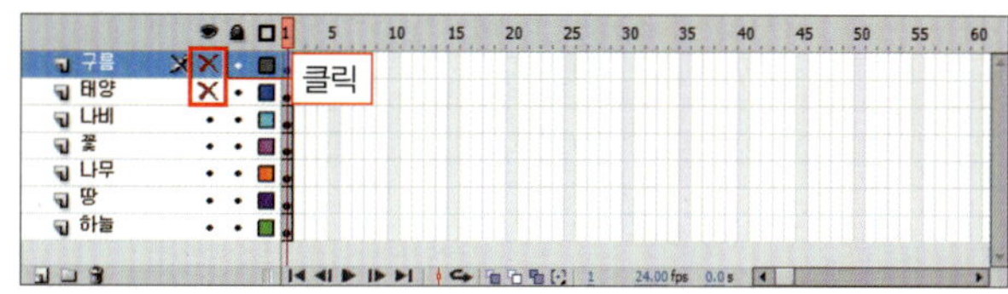

02. 해당 레이어가 [Hide](X)로 설정되면서 해당 레이어에 있는 오브젝트들이 화면에서 보이지 않게 됩니다. 레이어가 보이지 않도록 설정되면 편집도 불가능한(X) 상태가 됩니다.

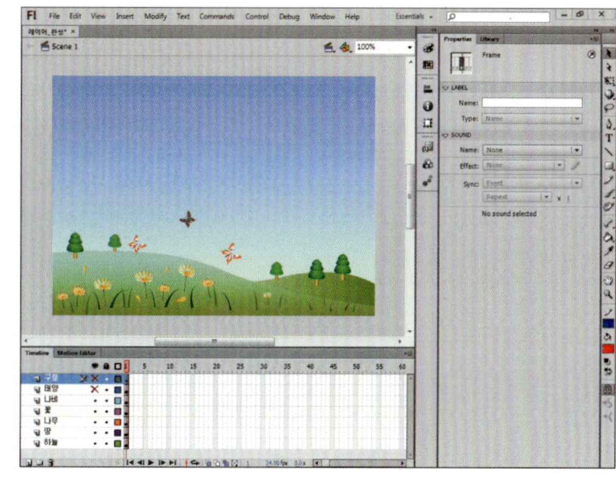

03. '태양'과 '구름' 레이어의 [Hide](X)를 클릭해 해제하고 [Lock/Unlock](●)을 클릭합니다.

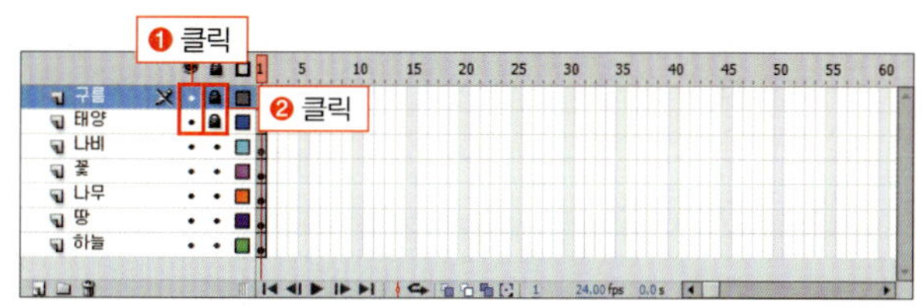

04. 해당 레이어가 [Lock](🔒)으로 설정되면서 선택과 편집이 불가능하게 됩니다. Ctrl + A 를 눌러 스테이지의 모든 오브젝트를 선택합니다. '태양'과 '구름'을 제외한 오브젝트가 선택됩니다. 이렇게 작업이 완료된 레이어는 잠그고 사용하면 편리합니다.

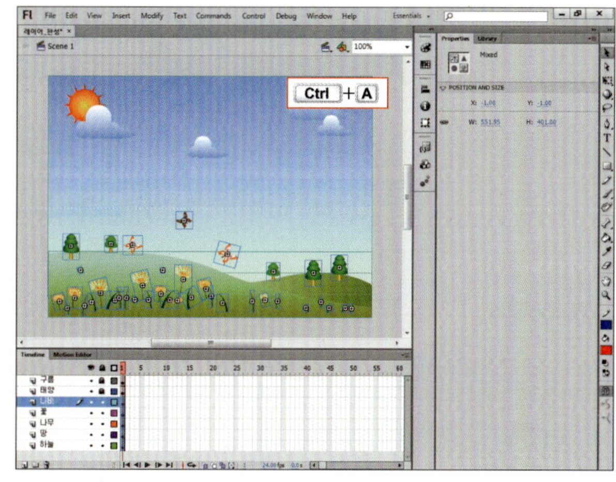

05. '태양'과 '구름' 레이어의 [Lock]( )을 클릭
하여 해제하고 [Outline]( )을 클릭합니다.

06. [Outline]( )을 선택한 레이어에 구성된 오
브젝트의 외곽선만 보이게 됩니다. 겹쳐져 있는
오브젝트를 확인하면서 작업을 해야 할 경우 유
용합니다.

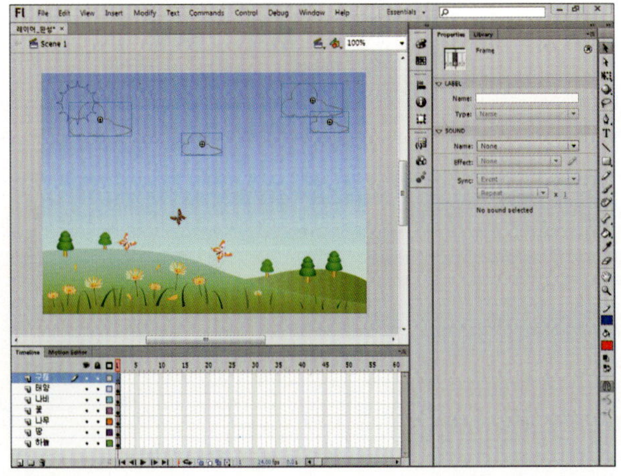

248

레이어는 무비 작업 전에 미리 만들어 놓고 시작하는 것이 좋지만 작업 진행과 상관 없이 마음대로 추가하고 삭제할 수 있습니다. 하나의 레이어에 구성된 오브젝트를 레이어를 추가하여 나누어 배치해보도록 하겠습니다.

예제 파일 l CD₩Part 05₩레이어추가삭제.fla　**완성 파일 l** CD₩Part 05₩레이어추가삭제_완성.fla

01. '레이어추가삭제.fla' 파일을 볼러온 후 모든 오브젝트가 하나의 레이어에 구성되어 있는 것을 확인합니다. 4개의 레이어를 추가하여 오브젝트를 각각 나누어 배치해 봅니다.

02. [Timeline] 패널 아래의 [New layer](圓)를 클릭하여 새로운 레이어를 추가하고 이름을 '배경'으로 변경합니다.

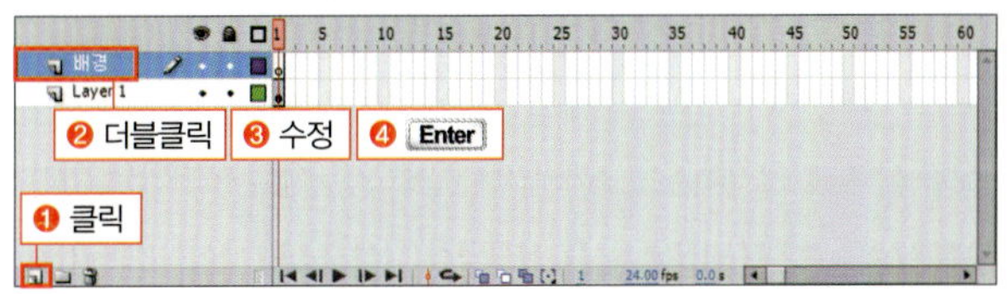

03. 스테이지의 '하늘'과 '땅'을 Shift 를 누른 상태로 클릭한 후 Ctrl + X 를 눌러 잘라내기 합니다.

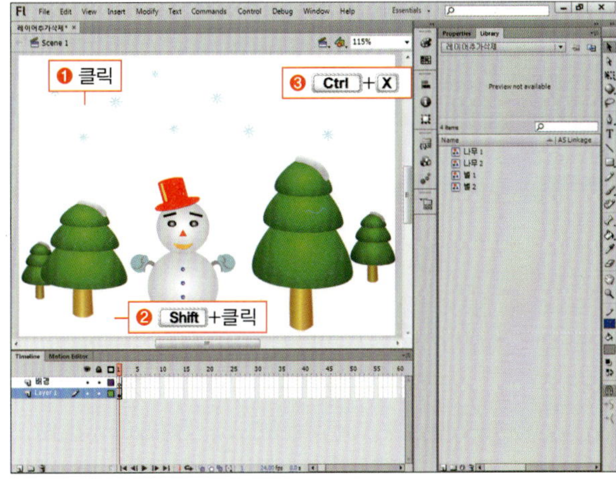

04. '배경' 레이어를 선택하고 `Ctrl` + `Shift` + `V`를 눌러 붙여 넣기합니다.

복사/붙여 넣기 하는 다양한 방법은 142P의 내용을 참고하세요.

TIP : 복사/잘라내기 후 붙여 넣기

복사/잘라내기한 후 `Ctrl` + `V`를 눌러 붙여 넣기하면 오브젝트는 항상 화면의 중앙(Paste in Center)에 나타납니다. 오브젝트의 원래 위치로 붙여 넣기하려면 `Ctrl` + `Shift` + `V`(Paste in Place)를 눌러 붙여 넣기합니다.

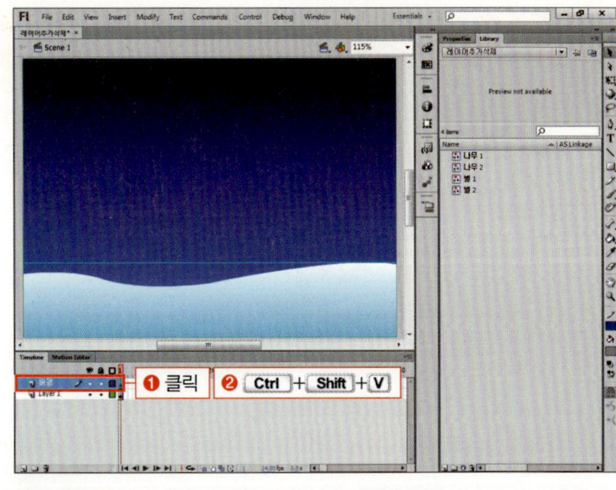

05. '배경' 레이어를 아래로 드래그하여 'Layer 1' 레이어와 순서를 변경합니다.

06. 다른 오브젝트를 선택하는데 있어서 방해가 되지 않도록 '배경' 레이어는 [Lock/Unlock](•)을 클릭해 [Lock](🔒)으로 설정합니다.

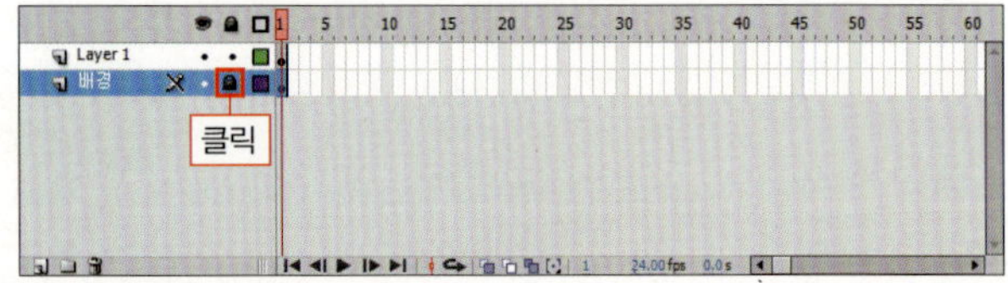

07. [New layer](📄)를 클릭하여 새로운 레이어를 추가하고 이름을 '별'로 변경합니다.

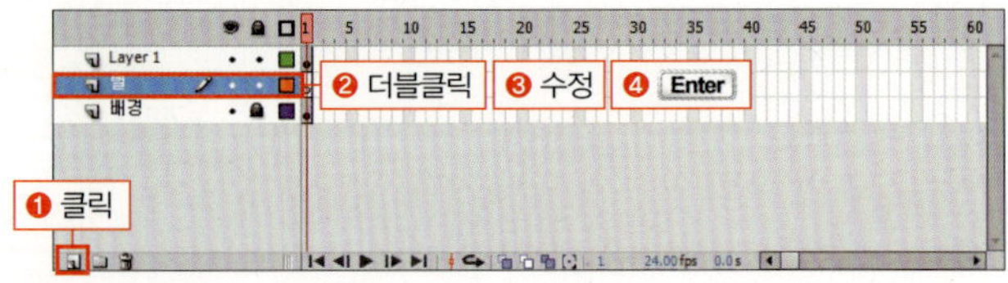

08. '하늘'의 '별'을 선택하기 위해 [선택 툴]( )을 선택하고 드래그합니다. '배경' 레이어에 [Lock]( ) 설정했기 때문에 배경은 선택되지 않고 '별'들만 선택됩니다.

09. Ctrl + X 를 눌러 잘라내기한 후 '별' 레이어를 선택하고 Ctrl + Shift + V 를 눌러 붙여 넣기합니다.

10. 이번에는 '나무' 레이어를 추가하고 '나무'를 옮겨 봅니다. 서로 떨어져 있는 '나무'를 선택하려면 Shift 를 누른 상태로 클릭합니다.

11. `Ctrl`+`X`를 누르고, 이어 '나무' 레이어를 선택하고 `Ctrl`+`Shift`+`V`를 눌러 '나무'들을 '나무' 레이어로 옮깁니다.

12. 같은 방법으로 '눈사람' 레이어를 추가하고 '눈사람'을 옮깁니다. '눈사람'은 여러 개의 오브젝트로 구성되어 있으므로 드래그하여 선택하고 옮깁니다.

13. 오브젝트 이동으로 오브젝트가 없는 빈 레이어가 된 'Layer 1' 레이어를 삭제해 봅니다. 'Layer 1' 레이어를 선택하고 타임라인 아래의 [Delete](🗑)를 클릭하거나 'Layer 1' 레이어를 드래그하여 [Delete](🗑) 위로 끌어다 놓으면 삭제됩니다. 키보드의 `Del`을 눌러서도 삭제할 수 있습니다.

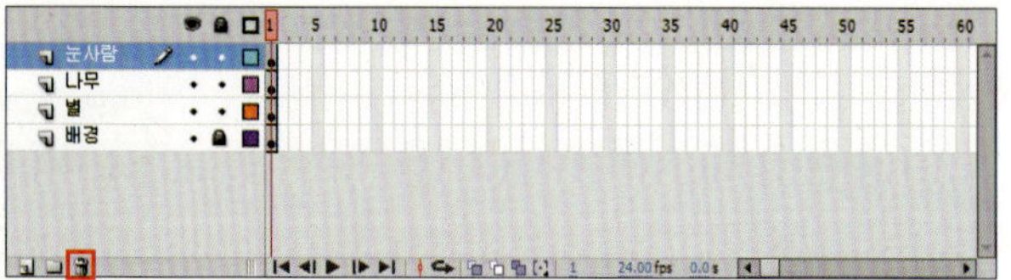

레이어가 많아지면 [Timeline] 패널에 모두 표시할 수 없어 스크롤바를 사용하여 작업하게 됩니다. [패널 메뉴](▼≣)에서 타임라인 보기를 변경하여 사용할 수 있지만 역시 한계가 있으므로 폴더를 만들어 정리하는 것이 좋습니다.

예제 파일 | CD₩Part 05₩레이어폴더.fla   **완성 파일 |** CD₩Part 05₩레이어폴더_완성.fla

01. '레이어폴더.fla' 파일을 불러온 후 레이어 구성을 확인합니다.

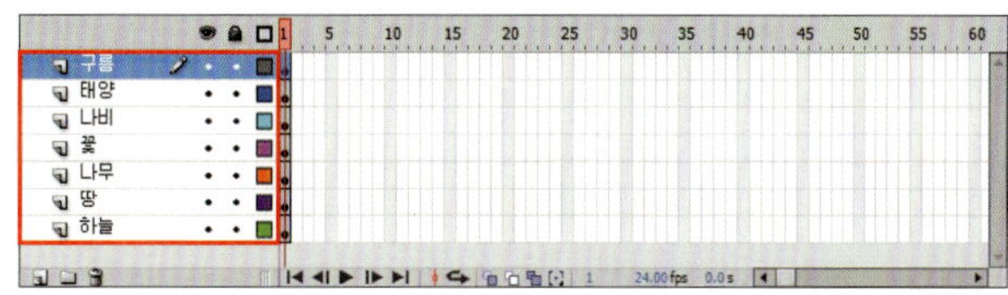

02. 폴더를 추가하여 레이어를 정리해 봅니다. '나비' 레이어를 선택한 상태에서 타임라인의 [New Folder](🗀)를 클릭합니다. '나비' 레이어의 위에 새 폴더가 생성됩니다.

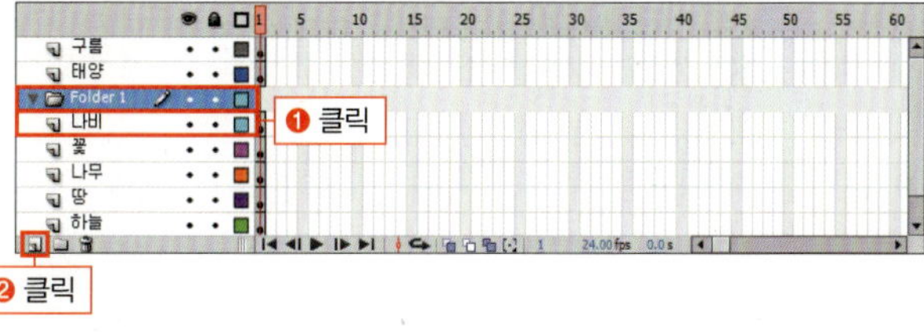

03. 폴더의 이름을 더블클릭하여 '동식물'로 변경합니다.

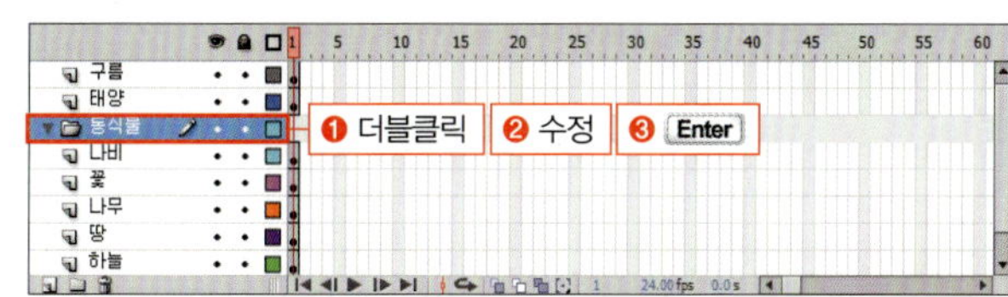

04. '나비' 레이어를 선택하고 Shift 를 누른 상태에서 '나무' 레이어를 클릭하여 '나비', '꽃', '나무' 레이어를 모두 선택하고 '동식물' 폴더로 드래그합니다.

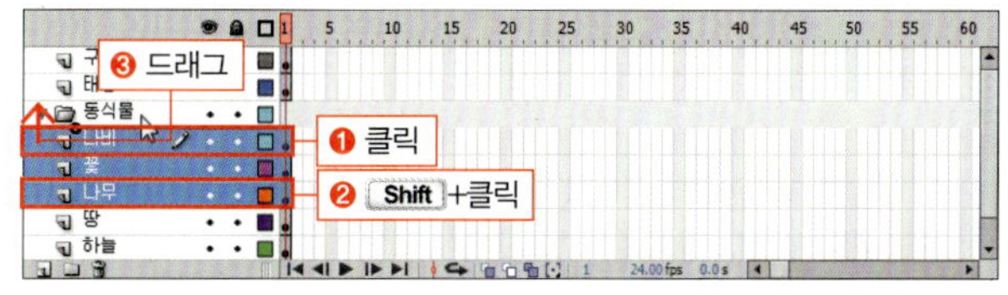

05. 레이어가 폴더로 옮겨집니다. 폴더 왼쪽의 [▼]를 클릭하면 [▶]으로 변경되면서 폴더의 내용을 축소할 수 있습니다.

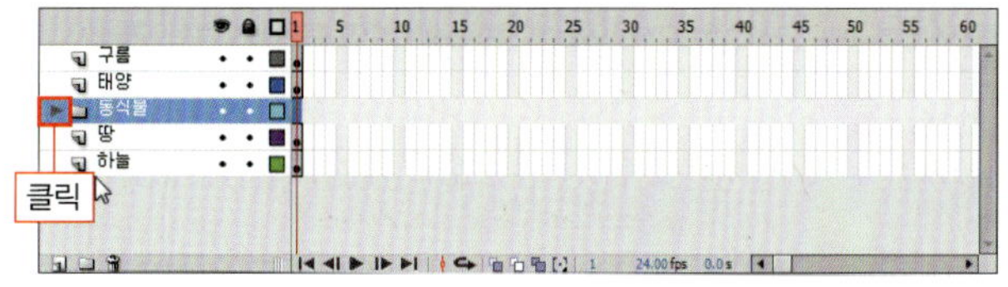

프레임 애니메이션 활용하기

레 벨 ● ● ●

가장 고전적인 애니메이션 방법 중의 하나가 프레임 방식입니다. 프레임마다 내용을 구성하여 재생하는 방식으로 많은 시간과 노력에 비해 비효율적인 방식이긴 하지만 [Timeline] 패널을 이해하는데 가장 적합한 애니메이션 방식입니다. 프레임 애니메이션을 이해하면 트윈을 사용하는 복잡한 애니메이션을 구현하는 것도 쉽게 이해할 수 있습니다.

기초탄탄 ▶ 프레임 애니메이션 알아보기

■ 프레임 방식으로 무비를 구성한 타임라인 `255P`

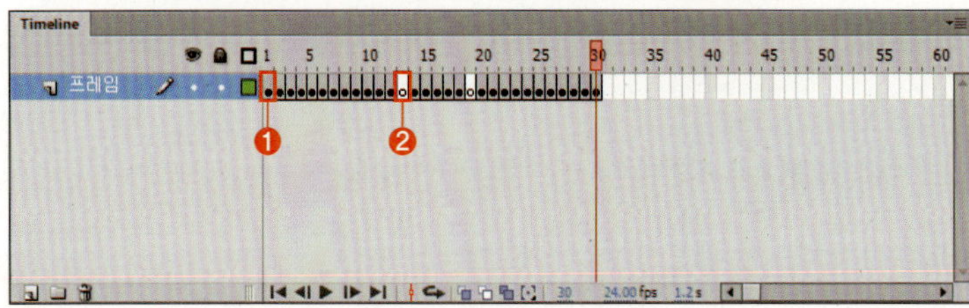

❶ 키프레임('●') : 내용을 구성한 프레임
❷ 빈 키프레임('○') : 내용을 구성하지 않은 프레임

■ 어니언스킨을 사용한 타임라인 `262P`

프레임 방식의 애니메이션은 어니언스킨을 사용하여 좌우 프레임의 내용을 확인하면서 작업하면 편리합니다.

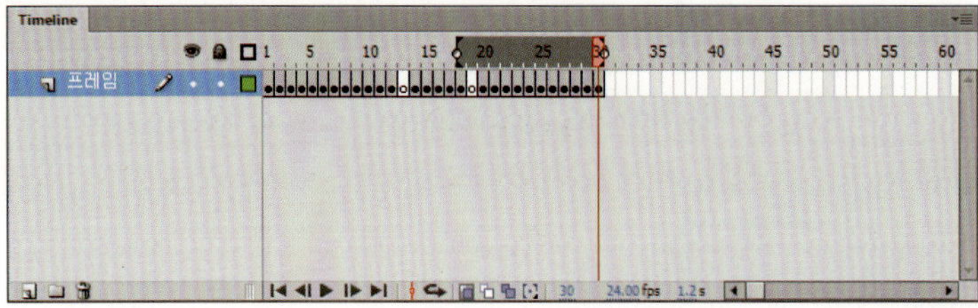

문자는 의사를 전달하는데 가장 효과적인 미디어입니다. 문자에 여러 가지 효과를 사용하면 더욱 정확하고 확실한 표현을 할 수 있습니다. 프레임 방식으로 한 글자씩 나타나는 무비를 구성해보도록 하겠습니다.

예제 파일ㅣ CD₩Part 05₩문자애니메이션.fla　**완성 파일ㅣ** CD₩Part 05₩문자애니메이션_완성.fla

01. '문자애니메이션.fla' 파일을 불러옵니다.

02. [선택 툴]( )을 선택하고 문자를 클릭한 후 **Ctrl** + **B** 를 눌러 한 글자씩 분리합니다.

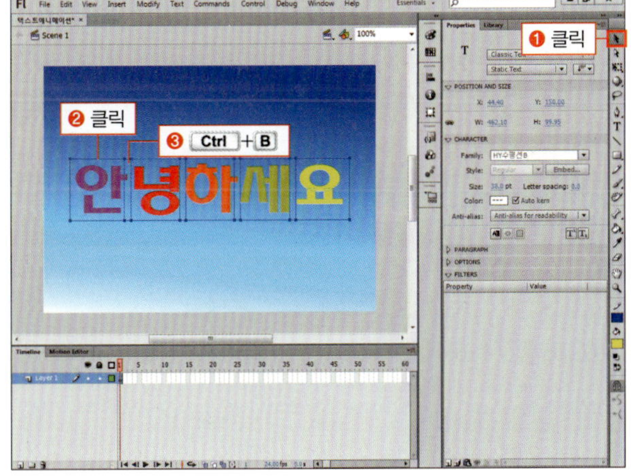

03. F6을 글자 수 대로 5번을 눌러 프레임을 복
사합니다.

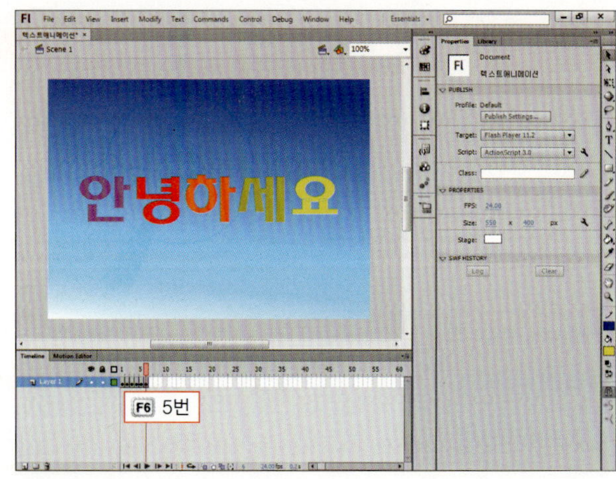

04. [Timeline] 패널의 1프레임을 클릭하고 모든
문자를 Del 을 눌러 삭제합니다.

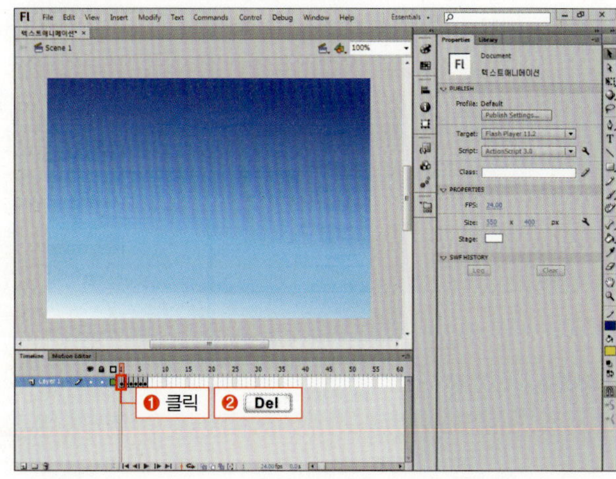

05. 2프레임을 클릭하고 '안'만 남긴 채 나머지
문자를 Del 을 눌러 삭제합니다.

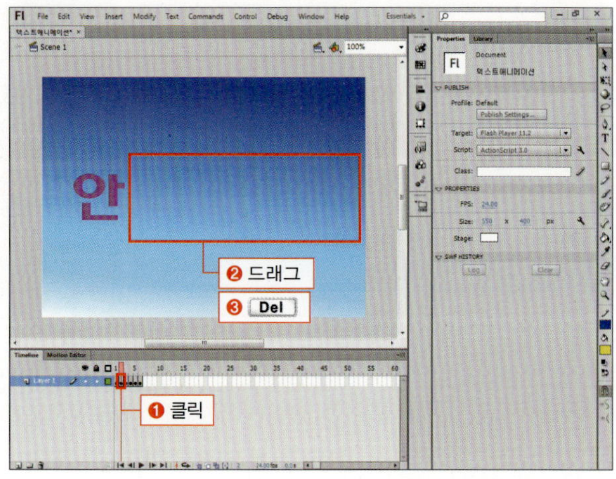

06. 3프레임을 클릭하고 '안녕'만 남긴 채 나머지 문자를 `Del`을 눌러 삭제합니다.

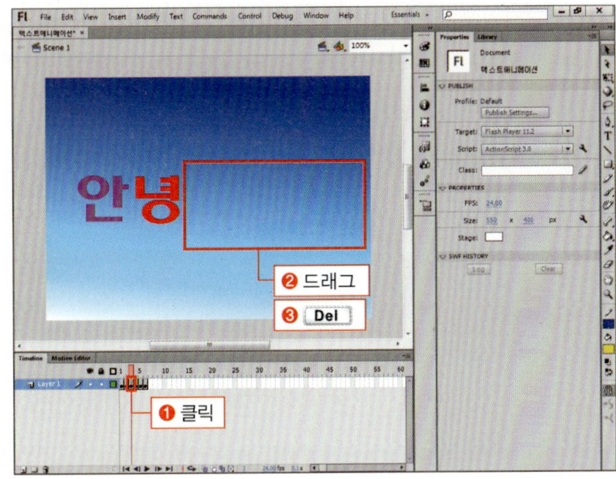

07. 4프레임을 클릭하고 '안녕하'만 남긴 채 나머지 문자를 `Del`을 눌러 삭제합니다.

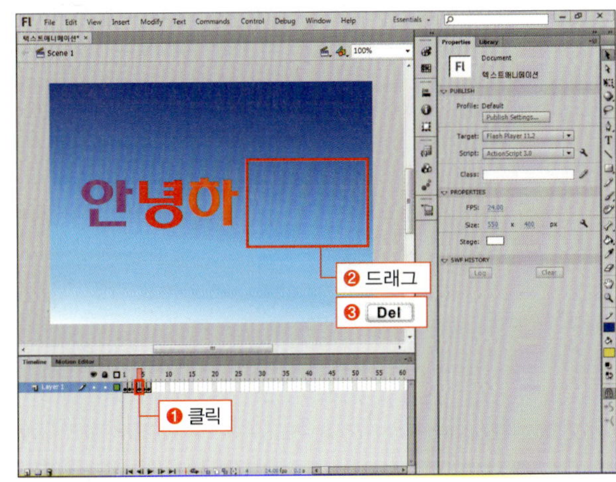

08. 5프레임을 클릭하고 '안녕하세'만 남긴 채 나머지 문자를 `Del`을 눌러 삭제합니다.

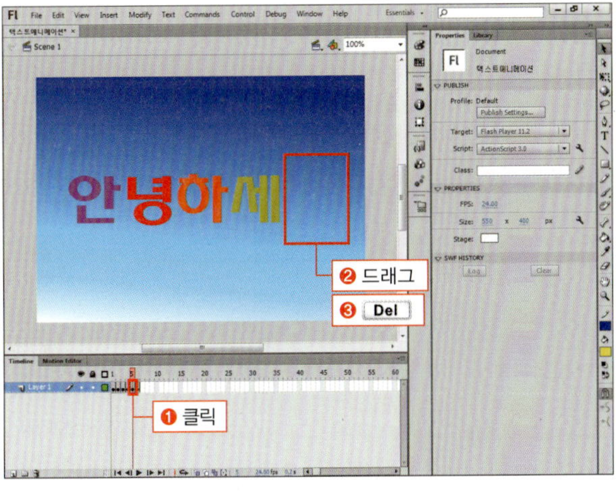

09. 6프레임을 클릭하고 문자는 그대로 둔 채 7~10프레임까지 마우스로 드래그한 후 F6을 눌러 프레임을 복사합니다.

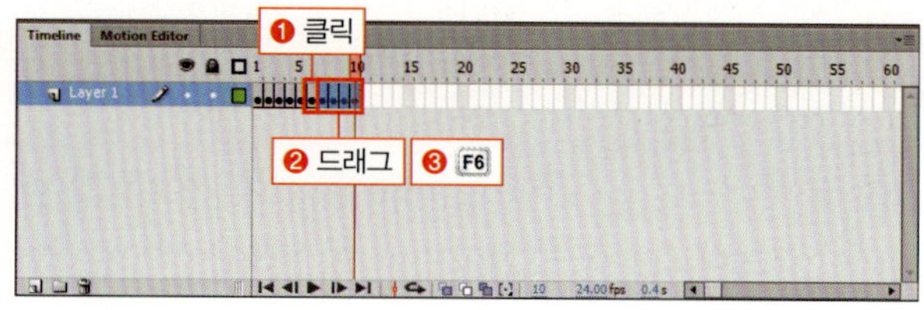

10. 8, 10프레임을 클릭하고 모든 문자를 Del 을 눌러 삭제합니다.

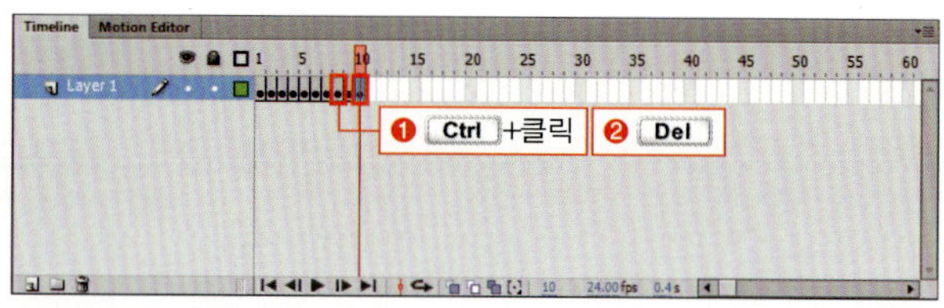

11. 한 글자씩 나타났다가 깜박이고 사라지는 효과를 구성한 것입니다. 무비를 완성하기 위해 [Frame Rate]를 '2'로 변경 설정합니다.

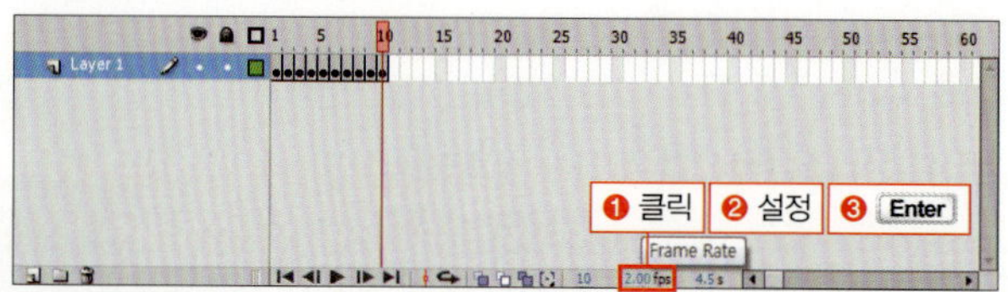

12. Ctrl + Enter 를 눌러 테스트 무비를 실행하면 글자가 나타났다 깜박이고 사라지는 무비가 실행됩니다.

프레임 애니메이션의 특징은 절도 있는 표현이 쉽다는 것입니다. 빠르게 움직이는 물체는 부드럽게 움직이는 것보다 동작이 끊어지는 느낌으로 표현하는 것이 더 생동감이 있습니다. 팔딱팔딱 뛰는 물고기를 표현해보도록 하겠습니다.

예제 파일 | CD₩Part 05₩활어.fla **완성 파일 |** CD₩Part 05₩활어_완성.fla

01. '활어.fla' 파일을 불러옵니다.

02. [Timeline] 패널의 2프레임을 클릭하고 F6 을 3번 눌러 4프레임까지 프레임을 복사합니다.

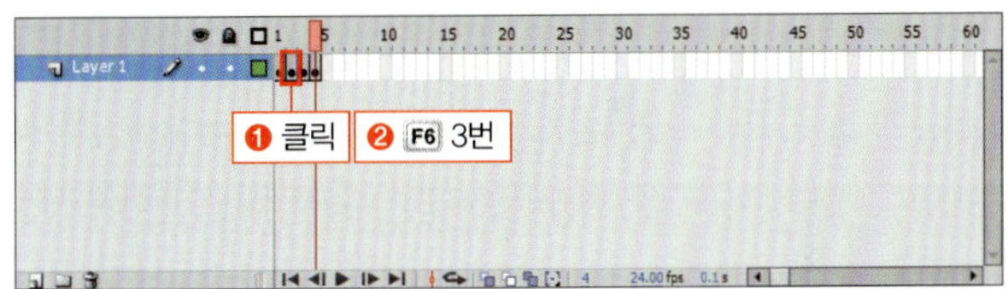

03. 2프레임을 클릭하고 [자유 변형 툴]을 선택하고 '물고기'를 클릭하고 왼쪽으로 10° 정도 기울입니다.

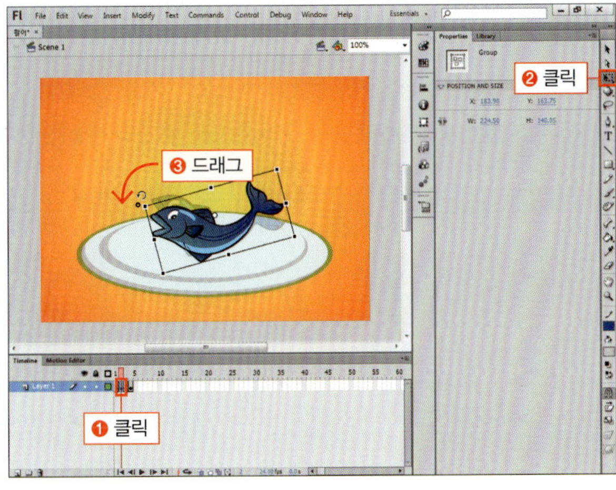

04. 3프레임의 '물고기'는 그대로 두고 4프레임을 클릭한 후 '물고기'를 오른쪽으로 10° 정도 기울입니다.

05. '물고기'의 움직임이 더욱 생동감 있도록 '접시'도 움직여 봅니다. 2프레임을 클릭하고 '접시'를 오른쪽으로 1° 정도 기울입니다.

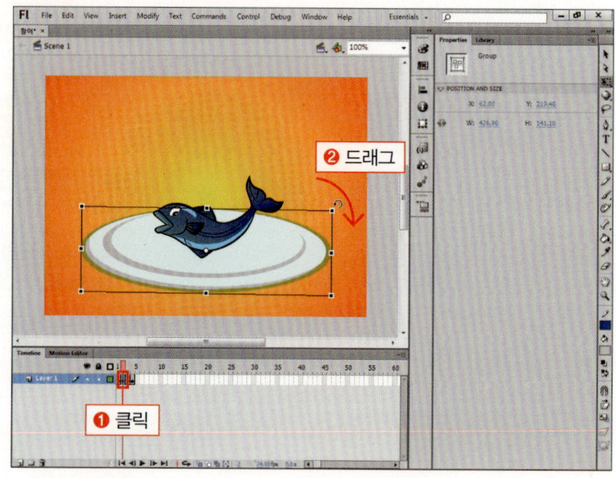

06. 4프레임을 클릭하고 '접시'를 왼쪽으로 1° 정도 기울입니다.

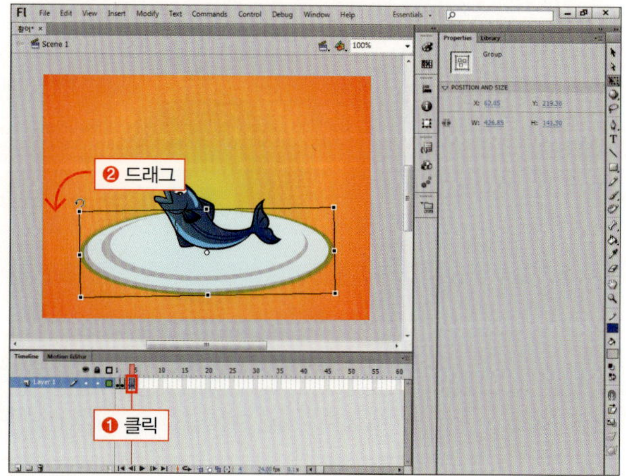

> **TIP : 오브젝트의 미세 변형**
>
> 오브젝트를 미세하게 변형하려는 경우 스냅이 설정되어 있으면 원하는 대로 변형이 이루어지지 않습니다. [View]–[Snapping] 메뉴에서 스냅을 해제하고 작업하도록 합니다.

 애니메이션 속도를 조절하기 위해 [Frame Rate]를 '12'로 변경 설정합니다.

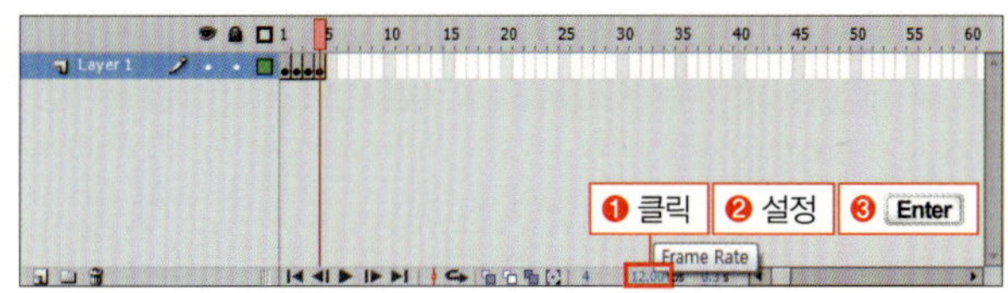

08. Ctrl + Enter 를 눌러 테스트 무비를 실행하여 물고기와 접시의 움직임을 확인합니다.

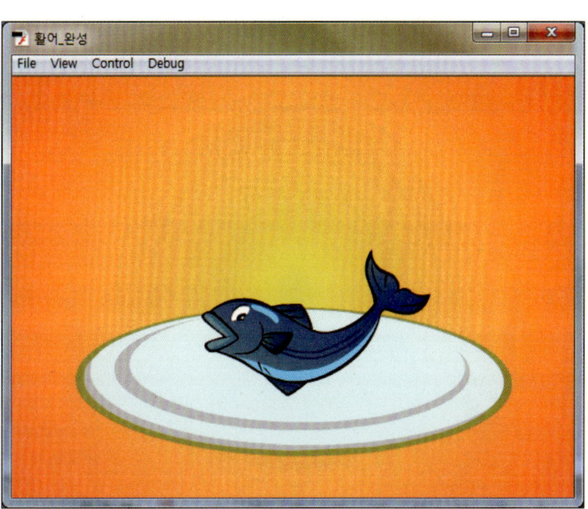

프레임 애니메이션에서는 어니언스킨의 활용도가 높습니다. 전·후 프레임의 내용을 확인하면서 작업할 수 있어 동작의 분배를 쉽게 할 수 있습니다.

예제 파일 | CD₩Part 05₩행성.fla **완성 파일 |** CD₩Part 05₩행성_완성.fla

01. 행성이 궤도 주위를 회전하는 무비를 프레임 방식으로 구성하기 위해 '행성.fla' 파일을 불러옵니다.

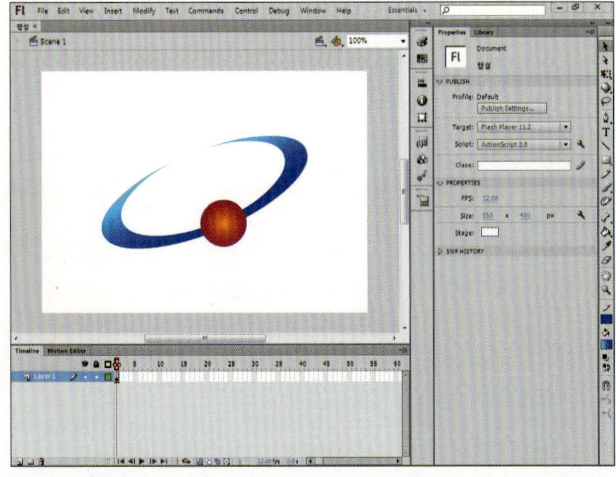

02. [Timeline] 패널의 2프레임을 클릭하고 F6을 눌러 프레임을 복사하고 [Onion Skin]( )을 클릭합니다. 헤더에 어니언스킨 마커가 나타납니다.

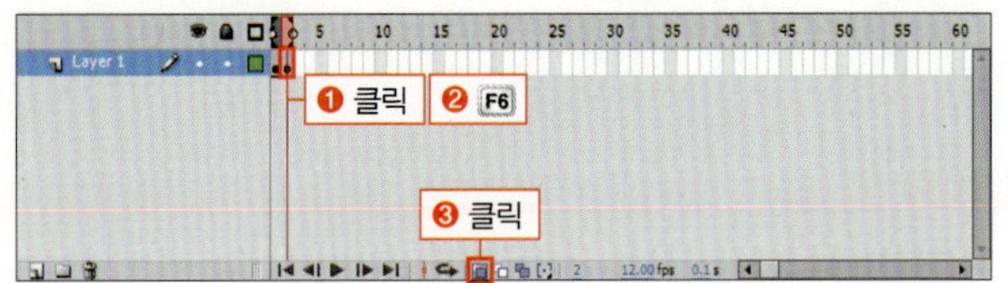

03. 2프레임을 클릭하고 '행성'을 '궤도'의 중심과 맞추어 왼쪽으로 옮깁니다. 어니언스킨에 의해 이전 프레임의 '행성'이 흐리게 표시되면서 간격을 확인하면서 작업할 수 있습니다.

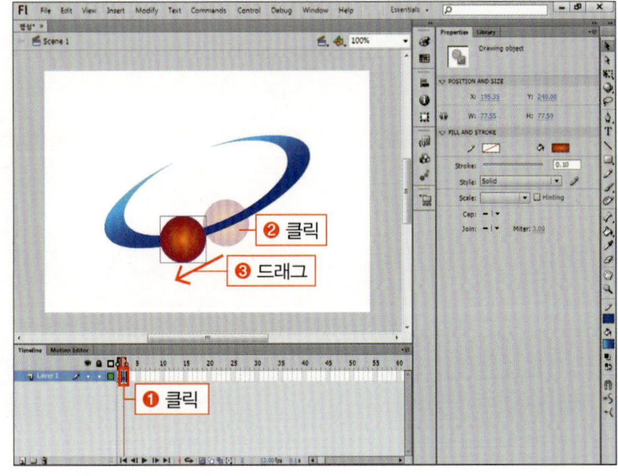

04. 3프레임을 클릭하고 **F6**을 눌러 프레임을
복사하고 '행성'이 '궤도'를 따라가도록 옮깁니다.

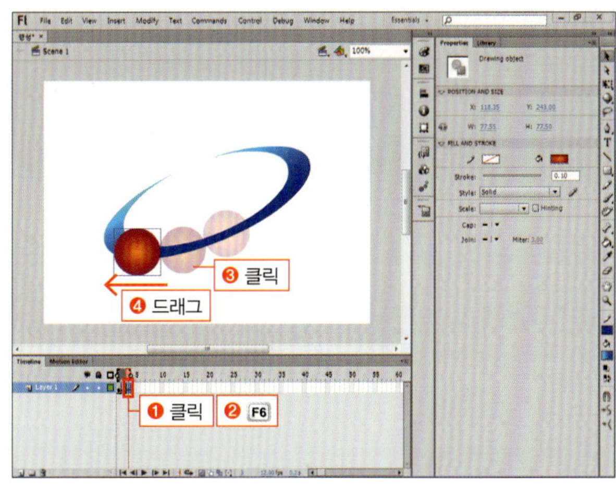

05. 같은 방법으로 프레임을 복사하면서 '행성'
을 옮겨가며 배치합니다.

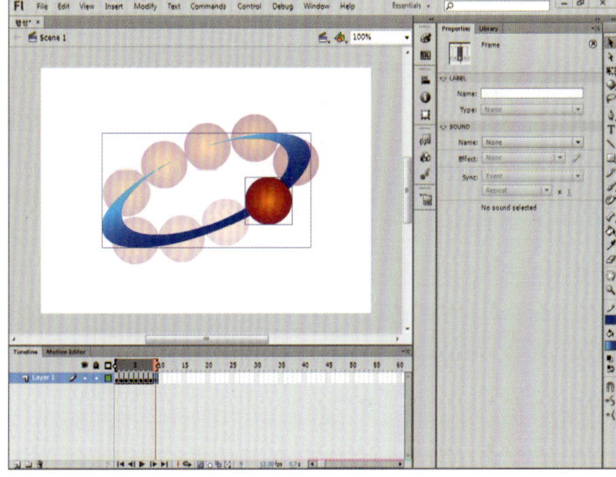

> **TIP : 마커 영역 확장하기**
>
> 어니언스킨이나 다중 프레임 편집 시 나타나는 마커의
> 영역을 확장하여 사용할 수 있습니다. [Modify Markers]
> (🔘)를 클릭하여 메뉴에서 선택합니다. 모든 프레임에
> 마커를 사용하려면 'Marker Range All'을 선택합니다.

06. [Onion Skin](🔲) 대신 [Edit Multiple Frames]
(🔳)를 사용하면서 편집할 수도 있습니다. [Edit
Multiple Frames](🔳)을 클릭해 다중 프레임 편집
모드로 전환합니다.

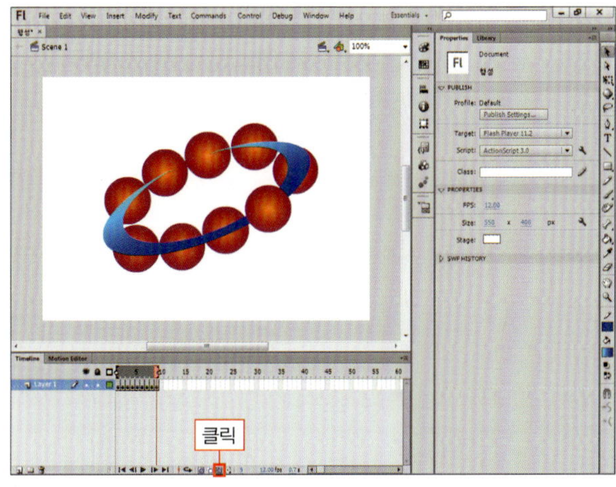

07. 2프레임을 클릭하고 [선택 툴]( )을 선택하여 '행성'을 클릭한 후 Ctrl + Alt + S 를 누르고 [Scale]을 '90'으로 변경 설정하고 [OK] 단추를 클릭하여 '행성'을 축소합니다.

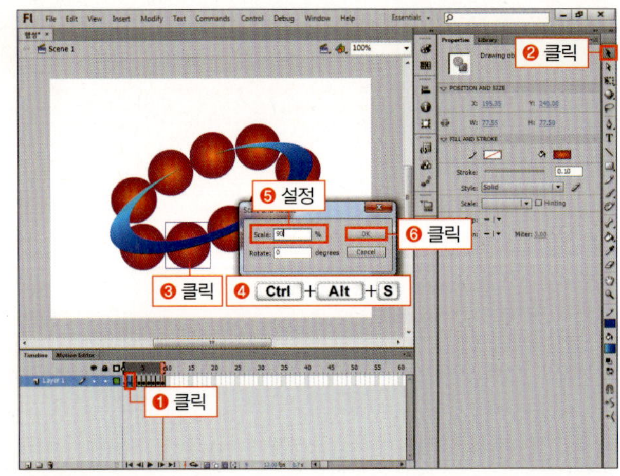

08. 3프레임을 클릭하고 '행성'을 선택한 후 Ctrl + Alt + S 를 누르고 [Scale]을 '80'으로 변경 설정하여 행성을 축소합니다. 같은 방법으로 4프레임의 '행성'은 '70', 5프레임의 '행성'은 '60', 6프레임의 행성은 '60', 7프레임의 '행성'은 '70', 8프레임의 '행성'은 '80', 9프레임의 행성은 '90'으로 변경합니다.

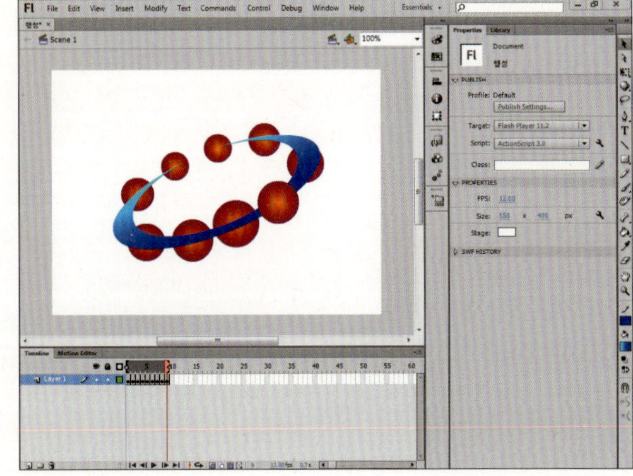

09. [Frame Rate]를 '2'로 변경 설정하고 Ctrl + Enter 를 눌러 테스트 무비를 확인합니다.

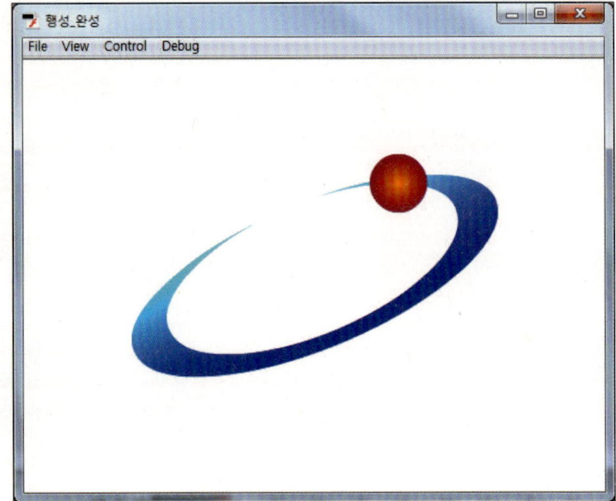

동시에 움직이는 애니메이션을 구성할 때 레이어를 사용하면 더욱 쉽게 작업할 수 있습니다. 레이어마다 별도의 동작을 구성하기 때문에 반복되는 동작이 있는 경우에 효율적인 작업이 가능합니다.

예제 파일 | CD₩Part 05₩나선.fla **완성 파일 |** CD₩Part 05₩나선_완성.fla

01. '나선.fla' 파일을 불러온 후 **Enter**를 눌러 재생하면 주황색 바탕에 '나선'이 나타나는 무비가 구성된 것을 알 수 있습니다.

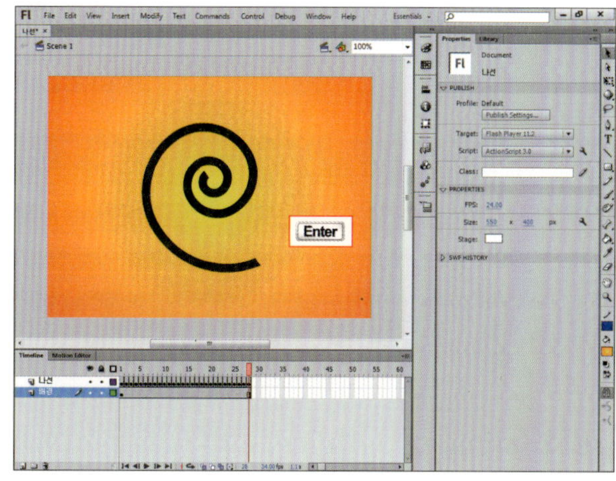

02. '나선'이 나타나면서 배경의 색상이 변경되는 무비를 구성해 봅니다. [Timeline] 패널의 '배경' 레이어의 2프레임을 클릭하고 **F6**을 눌러 프레임을 복사합니다.

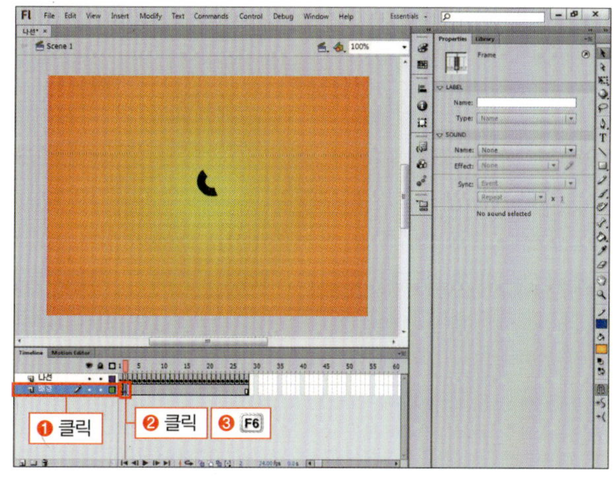

03. '배경'이 선택된 상태에서 [Color](🎨)를 클릭해 [Color] 패널을 열고 패널 아래 슬라이더의 색상을 왼쪽은 '하늘색', 오른쪽은 '파란색'으로 설정합니다.

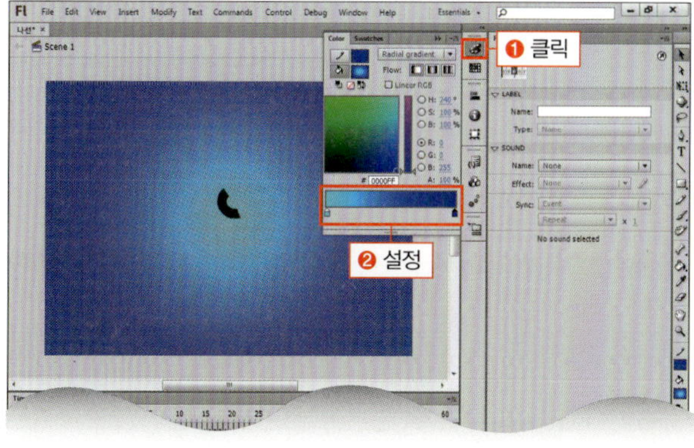

04. '배경' 레이어의 1, 2프레임을 드래그하여 선택하고 마우스 오른쪽 버튼을 클릭해 'Copy Frames'을 선택합니다.

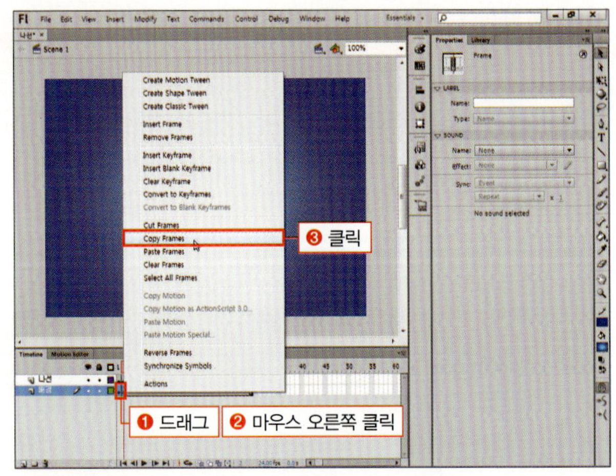

05. '배경' 레이어의 3프레임을 클릭하고 마우스 오른쪽 버튼을 클릭해 'Paste Frames'을 선택하여 프레임을 붙여 넣기합니다.

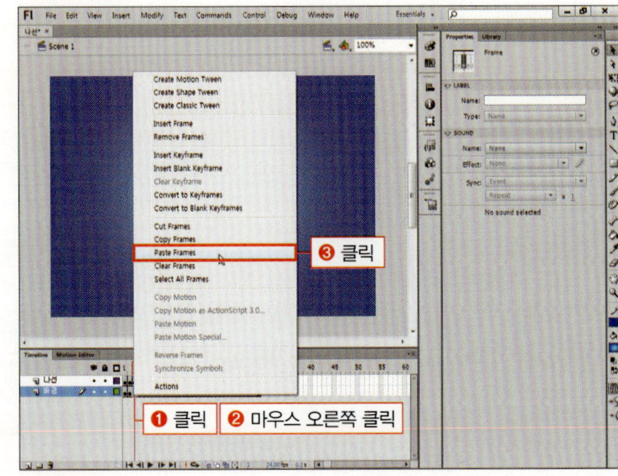

06. 이어 '배경' 레이어의 1~4프레임을 드래그하여 선택하고 마우스 오른쪽 버튼을 클릭해 'Copy Frames'을 선택합니다. 5프레임을 클릭하고 마우스 오른쪽 버튼을 클릭해 'Paste Frames'을 선택해 붙여 넣기합니다.

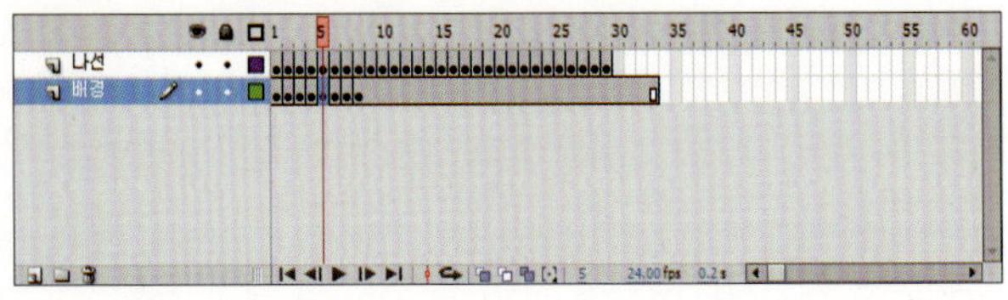

07. 같은 방법으로 프레임을 복사하여 '나선' 모양이 끝나는 프레임까지 복사합니다.

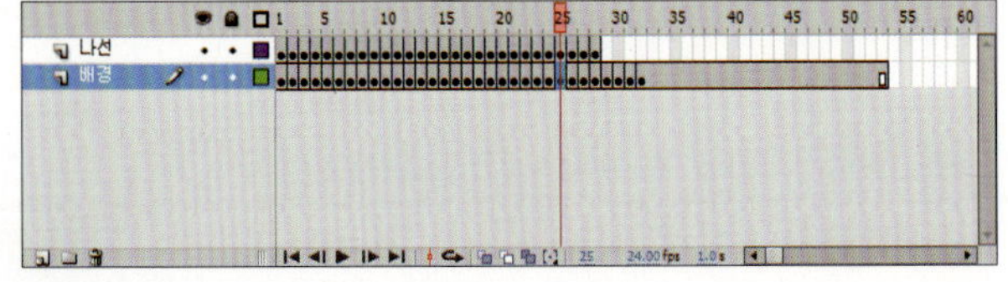

08. 프레임을 복사하고 붙여 넣기하면 프레임이 오른쪽으로 밀리면서 늘어나게 됩니다. 불필요한 프레임을 삭제해 봅니다. 필요 없는 프레임을 드래그하여 선택합니다.

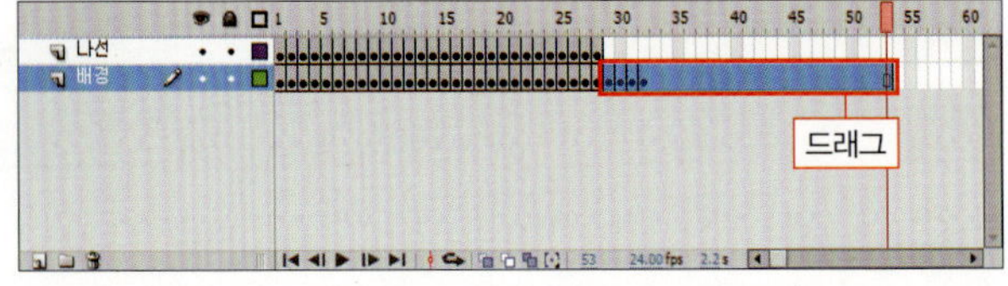

09. 선택한 프레임 위에서 마우스 오른쪽 버튼을 클릭하고 'Remove Frames'을 선택하여 프레임을 삭제합니다.

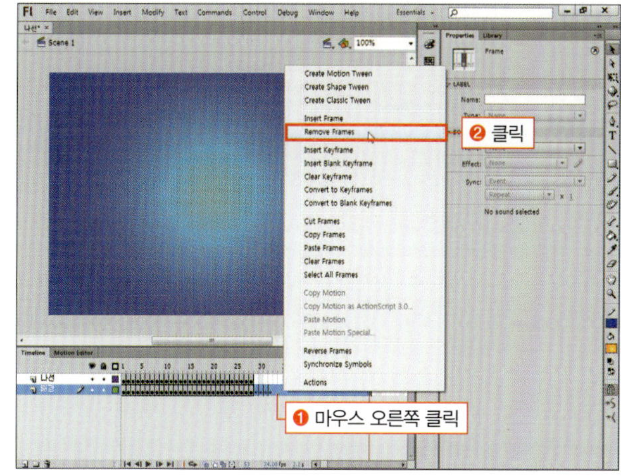

10. `Ctrl` + `Enter` 를 눌러 테스트 무비를 실행하면 나선이 만들어지는 동안 배경 색상이 2가지 색상으로 번갈아 변경하는 무비를 확인할 수 있습니다.

레이어 효율적으로 사용하기

하나의 레이어에 여러 개의 오브젝트를 한꺼번에 배치하여 무비를 구성하면 각각의 오브젝트에 모션을 사용하기 어려워집니다. 이럴 경우에는 레이어 나누기 기능을 사용하여 오브젝트마다 레이어를 별도로 지정하여 작업하면 편리합니다.

■ 레이어 나누기

레이어 나누기는 여러 개의 오브젝트를 분리하여 각각 레이어로 구성할 수 있는 기능입니다. 문자 애니메이션과 같이 문자를 한 글자씩 분해하여 사용하는 경우 유용하게 사용됩니다. 문자를 **Ctrl** + **B** 를 눌러 한 글자씩 분해하고 선택한 후 [Modify]-[Timeline]-[Distribute to Layers](**Ctrl** + **Shift** + **D**) 메뉴를 선택하여 레이어를 나눌 수 있습니다. 레이어 위에서 마우스 오른쪽 버튼을 클릭해 선택할 수도 있습니다.

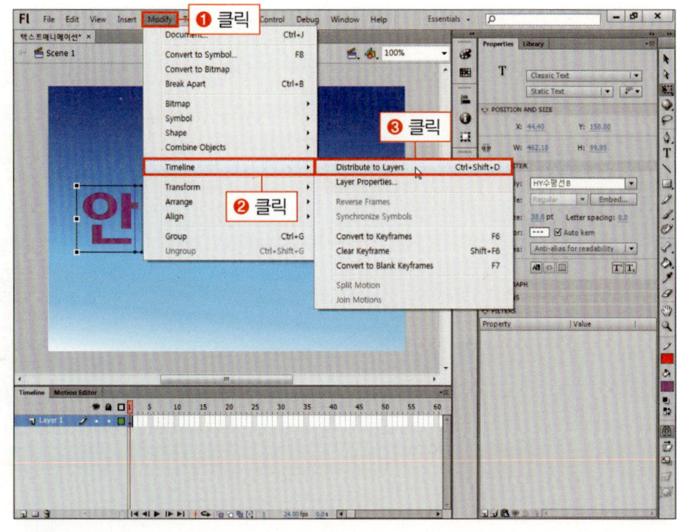

레이어 나누기를 실행하면 오브젝트가 만들어진 순서대로 레이어가 생성됩니다.

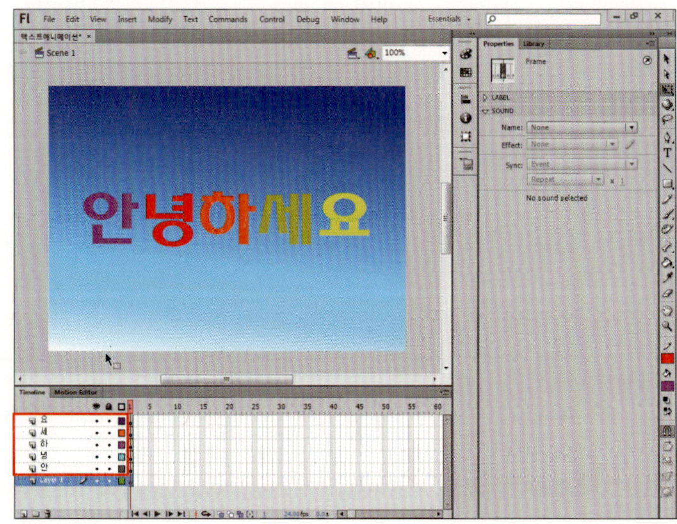

영화나 연극에서 장면 전환 없이 내용이 이어지는 한 부분을 Scene이라 합니다. 플래시에서도 Scene을 구성하여 무비를 제작할 수 있습니다. Scene을 사용하여 무비를 구성하면 장면별로 관리할 수 있어 구성이 복잡한 무비일수록 작업 효율을 높일 수 있습니다.

기초탄탄 ▶ Scene 알아보기

■ Scene `28P, 270P`

스테이지 상단에 현재 작업 중인 Scene의 이름이 나타납니다. 여러 개의 Scene으로 구성된 무비일 경우 Scene을 꼭 확인하면서 작업하도록 합니다.

❶ 현재 작업 중인 Scene의 이름

❷ Edit Scene : 편집할 Scene을 선택합니다.

■ Scene 전환 `270P`

[Edit Scene]( )을 클릭하여 구성된 신의 목록을 확인하고 원하는 'Scene'을 선택하면 Scene을 편집할 수 있도록 화면이 전환됩니다.

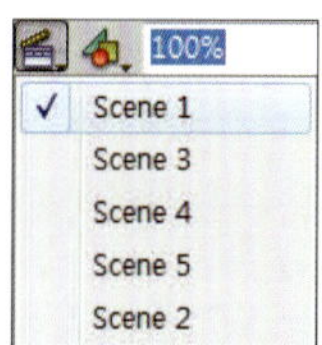

■ [Scene] 패널 `273P`

[Windows]-[Other Panels]-[Scene](**Shift** + **F2**) 메뉴를 클릭하여 [Scene] 패널을 열 수 있습니다.

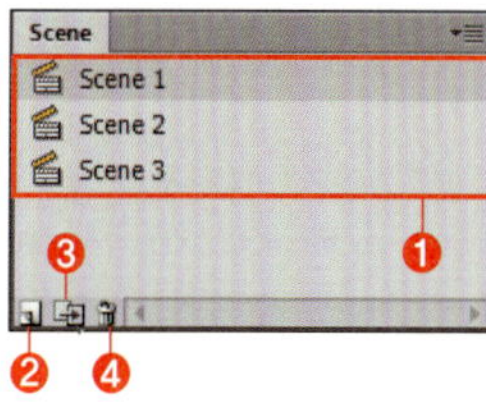

❶ 현재 무비에 구성된 Scene의 목록을 표시합니다.

❷ Add Scene : 새로운 Scene을 추가합니다.

❸ Duplicate Scene : 선택한 Scene을 복사합니다.

❹ Delete Scene : 선택한 Scene을 삭제합니다.

여러 개의 Scene을 구성하여 무비를 제작해보도록 하겠습니다.

예제 파일 | CD₩Part 05₩신구성.fla **완성 파일 |** CD₩Part 05₩신구성_완성.fla

01. '신구성.fla' 파일을 불러온 후 Enter 를 눌러
무비를 재생하여 색상을 번갈아 변경하는 '원'을
확인합니다.

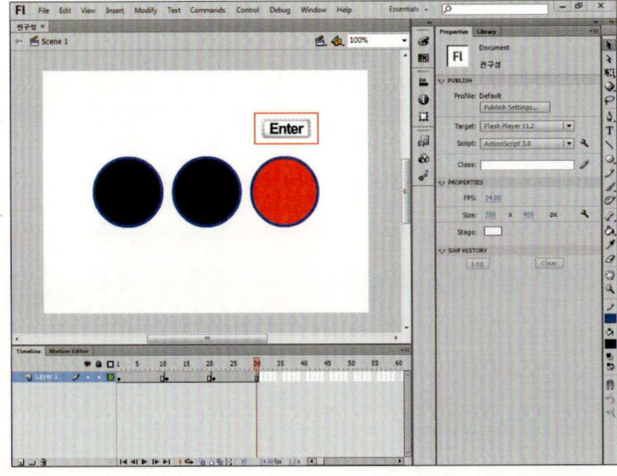

02. 새로운 Scene을 추가로 구성하기 위해
[Insert]–[Scene] 메뉴를 클릭합니다.

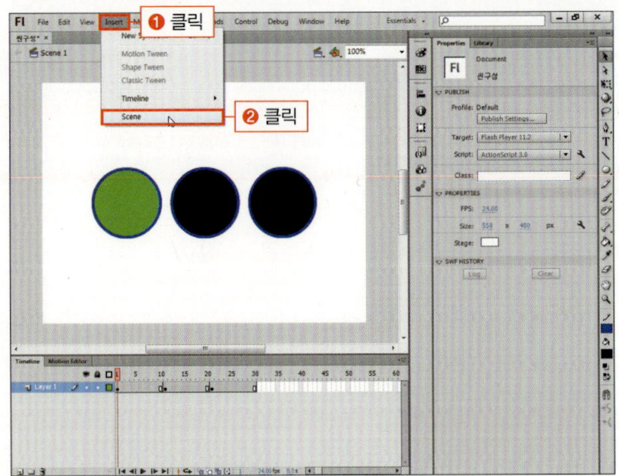

03. 'Scene 1'이 'Scene 2'로 변경되면서 새로운
도큐먼트를 시작하는 것과 마찬가지로 빈 화면이
표시됩니다.

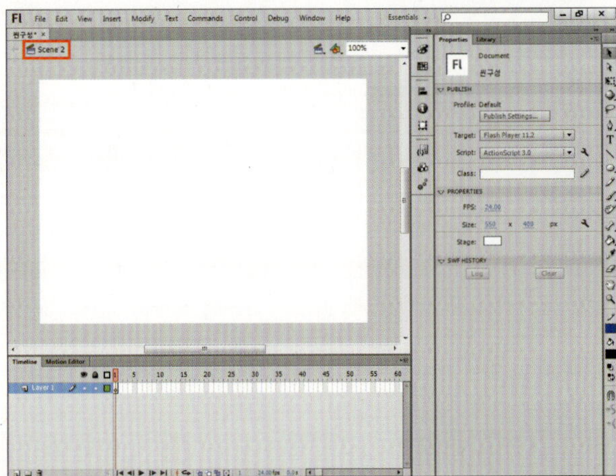

04. 'Scene 1'과 같이 구성하기 위해 1프레임을
클릭하고 [사각형 툴](□)을 선택합니다. 3개의
사각형을 그리고 [면 색상]을 'Scene 1'의 색상과
동일하게 설정합니다.

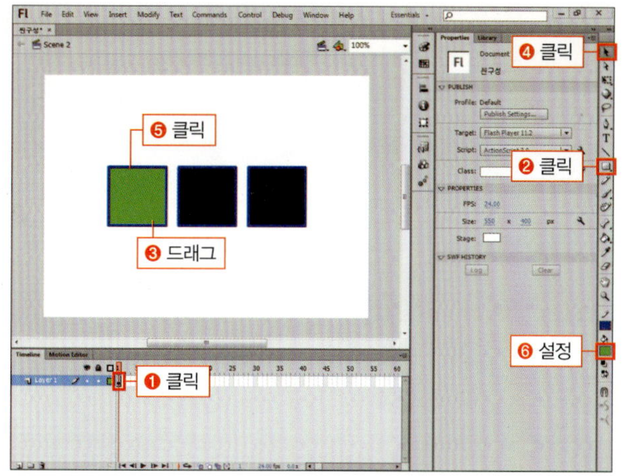

05. 11, 21프레임을 클릭하고 각각 F6을 눌러 프
레임을 복사한 후 [면 색상]을 'Scene 1'의 구성과
같이 변경 설정하고 30프레임을 클릭하고 F5를
눌러 프레임을 연장합니다.

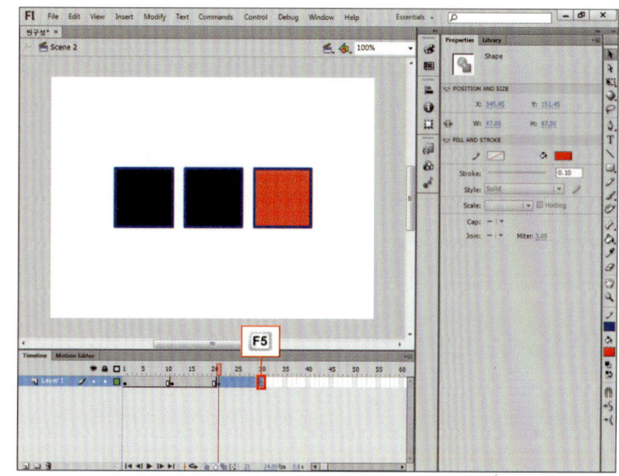

06. [Insert]–[Scene] 메뉴를 클릭하여 새로운
Scene을 추가하고 도형을 '삼각형'으로 변경하여
프레임을 똑같이 구성합니다.

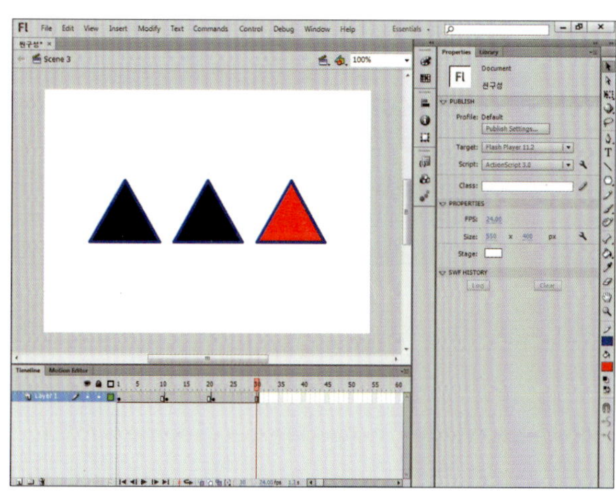

연관
검색
삼각형을 그리는 방법은 86P의 내용을 참고하
세요.

07. 구성한 Scene의 화면을 전환하여 무비 구성을 확인해 봅니다. [Edit Scene]( )을 클릭하면 구성한 Scene의 목록이 나타나며 현재 편집 중인 'Scene 3'이 선택되어 있습니다. 'Scene 1'을 선택합니다.

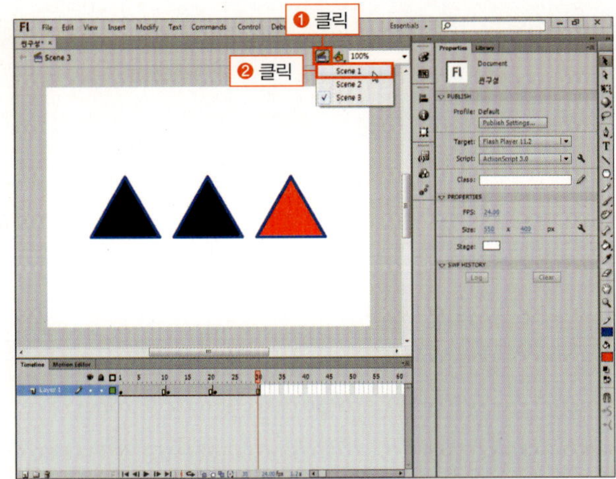

08. 'Scene 1'의 편집 모드로 전환되면 Ctrl + Enter 를 눌러 테스트 무비를 실행합니다. 'Scene 1'-'Scene 2'-'Scene 3'의 순서로 무비가 차례대로 실행됩니다.

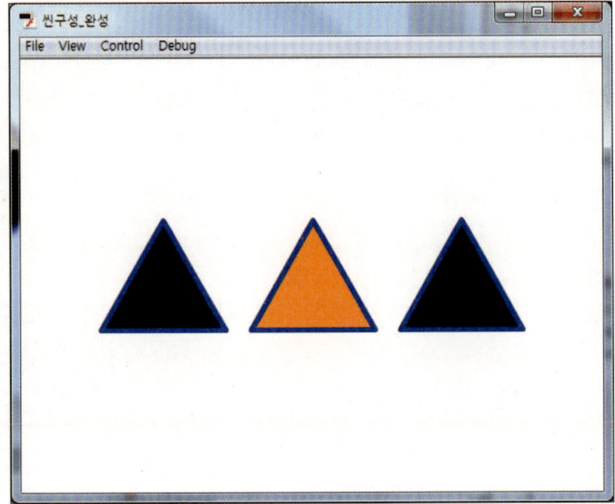

[Scene] 패널은 구성된 Scene을 관리하는 패널입니다. 간단하게 구성되어 있지만 Scene을 구성해 사용하는 경우 꼭 필요한 패널이므로 사용 방법을 살펴보도록 하겠습니다.

예제 파일 | CD\Part 05\신편집.fla　**완성 파일** | CD\Part 05\신편집_완성.fla

01. '신편집.fla' 파일을 불러온 후 여러 개의 Scene으로 구성된 것을 확인합니다. [Windows]-[Other Panels]-[Scene](Shift + F2) 메뉴를 클릭해 [Scene] 패널을 엽니다.

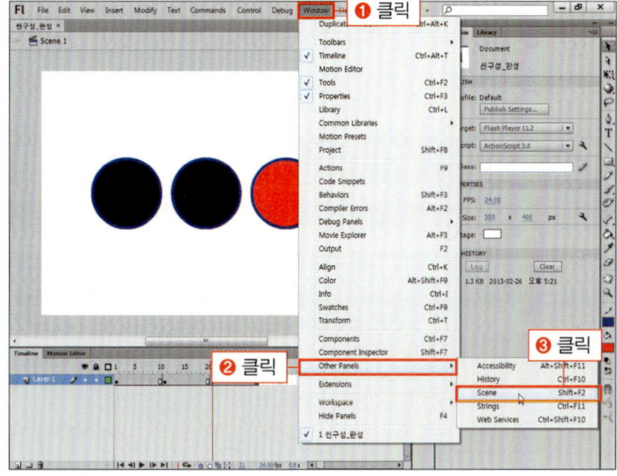

02. [Scene] 패널에 구성된 Scene을 클릭하면 Scene 편집 모드로 바로 전환할 수 있습니다.

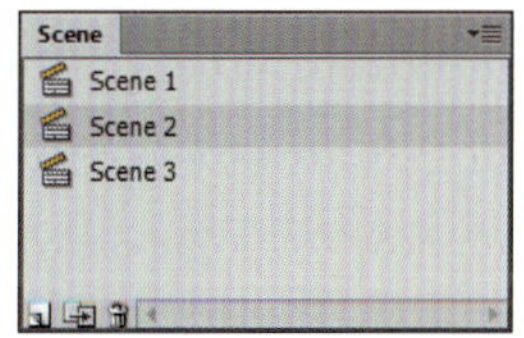

03. 기본 값으로 설정된 Scene의 이름을 변경해 봅니다. [Scene] 패널의 'Scene 1'을 더블클릭하여 '동그라미'로 변경합니다.

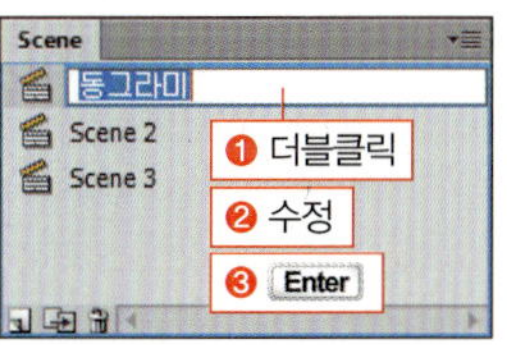

04. 같은 방법으로 'Scene 2'는 '네모', 'Scene 3'은 '세모'로 변경합니다.

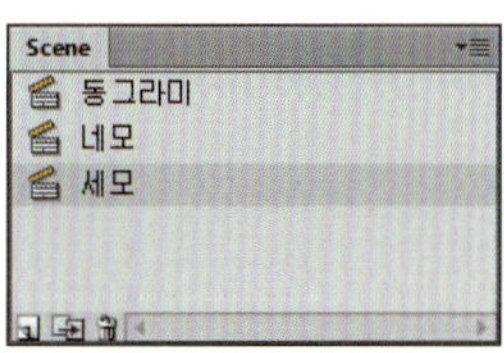

05. 이어 Scene을 복사해 봅니다. '동그라미'를 선택하고 [Duplicate Scene]( )을 클릭하여 Scene을 복사합니다.

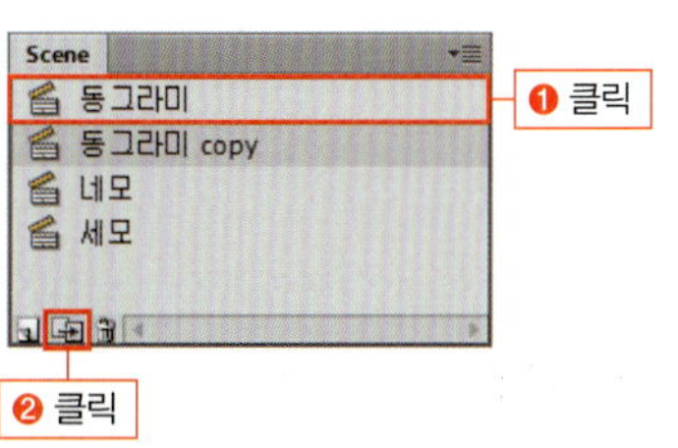

06. 무비에서 Scene의 재생 순서를 변경해 봅니다. 복사된 '동그라미 copy'를 드래그하여 '네모'와 '세모' 사이로 옮깁니다.

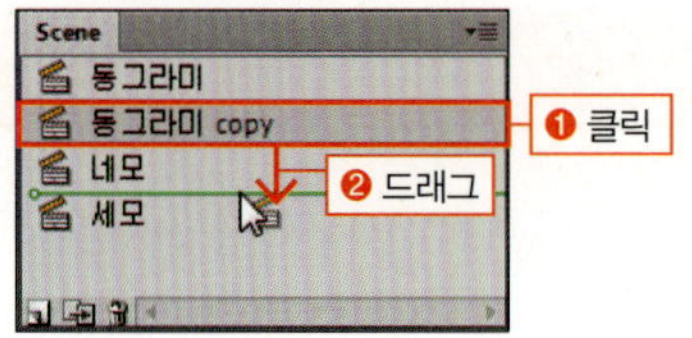

07. [Ctrl]+[Enter]를 눌러 테스트 무비를 실행하여 무비의 진행을 확인합니다. '원' 무비가 추가로 재생되는 것을 확인할 수 있습니다.

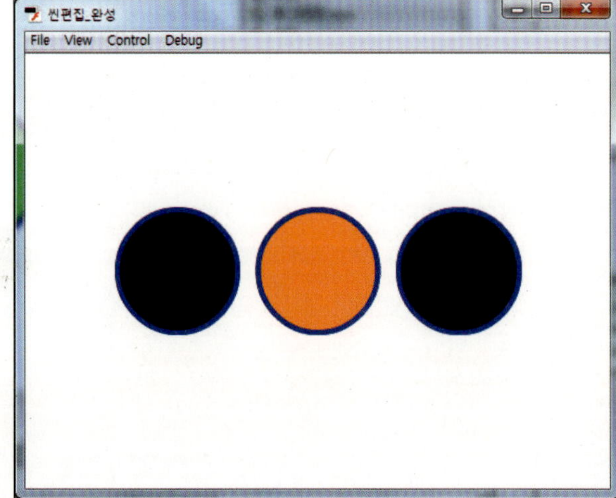

08. 이제 복사된 Scene을 삭제해 봅니다. '동그라미 copy'를 선택하고 [Delete]( )를 클릭합니다. Scene 삭제 경고 메시지가 나타나면 [OK] 단추를 클릭합니다.

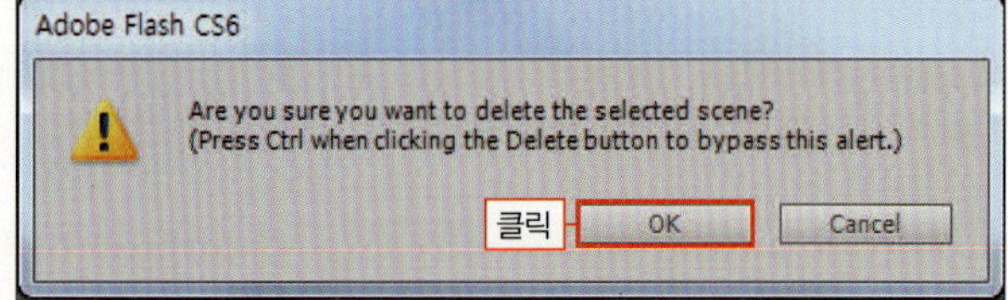

TIP : Scene 삭제

Scene 삭제 시 경고 메시지를 표시하지 않고 즉시 삭제하려면 [Ctrl]를 누른 상태로 [Delete]( )를 클릭합니다.

복제 윈도우 사용하기

무비가 복잡해지면 하나의 화면에 무비의 모든 내용을 표시할 수 없습니다. 복제 윈도우 기능은 작업 중인 무비의 창을 복제하여 표시하는 기능으로 무비의 비교 편집을 효율적으로 할 수 있도록 도와줍니다.

■ 복제 윈도우 사용하기

여러 개의 Scene을 구성하여 무비를 제작할 때 Scene을 다시 편집하거나 서로 비교하면서 작업을 해야 하는 경우가 있습니다. 이 때 Scene을 전환하면서 사용하면 되지만 Scene 편집을 자주 하는 경우에는 불편할 수 있습니다. 이럴 때 복제 윈도우 기능을 사용하면 편리합니다. [Window]-[Duplicate Window](**Ctrl** + **Alt** + **K**) 메뉴를 클릭하여 현재 작업 중인 무비의 새로운 창을 열 수 있습니다.

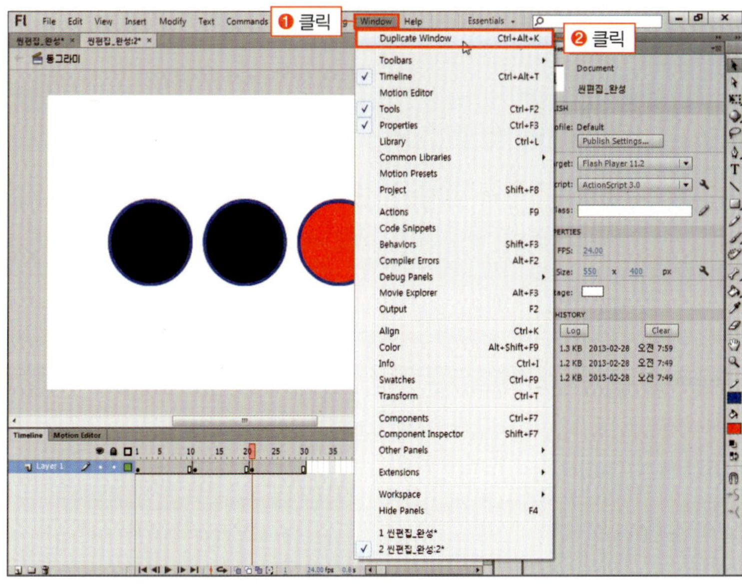

구성된 Scene의 수만큼 창을 열어 창마다 Scene을 다르게 표시하도록 설정하고 제목표시줄의 항목을 클릭하면서 작업하면 작업을 보다 쉽게 진행할 수 있습니다.

■ [Timeline] 패널 `230P`

[Timeline] 패널은 무비의 모든 요소가 담겨 있는 패널입니다. [Timeline] 패널을 통해 무비를 구성하고 제어할 수 있습니다. 무비를 자유롭게 활용하기 위해서는 [Timeline] 패널을 잘 이해하고 관리할 수 있어야 합니다. 프레임 구성과 복사, 삭제 등의 작업이 [Timeline] 패널에서 이루어지므로 무비 구성이 복잡할수록 [Timeline] 패널 관리에 신경을 써야 합니다.

■ 레이어(Layer) `242P`

레이어는 '층'을 뜻하며 플래시에서 무비를 효율적으로 구성하는데 꼭 필요한 요소입니다. 여러 동작을 동시에 구현하고자 할 때 레이어를 사용하면 알아보기 쉽고 편집 작업이 더욱 간편해 집니다. 레이어를 사용하는 것이 처음에는 번거롭게 느껴질 수 있지만 기초부터 레이어를 사용하는 습관을 들이면, 복잡하고 난이도가 높은 무비도 어렵지 않게 제작할 수 있습니다.

■ 프레임 애니메이션 `254P`

컴퓨터 애니메이션의 기본은 프레임 방식입니다. 그저 여러 장의 연속된 그림을 빠르게 보여주어 마치 움직이는 것처럼 보이도록 하는 것이 애니메이션의 기본입니다. 노력과 투자에 비해 비능률적이고 컴퓨터 그래픽의 발달로 실무에서 잘 활용되고 있지는 않지만 다양한 애니메이션 기술을 배우기 위해서는 기술의 기초가 되는 프레임 애니메이션을 소홀히 해서는 안됩니다. 한 컷, 한 컷 프레임을 구성하면서 조금씩 난이도 높은 기능들을 배워나가면 멋진 애니메이션이 완성될 것입니다.

■ Scene `269P`

여러 개의 Scene을 구성하여 무비를 구성하면 복잡한 무비도 쉽게 제작할 수 있습니다. [Timeline] 패널이 복잡해지면 그만큼 편집이 어려워집니다. 무비의 각 장면마다 Scene을 별도로 구성하여 제작하는 것이 좋습니다. Scene을 구성하면 [Scene] 패널을 화면에 표시하여 작업하도록 하고 Scene 편집이 자주 이루어지는 경우 복제 윈도우 기능을 사용하면 보다 빠르고 편리하게 작업할 수 있습니다.

01 키프레임 애니메이션으로 움직이는 자동차를 만들어 봅니다.

예제 파일 : CD₩Part 05₩트럭.fla　**완성 파일** : CD₩Part 05₩트럭_완성.fla
동영상 해설 : CD₩Self₩실전5-1.wmv

HINT

F6을 눌러 프레임을 복제하면서 트럭을 이동하여 배치합니다. [Edit Multiple Frames]()을 활용하면 더욱 쉽게 작업할 수 있습니다.

02 여러 개의 도형 오브젝트를 각각 레이어로 분리해 봅니다.

예제 파일 : CD₩Part 05₩도형레이어.fla　**완성 파일** : CD₩Part 05₩도형레이어_완성.fla
동영상 해설 : CD₩Self₩실전5-2.wmv

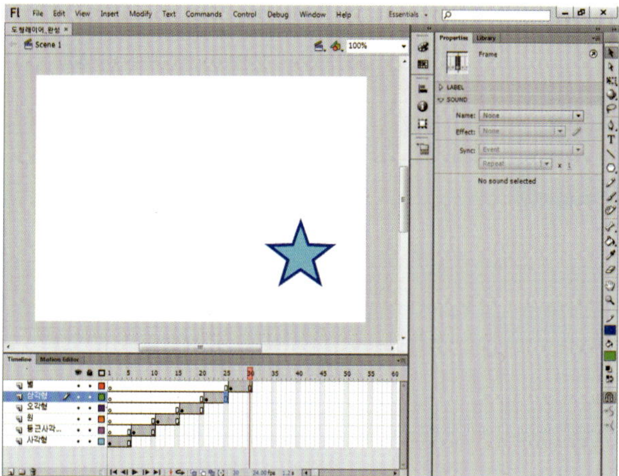

HINT

'Distribute to Layers'는 오브젝트를 별도의 레이어로 분리하는 명령입니다. 각각의 오브젝트를 분리하여 프레임을 순차적으로 구성하면 완성할 수 있습니다.

06

트윈 애니메이션 활용하기

트윈 애니메이션은 일일이 프레임을 구성하지 않고도 자연스러운 움직임을 구현할 수 있는 기능입니다. 움직임의 시작과 끝, 그리고 전환이 필요한 프레임에만 키프레임을 구성하고 중간 단계는 자동으로 이어지도록 하는 것으로 플래시 애니메이션의 핵심이라 할 수 있습니다. 플래시 CS6에서 사용하는 3가지 트윈 애니메이션 기능을 자세히 공부해보도록 하겠습니다.

셰이프 트윈 애니메이션 만들기

셰이프 트윈은 그룹되지 않은 오브젝트인 셰이프를 사용한 트윈 방식으로 자연스럽고 부드러운 애니메이션을 구현할 수 있습니다. SF 영화에서 자주 사용되는 모핑 효과와 같이 서로 다른 사물 간의 변화하는 과정을 표현하는데 효과적으로 사용됩니다.

기초탄탄 ▶ 셰이프 트윈 알아보기

■ 셰이프 트윈이 적용된 [Timeline] 패널 `282P`

셰이프 트윈이 적용되면 [Timeline] 패널의 프레임 색상이 초록색으로 변경되면서 화살표가 표시됩니다.

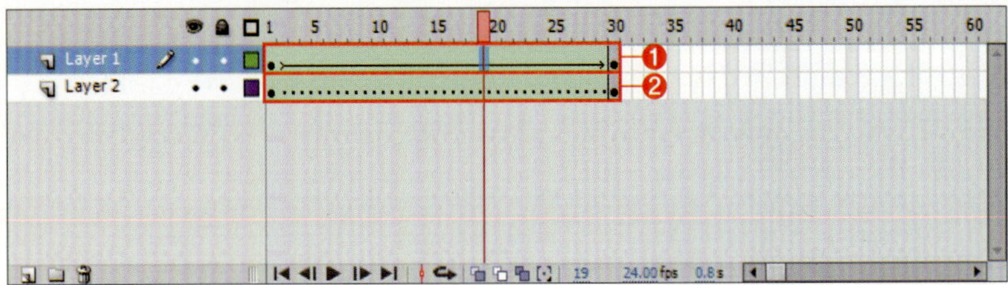

❶ 셰이프 트윈이 적용된 프레임

❷ 셰이프 트윈을 적용한 키프레임에 셰이프 오브젝트 외에 그룹된 오브젝트가 포함되어 있어 트윈을 사용할 수 없는 프레임

■ 셰이프 트윈의 [Properties] 패널 `282P`

셰이프 트윈이 적용된 [Timeline] 패널을 클릭하면 셰이프 트윈의 옵션을 수정할 수 있습니다.

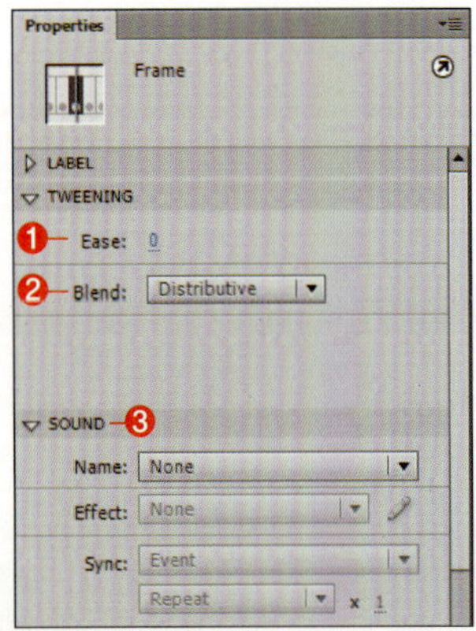

❶ Ease : 셰이프 트윈의 가속도를 설정합니다.

❷ Blend : 셰이프 트윈을 처리하는 방법을 설정합니다.

- Distributive : 셰이프의 변화를 더 부드럽고 복잡하게 처리합니다.
- Angular : 셰이프 트윈 시 직선과 모서리를 유지합니다.

❸ SOUND : 사운드 효과를 설정합니다.

■ 셰이프 Hint `293P`

셰이프 Hint 이해하기

셰이프 Hint는 원하는 모양으로 트윈을 유도하기 위해 사용되는 기능을 트윈 시작과 끝 부분에 쌍으로 구성됩니다.

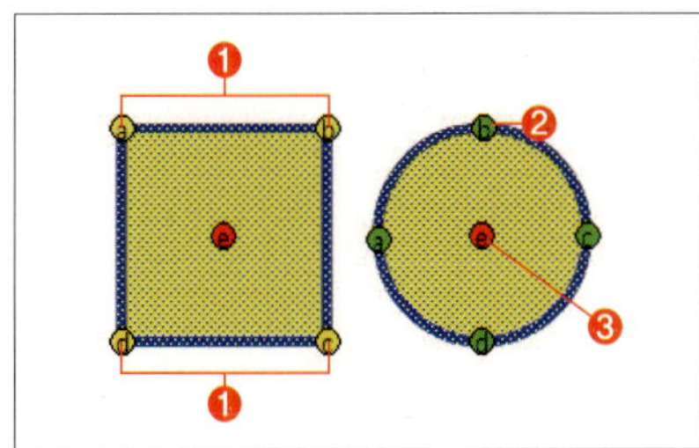

❶ 노란색(ⓐⓑⓒⓓ) : 트윈의 시작 프레임에 구성된 Hint를 나타냅니다.

❷ 초록색(ⓐⓑⓒⓓ) : 트윈의 끝 프레임에 구성된 Hint를 나타냅니다.

❸ 빨간색(ⓔ) : Hint를 생성했지만 아직 구성되지 않은 Hint를 나타냅니다.

셰이프 Hint 메뉴

셰이프 Hint에서 마우스 오른쪽 버튼을 클릭해 메뉴를 표시하여 사용할 수 있고 반드시 트윈의 시작 프레임의 Hint에서만 사용할 수 있습니다.

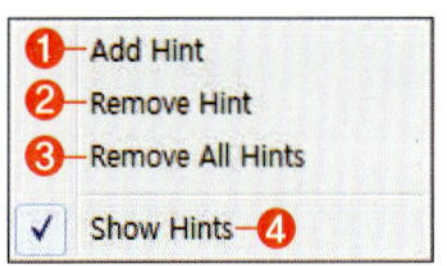

❶ Add Hint : Hint를 추가합니다.

❷ Remove Hint : 선택한 Hint를 삭제합니다.

❸ Remove All Hints : 모든 Hint를 삭제합니다.

❹ Show Hints : Hint를 화면에 나타냅니다.

서로 다른 모양이 자연스럽게 변하는 과정을 표현하는 것을 모핑이라 합니다. 셰이프 트윈으로 모양이 변하는 애니메이션을 만들어 보도록 하겠습니다.

완성 파일 | CD₩Part 06₩셰이프트윈_완성.fla

01. 새 도큐먼트를 열고 [원형 툴](●)을 선택하고 스테이지에 '원'을 하나 그립니다. [Properties] 패널에서 [선 색상]은 '없음', [면 색상]은 '파란색'으로 설정합니다.

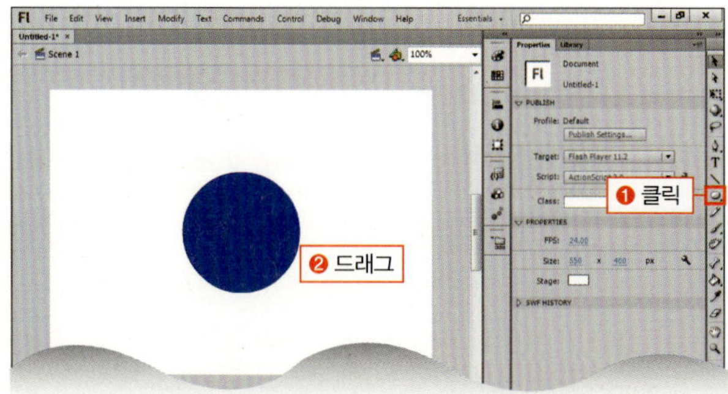

02. [Timeline] 패널의 20프레임을 클릭하고 F7을 눌러 키프레임을 생성하고 스테이지 가운데에 같은 색상으로 '별'을 하나 그립니다.

연관검색 별을 그리는 방법은 86P의 내용을 참고하세요.

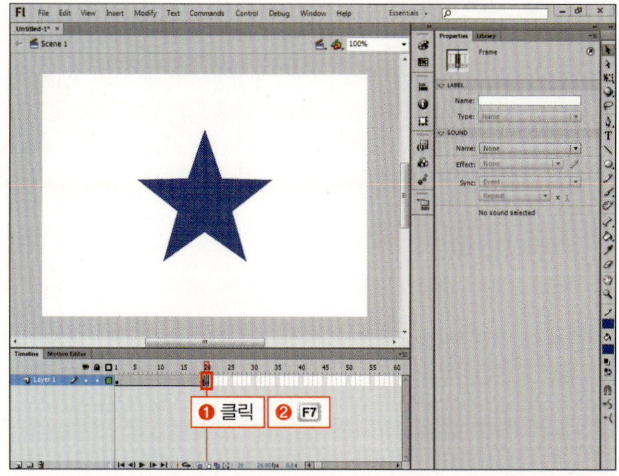

03. 1~20프레임 사이의 임의의 프레임에서 마우스 오른쪽 버튼을 클릭하고 'Create Shape Tween'을 선택합니다.

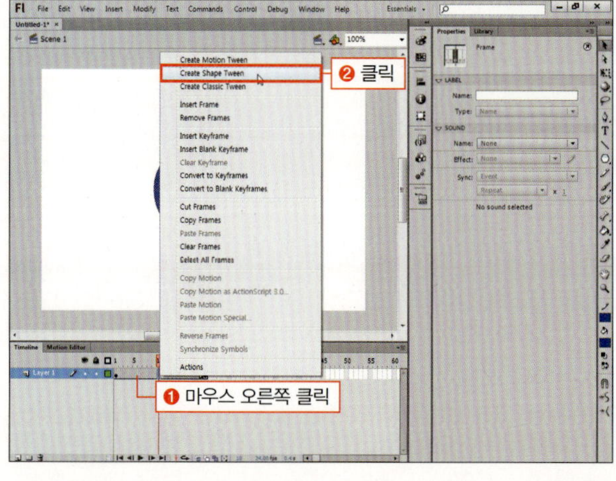

04. 1~20프레임 영역이 초록색으로 변경되면서 화살표가 나타나고 스테이지의 도형은 변화하는 중간 단계가 보여집니다. **Enter** 를 눌러 재생해 보면 '원'이 서서히 '별'로 변경되는 무비를 확인할 수 있습니다.

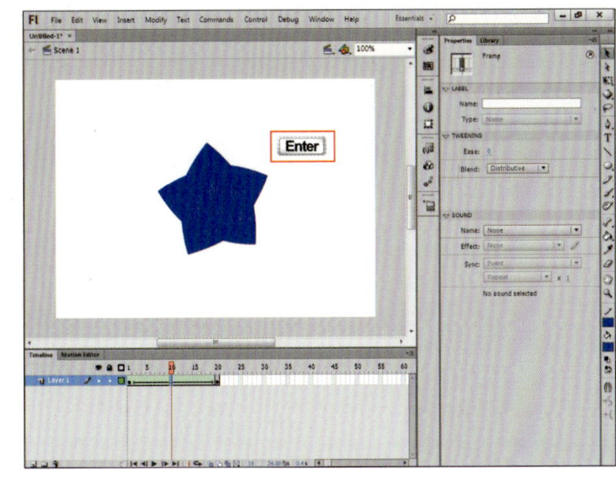

05. 이어 40프레임을 클릭하고 **F7**을 눌러 키프레임을 추가합니다.

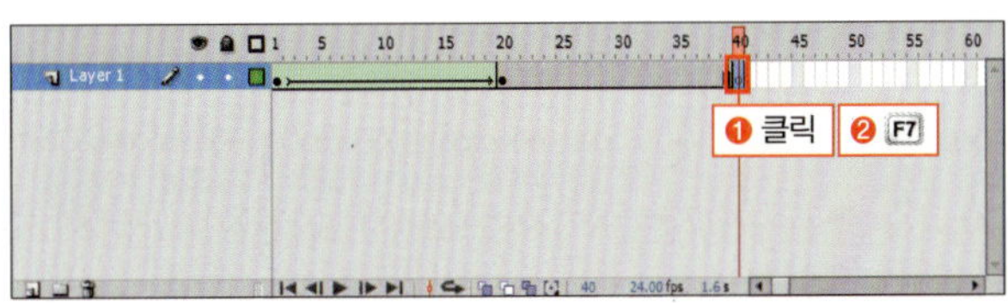

06. 같은 색상으로 작은 '원'을 그려 스테이지 네 귀퉁이에 복사하여 배치합니다.

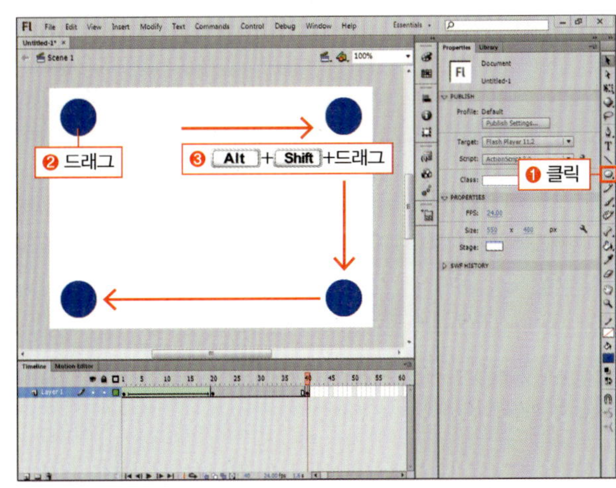

07. 40~60프레임 사이에 동일한 방법으로 셰이프 트윈을 추가하고 **Enter** 를 눌러 확인하면 별이 4개로 나눠지면서 이동하여 원으로 변하는 무비를 확인할 수 있습니다.

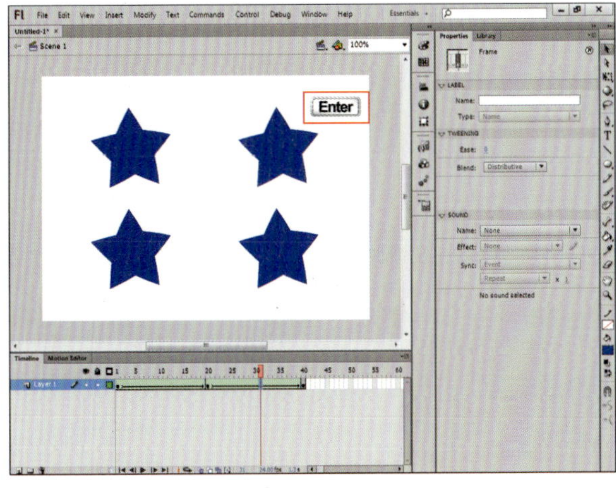

08. 4개의 '원'이 다시 가운데로 모이는 효과를 만들어 봅니다. 1프레임을 클릭하고 마우스 오른쪽 버튼을 클릭하고 'Copy Frames'을 선택하여 프레임을 복사합니다.

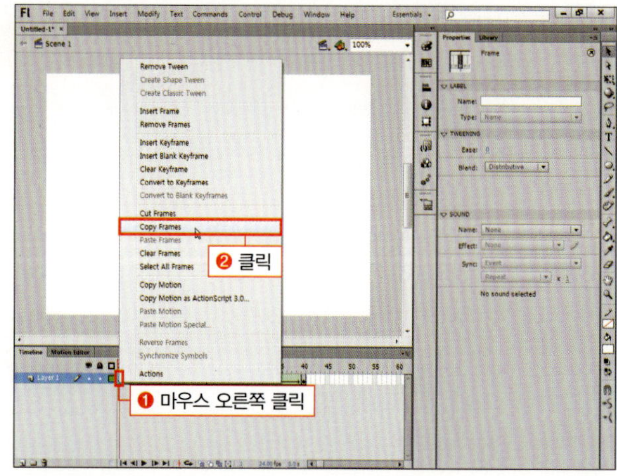

09. 60프레임을 클릭하고 마우스 오른쪽 버튼을 클릭해 'Paste Frames'을 선택하여 프레임을 붙여 넣기합니다.

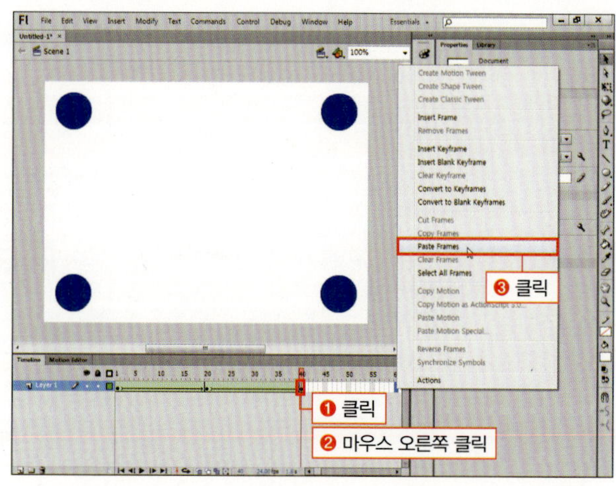

10. 40~60프레임에 셰이프 트윈을 적용하면 4개의 '원'이 다시 가운데로 모이면서 큰 원으로 변하는 무비를 확인할 수 있습니다.

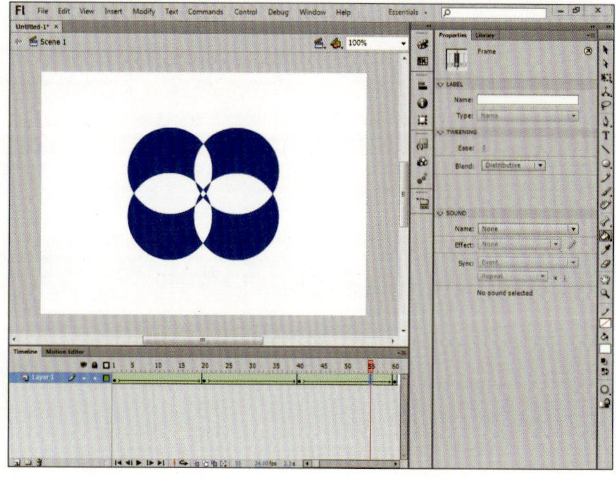

11. `Ctrl` + `Enter` 를 눌러 테스트 무비를 실
행하면 구성한 무비를 확인할 수 있습니다.

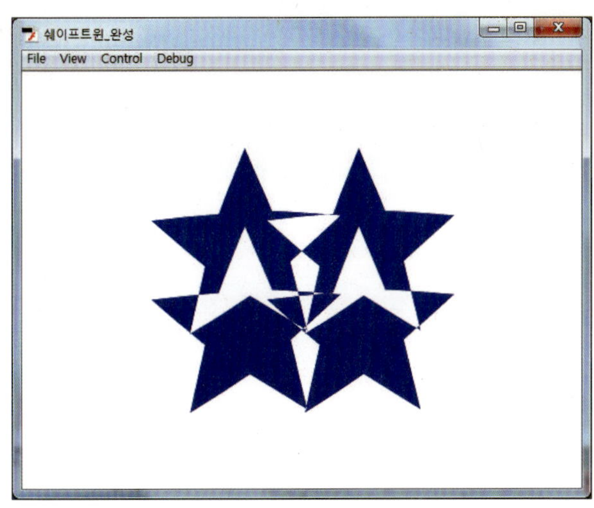

T I P : 반복 또는 왕복하는 무비 구성

같은 동작을 반복하거나 왕복하는 무비를 구성하는 경우 복사/붙여 넣기 명령으로 작업하는 것 보다 동작이 전환되는 프레임에서 `F6`을 사
용하여 키프레임을 복사하면 더욱 빠른 작업을 할 수 있습니다.

도형이 글자로 변하는 과정을 셰이프 트윈으로 구성해보도록 하겠습니다. 셰이프 트윈은 복잡한 계산과 정을 거쳐 실행됩니다. 따라서 원하는 모양대로 구현하기가 쉽지 않기 때문에 글자별로 레이어를 추가하여 작업합니다.

예제 파일ㅣ CD₩Part 06₩글자셰이프.fla **완성 파일ㅣ** CD₩Part 06₩글자셰이프_완성.fla

01. '글자셰이프.fla' 파일을 불러온 후 [Timeline] 패널의 1프레임에는 '원' 3개가, 30프레임에는 '플래시'라는 문자가 입력되어 있는 것을 확인합니다.

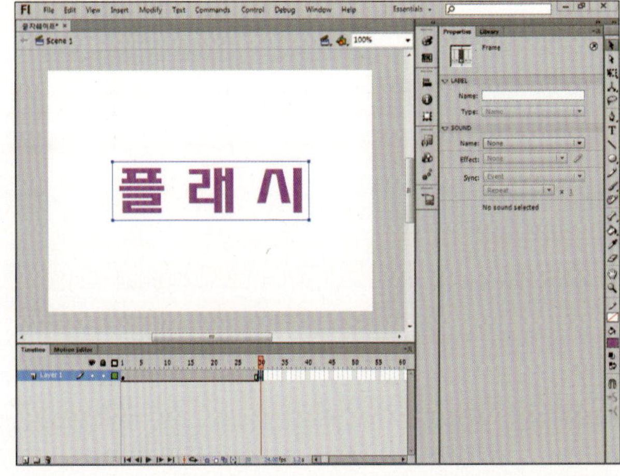

02. 셰이프 트윈을 바로 적용하면 글자는 문자 오브젝트이므로 트윈 적용이 되지 않습니다. [선택 툴](▶)을 선택하여 드래그해 문자를 전체 선택하고 **Ctrl** + **B** 를 2번 눌러 셰이프 오브젝트로 전환합니다.

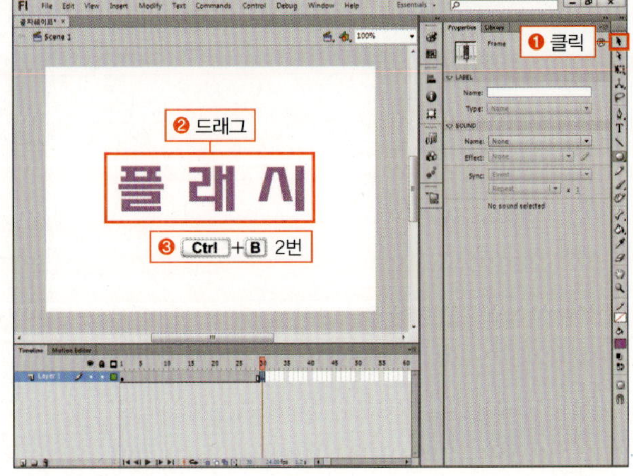

03. 'Layer 1' 레이어를 선택하고 프레임 사이의 영역에 마우스 오른쪽 버튼을 눌러 'Create Shape Tween'을 선택하여 셰이프 트윈을 적용합니다. **Enter**로 무비를 재생하면 도형과 문자가 꼬이면서 도형이 문자로 변경되는 트윈이 만들어집니다.

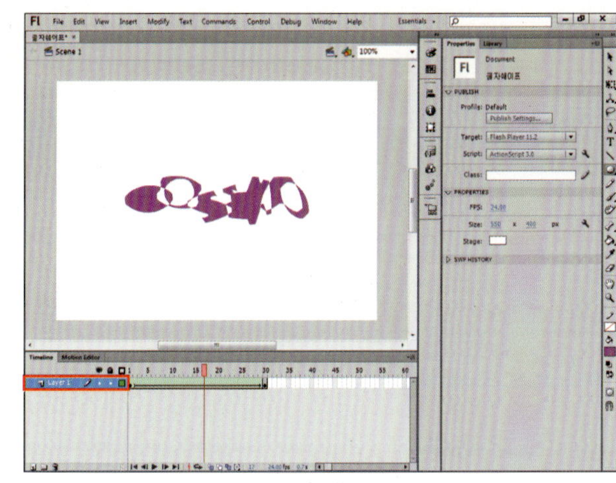

04. 문자별로 트윈이 이루어지도록 하기 위해서 [New layer](圖)를 클릭하여 레이어를 2개 추가합니다.

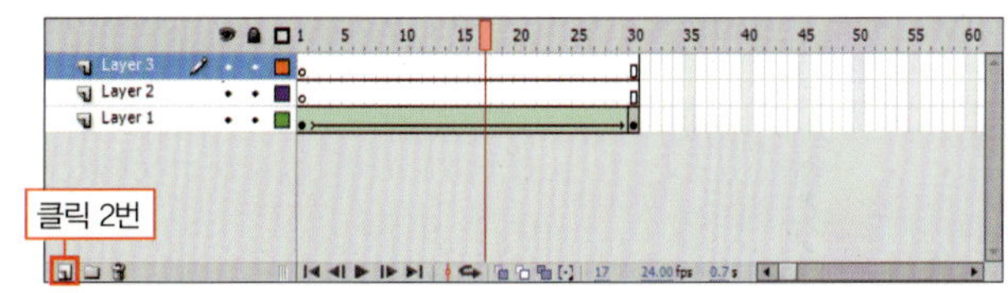

05. 'Layer 1' 레이어의 1~30프레임까지 드래그하고 마우스 오른쪽 버튼을 클릭해 'Copy Frames'을 선택하여 프레임을 복사합니다.

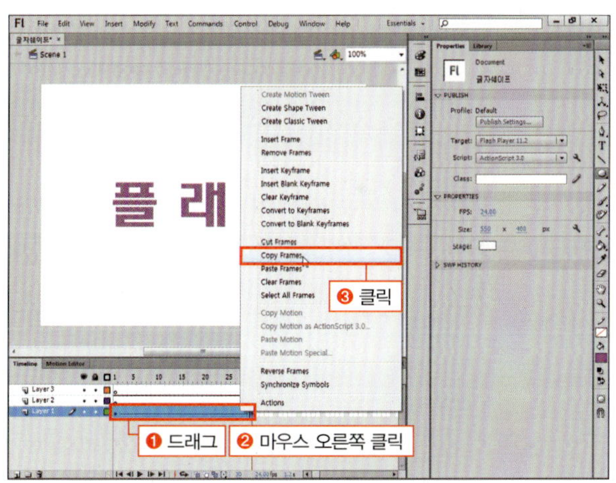

06. 'Layer 2' 레이어의 1~30프레임까지 드래그한 후 마우스 오른쪽 버튼을 클릭해 'Paste Frames'을 선택하여 프레임을 붙여 넣기합니다.

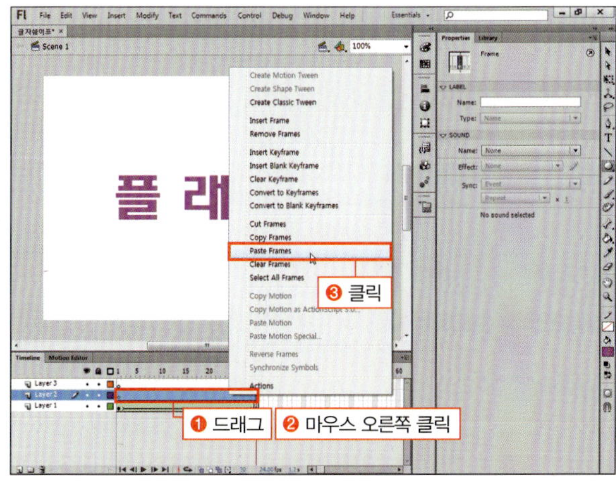

07. 같은 방법으로 'Layer 3' 레이어의 1~30프레임까지 드래그한 후 마우스 오른쪽 버튼을 클릭해 'Paste Frames'을 선택하여 프레임을 붙여 넣기합니다.

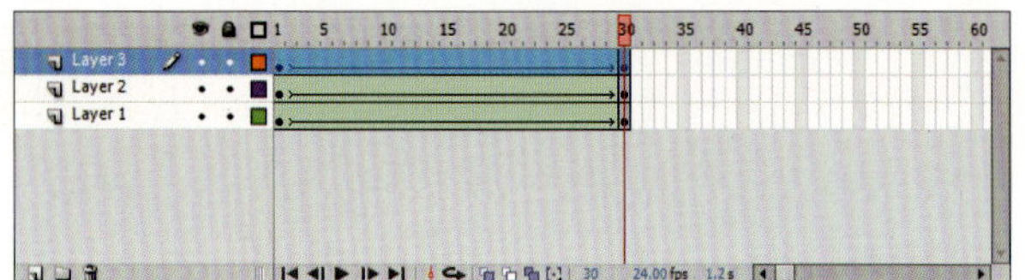

TIP : 프레임 붙여 넣기

여러 프레임을 복사하여 프레임에서 바로 붙여 넣기하면 붙여 넣기한 만큼 프레임이 오른쪽으로 늘어나게 됩니다. 프레임이 늘어나지 않고 덮어쓰기 방식으로 붙여 넣기하려면 붙여 넣기할 위치의 프레임을 복사한 프레임 수만큼, 또는 그 이상의 숫자만큼 프레임을 드래그하여 선택한 후 붙여 넣기합니다.

08. 한 글자씩 작업하기 위해 'Layer 2' 레이어와 'Layer 3' 레이어를 보이지 않도록 [Lock/Unlock] (•)을 클릭해 안보이도록 설정합니다.

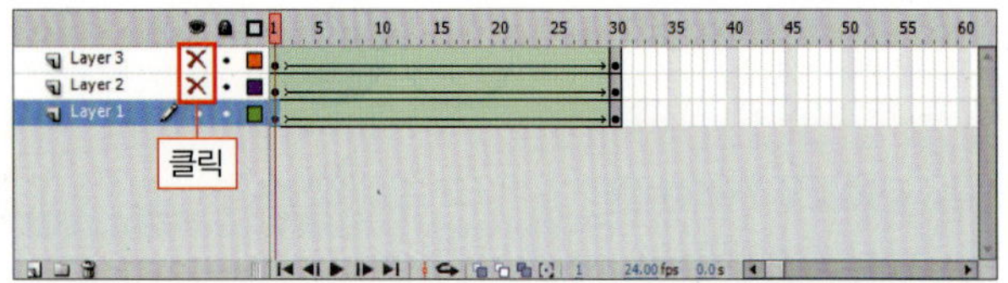

09. 'Layer 1' 레이어의 1프레임을 클릭하고 첫 번째 '원'만 남기고 나머지 '원'을 드래그하여 선택하고 Del 을 눌러 삭제합니다.

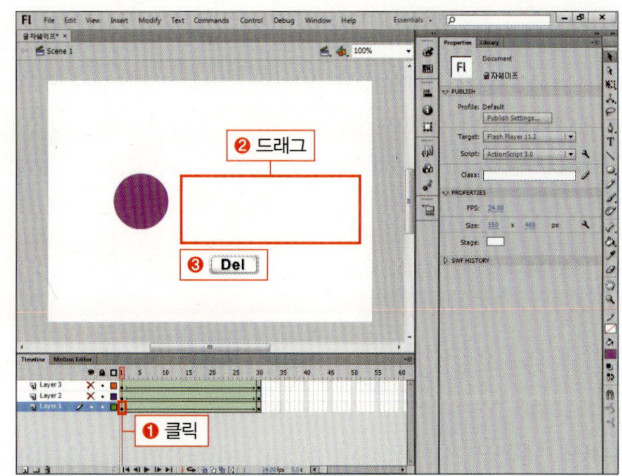

10. 'Layer 1' 레이어의 30프레임에서 '플'만 남긴 채 나머지 문자를 Del 을 눌러 삭제합니다.

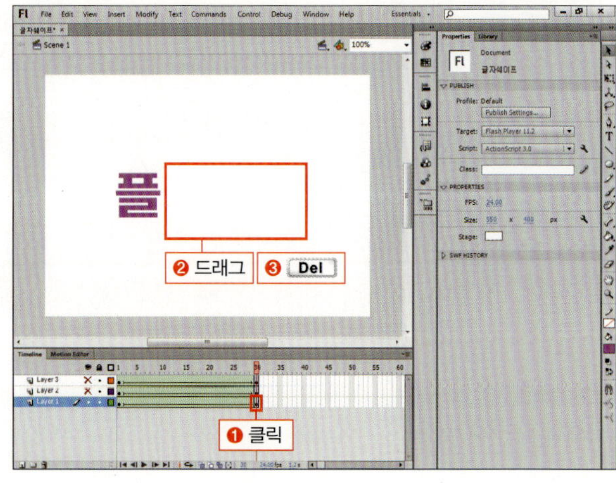

11. 작업이 끝난 'Layer 1' 레이어를 안보이도록 설정하고 'Layer 2' 레이어를 보이도록 설정한 후 1프레임은 가운데 '원'만 남기고 나머지 '원'을 삭제하고, 30프레임에서는 '래'자만 남기고 나머지 문자를 **Del** 을 눌러 삭제합니다.

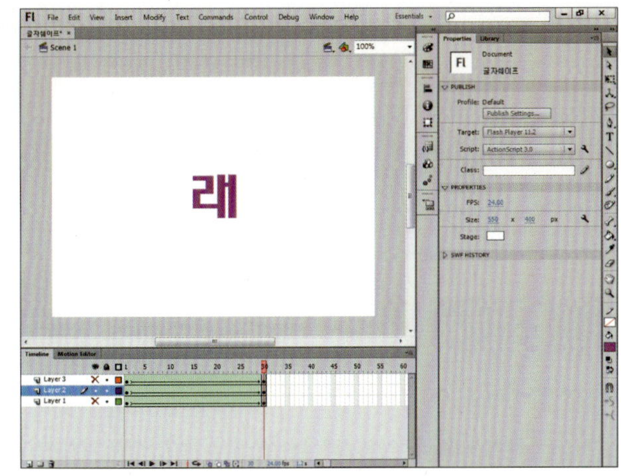

12. 같은 방법으로 'Layer 3' 레이어의 1프레임의 '원'은 마지막 '원'만 남기고 삭제하고, 30프레임의 글자는 '시'만 남긴 채 **Del** 을 눌러 삭제합니다.

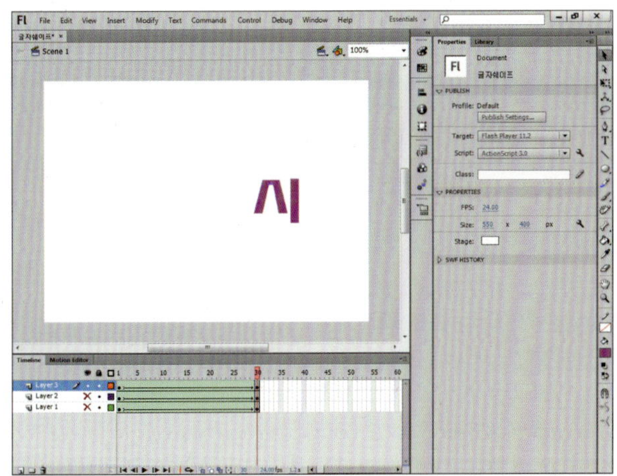

13. 레이어를 모두 보이도록 설정하고 나타난 문자가 일정 시간 나타나 있도록 하기 위해서 각 레이어의 50프레임을 클릭하고 **F5**를 눌러 프레임을 연장합니다.

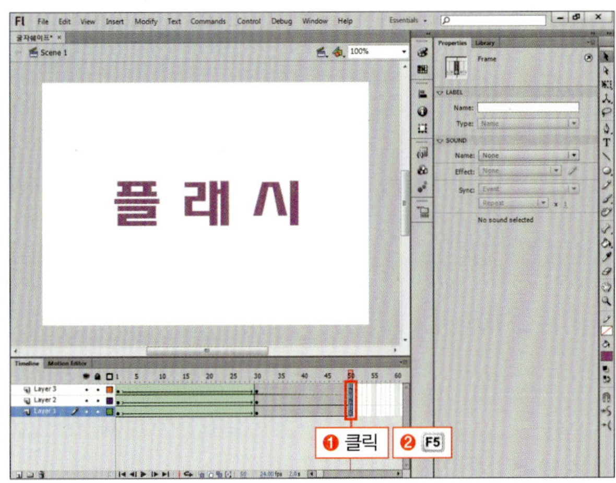

14. `Ctrl` + `Enter` 를 눌러 테스트 무비를 실
행하면 원이 각각 글자로 변하는 무비가 실행됩
니다.

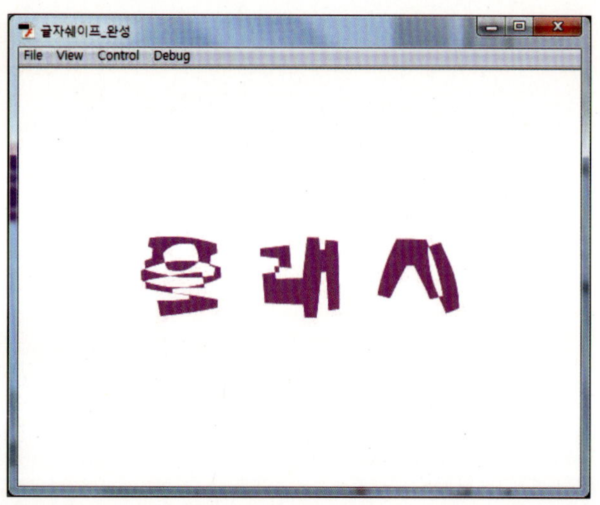

세이프 트윈을 사용하면 색상이 자연스럽게 변하는 무비를 구현할 수 있습니다.

예제 파일 l CD₩Part 06₩색상세이프.fla **완성 파일 l** CD₩Part 06₩색상세이프_완성.fla

01. '색상세이프.fla' 파일을 불러옵니다.

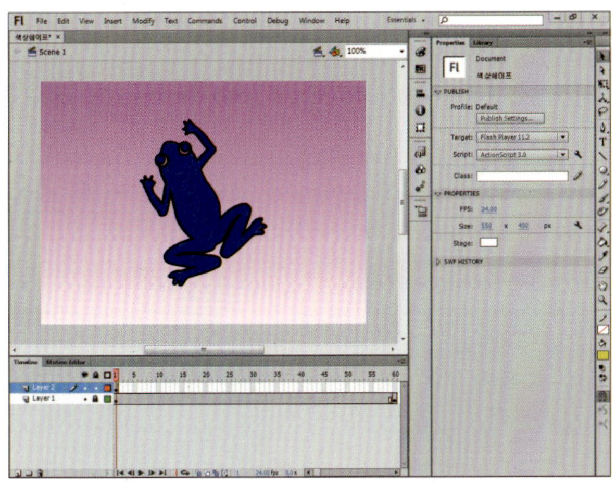

02. [Timeline] 패널 'Layer 2' 레이어의 20, 40, 60프레임을 Ctrl 을 누른 상태로 클릭하고 F6 을 눌러 프레임을 복사합니다.

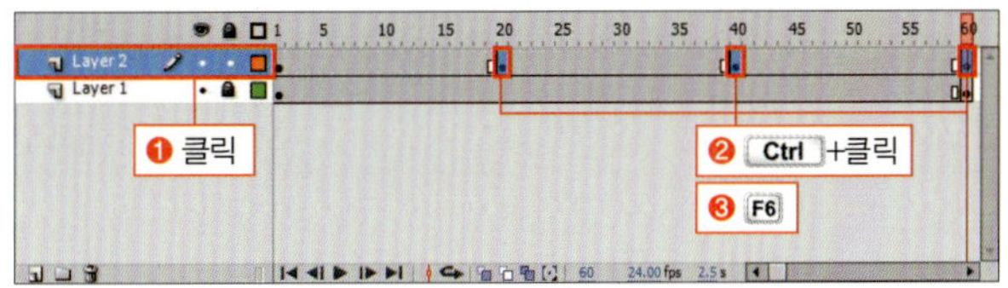

03. 'Layer 2' 레이어의 20프레임을 클릭하고 개구리의 [면 색상]을 '노란색'으로 설정합니다.

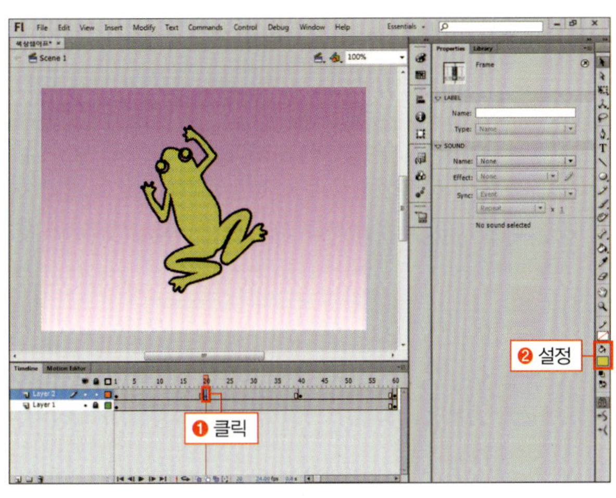

TIP : [면 색상]과 [선 색상]은 [Properties] 패널과 툴 박스에서 설정 가능합니다. 편한 방법을 사용합니다.

04. 'Layer 2' 레이어의 40프레임을 클릭하고 개구리의 [면 색상]을 '빨간색'으로 설정합니다.

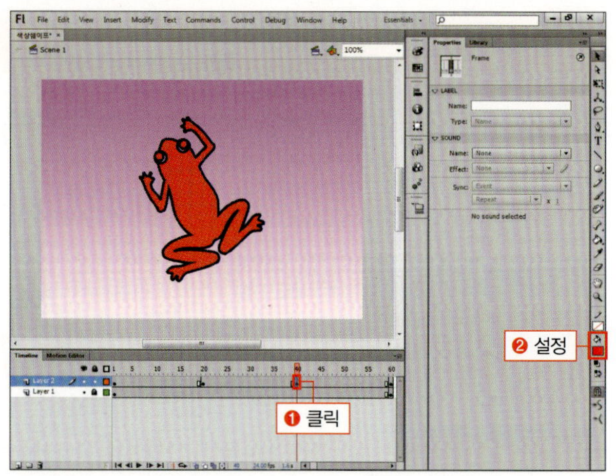

05. 'Layer 2' 레이어의 모든 프레임에 셰이프 트윈을 적용하기 위해 프레임들을 드래그하여 선택합니다. 마우스 오른쪽 버튼을 클릭해 'Create Shape Tween'을 선택합니다.

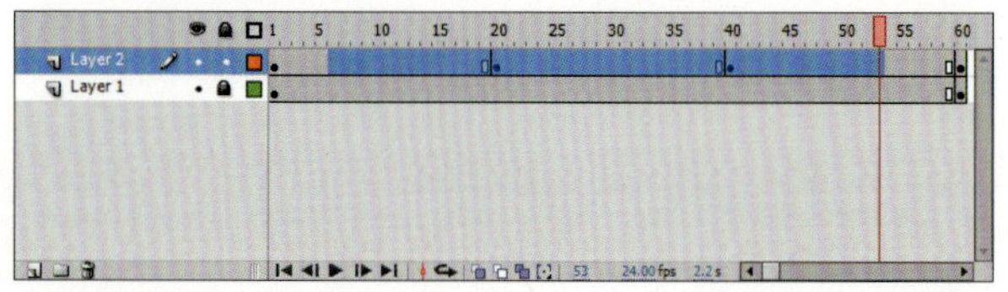

06. 선택한 프레임에 셰이프 트윈을 모두 적용하고 **Enter** 를 눌러 무비를 확인합니다.

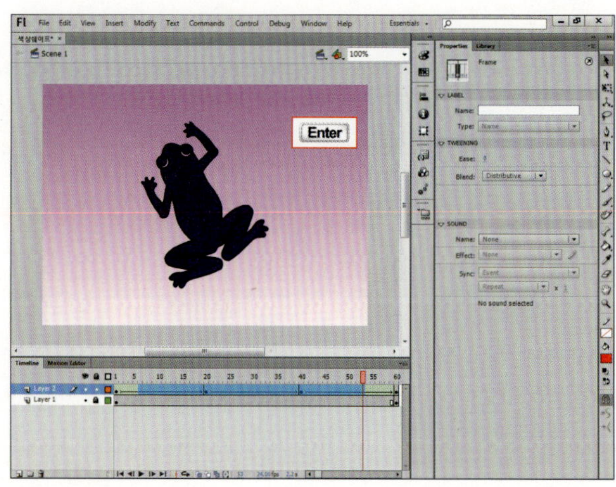

셰이프 Hint 기능은 셰이프 트윈을 원하는 모양으로 적용시키기 위해서 트윈이 이루어지는 기준점을 서로 맞추어 주는 것입니다. 트윈이 꼬이거나 방향이 틀어지는 것을 바로잡아 줄 수 있습니다.

예제 파일 | CD₩Part 06₩나비.fla **완성 파일 |** CD₩Part 06₩나비_완성.fla

01. '나비.fla' 파일을 불러온 후 **Enter**를 눌러 '나비'의 날개가 접히는 셰이프 트윈이 구성된 것을 확인합니다.

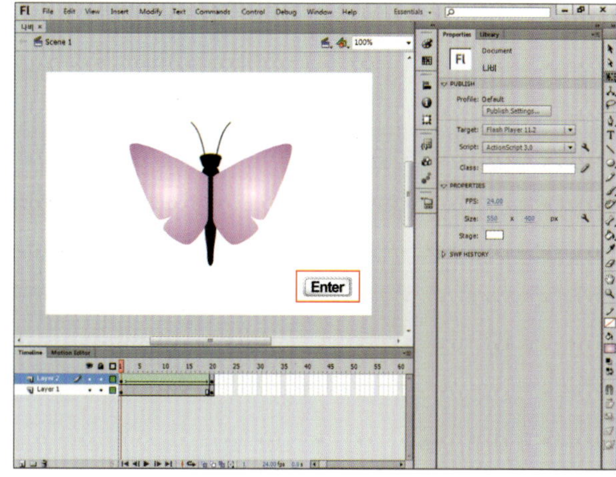

02. **Enter**를 눌러 재생하면 날개가 접히는 부분이 찌그러지는 것을 알 수 있습니다. Hint 기능을 사용하여 트윈을 바로 잡아 봅니다.

03. 무비가 실행되는 것을 잘 보면 왼쪽 날개의
몸통쪽 윗부분과 오른쪽 날개의 오른쪽 윗부분에
문제가 있습니다. 날개가 구성된 [Timeline] 패널
'Layer 2' 레이어의 1프레임을 클릭하고 [Modify]-
[Shape]-[Add Shape Hint](**Ctrl** + **Shift** + **H**)
메뉴를 클릭해 Hint를 추가합니다.

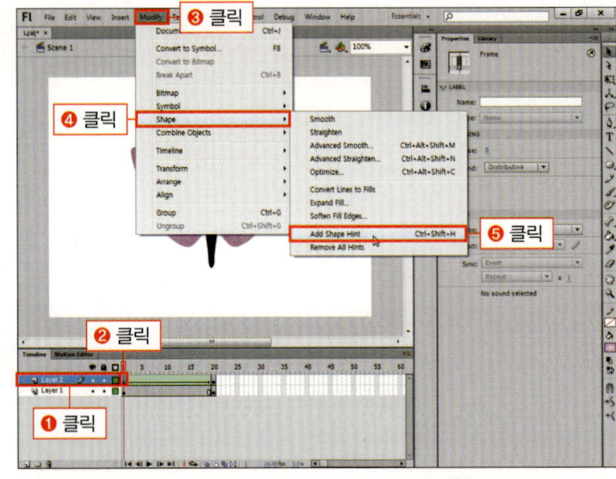

> **TIP : Hint 추가**
>
> 셰이프 Hint는 반드시 트윈이 시작되는 키프레임에서만 생성과 삭제를 할 수 있습니다. Hint를 추가하면 트윈의 시작과 끝의 키프레임에 쌍
> 으로 나타납니다. 서로 대응되는 위치에 Hint를 설정하여 원하는 트윈을 유도할 수 있습니다.

04. Hint를 추가하면 화면의 가운데에 Hint가 나
타납니다. Hint를 마우스 포인터로 왼쪽 날개의 오
른쪽 위로 꼭지점으로 옮깁니다. 이 때 스냅 기능
이 켜진 상태에서 꼭지점에 정확이 물리도록 합
니다.

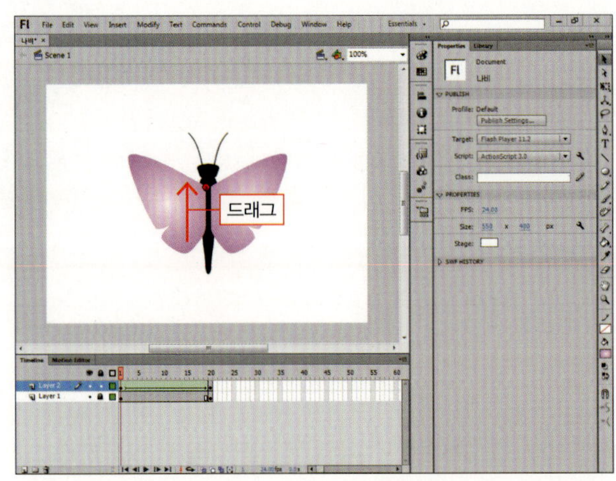

05. [Modify]-[Shape]-[Add Shape Hint](**Ctrl**
+ **Shift** + **H**) 메뉴를 클릭해 Hint를 추가하고 나
타난 Hint를 오른쪽 날개의 오른쪽 위 끝부분으로
옮깁니다.

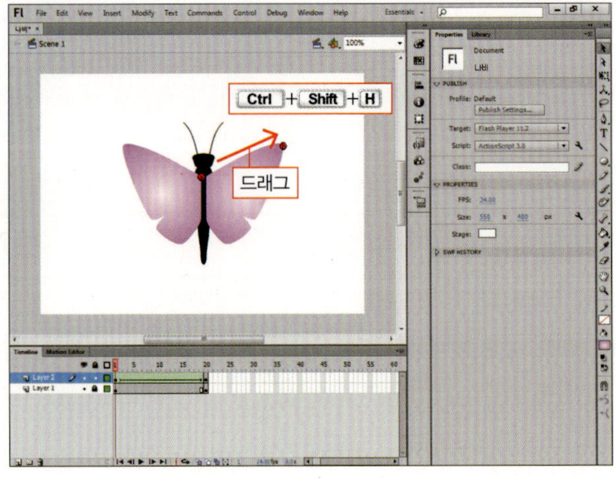

06. 트윈의 시작 프레임에 Hint를 구성했으면 트윈의 마지막 키프레임인 20프레임을 클릭합니다.

07. 화면 가운데에 Hint가 ⓐ, ⓑ로 2개가 나타나 있습니다. 1프레임에서 구성한 대로 같은 위치로 Hint를 이동합니다. Hint가 올바르게 설정되면 Hint의 색상이 '빨간색'에서 '초록색'으로 변경됩니다.

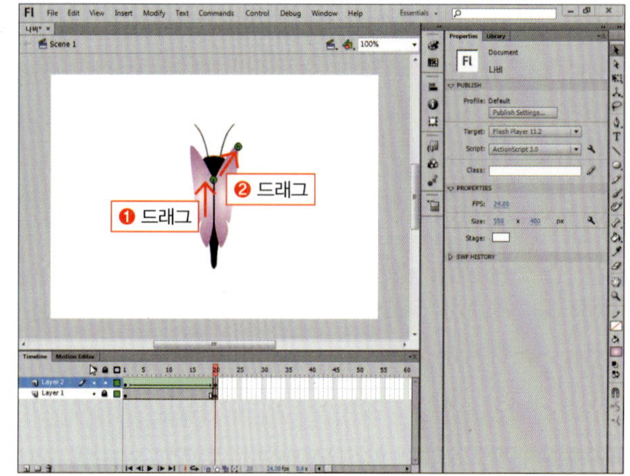

08. `Enter`를 눌러 재생해 찌그러졌던 트윈이 제대로 이루어지는 것을 확인합니다.

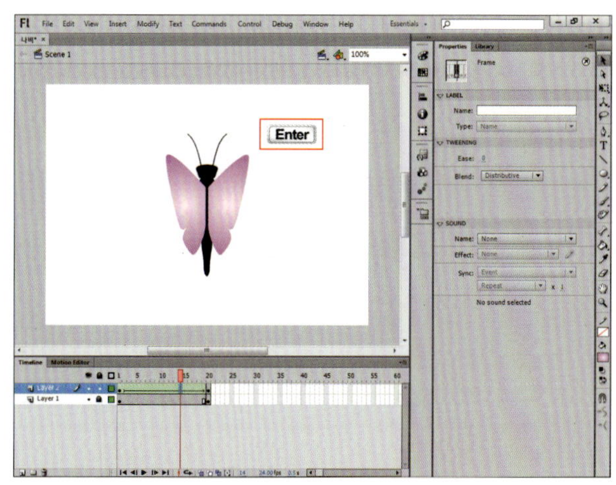

문제 해결 **사라진 Hint를 다시 나타나게 하려면**

Hint 작업 중에 선택을 해제하거나 셰이프 오브젝트를 선택하면 Hint가 사라지는 경우가 있습니다. `Ctrl` + `Alt` + `H`를 누르면 사라진 Hint가 다시 나타나게 됩니다.

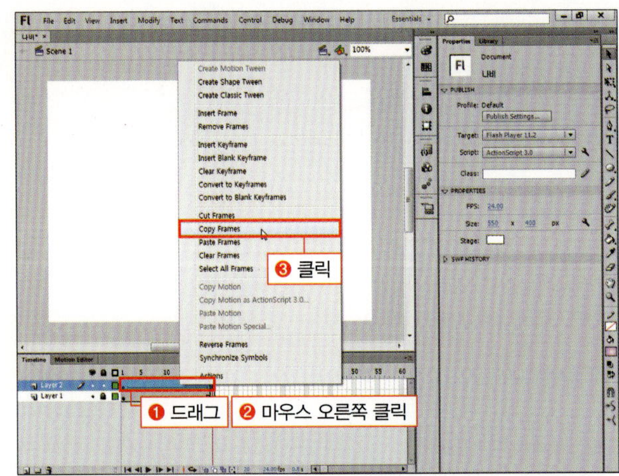

09. 이어 접힌 날개가 다시 펴지도록 반복 트윈을 구성해 봅니다. 'Layer 2' 레이어의 1~20프레임을 드래그하고 마우스 오른쪽 버튼을 클릭해 'Copy Frames'을 선택하여 프레임을 복사합니다.

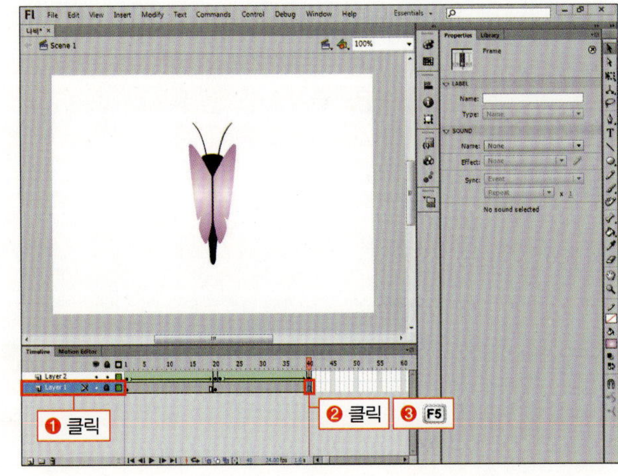

10. 'Layer 2' 레이어의 21프레임에서 마우스 오른쪽 버튼을 클릭해 'Paste Frames'를 선택하여 프레임을 붙여 넣기하고 'Layer 1' 레이어의 40프레임에서 F5를 눌러 프레임을 연장합니다.

11. 'Layer 2' 레이어의 21~40프레임을 마우스로 드래그하여 선택하고 마우스 오른쪽 버튼을 클릭해 'Reverse Frames'을 선택하여 무비를 반전시킵니다.

12. 21프레임에서 [Modify]–[Shape]–[Add Shape Hint](**Ctrl** + **Shift** + **H**) 메뉴를 2번 클릭해 Hint를 생성하고 앞의 무비와 같은 위치에 Hint를 구성합니다.

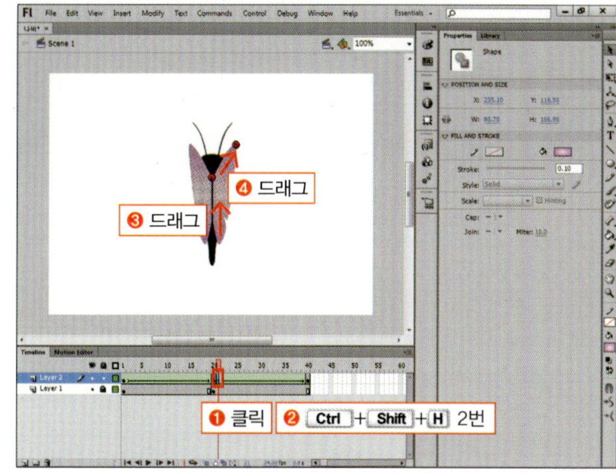

13. 40프레임의 Hint도 21프레임과 대응하도록 옮깁니다.

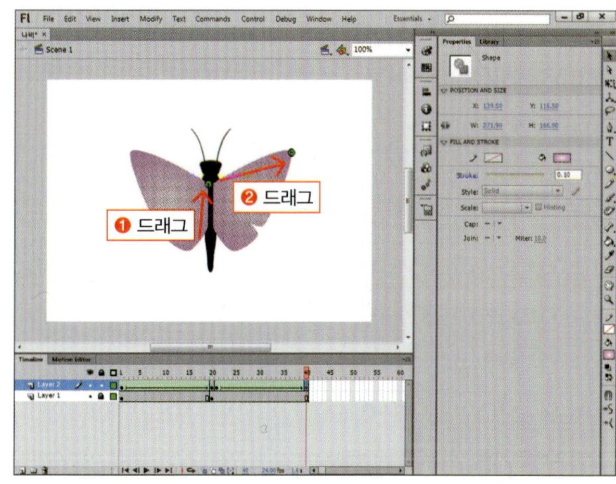

14. **Ctrl** + **Enter** 를 눌러 테스트 무비를 실행하면 나비의 날개가 자연스럽게 움직이는 것을 확인할 수 있습니다.

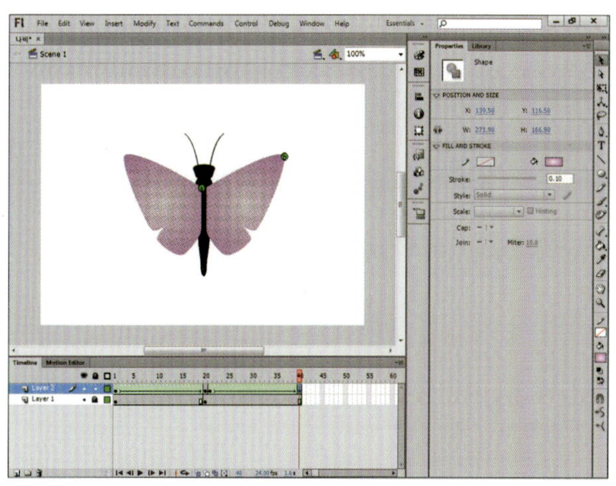

> **문제 해결**   **Hint를 구성하면 트윈이 이루어지지 않고 셰이프 오브젝트가 사라지는 경우**
>
> 셰이프 트윈은 복잡한 계산을 필요로 하기 때문에 복잡한 모양의 셰이프 오브젝트인 경우 트윈이 원하는 대로 이루어지지 않거나 셰이프 오브젝트가 트윈에서 사라지는 경우가 있습니다. 이럴 경우에는 Hint 위치를 조금씩 옮기면서 작업하도록 합니다.

클래식 트윈은 플래시 CS3 버전까지는 모션 트윈으로 사용되다가 새로운 기능이 추가된 모션이 사용되면서 클래식 트윈으로 이름이 변경되었습니다. 클래식 트윈은 그룹된 심벌에 사용할 수 있습니다. 크기, 회전, 색상 등을 변경할 수 있지만 셰이프 트윈처럼 자유 변형은 할 수 없습니다.

기초탄탄 ▶ 클래식 트윈 알아보기

■ 클래식 트윈이 적용된 [Timeline] 패널 `300P`

클래식 트윈이 적용되면 [Timeline] 패널의 프레임 색상이 변경되면서 화살표가 표시됩니다.

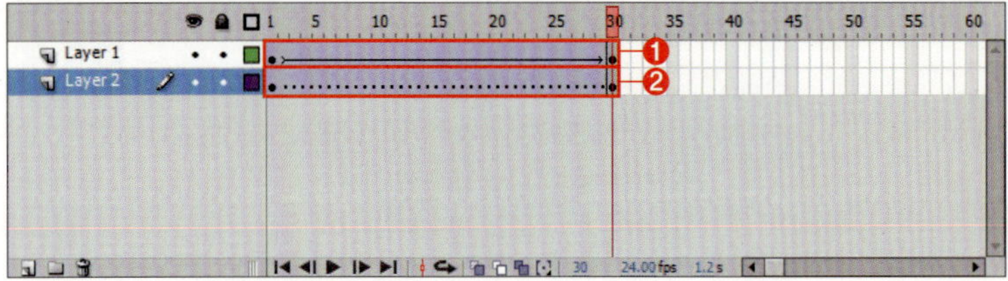

❶ 클래식 트윈이 적용된 프레임

❷ 클래식 트윈을 적용한 키프레임에 새로운 오브젝트를 추가한 경우 점선이 나타나며 이러한 경우 트윈은 이루어지지만 추가된 오브젝트는 트윈에 포함되지 않습니다.

■ 클래식 트윈의 [Properties] 패널 `300P`

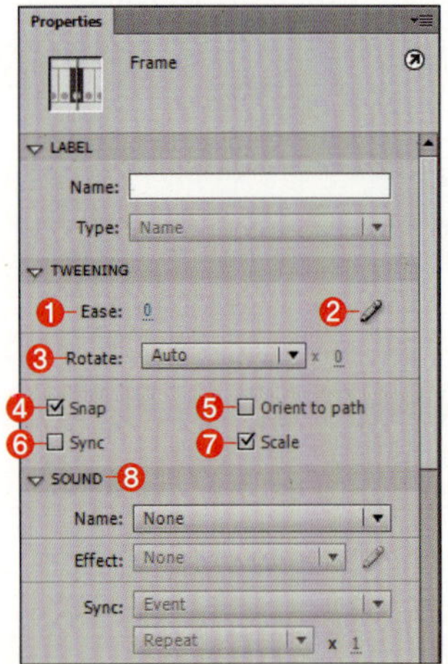

❶ Ease : 트윈의 가속도를 조절합니다.

❷ Edit easing : 트윈의 가속도를 그래프 방식으로 편집합니다.

❸ Rotate : 트윈이 진행되는 동안 오브젝트의 회전수를 설정합니다.

❹ Snap : 스냅 기능을 켜고 끕니다.

❺ Orient to path : 오브젝트가 패스를 따라 회전하도록 설정합니다.

❻ Sync : 클래식 트윈을 서로 다른 심벌에 잘못 지정했을 때 같은 심벌로 유지시켜줍니다.

❼ Scale : 심벌의 크기를 자연스럽게 변화하도록 설정합니다.

❽ SOUND : 사운드 효과를 설정합니다.

■ [Custom Ease In/Ease Out] 대화상자 307P

Ease 값을 그래프로 표시하며 불규칙한 동작을 만들 수 있습니다.

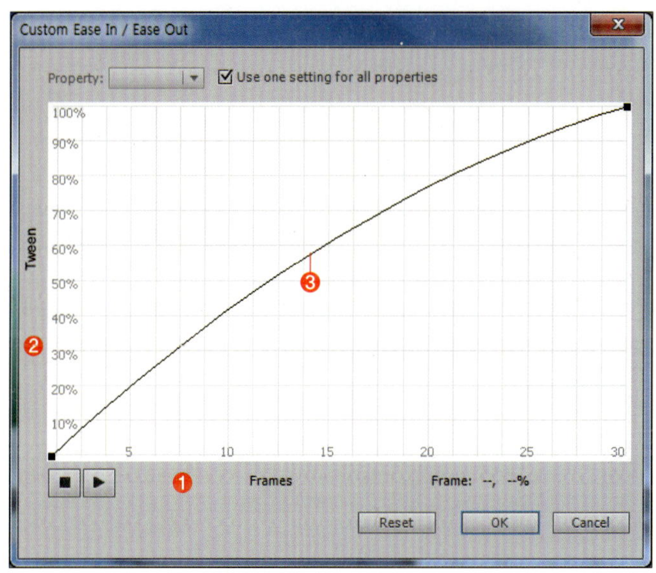

❶ X 축 : 트윈이 구성된 프레임을 표시합니다.

❷ Y 축 : 트윈의 진행 정도를 표시합니다.

❸ 그래프 : 프레임 재생 시간에 따른 트윈 진행 정도를 조절합니다.

클래식 트윈은 심벌을 사용하기 때문에 오브젝트의 중심을 설정할 수 있습니다. 이 중심을 회전축으로 하여 오브젝트를 회전시킬 수 있습니다.

예제 파일 | CD\Part 06\축구공.fla **완성 파일 |** CD\Part 06\축구공_완성.fla

01. '축구공.fla' 파일을 불러옵니다.

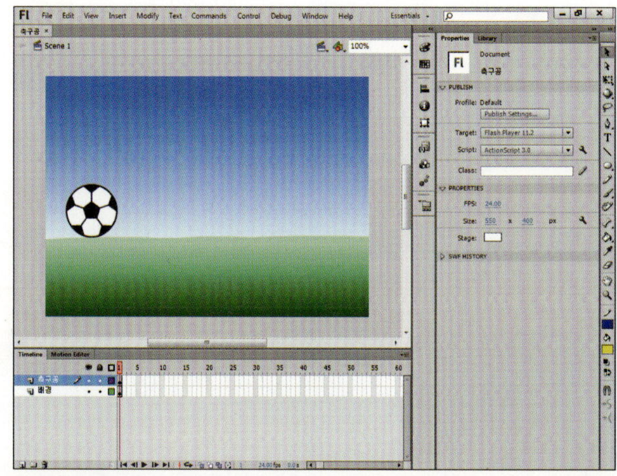

02. '축구공'에 클래식 트윈을 적용하기 위해 [Timeline] 패널의 '배경' 레이어는 [Lock/Unlock] ( )을 클릭해 [Lock]( )으로 설정하고 [선택 툴]( )을 선택하여 '축구공'을 클릭하고 F8을 눌러 '축구공'이라는 그래픽 심벌로 전환합니다.

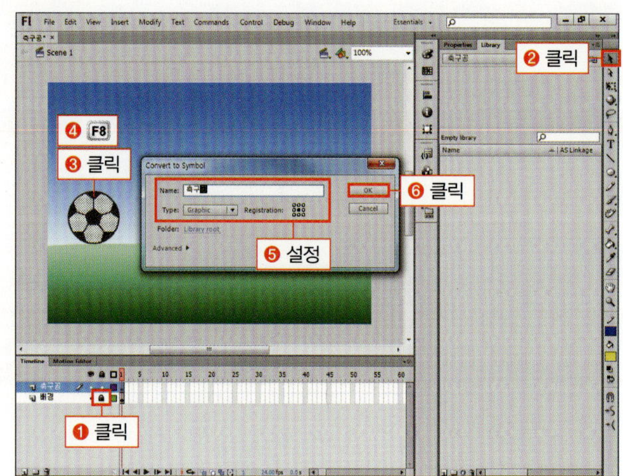

03. '축구공' 레이어의 30프레임을 클릭하고 F6을 눌러 프레임을 복사하고, '배경' 레이어는 30프레임에서 F5를 눌러 프레임을 연장합니다.

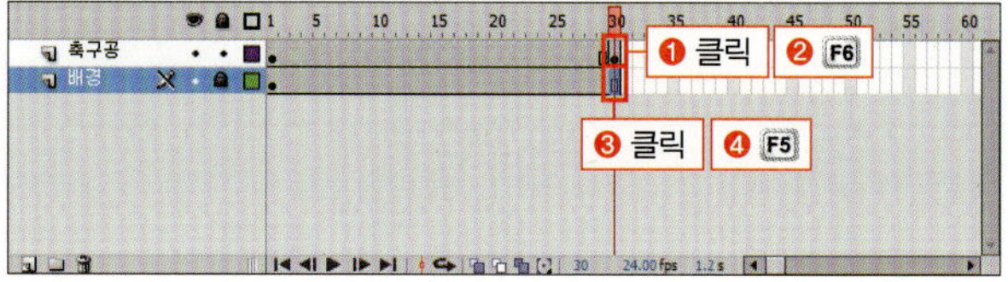

04. '축구공' 레이어의 30프레임을 클릭하고 '축구공'을 스테이지 오른쪽으로 옮깁니다. '축구공' 레이어의 타임라인에서 마우스 오른쪽 버튼을 클릭해 'Create Classic Tween'을 선택합니다.

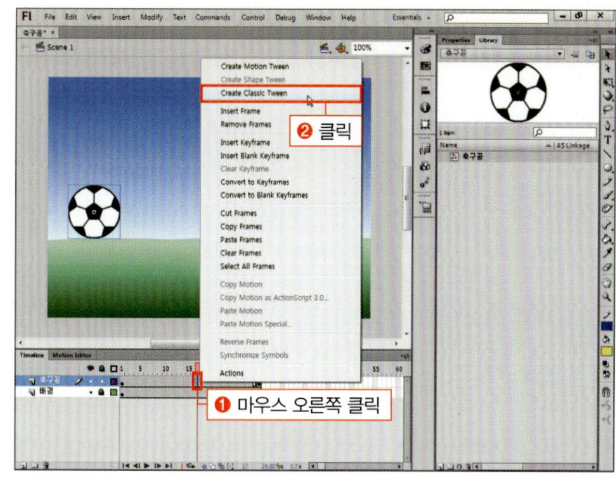

05. [Onion Skin]( )을 클릭하여 트윈의 진행 과정을 보면 '축구공'이 밋밋하게 수평 이동하는 것을 알 수 있습니다.

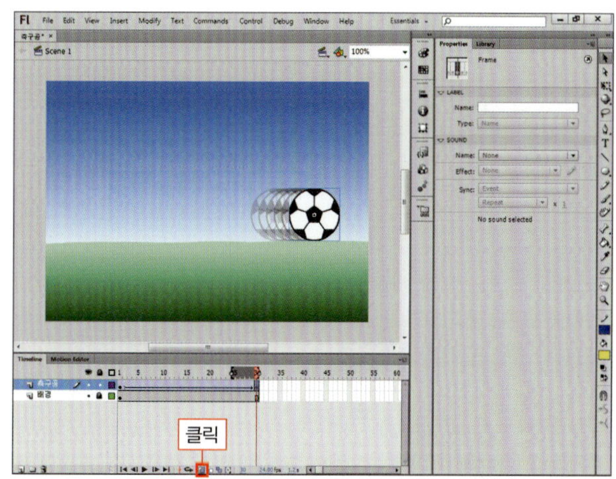

06. '축구공'에 회전을 주기 위하여 클래식 트윈이 적용된 타임라인을 클릭하고 [Properties] 패널에서 [Rotate]를 'CW', [회전 수]는 '1'로 설정합니다. Enter 를 눌러 자연스럽게 회전하며 움직이는 무비를 확인합니다.

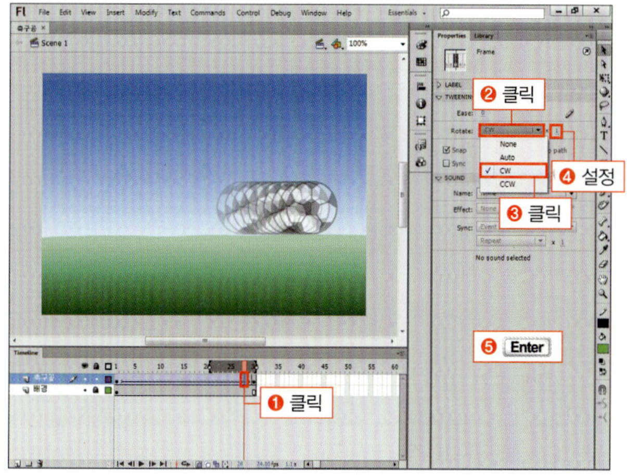

클래식 트윈에서 변형의 기준점을 변경하면 트윈의 방향을 유도할 수 있습니다.

예제 파일 | CD₩Part 06₩쥬스.fla **완성 파일 |** CD₩Part 06₩쥬스_완성.fla

01. '쥬스.fla' 파일을 불러온 후 레이어의 구성을 확인합니다. 오브젝트가 정해진 순서에 의해 각각 레이어로 구성되어 있습니다.

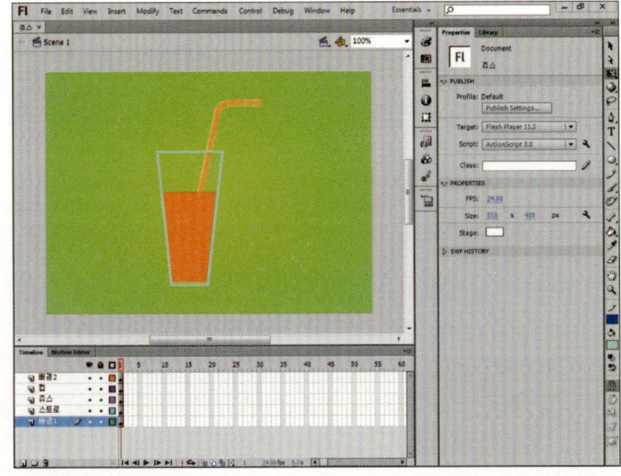

02. 맨 위에 위치한 '배경2' 레이어는 '쥬스' 레이어에 클래식 트윈을 적용하여 크기가 줄어드는 트윈을 구성할 때 오브젝트의 크기가 작아지면서 '컵' 밖으로 이탈되는 것을 가리기 위해 구성한 것입니다. '배경2' 레이어를 선택하여 구성을 확인해 봅니다.

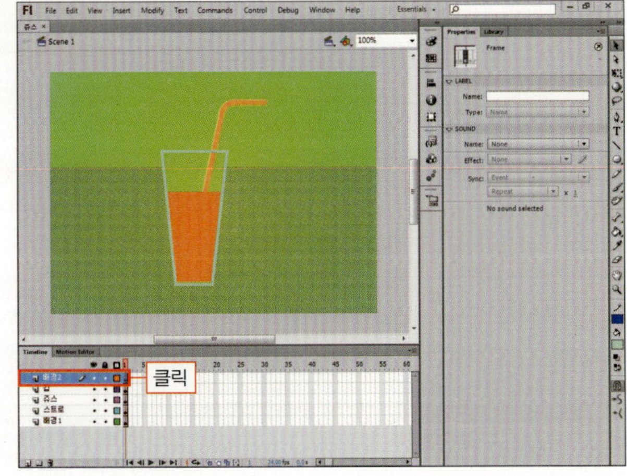

03. '쥬스' 레이어를 제외한 모든 레이어를 [Lock/Unlock](●)을 클릭해 [Lock](🔒)으로 설정합니다.

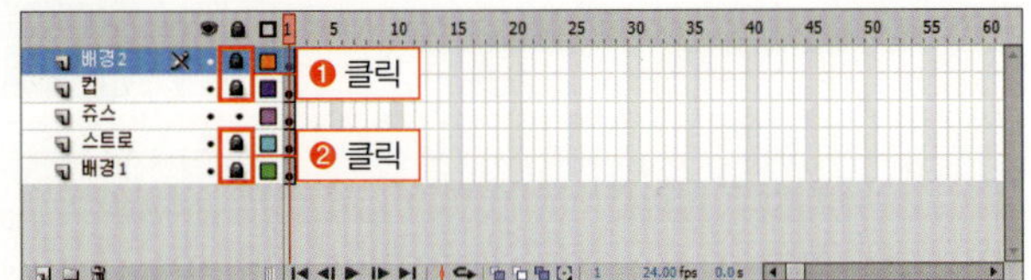

04. '쥬스' 레이어를 선택하고 `F8`을 눌러 '쥬스'라는 이름의 그래픽 심벌로 전환합니다.

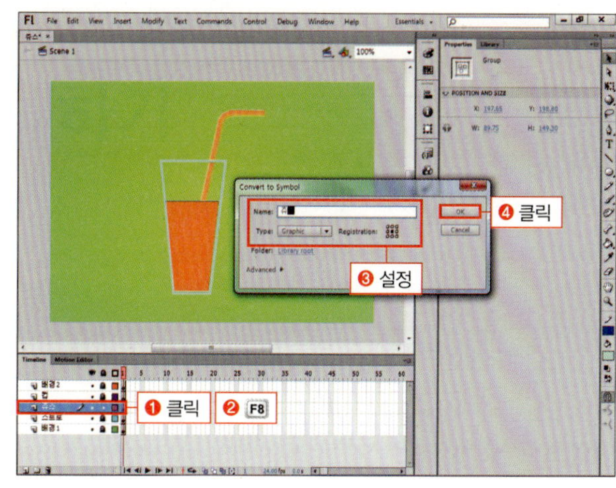

05. [자유 변형 툴]( )을 선택하고 '쥬스'를 클릭하고 중심점을 드래그하여 가운데 아래로 옮깁니다.

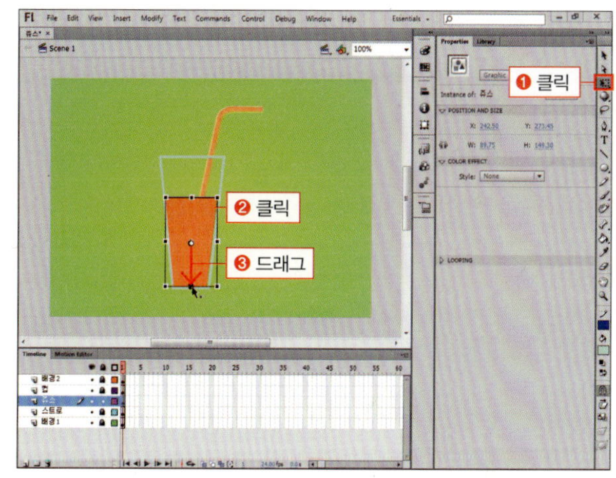

06. '쥬스' 레이어의 20프레임을 클릭하고 `F6`을 눌러 프레임을 복사하고 나머지 레이어는 `F5`로 20프레임까지 프레임을 연장합니다.

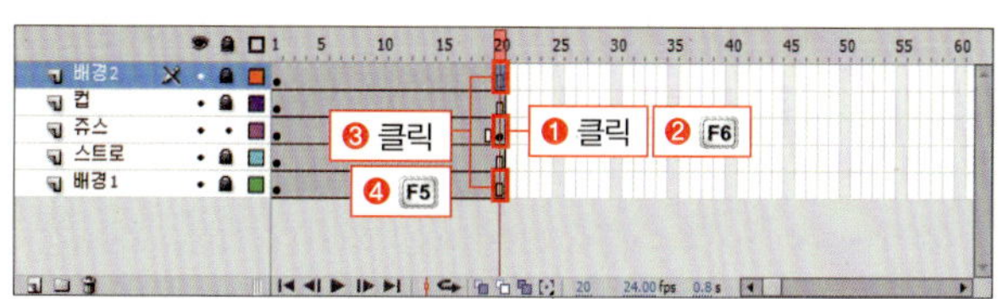

07. 20프레임의 '쥬스'의 크기를 위에서부터 아래로 드래그하여 바닥만 보이도록 줄입니다.

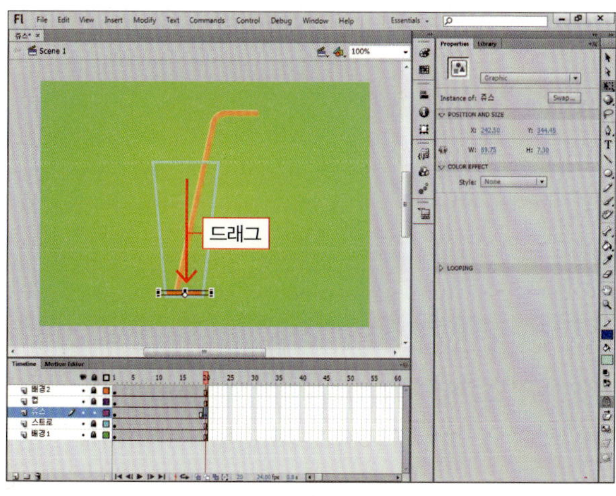

08. '쥬스' 레이어의 프레임을 클릭하고 마우스
오른쪽 버튼을 클릭해 'Create Classic Tween'을
선택합니다. Enter 를 눌러 쥬스의 크기가 점점
아래로 줄어드는 무비를 확인합니다.

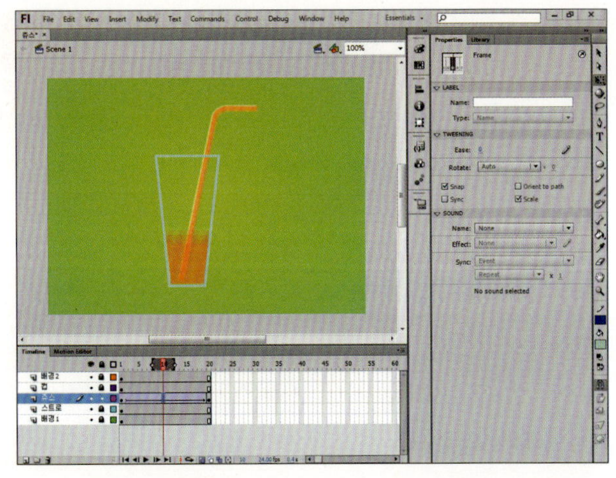

TIP : 중심점 이동과 스냅

회전 또는 크기를 변경하는 트윈을 구성하는 경우 오브젝트의 중심점을 변경하기 위해 스냅 기능을 사용하는 경우가 있습니다. 이 때 불필
요하게 설정된 스냅에 의해 원하는 중심 이동이 어려운 경우가 발생할 수 있습니다. 특히 격자 스냅이 설정된 경우 중심점 이동 시 격자에
물려 중심점이 이동되어 오브젝트와 상관 없는 위치에 중심점이 이동됩니다. 중심점 이동 시에는 격자 스냅은 끄고 오브젝트 스냅만 설정
하도록 합니다.

기준점을 변경하여 좌우로 흔들리는 애니메이션을 구성해보도록 하겠습니다. 프레임 반전 기능을 함께 이용하여 구성합니다.

예제 파일 | CD₩Part 06₩오뚜기.fla **완성 파일 |** CD₩Part 06₩오뚜기_완성.fla

01. '오뚜기.fla' 파일을 불러온 후 [선택 툴]( )을 선택하고 '오뚜기'를 클릭한 후 F8 을 눌러 '오뚜기'라는 이름의 그래픽 심벌로 전환합니다.

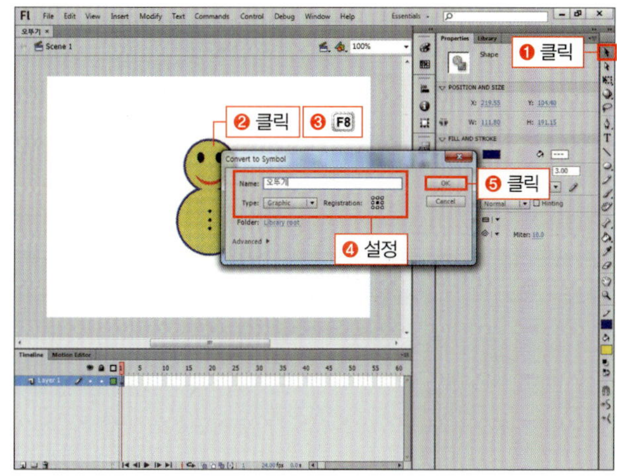

02. [자유 변형 툴]( )을 선택하고 '오뚜기'를 클릭하고 오뚜기의 중심점을 드래그하여 가운데 아래로 옮깁니다.

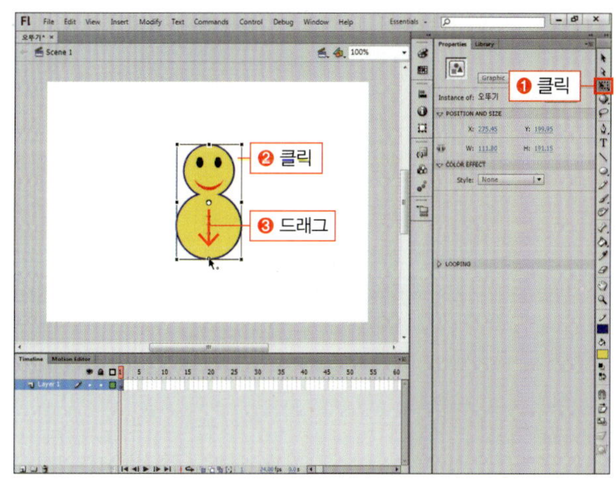

03. 10, 20, 30, 40프레임을 Ctrl 을 눌러 선택한 후 F6 을 눌러 프레임을 복사합니다.

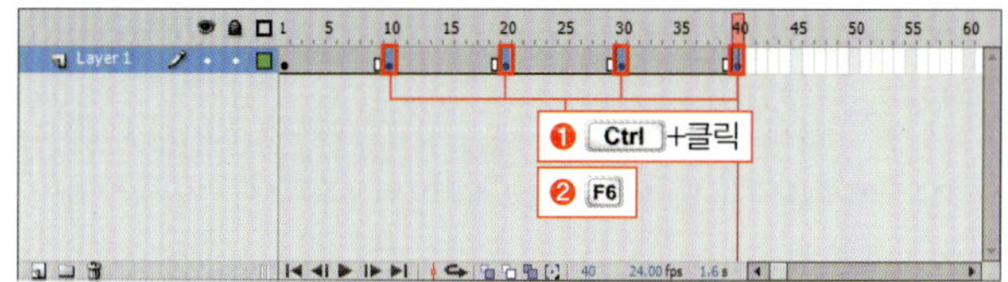

04. 10프레임을 클릭하고 [자유 변형 툴]로 '오뚜기'를 왼쪽으로 30° 정도 기울입니다.

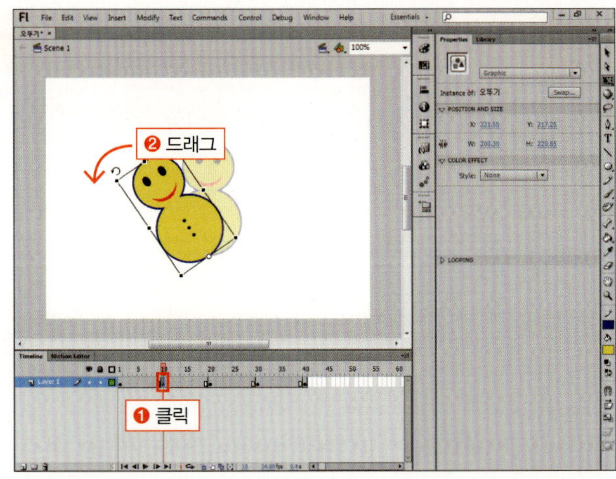

05. 30프레임을 클릭하고 [자유 변형 툴]로 '오뚜기'를 오른쪽으로 30° 정도 기울입니다.

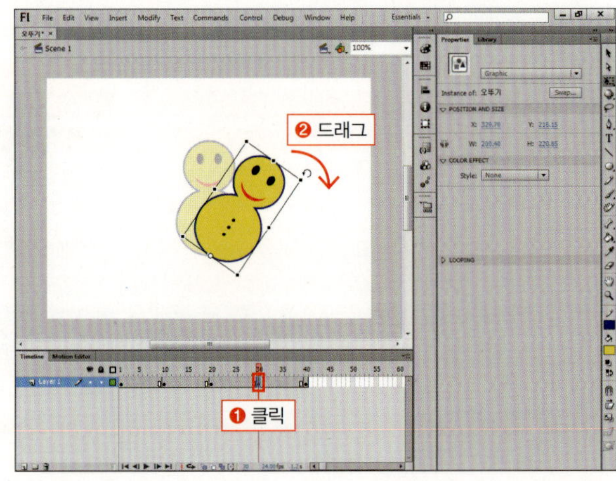

06. 구성된 프레임을 드래그한 후 마우스 오른쪽 버튼을 클릭해 'Create Classic Tween'을 선택해 클래식 트윈을 적용합니다.

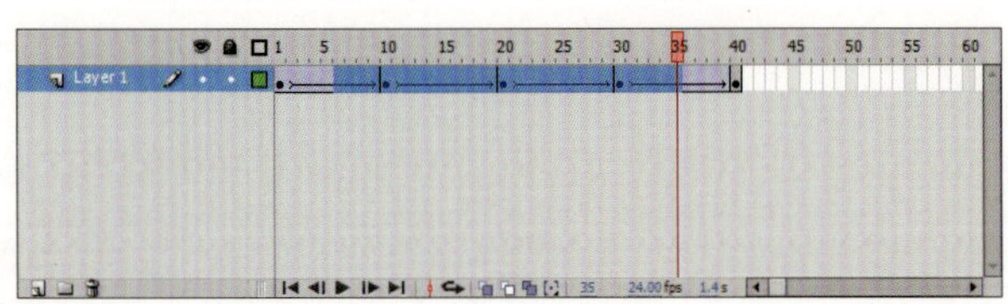

07. Ctrl + Enter 를 눌러 테스트 무비를 실행하면 좌우로 움직이는 오뚜기를 확인할 수 있습니다.

트윈을 구성하면 프레임마다 동작이 균일하게 구성되지만 변화를 주어 조절할 수 있습니다. 가속도를 조절하여 부드럽게 움직이는 애니메이션을 구현해보도록 하겠습니다.

예제 파일ㅣ CD₩Part 06₩축구공조절.fla **완성 파일ㅣ** CD₩Part 06₩축구공조절_완성.fla

01. '축구공조절.fla' 파일을 불러옵니다.

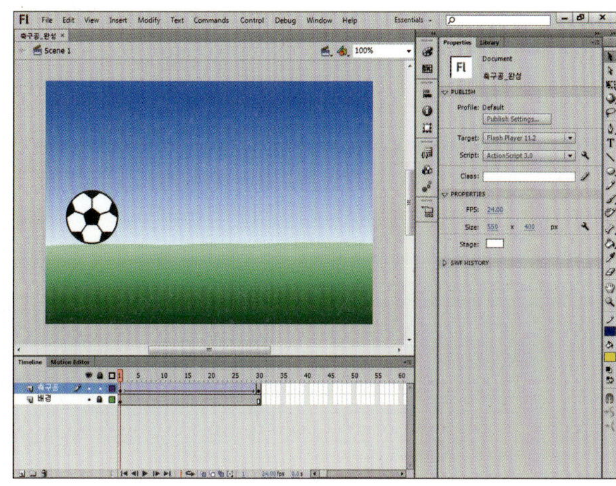

02. '축구공' 레이어를 선택하고 트윈이 끝나는 30프레임을 클릭한 후 [Onion Skin](🔳)을 클릭하고 마커를 모든 프레임에 확장합니다.

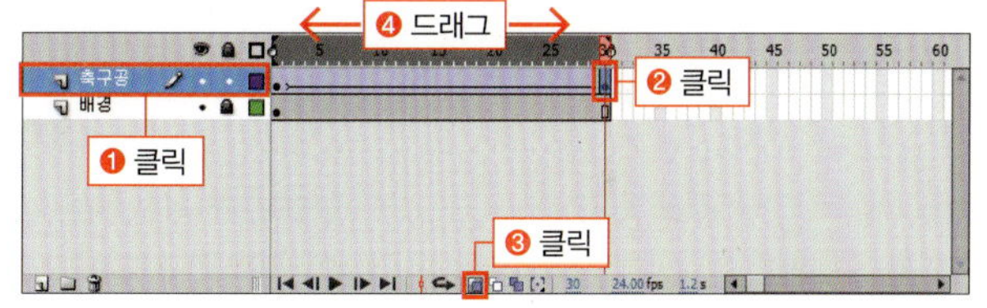

03. Enter 를 눌러 스테이지에 나타나는 트윈의 모양을 보면 축구공의 간격이 균일하게 움직이는 것을 확인할 수 있습니다.

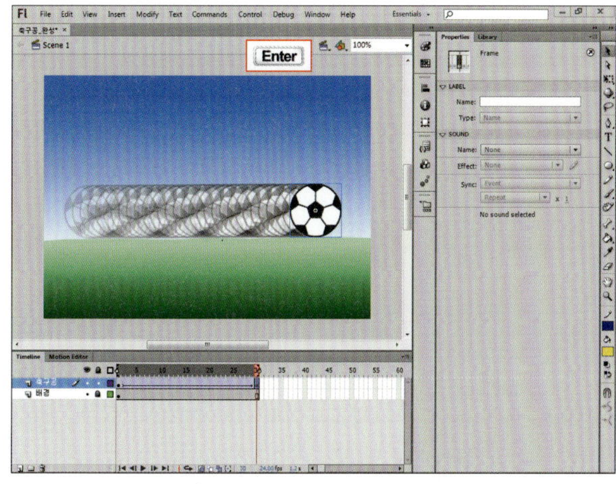

04. 클래식 트윈이 적용된 프레임을 클릭하고 [Properties] 패널의 [Ease]를 '50'으로 설정합니다. 스테이지의 '축구공'의 간격이 시간의 경과에 따라 점점 좁아지게 됩니다.

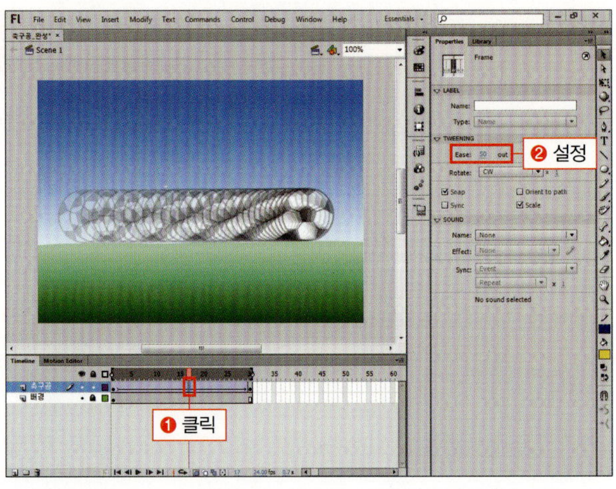

> **TIP** : [Ease]의 이해
>
> 트윈을 구성할 때 가속도를 조절하는 것으로 −100~100 사이의 값을 사용합니다. 0보다 작은 값을 설정하면 점점 빨라지는 무비가 되고, 0보다 큰 값을 설정하면 점점 느려지는 무비가 됩니다.

05. Ease 설정을 편집해 봅니다. [Properties] 패널의 [Edit Easing]( )을 클릭하여 대화상자를 엽니다.

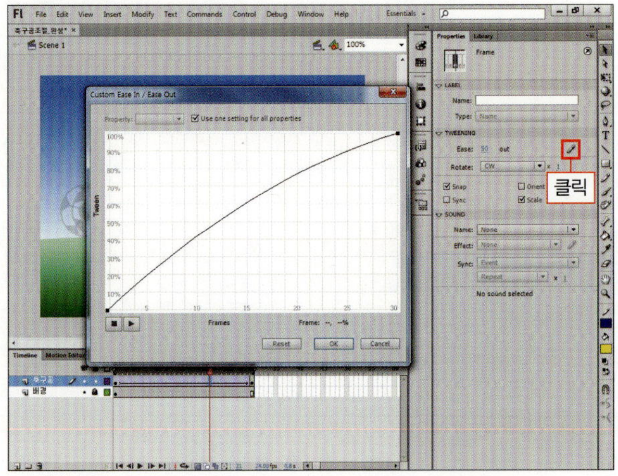

06. [Ease]를 '50'으로 설정했기 때문에 그래프가 약간 위로 굽은 곡선으로 구성되어 있습니다. [Reset] 단추를 클릭해 그래프를 초기화합니다.

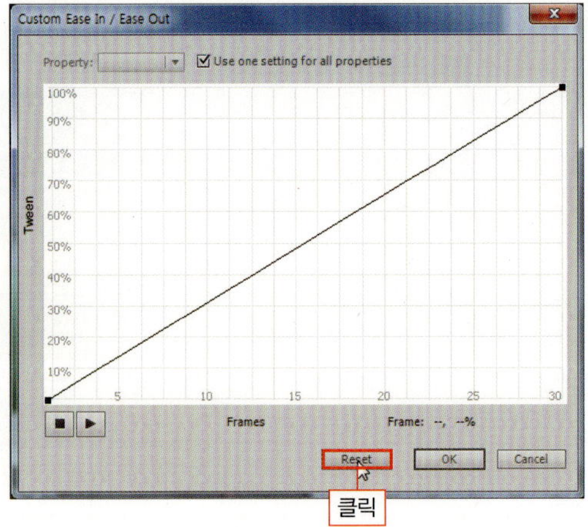

07. 그래프에서 10프레임에 해당하는 지점을 클릭하고 아래로 드래그하여 15% 위치에 맞춥니다.

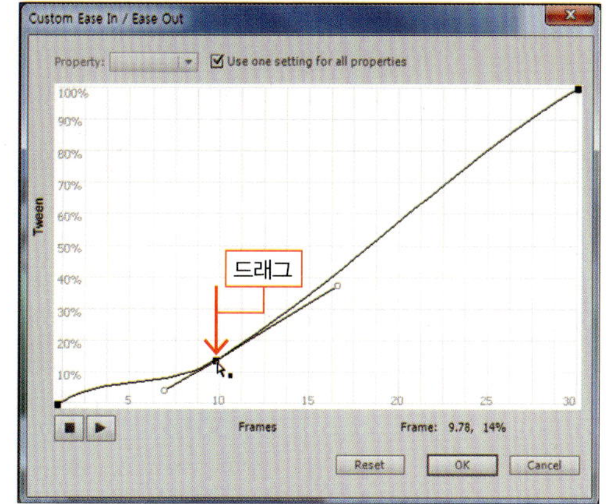

08. 이어 20프레임에 해당하는 지점을 클릭하고 위로 드래그하여 80% 위치에 맞춥니다. 설정이 완료되면 [OK] 단추를 클릭합니다.

09. `Enter` 를 눌러 무비를 확인하면 트윈의 중간 부분에서는 빠르게 움직이고 시작과 끝 부분에서는 서서히 움직이는 무비가 재생됩니다.

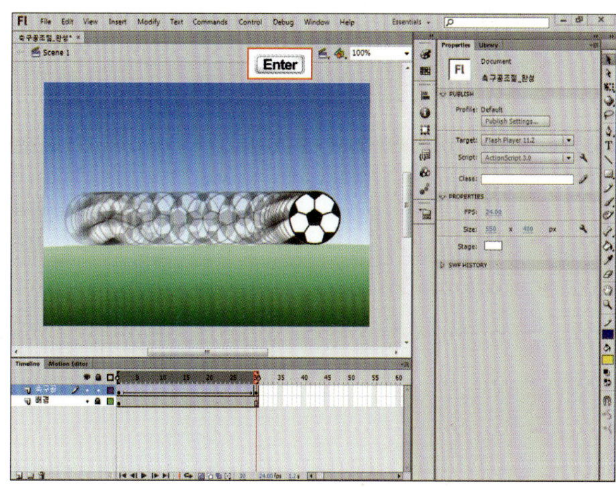

클래식 트윈을 사용하여 심벌의 크기가 변하면서 움직이는 무비를 구성할 수 있습니다.

예제 파일ㅣ CD\Part 06\자동차.fla **완성 파일ㅣ** CD\Part 06\자동차_완성.fla

01. 자동차가 멀리서부터 나타나는 무비를 만들어 보기 위해 '자동차.fla' 파일을 불러옵니다.

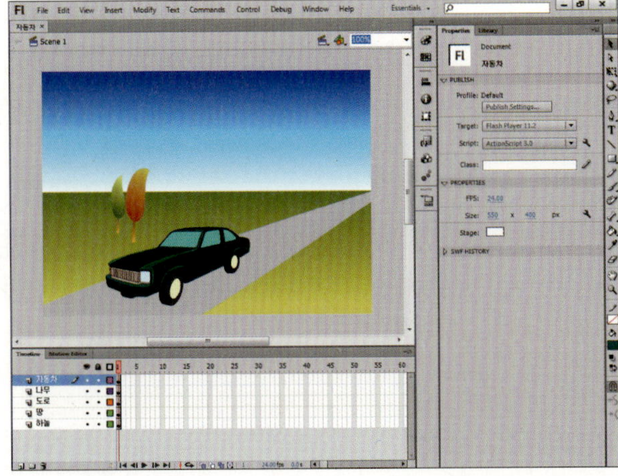

02. '자동차' 레이어를 제외한 모든 레이어의 [Lock/Unlock](•)을 클릭해 [Lock](🔒)으로 설정합니다.

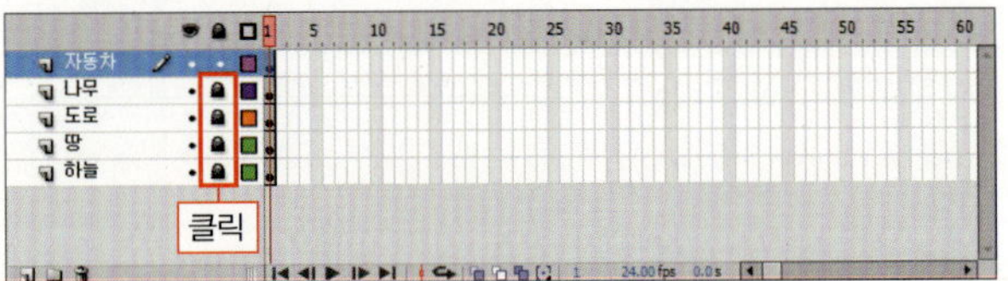

03. '자동차' 레이어의 60프레임을 클릭한 후 F6을 눌러 프레임을 복사하고, 나머지 레이어는 F5를 눌러 60프레임까지 연장합니다.

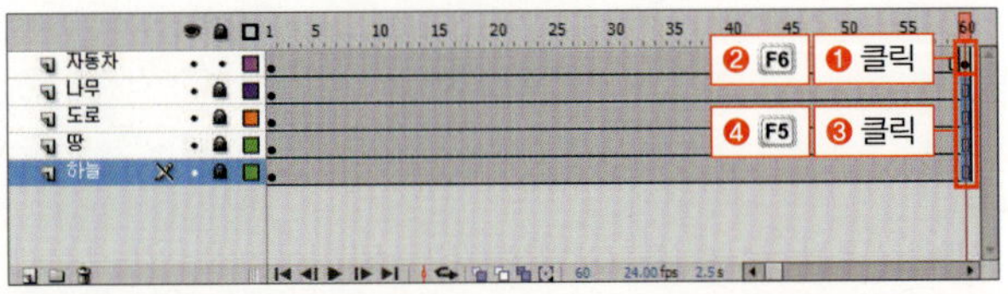

04. [돋보기 툴](🔍)을 선택하고 스테이지 가운데에서 Alt 를 누르고 클릭하여 화면을 축소합니다.

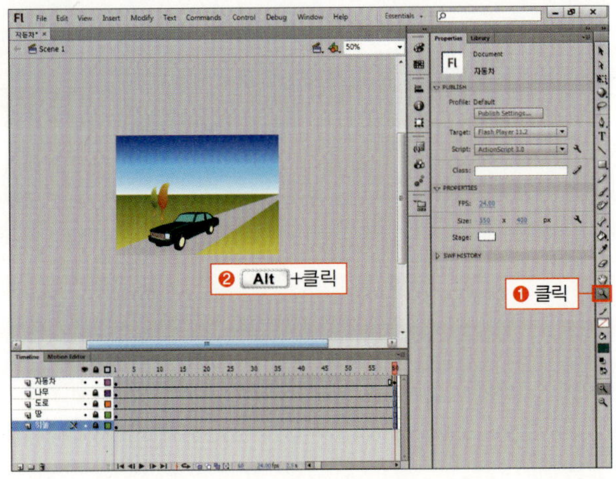

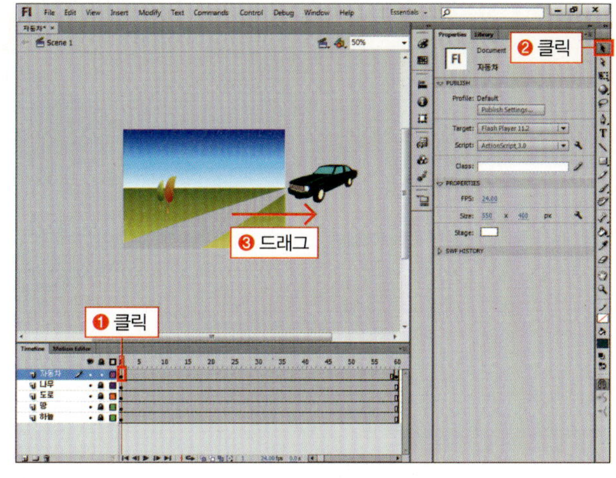

05. '자동차' 레이어의 1프레임을 클릭하고 [선택 툴]( )을 선택하여 '자동차'를 클릭하고 도로가 시작되는 오른쪽 중간 지점 스테이지 밖으로 옮깁니다.

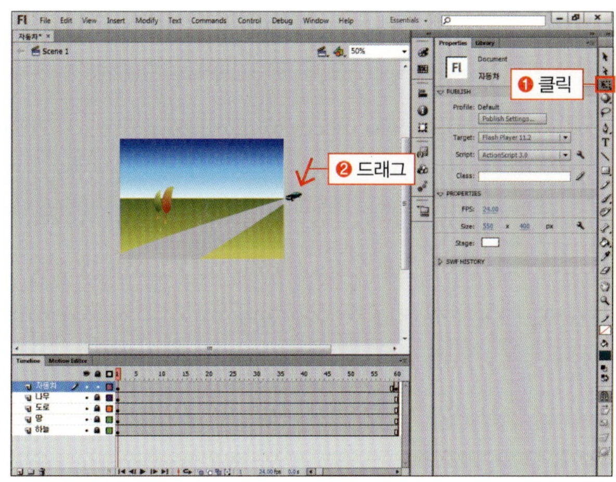

06. [자유 변형 툴]( )을 선택하여 '자동차'의 크기를 도로 크기에 비례하게 줄입니다.

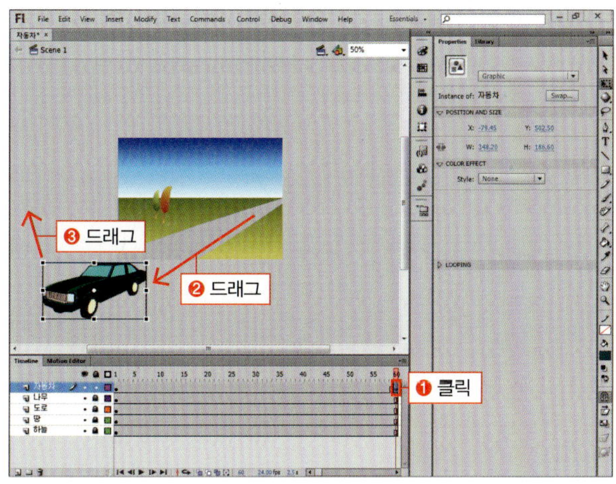

07. 60프레임을 클릭하고 '자동차'를 스테이지 왼쪽 아래 바깥쪽으로 옮기고 크기를 조금 키웁니다.

08. '자동차' 레이어의 프레임을 클릭하고 마우스 오른쪽 버튼을 클릭해 'Create Classic Tween'을 선택해 클래식 트윈을 적용합니다.

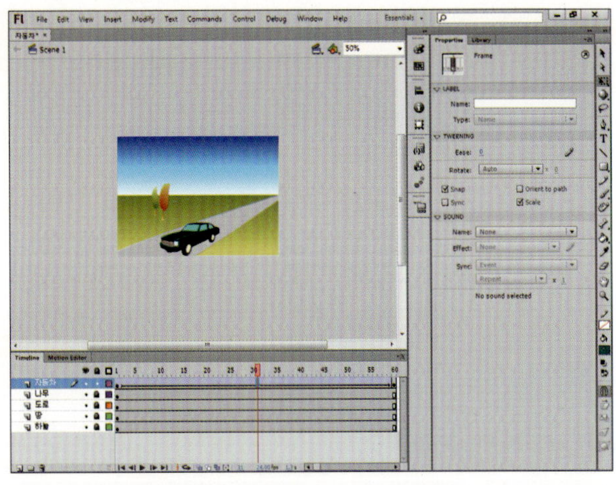

09. 클래식 트윈의 [Properties] 패널에서 [Ease]를 '-100'으로 설정합니다.

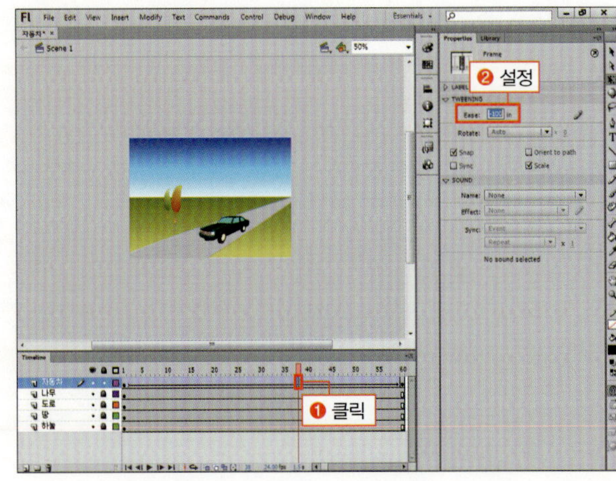

10. Ctrl + Enter 를 눌러 테스트 무비를 실행하면 자동차가 나타났다 사라지는 무비가 반복됩니다.

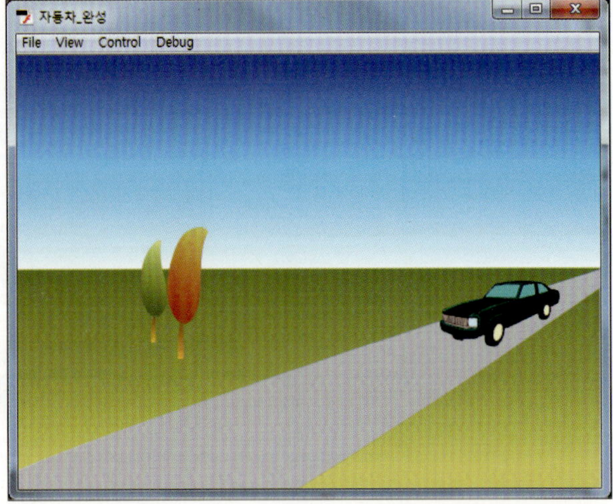

심벌의 투명도를 조절하여 나타나고 사라지는 무비를 구성할 수 있습니다.

예제 파일 | CD₩Part 06₩별똥별.fla **완성 파일 |** CD₩Part 06₩별똥별_완성.fla

01. '별똥별.fla' 파일을 불러옵니다.

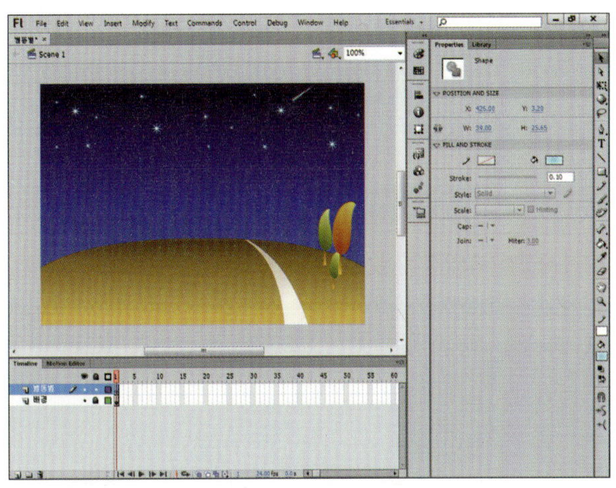

02. [선택 툴]( )을 선택하고 스테이지 오른쪽 위의 '별똥별'을 클릭한 후 F8 을 눌러 '별똥별'이라는 이름으로 그래픽 심벌로 전환합니다.

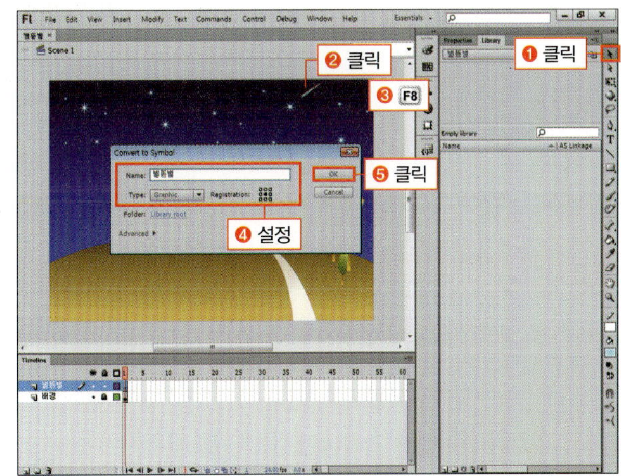

03. '별똥별' 레이어의 20프레임을 클릭하고 F6 을 눌러 프레임을 복사한 후 40프레임에서 F5 를 눌러 프레임을 연장합니다. '배경' 레이어는 40프레임에서 F5 를 눌러 그대로 연장합니다.

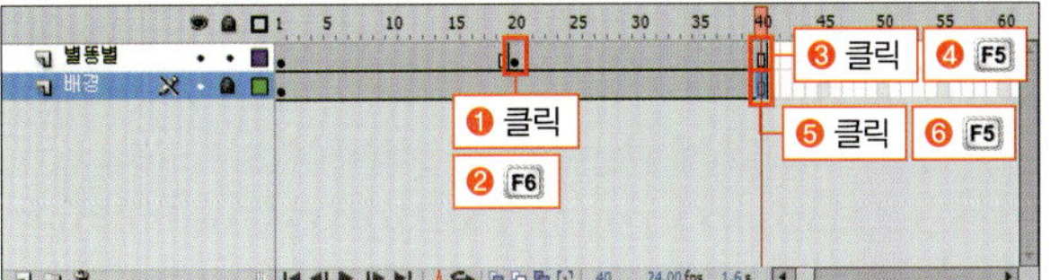

04. 1프레임을 클릭하여 [자유 변형 툴]( )을 선택하여 '별똥별'을 클릭하고 1/2 크기로 줄입니다.

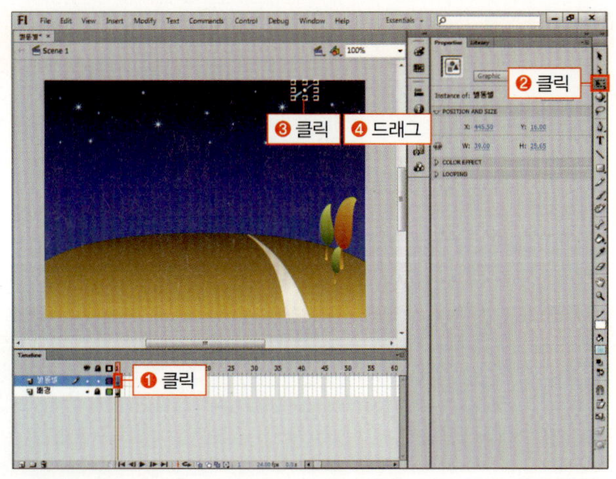

05. 20프레임을 클릭하여 '별똥별'을 클릭하고 크기를 2배 정도로 키운 후 스테이지 왼쪽 아래 1/4 지점 바깥으로 옮깁니다.

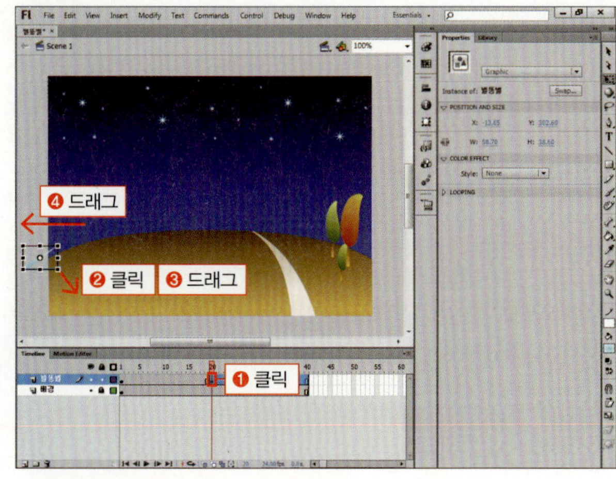

06. [Properties] 패널의 [Style]을 'Alpha', [Alpha]를 '0'으로 설정하여 투명하게 처리합니다.

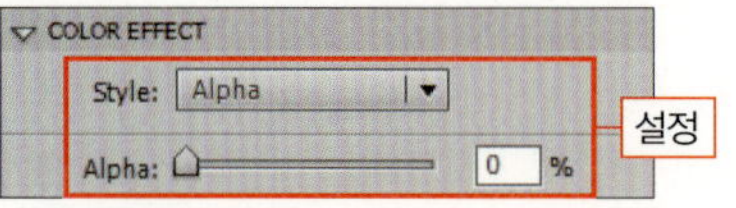

07. '별똥별' 레이어의 1~20프레임을 드래그하고 마우스 오른쪽 버튼을 클릭해 'Create Classic Tween'을 선택하여 클래식 트윈을 적용합니다. Ctrl + Enter 를 눌러 별똥별이 떨어지면서 크기가 점점 커지다가 사라지는 무비를 확인합니다.

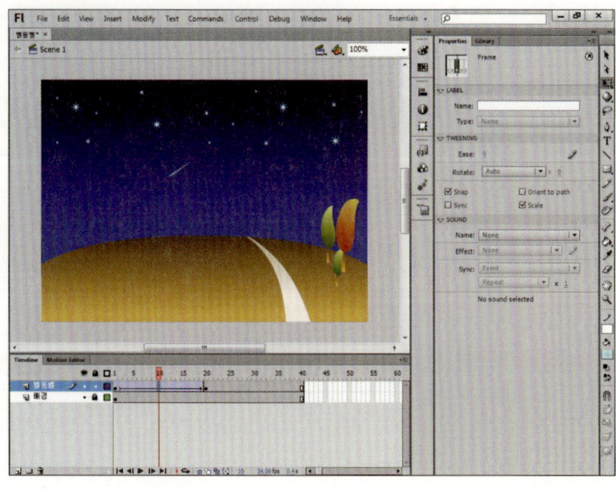

314

클래식 트윈을 동시에 사용하려면 레이어를 추가하여 구성합니다. 동심원이 퍼져나가는 모양을 클래식 트윈으로 구성해보도록 하겠습니다.

예제 파일 | CD₩Part 06₩동심원.fla **완성 파일 |** CD₩Part 06₩동심원_완성.fla

01. '동심원.fla' 파일을 불러옵니다. 무비는 40 프레임까지 구성한 것이기에 '배경' 레이어가 40 프레임까지 연장되어 있고 동심원 모양이 심벌로 등록되어 있습니다.

02. '동심원1' 레이어의 20프레임을 클릭하고 F6을 눌러 프레임을 복사합니다.

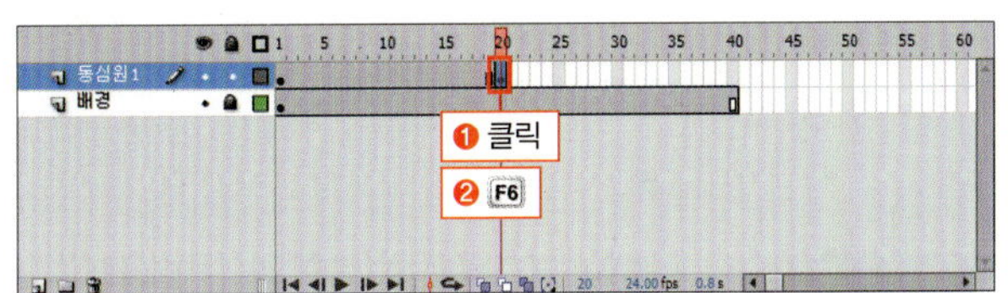

03. [자유 변형 툴]( )을 선택하여 20프레임의 '동심원'의 크기를 스테이지의 70% 정도가 되도록 크게 확대합니다.

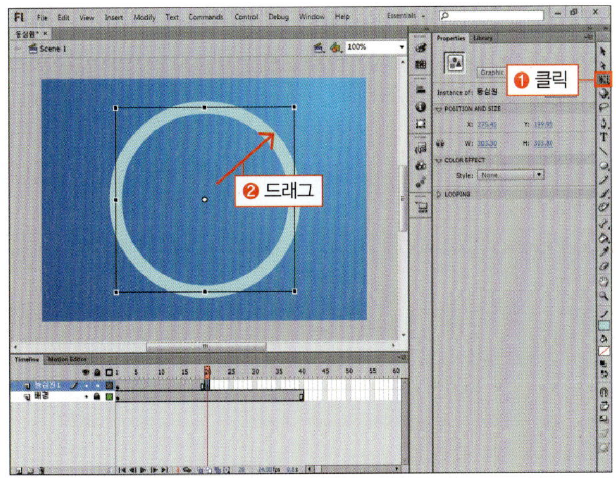

04. 확대한 '동심원'을 투명하게 처리하기 위해
[Properties] 패널의 [Alpha]를 '0'으로 설정합니다.

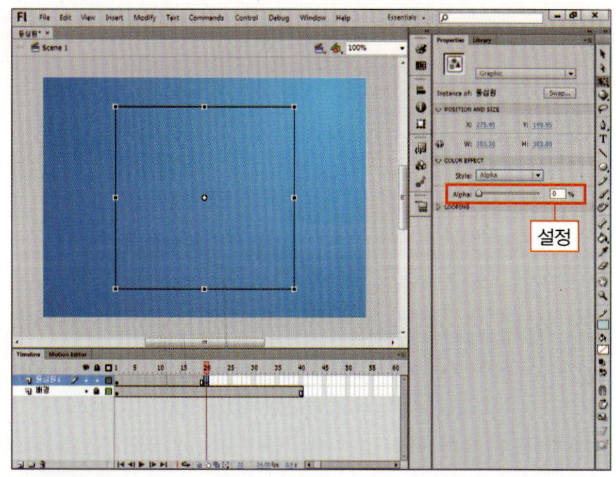

05. '동심원1' 레이어의 1~20프레임을 드래그하
고 마우스 오른쪽 버튼을 클릭해 'Create Classic
Tween'을 선택해 클래식 트윈을 적용합니다.

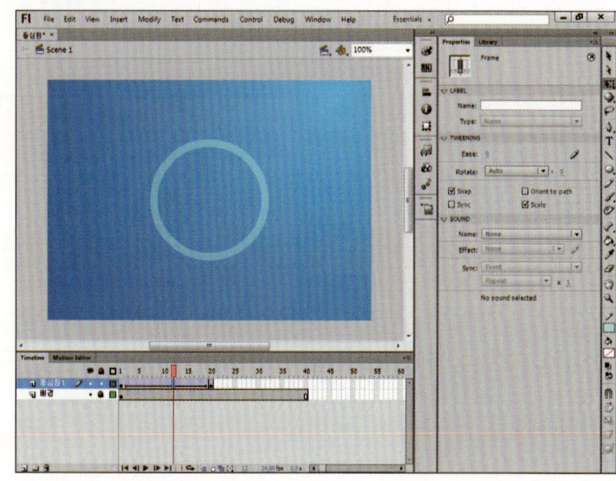

06. [New layer](￼)를 클릭해 레이어를 추가하
고 이름을 '동심원2'로 변경합니다.

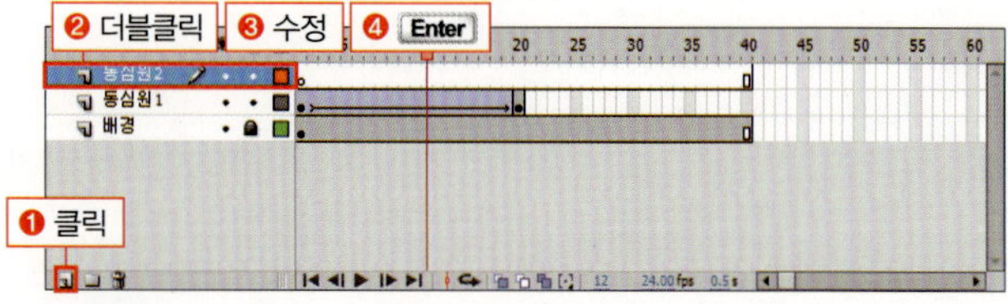

07. '동심원1' 레이어의 1~20프레임을 드래그하
고 마우스 오른쪽 버튼을 클릭해 'Copy Frames'
을 선택합니다. 이어 '동심원2' 레이어의 11~40프
레임을 드래그하고 마우스 오른쪽 버튼을 클릭해
'Paste Frames'을 선택해 붙여 넣기합니다.

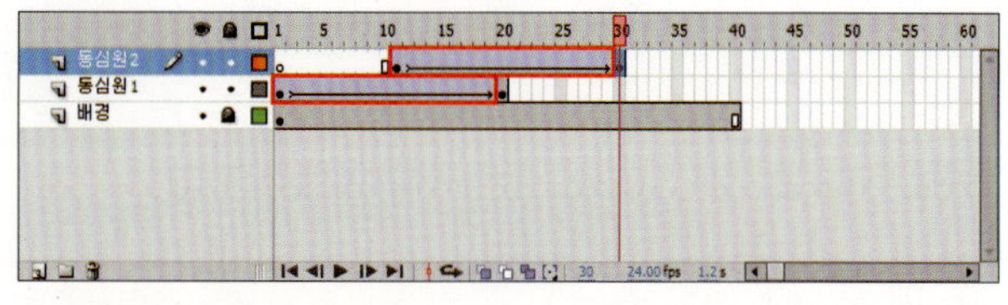

08. [New layer](￼)를 클릭해 레이어를 추가하
고 이름을 '동심원3'으로 변경합니다.

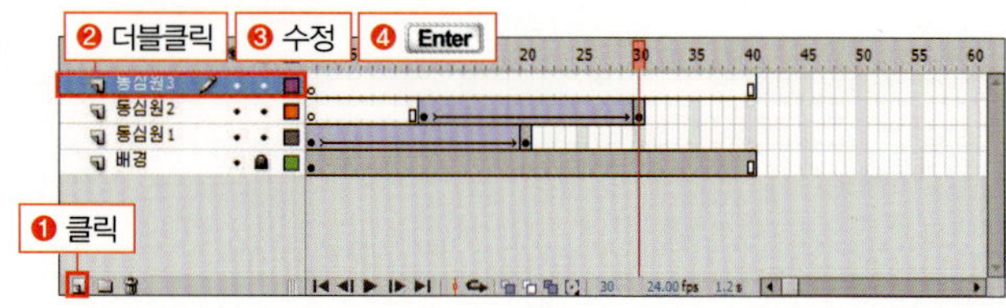

09. '동심원3' 레이어의 21~40프레임을 드래그하고 마우스 오른쪽 버튼을 클릭해 'Paste Frames'을 선택해 붙여 넣기합니다.

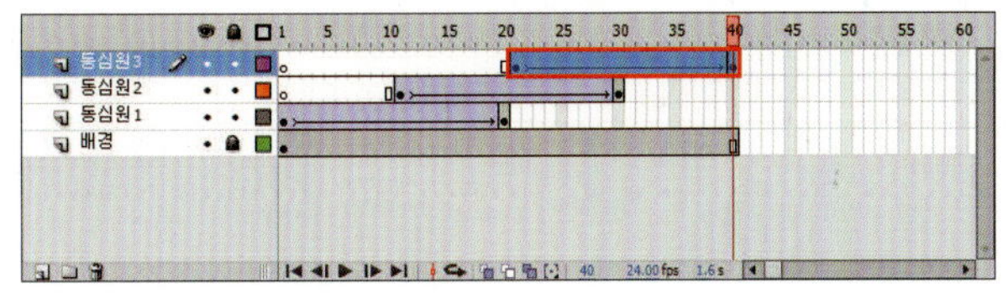

10. `Ctrl` + `Enter` 를 눌러 테스트 무비를 실행하면 동심원이 퍼져 나가는 무비가 실행됩니다.

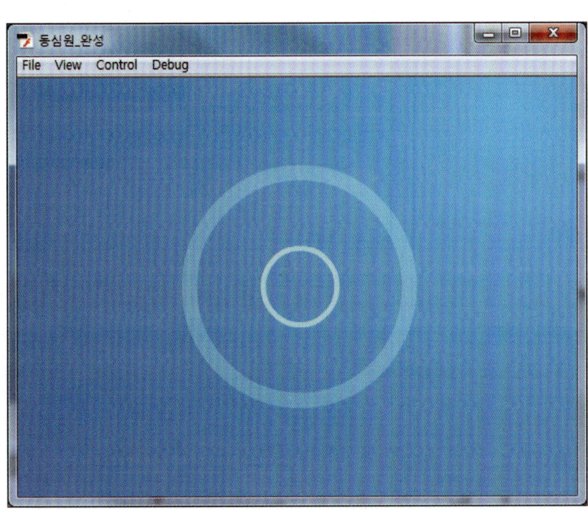

모션 트윈은 플래시 CS4 버전부터 새롭게 추가된 기능입니다. 클래식 트윈과 비슷하지만 움직이는 동선을 자유롭게 편집하여 사용할 수 있고 프레임에 트윈을 적용하는 클래식 트윈과 달리 모션 트윈은 인스턴스 오브젝트 자체에 트윈을 적용하여 더욱 자유로운 트윈 구성이 가능합니다.

기초탄탄 ▶ 모션 트윈 알아보기

■ 모션 트윈이 적용된 [Timeline] 패널 `320P`

모션 트윈이 적용되면 셰이프 트윈이나 클래식 트윈처럼 화살표가 나타나지 않고 프레임 색상만 바뀝니다.

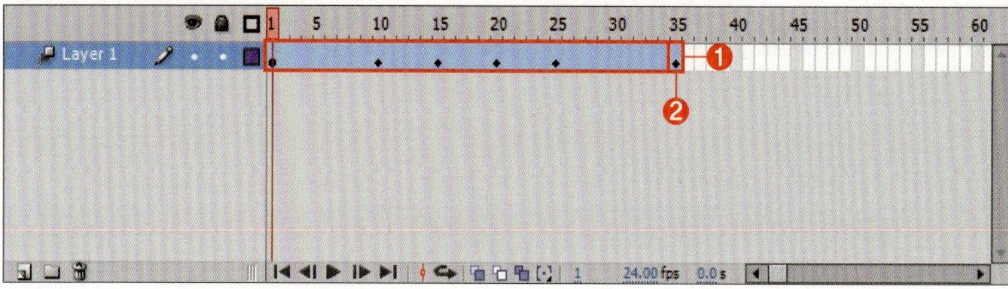

❶ 모션 트윈이 적용된 타임라인

❷ 해당 프레임에서 오브젝트를 이동하여 전환점이 생성된 프레임

■ 모션 트윈의 [Properties] 패널 `320P`

모션 트윈이 적용된 타임라인을 클릭하면 모션 트윈의 속성 패널이 표시되며 옵션을 설정할 수 있습니다.

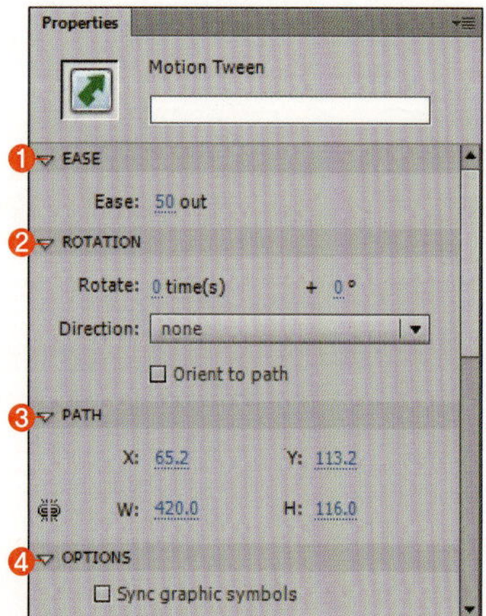

❶ EASE : 모션 트윈의 가속도를 설정합니다.

❷ ROTATION : 모션 트윈에서 오브젝트의 회전을 제어합니다. 회전수와 각도를 설정할 수 있습니다.

❸ PATH : 모션 트윈 경로의 크기와 위치를 설정합니다.

❹ OPTIONS : 그래픽 심벌과 동기화 여부를 설정합니다.

■ [Motion Editor] 패널 `331P`

[Motion Editor] 패널은 모션 트윈의 속성들을 그래프로 표시하고 정교하게 편집할 수 있는 별도의 타임라인입니다.

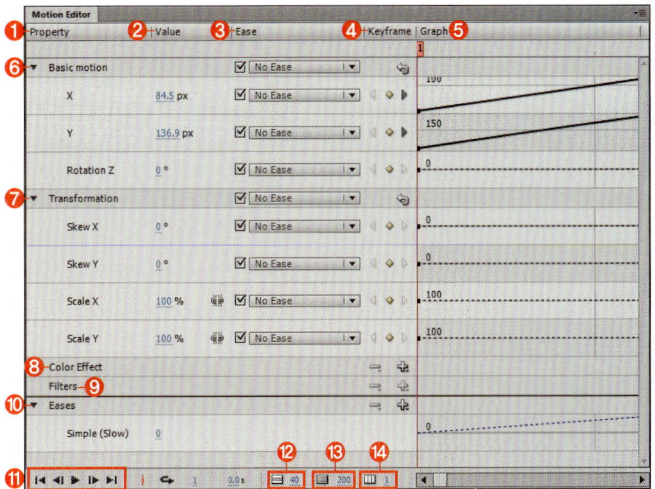

❶ Property : 모션 트윈에서 설정하는 속성들을 표시합니다.

❷ Value : 속성들의 값을 설정합니다. 숫자를 직접 입력하거나 마우스로 드래그하여 설정합니다.

❸ Ease : Ease 값을 적용합니다.

❹ Keyframe : 키프레임 사이를 이동할 때 사용하며(◀/▶), 키프레임을 추가하고 삭제(◇)할 때 사용합니다.

❺ Graph : 각 속성의 값을 그래프로 조절할 수 있습니다.

❻ Basic motion : 위치와 회전 값을 설정합니다.

❼ Transformation : 기울기와 크기를 설정합니다.

❽ Color Effect : 'Color Effect'를 적용하고 삭제할 수 있습니다.

❾ Filters : 필터 효과를 적용하고 삭제할 수 있습니다.

❿ Eases : 기본적으로 제공되는 Ease 값을 선택할 수 있습니다.

⓫ 무비의 진행을 미리보기할 수 있습니다.

⓬ Graph Size : 각 속성 요소들이 표시되는 높이를 조절합니다.

⓭ Expanded Graph Size : 각 속성이 표시되는 최대 높이를 설정합니다.

⓮ Viewable Frames : 그래프 상에 표시되는 프레임 수를 설정합니다. 최대 값은 모션 트윈이 적용된 프레임 값입니다.

319

모션 트윈은 움직이는 동선을 조절하여 자유로운 움직임을 설정할 수 있습니다.

예제 파일 I CD₩Part 06₩모자.fla **완성 파일 I** CD₩Part 06₩모자_완성.fla

01. '모자.fla' 파일을 불러옵니다.

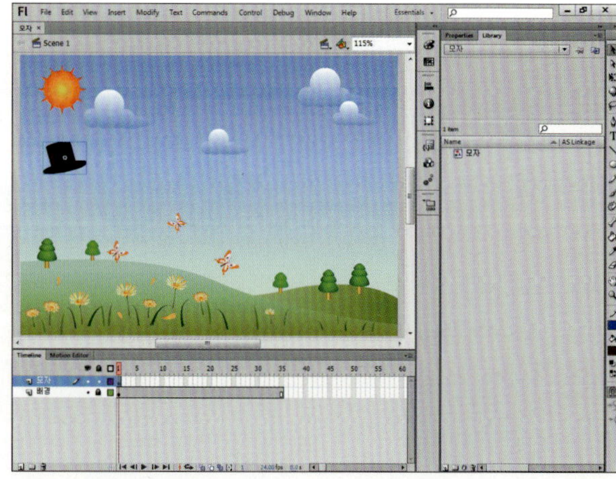

02. '모자' 레이어의 1프레임을 클릭하고 마우스 오른쪽 버튼을 클릭해 'Create Motion Tween'을 선택합니다.

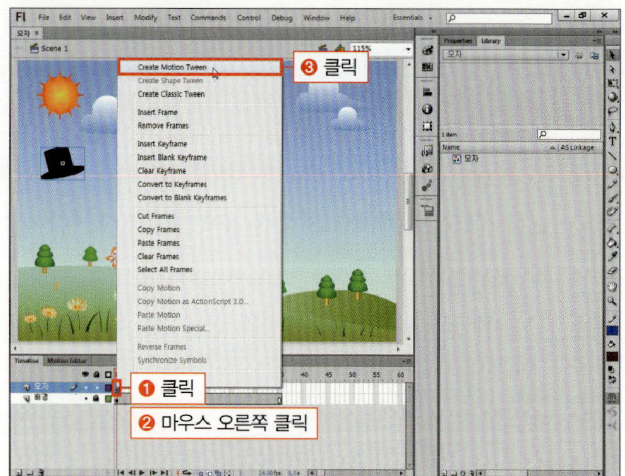

03. 모션 트윈이 적용되면 타임라인에 자동으로 프레임이 연장되어 나타납니다.

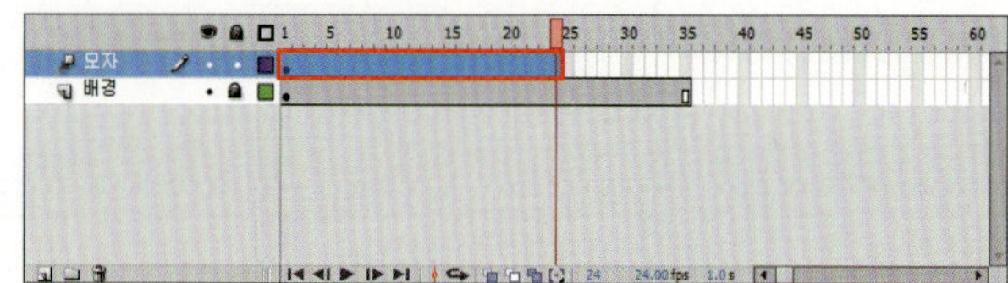

04. 모션 트윈이 끝나는 마지막 프레임에 마우스 포인터를 위치하고 마우스 포인터의 모양이 화살표(↔)로 바뀌면 클릭하고 오른쪽으로 드래그하여 35프레임까지 트윈을 연장합니다.

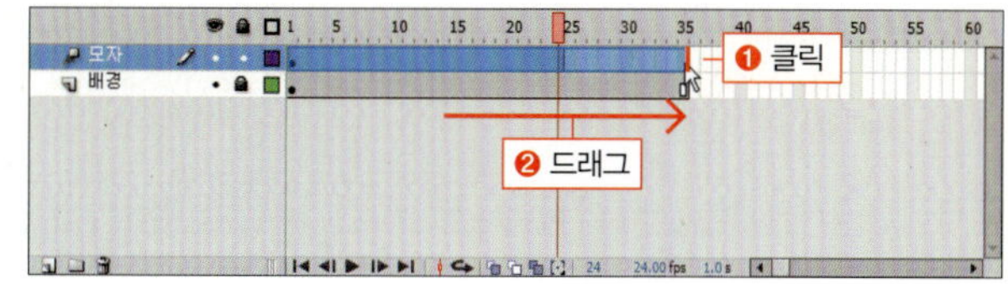

05. 35프레임을 클릭하고 [선택 툴]( )을 선택하여 '모자'를 스테이지 오른쪽 끝의 약간 아래쪽으로 옮깁니다.

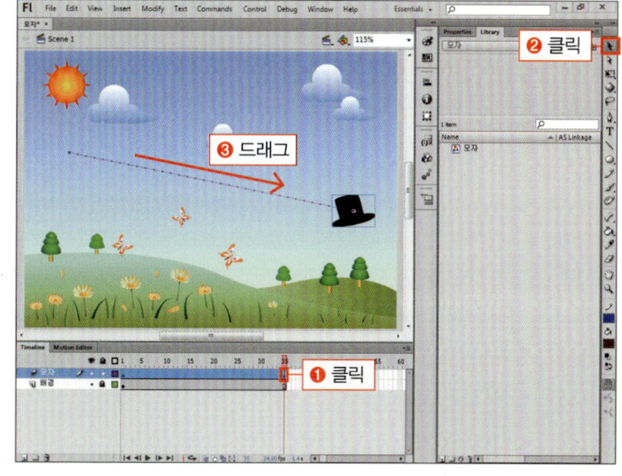

06. 10프레임을 클릭하고 '모자'를 약간 아래쪽으로 옮깁니다.

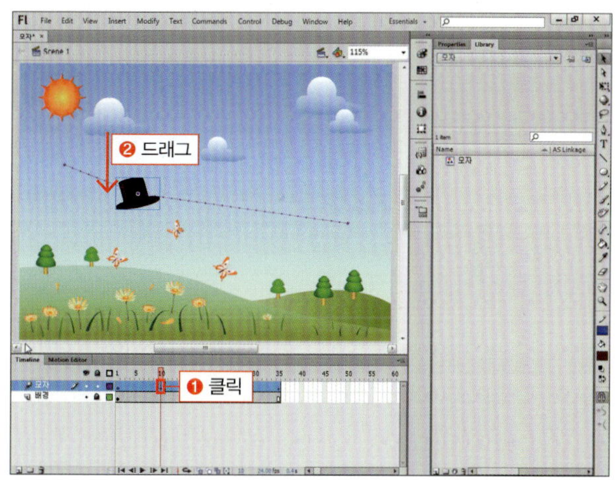

07. 15프레임을 클릭하고 '모자'를 위쪽으로 옮깁니다.

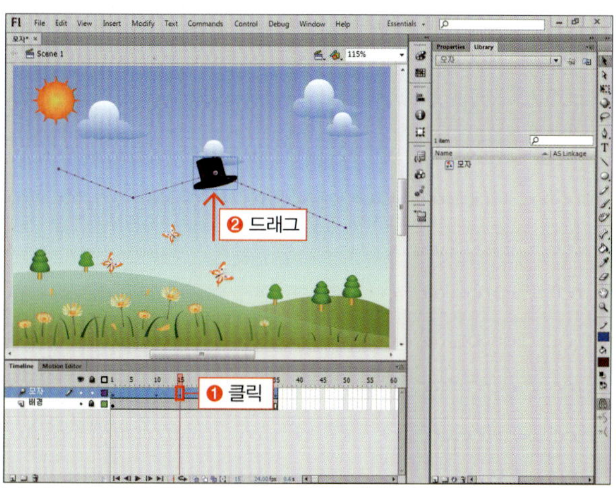

08. 20프레임을 클릭하고 '모자'를 왼쪽으로 옮겨 동선이 살짝 꼬이도록 합니다.

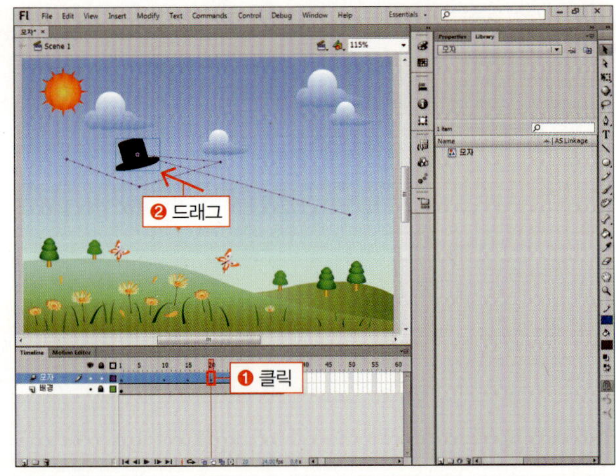

09. 25프레임을 클릭하고 '모자'를 약간 아래쪽으로 옮깁니다.

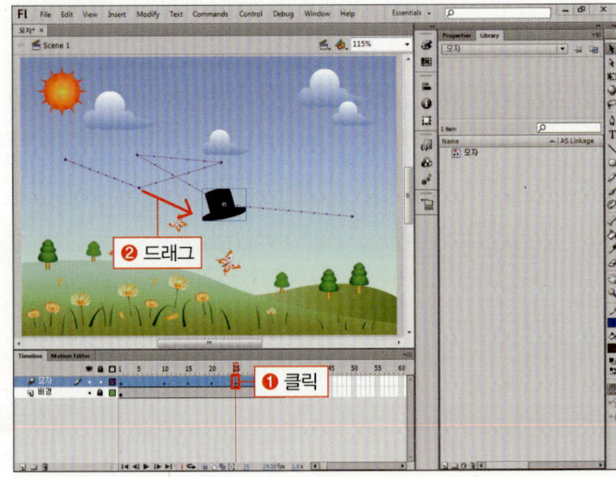

10. 동선에 나타난 큰 점들은 '모자'를 옮기면서 생긴 전환점이므로 움직이지 않도록 하고 작은 점이나 동선을 드래그하면 곡선으로 변경할 수 있습니다. 동선을 클릭하고 드래그하여 부드러운 곡선으로 변경해 봅니다.

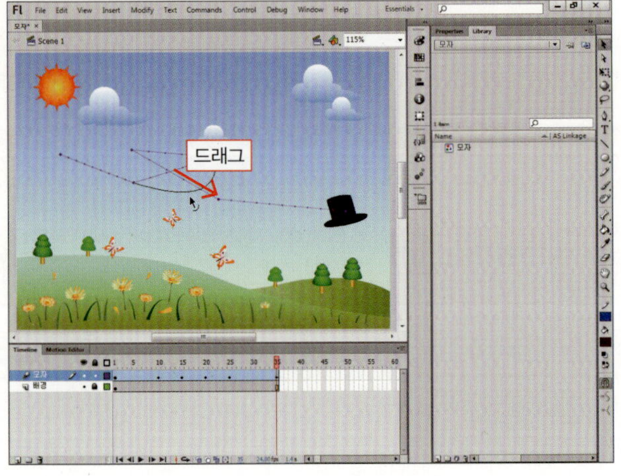

11. 꼬인 동선이 부드럽게 연결되도록 동선을
수정합니다.

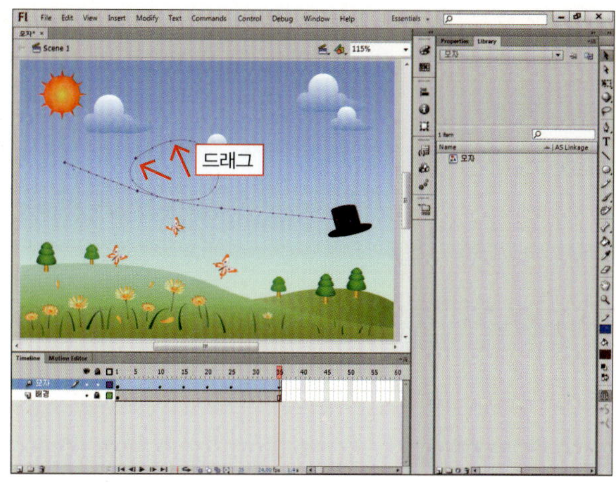

12. 트윈이 적용된 타임라인을 클릭하고
[Properties] 패널에서 [Ease]를 '50'으로 설정합니다.

13. Ctrl + Enter 를 눌러 테스트 무비를 실행
하면 날아가는 모자의 모션이 실행됩니다.

모션 트윈은 회전 각도를 설정하여 움직임을 사용할 수 있습니다. 모션 트윈에 회전 각도를 변경하여 꽃잎이 생겨나는 무비를 만들어보도록 하겠습니다.

예제 파일 | CD₩Part 06₩꽃잎.fla   **완성 파일** | CD₩Part 06₩꽃잎_완성.fla

01. '꽃잎.fla' 파일을 불러옵니다.

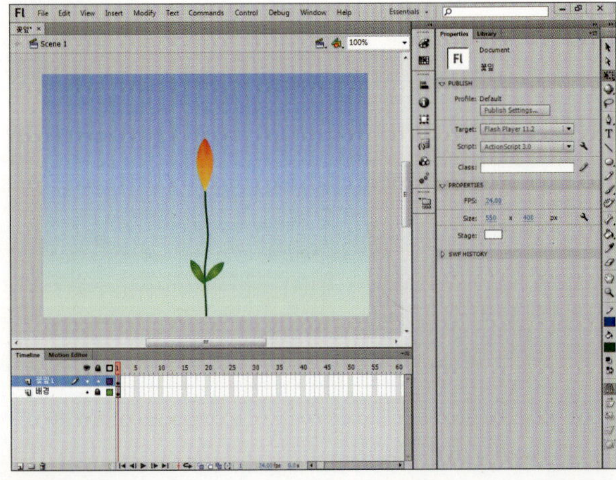

02. [자유 변형 툴]([])을 선택하고 '꽃잎1' 레이어의 '꽃잎' 선택을 중심점을 꽃잎의 아래 꼭지점으로 옮깁니다.

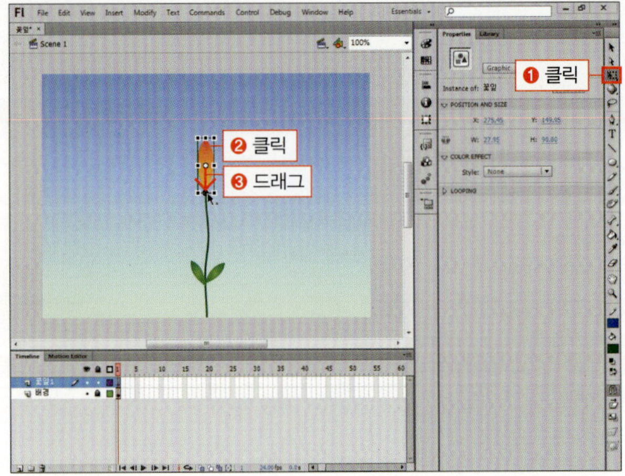

03. '꽃잎1' 레이어를 선택하고 마우스 오른쪽 버튼을 눌러 'Duplicate Layers'를 선택하여 레이어를 복제하여 추가합니다.

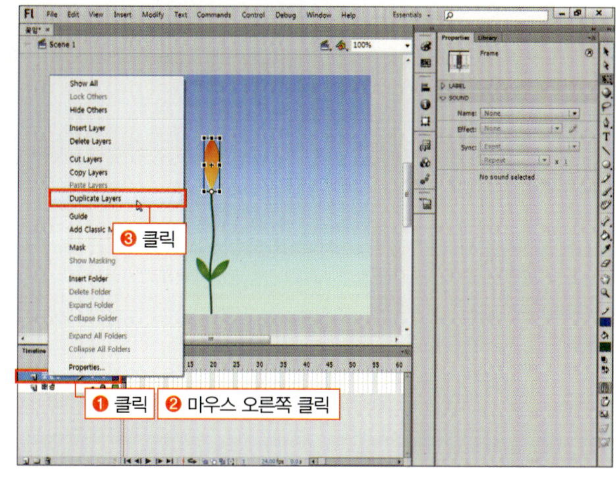

04. 복제된 레이어의 이름을 '꽃잎2'로 변경합니다.

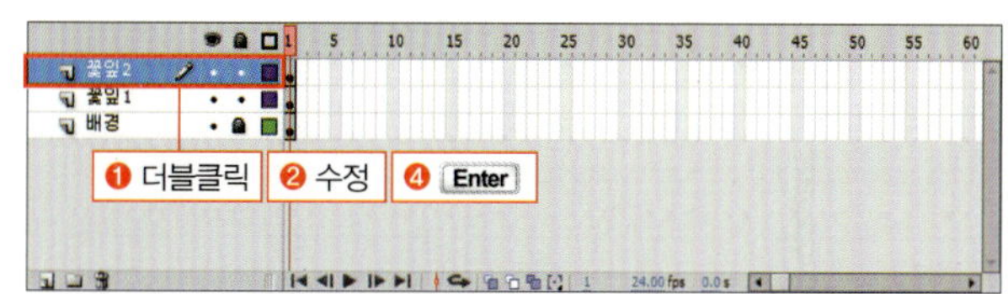

05. 같은 방법으로 레이어를 복제하여 꽃잎 레이어가 8개가 되도록 추가하고 이름을 '꽃잎1~8'까지 순서대로 설정합니다.

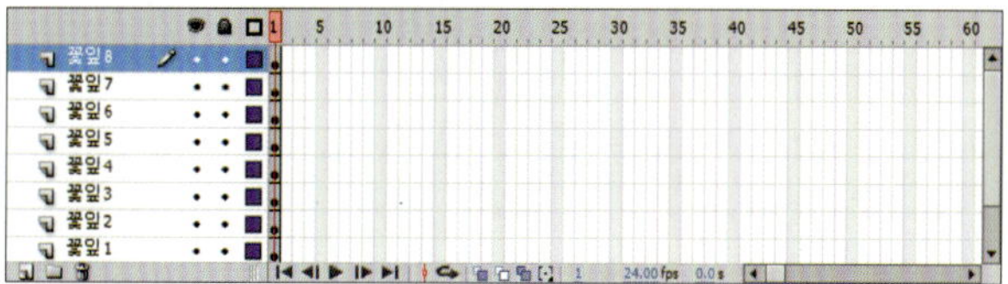

TIP : 레이어 복제의 또 다른 방법

복제하고자 하는 레이어를 드래그하여 [New layer]( ) 위에 올려놓으면 복제할 수 있습니다.

---

06. 레이어가 모두 표시되도록 [Timeline] 패널의 [패널 메뉴]( )를 클릭하고 'Short'에 체크합니다.

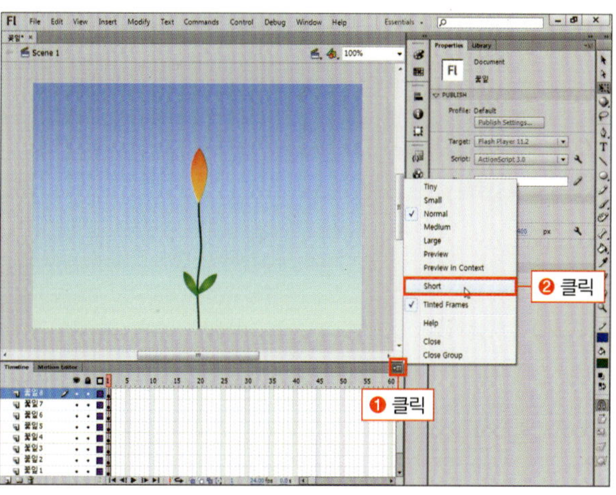

07. '꽃잎1' 레이어는 그대로 두고 '꽃잎2~꽃잎8' 레이어에 각각 마우스 오른쪽 버튼을 클릭해 'Create Motion Tween'을 선택하여 모션 트윈을 적용합니다.

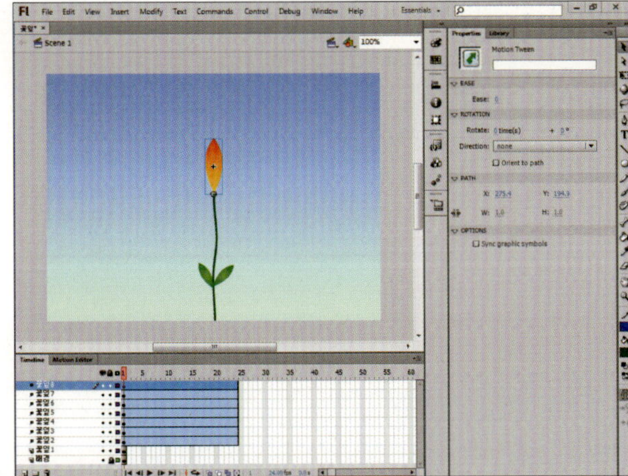

TIP : 이때 프레임을 드래그하여 선택한 후 한꺼번에 모션 트윈을 적용할 수 있습니다.

08. 모션이 적용된 프레임의 길이를 수정합니다. '꽃잎2' 레이어는 6프레임까지, '꽃잎3' 레이어는 11프레임까지, '꽃잎4' 레이어는 16프레임까지, '꽃잎5' 레이어는 21프레임까지, '꽃잎6' 레이어는 26프레임까지, '꽃잎7' 레이어는 31프레임까지, '꽃잎8' 레이어는 36프레임까지 모션 트윈이 진행되도록 합니다.

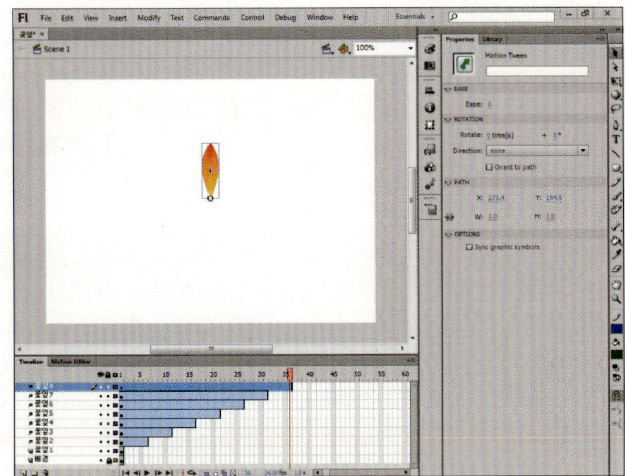

09. '꽃잎2' 레이어의 모션 트윈을 클릭하고 [Properties] 패널의 [각도]를 '45°'로 설정합니다.

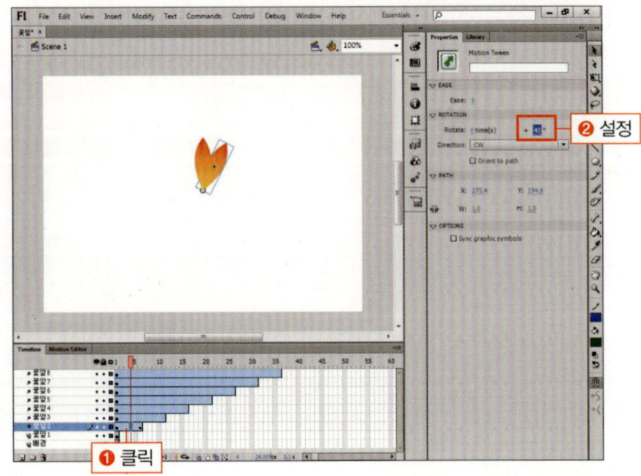

326

10. 같은 방법으로 '꽃잎3~꽃잎8' 레이어의 모션 트윈 각도를 '45°' 씩 더해서 변경합니다. 즉 '꽃잎3' 레이어는 '90°', '꽃잎4' 레이어는 '135°', '꽃잎5' 레이어는 '180°', '꽃잎6' 레이어는 '225°', '꽃잎7' 레이어는 '270°', '꽃잎8' 레이어는 '315°'로 변경합니다.

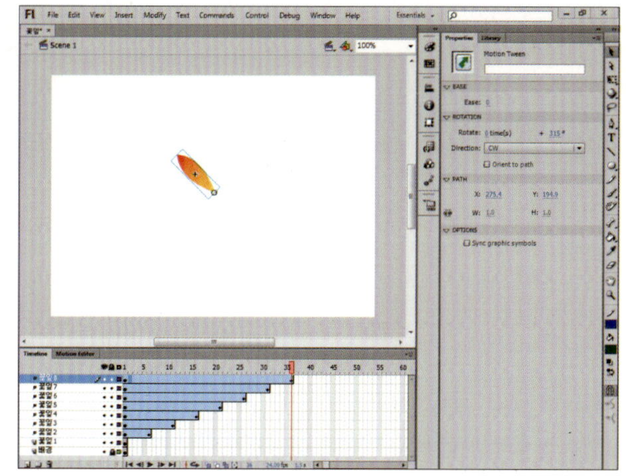

11. 모든 레이어의 50프레임에서 F5 를 눌러 프레임을 연장하여 무비를 완성합니다.

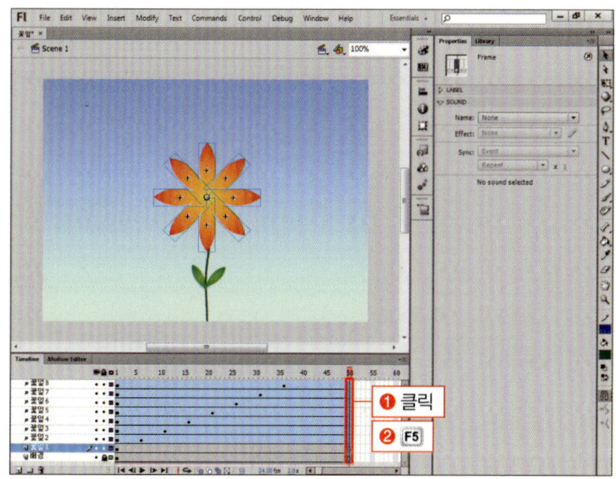

12. Ctrl + Enter 를 눌러 테스트 무비를 실행하면 꽃이 만들어지는 무비가 실행됩니다.

모션 트윈의 회전 각도와 회전 중심 설정으로 네모가 구르는 무비를 구성해보도록 하겠습니다.

예제 파일 l CD\Part 06\네모난공.fla　**완성 파일 l** CD\Part 06\네모난공_완성.fla

01. '네모난공.fla' 파일을 불러옵니다. 네모를 그리는 것부터 시작해 봅니다. 정확한 드로잉을 위해 [View]-[Grid]-[Show Grid] 메뉴를 클릭하여 격자를 표시하고 [View]-[Snapping]-[Snap to Grid] (**Ctrl** + **'**) 메뉴를 클릭하여 격자에 물리도록 설정하고 다른 스냅은 모두 체크 해제합니다.

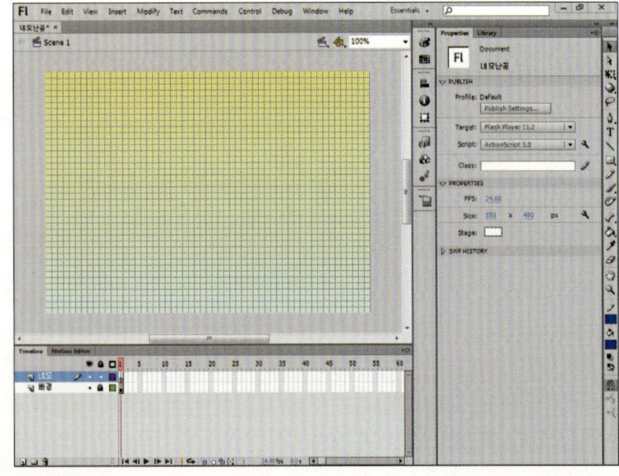

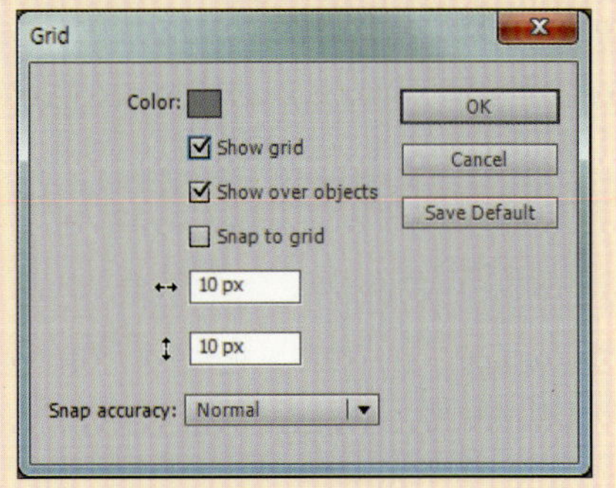

문제해결 **격자 설정 시 격자가 화면에 표시되지 않는 경우**

격자를 보이도록 했는데 화면에 나타나지 않는 경우는 격자가 오브젝트 위에 표시되도록 설정되지 않았기 때문입니다. 이럴 경우 [View]-[Grid]-[Edit Grid](**Ctrl** + **Alt** + **G**) 메뉴를 클릭하여 [Grid] 대화상자를 열어 'Show over objects'에 체크하면 됩니다.

02. 화면에 격자가 나타나면 [사각형 툴](□)을 클릭하고 [Properties] 패널에서 [선 색상]은 '없음', [면 색상]은 '파란색'으로 설정하여 가로x세로 5칸의 사각형을 스테이지 좌측 가운데에 그립니다.

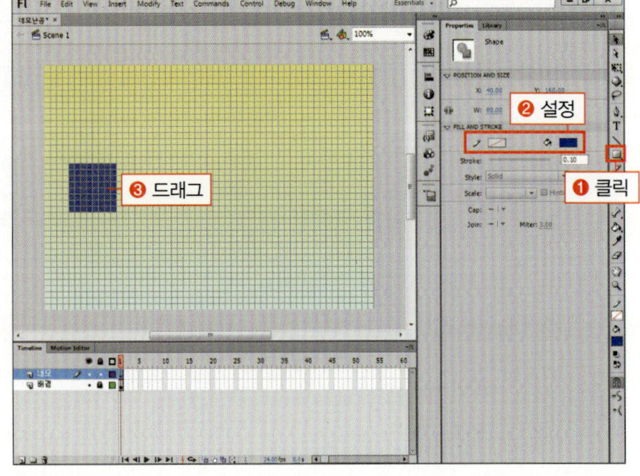

03. '사각형'이 선택된 상태에서 **F8**을 눌러 '네모'라는 이름으로 그래픽 심벌을 등록합니다.

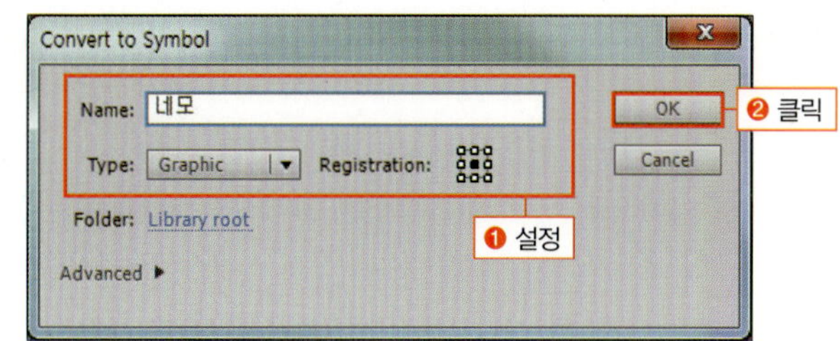

04. [자유 변형 툴]( )을 선택하고 '사각형'의 중심점을 사각형의 오른쪽 아래 모서리로 옮깁니다.

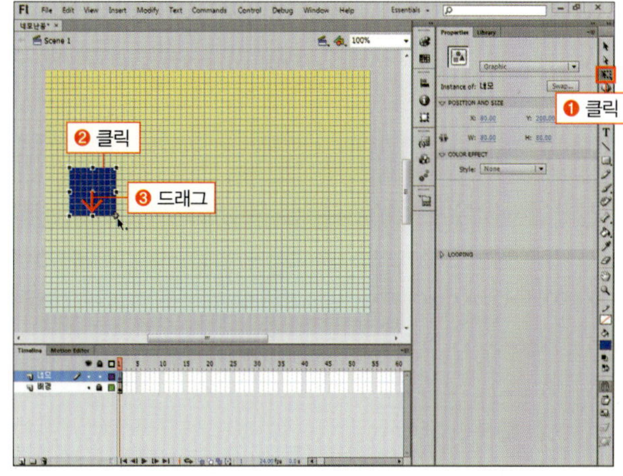

05. '네모' 레이어의 6프레임을 클릭하고 **F6**을 눌러 프레임을 복제하고 '사각형'을 사각형 크기만큼 8칸 오른쪽으로 옮깁니다.

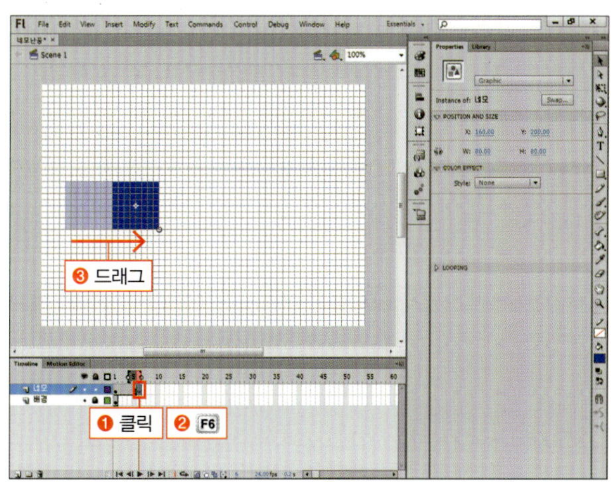

TIP : [Onion Skin]( )을 사용하면 편리하게 이동할 수 있습니다.

06. 같은 방법으로 11, 16, 21프레임에 각각 '사각형'을 복제하면서 8칸씩 이동하여 배치하고 21프레임의 내용은 25프레임까지 F5 를 눌러 연장합니다. '배경' 레이어도 25프레임까지 연장합니다.

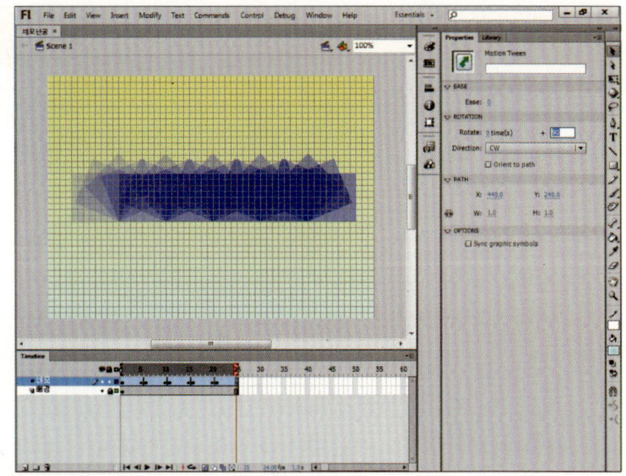

07. '네모' 레이어의 1~25프레임을 드래그하고 마우스 오른쪽 버튼을 클릭해 'Create Motion Tween'을 선택해 모션 트윈을 적용합니다.

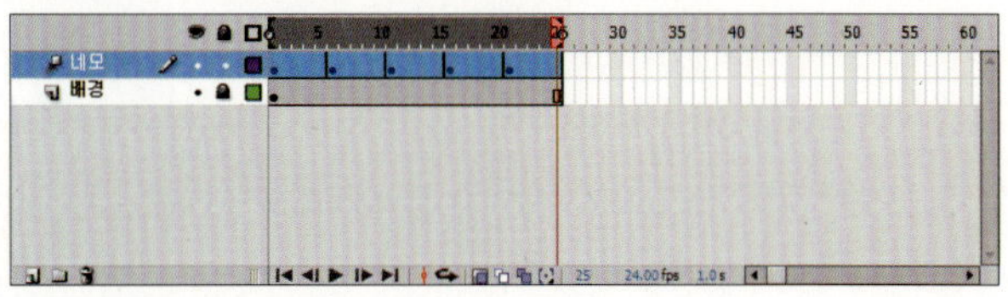

08. 타임라인의 선택을 해제하지 않은 상태에서 [Properties] 패널의 [각도]를 '90°'로 설정하여 모든 모션 트윈에 적용하여 완성합니다.

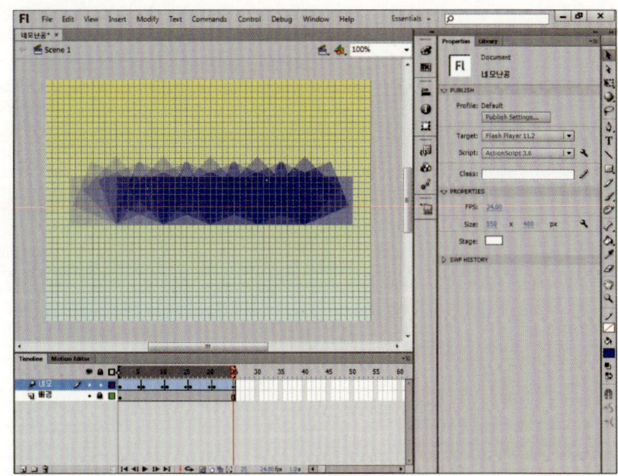

[Motion Editor] 패널은 모션 트윈을 위한 특별한 타임라인으로 모션 트윈의 각 속성들의 값을 원하는 모양으로 편집할 수 있습니다.

예제 파일 | CD₩Part 06₩모션에디터.fla **완성 파일 |** CD₩Part 06₩모션에디터_완성.fla

01. '모션에디터.fla' 파일을 불러옵니다.

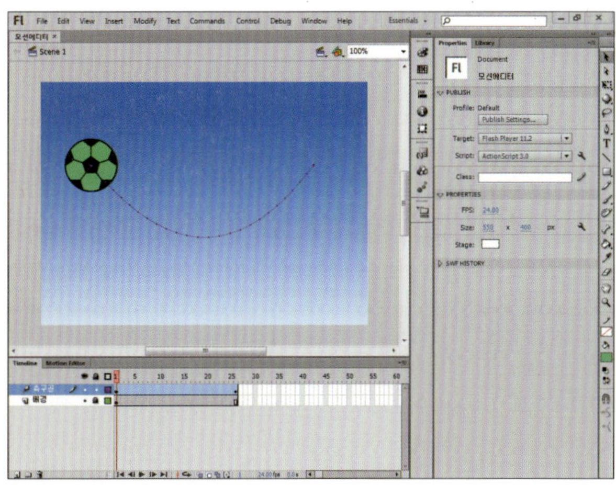

02. [Window]–[Motion Editor] 메뉴를 클릭하여 [Motion Editor] 패널을 엽니다.

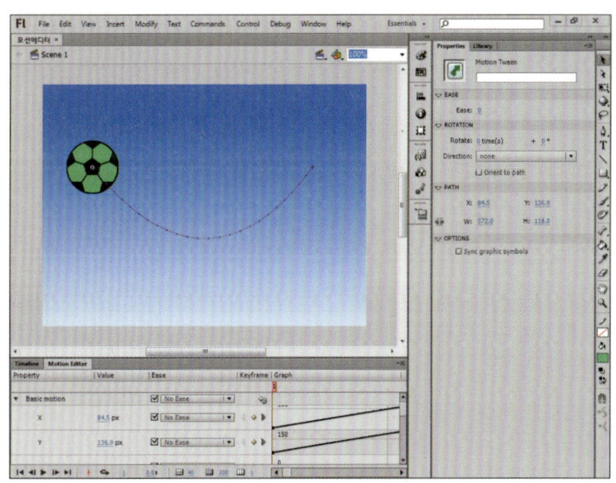

TIP : 'Essentials' 작업공간에서는 [Timeline] 패널과 그룹으로 지정되어 있으므로 [Timeline] 패널 옆의 [Motion Editor] 탭을 클릭하여 열 수 있습니다.

03. [Motion Editor] 패널은 많은 내용을 표시하므로 패널의 크기를 변경하여 사용해 봅니다. 패널의 상단 경계 부분을 클릭하고 위로 드래그하여 패널 크기를 변경합니다.

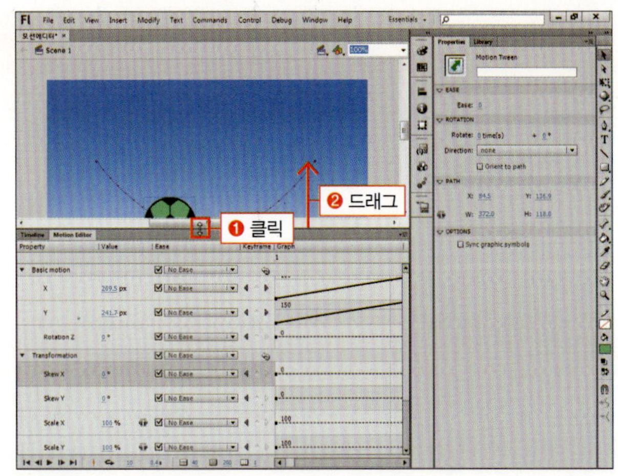

04. 패널의 크기를 충분히 늘려서 화면에 표시합니다. [손 툴](🖐)을 더블클릭하여 스테이지의 크기를 작업영역에 맞추어 표시합니다.

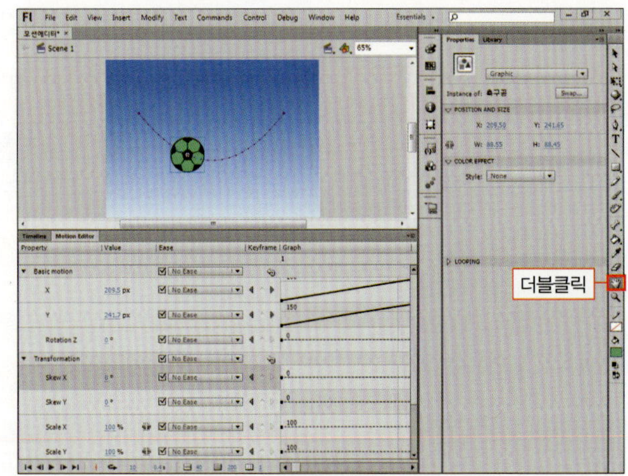

05. 패널 아래의 [Viewable Frames]을 '26'으로 설정하여 그래프에 모든 프레임을 표시합니다.

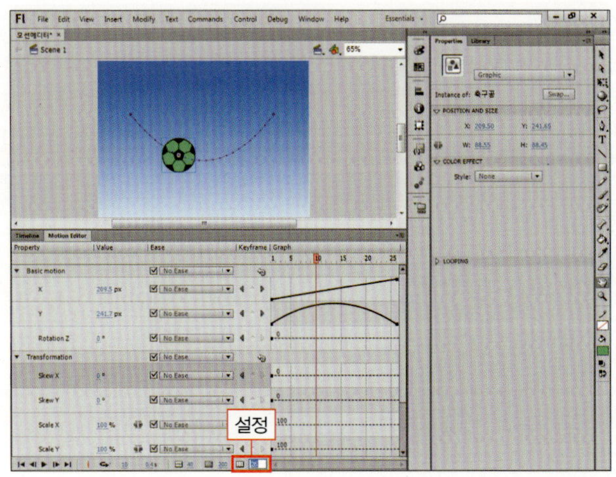

06. 그래프의 [Play Head](█)를 13프레임으로 옮기고 [Transformation]의 [Scale Y]를 '30%'로 설정합니다. [Scale Y]에 그래프가 새로 설정됩니다.

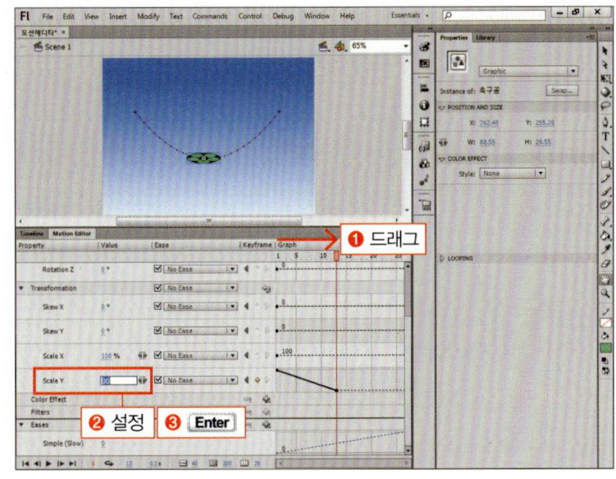

07. 이어 [Play Head](█)를 26프레임으로 옮기고 [Transformation]의 [Scale Y]를 '100%'로 설정하고 **Enter**를 눌러 타임라인을 재생해 보면 '공'이 납작해졌다가 원상 복귀되는 무비를 확인할 수 있습니다.

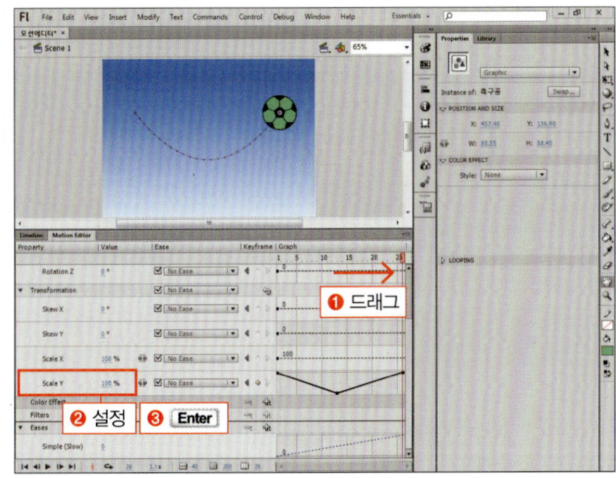

08. 'Color Effect' 항목을 변경해 봅니다. [Play Head](█)를 13프레임으로 옮기고 [Color Effect]의 [추가](+)를 클릭하고 'Alpha'를 선택합니다.

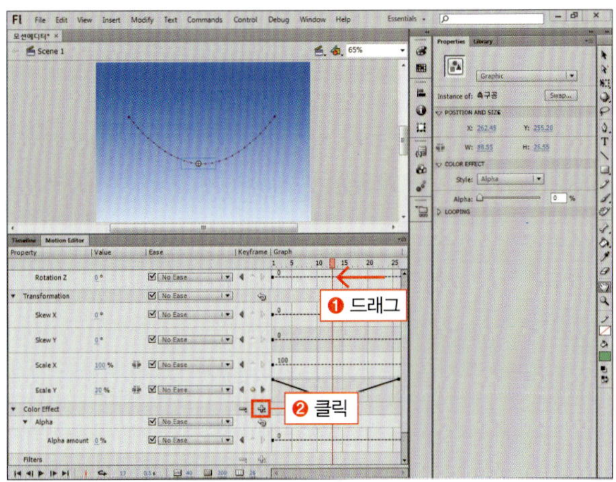

09. 오브젝트의 [투명도]가 '0'으로 설정됩니다. [Alpha amount]를 '50'으로 설정합니다.

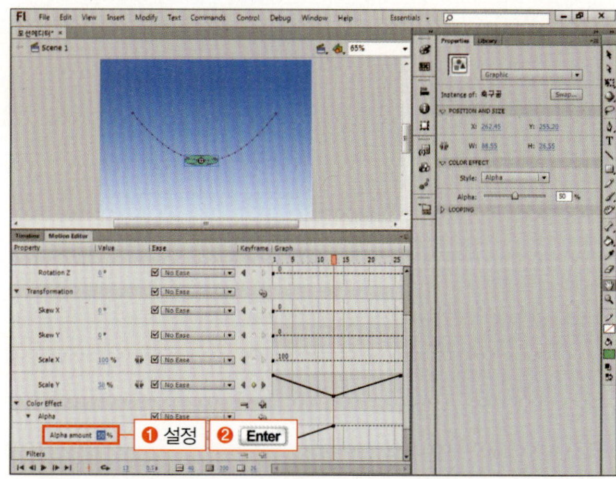

10. [Play Head](■)를 26프레임으로 옮기고 [Alpha amount]를 '100'으로 설정합니다.

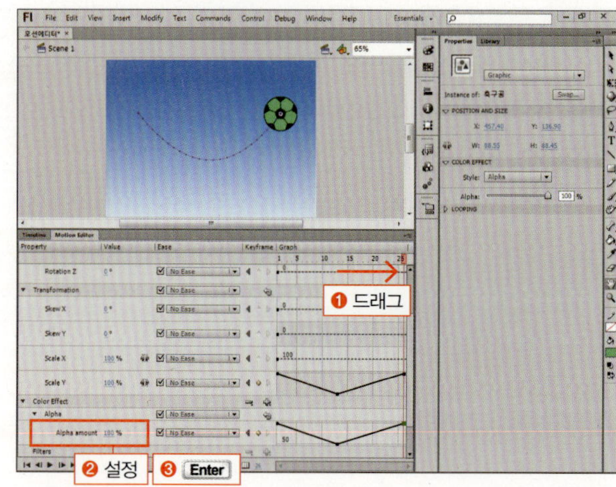

11. Ctrl + Enter 를 눌러 테스트 무비를 확인 하면 투명도가 변경되는 것을 확인할 수 있습니다.

모션 프리셋 사용하기

레벨 ● ● ○

모션 트윈의 장점 중 하나가 모션을 저장하고 언제든지 불러와 사용할 수 있다는 것입니다. 셰이프 트윈이나 클래식 트윈을 사용하면 매번 트윈을 구성해야 하지만 모션 트윈은 [Motion Presets] 패널을 사용하여 저장된 모션을 불러와 언제든지 쉽게 적용하여 사용할 수 있습니다.

기초탄탄 ▶ 모션 프리셋 알아보기

■ [Motion Presets] 패널 336P

[Library] 패널과 비슷한 구성을 가지고 있는 패널로 모션을 따로 저장하고 사용할 수 있습니다.

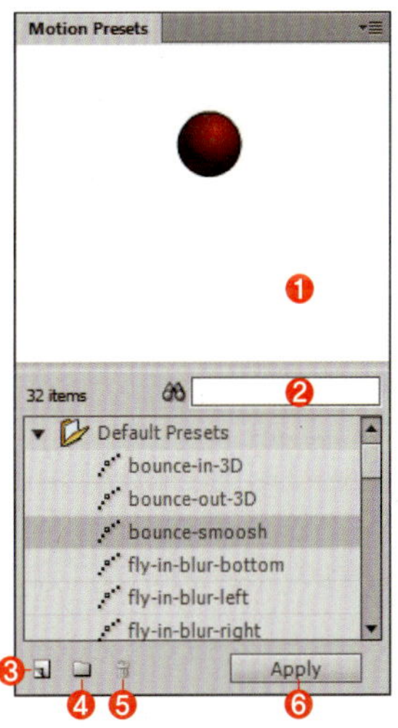

❶ Preview : 모션 프리셋의 구성을 확인할 수 있습니다.

❷ Search : 저장된 프리셋을 이름으로 찾을 수 있습니다.

❸ Save Seletion as Preset : 선택한 모션을 프리셋으로 저장합니다.

❹ New Folder : 프리셋 폴더를 새로 만듭니다.

❺ Remove item : 선택한 프리셋을 삭제합니다.

❻ [Apply] 단추 : 선택한 심벌에 프리셋을 적용합니다.

플래시 CS6에는 기본적으로 제공하는 모션 프리셋이 있습니다. 이 모션 프리셋을 사용하여 심벌에 모션을 적용하는 방법을 알아보도록 하겠습니다.

예제 파일 | CD₩Part 06₩모션프리셋.fla　**완성 파일 |** CD₩Part 06₩모션프리셋_완성.fla

01. '모션프리셋.fla' 파일을 불러옵니다.

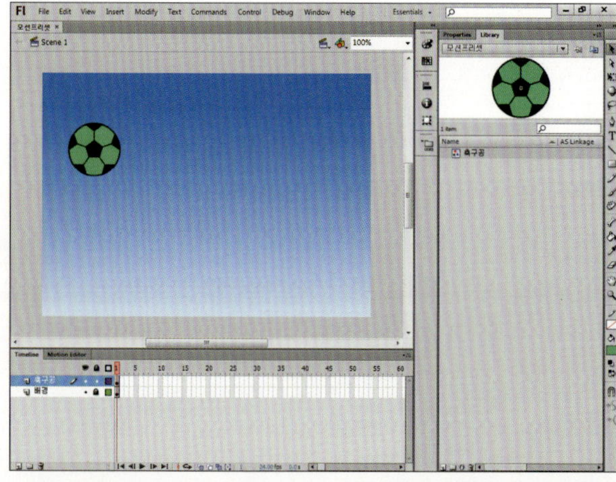

02. [Windows]–[Motion Presets] 메뉴를 클릭하여 [Motion Preset] 패널을 엽니다.

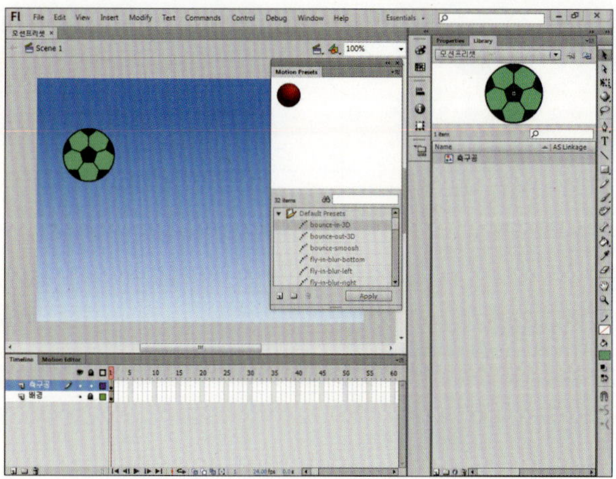

03. [선택 툴]( )을 선택하고 스테이지의 '축구공'을 클릭하고 [Motion Preset] 패널의 'Default Presets' 폴더에서 'med-bounce'를 선택하고 [Apply] 단추를 클릭합니다.

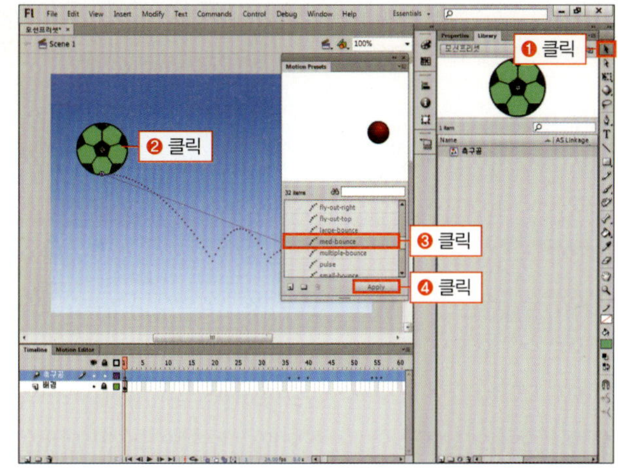

04. 선택한 프리셋의 모션이 '축구공'에 그대로 적용됩니다. '배경' 레이어를 모션이 끝나는 75프레임까지 F5 를 눌러 연장하여 무비를 완성합니다.

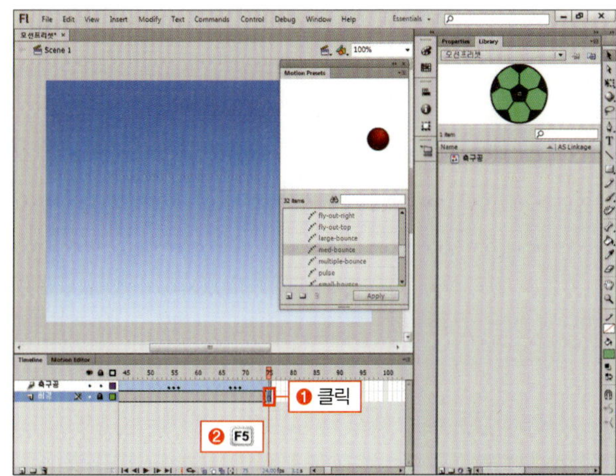

05. Ctrl + Enter 를 눌러 테스트 무비를 실행하면 적용한 모션 프리셋과 동일한 모션으로 공이 움직이는 무비가 실행됩니다.

구성한 모션 트윈은 프리셋으로 저장하고 사용할 수 있습니다. 모션을 저장하고 사용하는 방법을 알아
보도록 하겠습니다.

예제 파일 | CD₩Part 06₩프리셋저장.fla **완성 파일** | CD₩Part 06₩프리셋저장_완성.fla

01. '프리셋저장.fla' 파일을 불러옵니다.

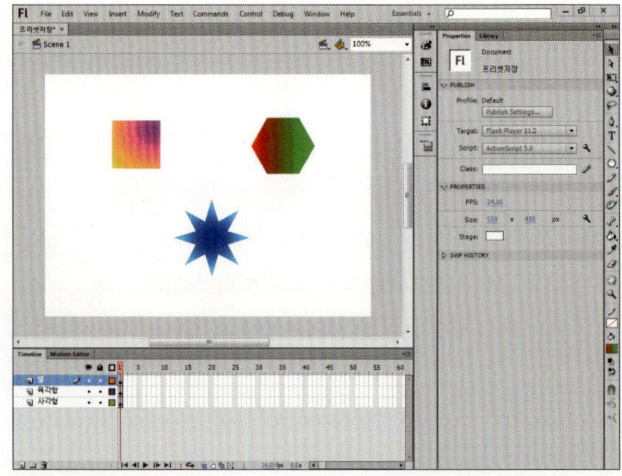

02. '사각형' 레이어를 선택하고 [선택 툴](⬑)
을 선택해 스테이지의 '사각형'을 클릭하고 마우
스 오른쪽 버튼을 클릭해 'Create Motion Tween'
을 선택하여 모션 트윈을 추가합니다.

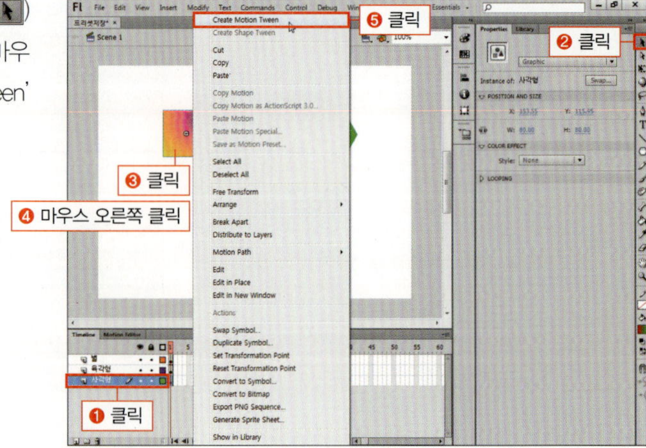

03. 모션 트윈이 적용된 '사각형' 레이어의 프레임을 드래그하고 [Properties] 패널에서 [Rotate]를 '1 time(s)'로 설정하여 제자리에서 회전하는 모션을 구성합니다.

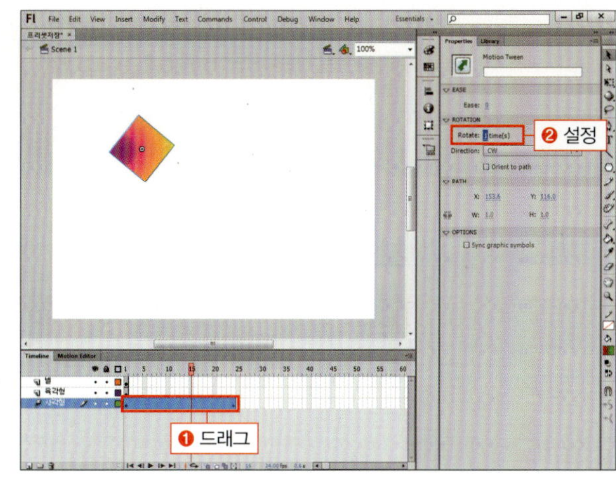

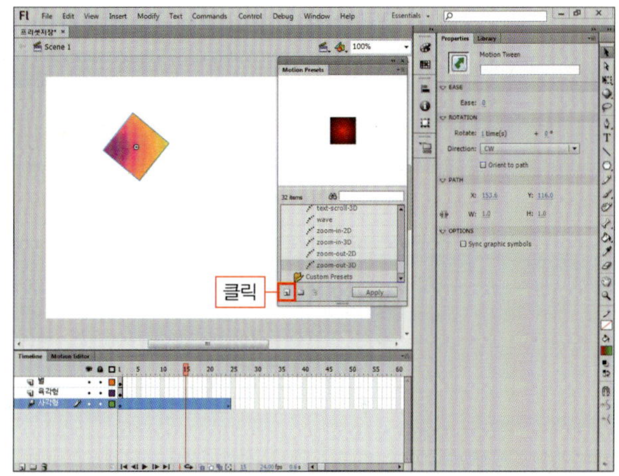

04. [Window]–[Motion Presets] 메뉴를 클릭하여 [Motion Preset] 패널을 엽니다. 모션 트윈이 적용된 '사각형' 레이어의 타임라인이 선택된 상태에서 [Motion Preset] 패널 아래의 [Save Selection as Preset](🖫)을 클릭합니다.

05. [Save Preset As] 대화상자가 열리면 [Preset name]을 '회전모션'으로 설정하고 [OK] 단추를 클릭합니다.

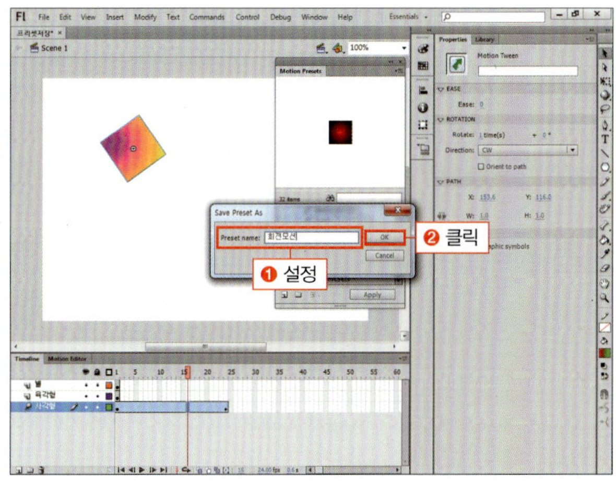

06. 모션 프리셋을 저장하면 [Motion Preset] 패널의 'Custom Presets' 폴더에 등록됩니다.

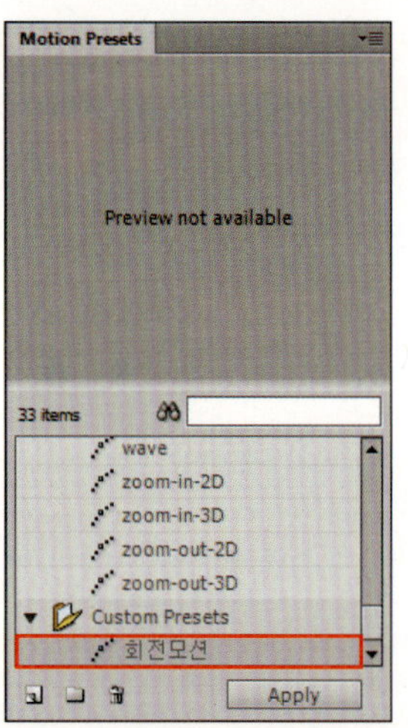

07. 저장된 모션을 다른 오브젝트에 적용해 봅니다. '육각형' 레이어의 1프레임을 클릭하고 '육각형'을 클릭하여 선택합니다. [Motion Preset] 패널이 화면을 가린다면 패널을 옮겨 배치합니다.

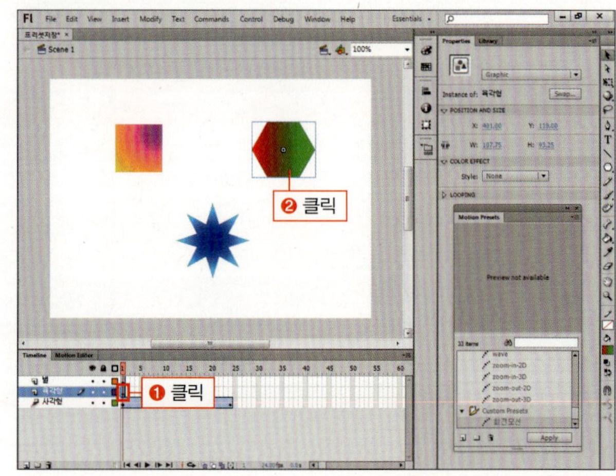

08. [Motion Preset] 패널의 '회전모션'을 선택하고 [Apply] 단추를 클릭하여 모션을 적용합니다.

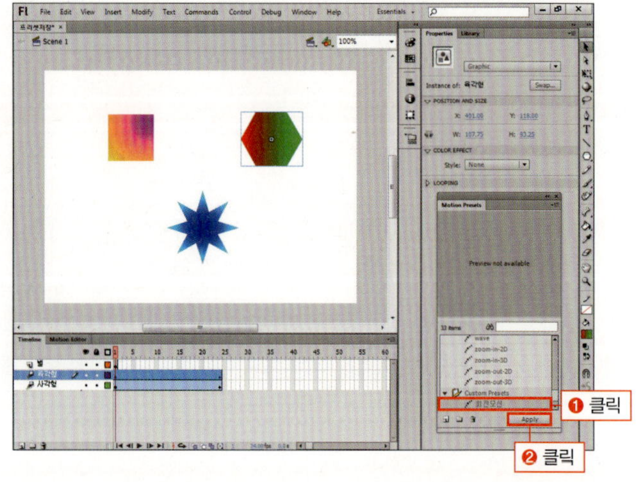

09. 같은 방법으로 '별'을 선택하고 '회전모션'을 적용합니다.

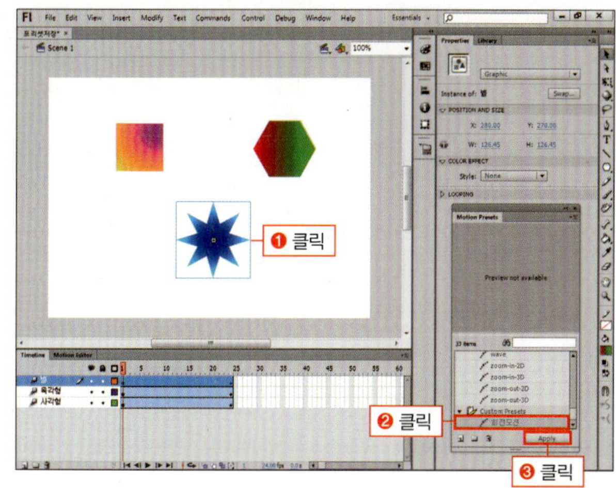

10. [Ctrl] + [Enter] 를 눌러 테스트 무비를 실행하면 똑같이 회전하는 무비를 확인할 수 있습니다.

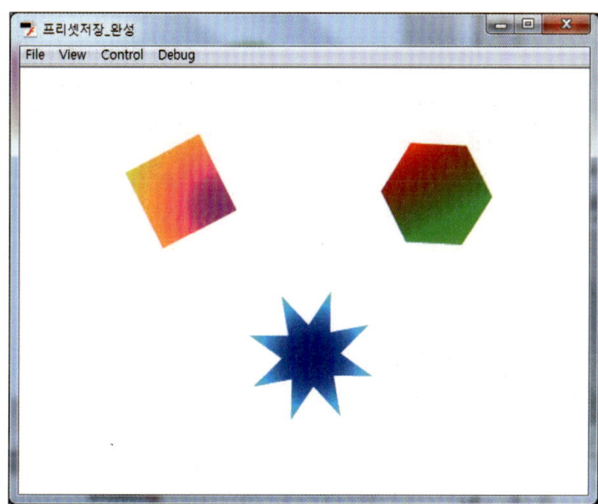

■ **셰이프 트윈** `280P`

모양과 크기, 회전, 색상 등을 모두 변화시킬 수 있어 플래시 CS6의 트윈 중에서 가장 자연스러운 효과를 나타낼 수 있지만 그룹되지 않은 셰이프 오브젝트에만 사용할 수 있습니다. Hint를 사용하여 변형되는 모양을 조절할 수 있어 모핑 효과를 완벽하게 구현해 낼 수 있습니다.

■ **Ease로 트윈을 부드럽게** `307P`

Ease를 사용하면 트윈의 속도를 마음대로 조절할 수 있습니다. 빨리 시작되고 서서히 끝나거나, 서서히 시작해서 빨리 끝나는 효과를 줄 때 유용하게 사용할 수 있습니다. 특히 Ease 그래프를 편집하여 사용하면 움직임의 속도를 자유자재로 설정할 수 있습니다.

■ **클래식 트윈** `298P`

클래식 트윈은 심벌을 사용하여 트윈을 구성합니다. 크기 변경과 회전, 색상과 투명도를 변경하는 트윈을 사용할 수 있습니다. 트윈의 시작과 끝 프레임에 동일한 심벌을 배치하여 타임라인에 트윈을 적용하는 것으로 트윈이 이루어지는 심벌 외에 다른 심벌이나 오브젝트가 추가되더라도 해당 심벌만 트윈이 이루어집니다.

■ **모션 트윈** `318P`

모션 트윈은 플래시 CS4 버전부터 새로 추가된 기능입니다. 클래식 트윈과 달리 심벌 자체에 트윈을 적용하여 사용하고 모션 트윈이 이루어지는 각 속성들을 편집할 수 있는 [Motion Presets] 패널을 사용하면 정교하고 다양한 효과를 사용할 수 있습니다.

01 | 셰이프 트윈으로 책장 넘기는 애니메이션을 만들어 봅니다.

예제 파일 : CD₩Part 06₩책장.fla　**완성 파일 :** CD₩Part 06₩책장_완성.fla
동영상 해설 : CD₩Self₩실전6-1.wmv

HINT

프레임을 복제하고 'Hints'를 사용하여 작업합니다. 'Hints'를 정확히 배열해야 원하는 트윈을 만들 수 있습니다.

02 | 셰이프 트윈으로 로딩 바를 만들어 봅니다.

예제 파일 : CD₩Part 06₩로딩바.fla　**완성 파일 :** CD₩Part 06₩로딩바_완성.fla
동영상 해설 : CD₩Self₩실전6-2.wmv

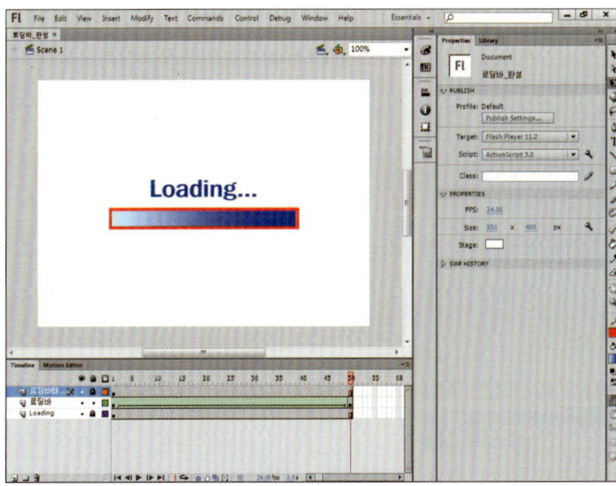

HINT

프레임을 트윈의 중간과 끝 부분에 그대로 복제하고 중간 프레임의 오브젝트만 크기를 줄이고 셰이프 트윈을 적용하면 반복하
는 트윈을 쉽게 만들 수 있습니다.

07

다양한 애니메이션 활용하기

플래시에서 무비를 구성하는 방법은 여러 가지가 있습니다. 앞서 배운 트윈 애니메이션 기능으로도 무비를 구성할 수 있지만 가이드나 마스크 레이어를 사용하여 색다른 무비를 제작할 수도 있습니다. 무비클립을 활용하면 복잡한 구성의 무비도 쉽게 제작할 수 있고 뼈 툴을 사용하여 유기적인 부드러운 움직임을 구현할 수 있습니다.

가이드 레이어 사용하기

가이드 레이어는 클래식 트윈에 동선을 만들어 주는 역할을 합니다. 모션 트윈의 가이드와 같은 역할을 하지만 레이어를 별도로 구성하여 직접 동선을 만들어 사용하기 때문에 정해진 궤도를 따라 움직이는 무비를 쉽게 제작할 수 있습니다.

기초탄탄 ▶ 가이드 레이어 알아보기

■ 가이드 레이어 `348P`

가이드 레이어는 클래식 트윈의 동선 정보를 담고 있는 특별한 레이어입니다. 무비 실행 시 가이드 레이어에 구성된 가이드 선은 나타나지 않으며 연결된 클래식 트윈에서 움직이는 경로 정보만 제공합니다.

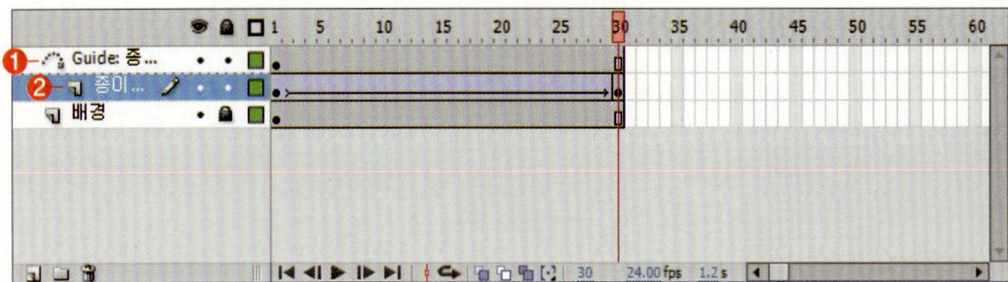

❶ 가이드 레이어

❷ 가이드에 의해 움직이는 클래식 트윈을 사용하는 레이어

■ 가이드 선 `348P`

가이드 선은 사용자가 자유롭게 그려서 사용할 수 있습니다. 도형의 외곽선을 가이드로 사용할 수 있고 복잡하고 정교한 동선을 따라가도록 하기 위해서 다른 벡터 드로잉 프로그램의 선을 가져와 사용할 수도 있습니다.

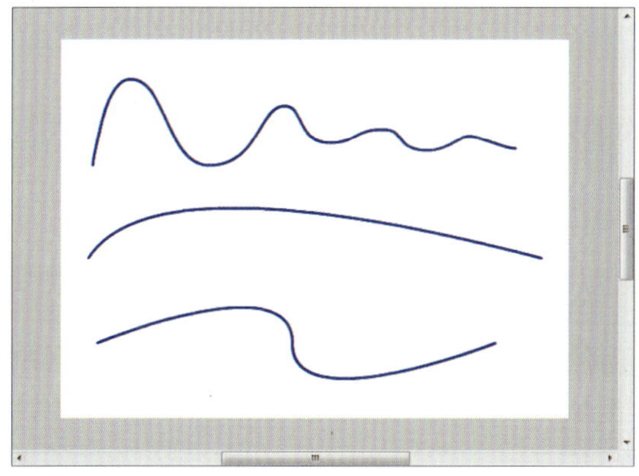

▲ 곡선 형태의 가이드 선

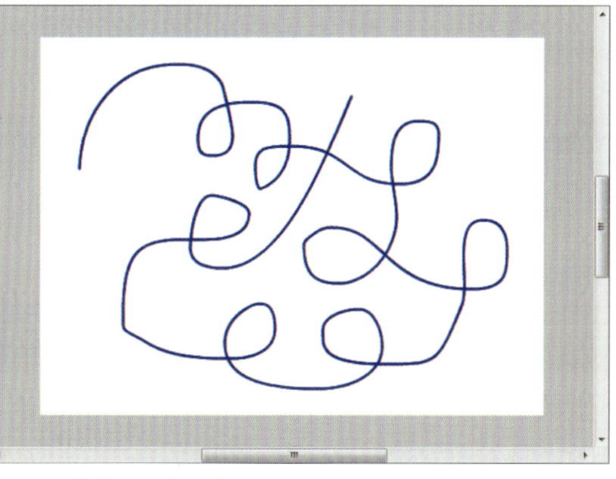

▲ 꼬인 형태의 복잡한 가이드 선

▲ 도형의 외곽선을 가이드로 구성

가이드 레이어를 구성하여 동선을 만들어 보도록 하겠습니다. 클래식 트윈에 가이드를 사용하기 위해서는 모션 트윈과 달리 가이드 레이어를 추가하여 움직이는 동선을 직접 그려 사용해야 합니다.

예제 파일 | CD\Part 07\종이비행기.fla **완성 파일 |** CD\Part 07\종이비행기_완성.fla

01. '종이비행기.fla' 파일을 불러옵니다. 종이비행기가 그래픽 심벌로 등록되어 있습니다. 가이드 레이어를 구성하기 위해서는 클래식 트윈을 사용해야 하기 때문에 심벌로 지정되어 있어야 합니다.

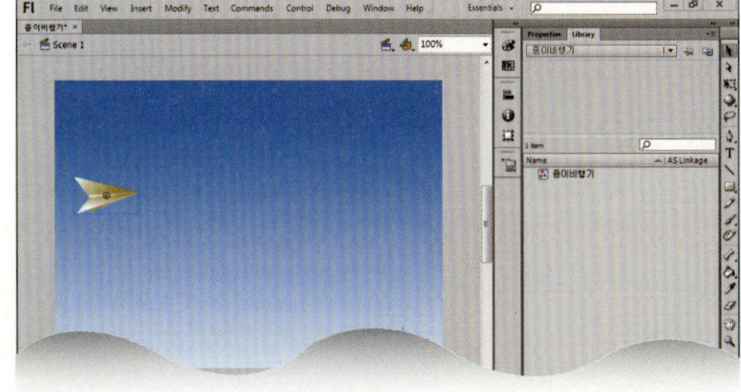

02. '종이비행기' 레이어를 선택하고 마우스 오른쪽 버튼을 클릭해 'Add Classic Motion Guide'를 선택하여 가이드 레이어를 추가합니다.

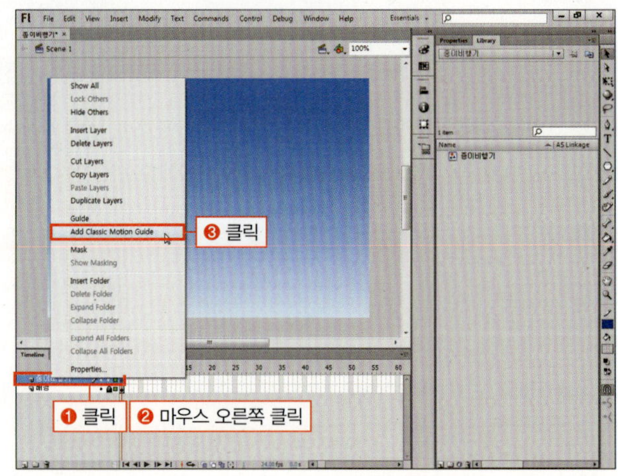

03. 클래식 트윈을 구성하기 위해 '종이비행기' 레이어의 30프레임을 클릭하고 F6을 눌러 프레임을 복사하고 가이드 레이어와 '배경' 레이어는 F5로 프레임을 연장합니다.

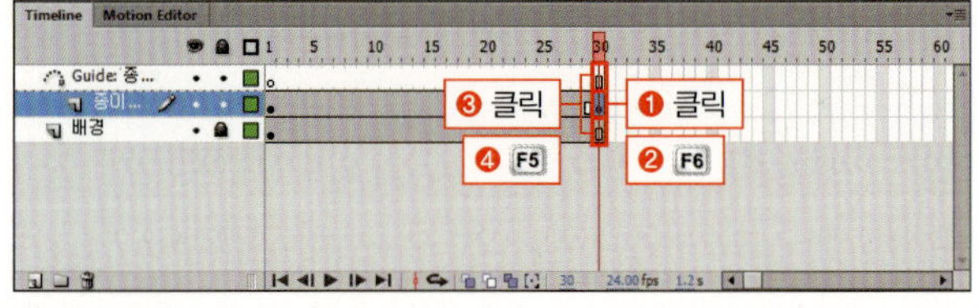

04. '종이비행기' 레이어의 프레임을 클릭하고 마우스 오른쪽 버튼을 클릭하고 'Create Classic Tween'을 선택해 클래식 트윈을 적용합니다.

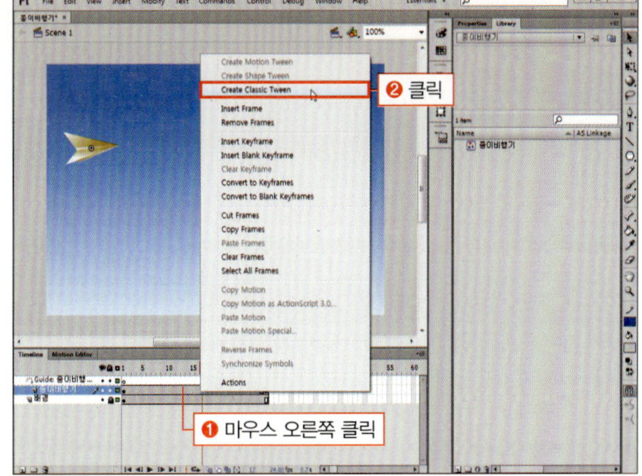

05. 가이드 레이어의 1프레임을 클릭하고 [연필 툴]( )을 선택하여 비행기가 움직이는 동선을 자유곡선으로 그립니다.

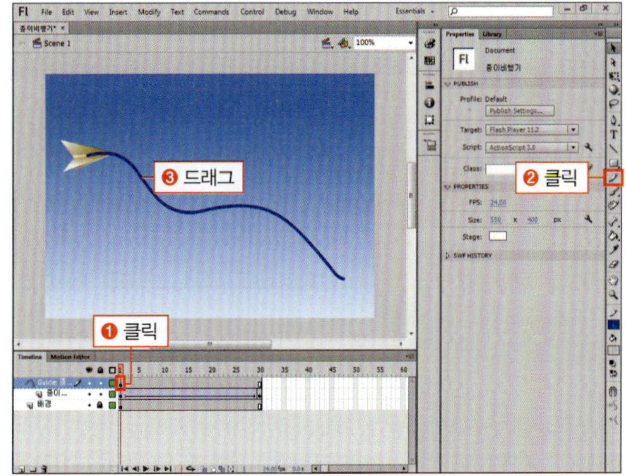

06. 가이드를 제대로 사용하기 위해서는 클래식 트윈이 이루어지는 오브젝트가 가이드의 시작과 끝 부분에 정확히 만나도록 해야 합니다. [View]-[Snapping] 메뉴를 클릭하여 [Snap to Objects]가 선택되어 있는지 확인하고 선택되어 있지 않으면 체크하고 진행합니다.

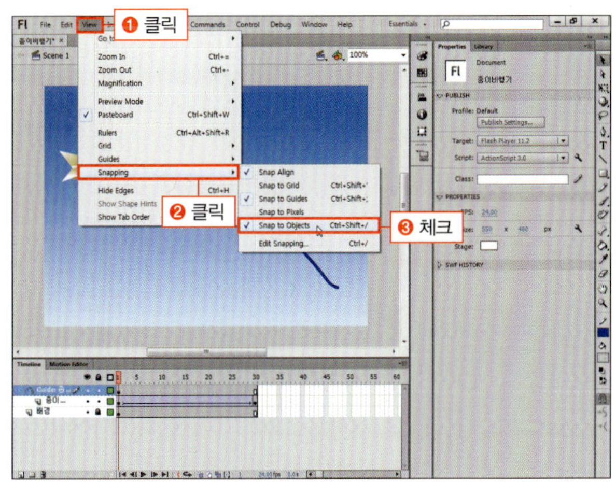

07. '종이비행기' 레이어의 1프레임을 클릭하고 [선택 툴]( )을 선택하여 '종이비행기'를 클릭하고 '종이비행기'의 중심점이 가이드 선의 시작점에 정확히 물리도록 옮깁니다.

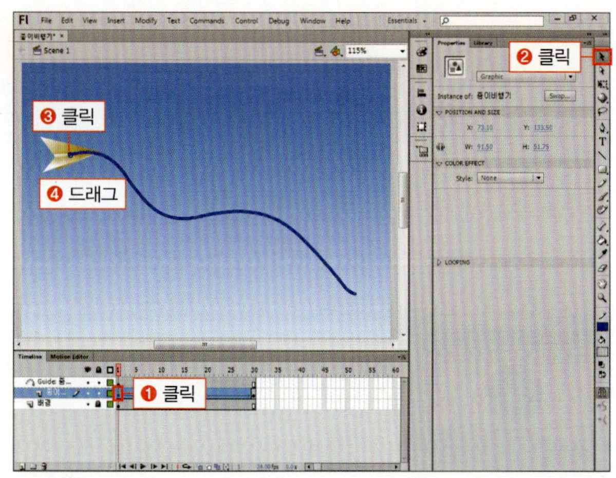

08. 30프레임의 '종이비행기'를 클릭하고 '종이비행기'의 중심점이 가이드 선의 끝점에 정확히 물리도록 옮깁니다.

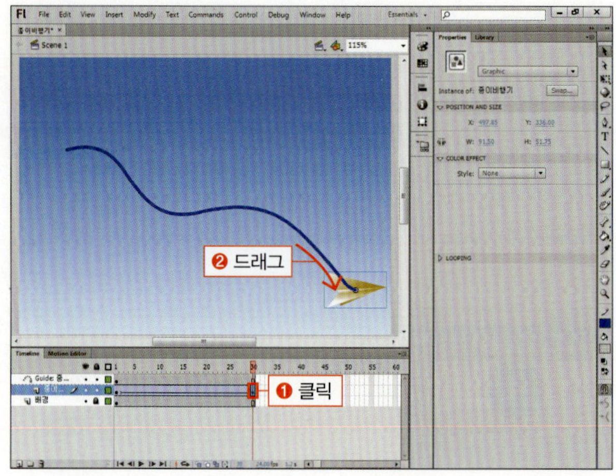

09. `Ctrl` + `Enter`를 눌러 테스트 무비를 실행하면 가이드 선은 보이지 않고 가이드를 따라 움직이는 종이비행기만 보이게 됩니다.

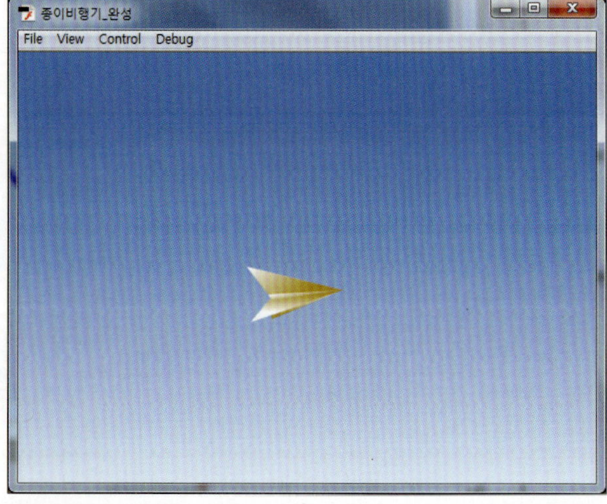

가이드 레이어를 사용하면 행성의 궤도와 같이 규칙이 정해진 움직임을 만들 수 있습니다. 타원 모양의 가이드를 만들어보도록 하겠습니다.

예제 파일 I CD\Part 07\타원궤도.fla **완성 파일 I** CD\Part 07\타원궤도_완성.fla

01. '타원궤도.fla' 파일을 불러옵니다. 작업에 앞서 레이어 구성을 먼저 이해하도록 합니다. '행성'이 '항성' 주위를 회전하도록 하려면 '행성' 뒤에서는 가려지고 앞에서는 보여야 합니다. '항성'을 상, 하 2개로 따로 나누어 레이어로 구성한 것은, 가리고 보이도록 하는 효과를 샌드위치 모양으로 구성하기 위함입니다.

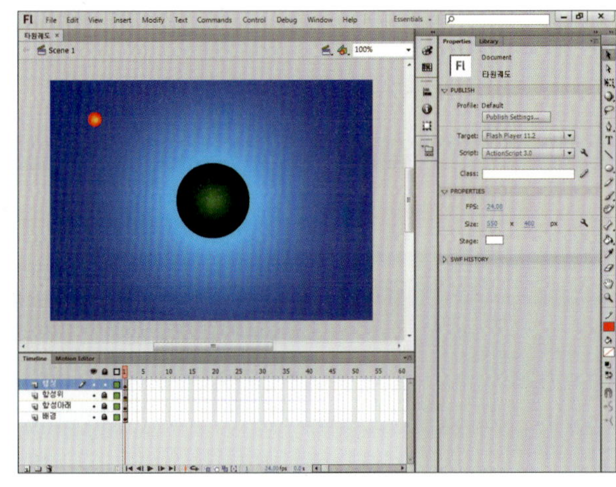

02. '행성' 레이어를 선택하고 마우스 오른쪽 버튼을 눌러 'Add Classic Motion Guides'를 선택하여 가이드 레이어를 추가합니다.

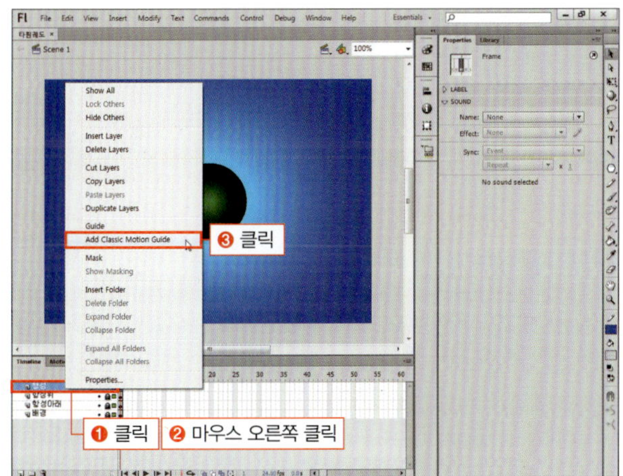

03. [원 툴]()을 선택하고 [Properties] 패널에서 [선 색상]과 [두께]는 '임의', [면 색상]은 '없음', [Cap]은 'None'으로 설정합니다.

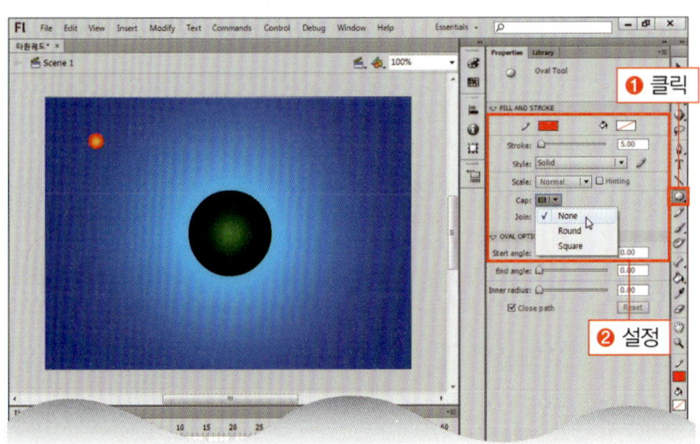

04. '행성'이 회전하면서 상반구에서는 가려지고 하반구에서는 보이도록 타원 모양으로 '행성'의 회전 궤도를 그립니다.

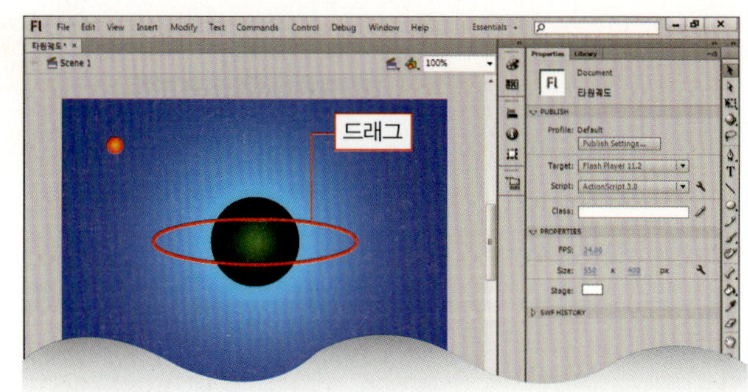

05. 가이드 선은 시작과 끝이 있어야 합니다. 타원은 시작과 끝을 알 수 없기 때문에 선의 일부를 끊어주어 가이드의 시작과 끝을 만들어 주어야 합니다. 또한 가이드 선이 끊어진 부분에서는 움직임이 부드럽지 못하기 때문에 '행성'이 가려지는 부분에서 끊어주도록 합니다. [선택 툴]( )을 선택해 '타원'의 윗부분 일부를 드래그하고 Del 을 눌러 삭제합니다.

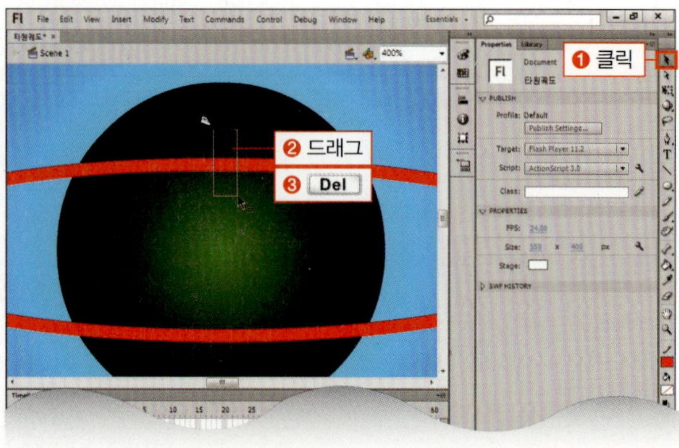

06. '행성' 레이어의 30프레임을 클릭하고 F6 을 눌러 프레임을 복제하고 나머지 레이어는 F5 를 눌러 프레임을 연장합니다.

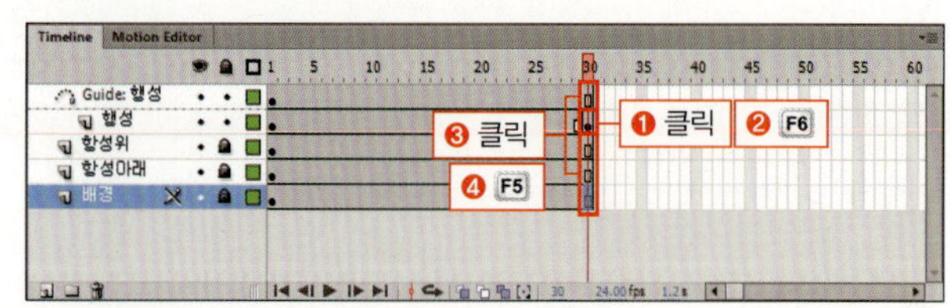

07. 1프레임의 '행성'을 클릭하고 가이드 선의 끊어진 왼쪽 부분으로 옮깁니다.

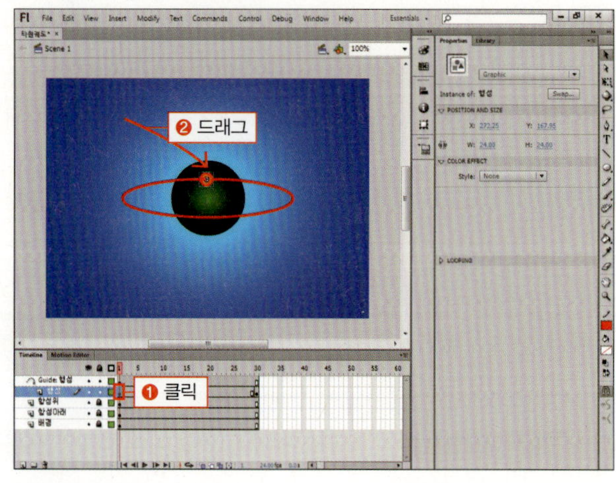

08. 30프레임의 '행성'을 클릭하고 가이드 선의
오른쪽 부분에 옮깁니다. '행성'의 타임라인의 프
레임을 클릭하고 마우스 오른쪽 버튼을 클릭하고
'Create Classic Tween'을 선택해 클래식 트윈을
적용합니다.

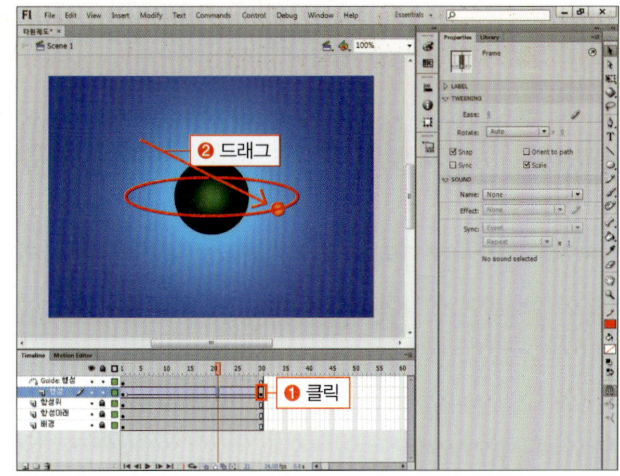

09. '행성위' 레이어를 선택하여 가이드 레이어
위로 위치를 옮겨 '행성'이 지나갈 때 가려지도록
합니다.

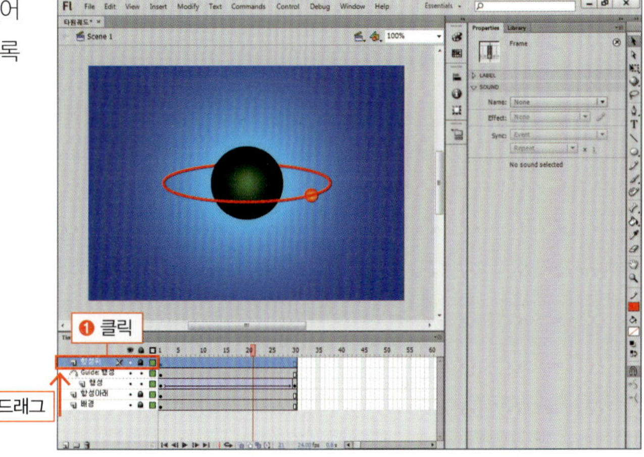

10. **Ctrl** + **Enter** 를 눌러 테스트 무비를 실행
하면 타원 궤도를 따라 움직이는 무비가 실행됩니다.

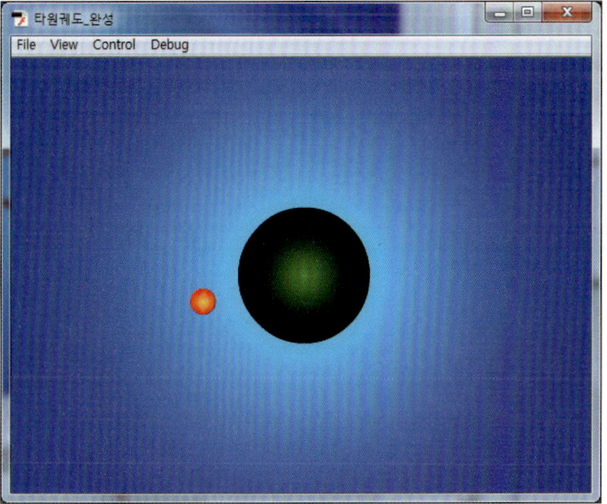

가이드 레이어에 사용되는 가이드 선은 선 속성을 가진 셰이프 오브젝트라면 얼마든지 가져와 사용할 수 있습니다. 일러스트레이터에서 작성된 선을 가져와 가이드로 사용해보도록 하겠습니다.

예제 파일 | CD₩Part 07₩소용돌이.fla, 나선.ai　**완성 파일 |** CD₩Part 07₩소용돌이_완성.fla

01. '나뭇잎'이 나선형의 가이드 선을 따라 회전하면서 사라지는 무비를 구성하기 위해 '소용돌이.fla' 파일을 불러옵니다.

02. '나뭇잎' 레이어를 선택하고 마우스 오른쪽 버튼을 클릭하고 'Add Classic Motion Guide'를 선택하여 가이드 레이어를 추가합니다.

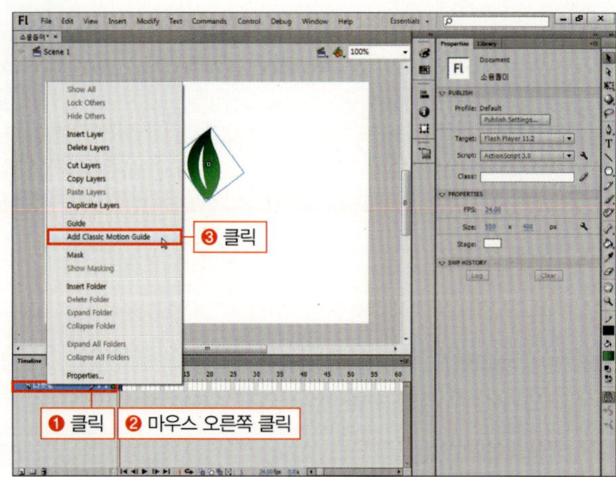

03. '가이드' 레이어의 1프레임을 클릭한 후 [File]–[Import]–[Import to Stage](**Ctrl** + **R**) 메뉴를 클릭하여 '나선.ai' 파일을 찾아 선택하고 [Import '나선.ai' to Stage] 대화상자에서 [Convert layers to]를 'Keyframes'으로 설정하고 [OK] 단추를 클릭합니다.

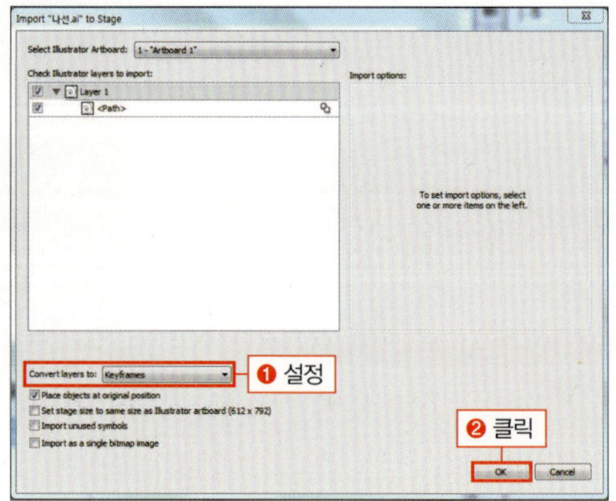

04. '나선.ai' 파일이 프레임으로 불러와집니다.

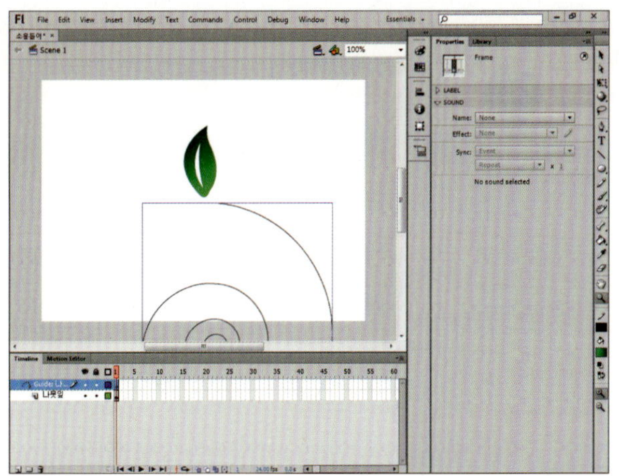

05. [자유 변형 툴]( )을 선택하고 '나선' 모양을 스테이지 가운데로 옮기고 크기를 조절한 후 **Ctrl** + **B** 를 눌러 셰이프 오브젝트로 변환합니다.

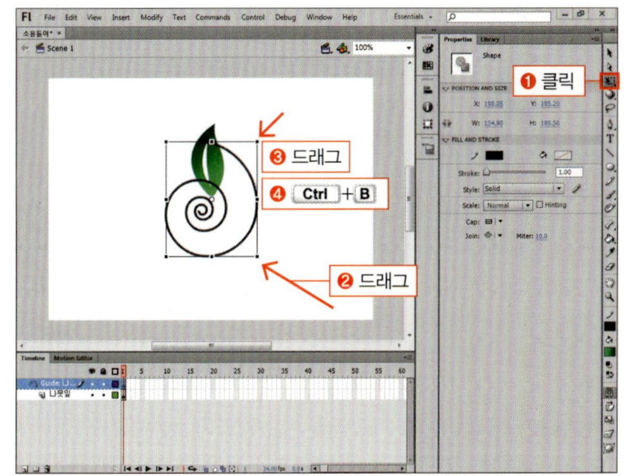

06. [자유 변형 툴]( )로 '나뭇잎'의 중심점을 나뭇잎의 아래 꼭지점으로 옮깁니다.

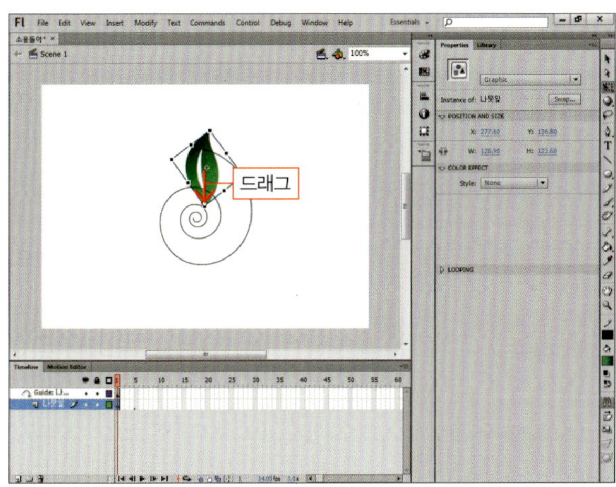

07. [선택 툴](⬉)을 선택하고 '나뭇잎'을 클릭하여 '나선'의 바깥쪽 끝점과 중심이 만나도록 옮깁니다.

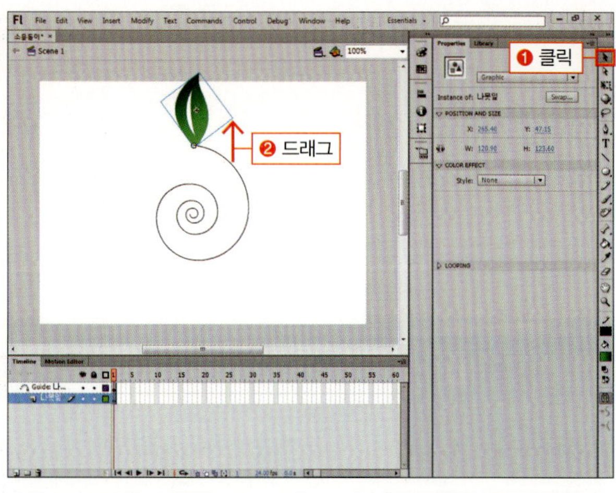

> **TIP : 오브젝트 이동**
>
> 오브젝트 이동 시 [자유 변형 툴](⬚)을 사용해도 크게 상관은 없지만 스냅 기능이 제대로 동작하지 않을 수 있습니다. 이럴 때는 [선택 툴](⬉)로 오브젝트를 옮겨야 합니다.

08. '나뭇잎' 레이어의 50프레임을 클릭하고 F6을 눌러 프레임을 복사하고 가이드 레이어는 F5를 눌러 프레임을 연장합니다.

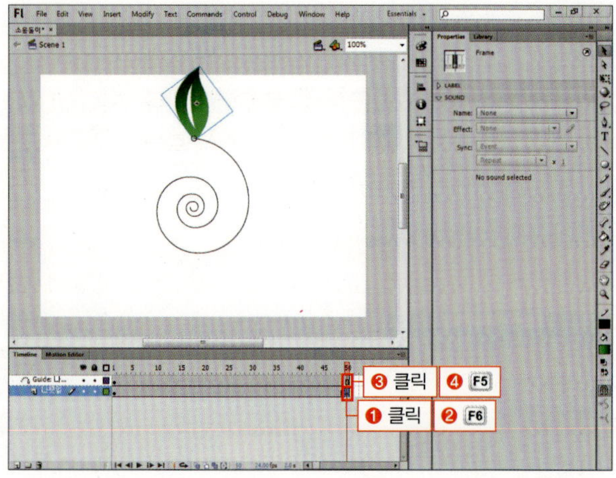

09. 50프레임의 '나뭇잎'을 '나선'의 안쪽 끝점과 중심이 일치하도록 옮긴 후 크기를 1/5 정도로 줄입니다.

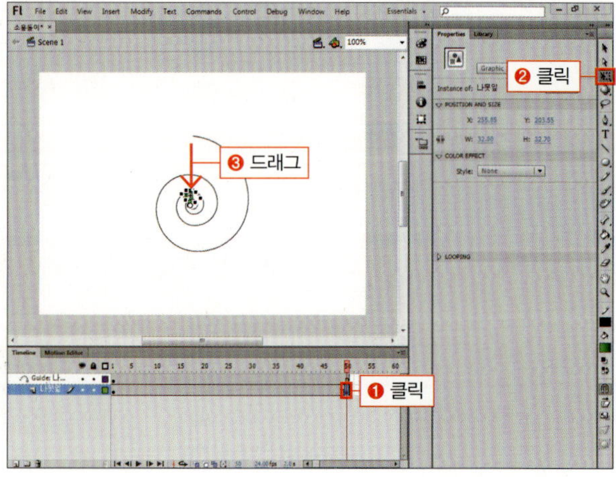

10. '나뭇잎' 레이어의 프레임을 클릭하고 마우스 오른쪽 버튼을 클릭하고 'Create Classic Tween'을 선택해 클래식 트윈을 적용합니다. **Enter** 를 눌러 무비를 확인하면 나뭇잎이 가이드를 따라 움직이는 무비가 만들어집니다. 이 때 [Onion Skin]( )을 사용하면 무비의 흐름을 확인하면서 작업할 수 있습니다.

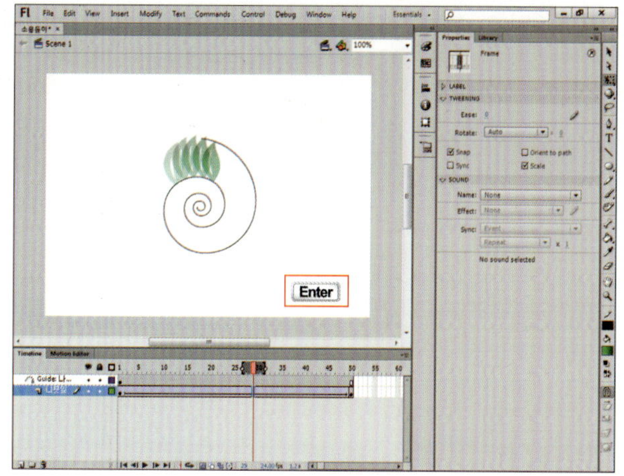

11. 무비의 진행을 확인해 보면 '나뭇잎'이 가이드를 따라 움직이지만 가이드 선의 방향과 상관없이 밋밋하게 움직입니다. 가이드의 방향에 따라 회전하며 움직이도록 하기 위해서 클래식 트윈이 적용된 프레임을 클릭하고 [Properties] 패널의 [Orient to path]에 체크합니다.

12. 50프레임을 클릭하고 [선택 툴]( )을 선택한 후 '나뭇잎'을 클릭하고 [Properties] 패널의 [Style]을 'Alpha', [값]을 '0%'로 설정하여 점점 사라지는 무비가 되도록 구성합니다.

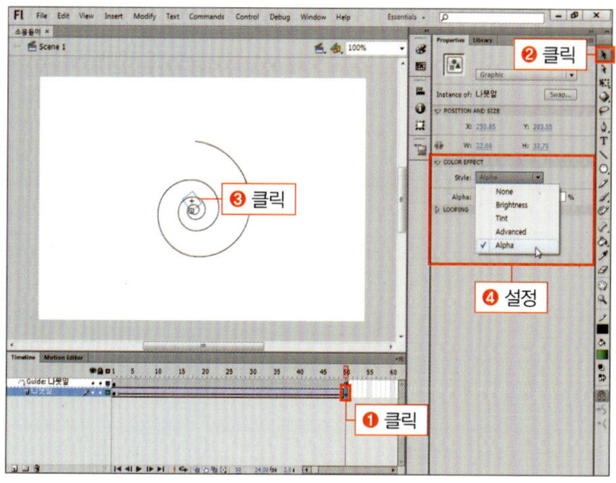

357

13. `Ctrl` + `Enter` 를 눌러 테스트 무비를 실
행하면 나뭇잎이 안쪽으로 회전하며 사라지는 무
비가 실행됩니다.

TIP : 가이드 선의 시작과 끝

가이드 레이어 구성 시 모션이 시작되는 부분과 끝나는 부분을 정확히 지정하도록 합니다. 원이나 사각형과 같이 시작과 끝이 존재하지 않
는 경우 가이드로 사용 가능하지만 원하는 방향으로 가이드되지 않을 수 있습니다. 연결된 선의 경우 일부를 끊어서 가이드의 시작과 끝을
만들어 주도록 합니다.

마스크 레이어 활용하기

레 벨 ● ● ●

플래시에서 마스크는 레이어의 특정 부분만 보이도록 하고 나머지는 보이지 않도록 가리는 역할을 합니다. 마스크를 고정하여 사용하기도 하지만 마스크나 오브젝트를 움직여 다양한 효과를 만들 수 있습니다. 마스크를 활용한 다양한 무비를 만들어보도록 하겠습니다.

기초탄탄 ▶ 마스크 레이어 알아보기

마스크는 마스크가 적용되는 영역정보만 제공합니다. 따라서 투명도나 그레이디언트 등 효과 사용과 무관하게 사용됩니다. 마스크 레이어를 적용하면 마스크와 오브젝트 레이어는 편집할 수 없게 됩니다. 따라서 마스크 적용은 오브젝트 배치나 트윈 구성이 끝난 후 최종 단계에서 합니다.

■ 마스크가 적용된 [Timeline] 패널 `362P`

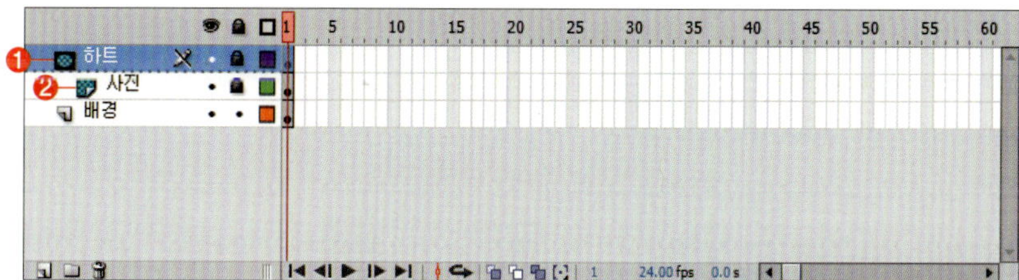

❶ 마스크 레이어

❷ 마스크가 적용된 오브젝트 레이어

마스크는 마스크를 적용시킬 오브젝트 위에 마스크 레이어를 구성하여 사용합니다. 마스크 레이어를 사용하여 오브젝트의 원하는 부분만 보이도록 해 보겠습니다.

예제 파일ㅣ CD₩Part 07₩하트.fla **완성 파일ㅣ** CD₩Part 07₩하트_완성.fla

01. '하트.fla' 파일을 불러옵니다. '하트' 모양을 마스크로 사용하여 이미지를 '하트' 모양으로 보이도록 구성해 봅니다.

02. 사진의 '꽃' 부분만 보이도록 마스크를 구성합니다. [자유 변형 툴](鑸)을 선택하여 '하트'를 '꽃' 위로 옮긴 후 '꽃'을 완전히 덮을 정도로 크기를 키웁니다.

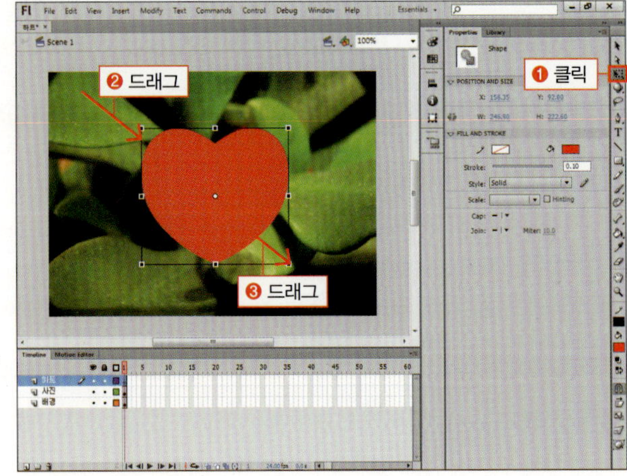

03. '하트' 레이어를 선택하고 마우스 오른쪽 버튼을 눌러 'Mask'를 선택합니다.

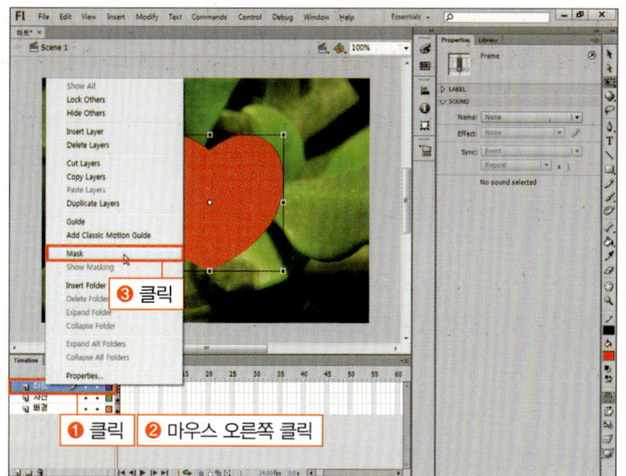

04. '하트' 모양이 마스크로 변경되면서 마스크 영역의 '꽃'만 나타나고 나머지는 가려지면서 '사진' 레이어 아래에 구성된 '배경' 레이어가 보이게 됩니다. 이와 같이 마스크는 원하는 이미지만 보이도록 영역을 지정하는 역할을 합니다.

마스크를 사용하여 글자를 강조하여 표시하는 효과를 만들어보도록 하겠습니다.

예제 파일 | CD₩Part 07₩마스크텍스트.fla **완성 파일** | CD₩Part 07₩마스크텍스트_완성.fla

01. '마스크텍스트.fla' 파일을 불러옵니다. 글자
와 마스크가 될 원이 각각 레이어로 구성되어 있
습니다.

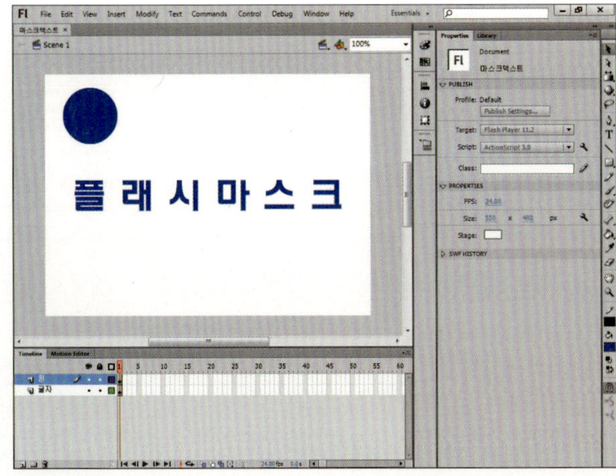

02. '글자' 레이어를 선택하고 마우스 오른쪽 버
튼을 클릭해 'Duplicate Layers'를 선택하여 레이어
를 복제합니다.

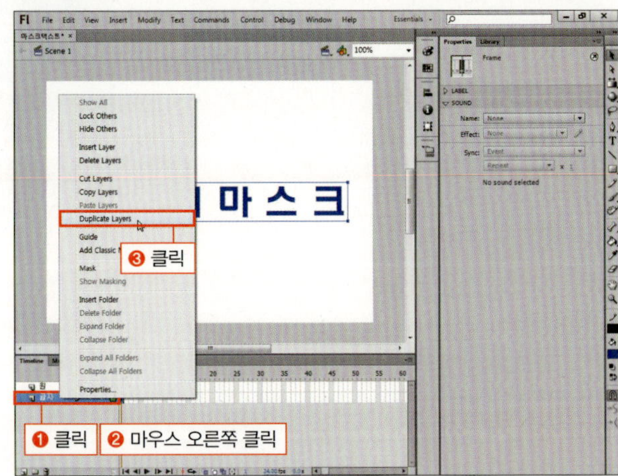

03. [선택 툴]( )을 선택하고 복제된 '글자
Copy' 레이어의 글자를 클릭하고 [Properties] 패
널의 [Color]를 '빨간색'으로 설정합니다.

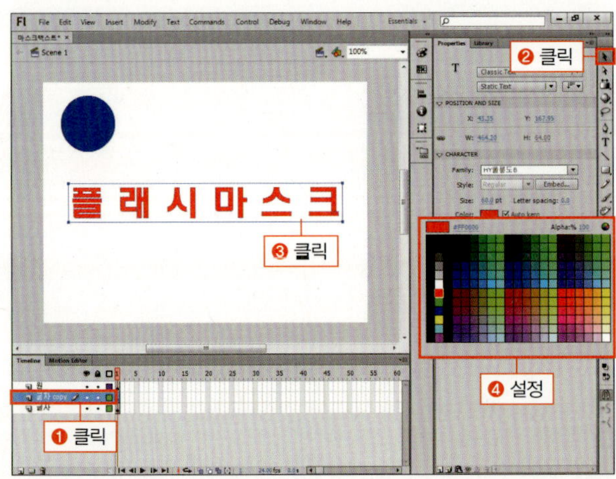

04. [Properties] 패널의 [Add Filters](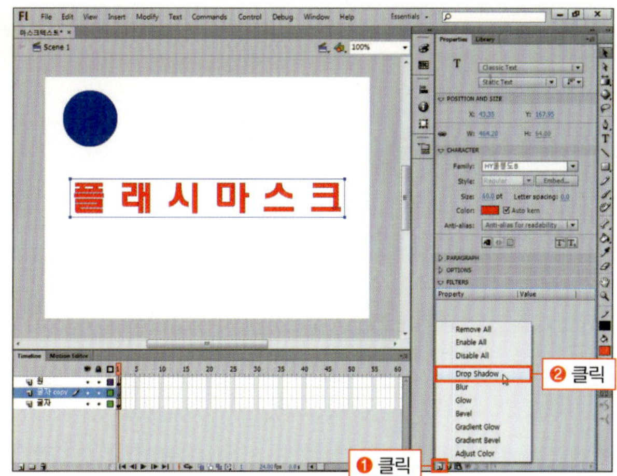를 클릭
하여 'Drop Shadow'를 선택합니다.

05. '원'을 선택하고 '플'의 중앙에 오도록 '원'을
옮깁니다.

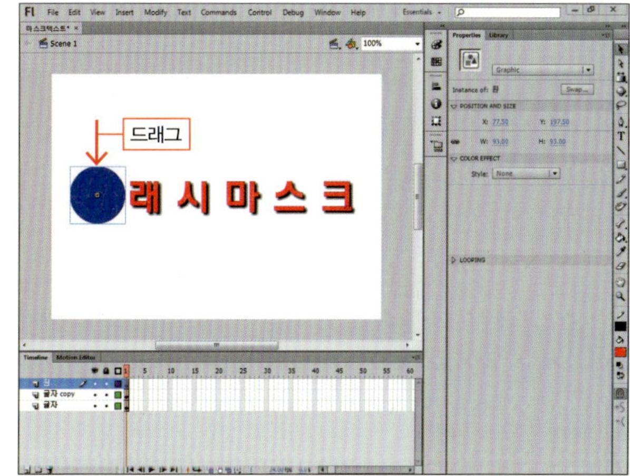

06. '원'이 1프레임당 한 글자씩 이동하도록 하기
위해 '원' 레이어의 6프레임을 클릭하고 **F6**을 눌
러 프레임을 복사하고 나머지 레이어는 **F5**를 눌
러 프레임을 연장합니다.

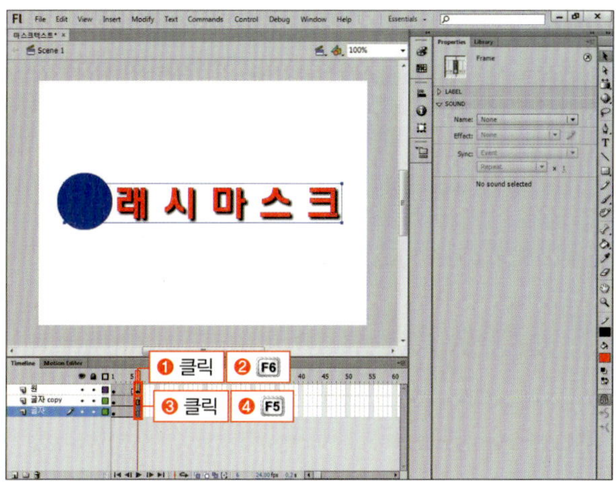

07. 6프레임의 '원'을 '크' 자의 가운데에 오도록 옮기고 타임라인에서 마우스 오른쪽 버튼을 클릭해 'Create Classic Tween'을 선택해 클래식 트윈을 적용합니다. [Play Head](█)를 움직여 '원'이 프레임별로 정확히 문자 가운데에 위치하는지 확인합니다.

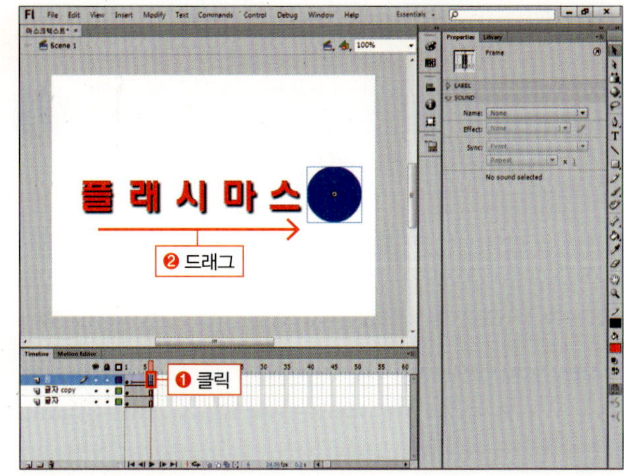

08. [Frame Rate]를 '2'로 설정하여 1초에 두 글자씩 효과가 나타나도록 합니다.

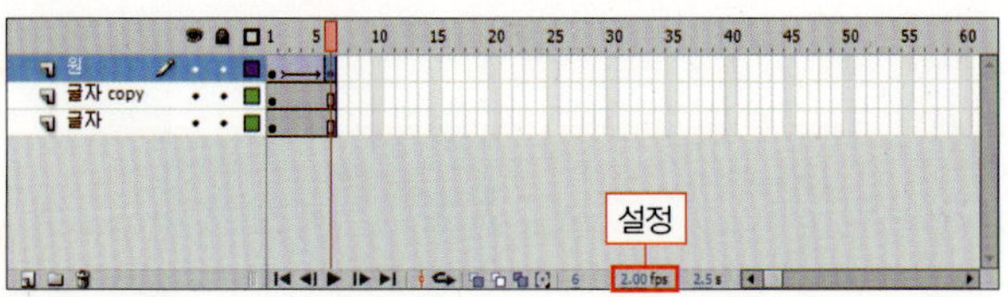

09. '원' 레이어를 선택하고 마우스 오른쪽 버튼을 클릭해 'Mask'를 선택하여 마스크를 적용합니다. Enter 를 눌러 무비를 확인하면 '원'이 지나가면서 한 글자씩 마스크가 적용되어 효과가 나타납니다.

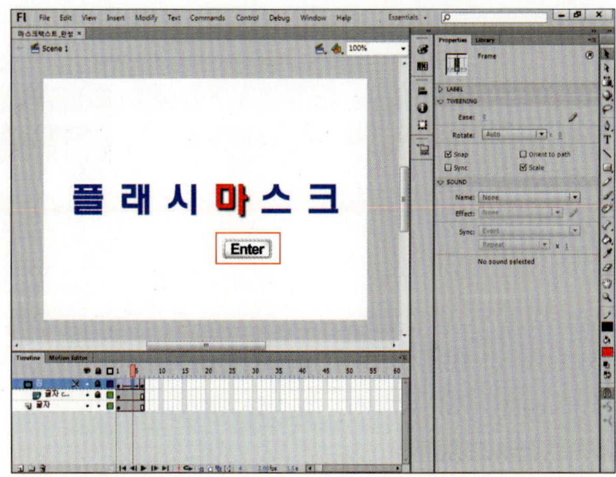

마스크를 고정하고 오브젝트를 움직이는 구성으로 효과를 나타낼 수 있습니다. 노이즈 배경에 문자를 마스크로 사용해 노이즈가 움직이는 효과를 만들어보도록 하겠습니다.

예제 파일 ㅣ CD\Part 07\노이즈.fla   **완성 파일** ㅣ CD\Part 07\노이즈_완성.fla

01. '노이즈.fla' 파일을 불러옵니다. 글자와 노이즈가 각각 레이어로 구성되어 있습니다.

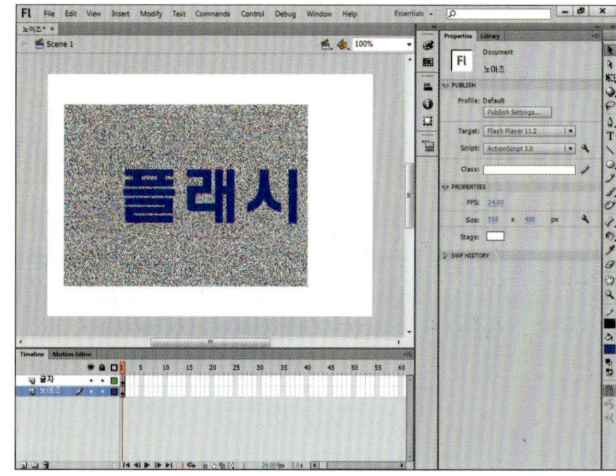

02. 문자에 마스크를 적용하므로 노이즈 효과에 테두리를 만들어 봅니다. '글자' 레이어를 선택하고 마우스 오른쪽 버튼을 클릭해 'Duplicate Layers'를 선택해 복제하여 추가하고 레이어 이름을 '테두리'로 변경합니다.

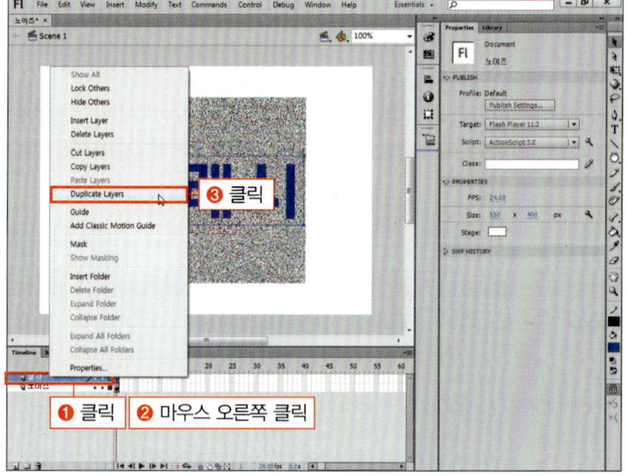

03. [선택 툴](화살표)을 선택하여 '테두리' 레이어의 문자를 클릭하고 **Ctrl** + **B**를 2번 눌러 셰이프 오브젝트로 전환합니다.

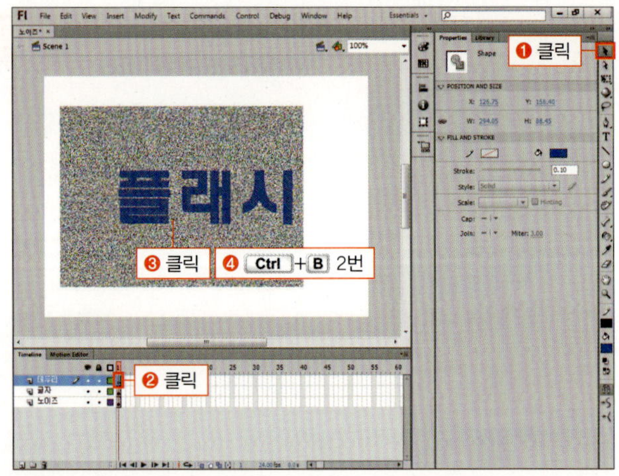

04. [잉크병 툴](아이콘)을 선택하고 [Properties] 패널에서 [선 색상]을 '빨간색'으로 설정한 후 셰이프 오브젝트로 전환된 문자를 클릭하여 선 색상을 적용합니다.

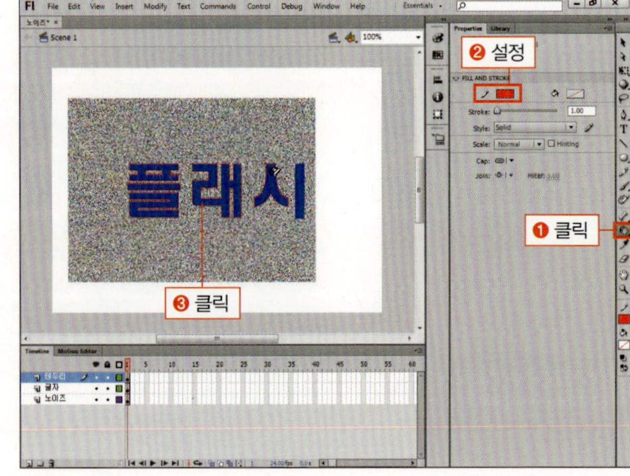

05. [선택 툴](화살표)을 선택하여 '테두리' 레이어의 셰이프 오브젝트를 모두 선택하고 [Properties] 패널에서 [면 색상]을 '없음'으로 설정합니다.

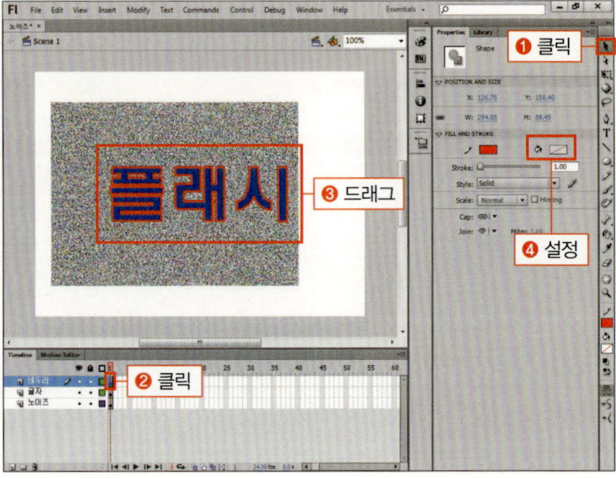

> **TIP : 프레임의 오브젝트 선택**
>
> 여러 개의 레이어가 구성되어 있는 경우 특정 프레임의 오브젝트를 모두 선택하려면 해당 프레임을 클릭하여 선택합니다. 이 경우 [Properties] 패널의 내용도 프레임 속성으로 변경되는데 선택한 오브젝트의 속성으로 [Properties] 패널의 내용을 변경하려면 툴 박스에서 선택 관련 툴을 선택하면 됩니다.

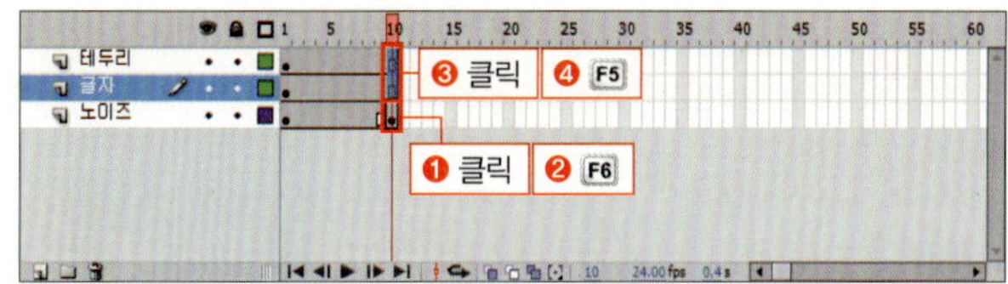

06. '노이즈' 레이어의 10프레임을 클릭하고 F6 을 눌러 프레임을 복사하고 '테두리' 레이어와 '글자' 레이어는 10프레임까지 F5 를 눌러 프레임을 연장합니다.

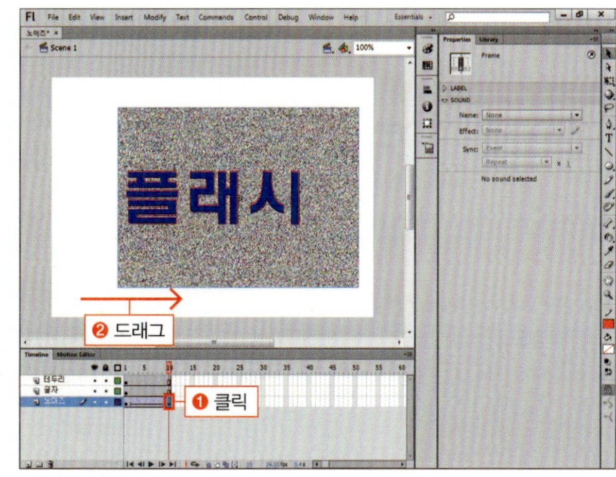

07. '노이즈' 레이어의 10프레임의 노이즈를 문자를 벗어나지 않는 범위 내에서 오른쪽으로 옮기고 타임라인에서 마우스 오른쪽 버튼을 클릭해 'Create Classic Tween'을 선택해 클래식 트윈을 적용합니다.

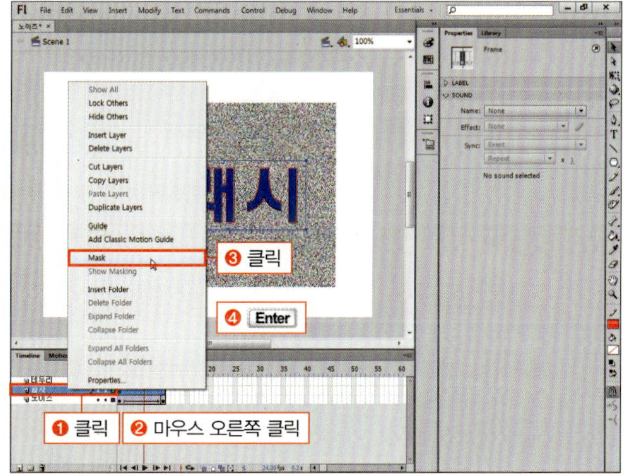

08. '글자' 레이어를 선택하고 마우스 오른쪽 버튼을 클릭해 'Mask'를 선택해 마스크를 적용하고 Enter 를 눌러 무비를 확인하면 노이즈가 움직이면서 글자에 노이즈 효과가 적용됩니다.

마스크는 그레이디언트이나 투명도를 적용하여 사용할 수 없지만 투명도를 적용한 오브젝트를 마스크와 같이 움직이도록 구성하면 효과를 나타낼 수 있습니다.

예제 파일 | CD\Part 07\비눗방울.fla **완성 파일 |** CD\Part 07\비눗방울_완성.fla

01. '비눗방울.fla' 파일을 불러옵니다.

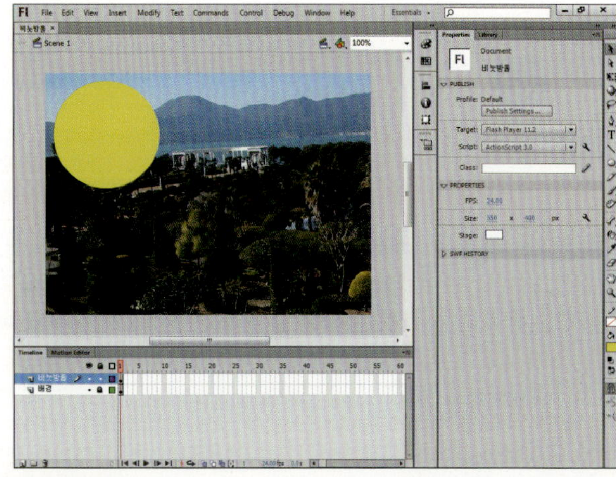

02. 먼저 마스크로 사용할 '원'에 원형 그레이디언트으로 투명 효과를 만들어 봅니다. [선택 툴]()을 선택하여 '원'을 클릭하고 [Color]()를 클릭해 [Color] 패널을 엽니다.

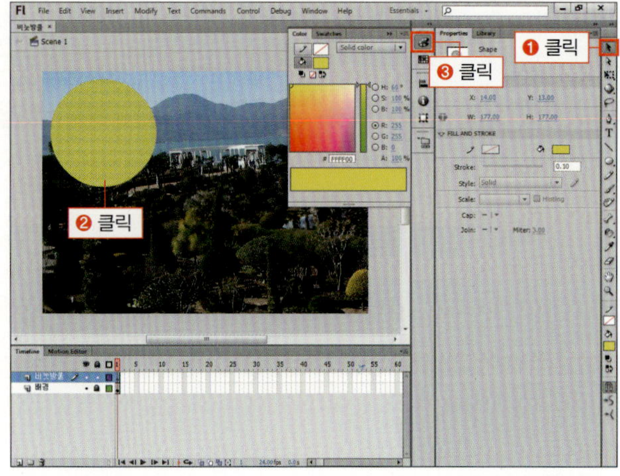

03. [Color] 패널에서 [Color type]을 'Radial gradient'로 선택합니다.

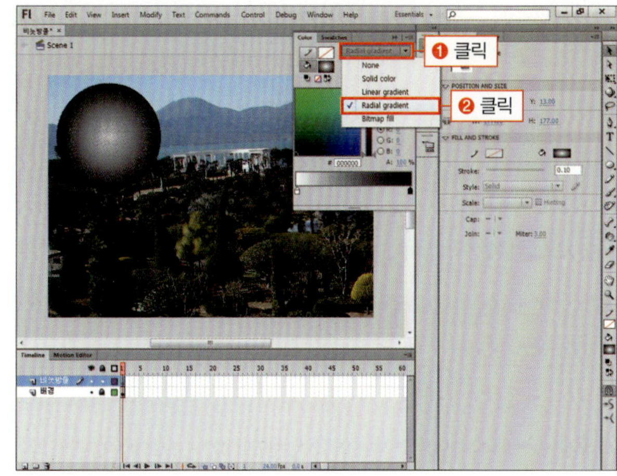

04. 그레이디언트 슬라이더를 편집해 봅니다. 왼쪽 슬라이더의 색상은 '흰색', 오른쪽 슬라이더의 색상은 '노란색'으로 설정합니다.

연관검색 [Color] 패널의 슬라이더 색상 변경은 101P의 내용을 참고하세요.

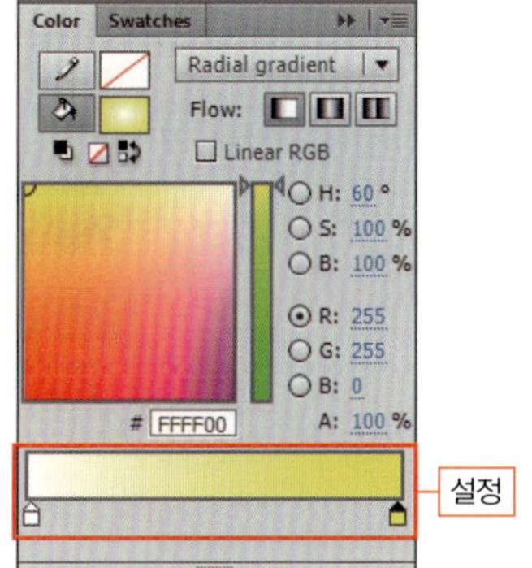

05. 그레이디언트 슬라이더 오른쪽 90% 지점에 '노란색' 중지점을 추가합니다.

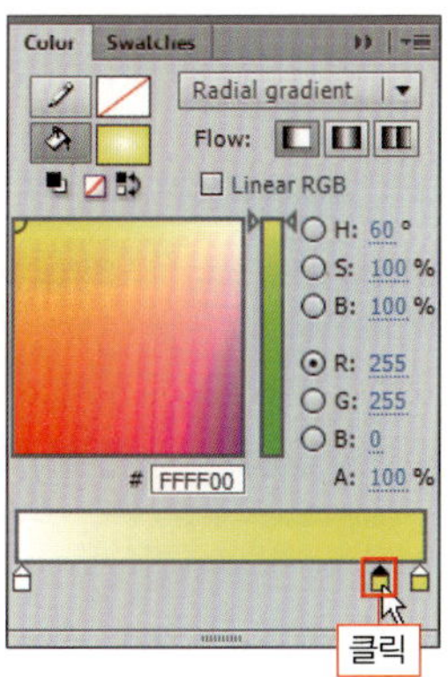

06. 왼쪽 흰색의 슬라이더를 클릭하여 '0%' 그레이디언트 슬라이더의 오른쪽 80% 지점으로 옮기고 [Alpha]를 '0%'로 설정합니다.

07. 오른쪽 끝의 노란색 슬라이더의 [Alpha]
는 '50%'으로 설정하고 새로 추가한 중지점의
[Alpha]는 '30%'으로 설정합니다.

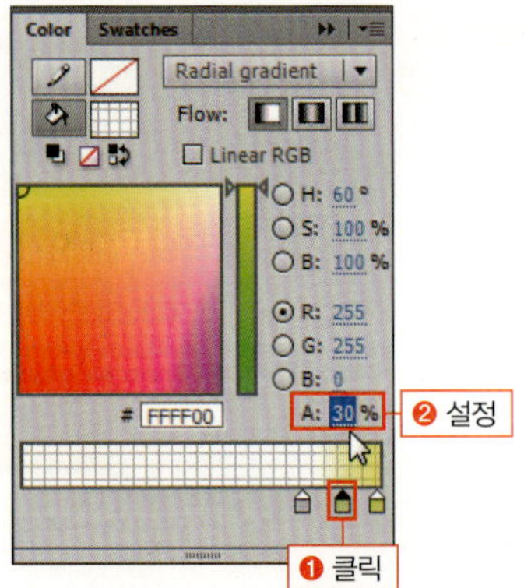

08. 그레이디언트가 적용된 '원'을 클릭하고 F8
을 눌러 '비눗방울'이란 이름으로 그래픽 심벌을
등록합니다.

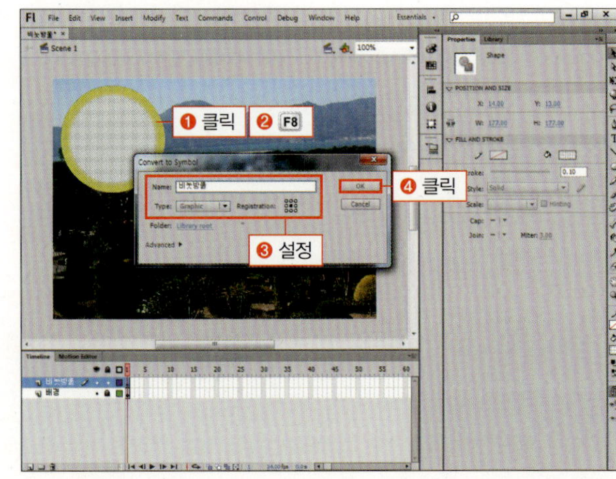

09. '비눗방울' 레이어의 1프레임을 클릭하고
마우스 오른쪽 버튼을 클릭하고 'Create Motion
Tween'을 선택해 모션 트윈을 적용하고 '배경' 레
이어와 함께 500프레임까지 F5를 눌러 프레임을
연장합니다.

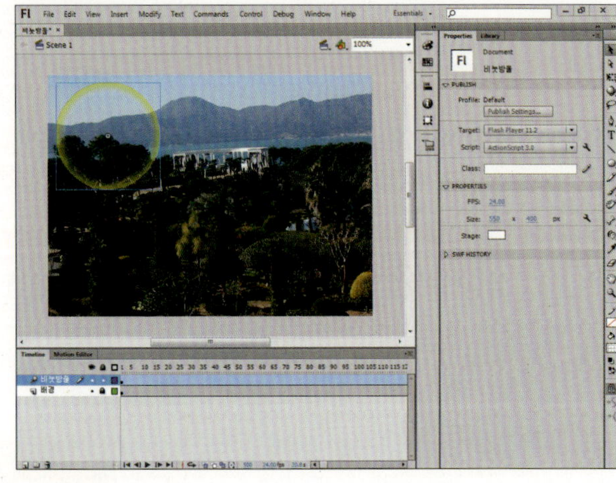

10. '비눗방울'이 움직이도록 모션 트윈의 경로를 자유롭게 설정합니다. 패널 메뉴(▼)를 클릭해 'Tiny'를 선택하면 더욱 넓게 사용할 수 있습니다.

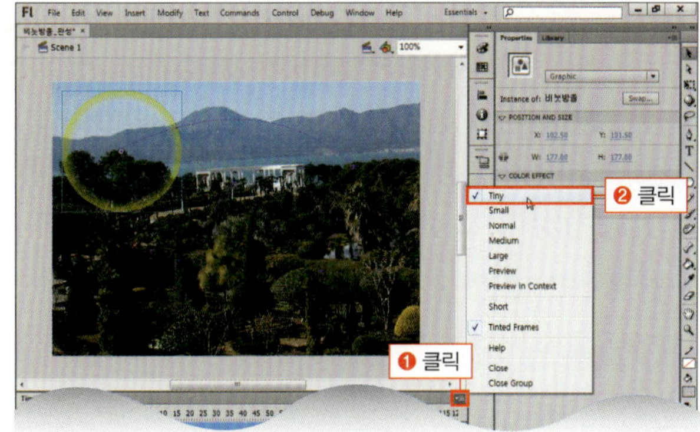

연관
검색 [Timeline] 패널의 다양한 모양은 243P의 내용을 참고하세요.

11. 모션이 완성되면 '비눗방울' 레이어를 선택하고 마우스 오른쪽 버튼을 눌러 'Duplicate Layers'를 선택하여 레이어를 복제해 추가합니다.

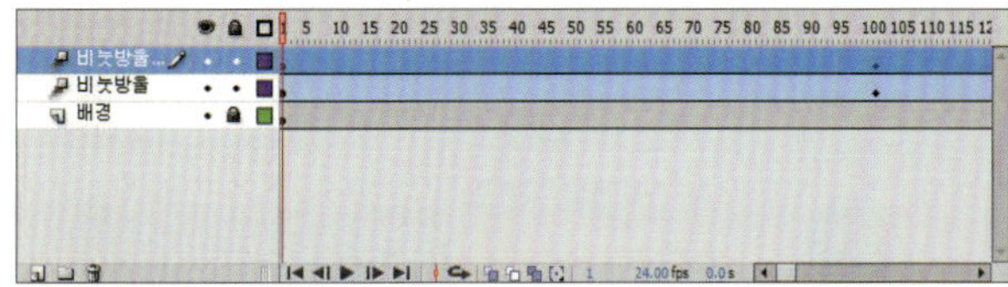

12. '비눗방울' 레이어를 선택하고 마우스 오른쪽 버튼을 클릭하고 'Mask'를 선택해 마스크를 적용합니다. **Enter** 를 눌러 마스크 위에 투명도가 적용된 '비눗방울'이 마스크와 동일하게 움직이면서 효과가 나타나게 됩니다.

13. **Ctrl** + **Enter** 를 눌러 테스트 무비를 실행하면 투명도가 적용된 비눗방울이 움직이는 무비가 실행됩니다.

2개의 이미지를 겹쳐 배치하고 위의 이미지에 마스크를 적용하면 독특한 효과를 연출할 수 있습니다. 색상이 반전된 이미지를 사용하여 스캔 효과를 만들어보도록 하겠습니다.

예제 파일 | CD₩Part 07₩호랑이.jpg, 호랑이반전.jpg **완성 파일 |** CD₩Part 07₩호랑이_완성.fla

01. 새로운 도큐먼트를 열고 [File]–[Import]– [Import to Stage](Ctrl + R) 메뉴를 클릭하여 '호랑이.jpg' 파일을 스테이지로 불러오고 레이어의 이름을 '호랑이'로 변경합니다.

02. [New layer]( )를 클릭해 레이어를 추가하고 이름을 '반전'으로 변경한 후 [File]–[Import]– [Import to Stage](Ctrl + R) 메뉴를 선택하여 '호랑이반전.jpg' 파일을 스테이지로 불러옵니다.

TIP : 비트맵 이미지 불러오기

플래시에서 비트맵 이미지를 사용하면 용량이 커지게 됩니다. 작업에 사용할 비트맵 이미지는 포토샵 등에서 크기 등을 맞추어 불러오도록 합니다.

03. [선택 툴]( )을 선택하여 '반전' 레이어의 '호랑이'를 클릭하고 [Transform]( )을 클릭해 [Transform] 패널을 열어 이미지 사이즈를 [가로/세로] 모두 '115%'로 설정하여 이미지 크기를 키웁니다.

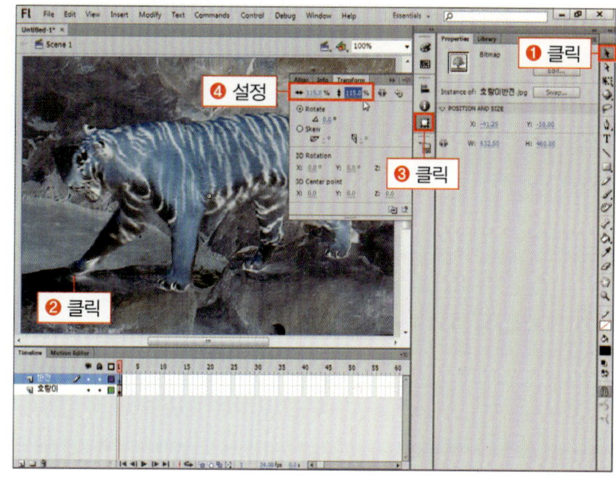

04. [New layer]( )를 클릭해 마스크로 사용할 레이어를 하나 더 추가하고 이름을 '마스크'로 변경합니다.

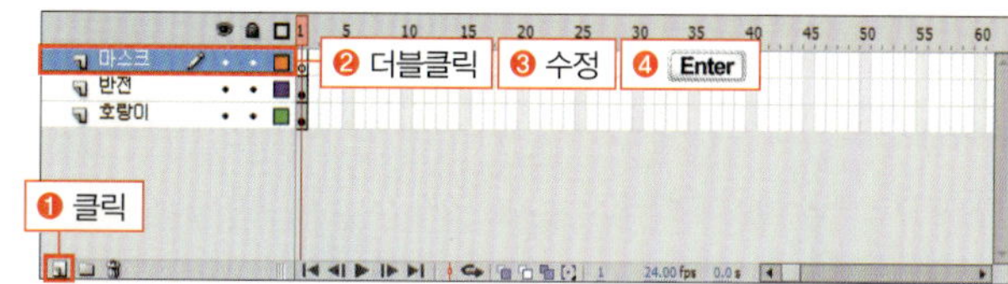

05. '마스크' 레이어를 선택하고 [사각형 툴]( )을 선택해 마스크로 사용할 사각형을 그립니다. 반전 이미지 왼쪽 경계선에서 높이는 이미지 높이와 똑같은 크기로 하고 폭은 1~2Cm 정도로 그립니다.

06. [선택 툴]( )을 선택하여 '사각형'을 클릭하고 F8을 눌러 '마스크'란 이름의 그래픽 심벌로 등록합니다. '마스크' 레이어의 50프레임과 100프레임을 클릭해 각각 F6을 눌러 프레임을 복사합니다. 나머지 레이어는 F5를 눌러 100프레임까지 연장합니다.

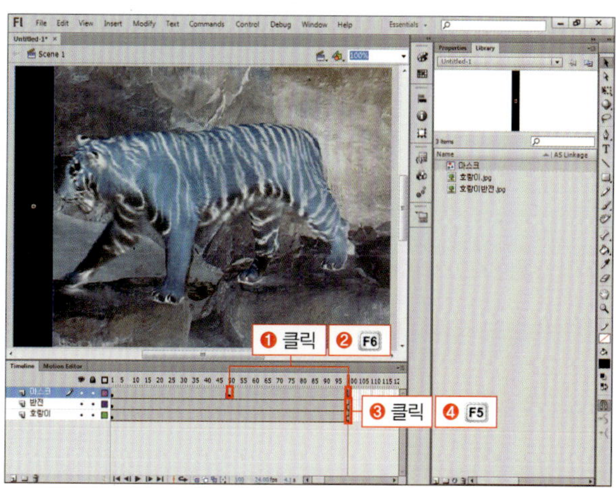

07. '마스크' 레이어의 50프레임을 클릭하고 '사각형'의 위치를 반전 이미지 오른쪽 경계로 옮깁니다.

08. '마스크' 레이어의 프레임을 클릭하고 마우스 오른쪽 버튼을 클릭하고 'Create Classic Tween'을 선택해 클래식 트윈을 적용합니다.

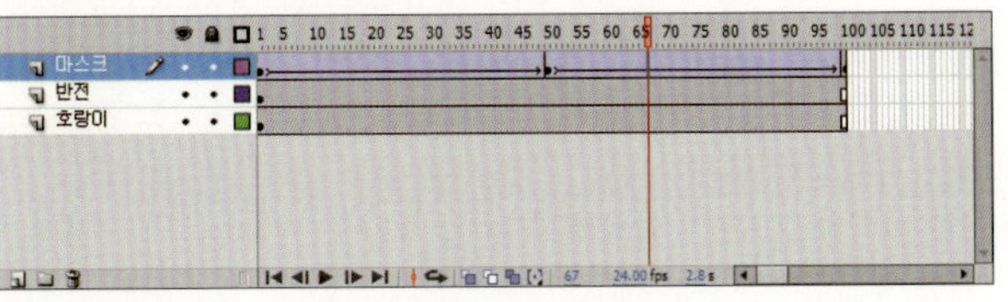

09. '마스크' 레이어를 선택하고 마우스 오른쪽 버튼을 클릭하고 'Mask'를 선택해 마스크를 적용합니다. **Enter**를 눌러 '사각형'이 지나가는 곳의 이미지가 반전되면서 확대되어 나타나는 무비가 실행됩니다.

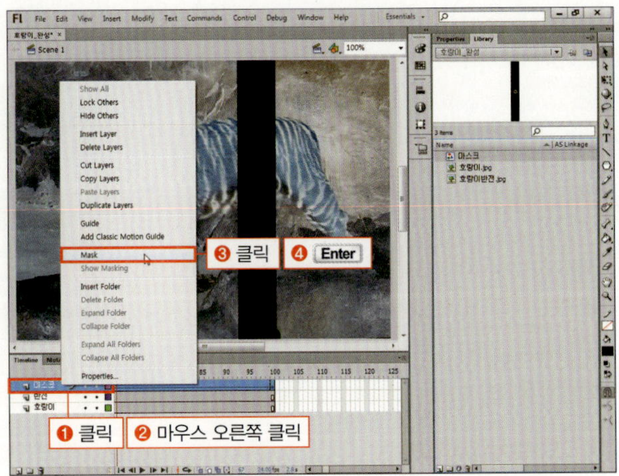

마스크를 사용하여 이미지 전환 효과를 표현하는 방법은 다양합니다. 마스크에 셰이프 트윈을 적용하여 이미지 전환 효과를 만들어보도록 하겠습니다.

예제 파일 | CD₩Part 07₩이미지전환.fla **완성 파일 |** CD₩Part 07₩이미지전환_완성.fla

01. '이미지1.fla' 파일을 불러옵니다. 3개의 이미지가 30프레임씩 나타나도록 구성되어 있습니다.

02. '이미지1' 레이어를 선택하고 마우스 오른쪽 버튼을 눌러 'Duplicate Layers'를 선택하여 레이어를 복제해 추가한 후 레이어 이름을 '이미지2'로 변경합니다.

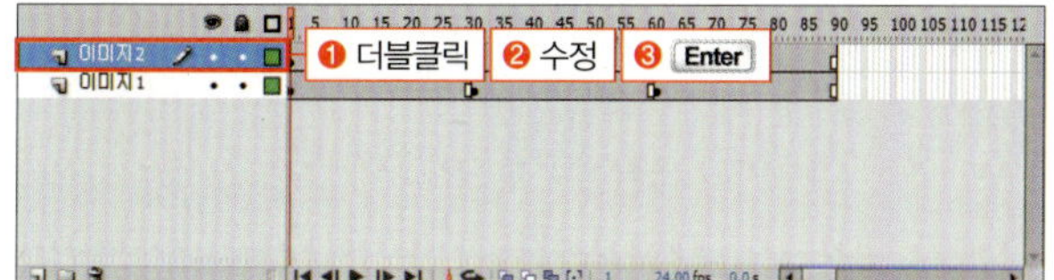

03. [New layer](□)를 클릭해 마스크로 사용할 레이어를 추가하고 레이어 이름을 '마스크'로 변경합니다.

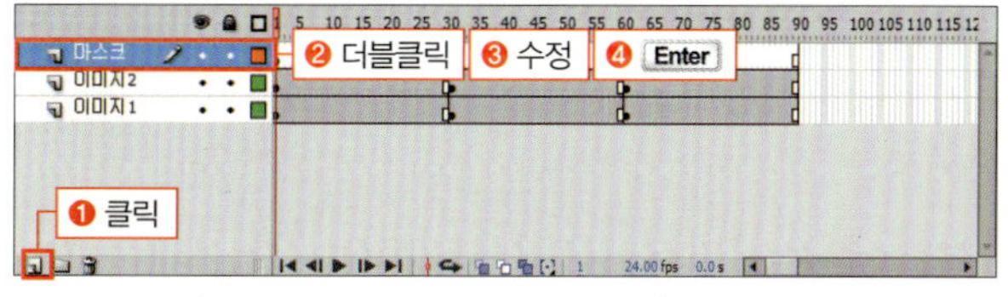

04. '마스크' 레이어의 1프레임을 클릭하고 [사각형 툴](□)을 선택하여 스테이지 크기에 딱 맞는 사각형을 그립니다.

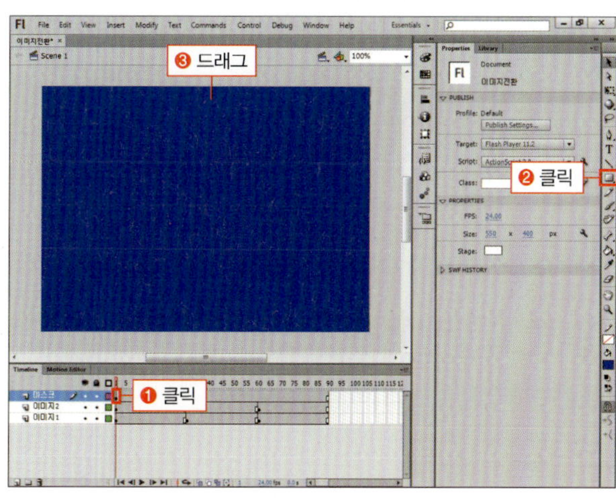

05. '마스크' 레이어의 16프레임을 클릭하고 F6
을 눌러 프레임을 복사하고 30프레임에서 F7 을
눌러 키프레임을 추가합니다.

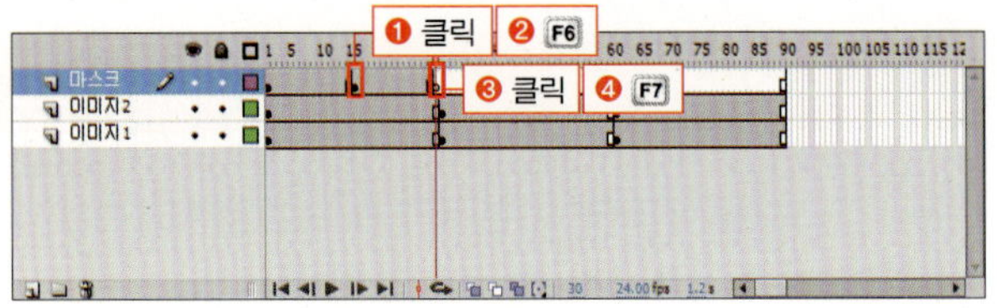

06. [브러시 툴]( )을 선택하여 생성된 키프레
임에 9개의 점을 찍어 배치합니다.

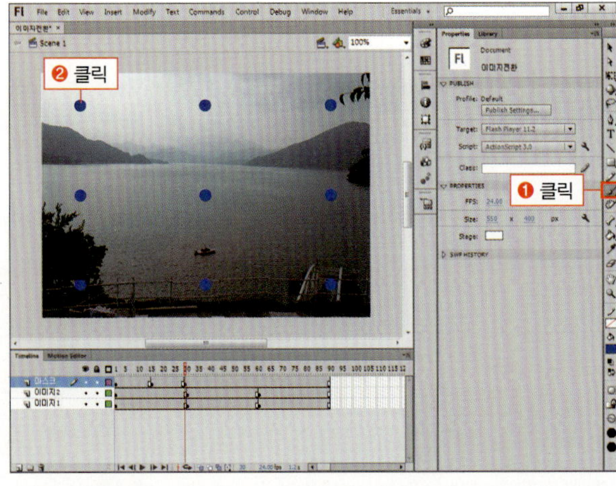

07. '마스크' 레이어의 16~30프레임을 드래그하
고 마우스 오른쪽 버튼을 클릭하고 'Create Shape
Tween'을 선택해 셰이프 트윈을 적용합니다.

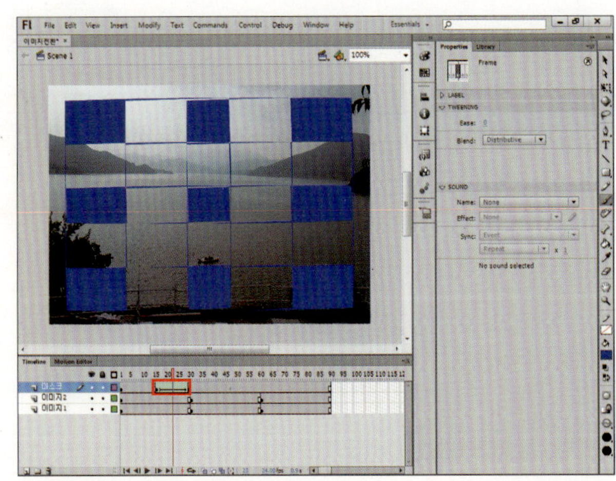

08. '마스크' 레이어의 1~30프레임을 드래그
하여 선택한 후 마우스 오른쪽 버튼을 클릭하
고 'Copy Frame'을 선택해 프레임을 복사하고
31~60프레임과 61~90프레임 영역에 마우스 오
른쪽 버튼을 클릭하고 'Paste Frames'을 선택해
붙여 넣기합니다.

09. 마스크에 의해 이미지가 가려집니다. 다음 이미지가 나타나는 효과를 표현하기 위해 이미지가 교차하도록 '이미지1' 레이어의 프레임을 옮겨 배치합니다. '이미지1' 레이어의 31프레임의 키프레임을 클릭하고 드래그하여 16프레임으로 옮깁니다.

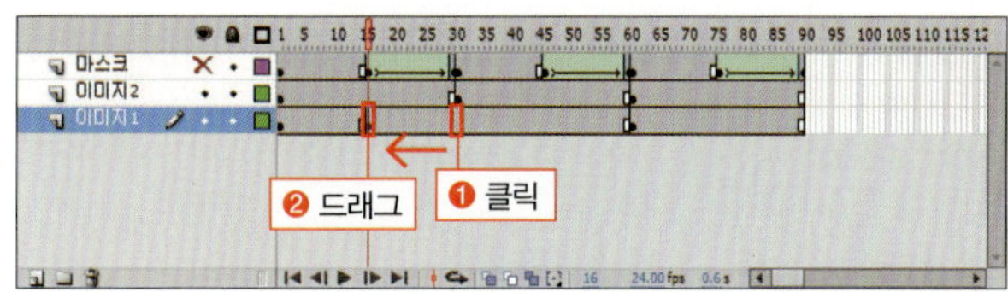

10. '이미지1' 레이어의 61프레임의 키프레임을 클릭하고 드래그하여 46프레임으로 옮깁니다.

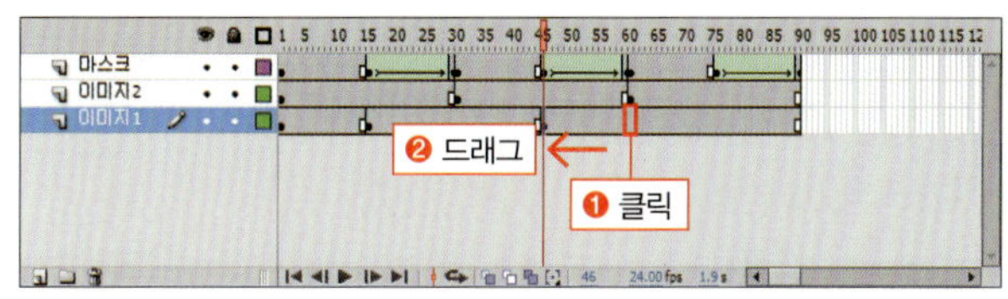

11. '이미지1' 레이어의 1프레임의 키프레임을 클릭하고 드래그하여 76프레임으로 옮깁니다.

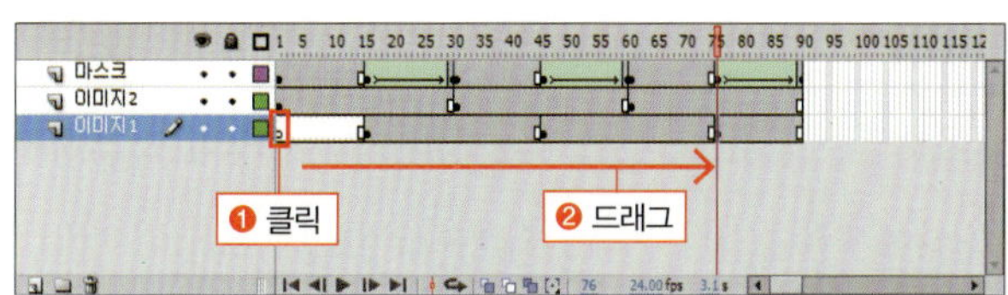

12. '마스크' 레이어를 선택하고 마우스 오른쪽 버튼을 클릭하고 'Mask'를 선택해 마스크를 적용하여 완성합니다. **Enter** 를 눌러 무비를 확인하면 세이프 트윈이 적용된 마스크에 의해 이미지가 전환되는 효과를 확인할 수 있습니다.

TIP : 셰이프 트윈 마스크

셰이프 트윈으로 마스크를 사용하면 효과에 다양한 변화를 사용할 수 있습니다. 위와 같은 무비에서 '마스크' 레이어의 30, 60, 90프레임의 점의 숫자를 변경하거나 점이 아닌 다른 모양으로 바꾸면 이미지가 변경되는 효과를 다양하게 표현할 수 있습니다.

마스크를 사용하여 바다 물결이 움직이는 효과를 만들어보도록 하겠습니다.

예제 파일 | CD₩Part 07₩바닷물결.fla 물결.ai **완성 파일 |** CD₩Part 07₩바다물결_완성.fla

01. '바다물결.fla' 파일을 불러온 후 '바다' 레이어를 선택하고 마우스 오른쪽 버튼을 클릭해 'Duplicate Layers'를 선택하여 레이어를 복제하여 추가합니다.

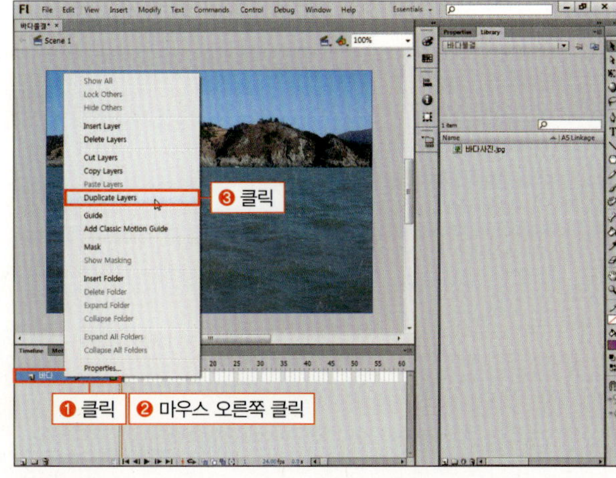

02. [New layer](圖)를 클릭해 물결로 사용할 새 레이어를 추가하고 이름을 '물결'로 변경합니다.

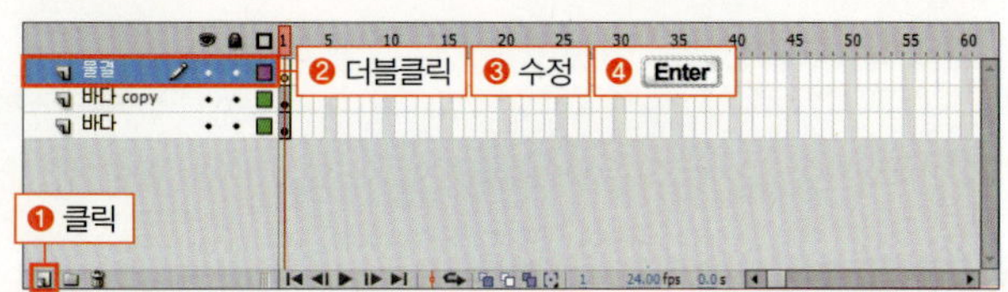

03. '물결' 레이어를 선택하고 [사각형 툴](圖)을 선택하여 물결로 사용할 사각형을 그립니다. 좌우로는 스테이지보다 약간 크게, 높이는 격자 1칸 정도 크기로 합니다.

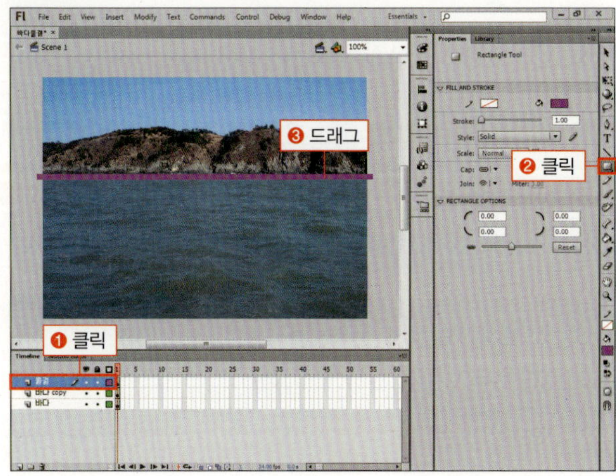

04. [선택 툴]( )을 선택하여 그린 물결을 클릭하고 **Ctrl**+**C**, **Ctrl**+**V**를 눌러 일정한 간격으로 복사하여 붙여 넣기합니다. 바다에 꽉 차도록 배치하고 이 때 격자와 스냅을 설정하여 작업하면 편리하게 배치할 수 있습니다.

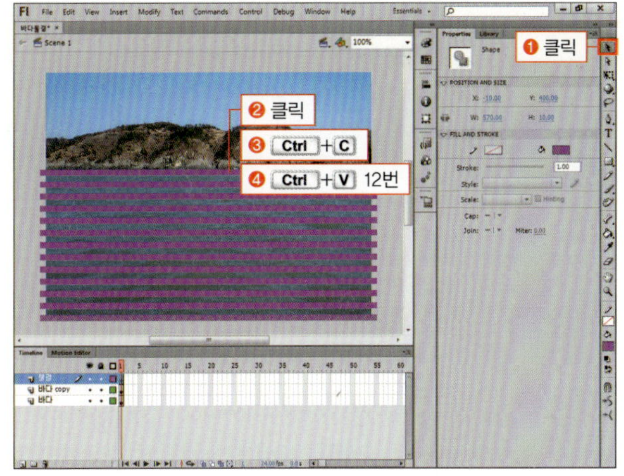

05. 복제된 '바다 copy' 레이어를 선택하고 [자유 변형 툴]( )을 선택하여 3% 정도 키웁니다.

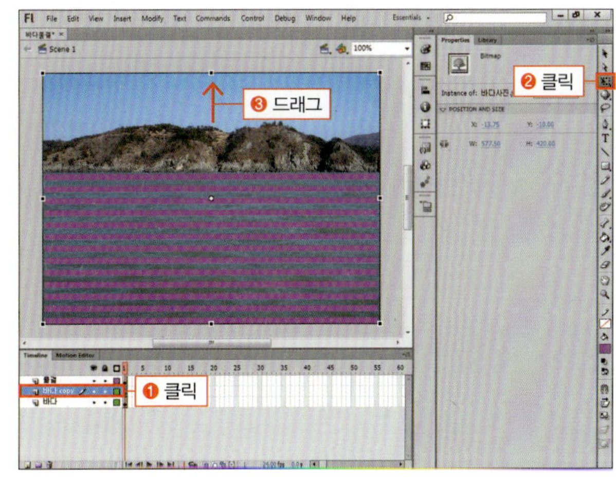

06. [선택 툴]( )을 선택하여 '물결'을 모두 선택하고 **F8**을 눌러 그래픽 심벌로 등록한 후 프레임에서 마우스 오른쪽 버튼을 클릭하고 'Create Motion Tween'을 선택해 모션 트윈을 적용합니다. **F5**를 눌러 모든 레이어의 프레임을 30프레임까지 연장합니다.

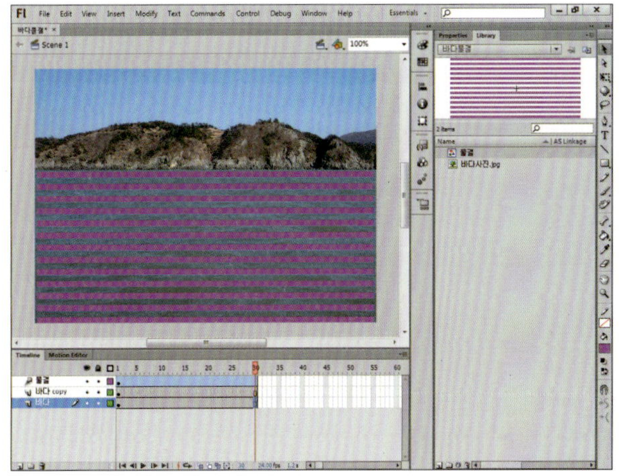

07. 모션이 적용된 '물결' 레이어의 15프레임을
클릭하고 물결의 위치를 아래로 한눈금 정도 옮
깁니다. 무비가 반복되면서 물결이 부드럽게 이어
지도록 세밀하게 작업합니다.

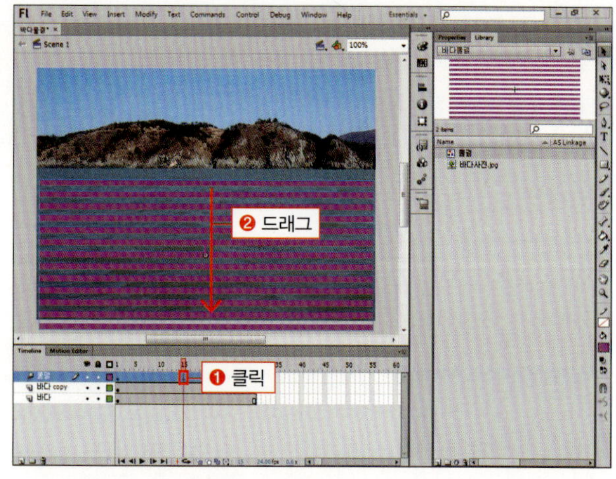

08. '물결' 레이어를 선택하고 마우스 오른쪽 버
튼을 클릭해 'Mask'를 선택해 마스크를 적용하여
완성합니다. **Enter** 를 눌러 무비를 확인하면 마
스크가 적용된 부분은 확대된 물결이 보이면서
바다가 움직이는 효과가 나타납니다.

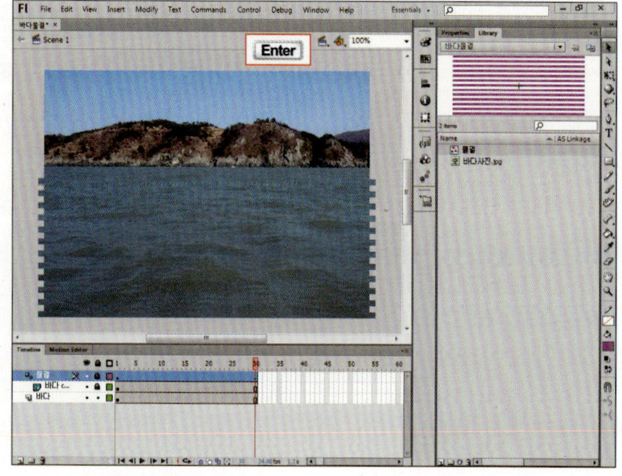

LESSON 03 무비클립을 활용한 무비 만들기

레벨 ● ● ● ○

오브젝트 자체에 별도의 타임라인을 구성할 수 있어 다중 움직임을 구현할 때 사용하는 것이 무비클립입니다. Scene의 타임라인 구성과 상관없이 무비가 반복 재생되는 특징이 있고 액션스크립트에서 마음대로 제어할 수 있어 역동적인 무비를 구성할 수 있습니다.

기초탄탄 ▶ 무비클립과 효과 알아보기

■ 무비클립의 편집 시 Scene의 머릿글

무비클립의 편집 모드로 전환하면 Scene의 머릿글에 현재 편집 상태가 표시됩니다.

❶ 이전 단계의 편집 화면으로 복귀합니다.

❷ 심벌의 편집 단계가 순서대로 표시됩니다. 해당 이름을 클릭하여 이전 화면으로 복귀할 수 있습니다.

■ 3D 회전과 무비클립

무비클립은 3차원 회전을 사용할 수 있습니다. 심벌에 3차원 변형을 적용하고 트윈을 적용하면 심벌이 입체적으로 변형되는 효과를 나타낼 수 있습니다.

■ 필터 적용

무비클립에 필터 효과를 적용하여 다양한 연출을 구성할 수 있습니다. 무비클립에 트윈을 구성하고 필터효과를 적용하면 더욱 현실감이 살아 있는 무비를 만들 수 있습니다.

무비클립을 활용하여 다중 움직임을 만들어보도록 하겠습니다.

예제 파일 | CD₩Part 07₩달무비.fla   **완성 파일 |** CD₩Part 07₩달무비_완성.fla

01. 달이 좌우로 흔들리면서 이동하는 무비를 구성하기 위해 '달무비.fla' 파일을 불러옵니다.

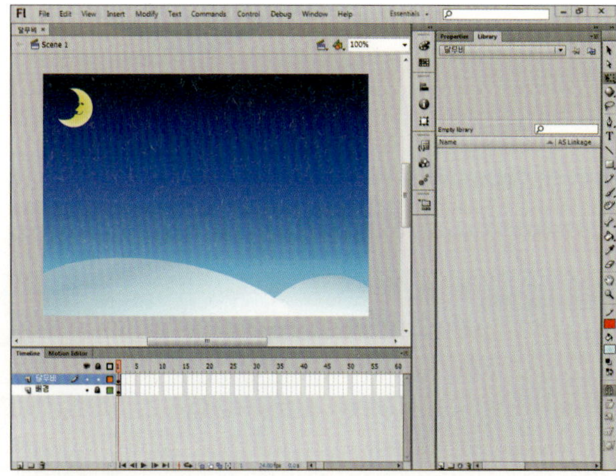

02. '달무비' 레이어를 선택하고 [선택 툴]( )을 선택하여 '달'을 선택하고 F8 을 눌러 '달무비'라는 이름의 무비클립으로 변환합니다.

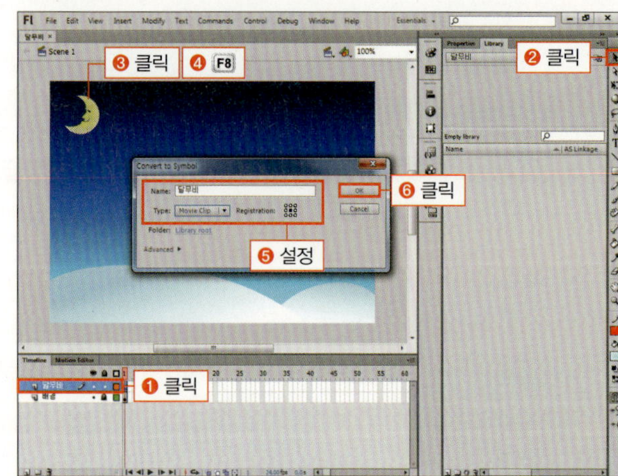

03. 하늘의 '달'을 더블클릭하여 편집 모드로 전환합니다. '달'에 클래식 트윈을 적용하기 위해 셰이프 오브젝트로 구성된 '달'을 클릭하고 F8 을 눌러 '달'이라는 이름의 그래픽 심벌로 변환합니다.

> **TIP : 무비클립 속의 셰이프 오브젝트**
> 셰이프 오브젝트를 무비클립으로 전환하면 무비클립 자체에는 모션 트윈을 사용할 수 있습니다. 하지만 무비클립의 편집 모드로 전환하게 되면 셰이프 오브젝트 상태로 남아 있기 때문에 무비클립 안에서 모션 트윈을 사용하려면 다시 심벌로 전환해야 합니다.

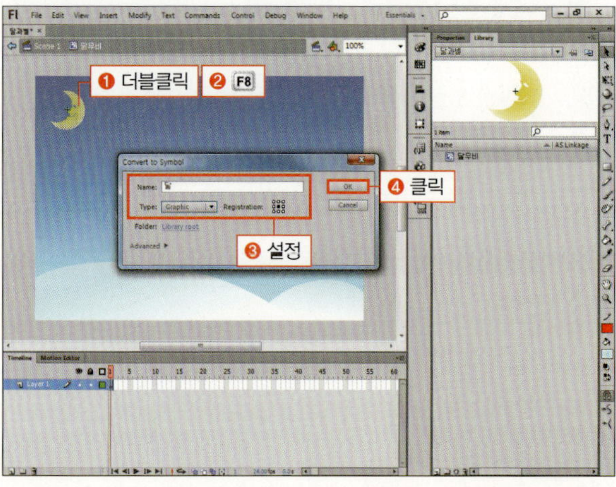

04. '달'이 좌우로 흔들리는 무비를 구성합니다. 30, 60프레임을 클릭하고 **F6**을 눌러 프레임을 복사합니다.

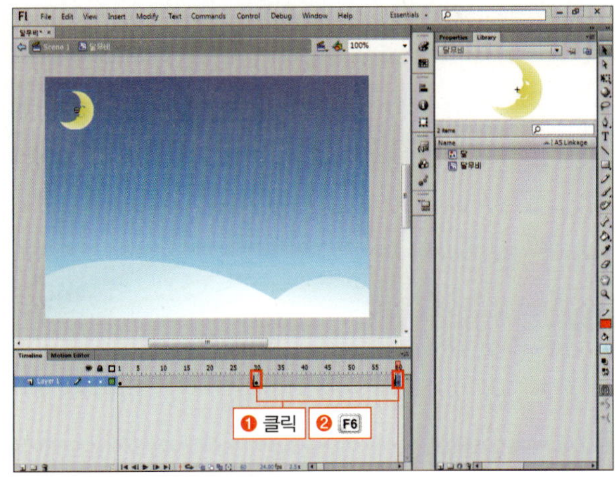

05. 30프레임을 클릭하고 [자유 변형 툴](   )을 선택하여 '달'을 오른쪽으로 30° 정도 기울입니다.

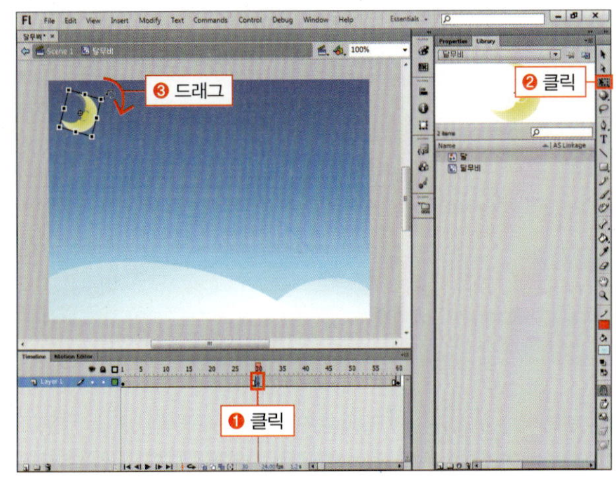

06. 프레임에서 마우스 오른쪽 버튼을 클릭하고 'Create Classic Tween'을 선택해 모두 클래식 트윈을 적용합니다.

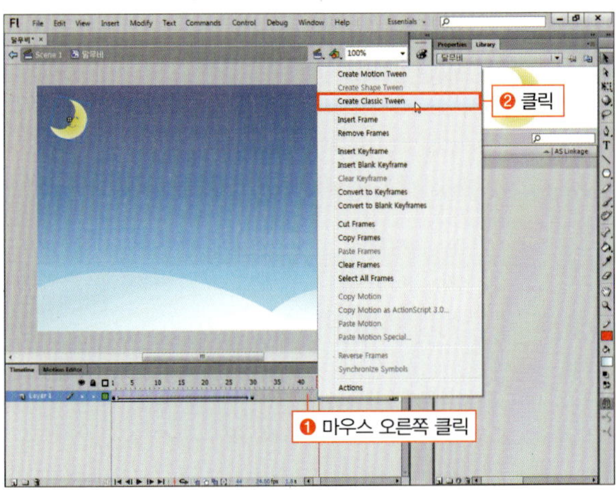

07. Scene 1을 클릭해 메인 화면으로
돌아와 '달무비' 레이어의 프레임에서 마우스 오
른쪽 버튼을 눌러 'Create Motion Tween'을 선택
해 모션 트윈을 적용합니다. **F5**를 눌러 300프레
임까지 프레임을 연장합니다. '배경' 레이어도 동
일하게 프레임을 연장합니다.

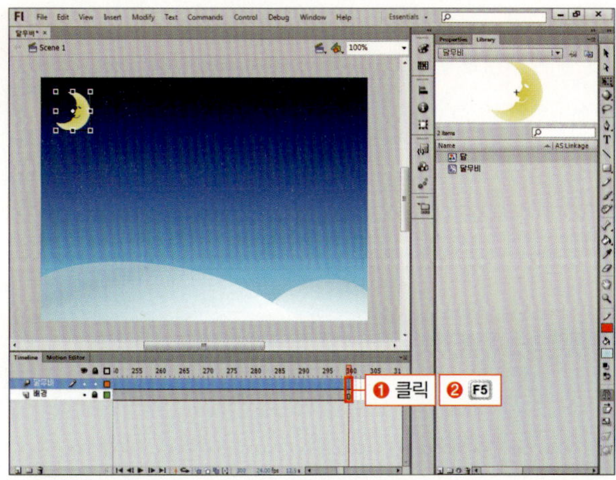

08. '달무비' 레이어의 300프레임을 클릭하고
[선택 툴]( )을 선택하여 '달'을 스테이지 오른쪽
으로 옮기고 동선의 가운데를 위로 살짝 올려 완
만한 곡선을 이루도록 합니다.

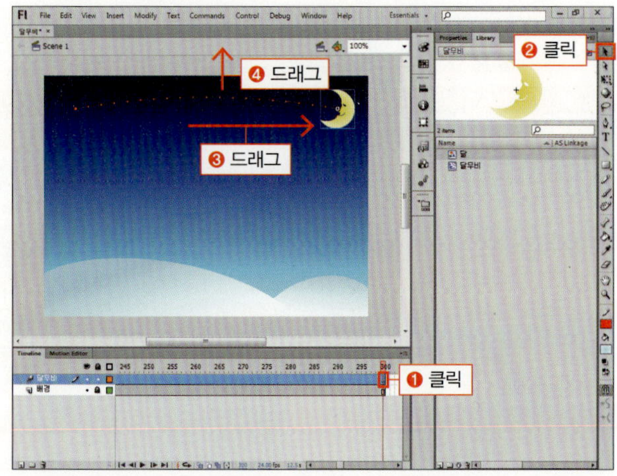

09. **Ctrl** + **Enter** 를 눌러 테스트 무비를 실
행하면 좌우로 흔들리며 이동하는 달 무비가 실
행됩니다.

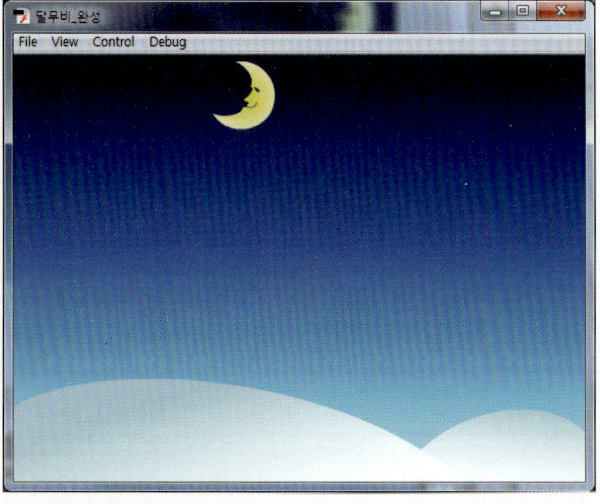

완성한 달 무비에 반짝이는 별을 추가해보도록 하겠습니다. 많은 별들이 반짝이는 무비입니다. 별이 반짝이는 시간을 다르게 설정하여 사실감 있는 무비를 만들 수 있습니다.

예제 파일 | CD₩Part 07₩별무비.fla **완성 파일 |** CD₩Part 07₩별무비_완성.fla

01. '별무비.fla' 파일을 불러온 후 [New layer]( )를 클릭해 레이어를 추가하고 이름을 '별무비'로 변경합니다.

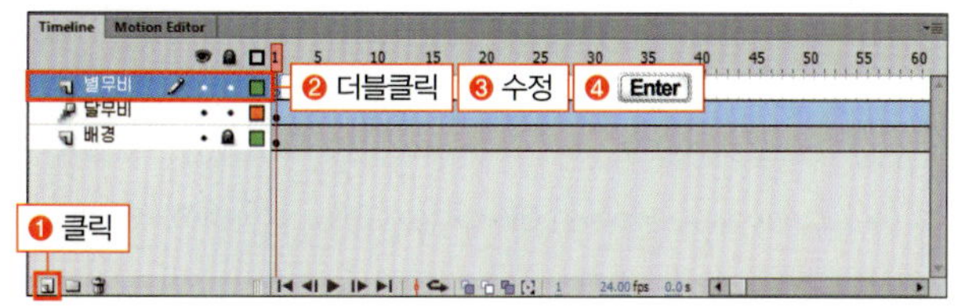

02. [다각형 툴]( )을 선택하고 [Properties] 패널에서 [선 색상]은 '없음', [면 색상]은 '흰색'으로 설정합니다. [Options] 단추를 클릭하여 [Style]은 'star', [Number of Sides]는 '6', [Star point size]는 '0.2'로 설정하고 [OK] 단추를 클릭, 드래그하여 스테이지에 '별'을 그립니다.

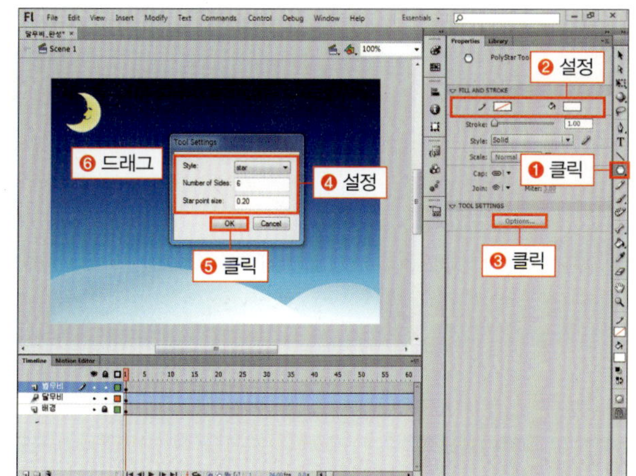

03. [선택 툴]( )을 선택하여 '별'을 클릭하고 F8을 눌러 '별'이란 이름으로 그래픽 심벌로 변환합니다.

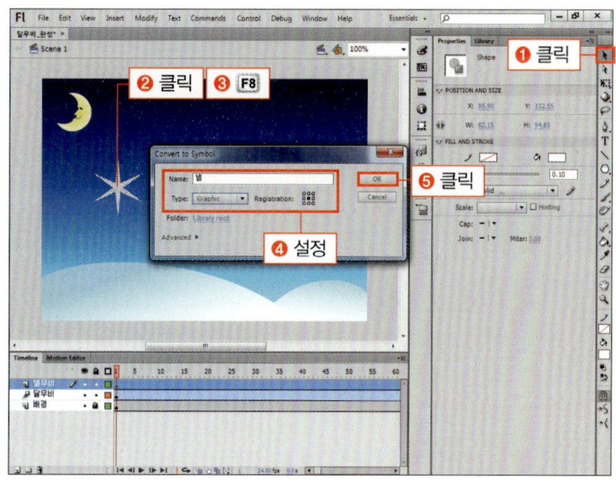

04. '별'을 클릭하고 Ctrl + C, Ctrl + V
를 눌러 붙여 넣기하여 3개로 만듭니다.

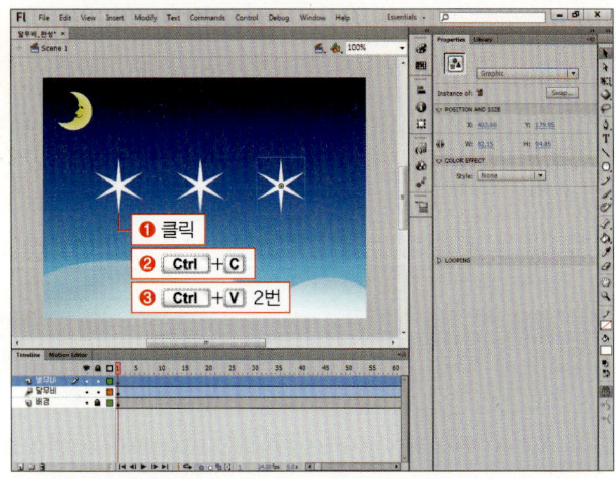

05. '별'을 하나씩 클릭하고 각각 F8을 눌러 이
름을 '별무비1', '별무비2', '별무비3'로 설정하고 무
비클립 심벌로 변환합니다.

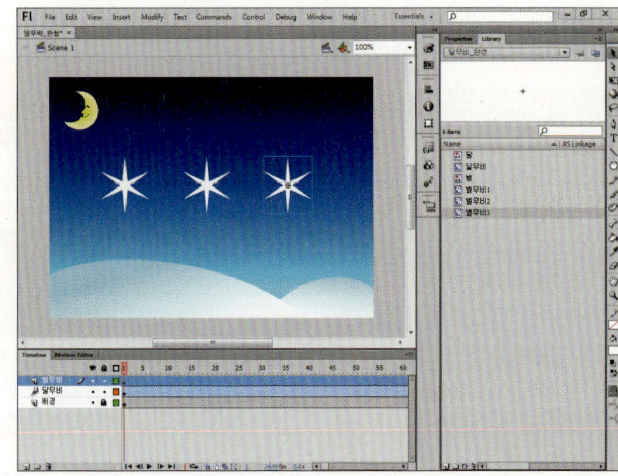

06. [Library] 패널의 '별무비1'을 더블클릭하
여 편집 모드로 전환합니다. '별'의 색상이 흰
색으로 되어있어 배경과 구분되지 않으므로
[Modify]–[Document](Ctrl + J) 메뉴를 클릭해
[Document Settings] 대화상자를 열고 [배경 색상]
을 '검정'으로 설정합니다.

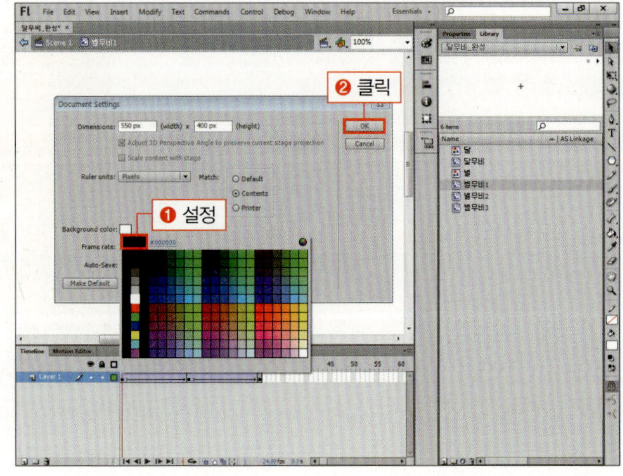

07. '별'을 무비클립으로 등록하기 전에 먼저 그
래픽 심벌로 만들었기 때문에 심벌 전환 없이 무
비클립 안에서 클래식 트윈을 바로 구성할 수 있
습니다. 15프레임과 30프레임에서 각각 F6을 눌
러 프레임을 복사합니다.

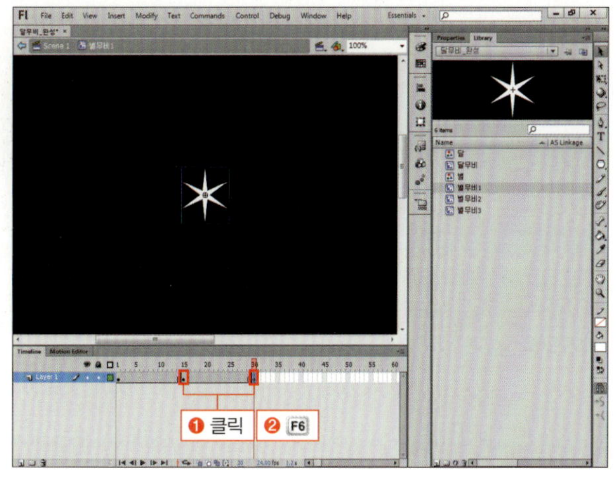

08. 15프레임을 클릭하고 [자유 변형 툴]()을
선택하여 '별'을 1/3 정도로 크기를 줄인 후 타임
라인에서 마우스 오른쪽 버튼을 클릭하고 'Create
Classic Tween'을 선택해 모두 클래식 트윈을 적
용합니다.

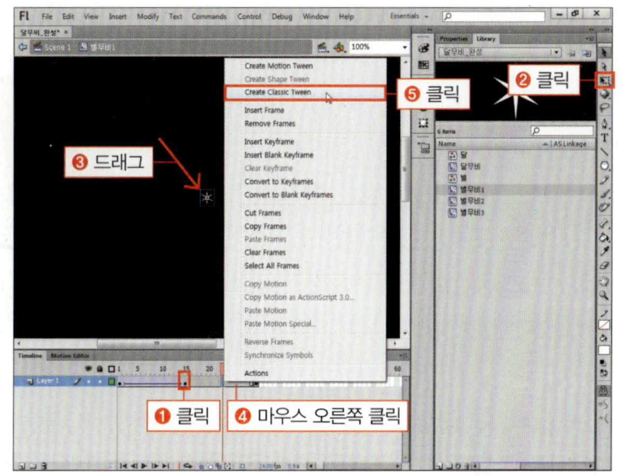

09. 두 번째 별 무비를 만들어 봅니다. [Library]
패널의 '별무비2'를 더블클릭하여 편집 모드로 전
환합니다.

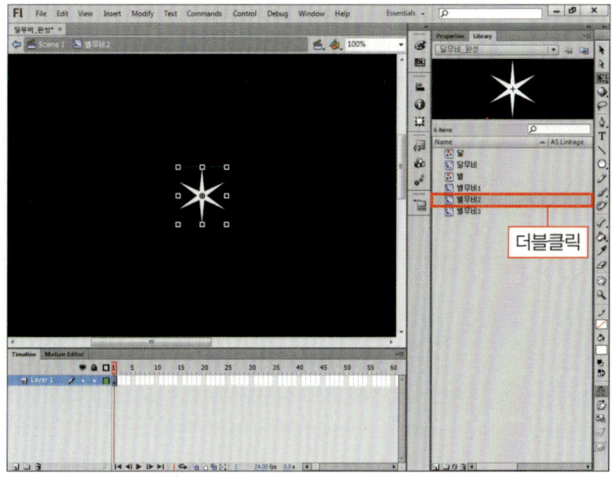

10. 같은 방법으로 별 무비를 제작하는데 프레임을 다르게 구성합니다. 11프레임과 21프레임을 클릭하고 F6을 눌러 프레임을 복사합니다. 11프레임을 클릭하고 [자유 변형 툴]( )을 선택하여 '별'의 크기를 1/3로 줄인 후 마우스 오른쪽 버튼을 클릭하고 'Create Classic Tween'을 선택해 클래식 트윈을 적용합니다.

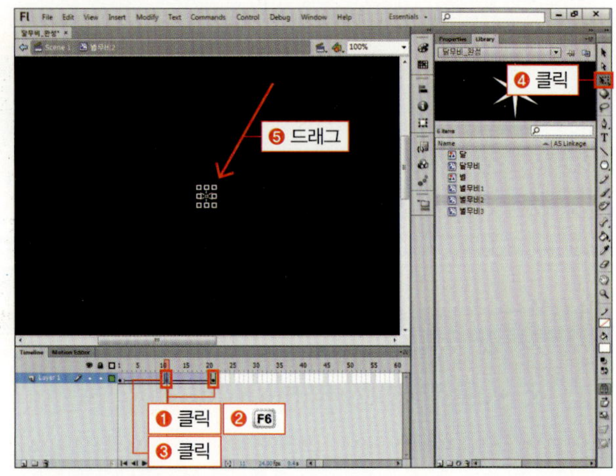

11. 세 번째 별 무비를 만듭니다. [Library] 패널의 '별무비3'을 더블클릭하여 편집 모드로 전환하고 6프레임과 13프레임을 클릭하고 F6을 눌러 프레임을 복사합니다. 6프레임을 클릭하고 [자유 변형 툴]( )을 선택하여 '별'의 크기를 1/3로 줄인 후 프레임에서 마우스 오른쪽 버튼을 클릭하고 'Create Classic Tween'을 선택해 클래식 트윈을 적용합니다.

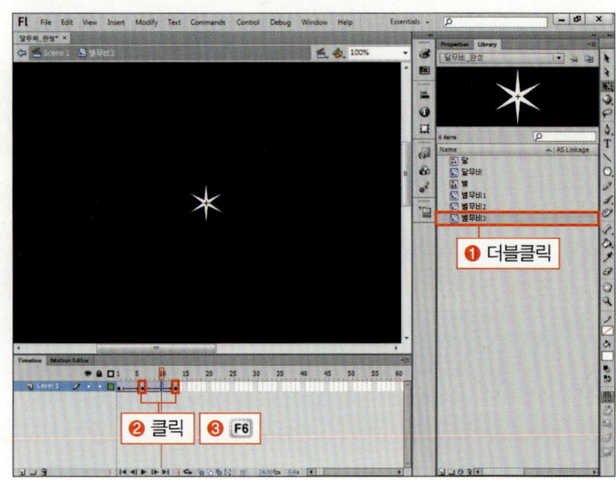

TIP : 별이 반짝이는 무비

반짝이는 별과 같이 같은 동작을 반복하는 오브젝트를 많이 구성하는 경우 반복되는 시간차가 서로 다른 여러 개의 무비를 만들어 사용하도록 합니다. 구성된 무비클립의 숫자가 많을수록 자연스러운 무비가 이루어지지만 작업시간이 많이 소요되므로 적절히 숫자를 조절하도록 합니다.

---

12. [Scene 1]( )을 클릭해 메인 화면으로 전환해 스테이지의 '별'의 크기를 적당하게 줄인 후 스테이지에 각각 원하는 만큼 복사하여 배치합니다. 이 때 '별'의 크기를 다양하게 조절하여 사용합니다. Ctrl + Enter 를 눌러 눌러 테스트 무비를 실행하면 별들이 반짝이는 하늘에 달이 이동하는 무비가 실행됩니다.

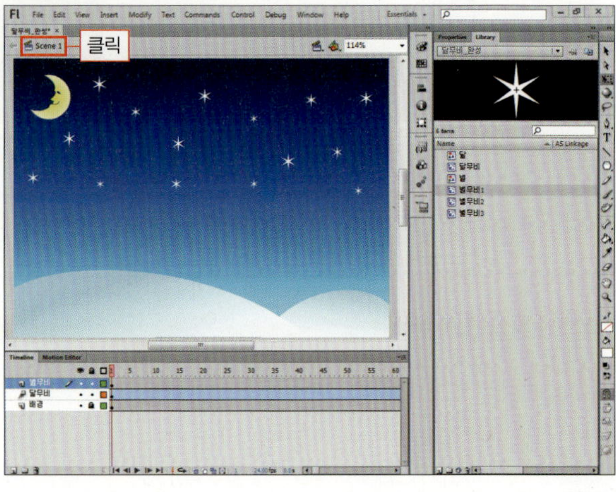

연필로 글자를 필기하는 무비를 만들어 보겠습니다. 글자 쓰는 효과를 여러 가지 방법으로 만들 수 있지만 무비클립과 마스크를 사용하여 만들어보도록 하겠습니다.

예제 파일 | CD₩Part 07₩연필.fla　**완성 파일** | CD₩Part 07₩연필_완성.fla

01. '연필.fla' 파일을 불러와 '연필' 레이어를 선택하고 [선택 툴]( )을 선택하여 '연필'을 클릭하고 F8 을 눌러 '연필'이란 이름으로 무비클립 심벌을 등록합니다.

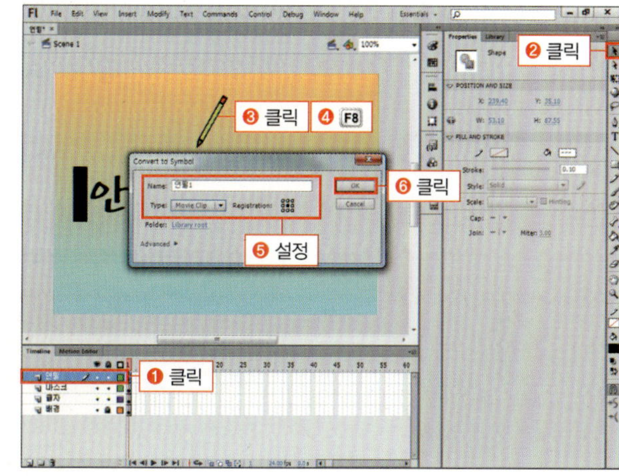

02. 심벌로 등록한 '연필'을 더블클릭하여 편집 모드로 전환합니다.

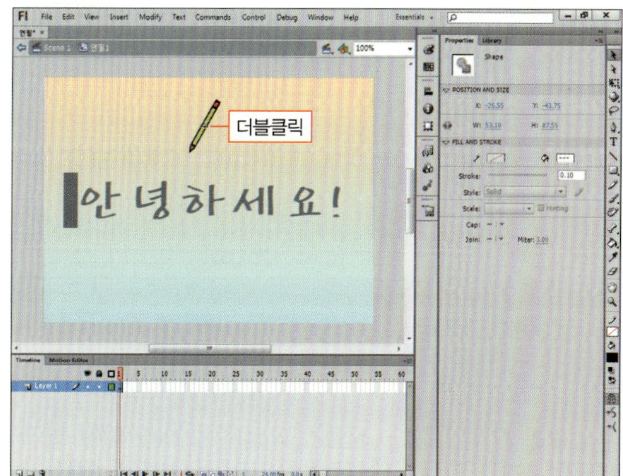

03. '연필'이 좌우로 흔들리면서 상하로 움직이는 다중 무비클립을 만들기 위해 '연필'이 선택된 상태에서 다시 한번 F8을 눌러 '연필2'란 이름으로 무비클립 심벌을 등록합니다.

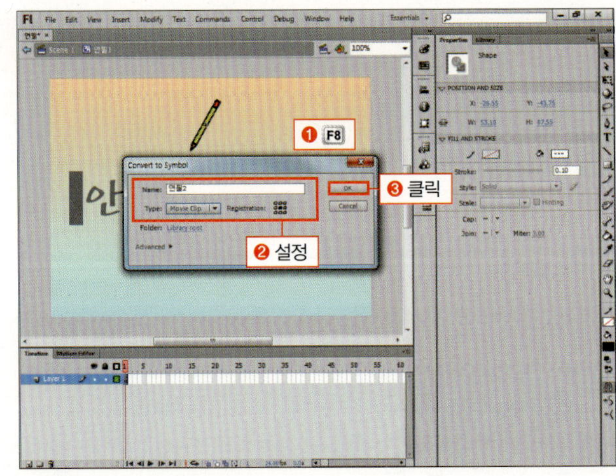

04. '연필'을 더블클릭하여 '연필2'의 편집 모드로 전환한 후 '연필'에 좌우로 흔들리는 모션 트윈을 적용하기 위해 F8을 눌러 '연필3'이란 이름으로 그래픽 심벌로 등록합니다.

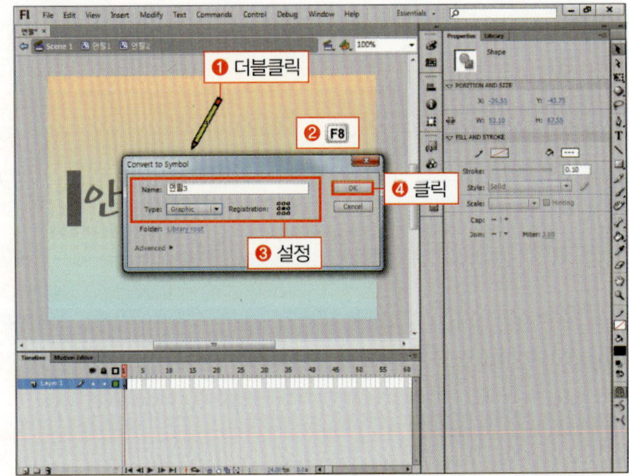

05. 연필이 좌우로 움직이는 무비를 구성하기 위해 [자유 변형 툴](█)을 선택하여 '연필'을 클릭하고 심벌의 중심점을 연필심 끝으로 옮깁니다.

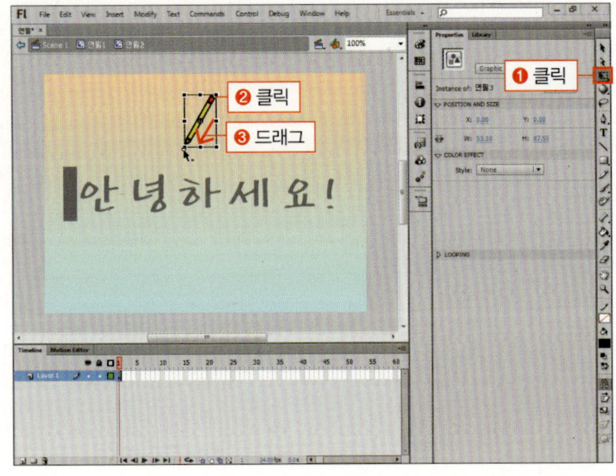

06. 2~4프레임을 드래그하고 F6을 눌러 프레임을 복사하고 2프레임의 '연필'을 시계 방향 15°, 4프레임의 연필을 시계 반대 방향 15°로 회전시킵니다. '연필2'의 무비클립은 무비가 진행되는 동안 연필이 좌우로 흔들리는 모션을 반복하게 됩니다.

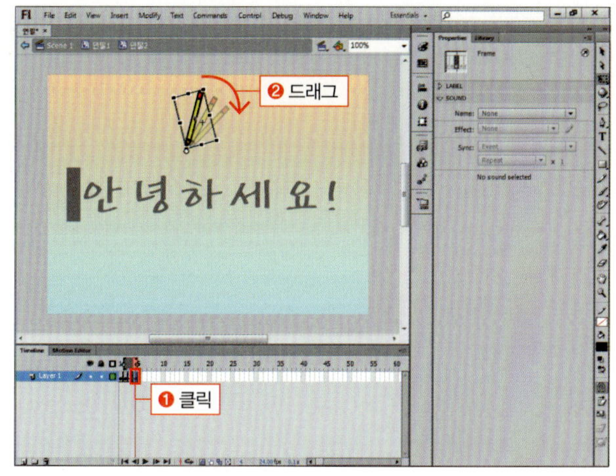

07. Scene 1의 오른쪽에 있는 [연필1](연필1)을 클릭해 '연필1' 심벌의 편집 모드로 전환합니다.

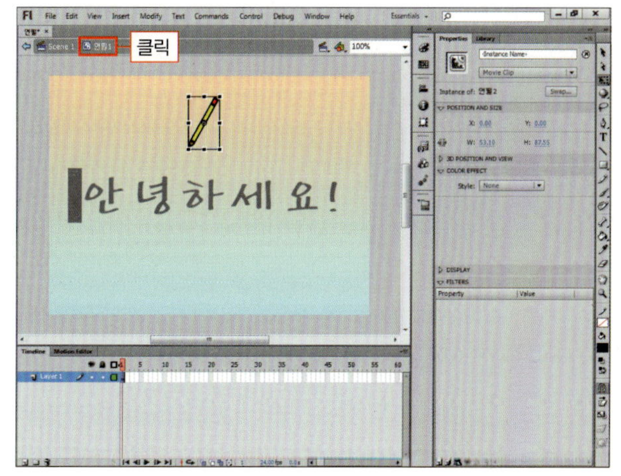

08. '연필1' 무비클립에서는 연필이 상하로 움직이는 무비를 구성합니다. 'Layer1' 레이어의 1프레임을 마우스 오른쪽 버튼을 클릭하고 'Create Motion Tween'을 선택해 모션 트윈을 적용하고 모션의 길이를 11프레임까지 축소합니다.

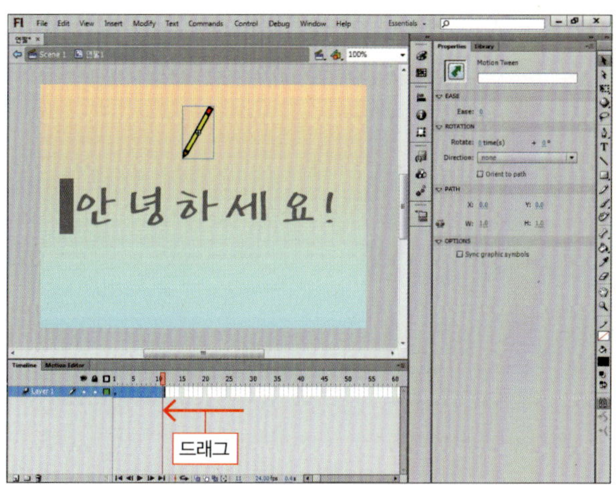

09. 6프레임과 11프레임을 클릭하고 F6을 눌러 프레임을 복사하고 [선택 툴]()을 선택하여 6 프레임의 '연필'을 문자의 높이만큼 아래로 옮깁니다. '연필1'의 무비클립은 무비가 진행되는 동안 '연필'이 상하로 움직이게 됩니다.

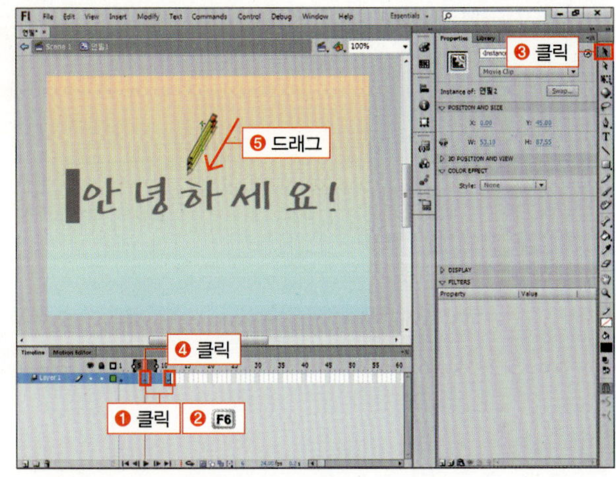

10. [Scene 1]()을 클릭해 메인 화면으로 돌아옵니다. '연필'을 첫 번째 글자의 윗부분으로 옮기고 '연필' 레이어의 1프레임에서 마우스 오른쪽 버튼을 클릭하고 'Create Motion Tween'을 선택해 모션 트윈을 적용한 후 모든 레이어의 프레임을 드래그하고 F5를 눌러 30프레임까지 연장합니다.

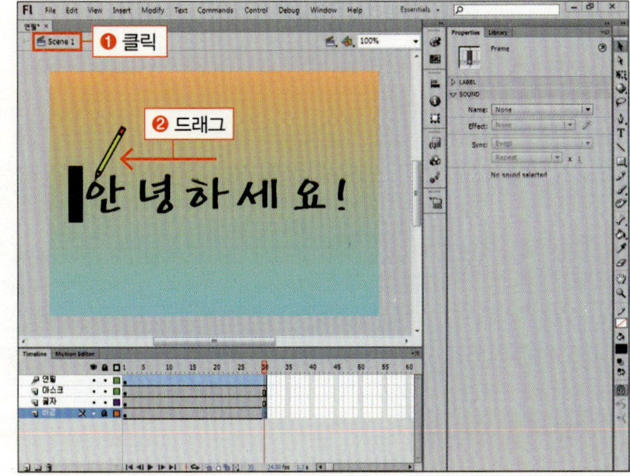

11. 30프레임의 '연필'을 마지막 '!' 위로 옮깁니다.

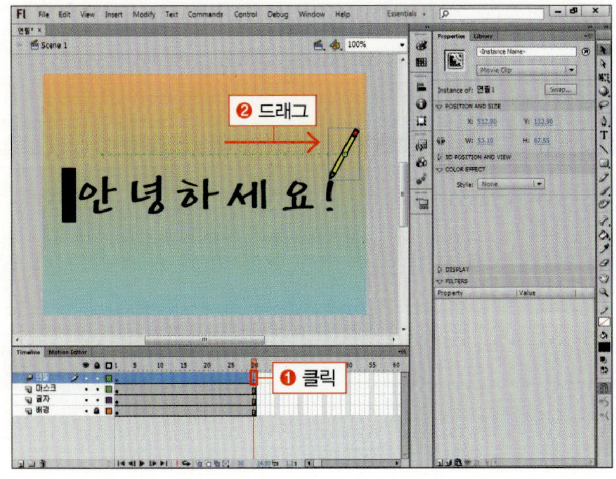

12. [자유 변형 툴]( )을 선택하여 '마스크' 레이어의 '사각형' 중심점을 사각형의 왼쪽으로 옮깁니다.

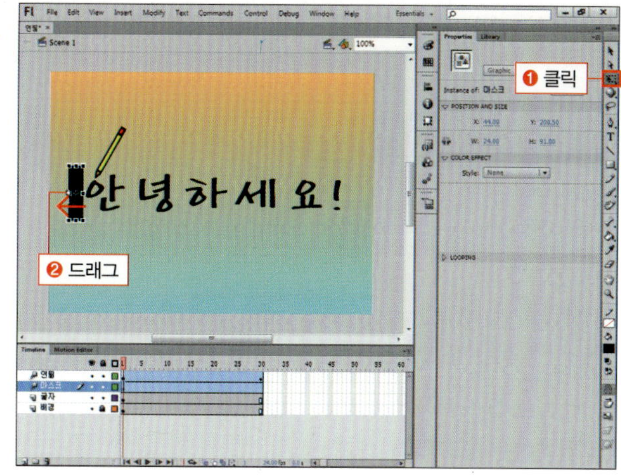

13. '마스크' 레이어의 프레임에서 마우스 오른쪽 버튼을 클릭하고 'Create Motion Tween'을 선택해 모션 트윈을 적용합니다. 30프레임을 클릭하고 '사각형'을 문자가 완전히 덮이도록 오른쪽으로 키웁니다.

TIP : 이 때 사각형이 커지는 모션과 연필이 이동하는 모션이 일치하도록 구성합니다.

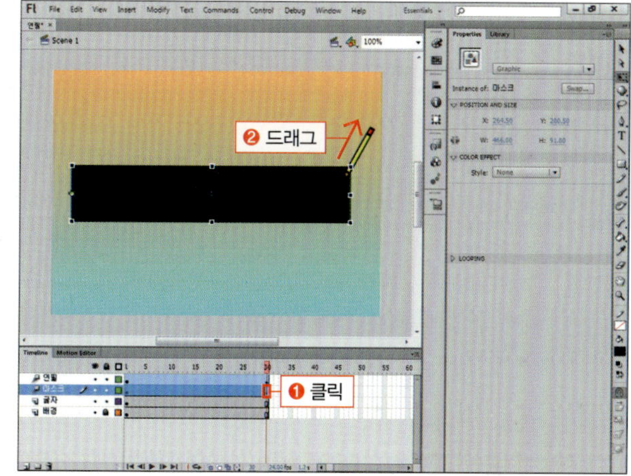

14. '마스크' 레이어를 선택하고 마우스 오른쪽 버튼을 클릭하고, 'Mask'를 선택해 마스크를 적용하여 완성합니다. 마스크와 연필이 같이 움직이면서 글자를 필기하는 무비가 만들어집니다.

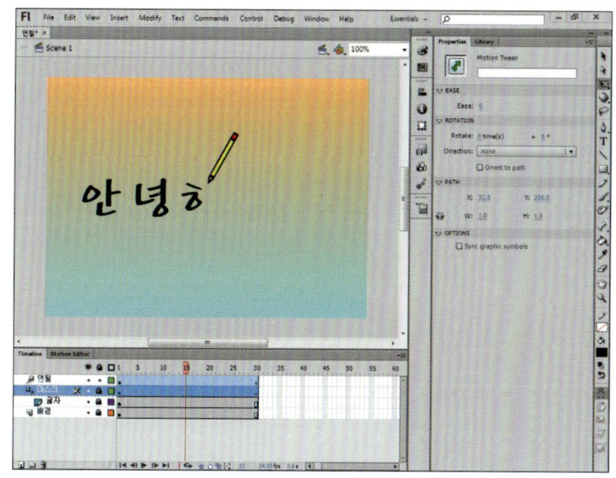

나풀나풀 날아가는 나비를 만들어 봅니다. 날개짓을 하는 나비를 무비클립으로 구성하고 가이드 레이어를 사용하여 동선을 만들어보도록 하겠습니다.

예제 파일 | CD\Part 07\나비모션.fla **완성 파일 |** CD\Part 07\나비모션_완성.fla

01. '나비모션.fla' 파일을 불러온 후 [선택 툴]()을 선택하여 '나비' 레이어의 '나비'를 클릭하고 F8 을 눌러 '나비모션' 이라는 이름으로 무비클립 심벌을 등록합니다.

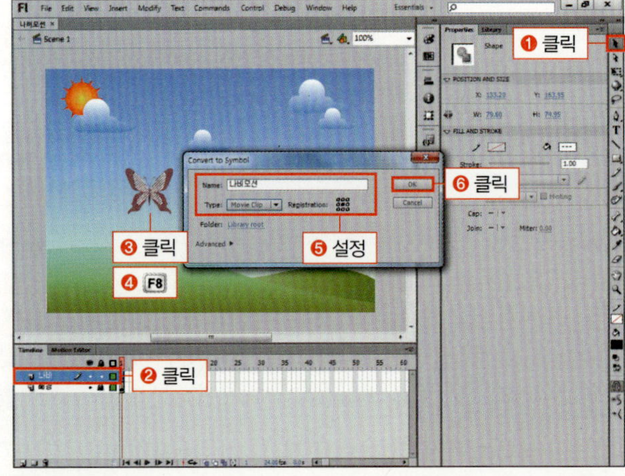

02. '나비'를 더블클릭하여 무비클립의 편집 모드로 전환한 후 '나비'에 모션 트윈을 적용하기 위해 다시 한 번 F8 을 눌러 '나비'라는 이름으로 그래픽 심벌을 등록합니다.

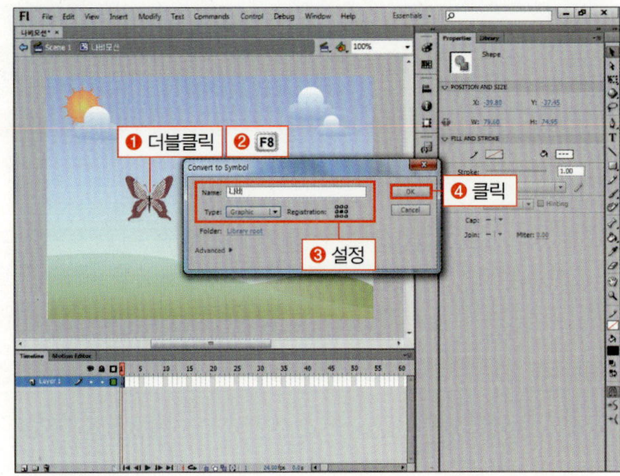

03. '나비' 레이어의 1프레임을 마우스 오른쪽 버튼으로 클릭하고 'Create Motion Tween'을 선택해 모션 트윈을 적용하고 모션이 진행되는 프레임을 드래그하여 9프레임까지 축소합니다.

04. 5프레임과 9프레임을 클릭하고 F6을 눌러 프레임을 복사하고 5프레임의 '나비'는 날개가 접힌 모습이 되도록 해 봅니다. [자유 변형 툴]( )을 선택하여 '나비'의 가로 크기를 줄입니다. 무비가 진행되는 동안 나비의 날개가 접혔다 펴지는 동작을 반복하게 됩니다.

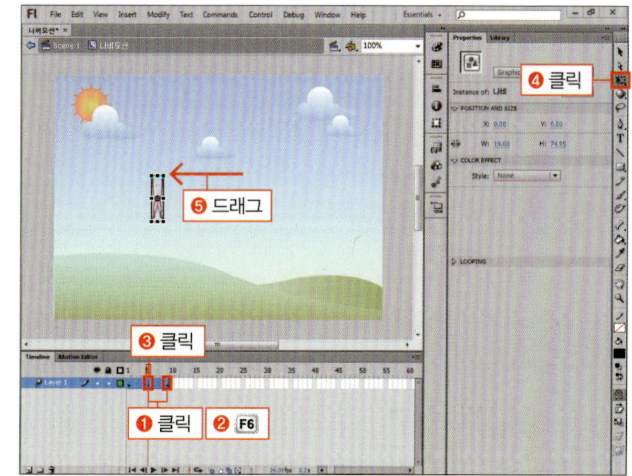

05. [Scene 1]( )을 눌러 메인화면으로 돌아옵니다. '나비'를 스테이지 왼쪽으로 옮기고 크기와 회전, 기울이기를 조절하여 모양을 변형합니다.

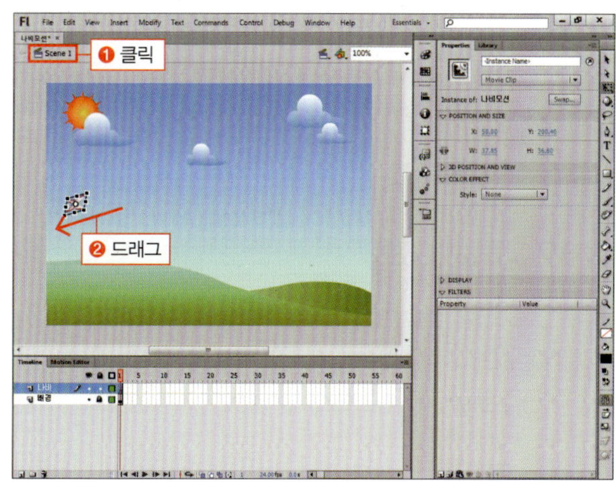

06. '나비' 레이어의 300프레임을 클릭하고 F6
을 눌러 프레임을 복사하고 '배경' 레이어는 F5 를
눌러 프레임을 연장합니다.

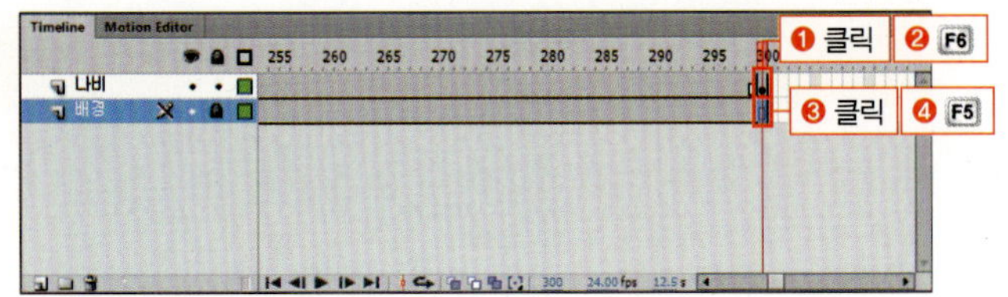

07. '나비' 레이어의 프레임에서 마우스 오른쪽
버튼을 클릭하고 'Create Classic Tween'을 선택
해 클래식 트윈을 적용하고 '나비' 레이어를 선택
하고 마우스 오른쪽 버튼을 클릭해 'Add Classic
Motion Guides'를 선택하여 가이드 레이어를 추가
합니다.

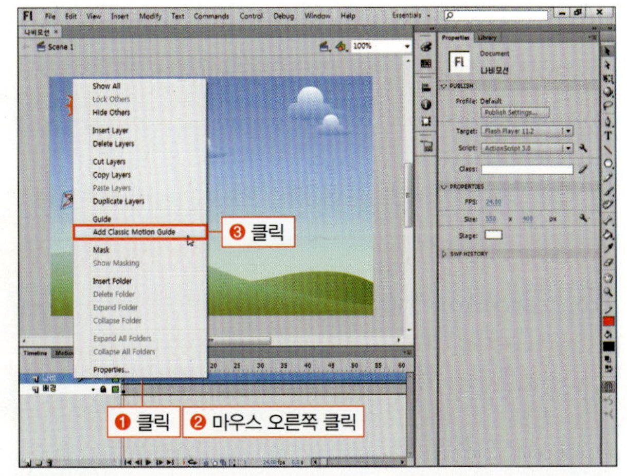

08. 가이드 레이어의 1프레임을 클릭하고 [연필
툴]( )을 선택하여 나비가 이동하는 동선을 그
립니다.

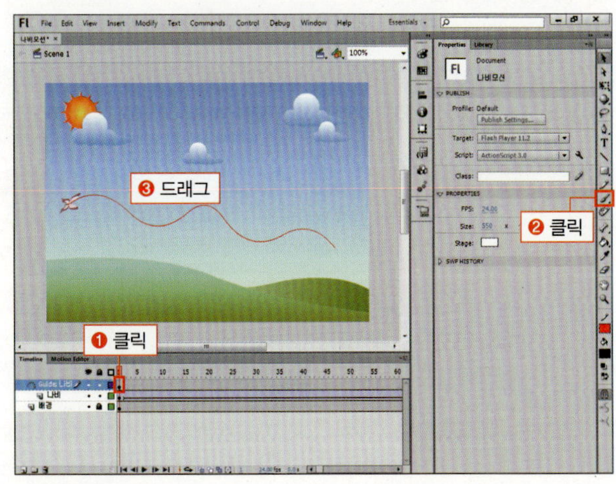

09. 클래식 트윈의 시작과 끝 프레임의 '나비'
를 가이드에 물리도록 옮겨 무비를 완성합니다.
Enter 를 눌러 무비를 확인하면 나풀거리며 날아
가는 나비를 확인할 수 있습니다.

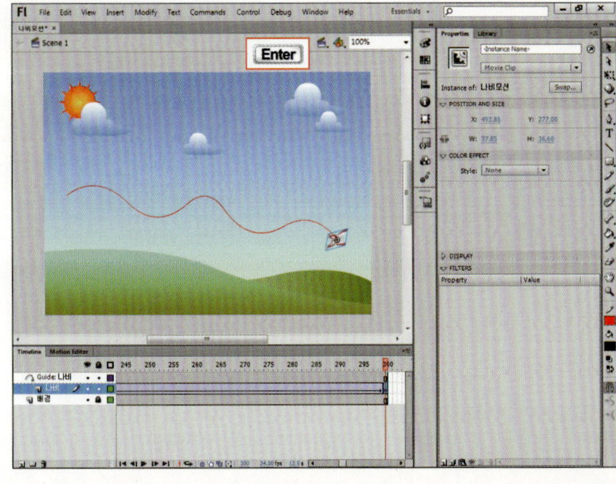

시계바늘이 회전하는 시계를 만들어보도록 하겠습니다. 시침과 분침에 각각 회전모션을 지정하여 움직이는 시계를 구성합니다.

예제 파일 | CD₩Part 07₩시계.fla **완성 파일 |** CD₩Part 07₩시계_완성.fla

01. '시계.fla' 파일을 불러옵니다. '시계바늘'이 각각 그래픽 심벌로 등록되어 있습니다.

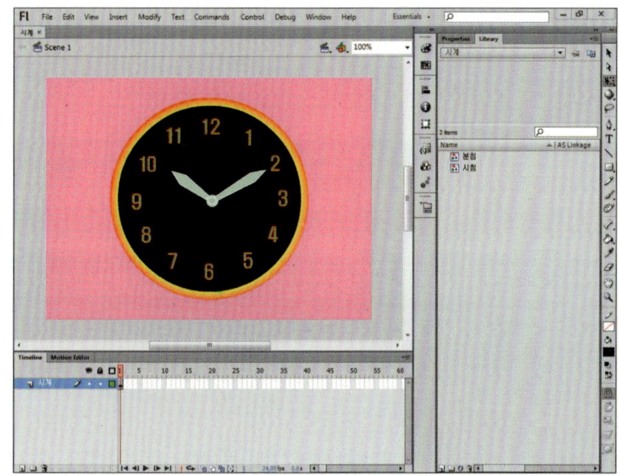

02. '시계바늘'이 각각 회전하도록 하기 위해 시침, 분침을 각각 선택하고 **F8**을 눌러 '시침무비', '분침무비'라는 이름으로 무비클립 심벌을 등록합니다. 이 때 심벌 등록 순서가 바뀌지 않도록 주의합니다.

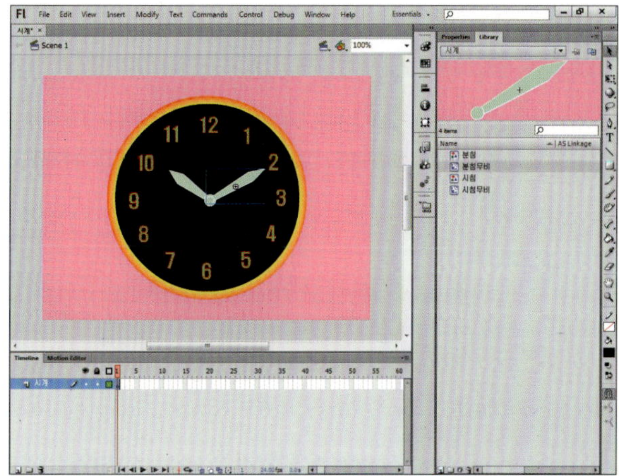

03. '분침'을 더블클릭하여 편집 모드로 전환한 후 [자유 변형 툴]로 심벌의 중심을 '분침'의 회전 중심으로 이동하고 '분침'이 12시를 가리키도록 회전합니다.

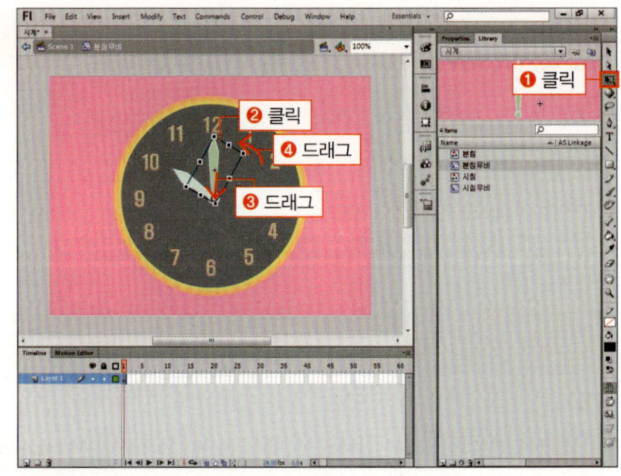

04. 'Layer1' 레이어의 1프레임에서 마우스 오른쪽 버튼을 클릭하고 'Create Motion Tween'을 선택해 분침에 모션 트윈을 적용합니다. 드래그하여 60프레임까지 프레임을 연장한 후 모션 트윈의 [Properties] 패널에시 [Rotate]를 '1time(s)', [Direction]을 'CW'로 설정하여 무비가 60프레임을 진행할 때마다 '분침'이 한 바퀴씩 회전하도록 합니다.

05. Scene 1을 클릭해 메인화면으로 돌아와 '시침'을 더블클릭하여 심벌 편집 모드로 전환합니다.

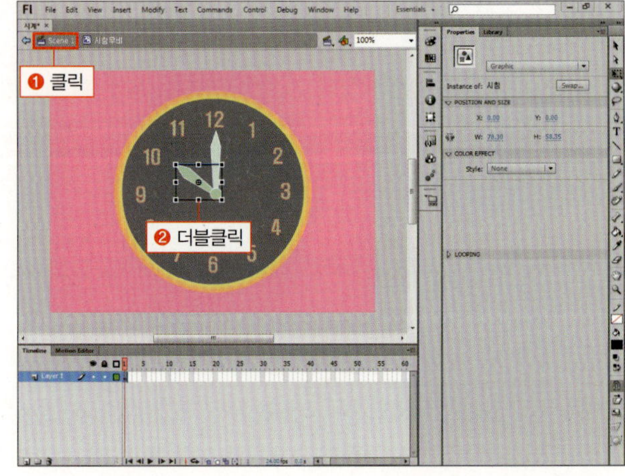

TIP : 심벌의 편집

심벌 편집 시 [Library] 패널의 심벌을 더블클릭하면 편집 모드로 쉽게 전환할 수 있으나 제자리 편집이 되지 않기 때문에 다른 오브젝트를 확인하면서 작업할 수 없습니다. 위와 같이 심벌을 현재 위치에서 편집하기 위해서는 [Scene]으로 돌아온 후 편집을 원하는 심벌을 더블클릭하여 작업해야 합니다.

06. [자유 변형 툴](   )을 선택하여 '시침'의 중심을 회전 중심으로 옮기고 12시를 가리키도록 회전합니다.

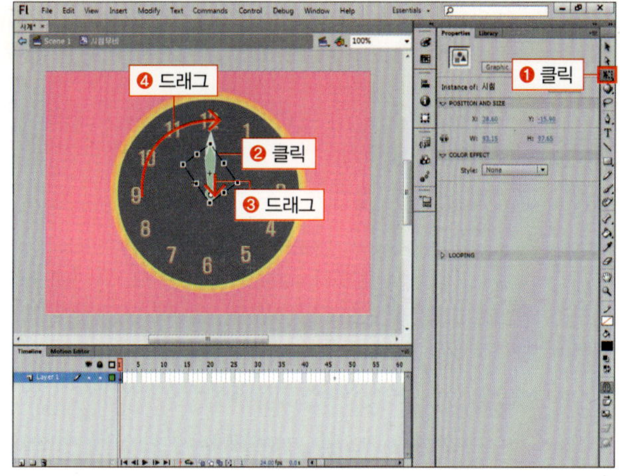

07. 분침이 60프레임에 1바퀴를 돌기 때문에 60x12로 계산하여 시침에 모션 트윈을 적용하고 720프레임까지 프레임을 연장한 후 모션 트윈의 [Properties] 패널에서 [Rotate]를 '1time(s)', [Direction]을 'CW'로 설정하여 무비를 완성합니다.

무비클립 심벌에 사용할 수 있는 3차원 변형을 이용하여 무비를 만들어보도록 하겠습니다.

예제 파일 | CD₩Part 07₩도깨비.fla **완성 파일 |** CD₩Part 07₩도깨비_완성.fla

01. 도깨비의 얼굴을 움직이면 눈동자가 따라오는 무비를 만들기 위해 '도깨비.fla' 파일을 불러옵니다. [선택 툴]( )을 선택하여 그래픽 심벌로 등록되어 있는 '눈동자'를 클릭하고 F8 을 눌러 '눈동자무비'라는 이름으로 무비클립 심벌을 등록합니다.

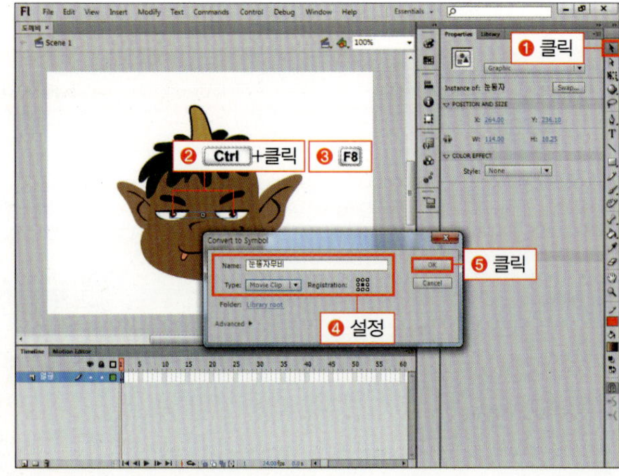

02. '눈동자'가 좌우로 움직이는 모션을 구성하기 위해 '눈동자'를 더블클릭하여 무비클립의 편집 모드로 전환하고 10, 20, 30, 40프레임을 클릭해 F6 을 눌러 프레임을 복제합니다.

03. 10프레임을 클릭하고 '눈동자'를 클릭하고 오른쪽으로 옮겨 눈 끝에 맞춥니다.

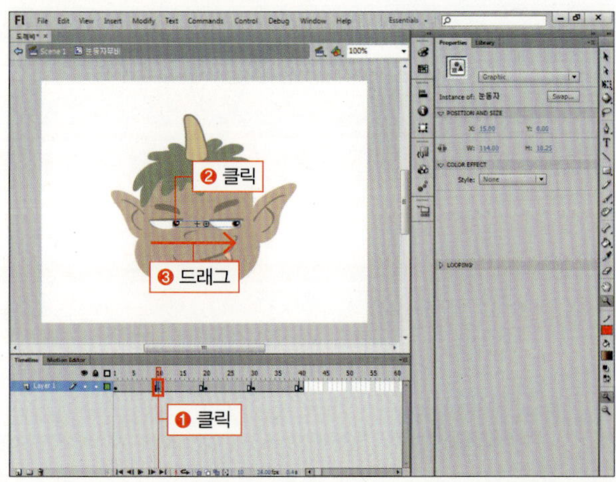

04. 30프레임을 클릭하고 '눈동자'를 클릭하고 왼쪽으로 옮겨 '눈' 끝에 맞춘 뒤 1프레임에서 마우스 오른쪽 버튼을 클릭하고 'Create Classic Tween'을 선택해 모두 클래식 트윈을 적용합니다. '눈동자'가 좌우로 움직이는 무비를 구성합니다.

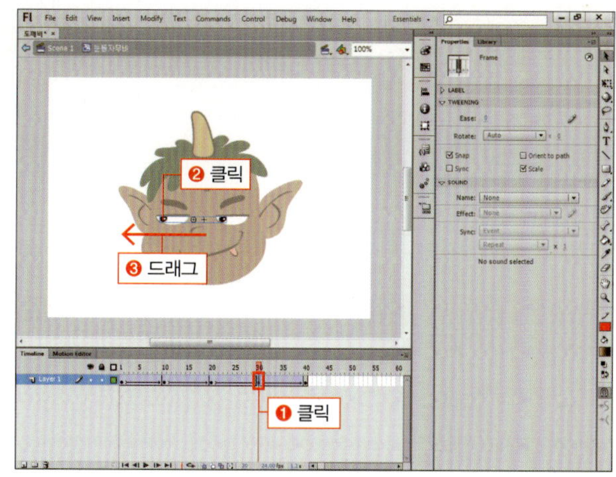

05. Scene 1을 클릭해 메인화면으로 돌아와 Ctrl + A 를 눌러 모든 오브젝트를 선택하고 F8 을 눌러 '얼굴'이라는 이름으로 무비클립 심벌을 등록합니다.

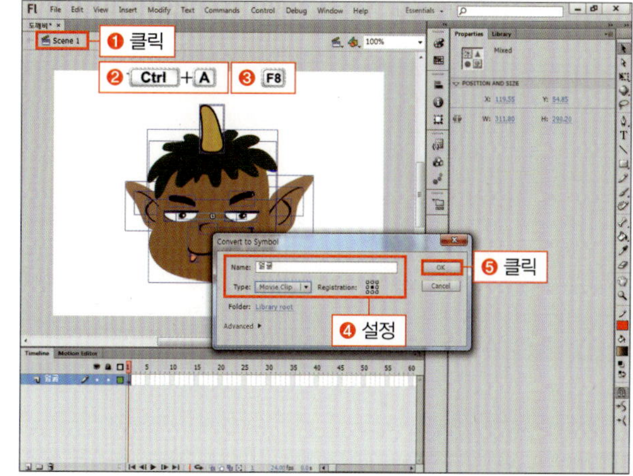

06. '얼굴' 레이어의 1프레임에서 마우스 오른쪽 버튼을 눌러 'Create Motion Tween'을 선택해 모션 트윈을 적용하고 모션을 40프레임까지 드래그해 연장합니다.

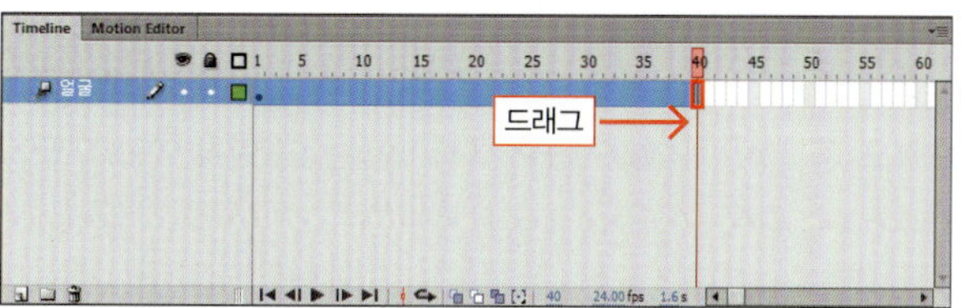

07. '눈동자'에 구성했던 것과 동일하게 10, 20, 30, 40프레임을 클릭하고 F6 을 눌러 모션의 전환 프레임을 생성합니다.

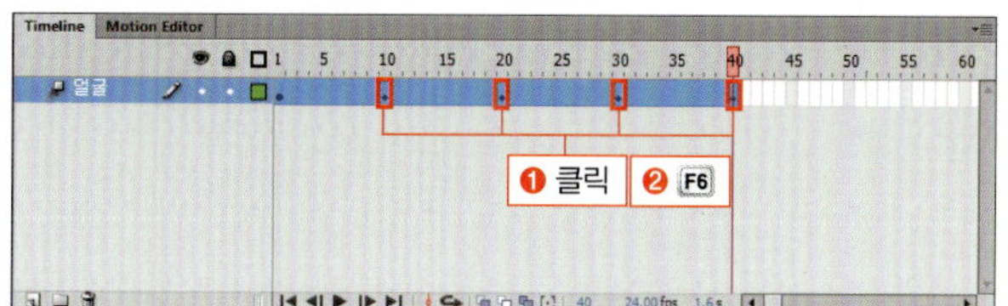

08. [3차원 회전 툴](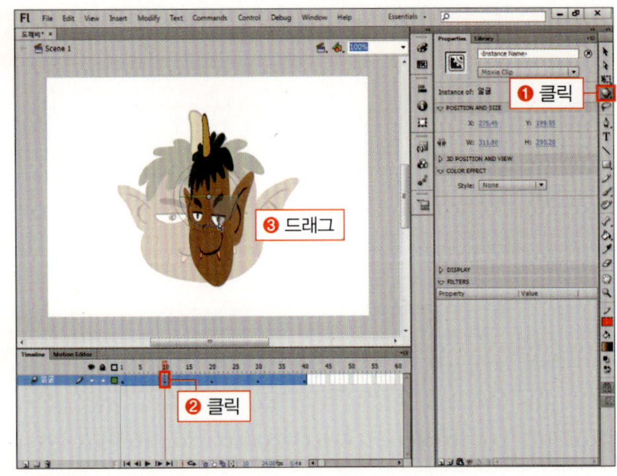)을 선택하여 10프레임의 '얼굴'을 Y 축을 기준으로 60° 정도 왼쪽으로 기울입니다.

09. 20프레임의 '얼굴'은 원래의 모습으로 되돌려 놓고 30프레임의 '얼굴'을 Y 축을 기준으로 60° 정도 오른쪽으로 기울입니다.

10. 40프레임의 '얼굴'은 원래대로 되돌려 놓습니다. Ctrl + Enter 를 눌러 테스트 무비를 확인하면 '얼굴'이 좌우로 움직이면서 '눈동자'도 같이 따라 움직이는 무비가 실행됩니다.

무비클립에 필터 효과를 사용하여 무비를 제작해보도록 하겠습니다.

예제 파일 | CD₩Part 07₩로켓.fla　**완성 파일 |** CD₩Part 07₩로켓_완성.fla

01. 로켓의 화염에 블러 효과를 적용하여 로켓이 날아가는 효과를 만들기 위해 '로켓.fla' 파일을 불러옵니다. 작업에 필요한 심벌들이 등록되어 있습니다.

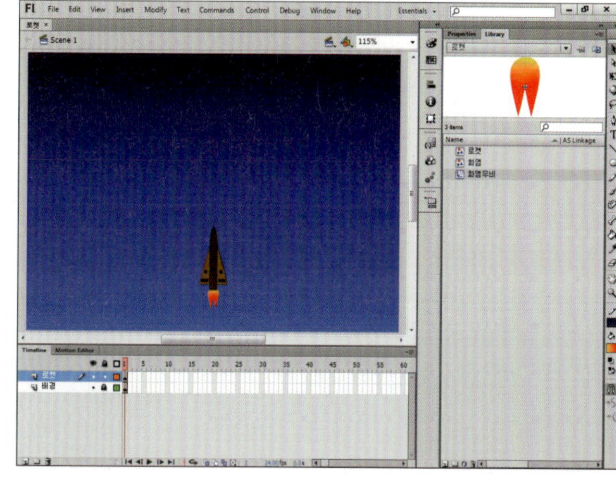

02. 무비클립으로 지정된 로켓의 '화염'을 더블 클릭하여 편집 모드로 전환합니다.

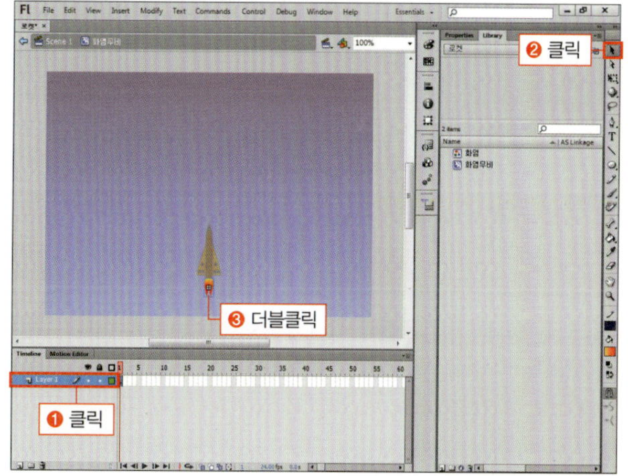

03. [자유 변형 툴](▦)로 심벌의 중심점을 '화염'의 위쪽 끝으로 옮긴 후 5, 9프레임을 클릭하고 F6을 눌러 복사합니다. 오브젝트가 작으므로 스테이지를 확대하여 작업합니다.

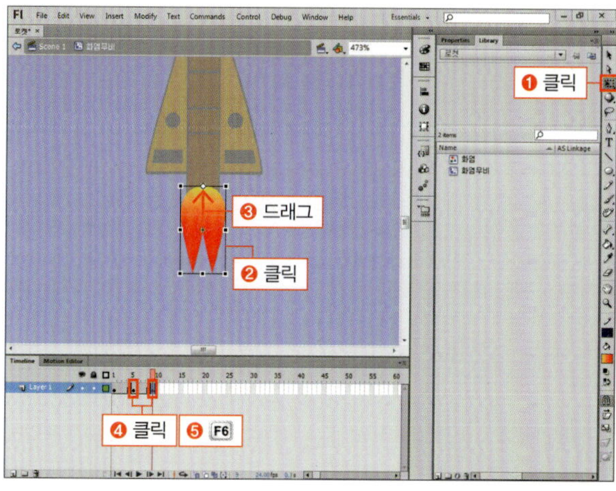

04. 5프레임의 '화염'의 크기를 1/2 정도로 줄인 후 프레임에서 마우스 오른쪽 버튼을 클릭하고 'Create Classic Tween'을 선택해 클래식 트윈을 적용합니다. 화염이 늘어났다 줄었다 반복하는 무비클립이 구성되었습니다.

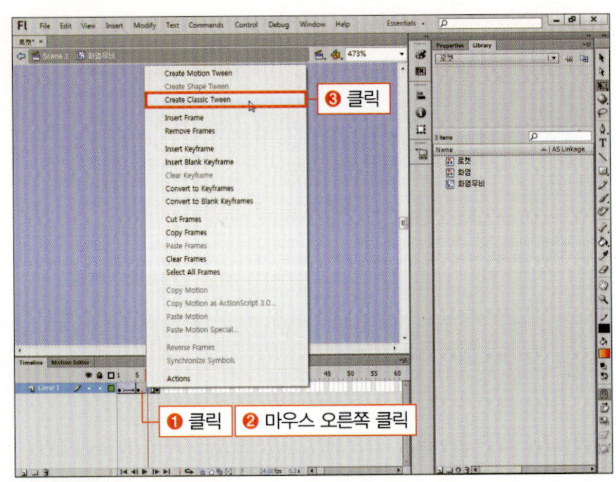

05. Scene 1을 클릭해 메인화면으로 돌아와 '화염'을 클릭하고 [Properties] 패널에서 [Add Filter]( )를 클릭하여 'Blur'를 선택합니다. [Blur X]는 '5px', [Blur Y]는 '30px'로 설정합니다.

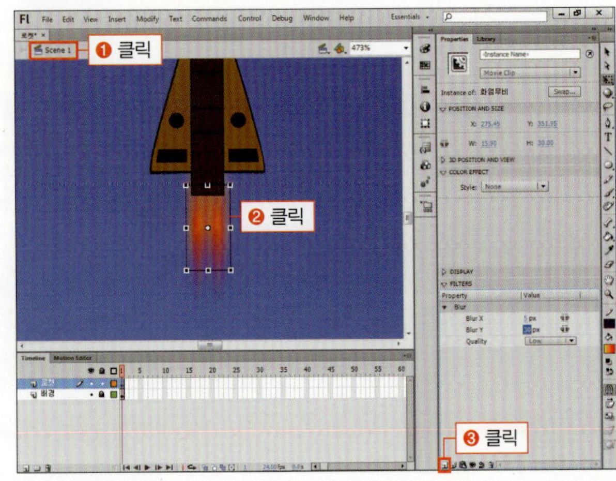

06. '로켓'과 '화염'을 모두 선택하고 F8을 눌러 '로켓'이라는 이름으로 무비클립 심벌을 등록합니다.

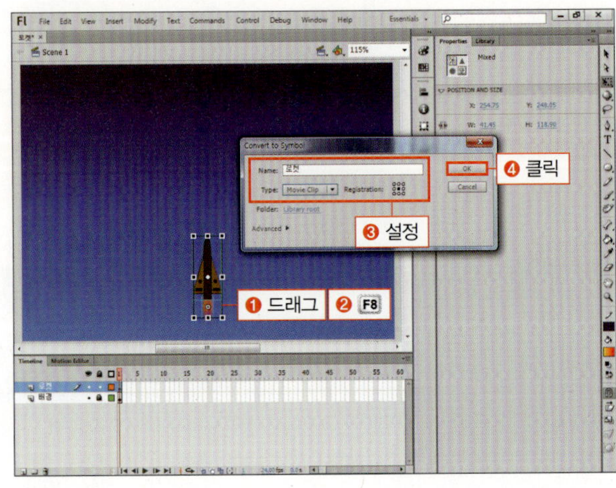

07. '로켓' 레이어의 1프레임을 마우스 오른쪽 버튼을 눌러 'Create Motion Tween'을 선택해 모션 트윈을 적용하고 모션을 50프레임까지 연장합니다. '배경' 레이어도 동일하게 연장합니다.

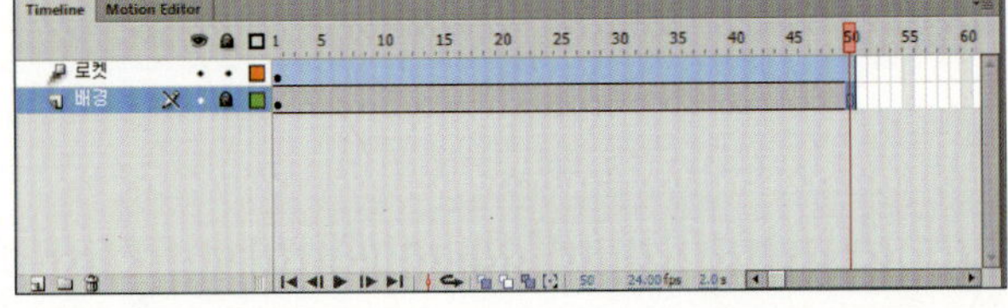

08. [자유 변형 툴]( )을 선택하여 50프레임의 '로켓'을 스테이지 위로 옮기고 '로켓'의 크기를 1/2 정도로 줄입니다.

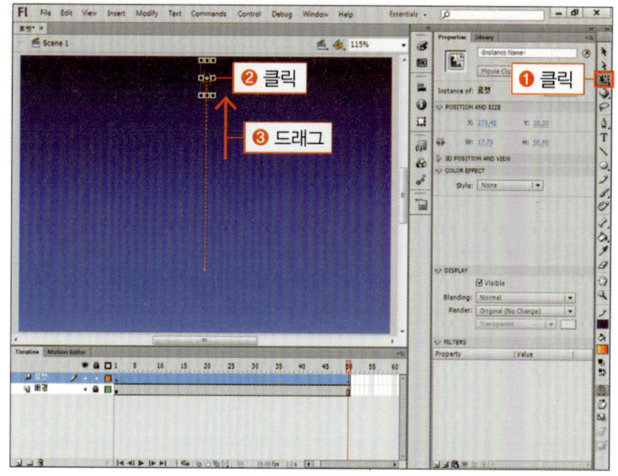

09. [3차원 회전 툴]( )을 선택하고 50프레임의 '로켓'을 X 축을 기준으로 회전하여 앞으로 숙여지도록 합니다.

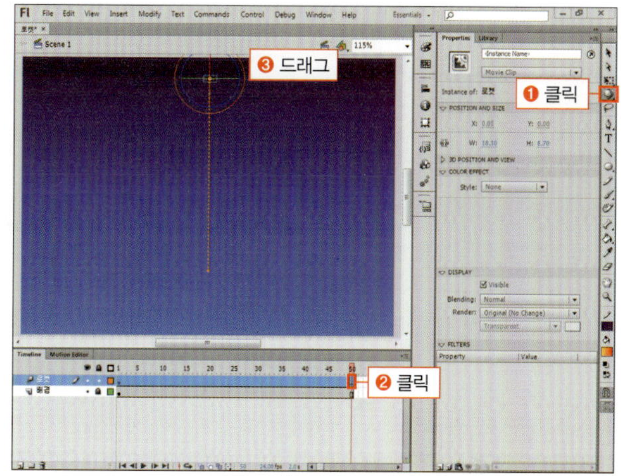

10. Ctrl + Enter 를 눌러 테스트 무비를 실행하면 화염을 내뿜으며 날아가는 로켓 무비가 실행됩니다.

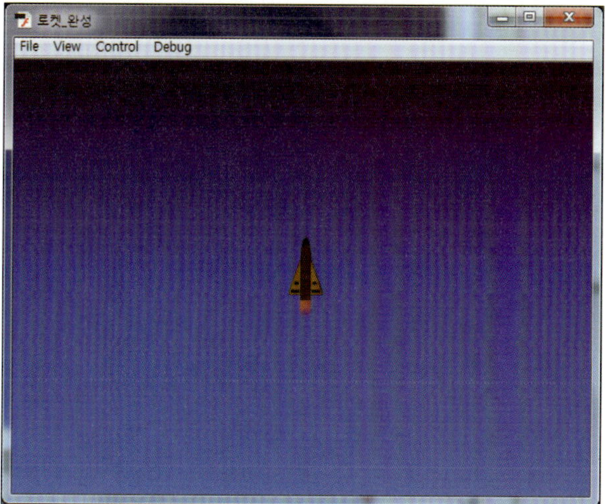

버튼의 이벤트에 무비클립을 사용하여 효과를 사용할 수 있습니다. 롤오버와 클릭에 무비클립을 적용하여 무비를 만들어보도록 하겠습니다.

예제 파일 | CD₩Part 07₩폭탄.fla **완성 파일 |** CD₩Part 07₩폭탄_완성.fla

01. '폭탄.fla' 파일을 불러옵니다. 폭탄이 버튼 심벌로 등록되어 있습니다.

02. [선택 툴]( )을 선택하여 '폭탄'을 더블클릭하여 심벌의 편집 모드로 전환한 후 F6 을 3번 눌러 프레임을 모두 복사합니다.

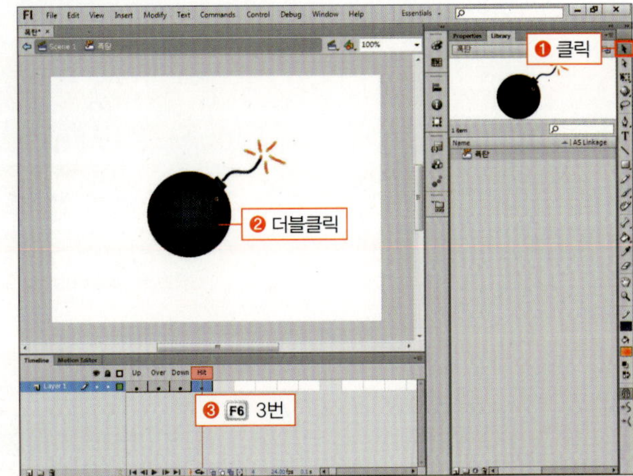

03. Up프레임을 클릭하고 드래그하여 '불꽃'만 선택한 뒤 Del 을 눌러 '불꽃' 5개를 모두 삭제합니다.

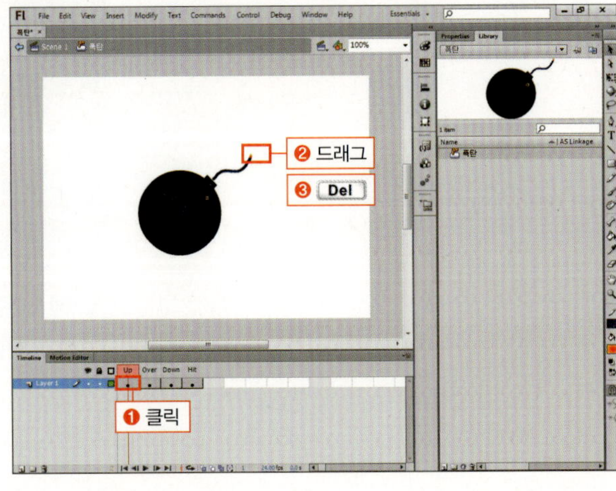

> **문제해결** 드래그해서 불필요한 부분이 선택된다면 Shift 를 누른 상태로 다시 클릭하면 선택 해제됩니다.

04. Over프레임을 클릭하고 드래그하여 '불꽃' 5개를 선택하고 **F8**을 눌러 '불꽃' 이라는 이름의 무비클립 심벌을 등록합니다.

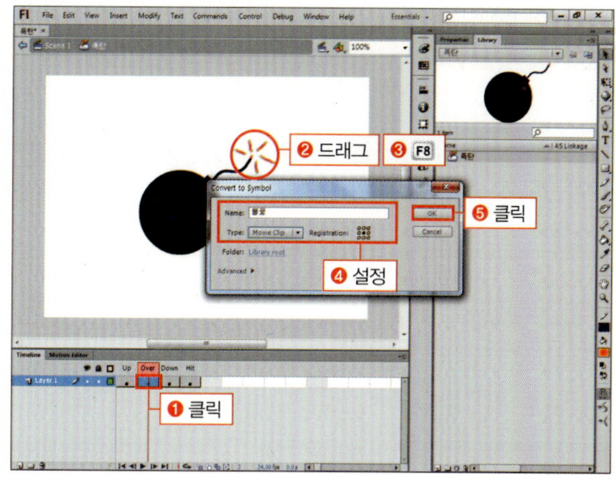

05. '불꽃'을 더블클릭하여 무비클립 심벌의 편집 모드로 전환합니다.

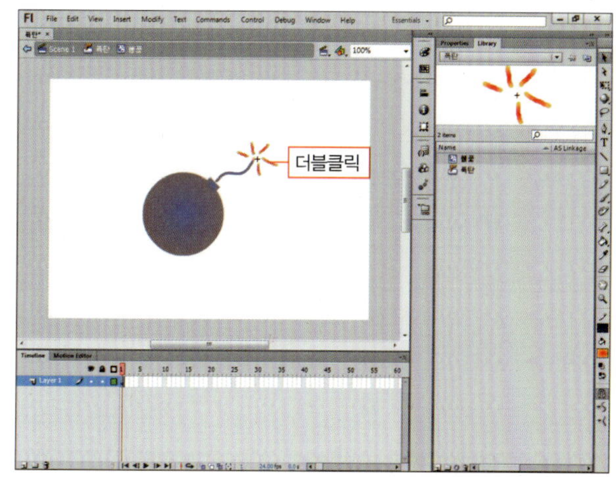

06. 2프레임을 클릭하고 **F7**을 눌러 키프레임을 삽입합니다.

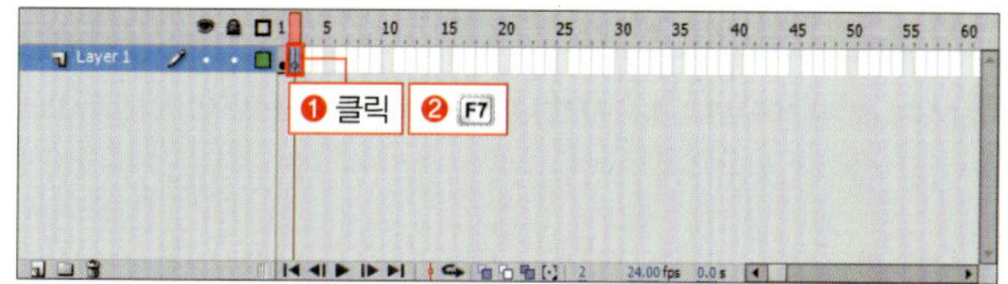

07. 상단의 [폭탄](폭탄)을 클릭해 버튼의 편집 모드로 전환하여 Down프레임을 클릭하고 오브젝트를 **Del**을 눌러 모두 삭제합니다.

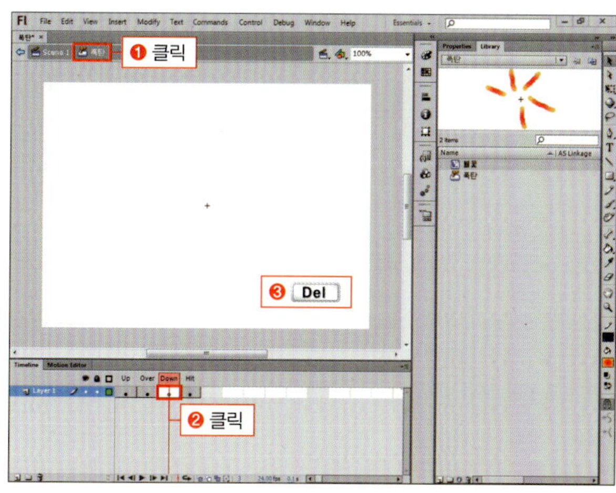

08. [다각형 툴]( )을 선택하고 [Properties] 패
널에서 [Options] 단추를 클릭하여 [Style]은 'star',
[Number of Sides]는 '12', [Star point size]는 '0.2'로
설정하고 스테이지에 별을 그립니다. [선 색상]은
'없음', [면 색상]은 '빨강과 노랑의 원형 그레이디
언트'로 설정합니다.

연관
검색   그레이디언트 설정은 101P의 내용을 참고하세요.

09. [선택 툴]( )로 별의 모양을 폭탄이 터지는
모양으로 변형합니다.

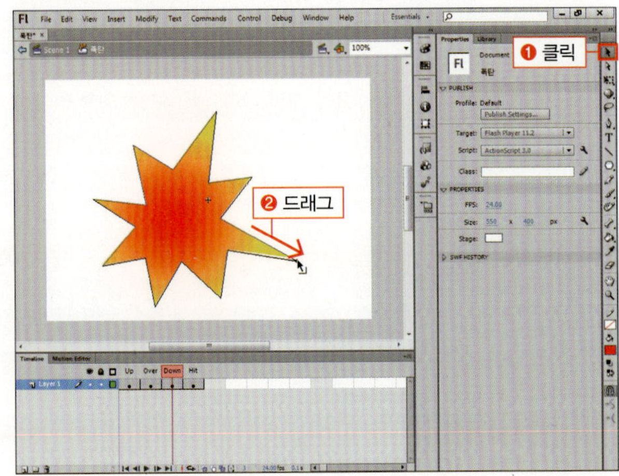

10. [Ctrl]+[Enter]를 눌러 무비를 확인하면
마우스 롤오버와 클릭 이벤트에 따라 변화하는
무비를 확인할 수 있습니다.

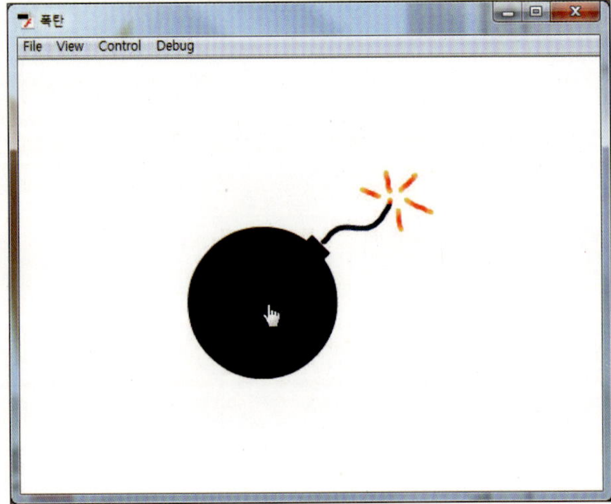

역기구학(IK)을 사용해 애니메이션 만들기

역기구학(IK)은 오브젝트에 자연스러운 움직임을 부여할 때 사용합니다. 관절을 만들어 구부러지고 펴지는 동작이 부드럽게 연결되어 움직이도록 구성합니다.

기초탄탄 ▶ 뼈 모션 알아보기

■ 뼈 모션이 적용된 [Timeline] 패널 `411P`

오브젝트에 뼈 모션을 적용하면 'Armature' 레이어가 자동으로 생성됩니다.

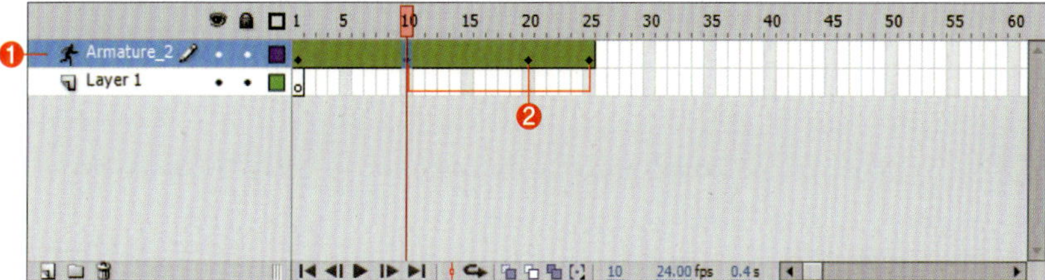

❶ Armature 레이어 : 뼈 모션이 적용된 레이어

❷ Pose : 뼈 모션의 기점을 생성합니다. `F6`을 눌러 Pose를 추가할 수 있습니다.

■ 뼈 오브젝트의 [Properties] 패널 `411P`

오브젝트의 뼈 모션을 선택했을 때의 [Properties] 패널입니다.

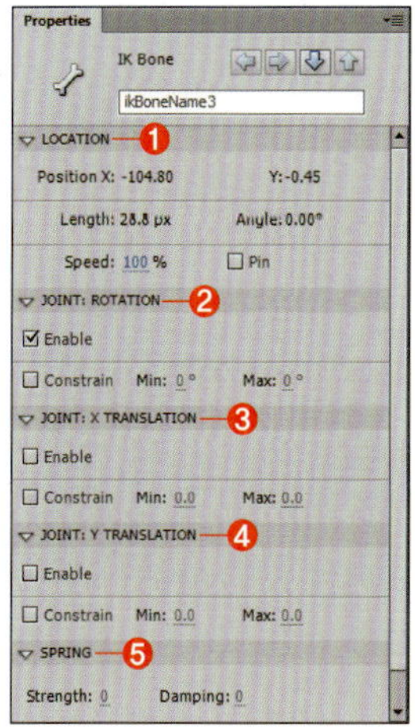

❶ LOCATION : 뼈 모션의 좌표를 확인할 수 있습니다.

❷ JOINT : ROTATION : 선택한 뼈 모션의 회전 여부를 설정합니다.

❸ JOINT : X TRANSLATION : 선택한 뼈 모션을 X 축 방향으로 움직일 수 있도록 설정합니다.

❹ JOINT : Y TRANSLATION : 선택한 뼈 모션을 Y 축 방향으로 움직일 수 있도록 설정합니다.

❺ SPRING : 움직이는 스프링의 강도 등을 설정합니다. IK Armature 속성의 [SPRINGS]에서 설정해야
사용 가능합니다.

■ 'IK Armature' 레이어의 [Properties] 패널

뼈 모션이 적용된 'Armature' 레이어를 선택했을 때의 [Properties] 패널입니다.

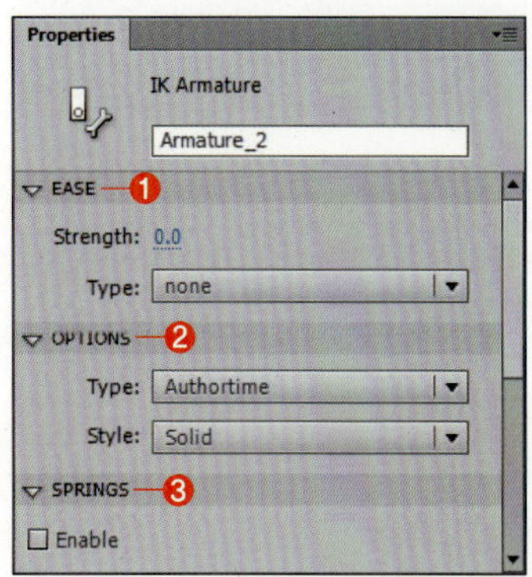

❶ EASE : 모션 트윈의 EASE와 비슷한 기능으로 가속도를 설정합니다.

❷ OPTIONS : 작업환경과 [뼈 툴]( )의 모양을 설정합니다.

❸ SPRINGS : [뼈 툴]( )의 'SPRING' 속성을 사용할 수 있도록 설정합니다.

■ 뼈 모션의 구조

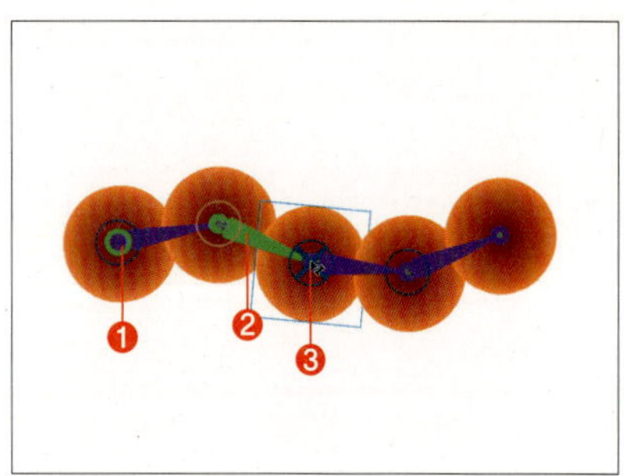

❶ 뼈 모션의 시작점으로 고정되어 있습니다.

❷ 선택한 뼈 관절은 초록색으로 표시됩니다.

❸ 관절고정 : 관절을 선택한 상태에서 관절의 구분점을 클릭하면 X표시가 나타나며 관절이 움직이지 않
도록 고정됩니다.

[뼈 툴]( )을 사용하여 움직이는 벌레를 만들어 보도록 하겠습니다.

예제 파일 I CD₩Part 07₩벌레.fla **완성 파일 I** CD₩Part 07₩벌레_완성.fla

01. '벌레.fla' 파일을 불러옵니다. 벌레의 모양이 3등분으로 나누어져 무비클립 심벌로 지정되어 있습니다.

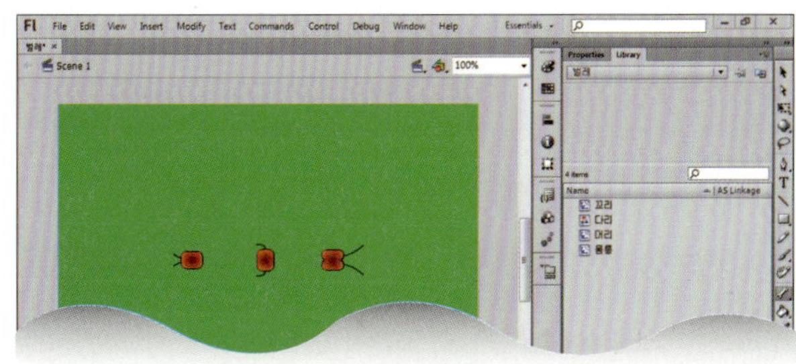

02. [선택 툴]( )을 선택하여 벌레의 가운데 몸통 부분을 Alt 를 누른 상태에서 드래그해 복사하여 머리와 꼬리 사이의 빈 공간을 채우도록 배열합니다. 마디 사이에 공간이 생기지 않도록 약간씩 겹치도록 합니다.

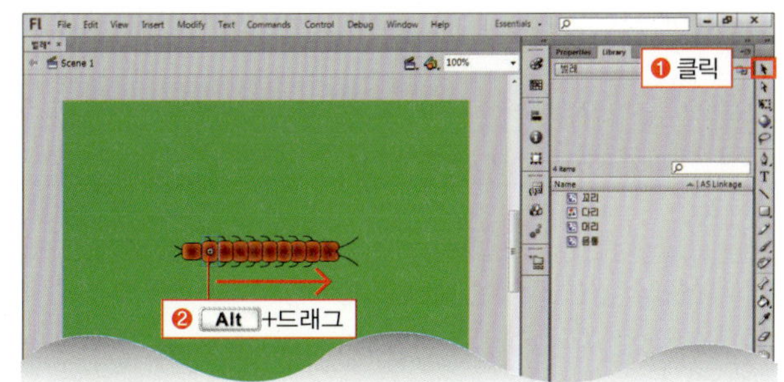

03. 완성된 벌레 모양을 드래그하여 모두 선택하고 F8 을 눌러 '벌레'라는 이름으로 무비클립 심벌을 등록합니다.

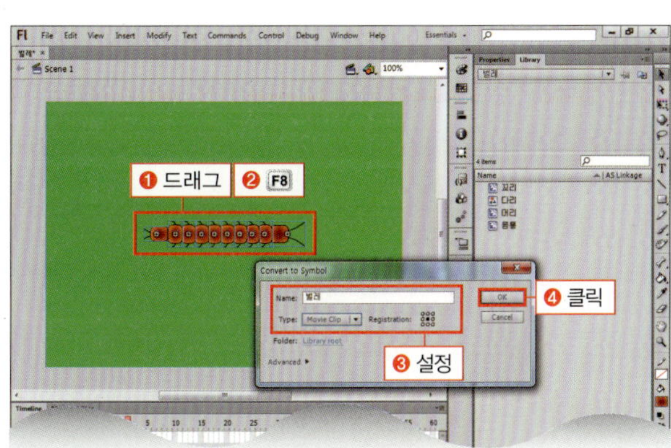

04. '벌레'를 더블클릭하여 편집 모드로 전환하고 [뼈 툴]( )을 선택하고 '벌레', '꼬리' 심벌의 중심부터 꼬리 앞 '몸통' 심벌의 중심까지 드래그하여 관절을 만듭니다.

05. 같은 방법으로 순서대로 마디 하나하나를 연속해서 연결하여 머리까지 관절을 완성합니다. 10프레임을 클릭하고 **F6**을 눌러 Pose를 추가하고 [선택 툴]( )을 선택하여 '벌레'의 관절을 움직여 위로 구부러지는 모양을 만듭니다.

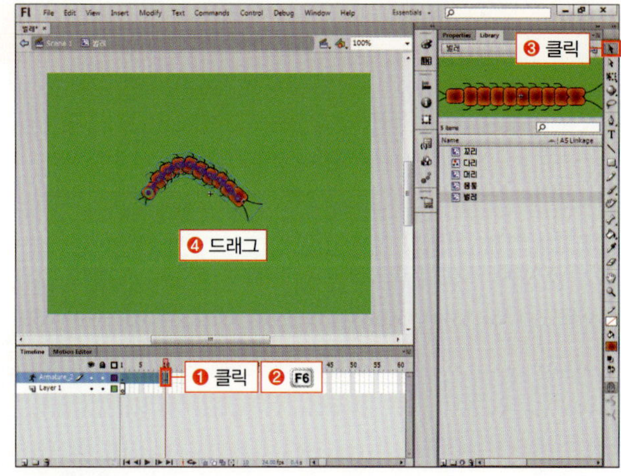

06. 20프레임에서 **F6**을 눌러 Pose를 추가하고 '벌레'의 관절을 움직여 아래로 구부러지는 모양을 만듭니다. 25프레임에서 **F6**을 눌러 Pose를 추가하고 원래의 모양으로 되돌립니다.

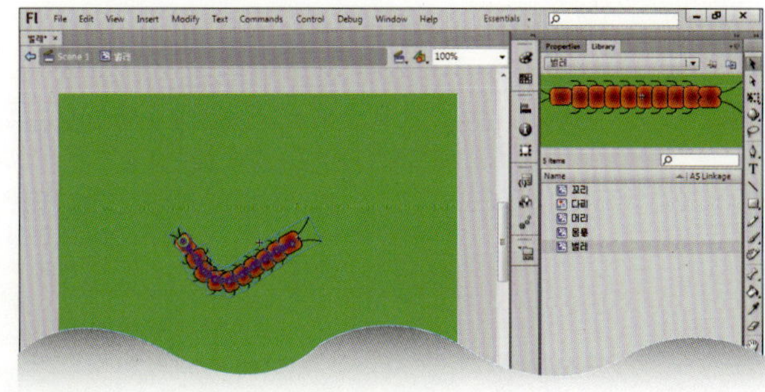

07. Scene 1을 클릭해 메인 화면으로 돌아와 [자유 변형 툴]( )을 선택하여 벌레를 1/3 크기로 줄입니다.

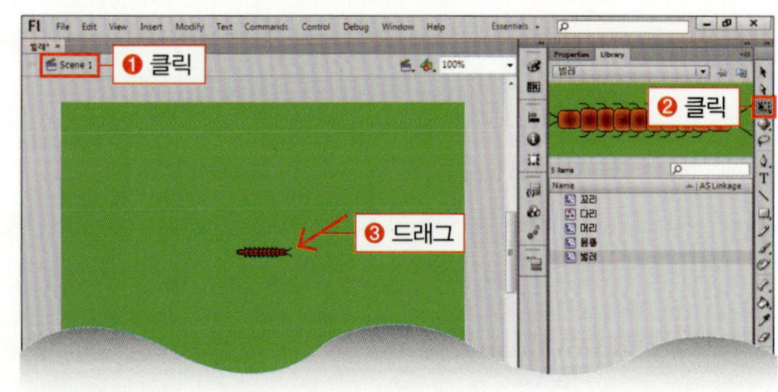

08. 모션이 끝나는 마지막 프레임 경계선을 마우스로 드래그하여 모션을 300프레임까지 연장한 후 '벌레'를 스테이지 왼쪽으로 옮기고 프레임에서 마우스 오른쪽 버튼을 클릭하고 'Create Motion Tween'을 선택해 모션 트윈을 적용합니다. 모션을 300프레임까지 연장한 후 '벌레'를 스테이시 오른쪽으로 옮깁니다. **Enter**를 누르면 벌레가 꿈틀거리며 기어가는 무비가 완성됩니다.

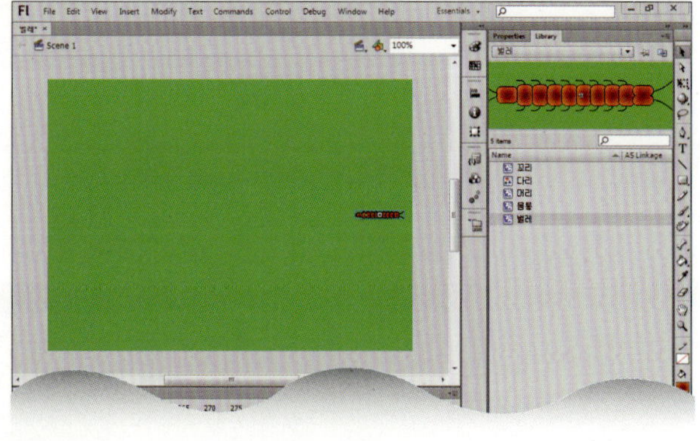

[뼈 툴](✐)을 사용하여 시원하게 펼쳐지는 부채를 만들어보도록 하겠습니다.

예제 파일 | CD₩Part 07₩부채.fla **완성 파일 |** CD₩Part 07₩부채_완성.fla

01. '부채.fla' 파일을 불러옵니다. 스테이지에는 부채로 구성될 부채살이 그려져 있습니다. [선택 툴](▶)을 선택하여 스테이지의 오브젝트를 클릭 하고 F8을 눌러 '부채살'이라는 이름의 무비클립 심벌을 등록합니다.

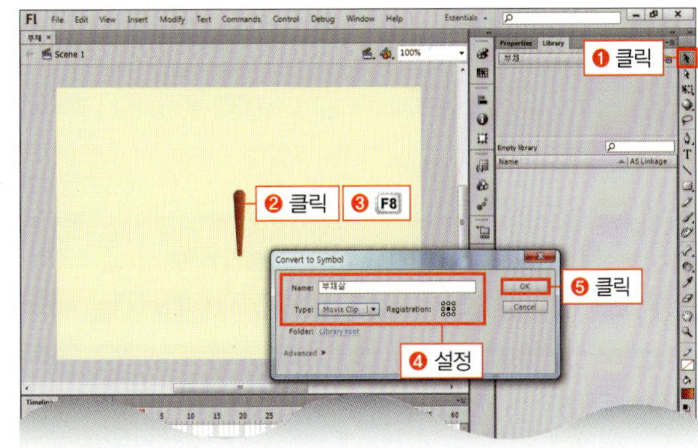

02. [자유 변형 툴](▦)을 선택하여 심벌의 중심 을 아래 끝으로 옮깁니다.

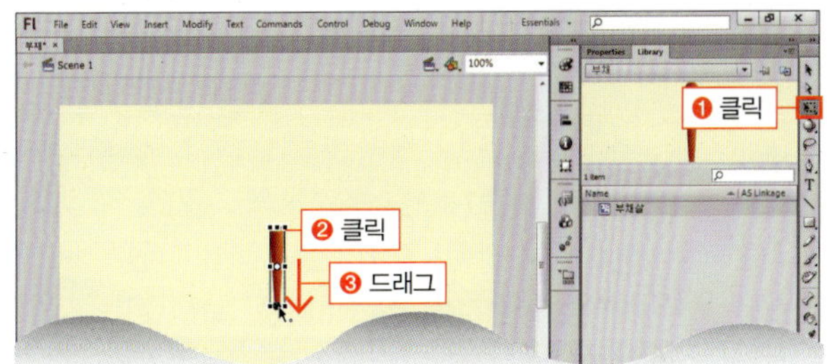

03. 부채살을 스테이지 왼쪽으로 옮긴 후 복사 하여 적당한 간격으로 15개의 부채살을 만들어 배 열합니다. [뼈 툴](✐)을 선택하고 왼쪽 부채살 부터 시작하여 오른쪽으로 하나씩 관절을 만들어 연결합니다.

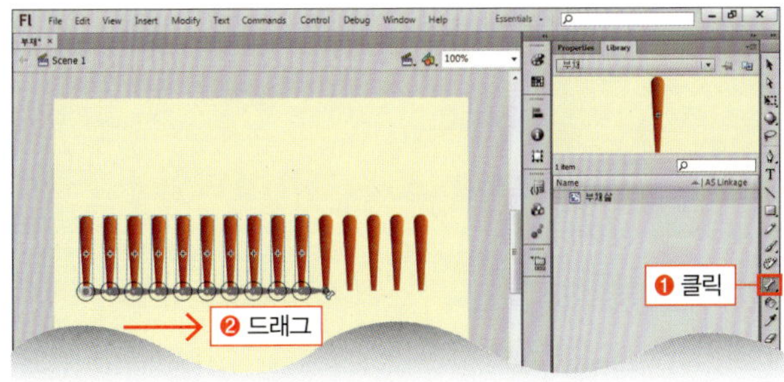

04. Ctrl + A 를 눌러 오브젝트를 모두 선 택한 후 [Align](▤)을 클릭해 [Align] 패널을 열고 [Align horizontal center](♨)와 [Align vertical center] (▥)를 차례로 클릭하여 가운데로 모읍니다.

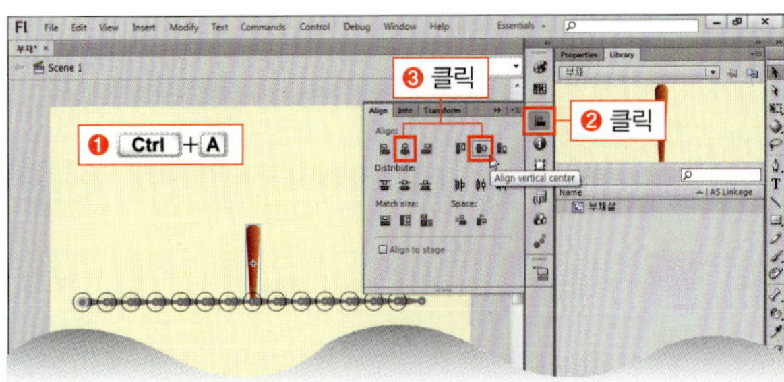

05. 모아진 오브젝트를 모두 선택하고 [자유 변형 툴]( )을 선택하여 왼쪽으로 60° 정도 회전하여 기울입니다.

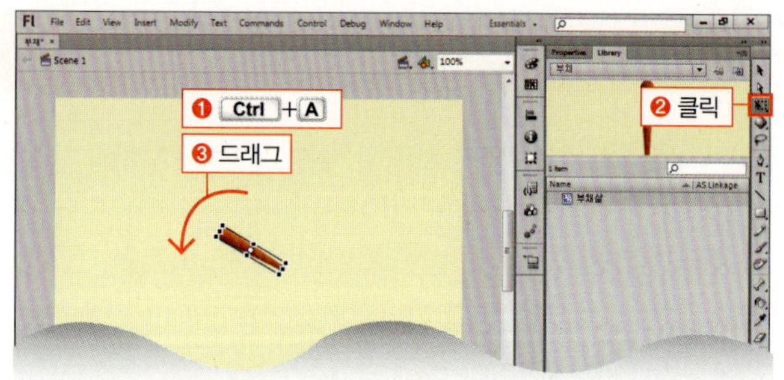

06. 20프레임과 40프레임에서 F6 을 눌러 Pose를 추가합니다. 20프레임의 겹쳐진 부채살의 상단 둥근 부분을 클릭하고 가려진 부채살이 보이도록 시계 방향으로 살짝 회전시킵니다.

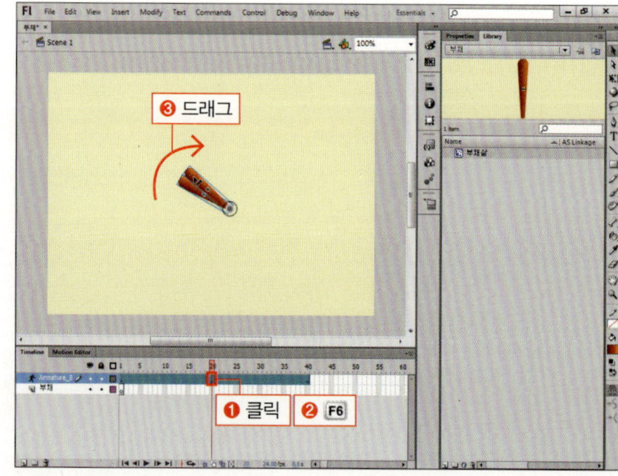

07. 첫 번째 부채살의 회전이 완료되면 다음 부채살들을 순서대로 드래그하여 조금씩 회전시킵니다. 부채살의 각도가 일정하게 유지되도록 작업하여 부채 모양을 완성합니다. Ctrl + Enter 를 눌러 무비를 확인하면 부채가 펴지고 접히는 무비를 확인할 수 있습니다.

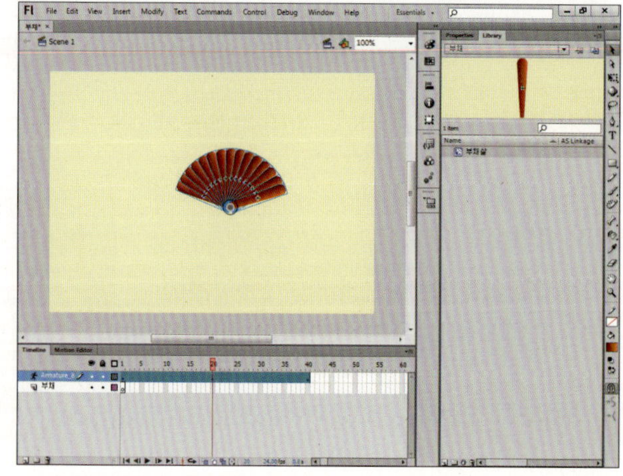

TIP : 뼈를 쉽게 조절하는 방법

- 화면을 확대하여 드래그 반응을 축소하여 조절하면 더욱 쉽게 사용할 수 있습니다.
- 뼈나 심벌을 선택하고 ↑, ↓, ←, →으로 화살표키로 움직이면 미세한 조절이 가능합니다.
- 여러 개의 뼈대를 선택하려면 Shift 를 누른 채 클릭합니다. 선택된 뼈대는 색상이 바뀌게 됩니다.
- 뼈를 구성한 심벌 중에서 특정 심벌만 움직이고 싶으면 Alt 를 누른 상태에서 해당 심벌을 드래그합니다.

[뼈 툴](🦴)로 구성된 관절은 유기적으로 연결되어 움직이지만 하나씩 분리하여 움직임을 구성할 수 있습니다.

완성 파일 I CD₩Part 07₩텍스트모션_완성.fla

01. 새 도큐먼트에서 [문자 툴](T)을 선택한 후 [Properties] 패널에서 [글꼴]은 '맑은고딕', [크기]는 '60pt'를 설정하고 스테이지를 클릭하여 '안 녕 하 세 요'라고 문자를 입력합니다.

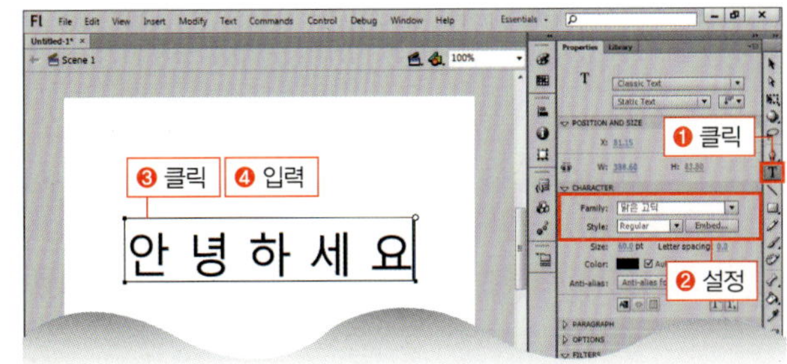

02. 입력한 문자를 Ctrl + B 를 눌러 한 글자씩 분리합니다.

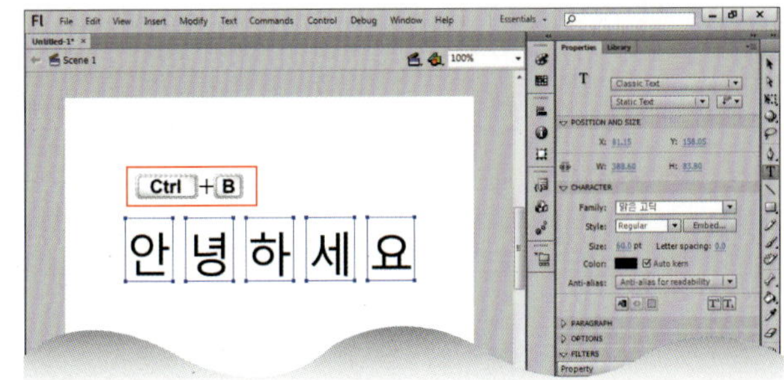

03. 분리된 글자를 하나씩 선택하여 F8 을 눌러 각각 그래픽 심벌로 전환합니다.

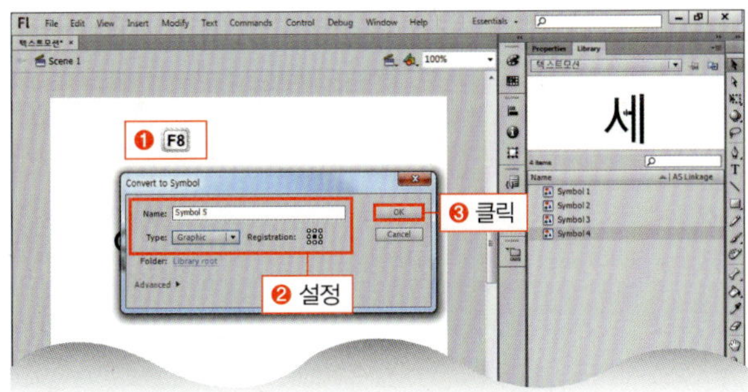

04. [뼈 툴](🦴)로 글자를 연결하여 관절을 생성합니다.

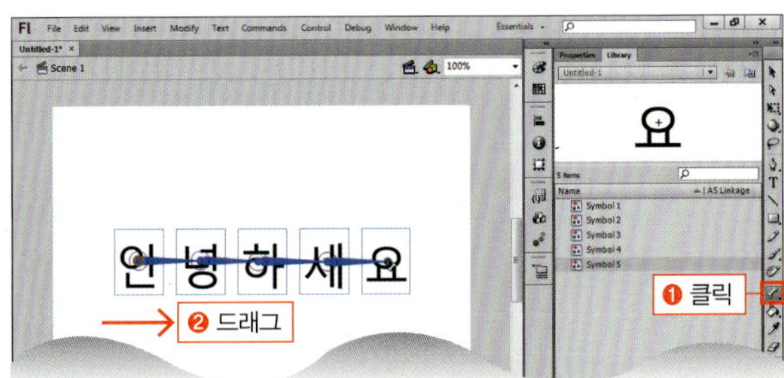

05. 10프레임에서 F6을 눌러 Pose를 추가하고 문자가 물결 모양이 되도록 관절을 움직여 조절합니다.

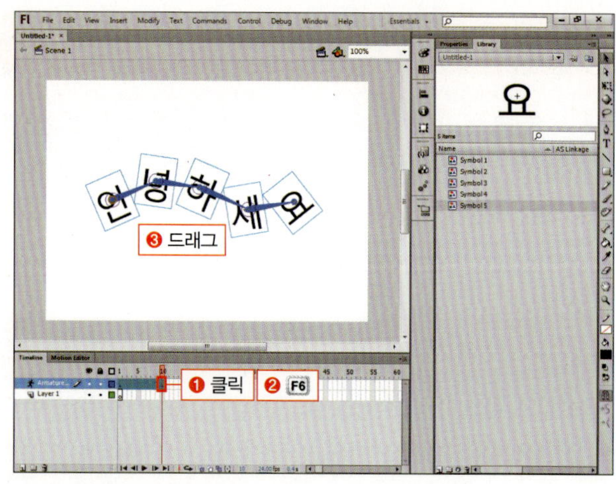

06. Alt 를 누른 상태로 문자를 옮기면 한 글자씩 옮길 수 있습니다. 글자가 따로따로 움직이도록 옮겨 분리합니다.

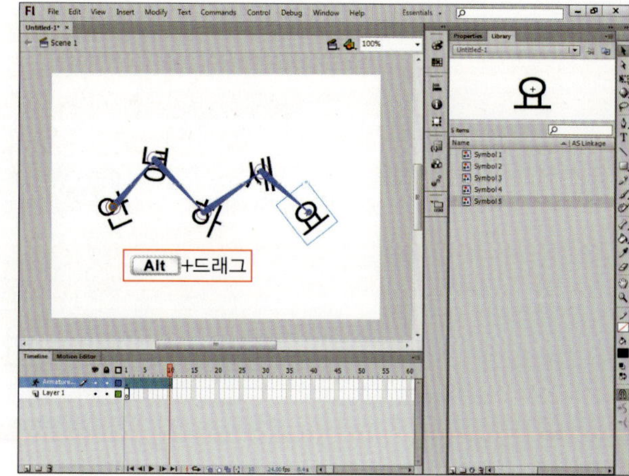

07. 20프레임에 Pose를 추가하고 관절을 움직여 글자의 위치와 각도를 변경하고 Alt 를 누른 상태로 글자들을 조금씩 이동하여 배치합니다.

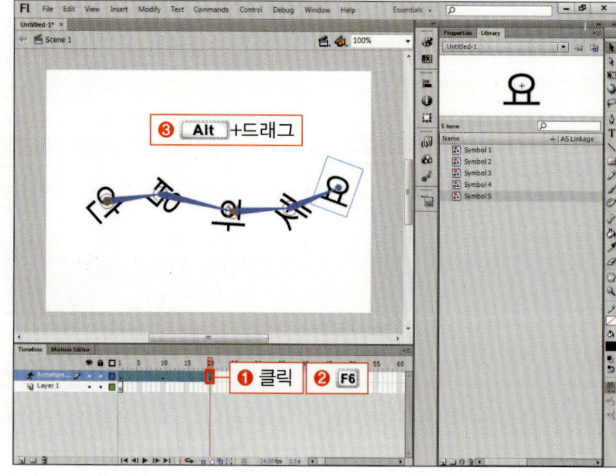

08. 같은 방법으로 10프레임씩 Pose를 추가하여 50프레임까지 글자들이 자유롭게 움직이도록 구성합니다.

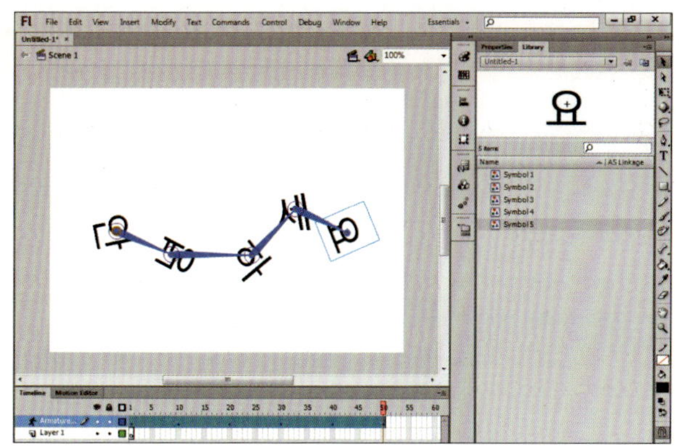

09. 무비가 반복되면서 시작과 끝이 부드럽게 이어지도록 하기 위해 1프레임과 50프레임의 Pose를 동일하게 구성합니다. Pose를 복사하여 붙여 넣기하도록 합니다. 1프레임의 Pose에서 마우스 오른쪽 버튼을 클릭해서 'Copy Pose'를 선택하여 Pose를 복사합니다.

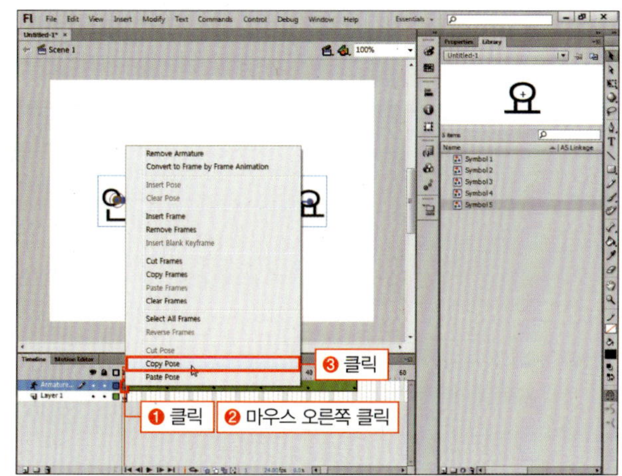

10. 50프레임의 Pose에서 마우스 오른쪽 버튼을 클릭하고 'Paste Pose'를 선택하여 Pose를 붙여 넣기합니다.

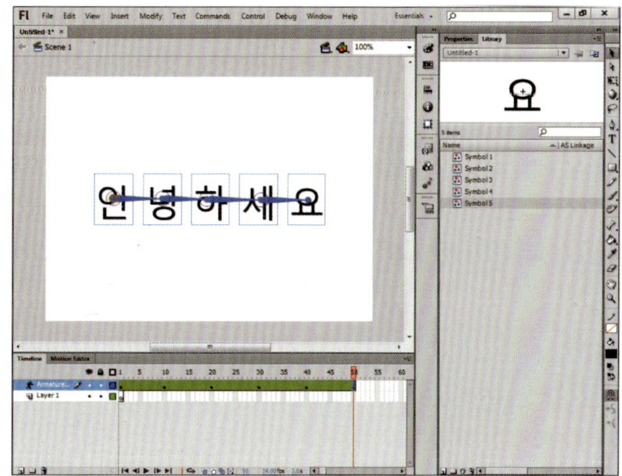

TIP : Pose 선택 시 주의사항

Pose의 복사와 붙여 넣기 시 1프레임과 마지막 프레임의 Pose를 선택할 때 마우스 포인터의 모양이 '↔' 모양으로 바뀌면 레이어가 선택되므로 주의해서 클릭합니다. 잘못 클릭하여 타임라인의 색상이 모두 파란색으로 변경되면 선택을 해제하고 다시 선택하여야 합니다.

[뼈 툴]( )로 관절을 만들어 무비를 구성하는 것은 심벌뿐만 아니라 셰이프 오브젝트에도 사용할 수 있습니다. 셰이프 오브젝트에 관절을 구성하여 움직이는 모션을 만들어 보도록 하겠습니다.

예제 파일 I CD₩Part 07₩사람.fla   **완성 파일** I CD₩Part 07₩사람_완성.fla

01. '사람.fla' 파일을 불러옵니다. 사람 모양의 오브젝트에 [뼈 툴]( )로 관절을 만들어 움직이는 동작을 구성해 봅니다.

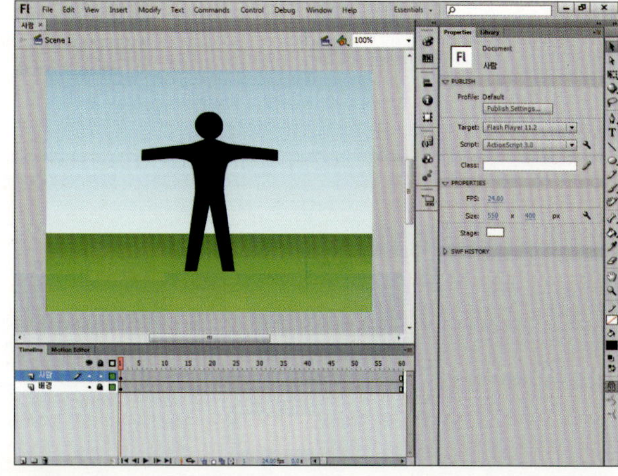

02. [뼈 툴]( )로 움직이는 부위에 관절을 만들어 주어야 합니다. 우선 머리의 중심부터 목까지, 그리고 목에서 가슴까지 각각 드래그하여 관절을 생성합니다.

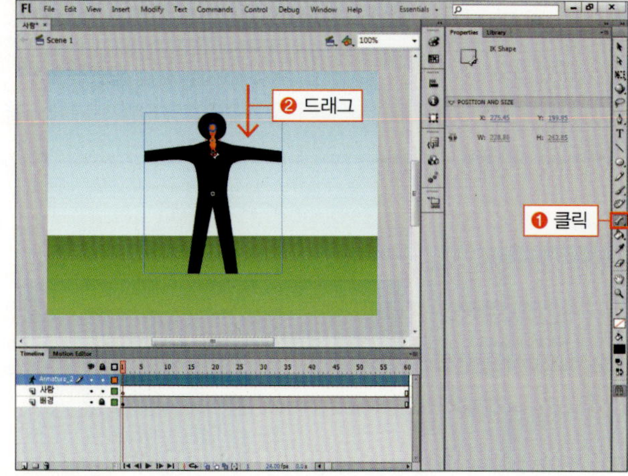

03. 이번에는 팔에 관절을 생성합니다. 가슴부터 겨드랑이, 겨드랑이부터 팔꿈치, 팔꿈치부터 손끝가지 각각 드래그하여 관절을 생성합니다. 두 팔을 따로 작업합니다.

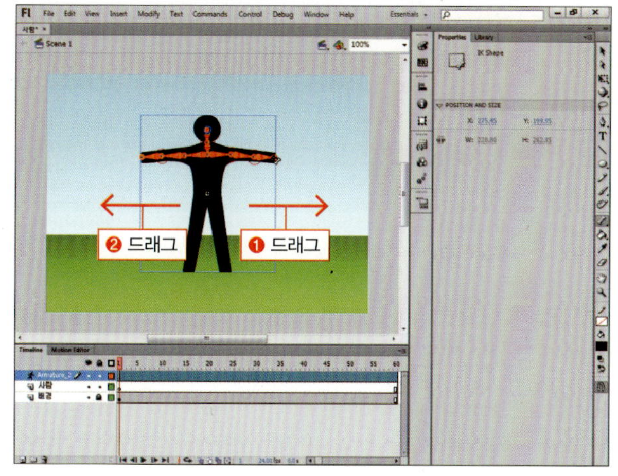

04. 팔의 관절이 완성되면 몸통의 관절을 생성합니다. 몸통에는 별다른 관절이 없기 때문에 가슴부터 배까지 한번에 드래그합니다.

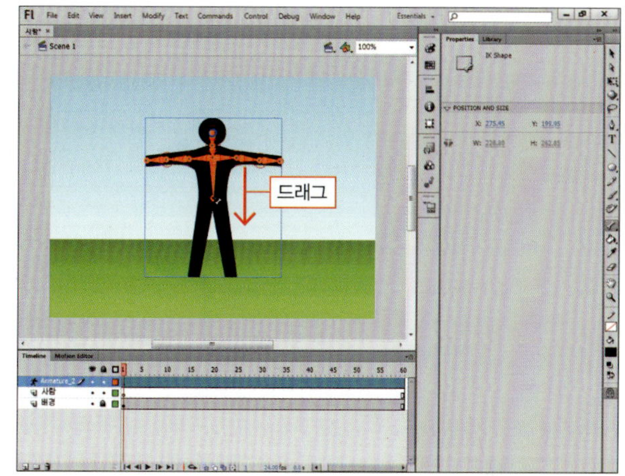

05. 팔과 마찬가지로 다리에도 구부러지는 부위에 관절을 생성합니다. 관절을 많이 생성할수록 부드러운 움직임을 만들 수 있지만 너무 많은 관절을 구성하면 다루기가 어려우므로 관절의 수를 적절히 조절하도록 합니다.

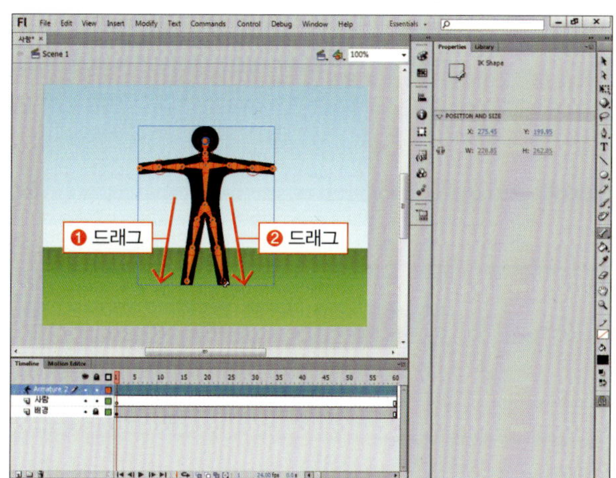

06. 10프레임을 클릭하고 `F6`을 눌러 Pose를 추가하고 [선택 툴]( )로 손 부분을 드래그하여 양손을 위로 들어 올리는 모양을 만들어 줍니다.

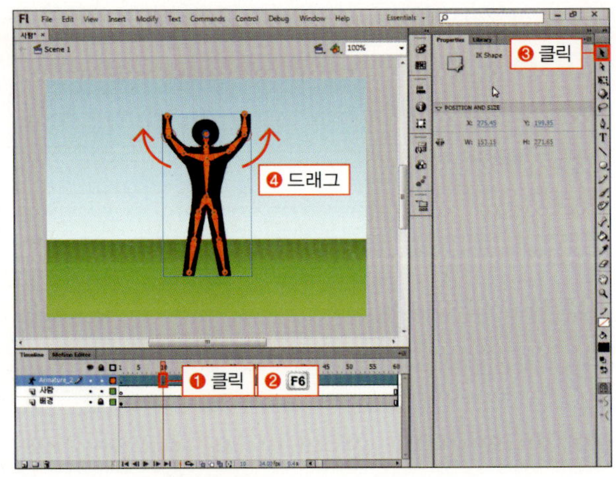

07. 20프레임에 `F6`을 눌러 Pose를 추가하고 한 팔을 아래로 내리고 같은 쪽 다리를 바깥쪽으로 구부리는 모양을 만들어줍니다.

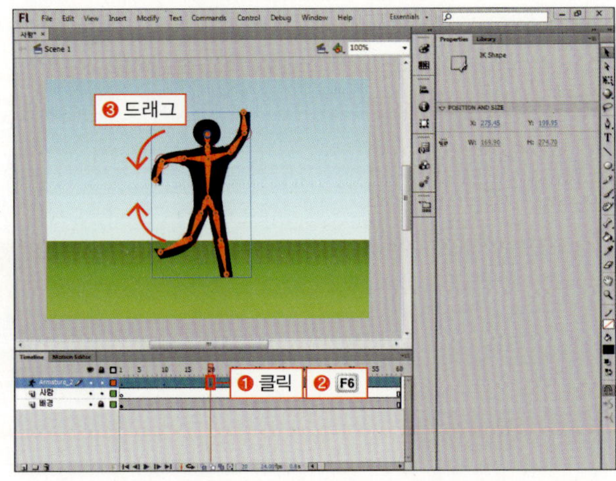

08. 30프레임에 `F6`을 눌러 Pose를 추가하고 팔과 다리를 반대로 구성합니다.

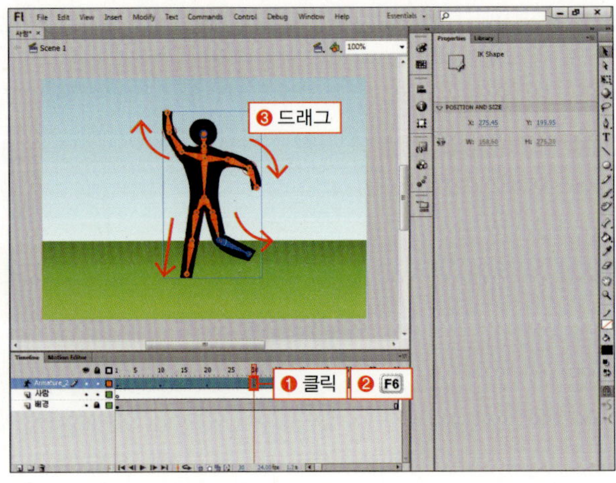

09. 40프레임에 F6 을 눌러 Pose를 추가하고
팔과 다리를 모두 안쪽으로 구부러지도록 모양을
구성합니다.

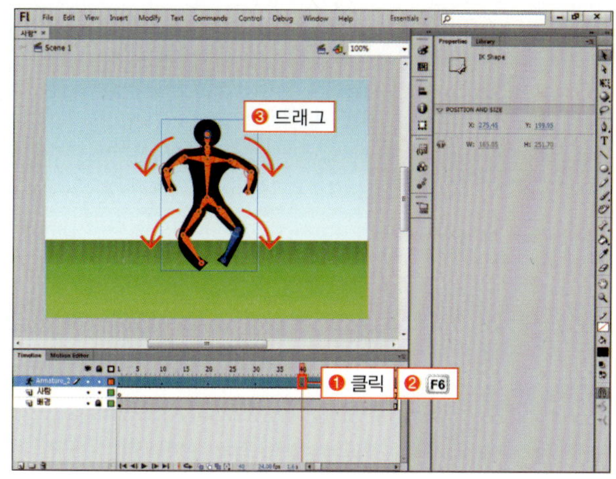

10. 50프레임에 F6 을 눌러 Pose를 추가하고 팔
과 다리를 반대로 펴지도록 구성합니다.

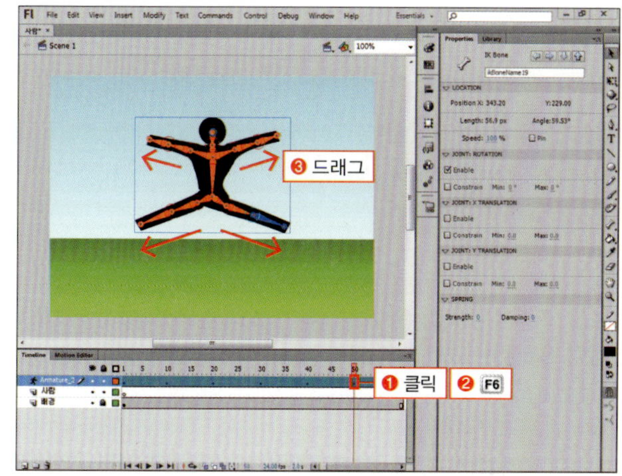

11. 1프레임의 Pose를 복사하여 60프레임에 붙
여 넣기하여 무비를 완성합니다.

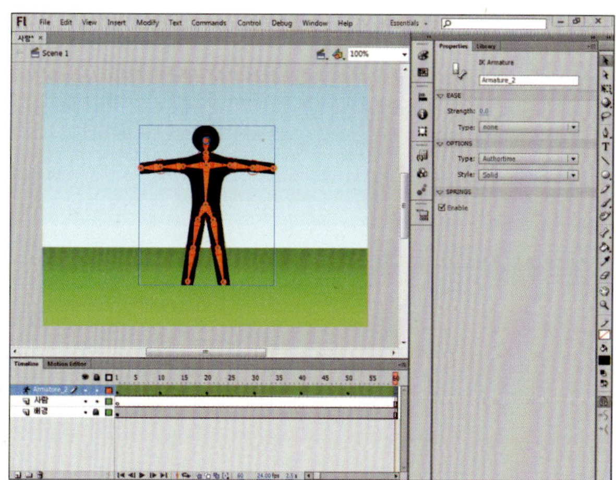

■ 가이드 레이어 `346P`

클래식 트윈에 가이드를 사용하기 위해서는 별도로 가이드 레이어를 추가하여 사용합니다. 선을 직접 그려 사용하거나 원이나 다각형을 그려 만들어지는 선을 가이드로 사용할 수 있습니다. 가이드를 사용하기 위해서는 반드시 트윈의 시작과 끝 키프레임에서 가이드의 시작 부분과 마지막 부분에 오브젝트가 물리도록 해야 합니다.

■ 마스크 레이어 `359P`

마스크는 가리는 역할을 하는 것이지만 플래시에서는 반대로 생각해야 합니다. 마스크 영역만 보이고 나머지는 가리는 역할을 합니다. 마스크나 오브젝트에 트윈을 적용하여 다양한 효과를 연출할 수 있습니다.

■ 무비클립 활용 `381P`

무비클립은 심벌에 별도의 무비를 구성할 수 있는 심벌입니다. 무비 속의 무비 구성으로 반복되는 동작을 표현할 때 사용합니다. 신의 타임라인에 상관 없이 무비가 재생되어 동시에 움직이는 무비를 구성할 때 유용하게 사용될 수 있습니다. 무비클립에는 3차원 변형을 사용하여 트윈을 구성할 수 있고 여러 가지 필터 효과를 사용하면 다양하고 독특한 무비를 구성할 수 있습니다.

■ 뼈 모션 `409P`

역기구학(IK) 뼈 모션은 오브젝트의 움직임을 부드럽게 구성하도록 관절을 추가하여 무비를 구성하는 것입니다. 심벌에 뼈 모션을 적용하면 마디마디의 움직임을 부드럽게 조절할 수 있고, 셰이프 오브젝트에 뼈 모션을 적용하면 마치 셰이프 트윈이 이루어지는 것처럼 셰이프를 자유롭게 움직일 수 있습니다.

01 마스크를 사용하여 스포트라이트 효과를 만들어 봅니다.

예제 파일 : CD₩Part 07₩스포트라이트.fla   **완성 파일 :** CD₩Part 07₩스포트라이트_완성.fla
동영상 해설 : CD₩Self₩실전7-1.wmv

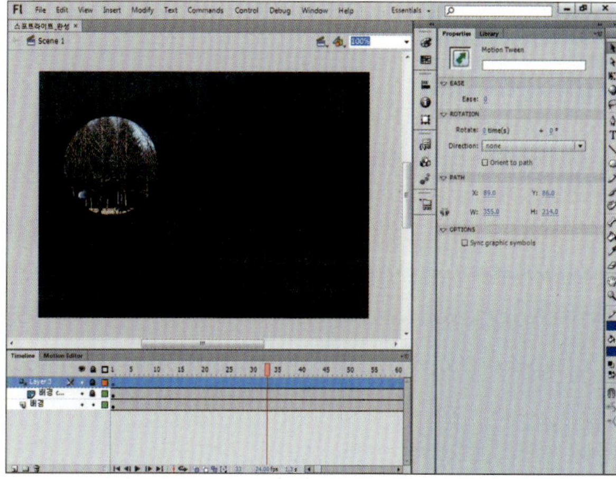

HINT

밝은 이미지와 어두운 이미지를 레이어로 구성하여 밝은 이미지에 마스크를 적용하면 마스크의 움직임에 따라 밝은 이미지가
보이게 되는 효과로 스포트라이트를 만들 수 있습니다.

02 무비 클립의 필터를 사용하여 블러효과로 얼굴이 좌우로 흔들리는 무비를 만들어 봅니다.

예제 파일 : CD₩Part 07₩블러효과.fla   **완성 파일 :** CD₩Part 07₩블러효과_완성.fla
동영상 해설 : CD₩Self₩실전7-2.wmv

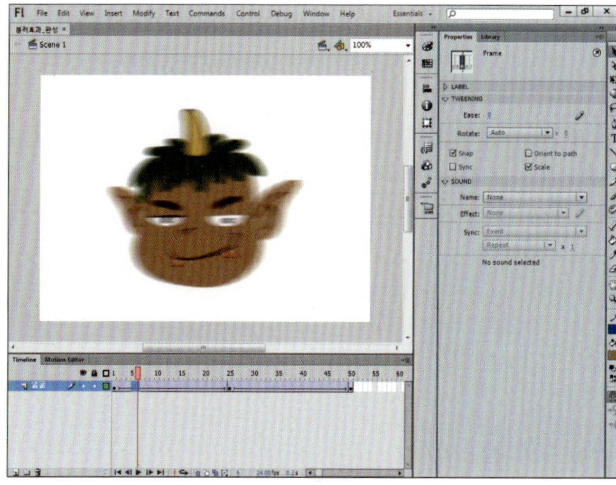

HINT

필터효과는 무비클립에 적용할 수 있습니다. 필터효과의 블러 값을 다르게 하여 트윈을 적용하면 움직이는 무비를 만들 수 있
습니다.

08

사운드 및 동영상 활용하기

애니메이션 구성에서 사운드는 빠져서는 안되는
요소입니다. 각종 효과음부터 배경음악, 캐릭터의
대사까지 사운드를 사용하여 내용 전달을 더욱
정확하게 할 수 있습니다. 또한 애니메이션으로
표현이 어려운 내용은 동영상을 삽입하여 무비를
구성할 수 있습니다.

무비에 사운드 삽입하기

플래시에서 사운드를 사용하는 방법에 대해 공부합니다. 사운드는 키프레임에 삽입하여 사용하며 각종 음향 효과를 삽입하여 사용하면 사실적인 무비제작을 할 수 있습니다.

기초탄탄 ▶ 사운드 삽입 알아보기

■ 사운드가 적용된 [Timeline] 패널 `428P`

무비에 사운드를 적용하면 사운드 재생 시간만큼 파장이 타임라인에 나타납니다. 무비에 사운드를 적용하려면 해당 위치에 키프레임이 존재해야 합니다. 만약 사운드를 삽입하고자 하는 위치에 키프레임이 존재하지 않는다면 해당 위치에 F7 로 키프레임을 만든 후 사운드를 삽입하면 됩니다. 무비에 사운드를 적용하면 사운드 재생 시간만큼 파장이 타임라인에 나타납니다. 사운드 재생시간에 따라 파장의 길이도 타임라인에 맞게 조절됩니다.

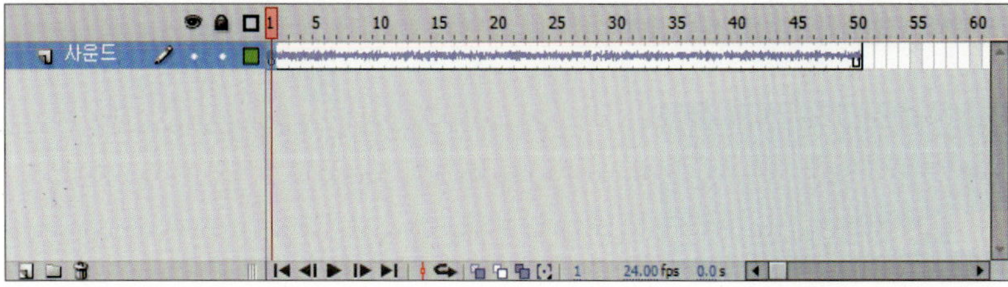

■ [Properties] 패널의 [SOUND] `430P`

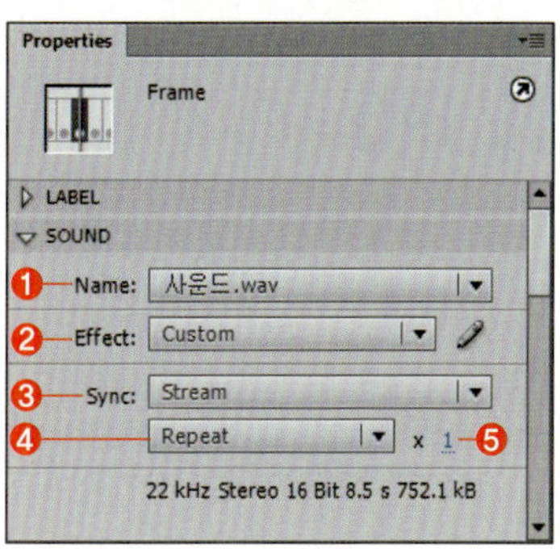

❶ Name : 적용된 사운드의 이름이 표시됩니다. 사운드를 교체할 수 있으며 [Library] 패널에 등록된 사운드 중에서 선택할 수 있습니다.

❷ Effect : 사운드 좌우 채널 선택과 Fade in/Fade out(페이드 인/페이드 아웃) 효과를 설정할 수 있습니다.

❸ Sync : 싱크를 조절합니다.

- **Event** : 가장 일반적으로 사용하는 옵션으로 이벤트가 발생하면 사운드가 재생되는 것으로 사운드 정지 명령이 실행되지 않으면 타임라인과는 별도로 무비가 멈추어도 끝까지 재생되고 사운드의 재생이 끝나기 전에 동일 사운드의 재생 이벤트가 발생하면 중복되어 사운드가 재생됩니다.

- **Start** : Event와 같이 이벤트가 발생할 때 같은 사운드가 재생이 되지만 동일한 사운드가 재생 중일 경우에는 중복되지 않습니다.

- **Stop** : 사운드를 멈춥니다.

- **Stream** : 스트리밍 기능을 사용하는 것으로 무비가 실행될 때 최소한의 사운드 데이터만 수신되면 바로 재생되도록 설정합니다. 사운드의 길이가 길이도 무비가 끝나면 사운드의 재생도 멈추게 됩니다. 무비 작업시 유일하게 타임라인 헤더를 움직여 사운드를 확인할 수 있는 옵션으로 움직임과 사운드의 싱크를 맞출 때 사용합니다.

❹ Repeat : 사운드 반복 재생을 설정합니다.

❺ Loop : 사운드를 무한 반복합니다.

사운드 파일은 'Import' 명령으로 불러올 수 있습니다. 다른 오브젝트와 달리 스테이지로 가져올 수 없고 [Library] 패널에 등록되어 사용됩니다.

예제 파일 I CD\Part 08\소나기.fla, 비소리.wav **완성 파일** I CD\Part 08\소나기_완성.fla

01. '소나기.fla' 파일을 불러옵니다. [Library] 패널을 보면 배경사진과 비가 내리는 무비클립이 등록되어 있습니다.

02. Ctrl + Enter 를 눌러 테스트 무비를 확인해보면 비가 내리는 무비가 실행됩니다.

03. 무비에 비소리를 삽입해 봅니다. [File]–[Import]–[Import to Library] 메뉴를 클릭해 '비소리.wav' 파일을 [Library] 패널에 불러옵니다.

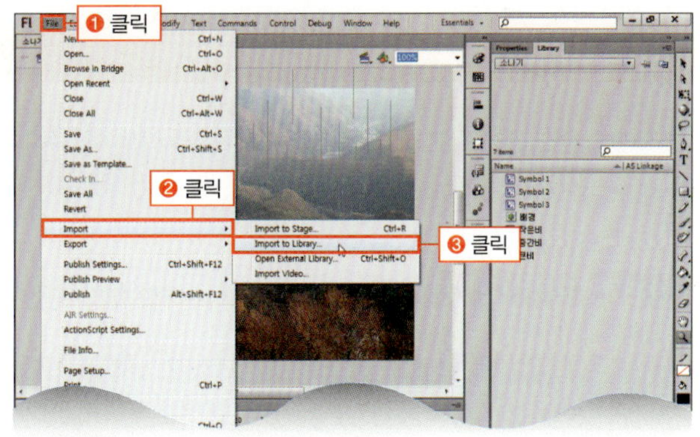

04. 사운드 파일을 불러오면 무비에 바로 삽입되지 않습니다. [Library] 패널에 등록되므로 사운드가 필요한 키프레임에 삽입하여 사용합니다. [Library] 패널의 '비소리.wav'를 드래그하여 스테이지로 가져옵니다.

05. 화면에는 아무 변화가 없고 [Timeline] 패널에 사운드 파장이 나타납니다.

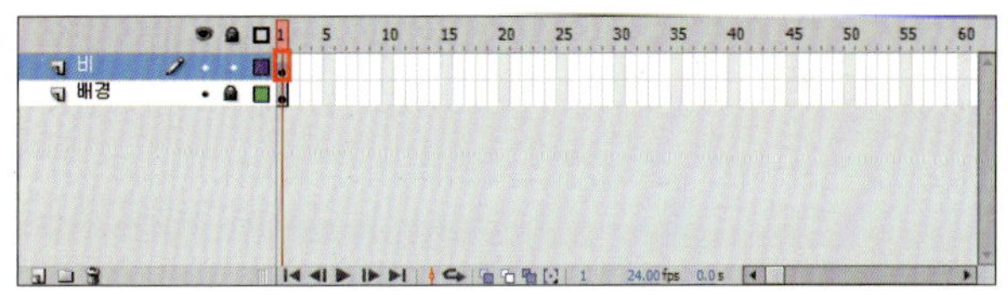

06. Ctrl + Enter 를 눌러 테스트 무비를 확인해보면 비가 내리는 무비와 함께 사운드가 재생됩니다.

무비클립에 사운드를 적용하면 무비가 반복되면서 사운드도 같이 반복됩니다. 무비클립에 사운드를 적용해보도록 하겠습니다.

예제 파일 | CD\Part 08\시계소리.fla, 시계.wav **완성 파일** | CD\Part 08\시계소리_완성.fla

01. '시계소리.fla' 파일을 불러온 후 [File]–[Import]–[Import to Library] 메뉴를 클릭해 '시계.wav' 파일을 [Library] 패널에 불러옵니다.

02. 분침이 회전하는 무비클립에 시계소리를 삽입해 봅니다. [Library] 패널의 '분침무비'를 더블클릭하여 심벌의 편집 모드로 전환합니다.

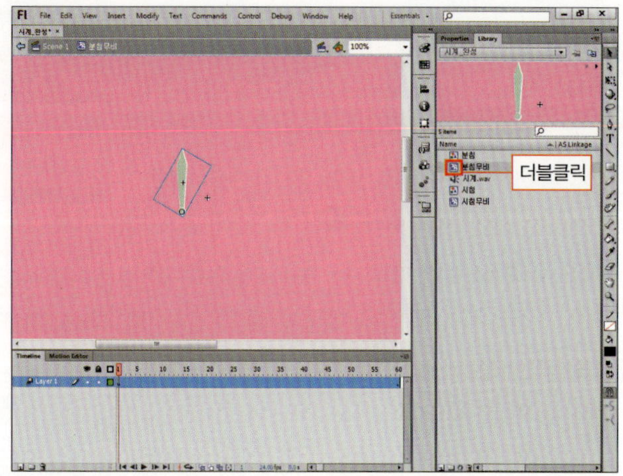

03. 모션 트윈이 적용된 타임라인에는 사운드를 적용할 수 없습니다. [Timeline] 패널의 [New layer]()를 클릭해 별도의 레이어를 추가합니다.

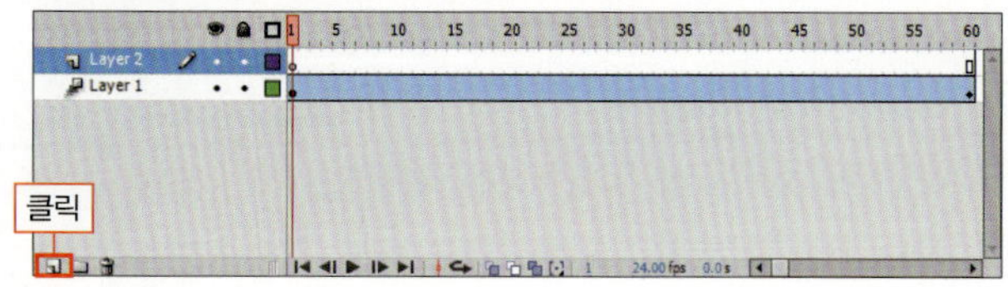

04. 새로 추가한 'Layer 2' 레이어의 1프레임을
클릭하고 [Properties] 패널의 [SOUND]–[Name]을
'시계.wav'로 설정합니다.

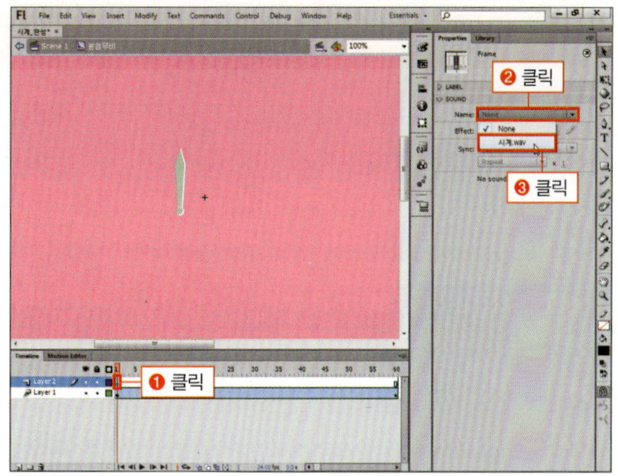

05. 타임라인에 사운드가 적용됩니다. `Ctrl`
+ `Enter`를 눌러 테스트 무비를 확인하면 무비와
함께 시계소리가 반복되는 것을 확인할 수 있습
니다.

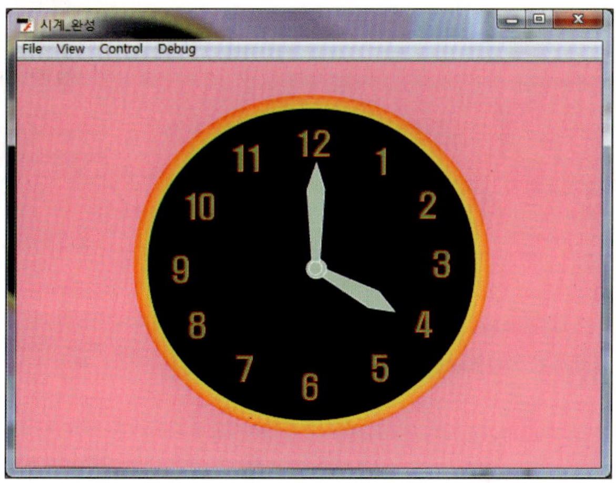

431

무비에서 사운드를 재생하면 사운드 길이만큼 재생되는데 일정 시간마다 반복되는 사운드를 삽입하고
자 할 때 무비클립에 재생시간을 맞추어 사운드를 적용합니다.

예제 파일 | CD\Part 08\이미지전환.fla, 카메라.wav **완성 파일 |** CD\Part 08\이미지전환소리_완성.fla

01. '이미지전환.fla'을 불러온 후 **Enter** 를 눌러
무비를 확인해 보면 15프레임 진행 후 장면 전환
효과가 시작되어 30프레임마다 사진이 바뀌도록
설정되어 있는 것을 확인할 수 있습니다. 일정 간
격으로 효과가 나타나므로 프레임마다 사운드를
적용하지 않고 별도의 무비클립을 구성하여 사운
드를 적용해 봅니다.

02. [Timeline] 패널의 [New layer](📄)를 클릭해
레이어를 추가하고 이름을 '사운드'로 변경합니다.

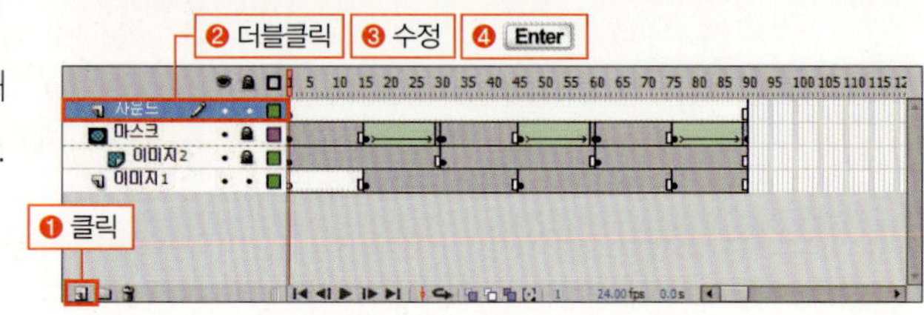

03. [Library] 패널의 [패널 메뉴](▾≡)를 클릭하
여 'New Symbol'을 선택하고 '사운드'라는 이름의
무비클립 심벌을 등록합니다.

TIP : 심벌 전환은 심벌을 선택하고 **F8** 을 눌러 이용하는 방법 외에 패널 메뉴(▾≡)를 이용하는 방법도 있습니다.

04. 심벌을 추가하면 바로 편집 모드로 전환됩니다. 15프레임을 클릭하고 F7 을 눌러 키프레임을 삽입합니다.

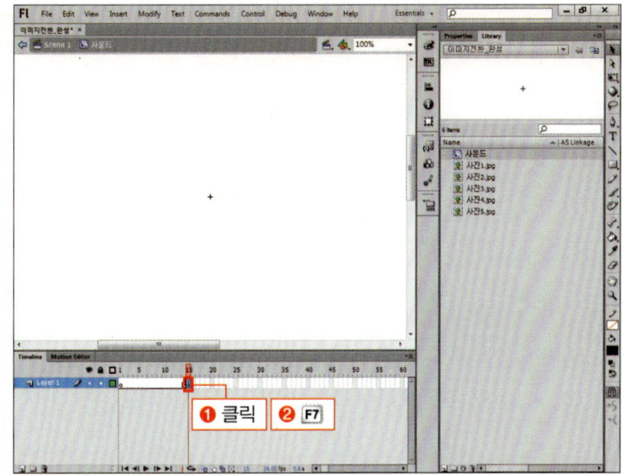

05. [File]-[Import]-[Import to Library] 메뉴를 클릭해 '카메라.wav' 파일을 [Library] 패널로 불러옵니다. 삽입한 키프레임을 클릭하고 [Library] 패널의 '카메라.wav' 파일을 스테이지로 드래그하여 사운드를 적용하고 30프레임을 클릭하고 F5 를 눌러 프레임을 연장합니다.

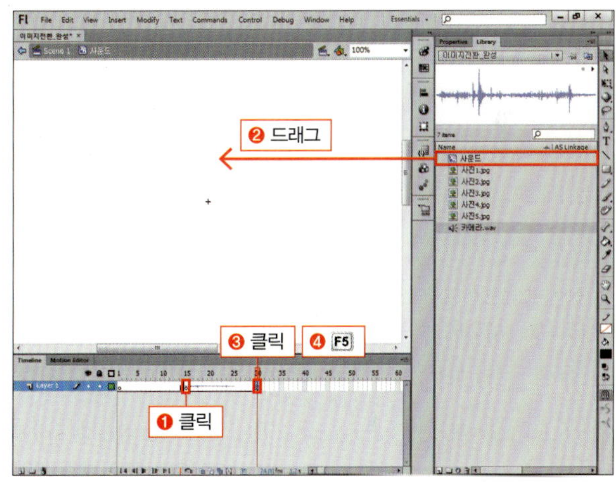

06. Scene 1을 클릭해 메인화면으로 돌아와 '사운드' 레이어의 1프레임을 클릭하고 [Library] 패널의 '사운드'를 스테이지로 드래그하면 무비가 완성됩니다.

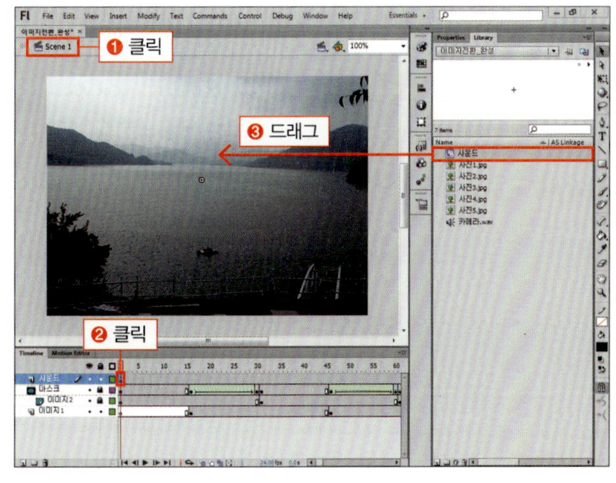

TIP: 이 때 스테이지에 심벌 표시가 나타나게 되는데 사운드 외에 구성된 오브젝트가 없기 때문에 무비 실행 시 보이지 않게 됩니다.

버튼에 사운드를 적용하면 마우스 이벤트에 따라 사운드를 재생할 수 있습니다. 마우스가 심벌 위로 올라가면 이름과 함께 사운드가 재생되는 무비를 만들어 보도록 하겠습니다.

예제 파일 | CD₩Part 08₩동물소리.fla, 개.wav, 닭.wav, 말.wav **완성 파일** | CD₩Part 08₩동물소리_완성.fla

01. '동물소리.fla' 파일을 불러옵니다. 3마리의 동물이 각각 버튼 심벌로 등록되어 있습니다.

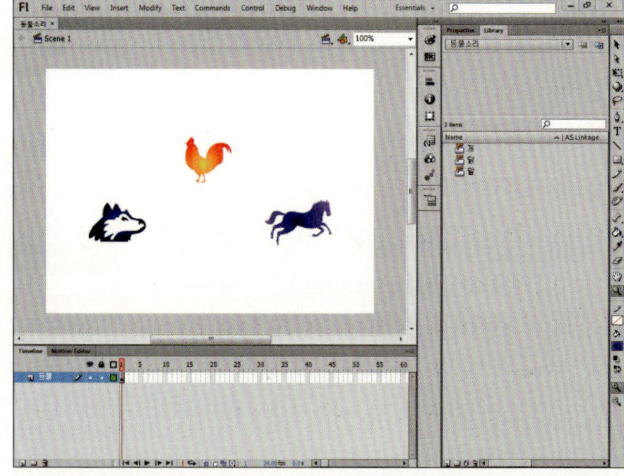

02. [File]—[Import]—[Import to Library] 메뉴를 클릭해 '개.wav', '닭.wav', '말.wav' 파일을 [Library] 패널에 불러옵니다.

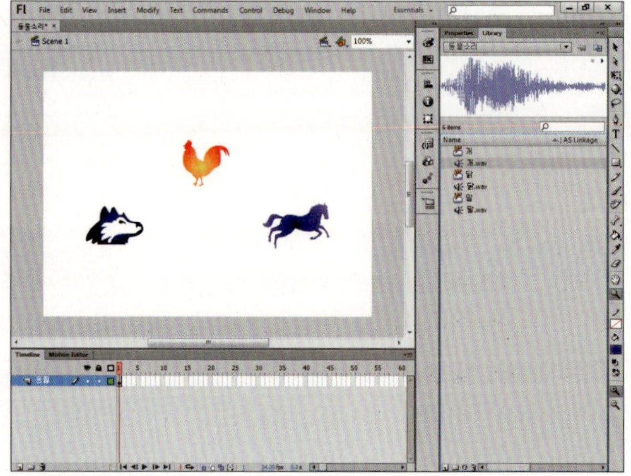

03. 스테이지의 '개'를 더블클릭하여 편집 모드로 전환합니다. F6을 3번 눌러 프레임을 복사합니다.

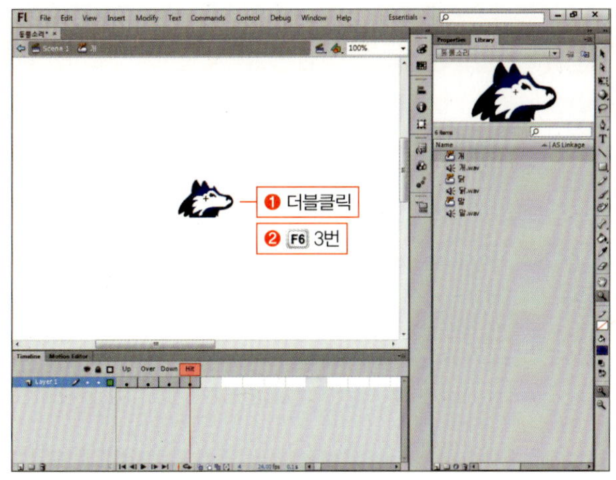

04. Over프레임을 클릭하고 [문자 툴](T)을 선택하여 머리 위에 '개'라는 문자를 입력합니다. 문자의 크기와 색상은 임의로 설정합니다.

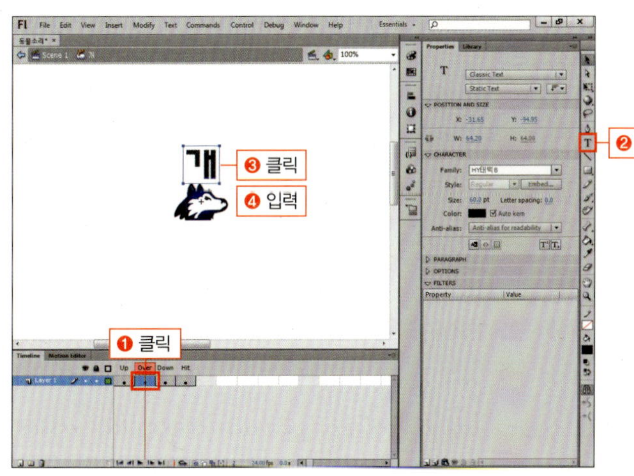

05. [Properties] 패널의 [Sound]-[Name]을 '개.wav'를 선택해 Over프레임에 사운드를 삽입합니다.

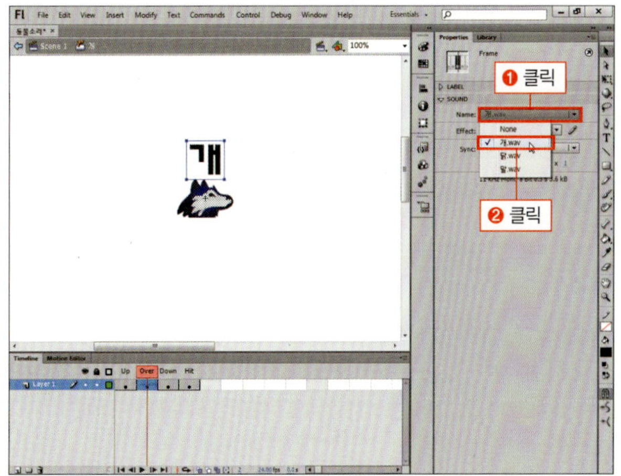

06. [Library] 패널의 '닭'을 더블클릭하여 편집
모드로 전환하고 F6을 3번 눌러 프레임을 복사
합니다.

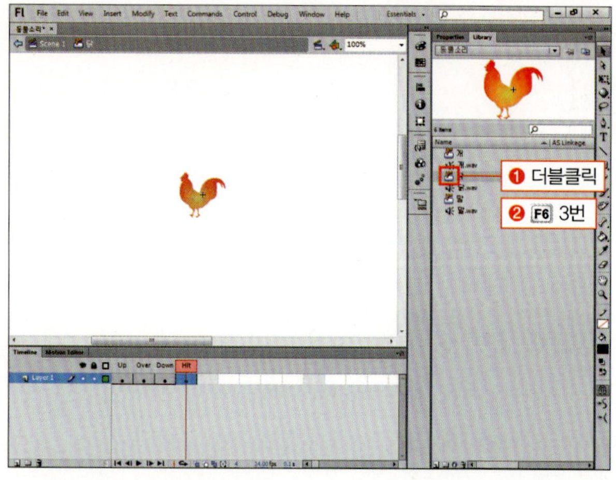

07. Over프레임을 클릭하고 [문자 툴](T)을 선
택하여 머리 위에 '닭'이라는 문자를 입력합니다.
[Properties] 패널의 [Sound]-[Name]에서 '닭.wav'
를 선택해 사운드를 삽입합니다.

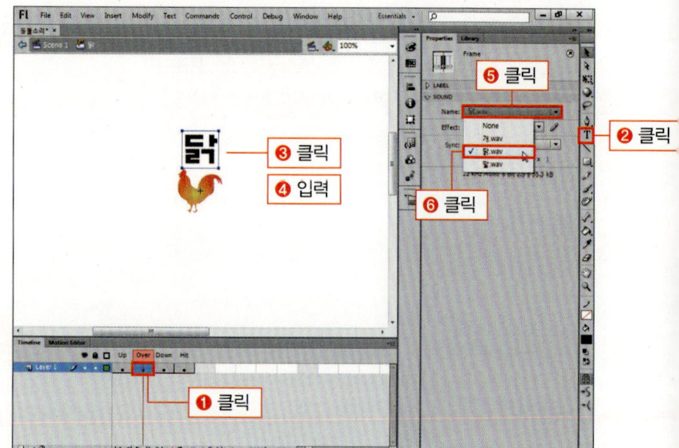

08. 마지막으로 [Library] 패널의 '말'을 더블클릭
하여 편집 모드로 전환하고 F6을 3번 눌러 프레
임을 복사합니다.

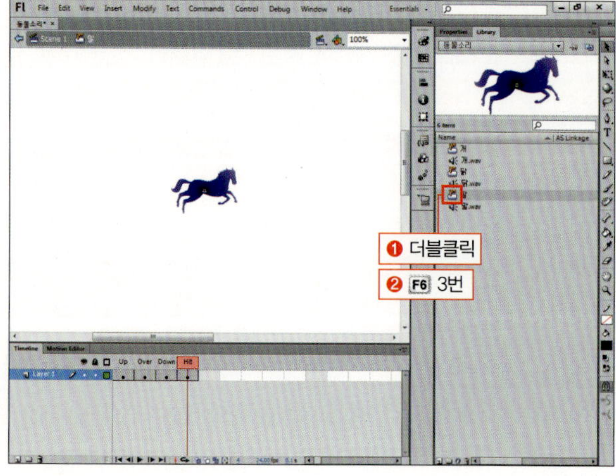

09. Over프레임을 선택하고 [문자 툴](T)을 선택하여 머리 위에 '말'이라는 문자를 입력합니다. [Properties] 패널의 [Sound]–[Name]에서 '말.wav'를 선택해 사운드를 삽입합니다.

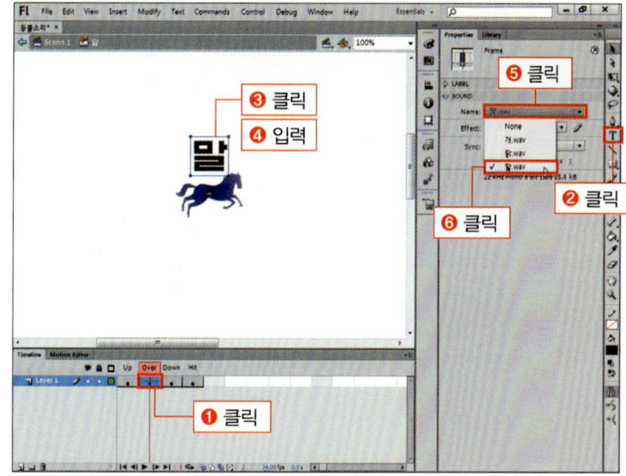

10. Ctrl + Enter 를 눌러 테스트 무비를 확인합니다. 마우스가 버튼 위로 롤오버되면 이름이 표시되면서 소리가 재생됩니다.

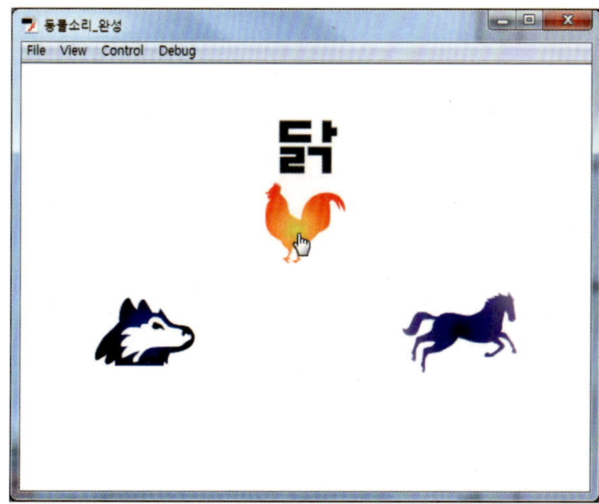

사운드 싱크 맞추기

영상과 사운드가 맞지 않는다면 어색하고 엉성한 무비일 수 밖에 없습니다. 큰 용량의 멀티미디어 데이터를 처리하기 위해서는 컴퓨터 성능도 따라줘야 하지만 무엇보다 제작자의 세심한 주의가 필요합니다.

■ 캐릭터의 움직임과 싱크 맞추기

오브젝트의 움직임에 맞추어 사운드 효과를 삽입하는 것은 어려운 일이 아닙니다. 하지만 적용하고자 하는 사운드가 짧은 효과음이 아닌 캐릭터 간의 대화나 노래와 같이 긴 사운드일 경우 캐릭터의 움직임과 소리를 맞추는 것이 조금 까다로울 수 있습니다. 이 때에는 [Properties] 패널에서 [Sync]를 'Stream'으로 설정하여 작업합니다. 'Sync'를 'Stream'으로 설정하면 타임라인의 [Play Head](圖)가 움직일 때 해당 위치의 사운드가 재생되기 때문에 사운드와 캐릭터의 움직임을 맞추어가며 작업할 수 있습니다.

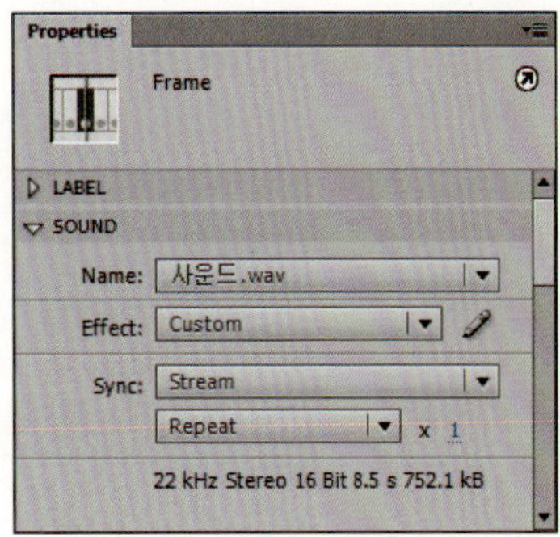

■ 재생시간이 긴 사운드는 짧게 끊어서 작업합니다.

재생시간이 긴 사운드를 무비의 배경음악으로 사용한다면 별 문제가 없겠지만 캐릭터의 대사나 이벤트 효과음으로 사용한다면 사운드 재생 타이밍이 어긋날 수 있습니다. 따라서 사운드 파일을 사용할 때는 미리 적당한 시간으로 사운드를 편집하여 사용하도록 합니다.

무비에 적용하는 사운드는 무비에 포함되어 저장되므로 필요한 길이만큼 편집하여 사용하여야 파일의 용량을 줄일 수 있습니다. 플래시에서는 사운드를 원하는 부분만 선택하여 사용할 수 있고 채널 선택과 Fade in/Fade out 기능을 사용하여 사운드 효과를 지정할 수 있습니다.

기초탄탄) [Sound Envelope] 대화상자 알아보기

■ [Edit Envelope] 대화상자 441P

적용된 사운드를 [Properties] 패널의 [Edit sound envelope](✏)를 클릭하여 [Edit Evelope] 대화상자에서 조절할 수 있습니다.

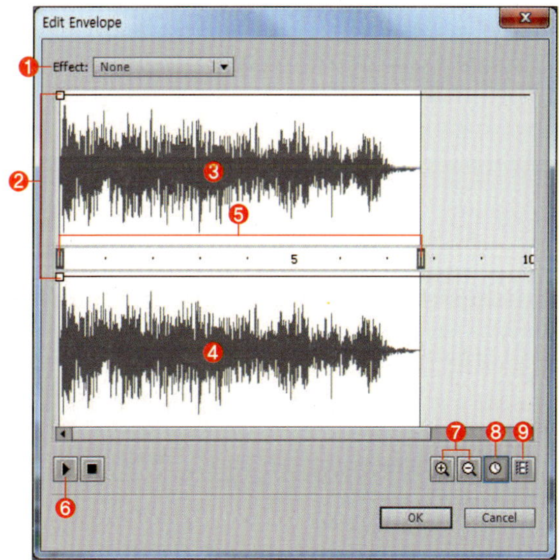

❶ Effect : 지정된 사운드 효과를 선택합니다.

❷ 사운드의 볼륨을 조절합니다. 조절점을 추가하여 조절할 수 있습니다.

❸ 스테레오 사운드 중 왼쪽 채널의 모습을 나타냅니다.

❹ 스테레오 사운드 중 오른쪽 채널의 모습을 나타냅니다.

❺ 사운드의 시작 지점과 끝 지점을 설정합니다.

❻ 현재 설정한 사운드를 미리듣기할 수 있습니다.

❼ 조절화면을 확대/축소합니다.

❽ 사운드의 재생 시간을 초 단위로 표시합니다.

❾ 사운드의 재생 시간을 프레임 단위로 표시합니다.

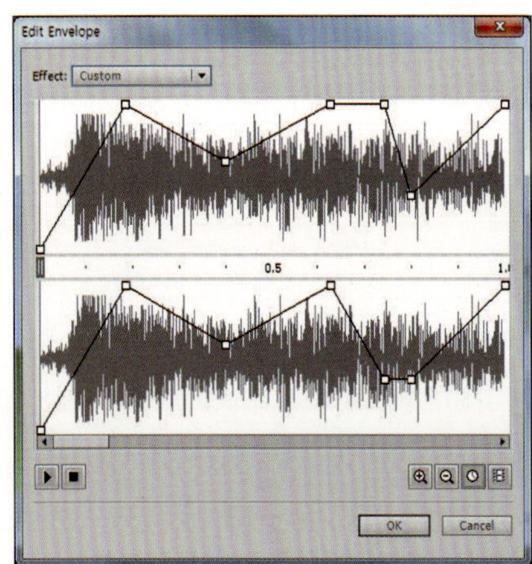

▲ Envelope로 조절한 사운드

무비에 사용하는 사운드에 Fade in/Fade out 효과를 사용하여 부드러운 사운드 재생이 이루어지도록
해 보겠습니다.

예제 파일 | CD\Part 08\천둥.wav **완성 파일 |** CD\Part 08\천둥소리_완성.fla

01. 새 도큐먼트에서 [File]–[Import]–[Import
to Library] 메뉴를 클릭해 '천둥.wav' 파일을
[Library] 패널로 불러옵니다.

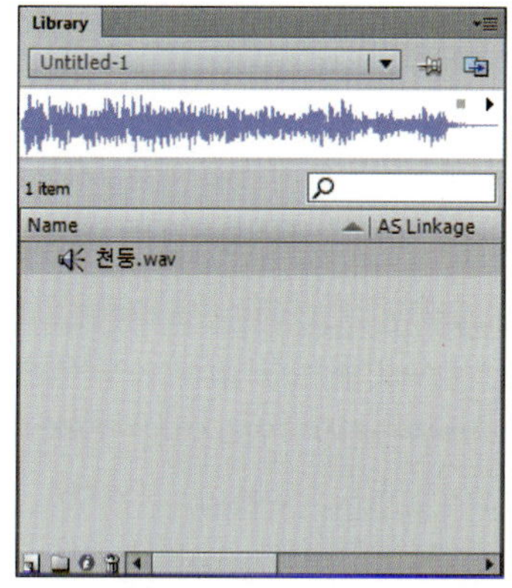

02. 1프레임을 클릭하고 [Properties] 패널의
[Sound]–[Name]을 '천둥.wav'로 선택합니다.
[Properties] 패널의 [Edit sound envelope]( )를
클릭합니다.

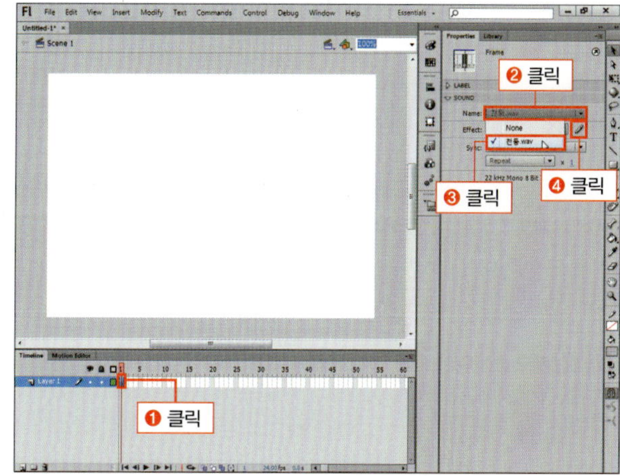

03. [Edit Evelope] 대화상자가 열립니다.

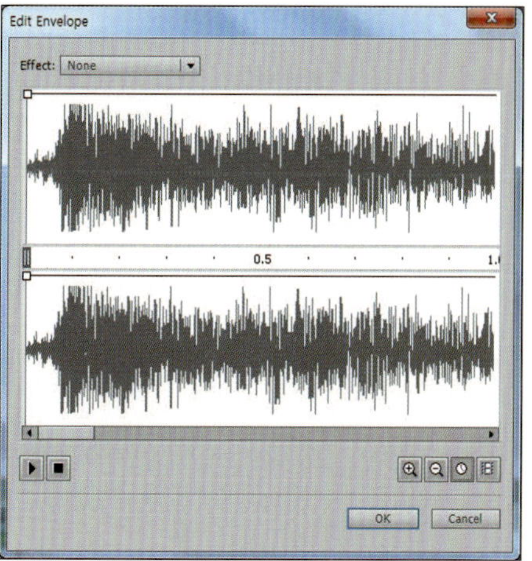

04. 사운드 파장이 모두 표시되도록 [축소]( )를 여러 번 클릭하여 조절합니다.

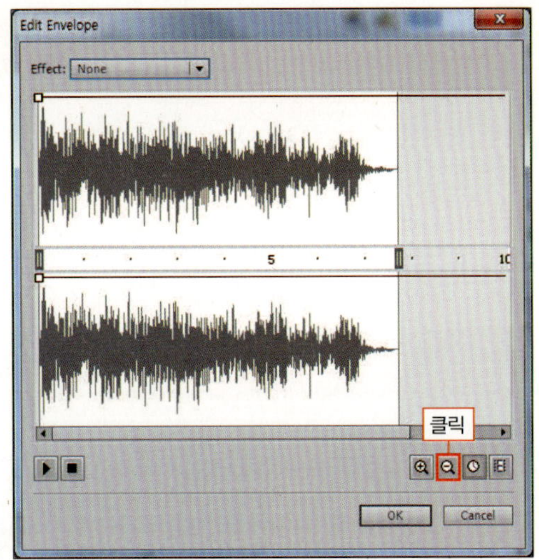

05. [재생]( )을 클릭해 사운드를 재생해보면 천둥소리가 처음부터 큰 소리로 시작됩니다. 부드럽게 시작되도록 Fade in을 설정해 봅니다. [Edit Evelope] 대화상자 위를 보면 볼륨 조절선과 분기점이 있습니다. 어느 한쪽 선에서 2초 정도 지난 지점을 클릭하여 새로운 분기점을 생성합니다.

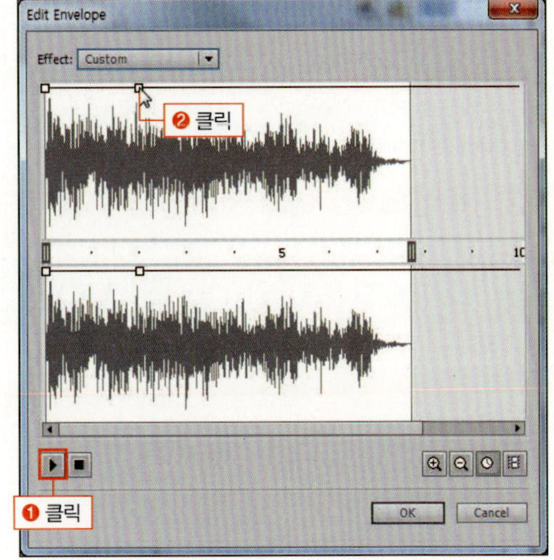

06. 볼륨 조절선 시작 지점의 분기점을 아래로 드래그하여 끝까지 내립니다.

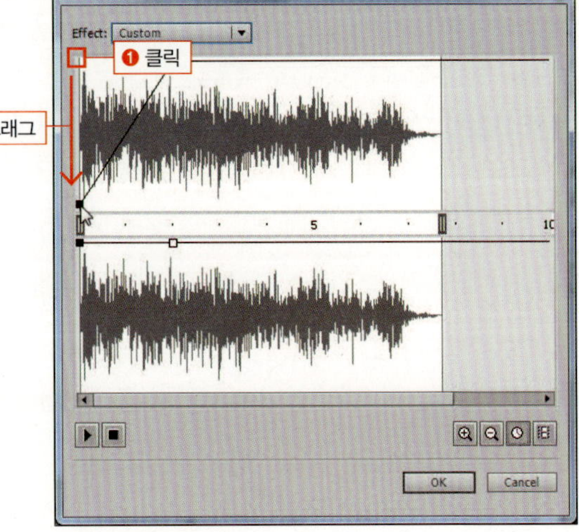

07. 분기점을 생성하고 좌우로 움직이면 양쪽 채널 모두 같이 움직이지만 볼륨은 채널별로 움직입니다. 양쪽 채널 모두 똑같이 볼륨을 조절합니다.

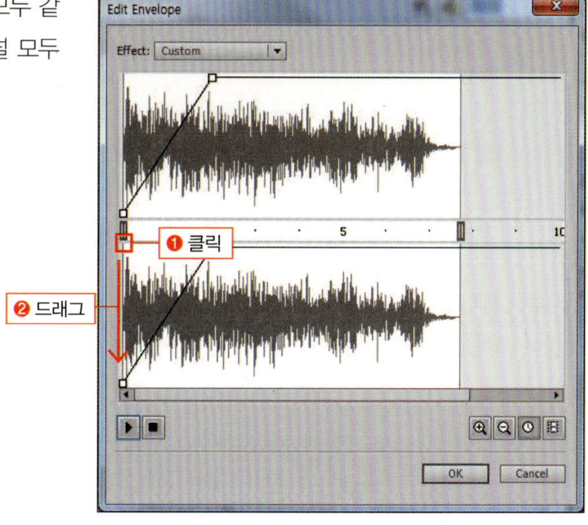

08. [재생](▶)을 클릭해 사운드를 미리듣기하면 사운드가 부드럽게 시작하는 것을 알 수 있습니다. 이번에는 Fade out을 설정해 봅니다. 사운드의 5초 지점과 끝 지점에 새로운 분기점을 생성합니다.

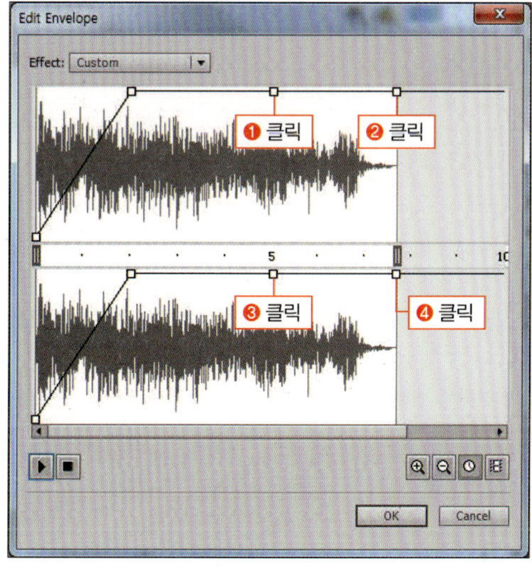

09. 사운드 끝 지점의 분기점을 아래로 드래그하여 볼륨이 '0'이 되도록 설정하고 [OK] 단추를 클릭한 후 **Ctrl** + **Enter** 를 누릅니다. 사운드를 재생하면 부드럽게 조절된 사운드를 들을 수 있습니다.

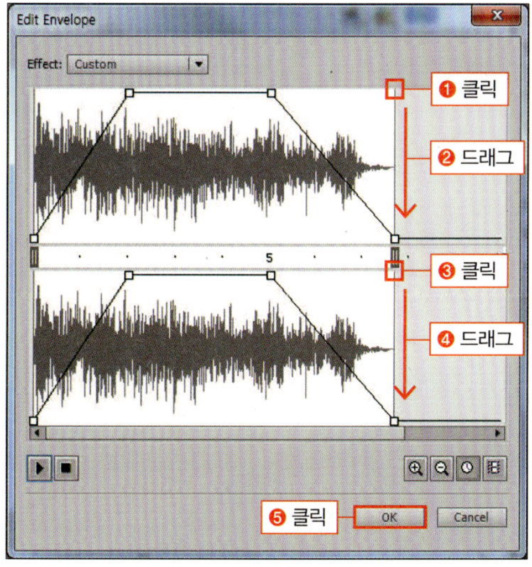

스테레오 사운드에 채널별로 서로 다른 음향 효과가 구성되어 있는 경우 별도로 Fade를 설정할 수 있습니다.

예제 파일 l CD\Part 08\화재경보.wav **완성 파일 l** CD\Part 08\화재경보_완성.fla

01. 새 도큐먼트에서 [File]–[Import]–[Import to Library] 메뉴를 클릭해 '화재경보.wav' 파일을 [Library] 패널로 불러옵니다.

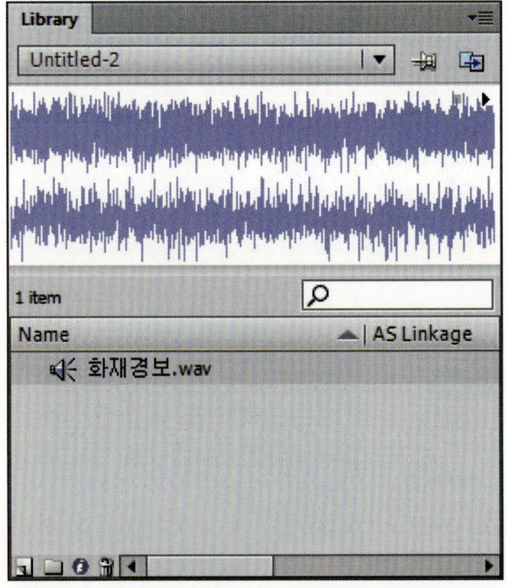

02. 1프레임을 클릭하고 [Library] 패널의 '화재경보.wav'를 스테이지로 드래그하여 사운드를 적용합니다. [Properties] 패널의 [Edit sound envelope]( )를 클릭하여 [Edit Evelope] 대화상자를 엽니다.

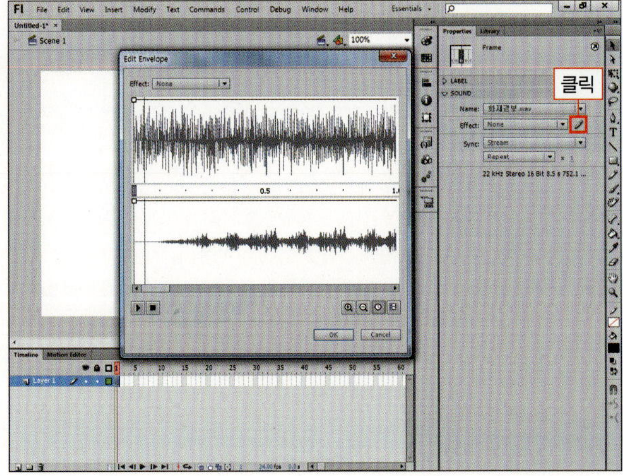

03. 사운드 파장이 [Edit Evelope] 대화상자에 모두 표시되도록 [축소]( )를 여러 번 클릭하여 조절합니다. 스테레오 사운드의 좌우 음향이 다르게 설정되어 있습니다. [Effect]에서 좌/우 채널을 선택해서 들어보면 왼쪽 채널에는 화염 소리가, 오른쪽 채널에는 사이렌 소리가 구성되어 있습니다.

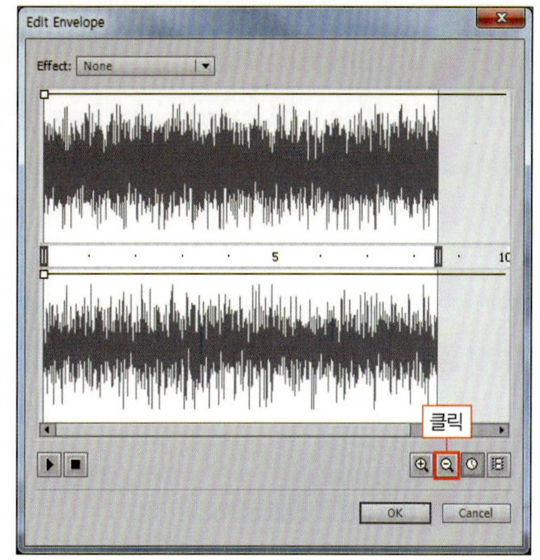

04. 시간이 지나면서 화염 소리는 점점 작아지고, 사이렌 소리는 점점 커지도록 설정해 봅니다. [Effect]를 클릭해 'Fade Left to Right'를 선택합니다.

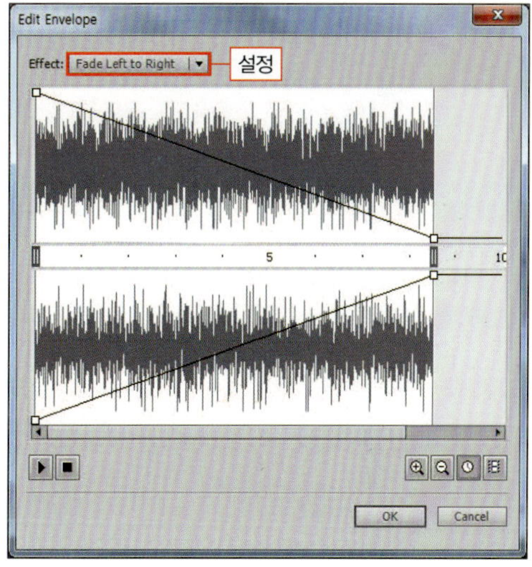

05. 사이렌 볼륨이 커지게 되면 화염 소리가 작아지다가 일정시간 사라지도록 왼쪽 채널 조절선의 6초 부분을 클릭하여 분기점을 추가하고 아래로 완전히 드래그하여 볼륨을 '0'으로 설정하고 [OK] 단추를 클릭한 후 Ctrl + Enter 를 누릅니다. 사운드를 확인하면 효과음이 각각 커지고 작아지는 효과를 확인할 수 있습니다.

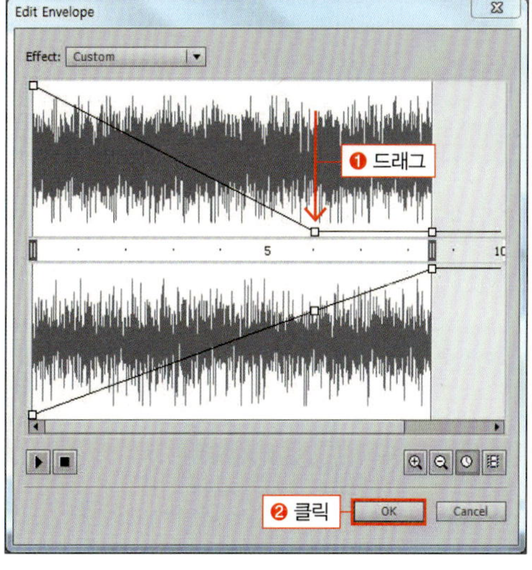

공용 라이브러리 사운드 사용하기

플래시 CS6에서는 무비에 사용할 수 있도록 공용 라이브러리 사운드를 제공합니다. 사운드 효과를 사용하고자 할 때 [External Library] 패널을 쉽게 꺼내어 사용할 수 있습니다.

기초탄탄 ● 공용 라이브러리 사운드 알아보기

■ [External Library] 패널 `447P`

미리 저장된 사운드를 무비에 사용할 수 있습니다. [Windows]−[Common Libraries]−[Sounds] 메뉴를 클릭하면 [External library] 패널이 열립니다. 이곳에는 무비 제작 시 유용하게 사용할 수 있는 각종 효과음이 등록되어 있습니다. 항목의 추가와 삭제는 불가능하지만 라이브러리에 등록한 사운드와 동일하게 스테이지에 끌어다 놓는 방법으로 쉽게 사용할 수 있고 한번 사용한 사운드는 무비의 라이브러리에 등록되어 반복 사용할 수 있습니다.

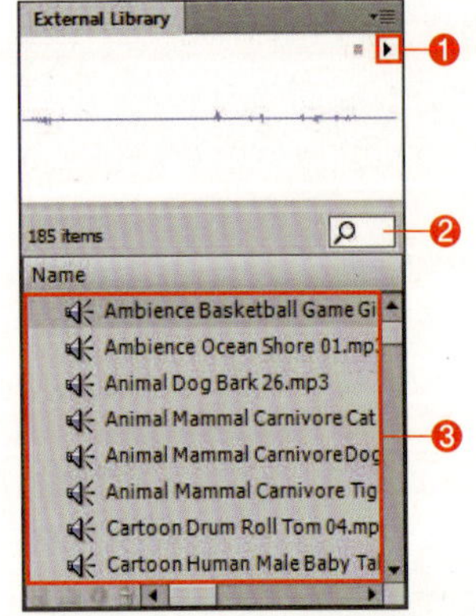

❶ 선택한 사운드를 재생합니다.

❷ 라이브러리 항목을 찾을 수 있습니다.

❸ 등록된 사운드 항목을 표시합니다.

무비에 공용 사운드를 삽입해보도록 하겠습니다.

예제 파일 | CD₩Part 08₩바다물결소리.fla **완성 파일 |** CD₩Part 08₩바다물결소리_완성.fla

01. '바다물결소리.fla' 파일을 불러옵니다. 물결이 움직이는 바다배경입니다. 공용 사운드를 적용하여 보다 실감나는 무비를 만들어 봅니다. [Windows]-[Common Libraries]-[Sounds] 메뉴를 클릭하여 [External library] 패널을 엽니다.

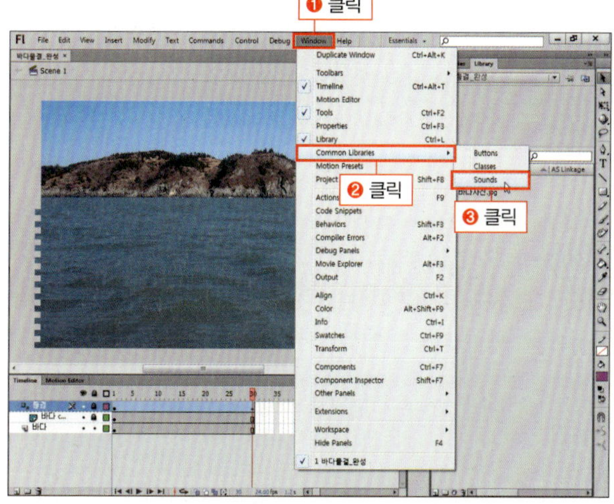

02. 마스크가 적용된 레이어에는 사운드를 삽입할 수 없습니다. 배경으로 지정된 '바다' 레이어의 1프레임을 클릭하고 [External library] 패널의 사운드 항목 중 'Ambience Ocean Shore 01.mp3'를 찾아 스테이지로 드래그합니다.

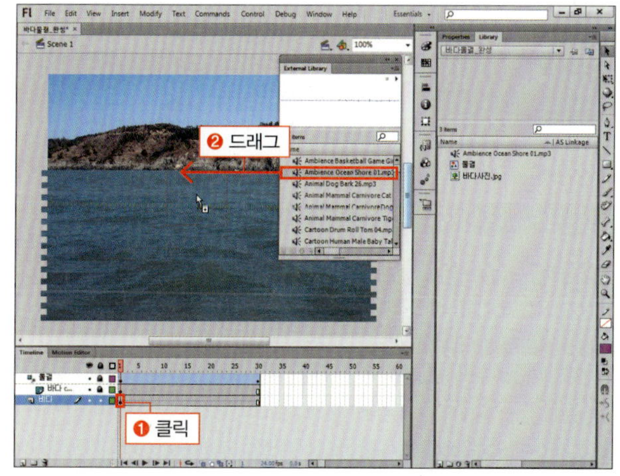

03. Ctrl + Enter 를 눌러 테스트 무비를 확인해 보면 사운드의 재생시간이 무비의 재생 시간보다 길기 때문에 무비를 실행하면 사운드가 중복되어 재생됩니다. 사운드가 적용된 프레임을 클릭하고 [Properties] 패널의 [Sound]-[Sync]를 'Start'로 설정합니다. 다시 Ctrl + Enter 를 눌러 테스트 무비를 확인해 보면 중복된 소리가 제거되어 재생됩니다.

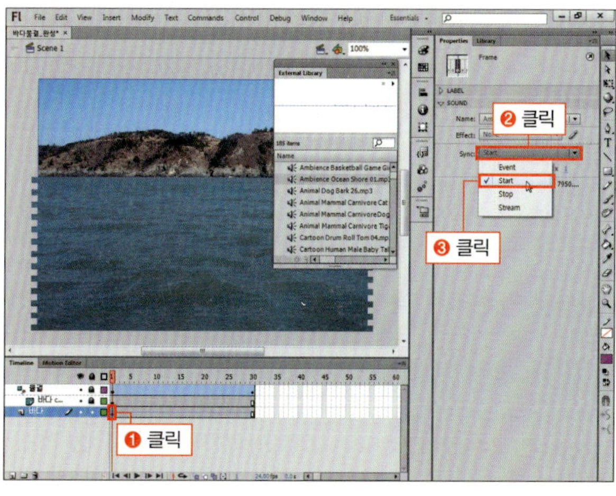

공용 라이브러리 사운드는 간편하게 사용할 수 있지만 제작한 사운드가 아니기 때문에 필요에 따라 편집 과정이 필요할 수 있습니다. 공용 사운드를 편집하여 적용해보도록 하겠습니다.

예제 파일 | CD₩Part 08₩전화기.fla **완성 파일 |** CD₩Part 08₩전화기_완성.fla

01. '전화기.fla' 파일을 불러온 후 오브젝트를 클릭하면 '수화기'가 버튼 심벌로 지정되어 있습니다.

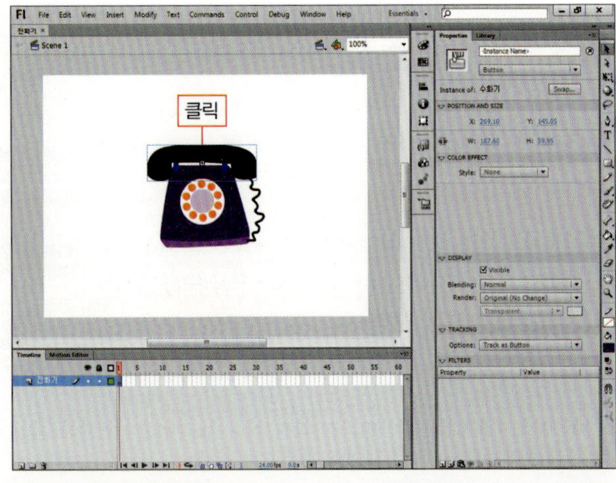

02. '수화기'를 더블클릭하여 편집 모드로 전환합니다.

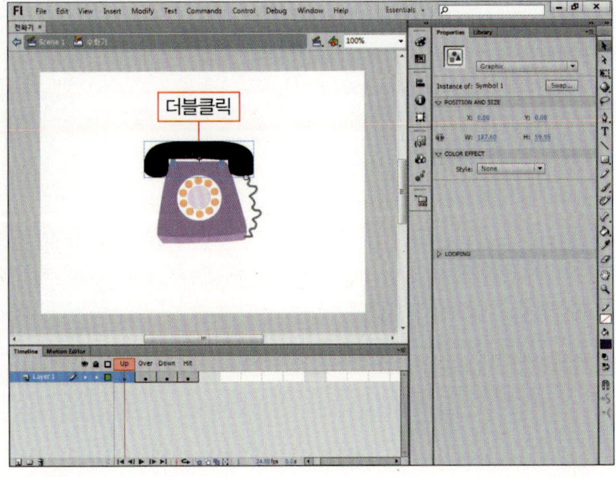

03. Down프레임을 클릭하면 수화기가 들리는 모양으로 변경되어 있습니다. 즉 전화기를 클릭하면 수화기가 들리도록 버튼이 구성되어 있는 것입니다. Down프레임에 전화벨 소리를 삽입해 봅니다.

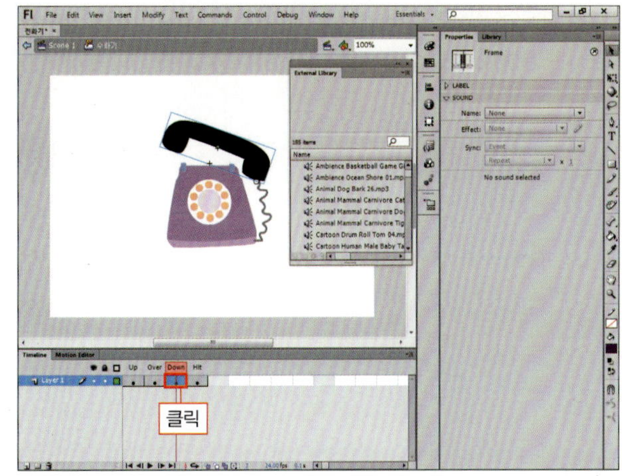

04. [Window]–[Common Libraries]–[Sound] 메뉴를 클릭합니다. [External library] 패널의 'Technology Electronic Phone Ring Multiple 01.mp3'를 Down프레임의 스테이지로 드래그하여 삽입합니다.

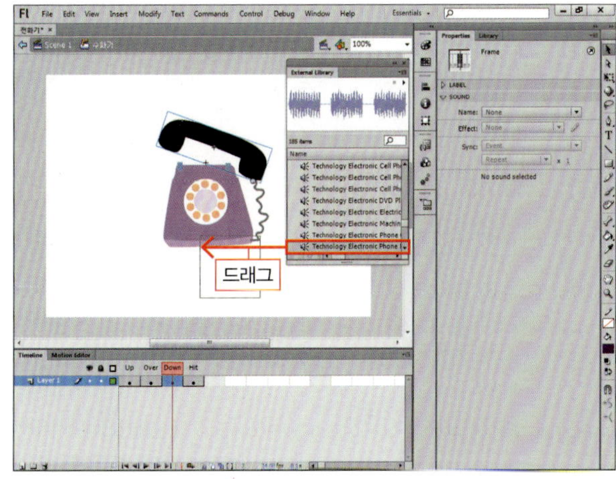

05. Down프레임의 [Properties] 패널에서 [Sound]–[Sync]를 'Start'로 설정하고 [Edit Sound envelope]()를 클릭하여 [Edit Evelope] 대화상자를 엽니다.

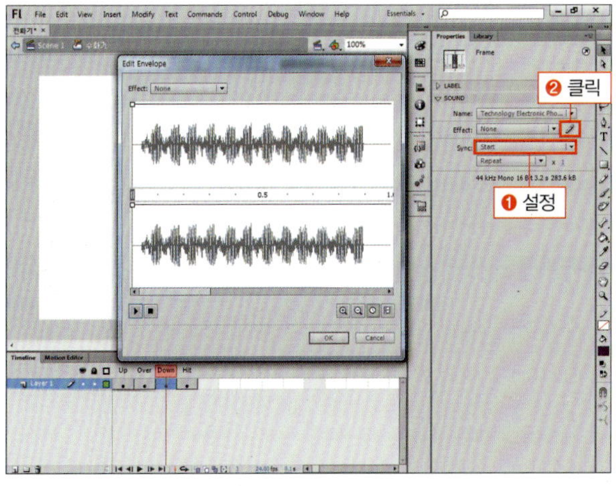

06. 사운드 파장이 모두 보이도록 [축소](🔍)를
여러 번 클릭하여 조절합니다. 벨이 3번 울리도록
사운드가 구성되어 있는 것을 확인할 수 있습니다.

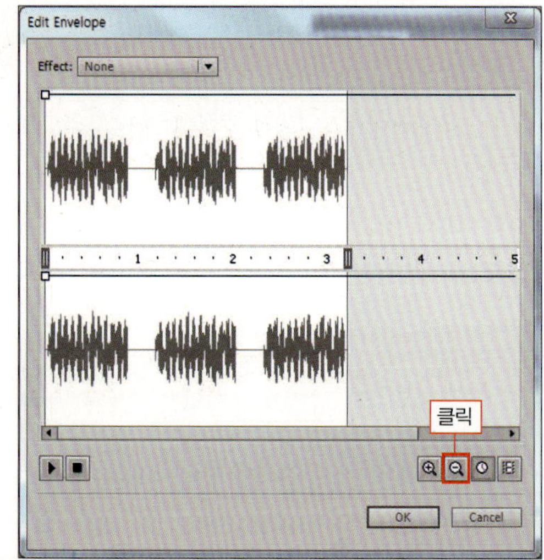

07. [Edit Evelope] 대화상자 가운데 오른쪽 마커
를 왼쪽으로 드래그하여 벨소리가 한 번만 울리
도록 편집하고 [OK] 단추를 클릭합니다.

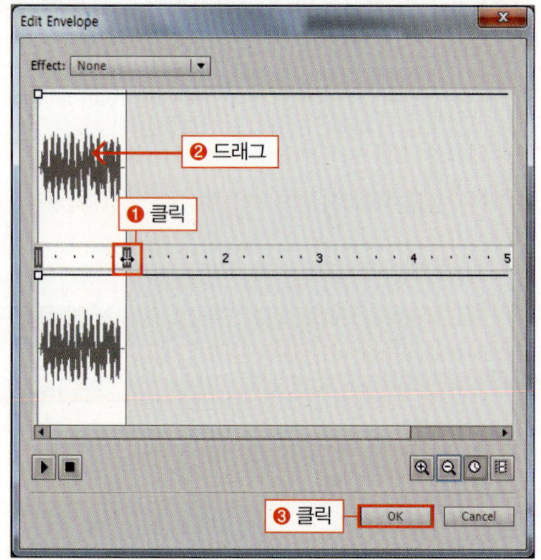

08. Ctrl + Enter 를 눌러 테스트 무비를 실
행하고 전화기를 클릭해 봅니다. 수화기가 위로
들리면서 벨소리는 클릭할 때마다 한 번씩만 울
리게 됩니다.

플래시 무비 구성만으로 내용 전달에 부족함이 있다면 무비에 동영상을 추가하여 사용할 수 있습니다. 동영상 파일을 무비에 포함시켜 사용하기도 하지만 일반적으로 동영상 파일은 용량이 크기 때문에 컴포넌트 스킨을 사용하여 연결 방식으로 동영상을 사용할 수 있습니다.

기초탄탄 ▶ [Import Video] 대화상자와 동영상 컴포넌트 알아보기

■ [Import Video] 대화상자 `453P`

대화상자 살펴보기

[File]-[Import]-[Import Video] 메뉴를 클릭하면 동영상을 불러올 수 있는 [Import Video] 대화상자가 열립니다.

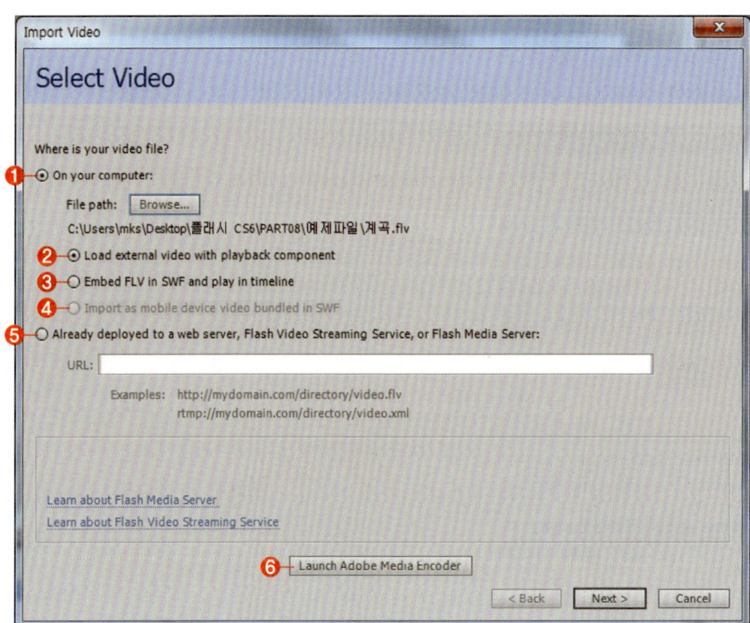

❶ 내 컴퓨터에 저장된 동영상을 선택하여 불러옵니다.

❷ 동영상을 무비에 직접 삽입하지 않고 동영상과 연결시킬 플레이어 스킨을 사용합니다.

❸ 동영상 파일을 무비에 직접 삽입합니다. 이 옵션을 선택하면 동영상 파일의 용량에 비례하여 무비 파일의 용량이 커지게 됩니다.

❹ 동영상을 모바일 디바이스로 제작하기 위한 옵션입니다.

❺ 웹 서버에 존재하는 동영상 파일의 주소를 연결하여 동영상을 삽입합니다.

❻ 동영상 변환을 위한 Adobe Media Encoder CS6를 실행합니다.

플래시에서 가져올 수 있는 동영상 포맷

- Video for Adobe Flash(*.flv, *.f4v)
- MPEG-4 Files(*.mp4, *.m4v, *.avc)
- QuickTime Movie(*.mov, *.qt)
- 3GPP/3GPP2 for Mobile Devices(*.3gp, *.3gpp, *.3gp2, *.3gpp2, *.3g2)

■ 동영상 컴포넌트 속성

동영상 컴포넌트를 삽입하면 [Properties] 패널에서 속성을 확인하고 변경할 수 있습니다.

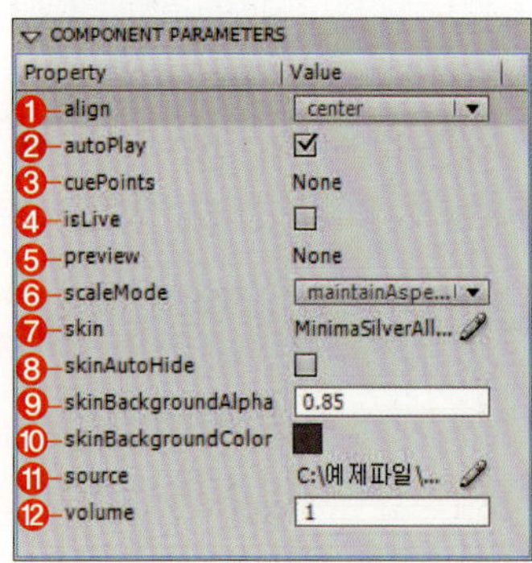

❶ align : 컴포넌트 영역을 확장했을 때 동영상의 위치를 설정합니다.

❷ autoPlay : 자동 실행을 설정합니다.

❸ cuePoints : 설정된 큐포인트를 표시합니다.

❹ isLive : 실시간 재생을 설정합니다.

❺ preview : 미리보기 설정을 표시합니다.

❻ scaleMode : 스케일 모드를 설정합니다.
- maintainAspectRatio : 동영상의 크기 변경 시 가로/세로 비율을 유지합니다.
- noScale : 동영상의 크기가 변경되지 않도록 설정합니다.
- exactFit : 동영상의 크기를 자유롭게 변경할 수 있도록 설정합니다.

❼ skin : 적용된 스킨을 확인하고 변경할 수 있습니다.

❽ skinAutoHide : 스킨의 자동숨김을 설정합니다.

❾ skinBackgroundAlpha : 스킨의 투명도를 설정합니다.

❿ skinBackgroundColor : 스킨의 배경 색상을 설정합니다.

⓫ source : 동영상의 경로와 파일명을 확인하고 변경할 수 있습니다.

⓬ volume : 사운드 볼륨을 설정합니다.

동영상을 불러와 무비에 사용해 봅니다. 컴포넌트 스킨을 사용하여 연결 방식으로 동영상을 불러와 사용해보도록 하겠습니다.

예제 파일 I CD₩Part 08₩계곡.flv **완성 파일 I** CD₩Part 08₩컴포넌트.fla

01. 새 도큐먼트에서 [File]–[Import]–[Import Video] 메뉴를 클릭해 [Import Video] 대화상자를 열고 [Browse] 단추를 클릭합니다.

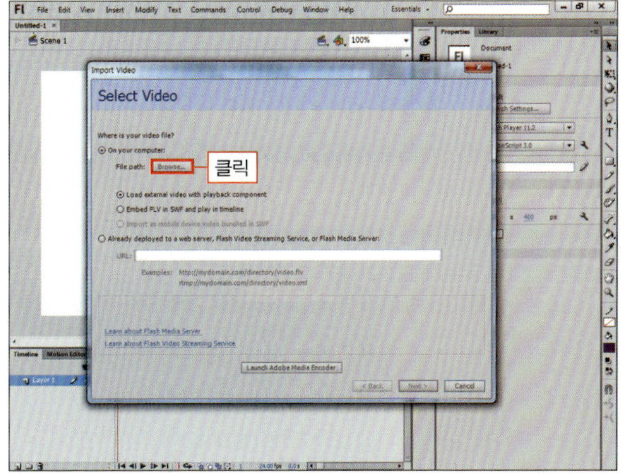

02. [열기] 대화상자에서 '계곡.flv' 파일을 선택하고 [열기] 단추를 클릭합니다.

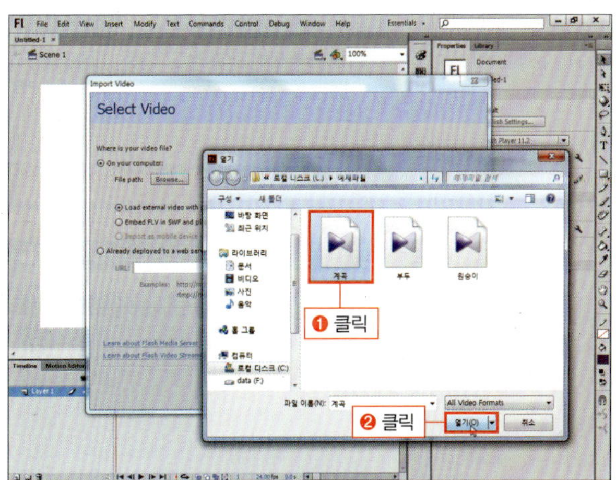

03. [Next] 단추를 클릭하여 스킨 선택 화면을
표시합니다.

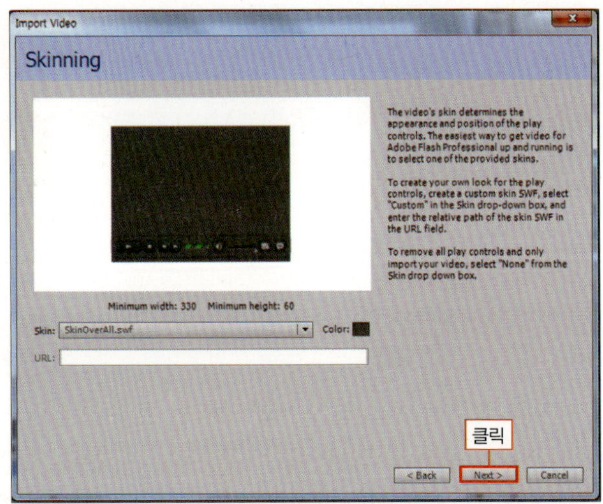

04. [Skin]을 클릭하여 'MinimaSilverAll.swf'를 선
택합니다.

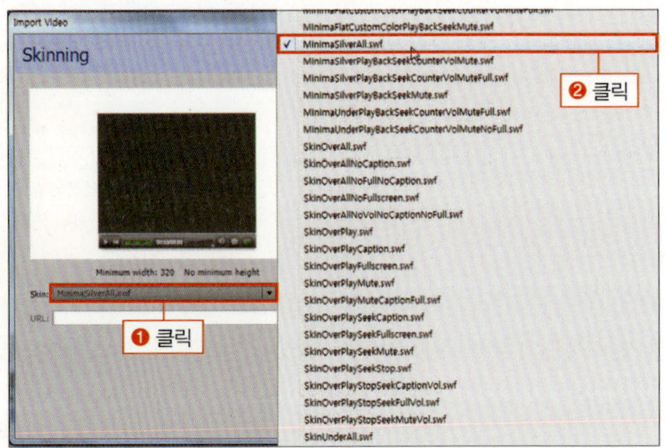

05. [Next] 단추를 클릭해 동영상 불러오기 마침
안내 화면이 나타나면 [Finish] 단추를 클릭하여
동영상을 삽입합니다.

06. 동영상 컴포넌트의 크기를 스테이지에 맞게
조절해 봅니다. 컴포넌트를 클릭하고 [Propeties]
패널의 [Componet Paramenters]-[scaleMode]를
'exactFit'으로 선택합니다.

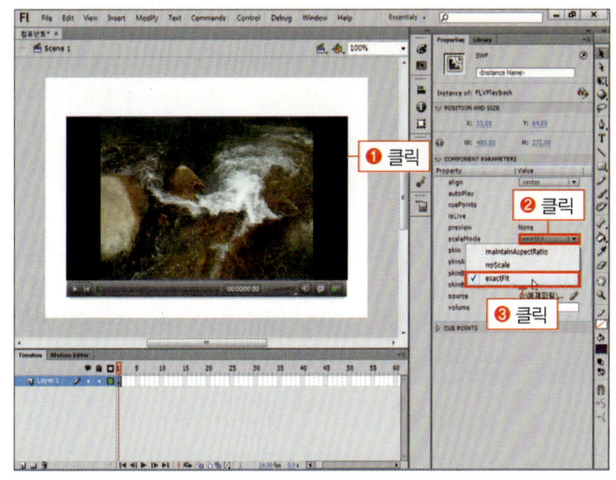

07 [자유 변형 툴](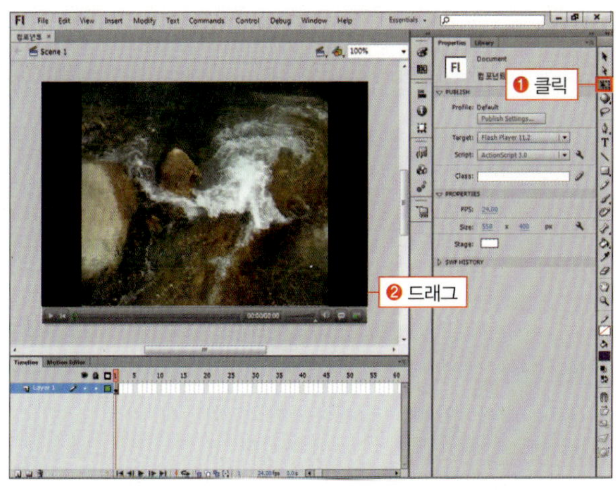)을 선택하여 동영상 화면
의 크기를 스테이지 크기에 맞게 키웁니다.

08. [scaleMode]를 'exactFit'으로 변경했기 때문
에 동영상의 비율이 왜곡되지만 컴포넌트의 크
기를 원하는 대로 맞출 수 있게 됩니다. **Ctrl**
+Enter를 눌러 테스트 무비를 실행하여 동영상
이 재생되는 무비를 확인합니다.

동영상을 플래시에 직접 삽입해 봅니다. 동영상 파일이 무비에 포함되므로 항상 용량에 주의하며 작업하도록 합니다.

예제 파일 | CD₩Part 08₩TV.fla, 부두.flv **완성 파일 |** CD₩Part 08₩TV_완성.fla

01. 'TV.fla' 파일을 불러옵니다. 동영상을 TV 화면 안쪽으로 넣기 위한 TV 틀이 구성되어 있습니다.

02. [Timeline] 패널의 [New layer](□)를 클릭해 레이어를 추가하고 이름을 '동영상'으로 변경한 후 드래그하여 'TV' 레이어 아래로 옮깁니다.

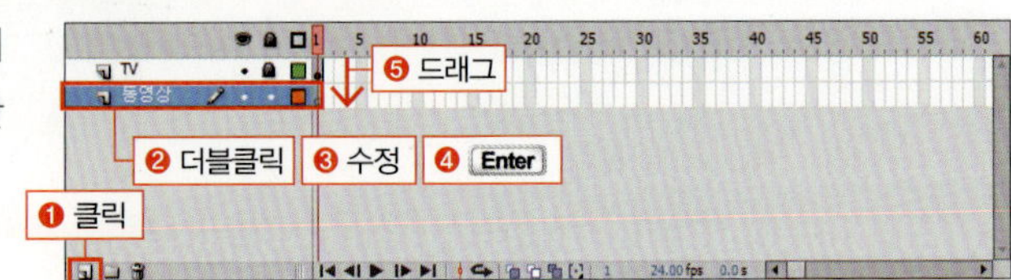

03. [File]-[Import]-[Import Video] 메뉴를 클릭하여 [Import Video] 대화상자를 엽니다.

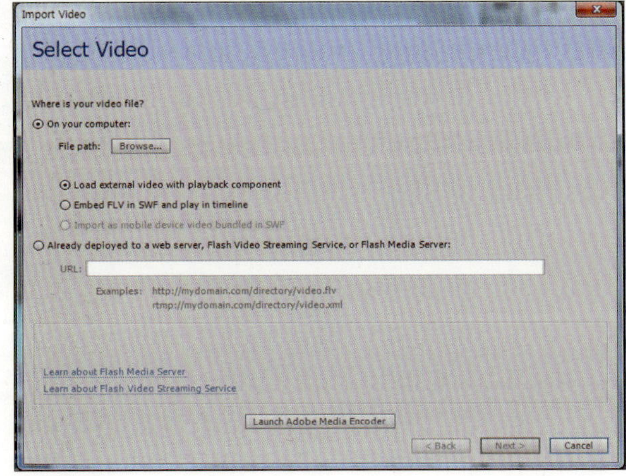

04. [Browse] 단추를 클릭하여 '부두.flv' 파일을 열고
옵션에서 'Embed FLV in SWF and play in timeline'을
선택한 후 [Next] 단추를 클릭합니다.

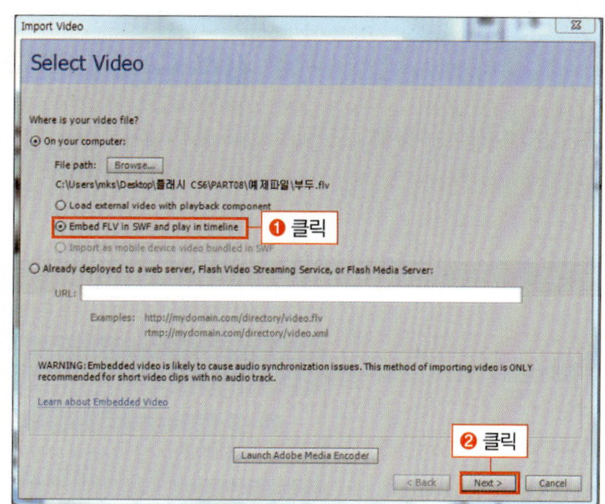

05. [Symbol type]를 'Movie clip'으로 선택하고 [Next]
단추를 클릭하고 마지막 단계에서 [Finish] 단추를 클
릭하여 동영상을 삽입합니다.

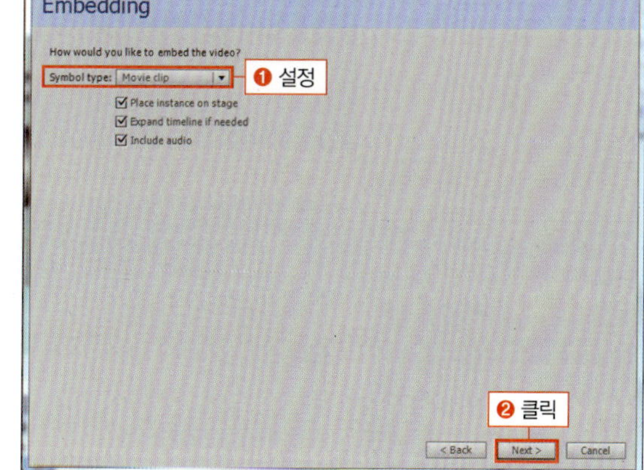

TIP ： Embedding의 Symbol type

- Embedded video : 동영상을 그대로 불러옵니다.
- Movie clip : 동영상을 무비클립 심벌 형태로 불러옵니다.
- Graphic : 동영상을 그래픽 심벌 형태로 불러옵니다.

06. [지유 변형 툴]( )을 선택하여 삽입된 동영상이
크기를 TV 화면에 맞게 축소하여 조절합니다.

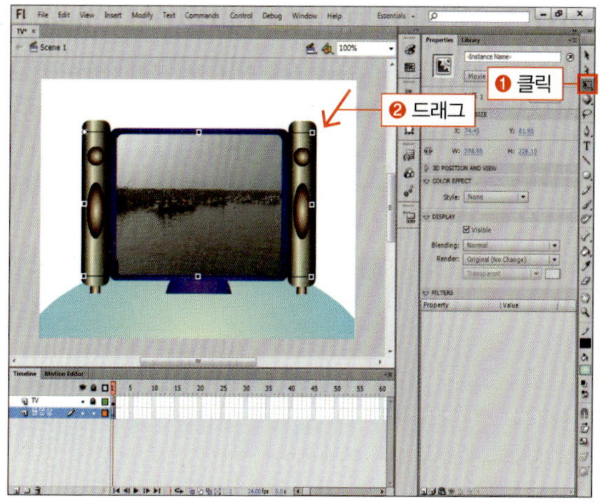

07. [Ctrl] + [Enter] 를 눌러 테스트 무비를 실
행하면 TV 화면 안에서 움직이는 동영상을 확인
할 수 있습니다.

서로 다른 2개의 영상을 겹치도록 구성하여 오버레이 효과를 구성해보도록 하겠습니다.

예제 파일 | CD₩Part 08₩부두.flv **완성 파일 |** CD₩Part 08₩오버레이_완성.fla

01. 새 도큐먼트에서 오버레이를 구성하려면 사이즈가 동일한 동영상 2개가 필요합니다. 메인 영상을 먼저 불러 옵니다. [File]–[Import]–[Import Video] 메뉴를 클릭하여 [Import Video] 대화상자를 엽니다.

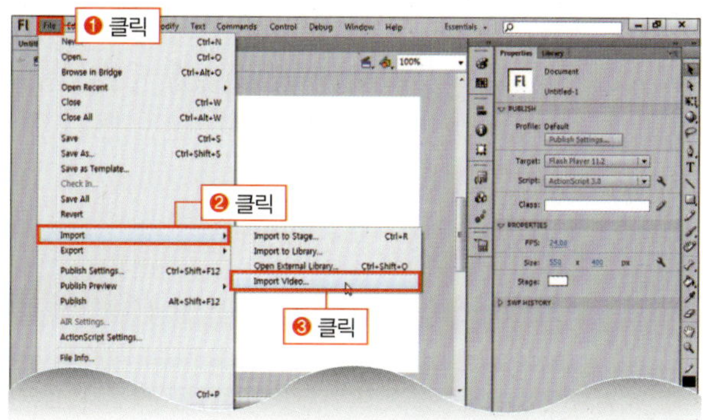

02. [Browse] 단추를 클릭하여 '부두.flv' 파일을 열고 옵션에서 'Embed FLV in SWF and play in timeline'을 선택한 후 [Next] 단추를 클릭합니다.

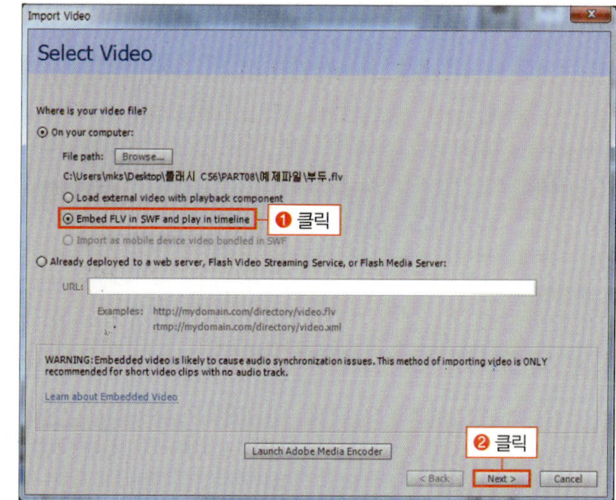

03. 'Embedding' 단계에서 [Symbol type]를 'Movie clip'으로 변경하고 [Next] 단추를 클릭하고 마지막 단계에서 [Finish] 단추를 클릭하여 동영상을 삽입합니다.

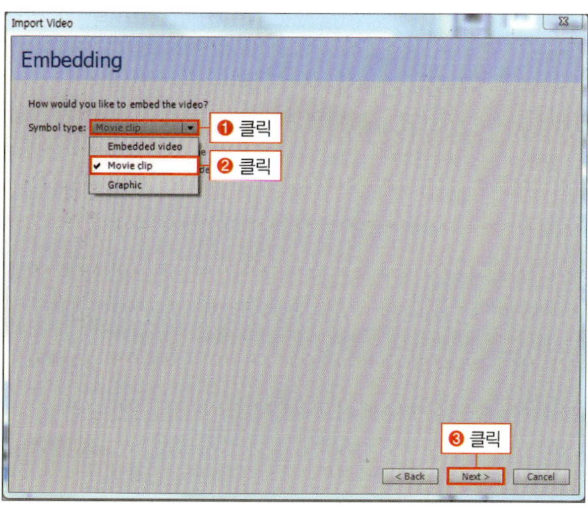

459

04. [Timeline] 패널의 [New layer]( )를 클릭하여 레이어를 추가하고 이름을 '오버레이'로 변경합니다.

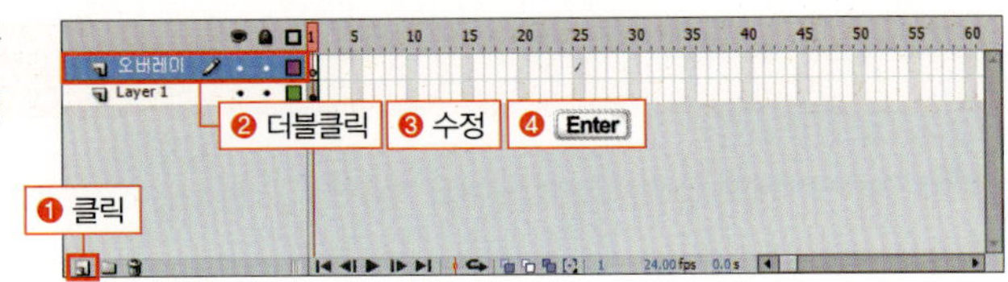

05. 추가한 레이어를 선택하고 [File]-[Import]-[Import Video] 메뉴를 클릭해 위와 동일한 방법으로 '원숭이.flv' 파일을 찾아 무비클립 형태로 불러옵니다.

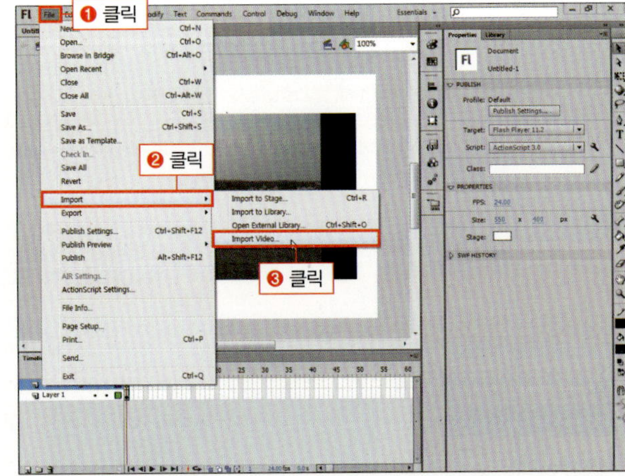

06. [자유 변형 툴]( )을 선택하여 겹쳐진 2개의 동영상을 드래그하여 선택하고 크기를 똑같이 조절하여 스테이지에 배치합니다.

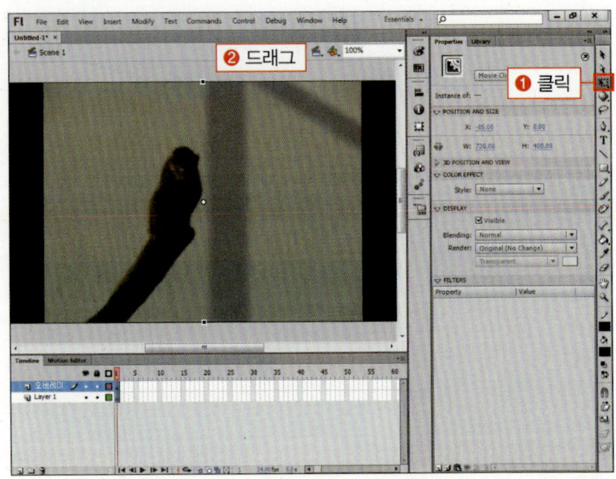

07. 무비클립으로 지정된 오버레이 영상을 클릭하고 [Properties] 패널의 [Color Effect]-[Style]을 'Alpha', [Alpha]를 '50%'로 설정합니다.

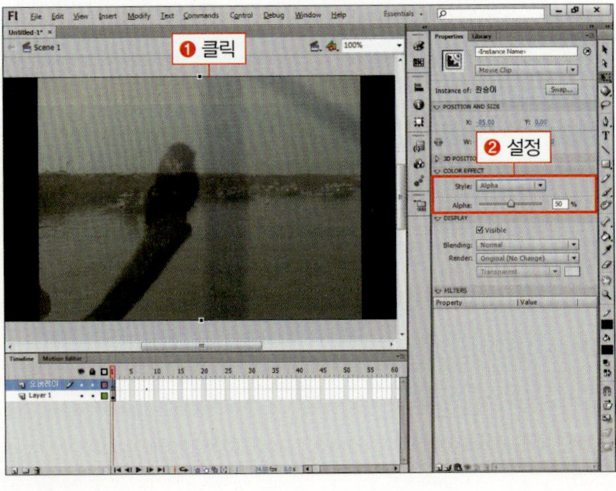

08. `Ctrl` + `Enter` 를 눌러 테스트 무비를 실
행하면 오버레이되어 재생되는 동영상을 확인할
수 있습니다. 무비의 재생시간이 서로 다르지만
동영상을 무비클립으로 구성했기 때문에 영상이
반복되면서 효과가 나타납니다.

TIP : 무비클립

무비클립은 필터와 3차원 회전 등 다양한 효과를 지정하여 사용할 수 있는 심벌입니다. 독립적으로 재생되는 무비를 만들기 위해 사용되지
만 그래픽 심벌이나 동영상 등 직접적으로 필터 효과 등을 사용할 수 없는 오브젝트에 효과 적용이 가능하도록 하기 위해 무비클립 심벌로
전환하여 사용합니다.

동영상에도 마스크를 사용하여 다양한 효과를 연출할 수 있습니다. 사물을 강조하는 스포트라이트 효과를 만들어 보도록 하겠습니다.

예제 파일 : CD\Part 08\미끄럼틀.flv   **완성 파일 |** CD\Part 08\미끄럼틀_완성.fla

01. 스포트라이트 효과를 사용하려면 동일한 영상 2개가 필요합니다. 먼저 새 도큐먼트에서 메인 영상을 가져옵니다. [File]-[Import]-[Import Video] 메뉴를 클릭하여 [Import Video] 대화상자를 엽니다.

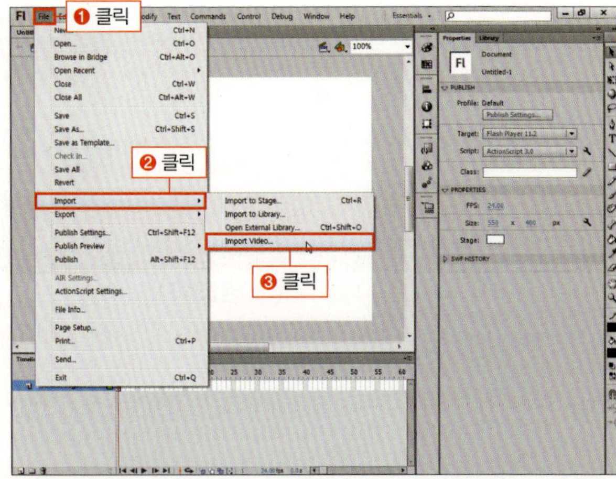

02. [Browse] 단추를 클릭하여 '미끄럼틀.flv' 파일을 열고 옵션에서 'Embed FLV in SWF and play in timeline'을 선택하고 [Symbol Type]를 'Movie clip'으로 선택하고 [Next] 단추를 클릭하고 마지막 단계에서 [Finish] 단추를 클릭하여 동영상을 삽입합니다.

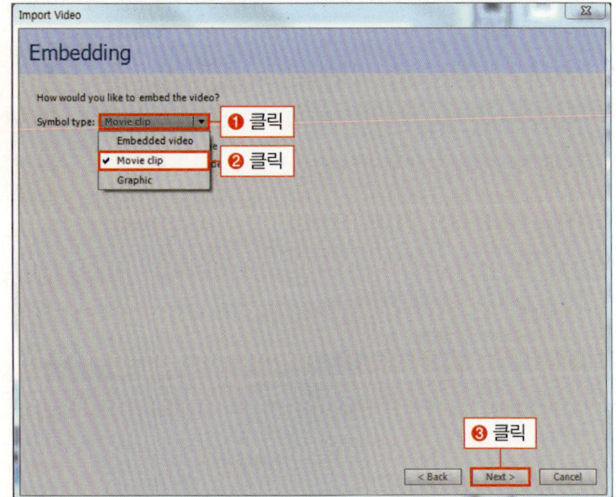

03. 삽입한 동영상을 클릭하고 [Properties] 패널의 [Color Effect]–[Style]을 'Brightness', [Alpha]를 '–50%'로 설정하여 영상을 어둡게 처리합니다.

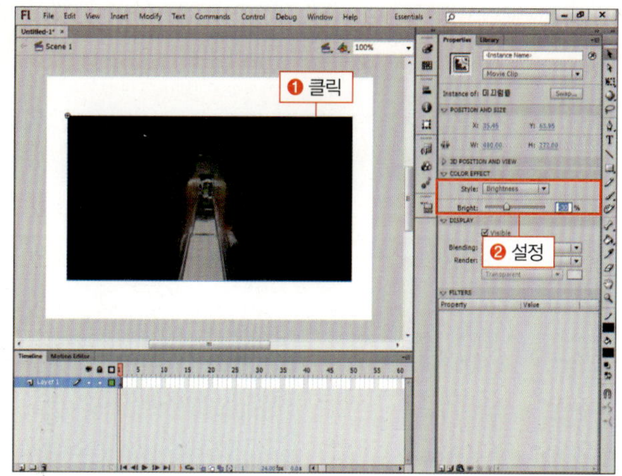

04. [Timeline] 패널의 [New layer]( )를 클릭해 레이어를 추가하고 이름을 '마스크'로 변경합니다.

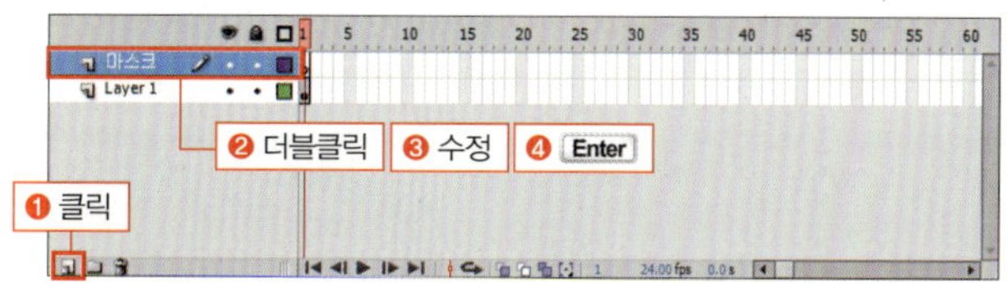

05. '마스크' 레이어에 [File]–[Import]–[Import Video] 메뉴를 클릭해 위와 동일한 방법으로 '미끄럼틀.flv' 파일을 다시 불러 옵니다. [Library] 패널에 동일한 동영상이 2개의 무비클립으로 등록됩니다.

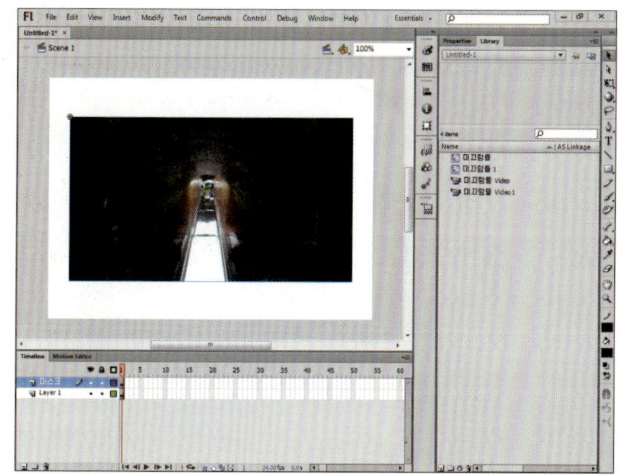

06. 새로 가져온 동영상을 더블클릭하여 편집 모드로 전환합니다. 동영상의 길이만큼 프레임이 구성되어 있습니다.

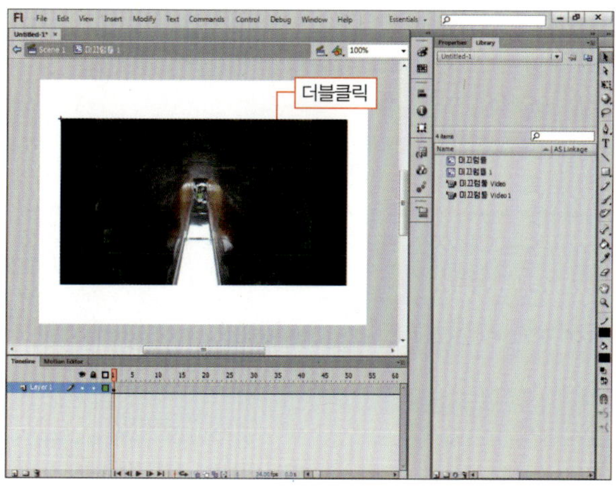

07. [Timeline] 패널의 [New layer](아이콘)를 클릭해 레이어를 추가하고 이름을 '라이트'로 변경합니다.

08. [원형 툴](아이콘)을 선택하여 추가된 레이어에 사람 얼굴을 가리도록 얼굴보다 약간 큰 '원'을 그린 후 F8을 눌러 그래픽 심벌로 전환하고 [Properties] 패널에서 [Color Effect]–[Alpha]를 '50%'로 설정합니다.

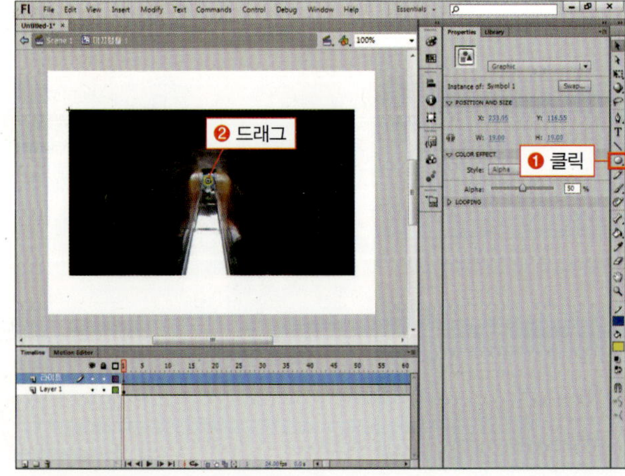

> **T I P :** 원을 반투명하게 설정하는 것은 사람의 움직임에 따라 원의 위치를 정확히 설정하기 위함입니다.

09. '원'에 모션 트윈을 적용하고 타임라인의 [Play Head](아이콘)를 움직이면서 영상을 확인합니다. 무비 재생에 따라 사람이 움직이게 되는데 사람 얼굴의 움직임을 따라 '원'이 같이 움직이도록 원의 모션을 수정합니다. 일정한 프레임 간격으로 원의 위치와 크기를 변경하면 됩니다. 이 때 화면을 확대하여 부드러운 모션이 되도록 작업합니다.

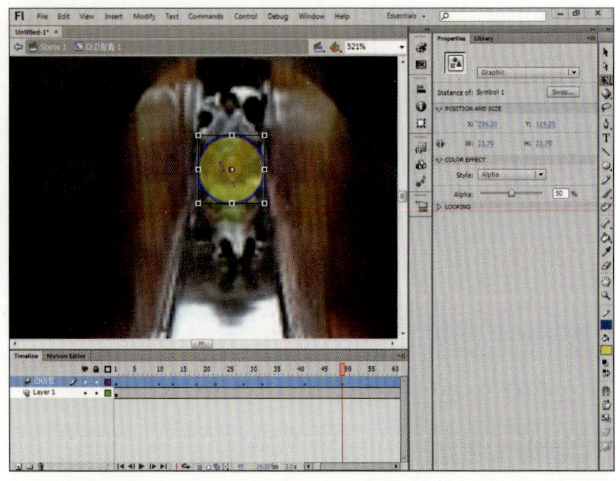

10. 작업이 완료되면 '라이트' 레이어를 마우스 오른쪽 버튼으로 클릭하고 'Mask'를 선택해 마스크를 적용합니다. 원의 투명도와는 상관 없이 '원' 부분만 보이도록 무비가 구성됩니다.

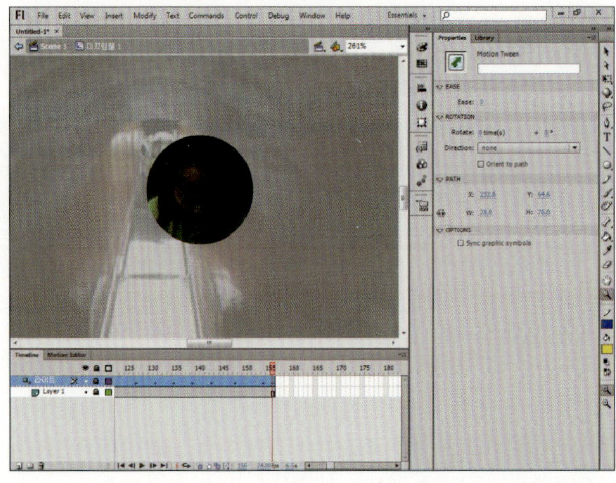

11. [Scene 1](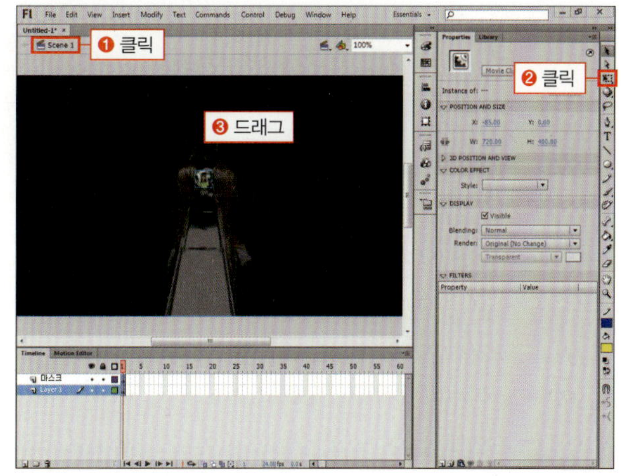을 클릭해 메인화면으로
돌아와 동영상을 모두 선택하고 [자유 변형 툴]
()을 선택하여 크기를 스테이지에 맞게 조절합
니다.

12. Ctrl + Enter 를 눌러 테스트 무비를 실행
하면 마스크 처리된 부분이 영상과 함께 움직이면
서 효과가 적용되는 것을 확인할 수 있습니다.

■ 무비에 사운드 사용하기 426P

플래시 무비에 사운드를 사용하기 위해서는 먼저 사운드 파일을 'Import' 명령으로 불러와 [Library] 패널에 등록해야 합니다. 'wav', 'mp3' 파일을 불러와 사용할 수 있으며 Fade in/Fade out과 같은 효과를 적용할 수 있습니다. 사운드 효과는 키프레임에 적용하여 사용하며 [Properties] 패널에서 사운드 재생 방법과 반복 재생 등을 설정할 수 있습니다.

■ 사운드 싱크 맞추기 427P, 438P

무비에서 오브젝트의 움직임에 따라 사운드를 재생하려면 타이밍이 어긋나지 않도록 정확한 위치에 사운드를 삽입해야 합니다. 재생시간이 긴 사운드를 삽입하면 시스템에 따라 무비가 실행될 때 영상과 사운드의 싱크가 맞지 않는 경우가 생길 수 있습니다. 되도록 사운드를 짧게 편집하여 사용하도록 하고 부득이하게 재생시간이 긴 사운드를 삽입하는 경우 [Properties] 패널에서 [Sync]를 'Stream'으로 선택하여 영상과 사운드를 확인하면서 작업하도록 합니다.

■ Edit sound envelope 439P

사운드에 간단한 효과를 사용할 수 있는 기능입니다. Fade in/Fade out을 사용할 수 있고 사운드 편집이 필요한 경우 무음처리로 대신할 수 있습니다. 스테레오의 좌/우 채널을 선택하여 재생할 수 있고 효과 설정도 채널 별로 설정할 수 있습니다. 사운드가 삽입된 프레임의 [Properties] 패널에서 [Edit sound envelope](✎)를 클릭하여 설정합니다.

■ 플래시 무비에 동영상 삽입하기 456P

일반적으로 동영상은 파일의 용량이 크기 때문에 동영상 플래시에 직접 삽입하여 사용하는 것은 꼭 필요한 경우에만 최소한으로 사용하는 것이 좋습니다. 용량이 큰 동영상은 컴포넌트 스킨을 적용하여 연결 방식으로 재생되도록 구성합니다.

01 와인잔을 버튼으로 구성하여 클릭할 때 사운드가 재생되도록 악기를 만들어 봅니다.

예제 파일 : CD₩Part 08₩와인잔.fla, 도~시.wav, 높은도.wav **완성 파일 :** CD₩Part 08₩와인잔_완성.fla
동영상 해설 : CD₩Self₩실전8-1.wmv

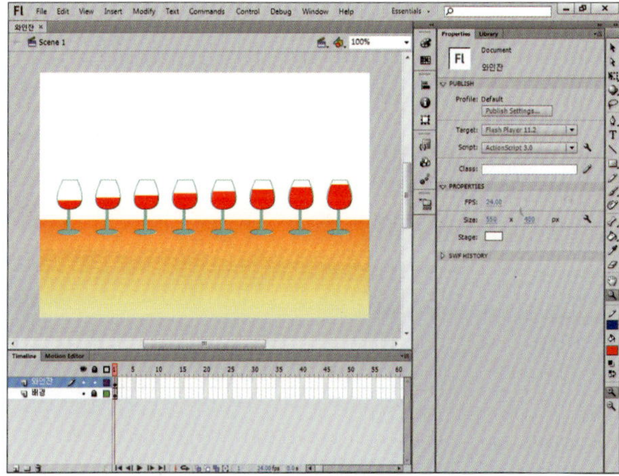

HINT

와인잔 하나하나 버튼 심벌로 전환하고 '도~시.wav', '높은도.wav' 파일을 불러와 각각의 버튼에 사운드를 삽입합니다. 각각의
버튼의 편집 모드에서 F6 을 눌러 프레임 복제 후 Down프레임에 버튼 이름에 대응하는 사운드를 추가하고, Hit프레임에 와인
잔 크기의 사각형을 그려 반응 영역을 확장합니다.

02 동영상을 삽입하고 석양효과를 만들어 봅니다.

예제 파일 : CD₩Part 08₩석양효과.fla, 부두.flv **완성 파일 :** CD₩Part 08₩석양효과_완성.fla
동영상 해설 : CD₩Self₩실전8-2.wmv

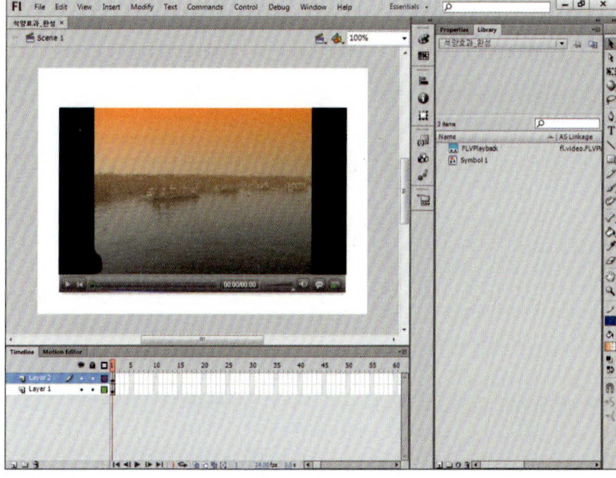

HINT

동영상 위에 별도의 레이어를 구성하고 동영상과 똑같은 크기의 사각형에 그레이디언트를 적용하는 것으로 쉽게 석양 효과를
연출할 수 있습니다.

09

액션스크립트 시작하기

액션스크립트는 플래시 무비를 제어하기 위해 사용되는 언어입니다. 플래시 무비는 정해진 순서에 따라 재생되도록 제작되지만 액션스크립트를 사용하여 제작하면 사용자가 무비를 제어할 수 있습니다. 따라서 무비를 다양한 용도로 사용할 수 있게 되며 특히 교육용 콘텐츠나 게임과 같이 복잡한 동작을 제어하는데 있어서 큰 힘을 발휘합니다.

비헤이비어 활용하기

액션스크립트를 공부하기에 앞서 비헤이비어에 대해서 먼저 알아 보겠습니다. 비헤이비어는 스크립트 코드를 직접 작성하지 않고 자동으로 액션스크립트를 추가할 수 있는 기능입니다. 액션스크립트 3.0에서는 사용할 수 없고 액션스크립트 2.0 이하에서만 사용할 수 있습니다.

기초탄탄 ▶ 비헤이비어와 이벤트 알아보기

■ [Behaviors] 패널 `472P`

[Windows]-[Behaviors](`Ctrl`+`F3`) 메뉴를 클릭하여 [Behaviors] 패널을 엽니다.

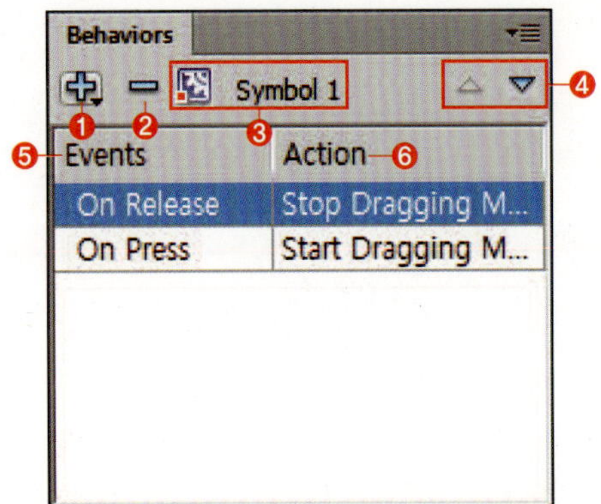

❶ Add Behaviors : 비헤이비어를 추가합니다.

❷ Delete Behaviors : 선택한 비헤이비어를 삭제합니다.

❸ 현재 비헤이비어가 적용된 대상을 표시합니다.

❹ Move up/Move down : 비헤이비어의 순서를 바꾸어 줍니다.

❺ Events : 해당 액션을 실행할 이벤트를 선택합니다.

❻ Action : 구성된 액션을 표시합니다.

■ 이벤트 `479P`

플래시 무비 실행 시 발생하거나 사용되는 모든 동작을 이벤트라고 합니다. 무비클립의 실행, 트윈의 시작과 정지, 사운드의 재생 등과 같이 자연적으로 발생하는 이벤트가 있고 사용자가 마우스나 키보드를 통해 무비를 제어하는 버튼 이벤트가 있습니다. 자주 사용되는 버튼 이벤트에 대해 설명합니다.

❶ Press : 마우스를 누를 때 이벤트가 발생합니다.

❷ Release : 마우스를 눌렀다 뗐을 때 이벤트가 발생합니다.

❸ Release Outside : 마우스를 눌렀다가 바로 떼지 않고 버튼 영역 밖에서 뗐을 때 이벤트가 발생합니다.

❹ Key Press : 마우스와 상관 없이 특정 키를 눌렀을 때 이벤트가 발생합니다.

❺ Roll Over : 마우스가 버튼 위에 올라갔을 때 이벤트가 발생합니다.

❻ Roll Out : 마우스가 버튼 위에서 벗어났을 때 이벤트가 발생합니다.

❼ Drag Over : 버튼을 클릭한 상태로 드래그하여 영역 밖으로 이동했다가 다시 안으로 이동하면 이벤트가 발생합니다.

❽ Drag Out : 버튼을 클릭한 상태로 드래그하여 영역 밖으로 이동하면 이벤트가 발생합니다.

[Timeline] 패널에 비헤이비어를 사용하면 무비의 로딩과 함께 액션스크립트가 실행됩니다. 'Embedded' 명령으로 삽입된 동영상은 자동으로 재생되는데 이를 비헤이비어를 사용하여 제어해보도록 하겠습니다.

예제 파일 | CD₩Part 09₩TV제어.fla **완성 파일 |** CD₩Part 09₩TV제어_완성.fla

01. 'TV제어.fla' 파일을 불러옵니다. 동영상이 무비클립 형태로 삽입되어 있고 무비를 실행하면 자동으로 동영상이 재생됩니다. 비헤이비어를 사용하여 동영상이 재생되지 않도록 설정해 봅니다.

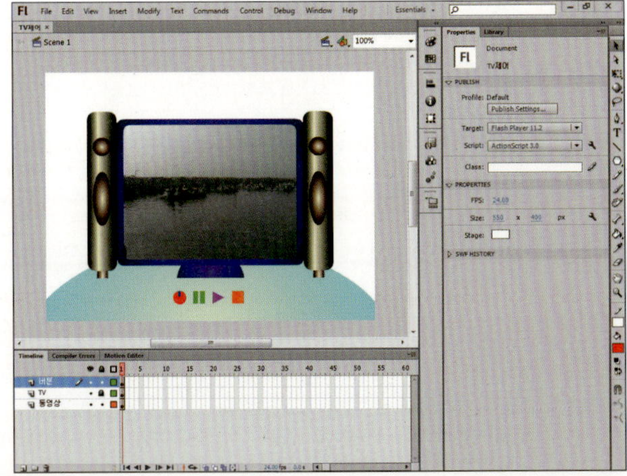

02. 비헤이비어를 사용하려면 액션스크립트가 2.0 이하로 설정되어 있어야 합니다. 불러온 예제 파일은 액션스크립트 3.0으로 설정되어 있어 비헤이비어를 사용할 수 없습니다. 먼저 액션스크립트를 2.0으로 변경하도록 합니다. [File]-[Publish Settings](**Ctrl** + **Shift** + **F12**) 메뉴를 클릭하여 [Publish Settings] 대화상자를 엽니다.

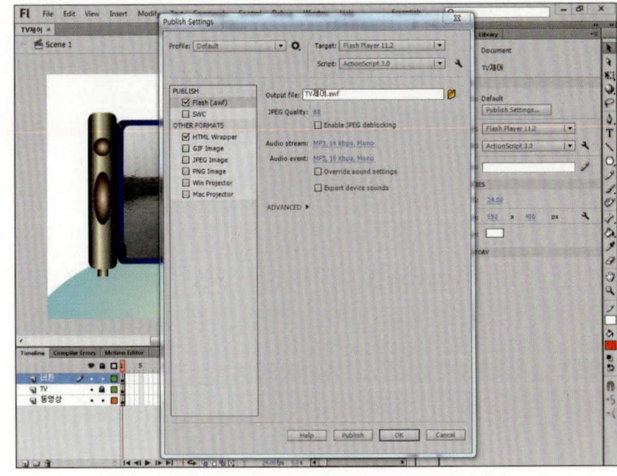

03. [Publish Settings] 대화상자 위의 [Script]를 'ActionScript 2.0'으로 선택하고 [OK] 단추를 클릭합니다.

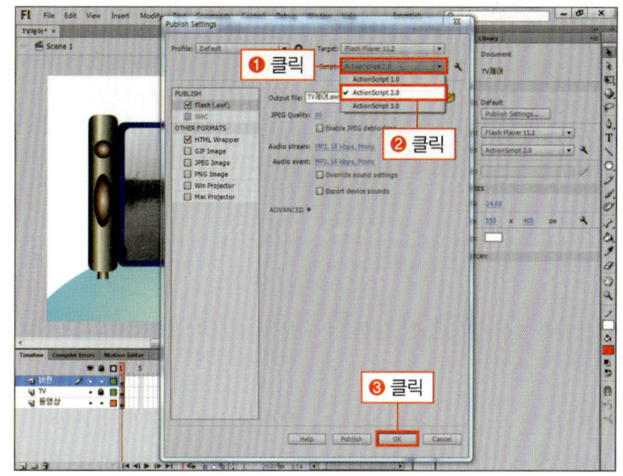

04. 비헤이비어를 사용하기 위해 [Window]–[Behaviors](Shift + F3)를 클릭해 [Behaviors] 패널을 열고 스테이지를 가리지 않도록 패널 영역의 빈 공간으로 이동하여 배치합니다.

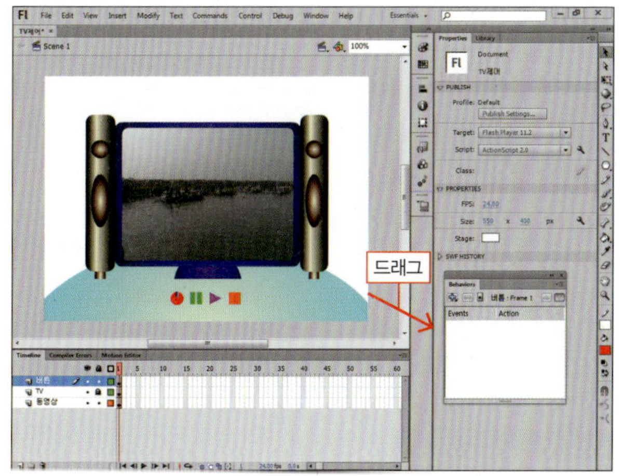

05. Ctrl + Enter 를 눌러 테스트 무비를 실행하면 동영상이 로딩되면서 자동으로 재생되기 때문에 로딩과 동시에 동영상이 숨겨지고 정지되는 액션을 [Timeline] 패널에 설정해 주어야 합니다. '버튼' 레이어의 1프레임을 클릭하고 [Behaviors] 패널의 [Add Behaviors](+)를 클릭하고 'Embedded Video'–'Hide'를 선택합니다.

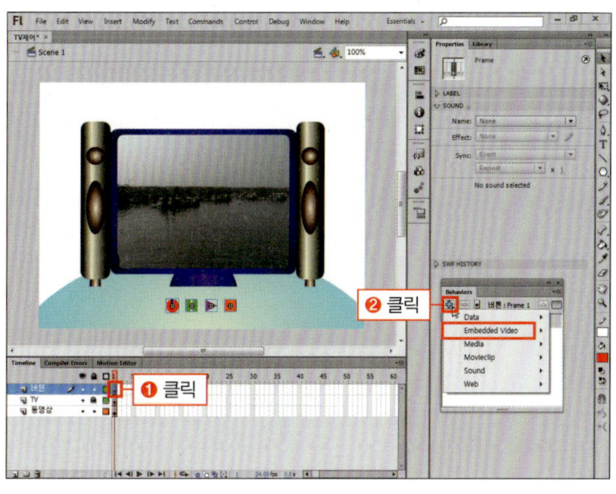

06. 먼저 무비의 로딩과 함께 동영상을 숨기기 위해 메뉴에서 'Embedded Video'-'Hide'를 선택했습니다. 동영상을 선택할 수 있는 [Hide video] 대화상자가 열립니다.

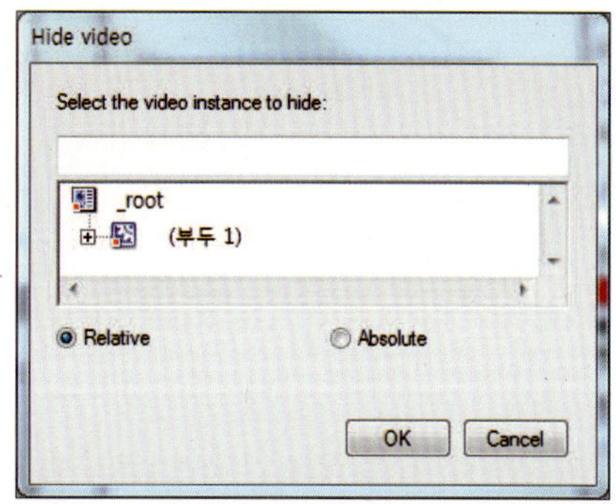

07. '부두 1' 무비클립을 선택합니다.

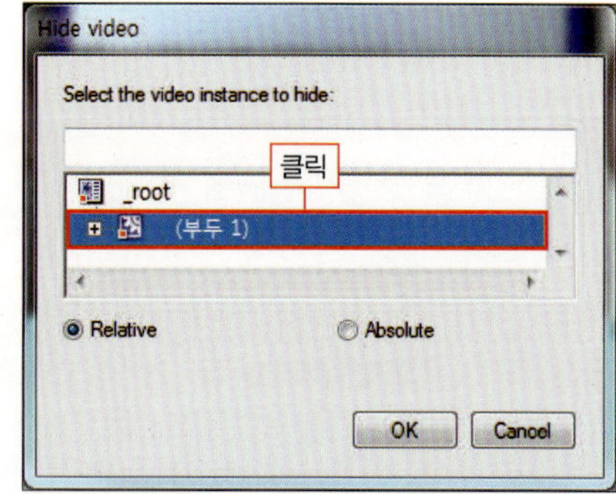

08. 무비클립에 인스턴스 이름이 설정되지 않았기 때문에 이름 변경 경고 메시지가 나타납니다. [Rename] 단추를 클릭합니다.

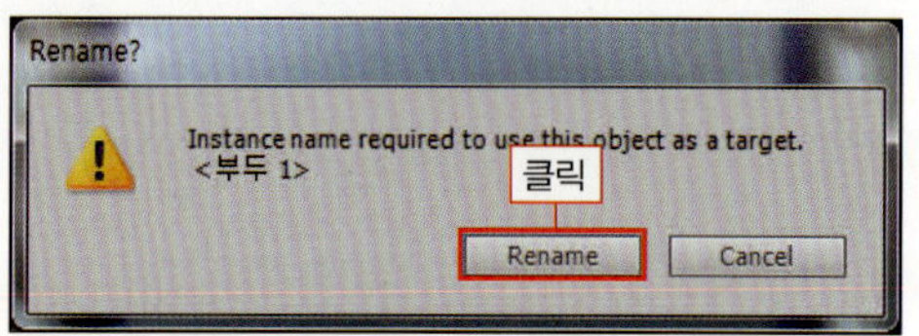

09. 인스턴스 이름은 알아보기 쉽도록 설정합니다. [Instance name]을 'video'로 설정하고 [OK] 단추를 클릭합니다.

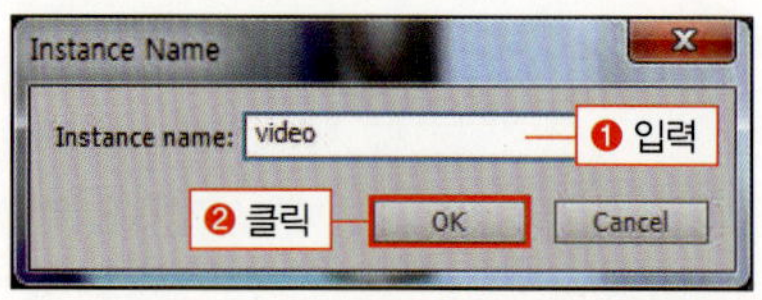

> **TIP : 인스턴스 이름**
>
> 액션스크립트에서 오브젝트를 제어할 때에는 심벌의 이름이 아닌 인스턴스 이름을 사용합니다. 따라서 인스턴스를 액션스크립트로 제어하기 위해서는 반드시 이름을 설정해야 합니다. 작업의 효율을 위해 알아보기 쉬우면서 간단한 이름을 사용하는 것이 좋습니다.

10. 인스턴스 이름 변경과 선택이 완료되면 [OK] 단추를 클릭합니다.

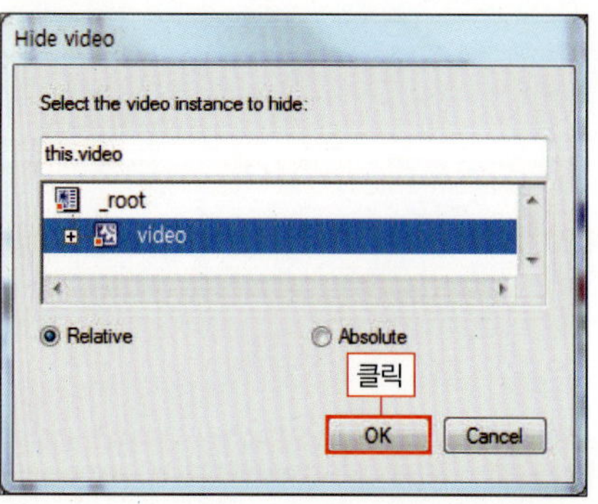

11. [Behaviors] 패널에 액션이 추가되고 '버튼' 레이어의 1프레임에 'a' 표시가 나타납니다. 동영상이 숨겨지더라도 재생은 멈추지 않습니다. 동영상 재생도 멈추도록 비헤이비어를 추가합니다. [Behaviors] 패널의 [Add Behaviors](➕)를 클릭하고 'Embedded Video'–'Stop'을 선택합니다.

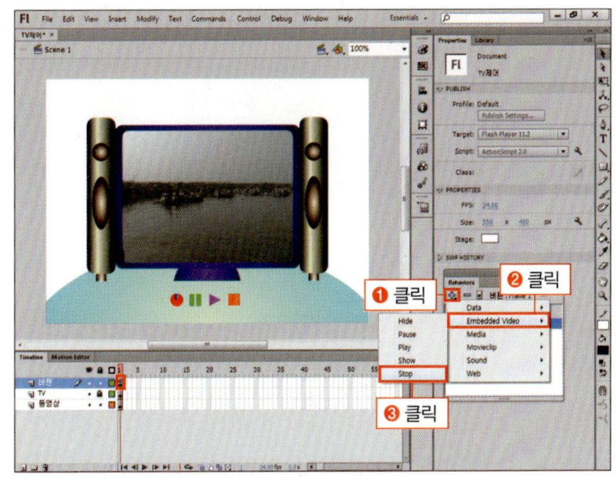

12. 'video' 무비클립을 선택하고 [OK] 단추를 클릭해 비헤이비어를 추가합니다.

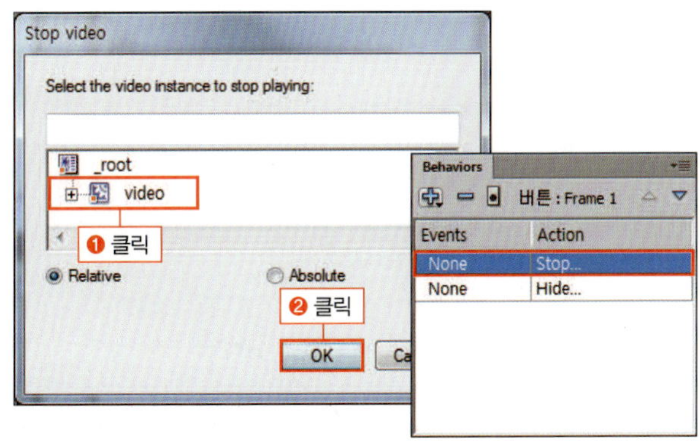

13. Ctrl + Enter 를 눌러 테스트 무비를 실행하면 동영상이 가려진 상태의 화면만 나타납니다.

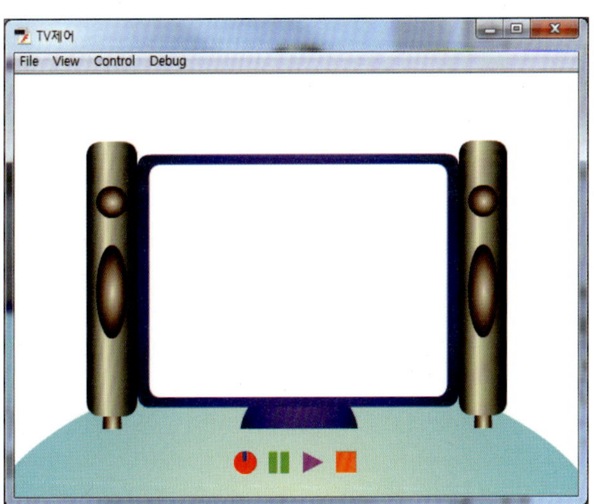

비헤이비어를 사용하면 컴포넌트를 사용할 수 없는 삽입 동영상을 제어할 수 있습니다. 버튼을 구성하여 동영상을 제어해보도록 하겠습니다.

예제 파일 | CD\Part 09\TV제어버튼.fla   **완성 파일 |** CD\Part 09\TV제어버튼_완성.fla

01. 앞에서 구성한 무비에서 동영상을 재생하고 제어하는 버튼을 비헤이비어로 구성해 봅니다. 'TV제어버튼.fla' 파일을 불러온 후 [Behaviors] 패널을 화면에 표시하고 TV 아래의 4개의 버튼이 구성을 확인합니다.

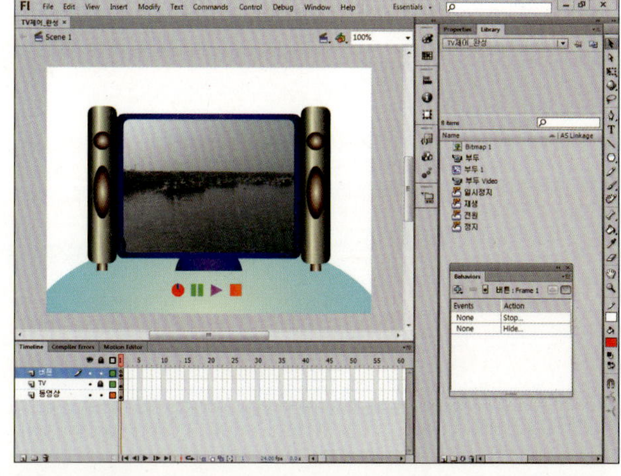

02. 첫 번째 '전원' 버튼을 클릭하고 [Behaviors] 패널에서 [Add Behaviors]( )를 클릭하여 'Embedded Video'-'Show'를 선택합니다.

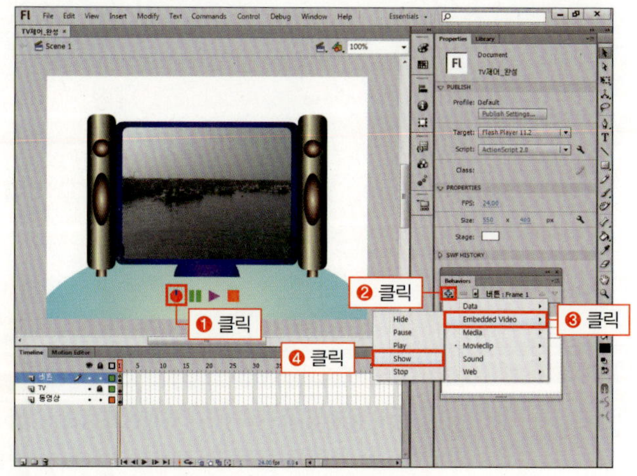

03. 'video' 무비클립을 선택하고 [OK] 단추를 클릭해 비헤이비어를 추가합니다.

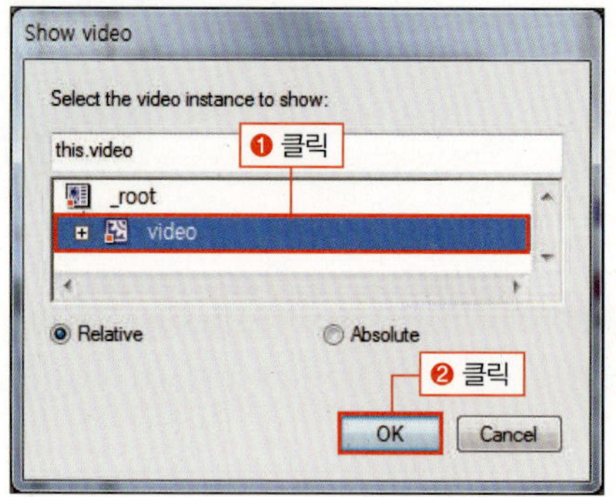

04. [Behaviors] 패널에 액션이 추가되면 다시 한번 [Add Behaviors]( )를 클릭하여 'Embedded Video'–'Play'를 선택하고 'video' 무비 클립의 좌측(+)을 클릭하여 확장하고 이름이 설정되지 않은 버튼을 선택합니다. 이 때 이름 변경 메시지가 나타나면 'movie'로 이름을 설정하고 [OK] 단추를 클릭해 비헤이비어를 추가합니다.

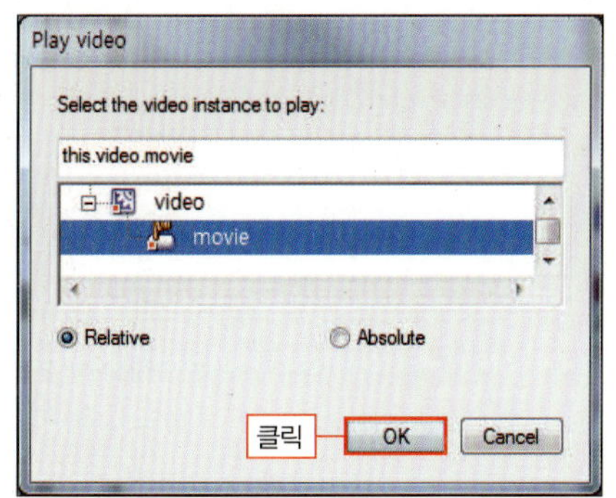

TIP : 이벤트 변경

추가한 비헤이비어의 이벤트는 변경할 수 있습니다. 이벤트 변경은 해당 액션의 'Events'를 클릭하여 원하는 이벤트를 선택할 수 있습니다. 기본 이벤트는 'On Release'로 마우스를 눌렀다 뗐을 때 이벤트가 발생하도록 지정됩니다.

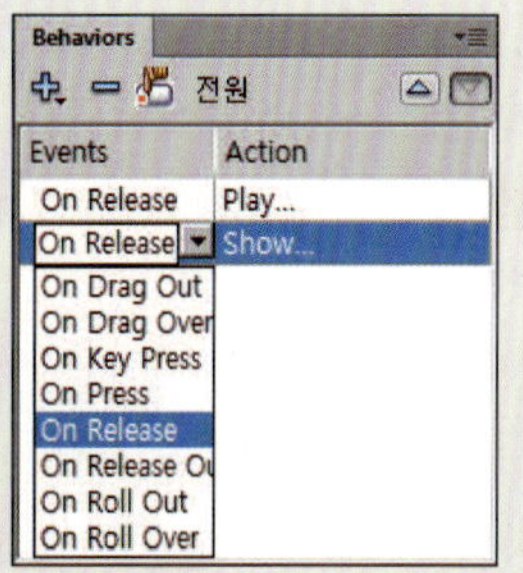

문제해결 **비헤이비어 동영상 제어 버튼이 동작하지 않는 경우**

버튼에 동영상을 제어하는 비헤이비어를 적용하고 저장한 후 다시 불러오면 버튼이 제대로 동작하지 않는 경우가 있습니다. 이럴 경우 버튼에 적용된 비헤이비어의 'Action'을 더블클릭하여 확인해 보면 비헤이비어를 적용하면서 새로 지정한 버튼 심벌의 이름이 초기화 되어 있습니다. 버튼 심벌의 이름을 다시 지정하여 사용하도록 합니다.

---

05. 두 번째로 일시정시 버튼을 구성해 봅니다. '일시정지' 버튼을 선택하고 [Behaviors] 패널의 [Add Behaviors]( )를 클릭하여 'Embedded Video'–'Pause'를 선택하고 동영상 선택 대화상자에서 재생할 동영상을 똑같이 설정하여 액션을 추가합니다.

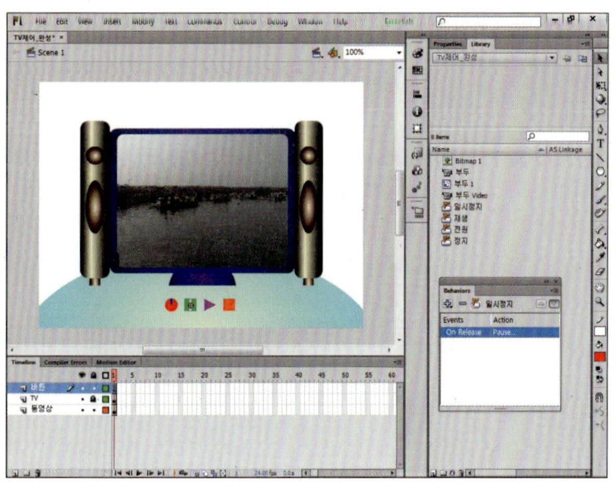

477

06. 세 번째로 '재생' 버튼을 구성해 봅니다. '재생' 버튼을 선택하고 [Behaviors] 패널의 [Add Behaviors](➕)를 클릭하여 'Embedded Video'-'Play'를 선택하고 동영상 선택 대화상자에서 재생할 동영상을 똑같이 설정하여 액션을 추가합니다.

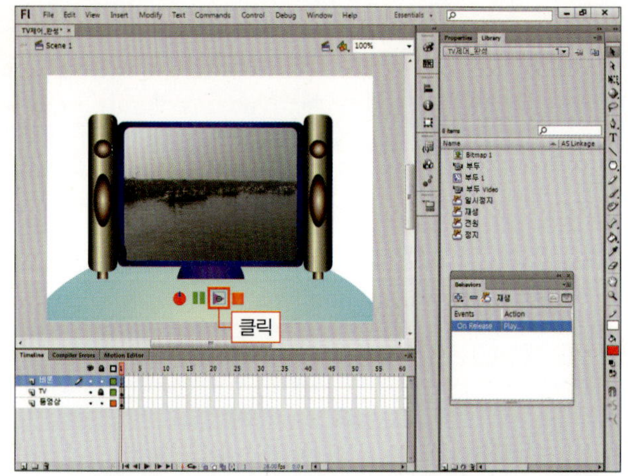

07. 네 번째로 '정지' 버튼을 구성해 봅니다. '정지' 버튼을 선택하고 [Behaviors] 패널의 [Add Behaviors](➕)를 클릭하여 'Embedded Video'-'Stop'를 선택하고 동영상 선택 대화상자에서 재생할 동영상을 똑같이 설정하여 액션을 추가합니다.

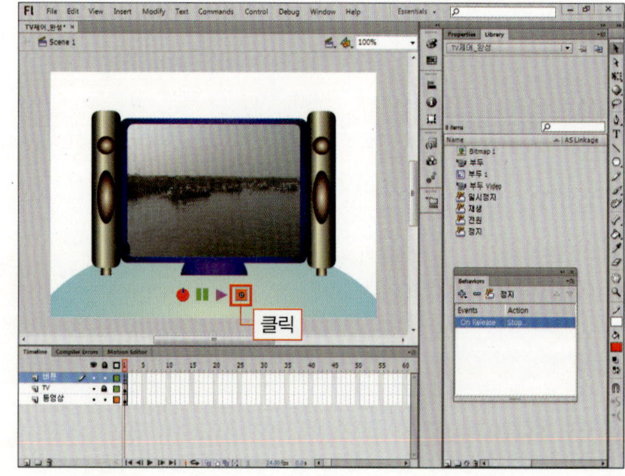

08. Ctrl + Enter 를 눌러 테스트 무비를 실행하여 버튼을 클릭해 봅니다. 컴포넌트 없이도 무비를 제어할 수 있습니다.

비헤이비어를 사용하여 마우스로 이동할 수 있는 무비클립을 만들어보도록 하겠습니다.

예제 파일 | CD₩Part 09₩러브.fla **완성 파일 |** CD₩Part 09₩러브_완성.fla

01. '러브.fla' 파일을 불러옵니다. 문자가 흩어져 있습니다. 각 문자들을 무비클립으로 전환하여 무비 실행 상태에서 마우스로 움직일 수 있도록 비헤이비어를 구성해 봅니다.

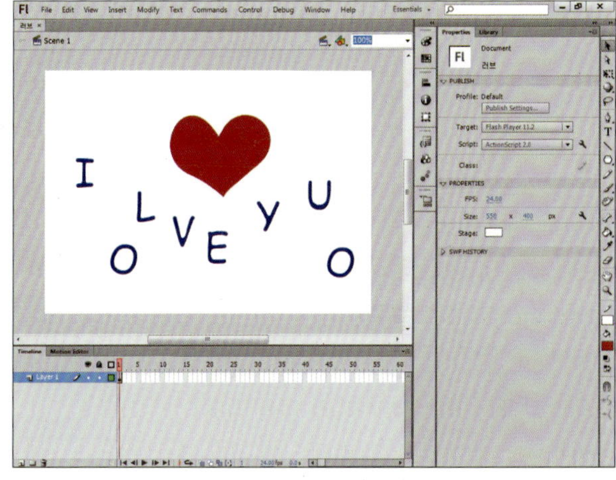

02. [선택 툴]( )을 선택하여 '하트'와 흩어진 문자들을 각각 하나씩 클릭하고 F8 을 눌러 무비클립 심벌로 전환합니다. 무비클립 자체에 비헤이비어를 추가하기 때문에 심벌의 이름은 임의로 설정합니다.

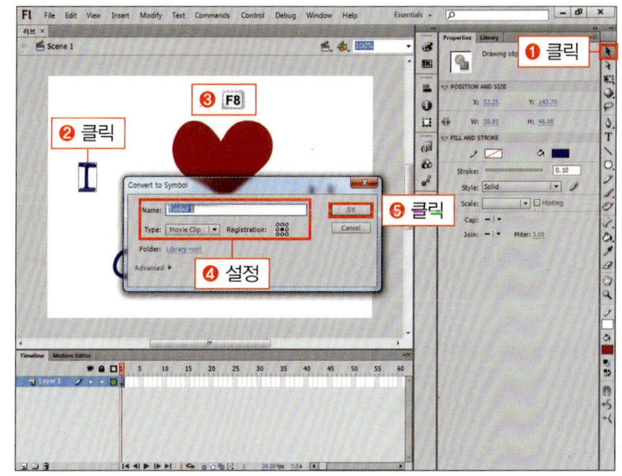

03. 무비클립 심벌 등록이 끝나면 [Windows]–[Behaviors](Ctrl + F3) 메뉴를 클릭해 [Behaviors] 패널을 엽니다.

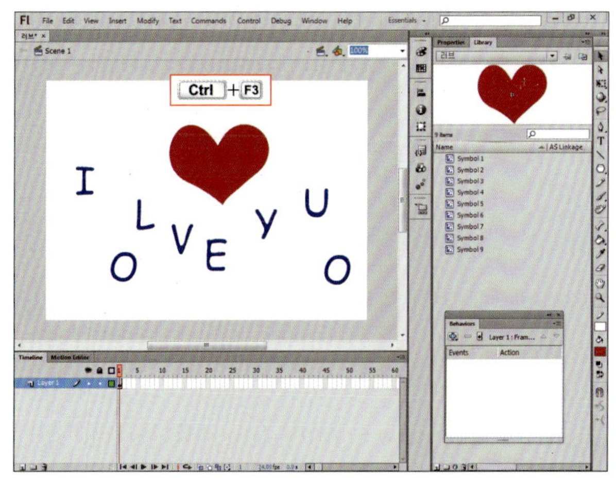

04. 스테이지의 인스턴스 하나를 클릭하고 먼 저 드래그를 시작하는 비헤이비어를 추가합니다. [Behaviors] 패널의 [Add Behaviors](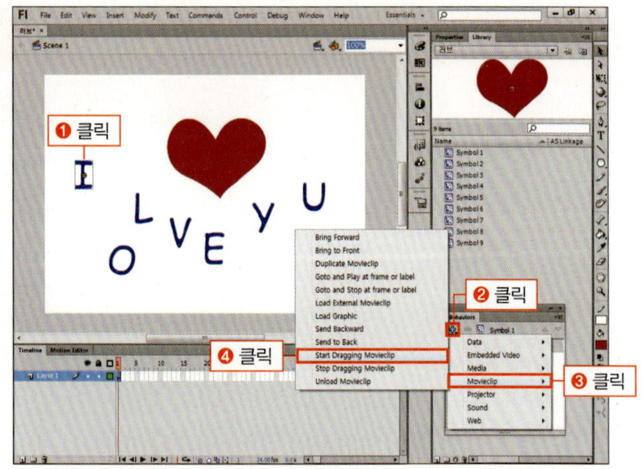)를 클릭 하여 'Movieclip'–'Start Dragging Movieclip'을 선택 합니다.

05. 이때 무비클립 선택 대화상자가 열리면서 모든 심벌의 목록이 나타나는데 화면에는 설정한 인스턴스의 심벌이 자동으로 선택되기 때문에 별 도의 선택 과정 없이 [OK] 단추를 클릭합니다.

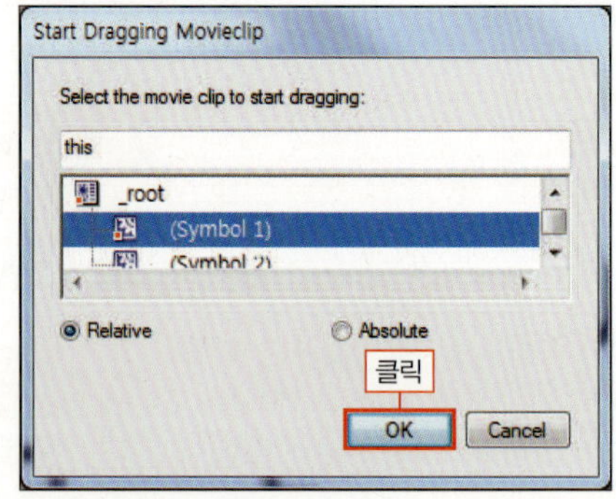

06. [Behaviors] 패널에 액션이 추가되면 마우스 이벤트를 변경합니다. 'On Release'를 클릭하여 'On Press'로 설정합니다.

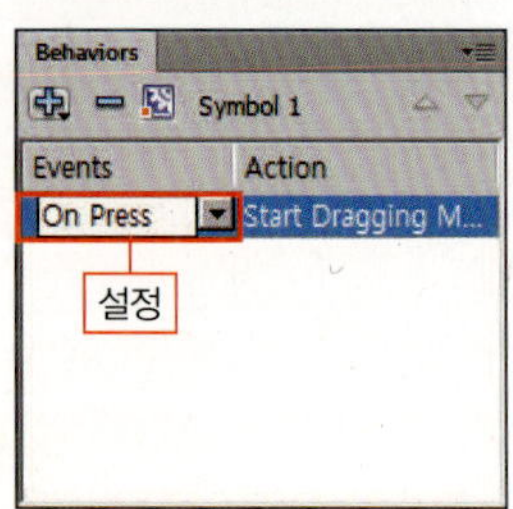

07. 이벤트 변경이 완료되면 다시 [Behaviors] 패널의 [Add Behaviors](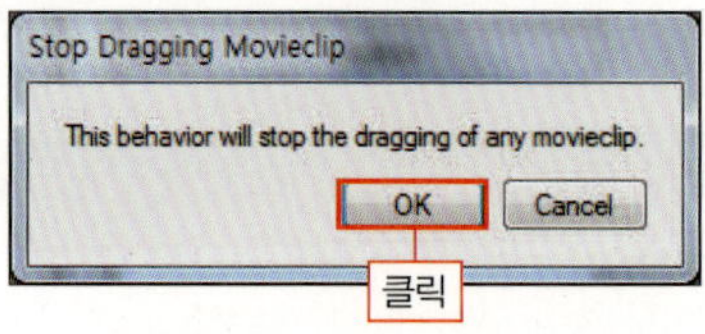)를 클릭하여 'Movieclip'–'Start Dragging Movieclip'을 선택합니 다. 이 항목은 별도의 무비클립 선택이 필요하지 않고 모든 무비클립에 적용된다는 안내 메시지가 나타나면 [OK] 단추를 클릭합니다.

08. 드래그를 정지하는 이벤트는 'On Release'
로 변경하지 않고 그대로 사용합니다.

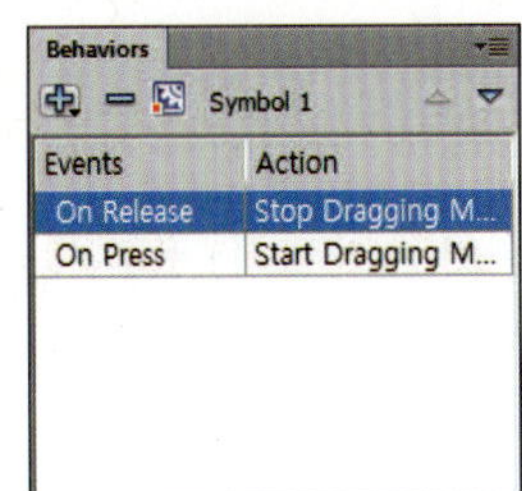

T I P ： Start Drag/Stop Drag

마우스로 무비클립을 드래그하여 이동하는 액션을 사용하려면 드래그 시작과 끝나는 이벤트를 다르게 설정해야 합니다. 마우스를 누르
고 있는 상태에서만 움직이고 마우스를 떼는 순간에 드래그가 끝나도록 해야 하기 때문에 드래그 시작은 'On Press'로, 드래그 종료는 'On
Release'로 설정하는 것입니다.

09. 같은 방법으로 나머지 무비클립 인스턴스를
하나씩 클릭하여 비헤이비어를 추가합니다.

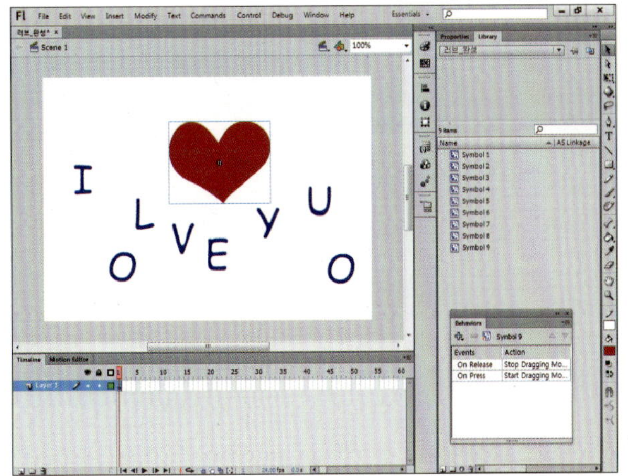

10. Ctrl+Enter를 눌러 테스트 무비를 실행
하고 마우스로 문자를 옮겨보며 배열해 봅니다.

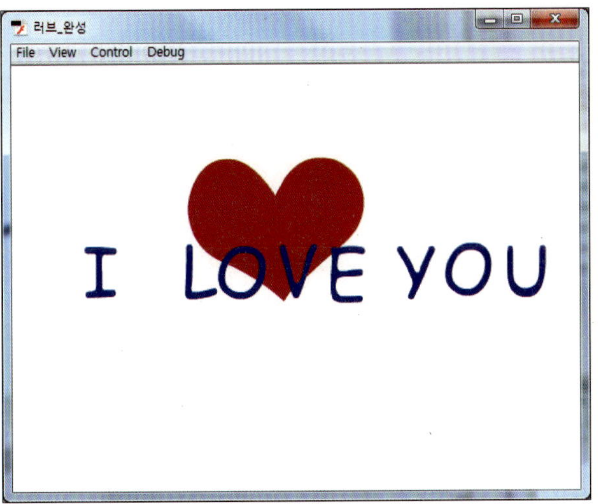

액션스크립트는 그래픽보다는 프로그래밍에 가깝습니다. 처음부터 코딩 위주로 접근하면 어렵게 느껴질 수 있습니다. 기본 개념을 이해하고 액션스크립트가 작동하는 원리를 차근차근 알아나가면 어렵지 않게 접근할 수 있습니다. 액션스크립트의 기본 원리를 배워보도록 하겠습니다.

기초 탄탄 ▶ [Actions] 패널 알아보기

■ [Actions] 패널 `484P`

[Window]–[Actions](`F9`) 메뉴를 클릭해 화면에 표시합니다.

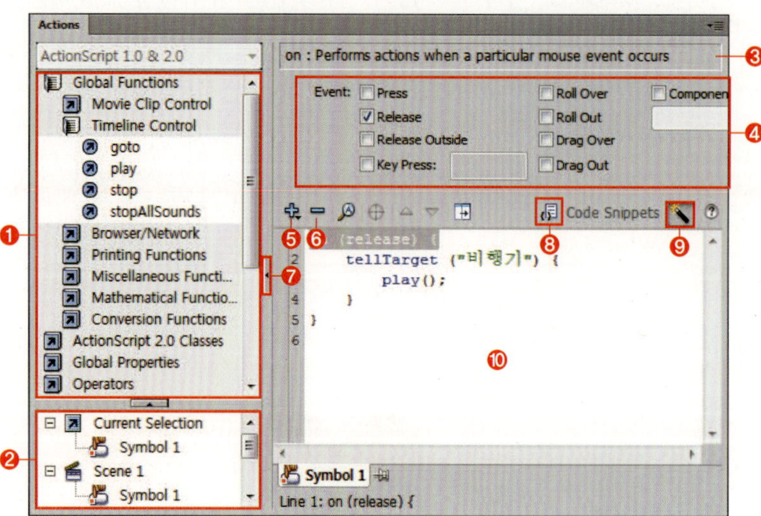

❶ 사용할 수 있는 액션스크립트 목록을 표시합니다.

❷ 액션을 지정할 수 있는 개체를 표시합니다.

❸ 선택한 스크립트 코드의 간략한 설명이 표시됩니다.

❹ 선택한 스크립트에서 사용할 수 있는 옵션을 표시합니다.

❺ Add a new item to the script : 액션스크립트를 추가합니다.

❻ Delete the selected action : 선택한 액션스크립트를 삭제합니다.

❼ 코드 창을 넓게 사용할 수 있도록 액션과 개체 목록을 숨기고 보이도록 합니다.

❽ Code Snippets : 플래시 CS5부터 추가된 기능으로 액션스크립트 3.0 코드를 쉽게 추가할 수 있는 기능

을 제공합니다. 액션스크립트 3.0을 선택해야 사용 가능합니다.

❾ Script Assist : [Actions] 패널을 도우미 모드와 코드 모드로 변환합니다.

❿ 추가한 액션스크립트 코드가 표시되고 편집할 수 있습니다.

[Actions] 패널 도우미 모드 `486P`

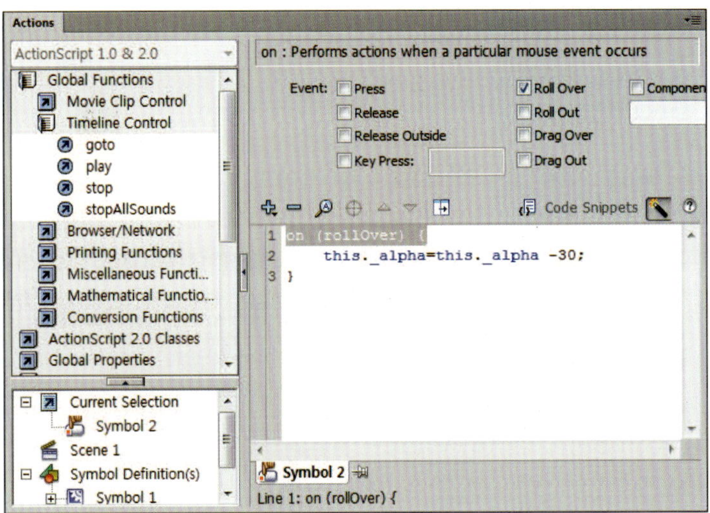

[Actions] 패널 코드 모드 `486P`

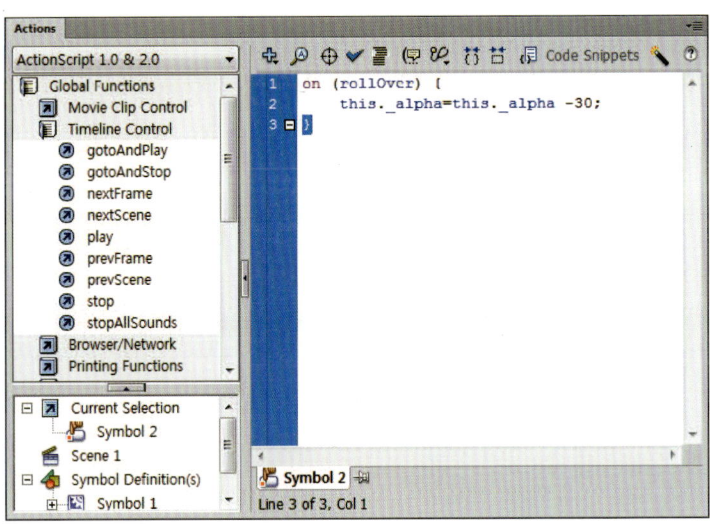

타임라인에 액션을 사용하면 무비의 흐름을 제어할 수 있습니다. 프레임 단위로 무비의 재생과 정지, 이동 등의 액션을 사용할 수 있습니다.

예제 파일 | CD\Part 09\타임라인액션.fla   **완성 파일 |** CD\Part 09\타임라인액션_완성.fla

01. 타임라인에 무비클립이 일정 간격으로 구성되어 있습니다. 무비클립은 무한 반복되도록 설정되어 있지만 타임라인에 구성된 영역을 벗어나면 사라져 버립니다. 타임라인에 액션을 지정해 봅니다. [Window]-[Actions](F9) 메뉴를 클릭해 [Actions] 패널을 엽니다.

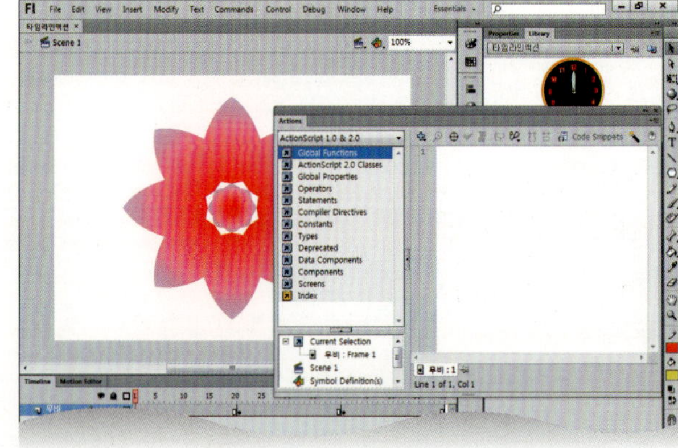

02. '꽃잎'이 구성된 1프레임을 클릭하고 [Actions] 패널의 액션스크립트 목록에서 'Global Functions'-'Timeline Control'-'Stop'을 찾아 더블클릭하여 액션을 추가합니다.

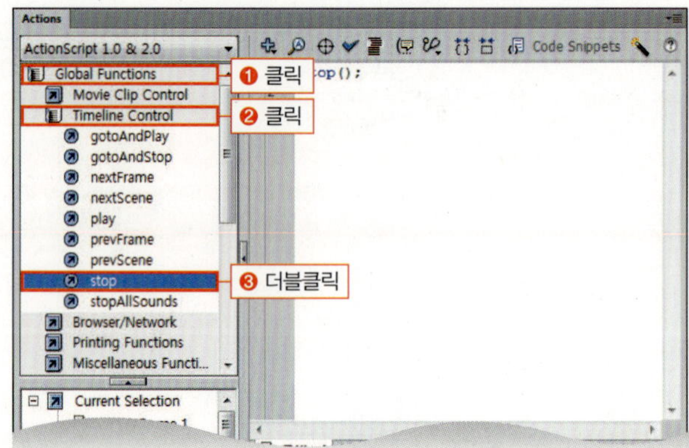

03. Ctrl + Enter 를 눌러 테스트 무비를 실행하면 무비가 1프레임에서 회전하는 무비만 계속 나타납니다.

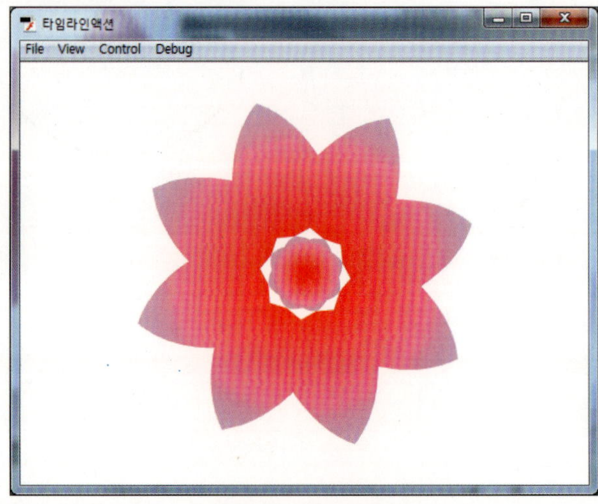

04. 액션을 삭제해 봅니다. [Actions] 패널의 코드 창의 'stop();' 액션을 드래그하여 선택하고 `Del` 을 눌러 삭제합니다.

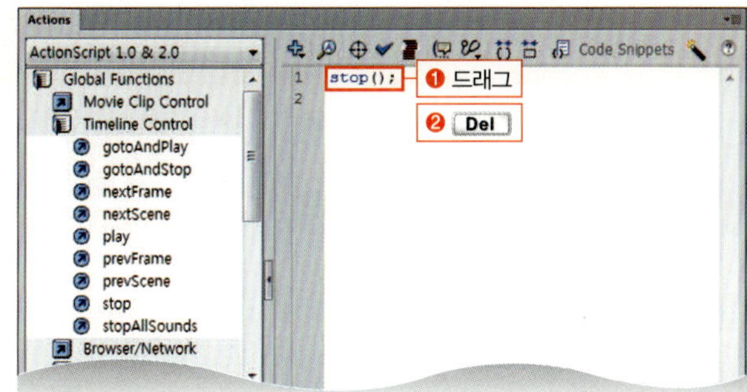

05. 이번에는 'goto' 명령으로 프레임을 건너뛰는 액션을 지정해 봅니다. 21프레임을 클릭하고 액션스크립트 목록에서 'Global Functions'-'Timeline Control'-'gotoAndPlay'를 찾아 더블클릭하여 액션을 추가합니다. 'goto' 액션을 추가하면 코드 창에 이동할 프레임을 입력하라는 메시지가 나타납니다. 괄호 안에 '41'을 입력합니다.

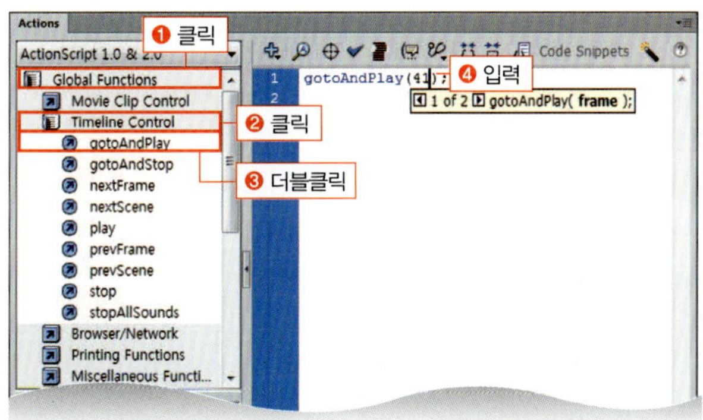

06. `Ctrl` + `Enter` 를 눌러 무비를 확인하면 21프레임에 구성된 시계 무비는 재생되지 않고 꽃과 별 무비만 반복 재생됩니다.

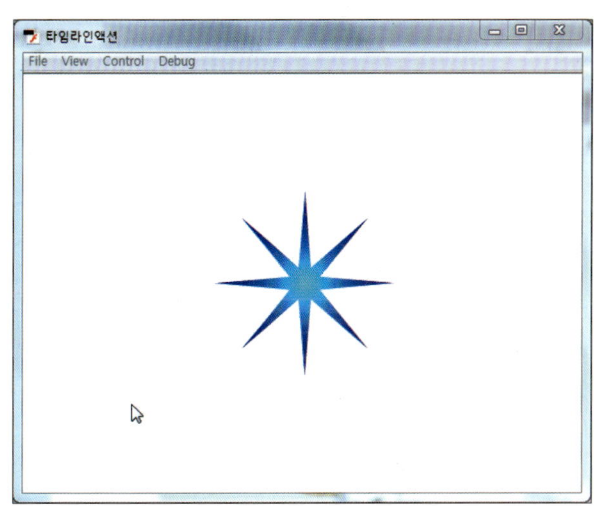

T I P ： Timeline Control

무비의 진행을 제어할 수 있는 액션으로 키프레임에 액션을 설정하여 사용합니다.

❶ gotoAndPlay : 지정된 프레임으로 이동하여 무비를 재생합니다.

❷ gotoAndStop : 지정된 프레임으로 이동하여 무비를 정지합니다.

❸ nextFrame : 다음 프레임으로 이동한 후 무비를 정지합니다.

❹ nextScene : 다음 씬으로 이동한 후 무비를 정지합니다.

❺ play : 무비를 재생합니다.

❻ prevFrame : 이전 프레임으로 이동한 후 무비를 정지합니다.

❼ prevScene : 이전 씬으로 이동한 후 무비를 정지합니다.

❽ stop : 무비를 정지합니다.

❾ stopAllSounds : 재생 중인 모든 사운드를 정지합니다.

버튼에 액션스크립트를 지정하면 마우스의 이벤트에 의해 다양한 명령을 수행하도록 구성할 수 있습니다. 버튼으로 타임라인을 제어하는 방법을 알아보도록 하겠습니다.

예제 파일 | CD\Part 09\타임라인제어.fla **완성 파일 |** CD\Part 09\타임라인제어_완성.fla

01. '타임라인제어.fla' 파일을 불러오면 구성은 1~10프레임까지 프레임 수만큼 회전하는 '꽃'이 구성되어 있습니다. 마우스로 버튼을 클릭하여 꽃의 숫자를 늘리고 줄이는 액션스크립트를 작성해 봅니다.

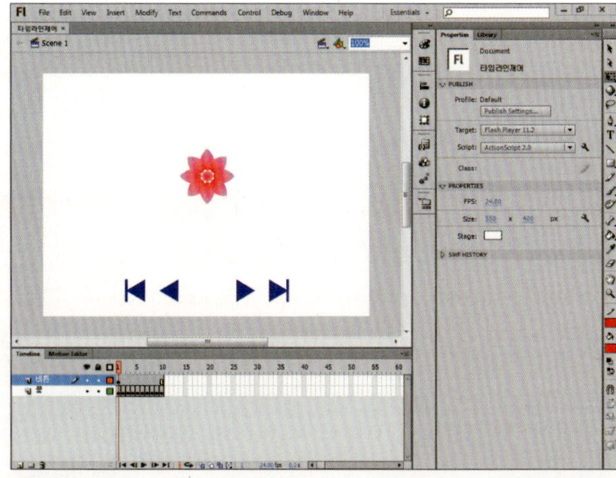

02. [Actions] 패널의 [Script Assist](🖉)를 클릭해 코드 창을 전환합니다.

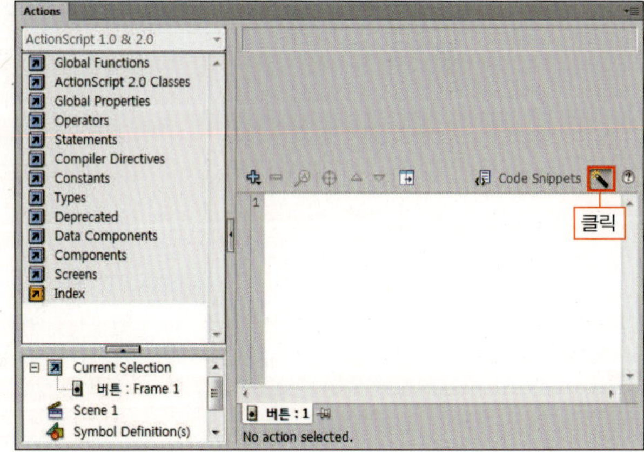

03. 먼저 무비의 로딩과 함께 무비가 정지하도록 설정합니다. '버튼' 레이어의 1프레임을 클릭하고 [Actions] 패널의 액션 목록에서 'Global Functions'-'Timeline Control'-'Stop'을 더블클릭하여 액션을 추가합니다.

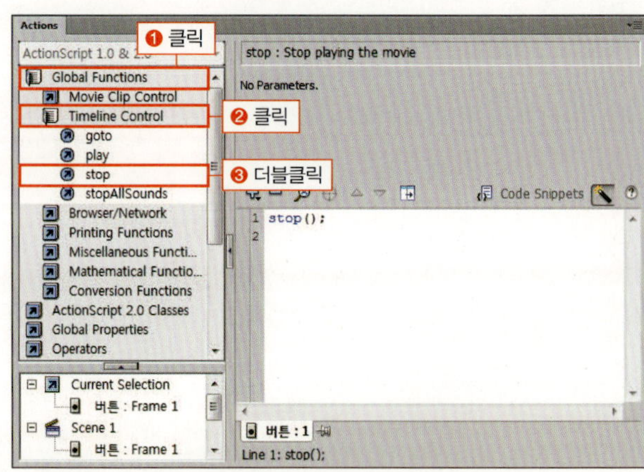

04. 스테이지의 버튼 중에서 첫 번째 '되감기' 버튼을 클릭하고 [Actions] 패널의 액션 목록에서 'Global Functions'–'Timeline Control'–'goto'를 더블 클릭하여 액션을 추가합니다.

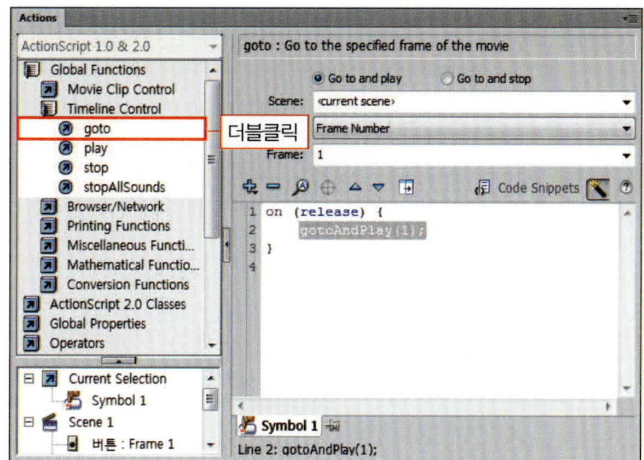

05. 작성된 액션 스크립트 코드 중에서 'goto-AndPlay(1);'을 클릭하여 옵션을 표시하고 옵션을 다음과 같이 설정합니다.

[Scene] : 〈current scene〉

[Type] : Frame Number

[Frame] : 1

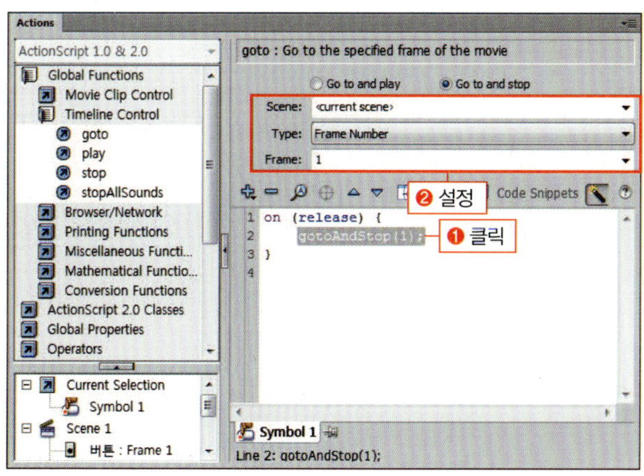

06. 두 번째 '뒤로' 버튼을 클릭하고 액션 목록에서 'Global Functions'–'Timeline Control'–'goto'를 더블클릭하여 액션을 추가하고 옵션 항목 중에서 [Type]를 'Previous Frame'으로 설정합니다. 버튼을 클릭하면 이전 프레임으로 이동하여 무비를 정지합니다.

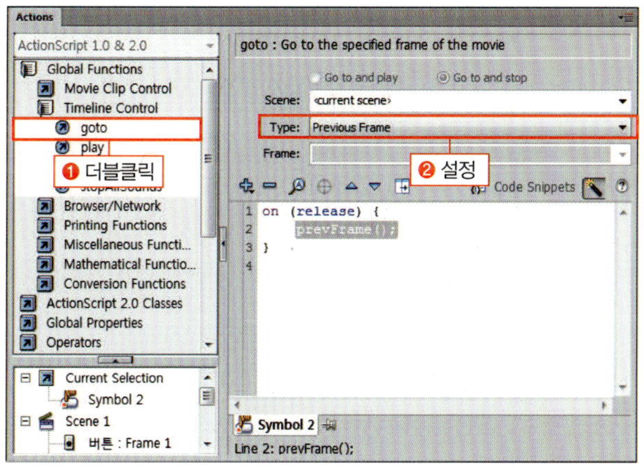

07. 세 번째 '앞으로' 버튼을 클릭하고 [Actions] 패널의 액션 목록에서 'Global Functions'–'Timeline Control'–'goto'를 더블클릭하여 액션을 추가하고 옵션 항목 중에서 [Type]를 'Next Frame'으로 설정합니다. 버튼을 클릭하면 다음 프레임으로 이동하여 무비를 정지합니다.

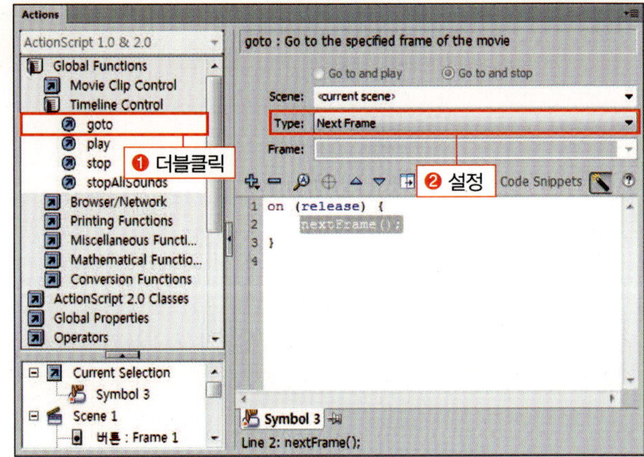

08. 네 번째 '빨리감기' 버튼을 클릭하고 [Actions] 패널의 액션 목록에서 'Global Functions'–'Timeline Control'–'goto'를 더블클릭하여 액션을 추가하고 옵션을 다음과 같이 설정합니다.

[Scene] : 〈current scene〉
[Type] : Frame Number
[Frame] : 10

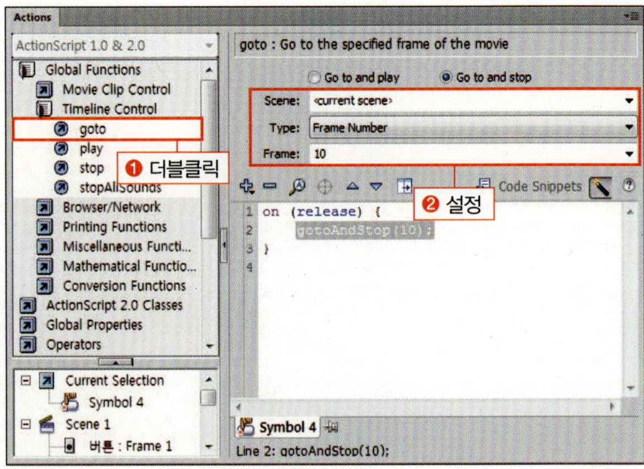

09. Ctrl + Enter 를 눌러 테스트 무비를 실행하고 버튼을 클릭하여 타임라인이 버튼에 의해 이동하는지 확인합니다.

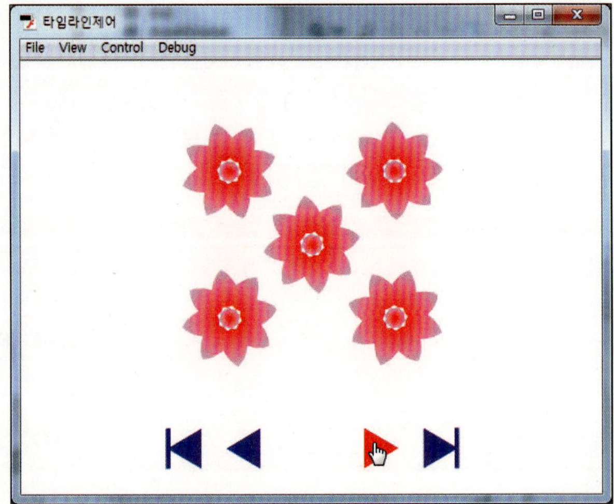

버튼에 액션스크립트를 설정하여 무비클립의 실행을 제어할 수 있습니다. 무비클립을 불러서 실행을 제어하는 무비를 만들어보도록 하겠습니다.

예제 파일 | CD₩Part 09₩비행기제어.fla **완성 파일** | CD₩Part 09₩비행기제어_완성.fla

01. '비행기제어.fla' 파일을 불러오면 배경 그림에 무비클립으로 구성된 비행기가 있습니다. '비행기'를 더블클릭하여 무비클립 구성을 확인해 봅니다.

02. [Timeline] 패널을 보면 '비행기'가 날아와 사라지는 무비로 트윈이 구성되어 있고 무비클립이 실행되지 않도록 1프레임에 'stop' 액션이 설정되어 있습니다.

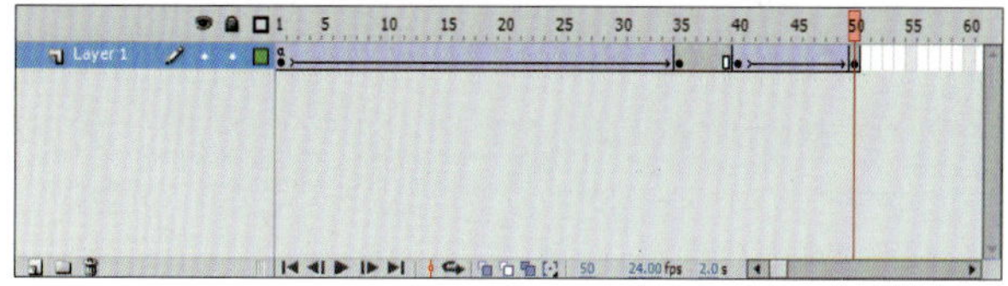

03. 버튼으로 무비클립을 제어하려면 무비클립 인스턴스에 이름을 설정해야 합니다. Scene 1을 클릭해 메인화면으로 돌아와 '비행기'를 클릭하고 [Properties] 패널에서 [Instance Name]을 '비행기'로 설정합니다.

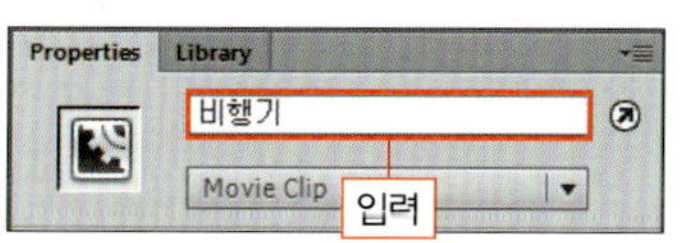

04. [Timeline] 패널의 [New layer]()를 클릭해 버튼을 구성할 레이어를 추가하고 이름을 '버튼'으로 변경합니다.

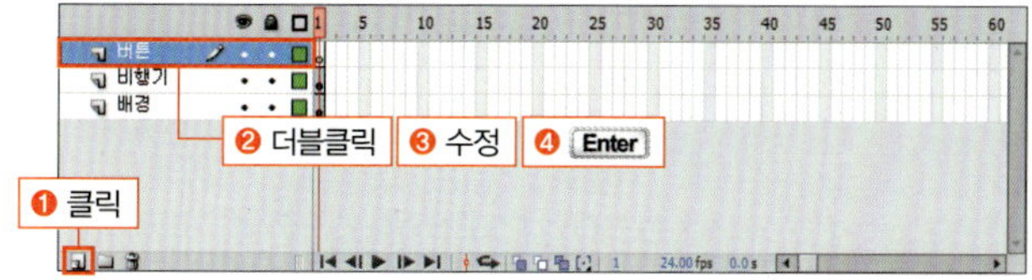

05. [사각형 툴]()을 선택하여 버튼으로 사용할 사각형을 '비행기'를 덮을 정도의 크기로 그린 후 F8을 눌러 버튼 심벌로 전환합니다.

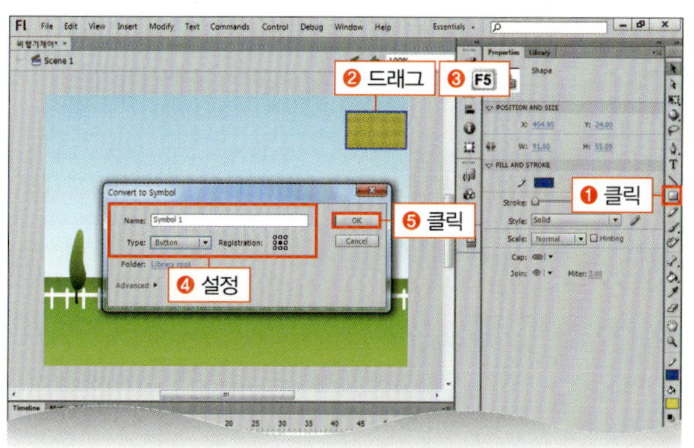

06. '사각형'을 더블클릭하여 편집 모드로 전환하고 타임라인의 Up프레임을 드래그하여 Hit프레임으로 이동합니다. Up, Over, Down프레임에 아무 내용도 구성하지 않으면 무비 실행 시 버튼은 보이지 않게 됩니다.

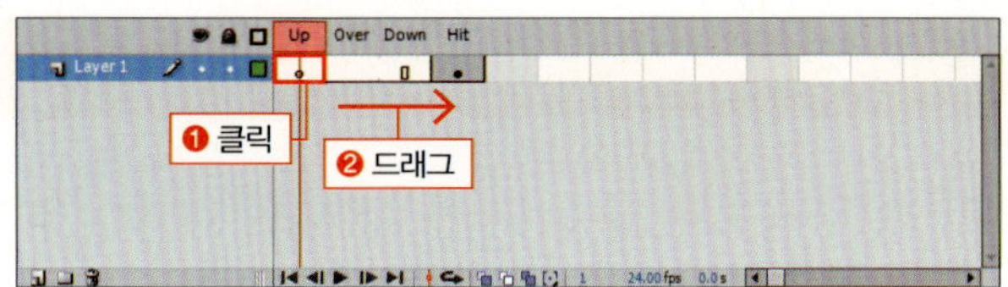

07. Scene 1을 클릭해 메인화면으로 돌아오면 버튼의 색상이 반투명한 '하늘색'으로 변경되어 있습니다. [선택 툴]( )을 선택하여 버튼을 클릭하고 [Window]-[Action](F9)를 클릭해 [Actions] 패널을 엽니다.

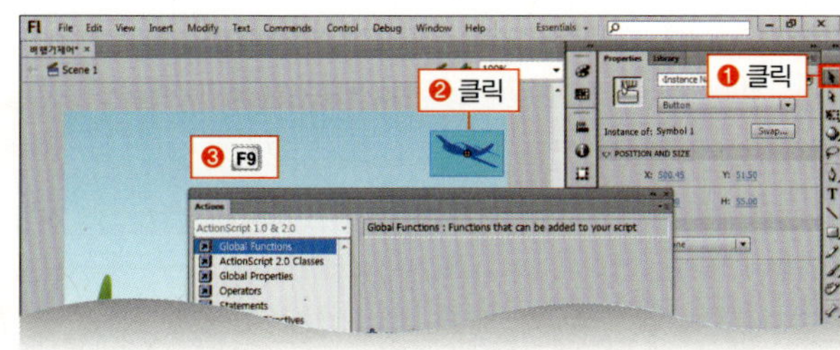

08. 액션 목록에서 'Deprecated'-'Actions'-'tellTarget'을 찾아 더블클릭하여 액션을 추가하고 'tellTarget' 옵션의 [Target]에 '비행기'를 입력합니다.

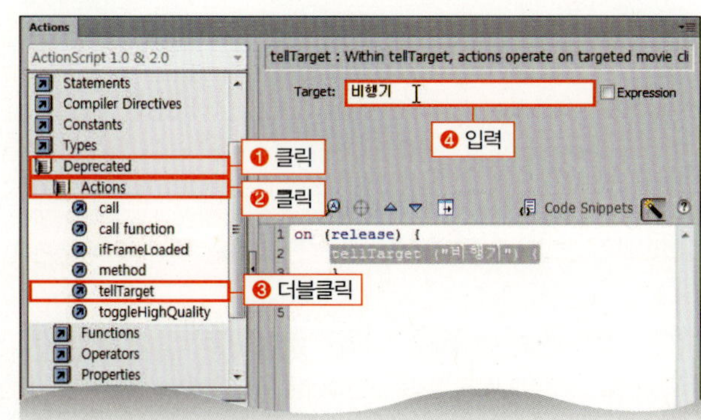

09. 액션 목록에서 'Global Functions'-'Timeline Control'-'Play'를 더블클릭하여 액션을 추가합니다.

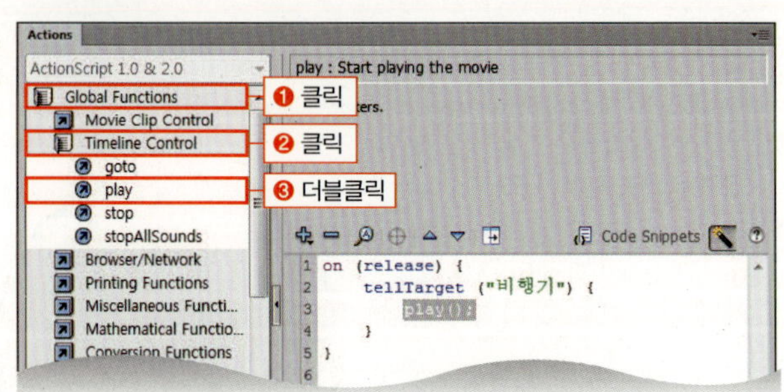

10. Ctrl + Enter 를 눌러 테스트 무비를 실행하고 비행기를 클릭해 실행을 확인합니다.

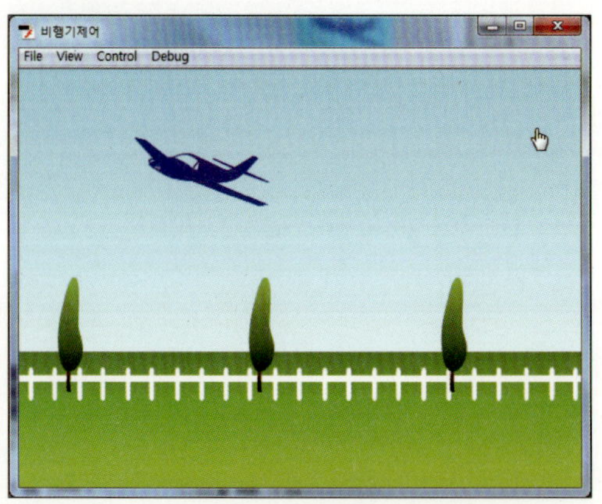

버튼의 이벤트 중에서 'Key Press'를 사용하면 마우스 동작 없이 키보드로 무비를 제어할 수 있습니다. 'Key Press'로 무비를 제어하는 방법을 알아보도록 하겠습니다.

예제 파일 | CD\Part 09\피아노.fla **완성 파일 |** CD\Part 09\피아노_완성.fla

01. '피아노.fla' 파일을 불러오면 무비클립으로 구성된 '피아노'가 화면 중앙에 위치하고 있고 아래에 버튼 심벌이 하나 구성되어 있습니다. 버튼은 액션만 구성하고 스테이지 밖으로 이동할 것이기 때문에 모양과 색상은 아무 상관이 없습니다.

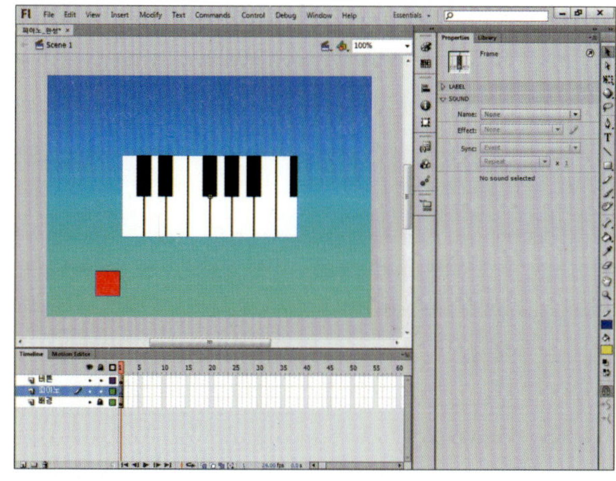

02. [선택 툴]( )을 선택하여 '피아노'를 클릭하고 [Properties] 패널에서 [Instance Name]을 '피아노'로 설정하고 '피아노'를 더블클릭하여 편집 모드로 전환합니다.

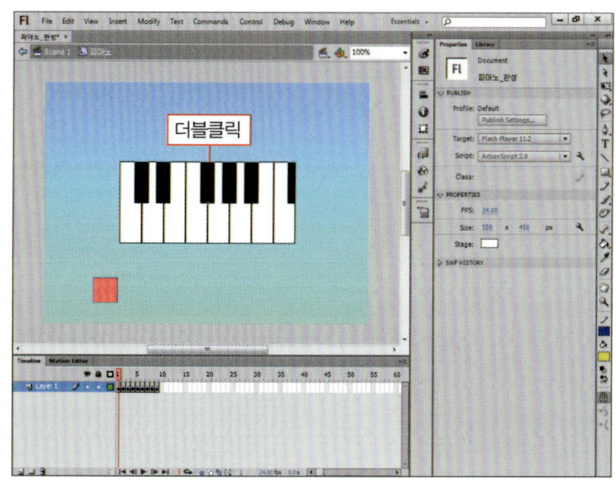

03. '피아노' 무비클립의 구성을 보면 1~9프레임에 피아노의 모양이 키프레임으로 모두 구성되어 있고 2~9프레임까지는 '도레미파솔라시도' 사운드와 함께 건반 색상이 변경되도록 되어 있습니다.

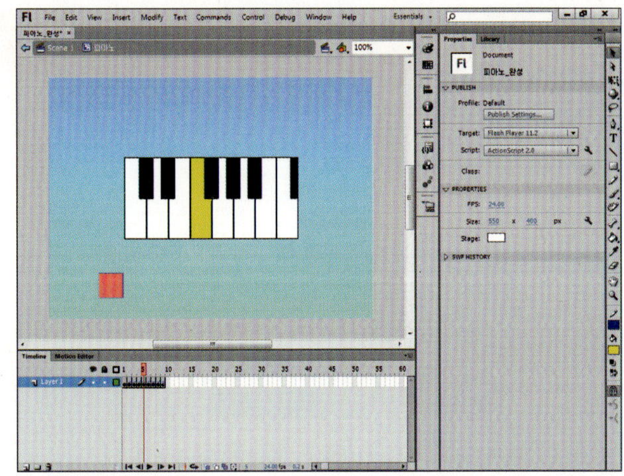

04. 버튼으로 무비클립을 제어하기 전에 [Window]-[Action]([F9])를 클릭해 [Actions] 패널을 열고 무비클립의 타임라인에 먼저 액션을 다음과 같이 설정하도록 합니다.

> 1프레임 : 'stop'
> 2~9프레임 : 'gotoAndStop(1);'

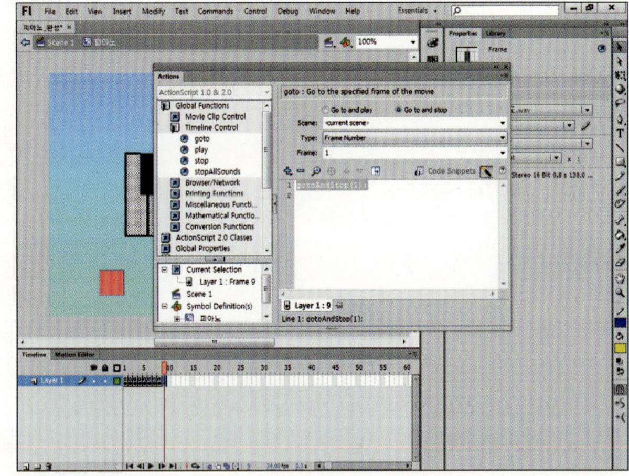

TIP : 2~9프레임에 'gotoAndStop(1);'을 설정하는 이유는 버튼에서 무비클립의 프레임을 불러와 해당 음을 연주한 후 원위치로 되돌리기 위함입니다. 만약 'gotoAndStop(1);'을 설정하지 않으면 음악을 연주할 때 해당 프레임에 정지되어 같은 음을 반복해서 연주할 수 없게 됩니다.

05. Scene 1을 클릭해 메인화면으로 돌아와 스테이지 하단의 버튼을 [Ctrl]을 누른 상태로 클릭하고 드래그해 8개로 복사합니다.

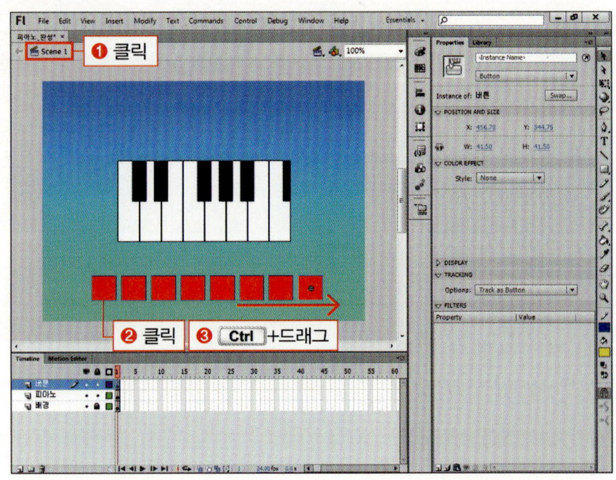

06. 첫 번째 버튼을 클릭하고 [Actions] 패널의 액션 목록에서 'Deprecated'-'Actions'-'tellTarget' 을 더블클릭해 추가하고 'Target'에 '피아노'를 입력합니다.

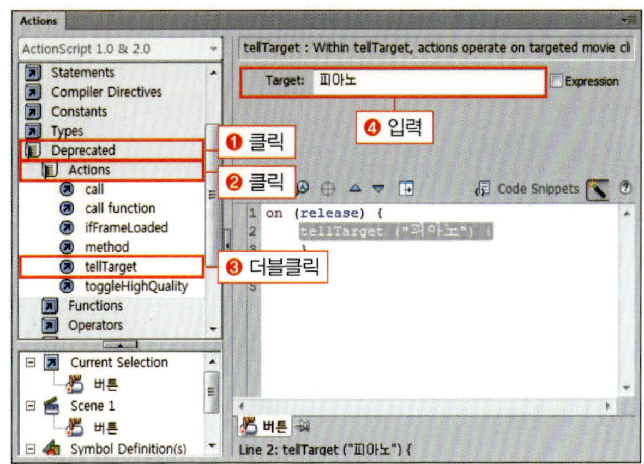

07. 액션 목록에서 'Global Functions'-'Timeline Control'-'goto'를 더블클릭해 추가하고 옵션을 다음과 같이 설정합니다.

[Scene] : 〈current scene〉
[Type] : Frame Number
[Frame] : 2

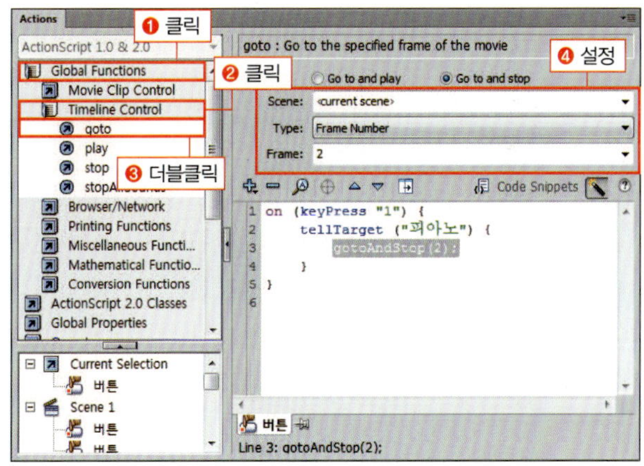

08. 코드 창의 'on (release) {'를 클릭하고 옵션에서 'Release'를 체크 해제하고 'Key Press'에 체크한 후 '1'을 입력합니다.

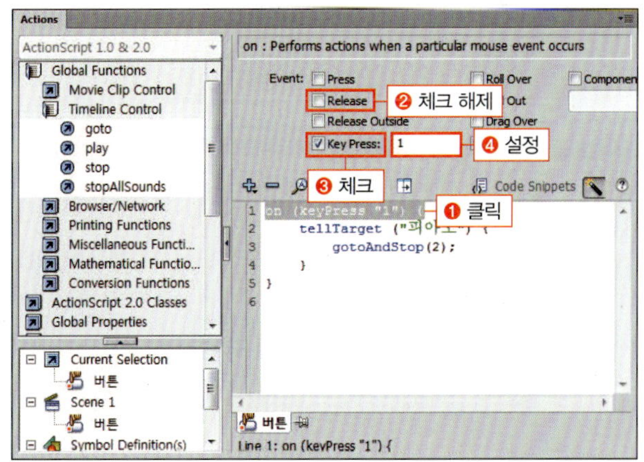

493

• 두 번째 버튼

```
on (keyPress '2') {
   tellTarget ('피아노') {
       gotoAndStop(3);
   }
}
```

• 여섯 번째 버튼

```
on (keyPress '6') {
   tellTarget ('피아노') {
       gotoAndStop(7);
   }
}
```

• 세 번째 버튼

```
on (keyPress '3') {
   tellTarget ('피아노') {
       gotoAndStop(4);
   }
}
```

• 일곱 번째 버튼

```
on (keyPress '7') {
   tellTarget ('피아노') {
       gotoAndStop(8);
   }
}
```

• 네 번째 버튼

```
on (keyPress '4') {
   tellTarget ('피아노') {
       gotoAndStop(5);
   }
}
```

• 여덟 번째 비튼

```
on (keyPress '8') {
   tellTarget ('피아노') {
       gotoAndStop(9);
   }
}
```

• 다섯 번째 버튼

```
on (keyPress '5') {
   tellTarget ('피아노') {
       gotoAndStop(6);
   }
}
```

TIP : 액션스크립트 코드의 복사

액션스크립트의 코드가 서로 같거나 비슷하게 구성되는 경우 복사하여 사용할 수 있습니다. 작성된 코드를 마우스로 드래그하여 선택하고 `Ctrl`+`C`를 눌러 복사한 후 원하는 오브젝트의 코드 창에 `Ctrl`+`V`를 눌러 붙여 넣기하고 필요한 경우 옵션 등을 수정하여 사용하면 쉽게 사용할 수 있습니다.

10. 액션스크립트의 코딩이 완료되면 [Actions]
패널을 닫고 '버튼'을 모두 선택하고 스테이지 밖
으로 옮깁니다.

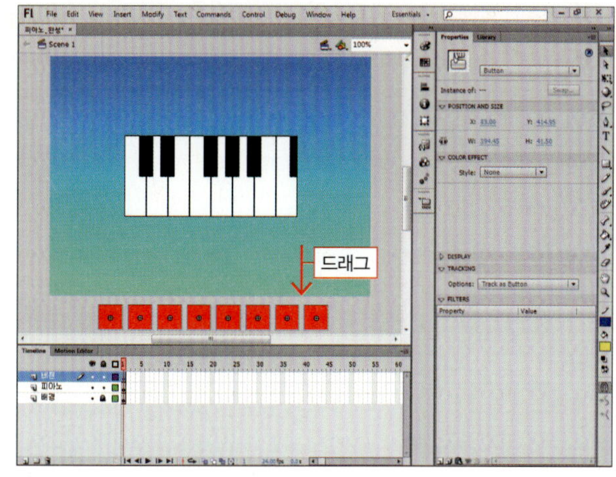

11. [Ctrl]+[Enter]를 눌러 테스트 무비를 실
행하고 키보드의 1~8까지 숫자를 사용하여 연주
해 봅니다.

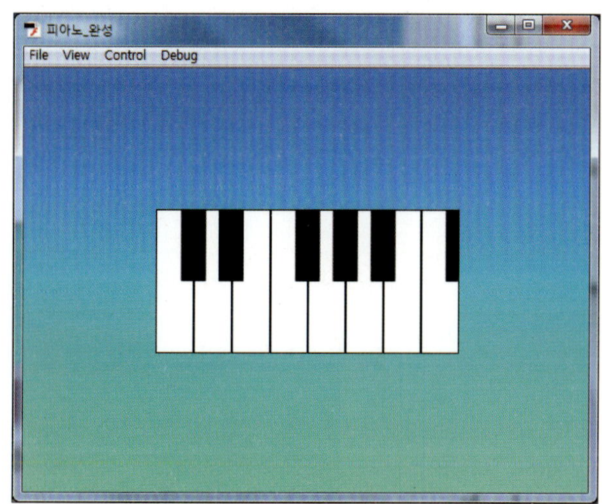

마우스의 움직임을 따라 눈을 내리는 무비를 만들어보도록 하겠습니다. 무비클립 안에 버튼을 구성하여 무비클립을 제어할 수 있습니다.

예제 파일 | CD\Part 09\눈내리기.fla **완성 파일 |** CD\Part 09\눈내리기_완성.fla

01. '눈내리기.fla' 파일을 불러옵니다. 하늘에서 눈이 내리도록 구성하려면 먼저 눈송이를 만들어야 합니다.

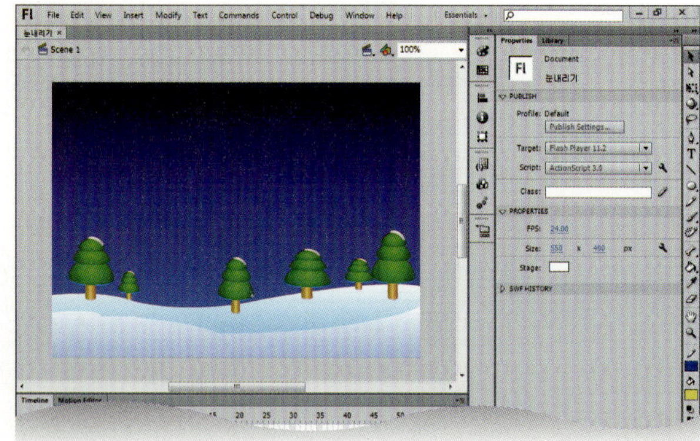

02. [원형 툴]( )을 선택하여 스테이지에 눈송이가 될 작은 원을 하나 그립니다. [Properties] 패널의 [선 색상]은 '없음', [면 색상]은 '회색과 흰색의 원형 그레이디언트'로 설정합니다.

> **TIP : 무비클립의 크기 변경**
>
> 눈송이와 같이 작은 오브젝트를 무비클립으로 구성하는 경우 크기가 작아 작업이 불편합니다. 따라서 작업의 편의상 실제보다 크게 작업하고 실제로 배치할 때 축소하여 사용하는 경우가 종종 있습니다. 이런 경우에는 무비클립에 구성된 움직이는 모션의 길이 또한 같은 비율로 축소되기 때문에 크기 변경 시 주의하도록 합니다.

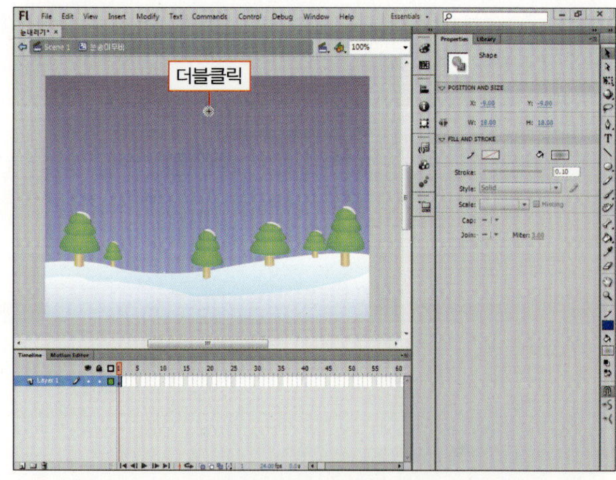

03. [선택 툴]( )을 선택하여 '원'을 클릭하여 F8 을 눌러 무비 클립으로 전환하고 더블클릭하여 무비클립의 편집 모드로 전환합니다.

04. F8 을 눌러 '원'을 다시 그래픽 심벌로 전환하고 'Layer 1' 레이어를 선택하고 마우스 오른쪽 버튼을 클릭해 'Create Motion Tween'을 선택해 30프레임까지 모션 트윈을 적용합니다. 모션이 적용된 프레임을 클릭하고 드래그하여 모션이 2프레임부터 시작하도록 키프레임을 옮깁니다.

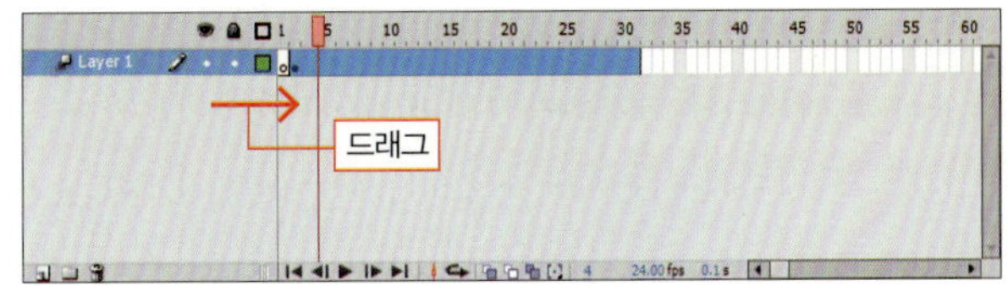

05. 모션의 마지막 31프레임의 '눈송이'를 아래로 옮깁니다. 10, 20프레임을 클릭하고 F6 을 눌러 키프레임을 삽입하고 '눈송이'가 흔들리며 내려오도록 모션 가이드를 'S'자 모양으로 수정합니다.

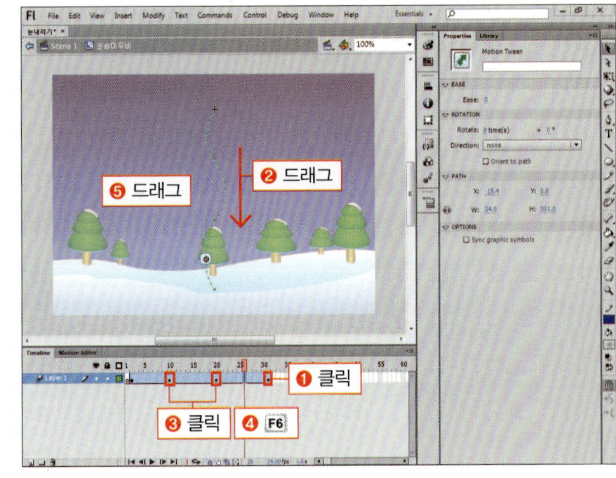

06. 31프레임의 '눈송이'를 클릭하고 [Properties] 패널에서 [Alpha]를 '0'으로 설정합니다.

07. [Timeline] 패널의 [New layer]( )를 클릭해 레이어를 추가하고 이름을 '버튼'으로 변경합니다.

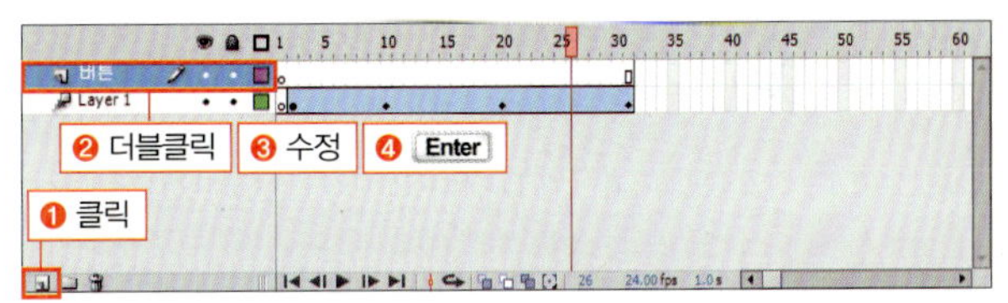

08. '버튼' 레이어를 선택하고 [사각형 툴]( )을 선택하여 '눈송이'가 가릴 정도의 사각형을 그린 후 F8 을 눌러 '버튼'이라는 이름의 버튼 심벌로 전환합니다.

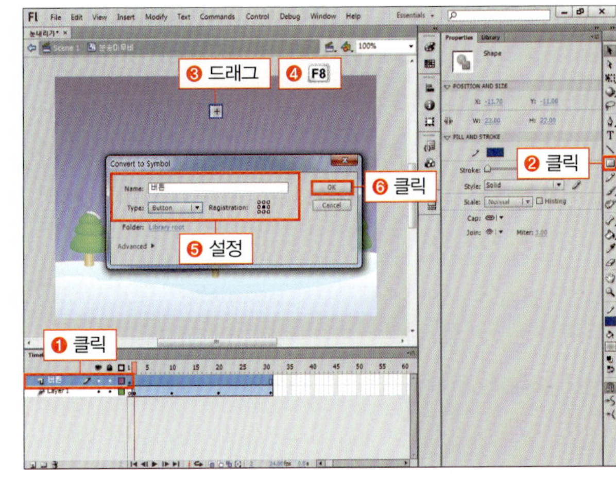

09. 무비클립이 로딩과 동시에 멈춘 상태
가 되도록 '버튼' 레이어의 1프레임을 클릭하고
[Winndow]-[Actions]([F9]) 메뉴를 클릭해 [Actions]
패널을 연 뒤 'stop' 액션을 추가합니다. 모션 트
윈이 구성된 레이어의 프레임에는 액션을 추가할
수 없으므로 반드시 '버튼' 레이어에 액션을 추가
합니다.

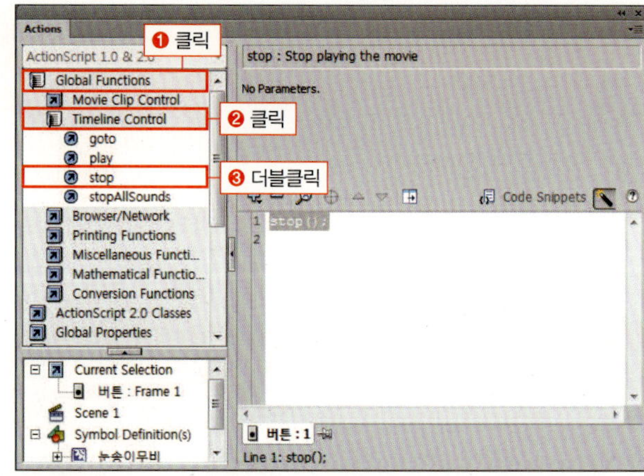

10. '버튼' 심벌을 클릭하고 'play' 액션을 추가합
니다. 이 때 버튼의 이벤트는 'Roll Over'를 선택합
니다.

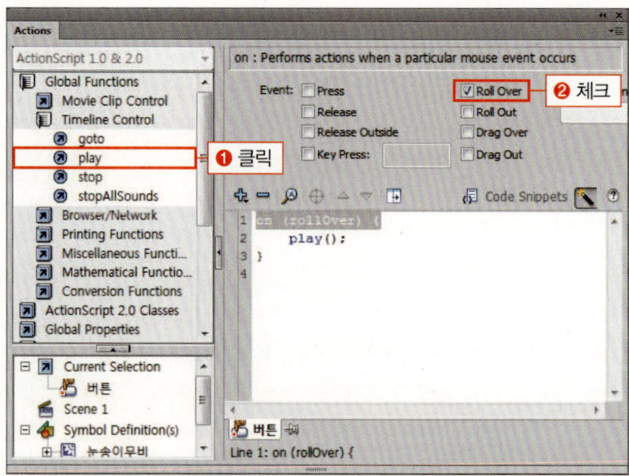

11. '버튼' 심벌을 더블클릭하여 편집 모드로 전
환하고 Up프레임의 키프레임을 Hit프레임으로 옮
깁니다.

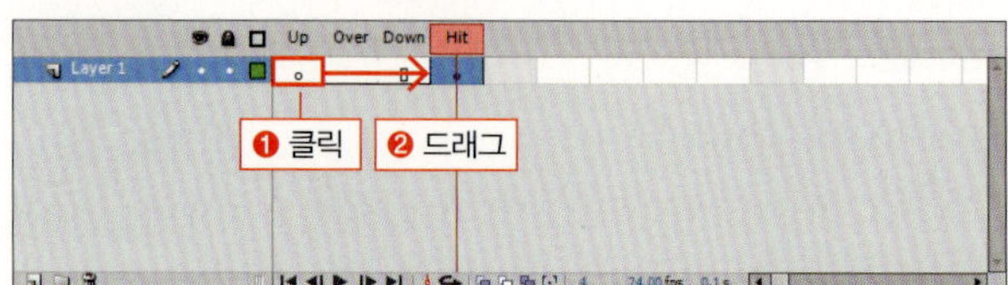

12. Scene 1을 클릭해 메인화면으로
돌아와 [자유 변형 툴]( )을 선택하여 '눈송이'
크기를 실제 크기로 적절히 줄인 후 하늘에 꽉 차
도록 복사하여 배열합니다. [Ctrl]+[Enter]를 눌
러 테스트 무비를 실행하고 마우스를 화면에서
움직이면 마우스를 따라 눈송이가 내리는 무비가
실행됩니다.

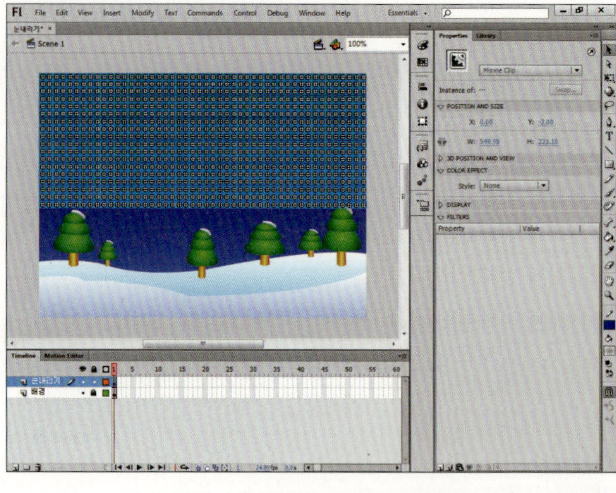

TIP : 이 때 버튼이 중복되지 않는 범위 내에서 꽉
차게 배열합니다. 복사는 [Shift]를 이용합니다.

레이어 마스크를 사용하여 이미지를 확대되어 보이도록 설정할 수 있습니다. 레이어 마스크와 액션스크립트를 사용하여 마우스를 따라다니는 줌렌즈를 만들어보도록 하겠습니다.

예제 파일 | CD\Part 09\줌렌즈.fla **완성 파일 |** CD\Part 09\줌렌즈_완성.fla

01. '줌렌즈.fla' 파일을 불러옵니다. 액션스크립트 구성이 의외로 간단하기 때문에 마스크 레이어 구성부터 진행해 봅니다. 예제 파일을 보면 배경 사진이 구성되어 있습니다.

02. 똑같은 사진을 복제하기 위해 '사진' 레이어를 선택한 후 마우스 오른쪽 버튼을 클릭해 'Duplicate Layers'를 선택합니다.

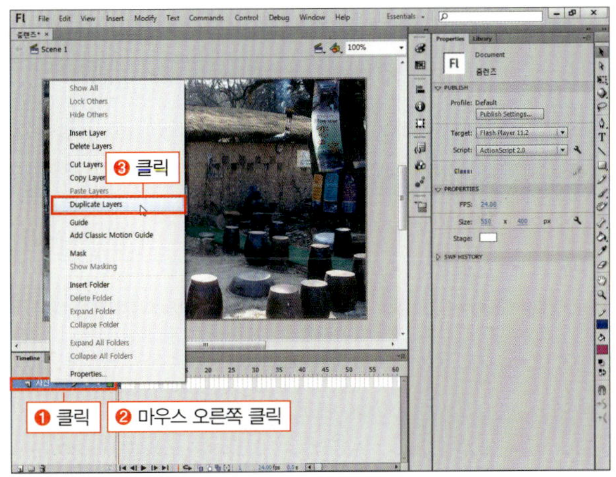

03. [자유 변형 툴]()을 선택하여 복제된 사진을 클릭하고 Shift 를 누른 상태로 전체 크기를 10% 정도 키웁니다.

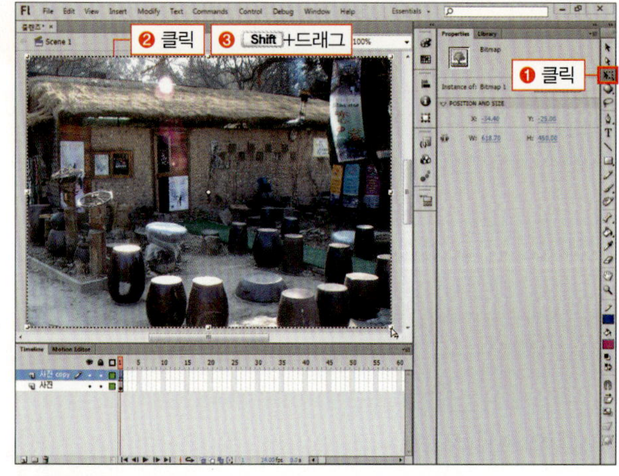

04. [Timeline] 패널의 [New layer]()를 클릭해 레이어를 추가하고 이름을 '줌렌즈'로 변경합니다.

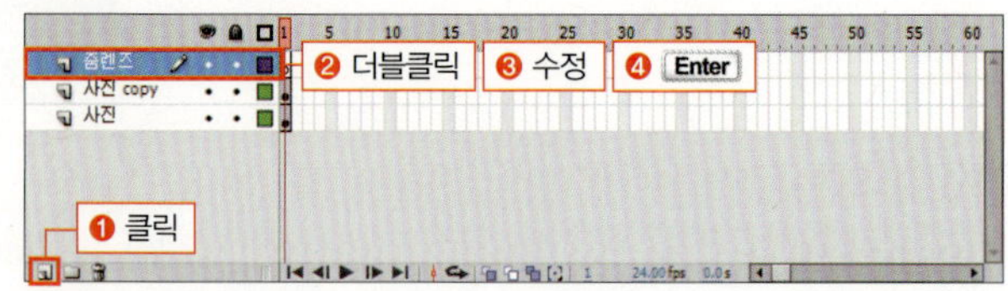

05. [원형 툴]()을 선택하여 스테이지에 줌렌즈로 사용할 '원'을 하나 그린 후 F8 을 눌러 '줌렌즈'라는 이름의 무비클립 심벌로 등록합니다.

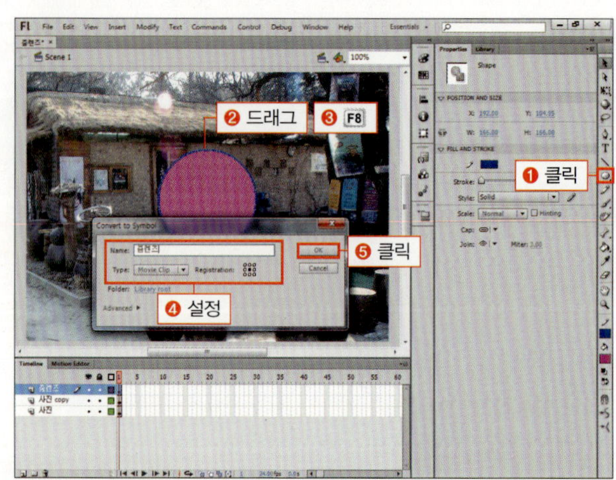

06. [Properties] 패널에서 '원'의 [Instance Name]을 'lens'로 설정하고 [선택 툴]()을 선택하여 '원'을 스테이지 밖으로 완전히 옮깁니다.

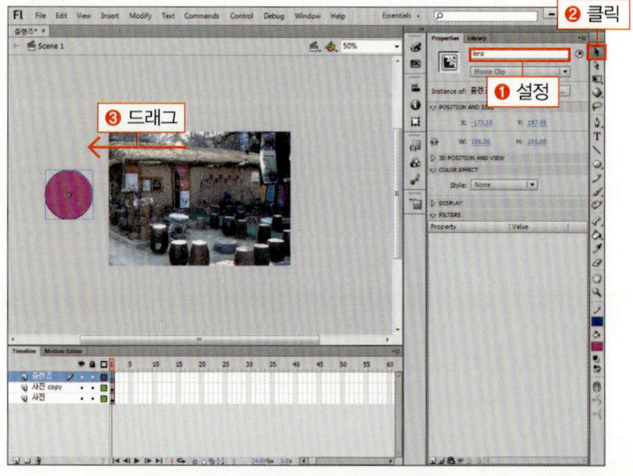

07. '사진 copy' 레이어의 키프레임을 클릭하고 [Window]–[Actions](F9) 메뉴를 클릭해 [Actions] 패널을 열어 액션 목록에서 'Global Functions'– 'Movie Clip Control'–'startDrag'를 더블클릭하여 추가하고 옵션에서 [Target]은 'lens'를 입력하고 'Lock mouse to center'에 체크합니다.

TIP : 무비의 로딩과 함께 'lens' 무비클립이 마우스 를 따라 움직이게 됩니다. 'Lock mouse to center'를 체 크한 것은 마우스 포인터를 심벌의 중심과 맞추기 위 함입니다.

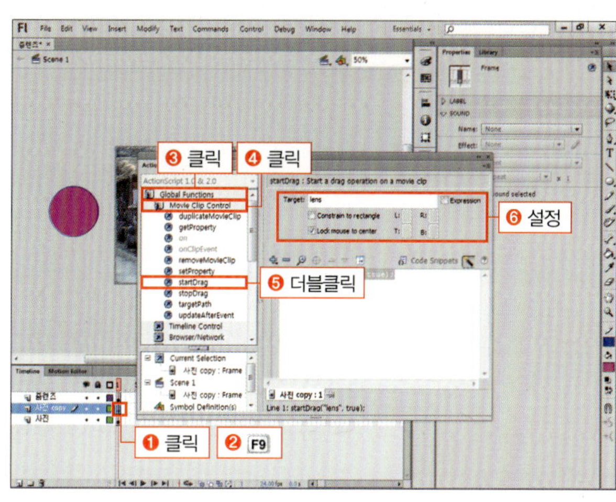

08. 마우스로 렌즈를 움직이는 동안 마우스 포 인터는 보이지 않도록 액션을 추가합니다. [Script Assist](🖉)를 클릭하여 [Actions] 패널을 코드 모 드로 전환하고 액션을 다음과 같이 입력하여 추 가합니다.

```
startDrag( " lens " , true);
Mouse.hide();
```

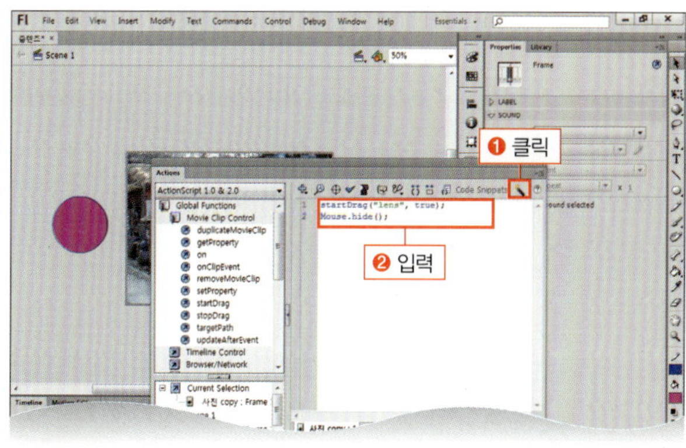

09. '줌렌즈' 레이어를 마우스 오른쪽 버튼으로 클릭하고 'Mask'를 선택해 마스크를 적용합니다.

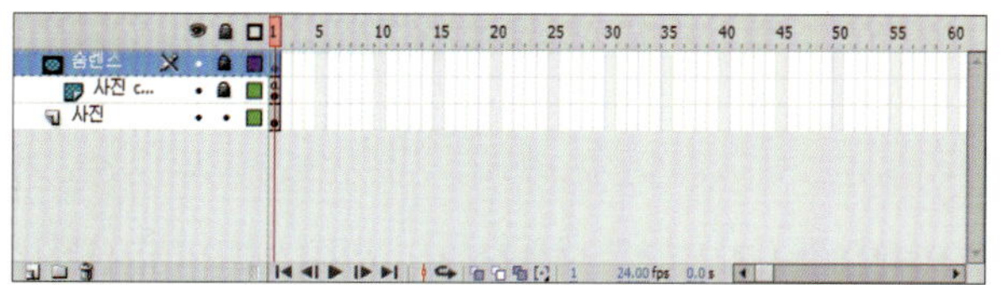

10. Ctrl + Enter 를 눌러 테스트 무비를 실 행합니다. 마우스 포인터 없이 마우스를 따라다니 는 줌렌즈를 확인할 수 있습니다.

무비클립의 투명도를 변경하는 액션스크립트를 작성해 이미지를 서서히 보이도록 하는 효과를 만들어 보도록 하겠습니다.

예제 파일 | CD₩Part 09₩투명도제어.fla   **완성 파일 |** CD₩Part 09₩투명도제어_완성.fla

01. 무비의 크기를 550px X 400px의 기본 크기로 제작하기 위해 '투명도제어.fla' 파일을 불러옵니다.

TIP : 무비의 구성은 무비클립에 투명도를 조절하는 버튼을 구성한 후 복제하여 화면에 꽉 차도록 배열하는 것입니다.

02. [Timeline] 패널의 [New layer]()를 클릭해 레이어를 추가하고 [사각형 툴]()을 선택하여 가로 '50px', 세로 '50px' 크기의 테두리 없는 검은색 사각형을 하나 그립니다.

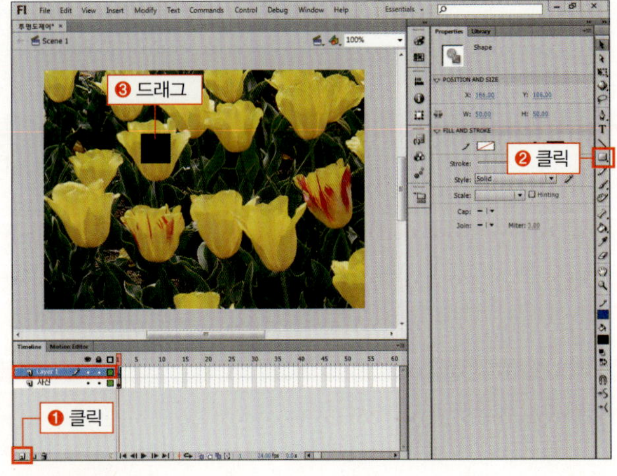

03. [선택 툴]( )을 선택하여 '사각형'을 클릭하고 F8 을 눌러 무비클립으로 전환하고 더블클릭하여 편집 모드로 전환합니다.

04. '사각형'을 클릭하고 다시 F8 을 눌러 버튼 심벌로 등록합니다.

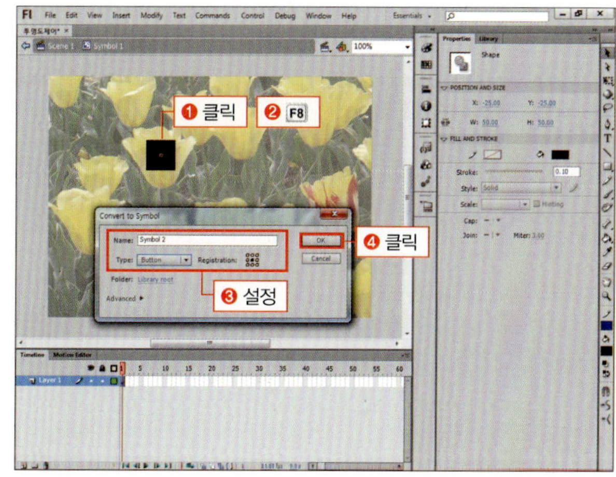

05. '사각형'을 클릭하고 [Window]–[Actions] (F9) 메뉴를 클릭해 [Actions] 패널을 열어 다음과 같이 액션스크립트를 작성합니다. 마우스가 버튼 위를 지나가면 현재 무비클립 심벌의 불투명도가 30%씩 감소하여 4번 지나가면 완전히 투명하게 되도록 설정한 것입니다.

```
on (rollOver) {
    this._alpha=this._alpha –30;
}
```

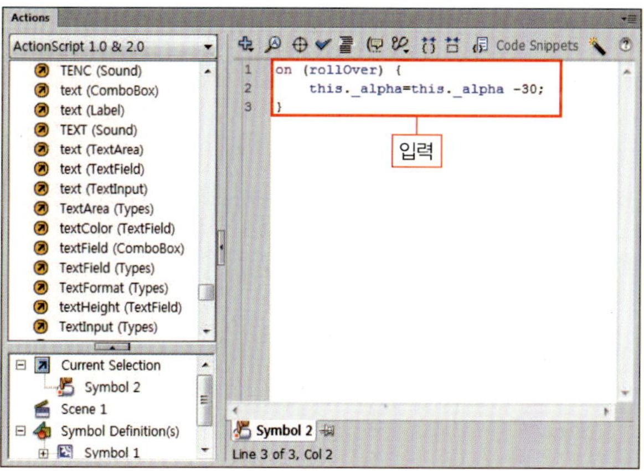

06. [Scene 1](　Scene 1　)을 클릭해 메인화면으로
돌아와 '사각형'을 화면에 꽉 차도록 복제하여 배
열하는데 이 때 주의할 점은 '사각형'의 경계에서
겹침이나 빈틈이 없어야 합니다. 먼저 '사각형'을
클릭하고 [Properties] 패널의 [X]는 '25.00', [Y]는
'25.00'으로 설정하여 '사각형'의 위치를 스테이지
왼쪽 상단 경계로 옮깁니다.

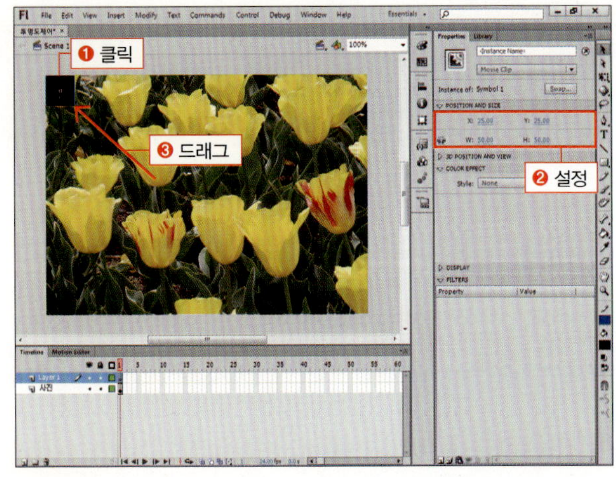

---

07. 무비의 가로 크기인 '550px'에 맞춰 '사각형'
을 가로로 11개를 배치합니다. '사각형'을 선택한
상태로 Ctrl + D 를 10번을 눌러 '사각형'을 복
제합니다.

08. 마지막으로 복제된 '사각형'의 위치를
[Properties] 패널에서 [X]는 '525.00', [Y]는 '25.00'
으로 설정하여 스테이지 오른쪽 모서리에 맞게
옮깁니다.

09. '사각형'을 모두 선택하고 [Align](　)을 클
릭해 [Align] 패널을 열어 [Aling top edge](　)와
[Distribute horizontal center](　)를 각각 클릭하여
'사각형'을 정렬합니다.

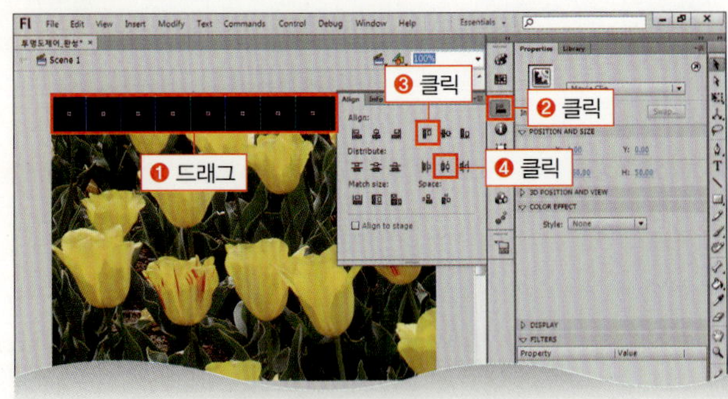

504

10. '사각형'을 모두 선택하고 Ctrl + G 를 눌러 그룹으로 설정한 후 Ctrl + D 를 7번 눌러 그룹 오브젝트를 복제합니다.

11. 마지막으로 복제된 그룹 오브젝트의 위치를 [Properties] 패널에서 [X]는 '0.00', [Y]는 '350.00'으로 설정하여 스테이지 아래쪽 경계로 옮깁니다.

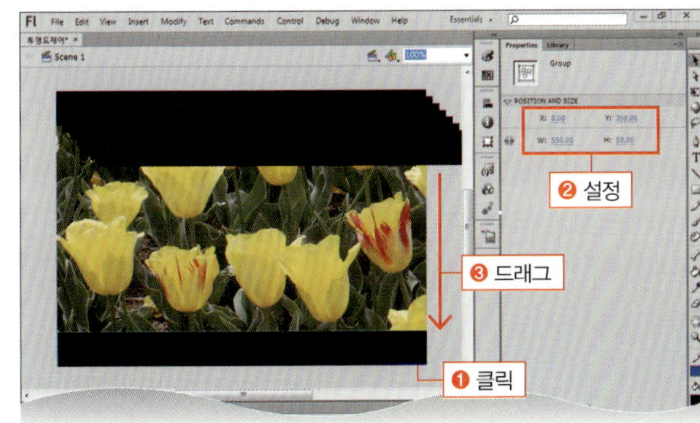

12. 그룹 오브젝트를 모두 선택하고 [Align](圖)을 클릭해 [Align] 패널을 열어 [Aling left edge](圖)와 [Distribute vertical center](圖)를 각각 클릭하여 그룹 오브젝트를 정렬합니다.

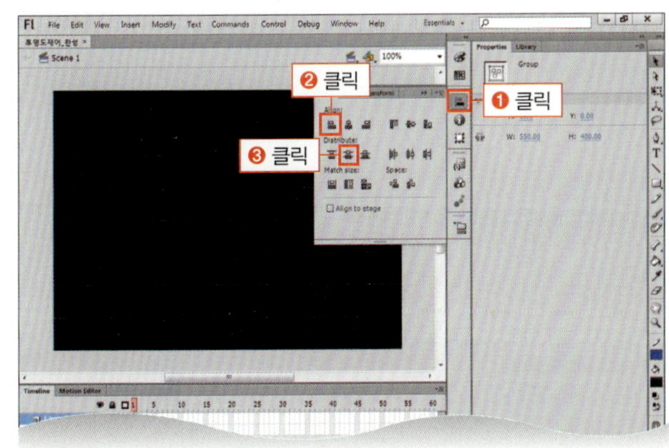

13. Ctrl + Enter 를 눌러 테스트 무비를 실행하고 마우스를 움직이면 투명도가 적용되면서 이미지가 나타납니다.

무비에서 재생되는 사운드를 제어하는 무비를 만들어 보도록 하겠습니다.

예제 파일 | CD\Part 09\사운드제어.fla **완성 파일 |** CD\Part 09\사운드제어_완성.fla

01. '사운드제어.fla' 파일을 불러오면 사운드를 제어할 수 있는 버튼과 무비 클립으로 구성된 이 퀄라이저가 스테이지에 구성되어 있습니다.

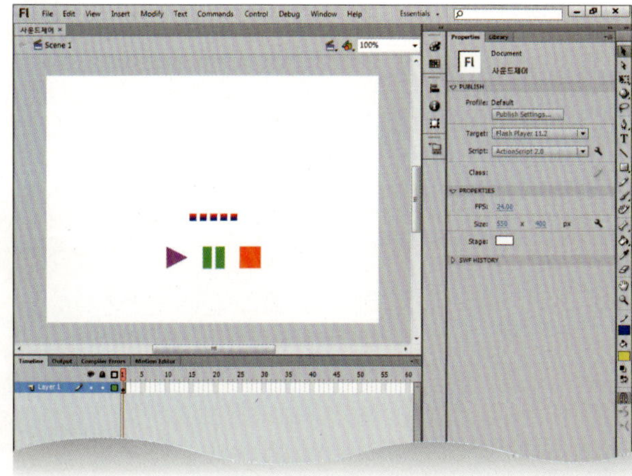

02. 5개의 막대로 구성된 '이퀄라이저'를 더블클릭하여 무비클립의 편집 모드로 전환하여 무비클립의 구성을 확인해 봅니다. 1프레임의 구성을 보면 'stop' 액션이 설정되어 있고 스테이지에는 사운드가 정지된 상태를 알리기 위한 작은 이퀄라이저 막대가 구성되어 있습니다.

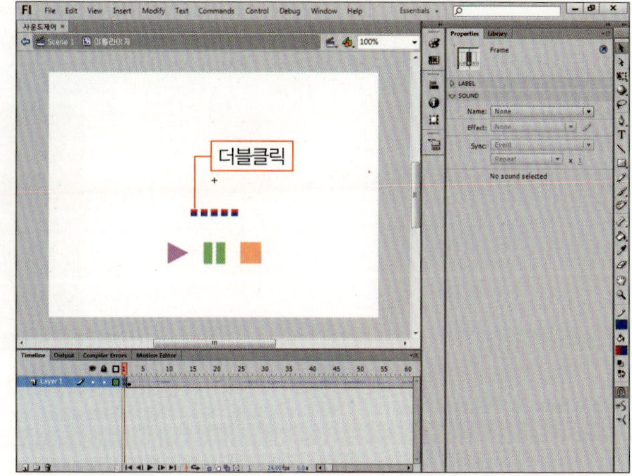

03. 2프레임의 구성을 보면 5개의 이퀄라이저 막대가 각각 독립적인 그래픽 심벌로 구성되어 있는데 각각의 그래픽 심벌의 내용을 확인하면 막대가 작아졌다 커지는 모션이 시간차가 다르게 구성되어 있습니다. 또한 프레임에 삽입된 사운드 길이만큼 프레임이 연장되어 있고 삽입된 사운드의 [Sound]–[Sync]는 'Stream'으로 설정되어 있습니다.

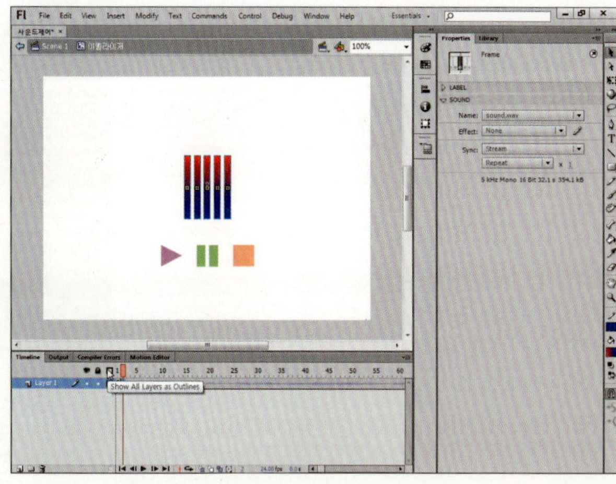

> **TIP : 그래픽과 무비클립**
>
> 무비에서 이퀄라이저를 무비클립이 아닌 그래픽 심벌로 구성한 이유는 무비의 일시정지 시 심벌의 타임라인도 정지시키기 위함입니다. 만약 그래픽 심벌이 아닌 무비클립으로 구성하면 타임라인이 정지되더라도 계속 반복되어 재생됩니다.

> **TIP : 사운드 싱크**
>
> 사운드 [Sync]를 'Stream'으로 구성하면 실시간 사운드 재생이 가능합니다. 즉 무비를 중간에 일시정지하고 다시 재생하면 현재 위치의 사운드가 이어서 재생됩니다.

04. Scene 1을 클릭해 메인화면으로 돌아와 버튼에 액션스크립트를 지정하여 사운드를 제어하는 무비를 만들어 봅니다. 먼저 [선택 툴]( )을 선택하여 '플레이' 버튼을 클릭하고 [Window]–[Actions](F9) 메뉴를 클릭해 [Actions] 패널을 열고 다음과 같이 액션스크립트를 작성합니다.

```
on (release) {
  tellTarget ('sound') {
      play();
  }
}
```

05. 같은 방법으로 버튼을 하나씩 선택하고 차례대로 다음과 같이 액션을 추가합니다.

• 두 번째 버튼

```
on (release) {
  tellTarget ('sound') {
      stop();
  }
}
```

• 세 번째 버튼

```
on (release) {
  tellTarget ('sound') {
      gotoAndStop(1);
  }
}
```

06. Ctrl + Enter 를 눌러 테스트 무비를 실행하고 버튼으로 사운드를 제어해 봅니다.

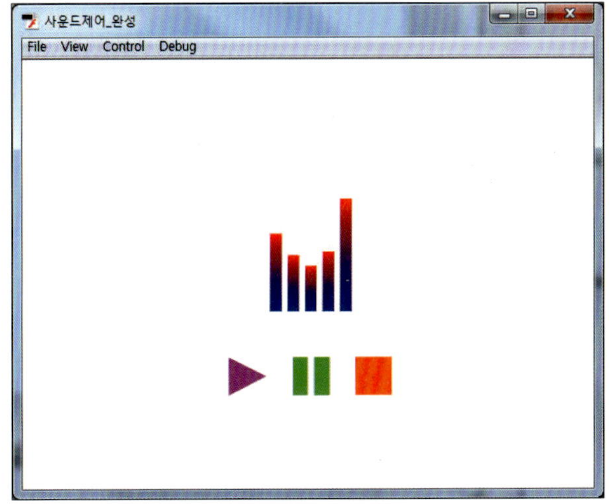

액션스크립트 3.0의 기초 다지기

액션스크립트는 점점 발전하면서 2.0에서 3.0으로 진화하였고 3.0은 자바(Java)를 도입하면서 더욱 발전된 프로그램 방식으로 변화를 가져왔습니다. 특히, 인터넷에 사용되는 Flash Player는 계속적인 발전을 하면서 더욱 빠른 처리로 내용을 보여줍니다. 그 중심이 자바 엔진의 도입으로 이루어져 있어 2.0보다는 탄력적으로 활용할 수 있는 자바(Java)의 도입으로, 3.0은 자바(Java)의 발전과 함께 빠른 발전을 이루고 있습니다.

기초탄탄 ▶ ● 액션스크립트의 역사 알아보기

플래시 초창기에는 비주얼 베이직 스크립트 방식의 언어로 코딩을 사용하였는데 플래시 5부터 액션스크립트 1.0 출시되어 오브젝트지향 프로그래밍을 도입하고 자바 기술을 도입하여 사용하기 시작하였고 플래시 MX에서 액션스크립트 2.0을 출시하여 더욱 강력한 오브젝트지향 언어를 지향합니다.

2007년에 액션스크립트 3.0이 출시되었습니다. 3.0에서는 프로그래밍 코드를 해석하는 해석기(AVM : ActionScript Virtual Machine)가 2.0에 비하여 업데이트되었으며 AVM2로 업데이트된 해석기는 기존 속도보다 10배가 빨라져 에러가 발생 시 에러 줄 부분까지 보여줍니다. 또한, 변수를 직접 선언하여 처리 시간의 지연을 방지하였고, 컴파일할 때 코드를 최적화 시켜줍니다. API를 통해 플래시뿐만 아니라 OS, 여러 애플리케이션에서 통신 및 연동이 가능하게 합니다.

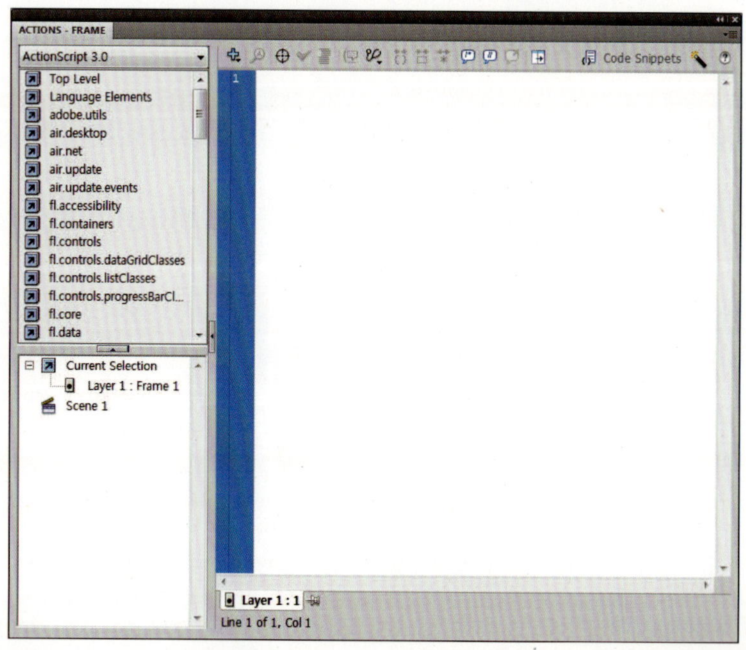

변수(variable)는 프로그램상에서 변경되는 수를 말하며, 상수는 지정되어 변경할 수 없는 수를 의미합니다. 특히, 변수는 메모리에 필요한 값을 넣기 위해 만들어지는 공간을 의미합니다. 또한, 변수를 표현하기 위해 선언을 해야 합니다. 변수와 상수의 작성 시 규칙에 맞게 작성해야 합니다. 액션스크립트 3.0에서는 자바기반의 언어라 오브젝트지향 언어를 사용합니다.

■ 변수 선언

변수는 데이터 값을 넣기 위한 공간이라 했는데 공간도 들어오는 데이터 형태에 따라 따로 지정합니다.

선언 방식

```
var 변수명;
var 변수명:데이터 타입 = 변수 값;
```

사용 예 1

```
var a;
var a:Number = 10;
```

사용 예 2

```
var a10:Number =10;      // 가능
var abc_def:Number = 20;      // 가능
var 10abc:Number = 30;      // 불가능
var Number:Number =40;      // 불가능
var abc:Number, ABC:Number      // 구별
```

변수 작성 규칙

1. 영문자와 숫자로 구성된다.

2. 특수문자는 _ , & 만 사용된다.

3. 첫 글자에는 숫자가 올 수 없다.

4. 예약어(색표시)는 사용할 수 없다.

5. 대소문자는 구별한다.

변수는 작성 규칙을 벗어나 작성하면 변수로서의 기능을 사용하지 못합니다.

■ 상수 선언

상수는 변수와 형태는 같지만 처음부터 초기 값을 지정하여 값을 변경할 수 없게 합니다. 상수를 선언하기 위해서는 const를 사용해서 상수임을 선언하고 상수는 일반적으로 대문자로 표시하여 변수와 구분한다.


```
const 상수명:데이터 타입 = 초기 값;
```



```
const PI:Number = 3.14;
var ban = 10;
trace(ban*2*PI); 원의 면적
```

■ 자료형 설정하기

자료형은 변수에 값이 들어가는데, 값에 따라 작고 큰 것이 있습니다. 지정하지 않으면 전체 들어가는 공간으로 변경됩니다. 즉, 공간의 낭비가 심하게 됩니다. 값이 어떤 것이 들어가는지 파악하고 그 값에 맞는 값들을 미리 지정하여 공간의 낭비를 막을 수 있습니다.

데이터 형의 종류

데이터 형	설명
int	정수
Number	정수 또는 실수
unit	unsigned integer, 부호 없는 정수
String	문자, 문자열
Boolean	이진수(1, 0), 참 or 거짓
Date	날짜와 시간


```
var s:Number = 1;
var st:Stirng = "안녕하세요";
```

■ 변수와 상수를 이용해 계산하기

완성 파일 | CD\Part 09\변수상수_완성.fla

01. 플래시 CS6를 실행하고 [Create New]–[ActionScript 3.0]을 클릭합니다. 처음부터 액션스크립트 3.0을 작성하기 위해 먼저 선택하고 실행합니다.

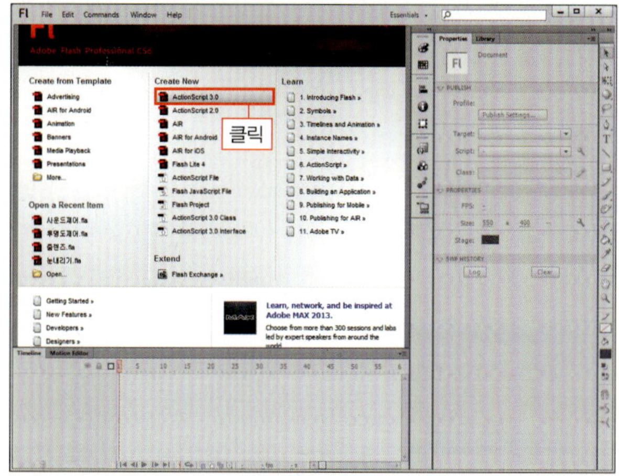

02. 플래시가 실행되면 [Window]–[Componets](Ctrl + F7) 메뉴를 클릭합니다. [Componets] 패널에는 개발 시 사용할 수 있는 인터페이스들이 있습니다. [Componets] 패널이 열리면 'User Interface'–'Label'을 선택하여 스테이지로 드래그하여 이동합니다. 'Label'은 스테이지 위에서 표시하고 하는 내용만 나타냅니다.

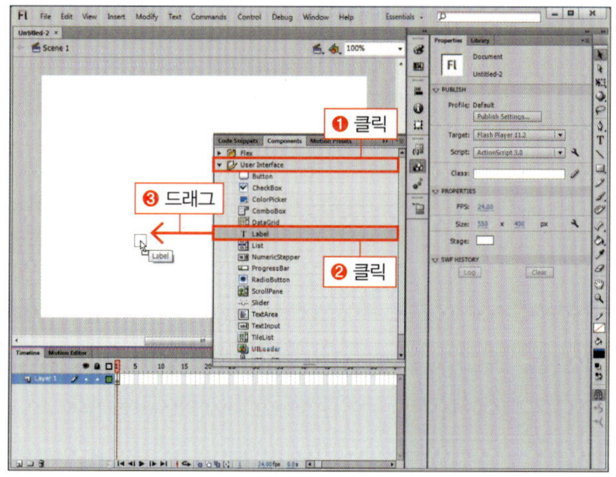

03. [Properties] 패널의 [Instance Name]에 'mc_lbl'를 입력하고 [POSITION AND SIZE]–[W]를 '300'으로, [H]를 '50'으로 설정합니다.

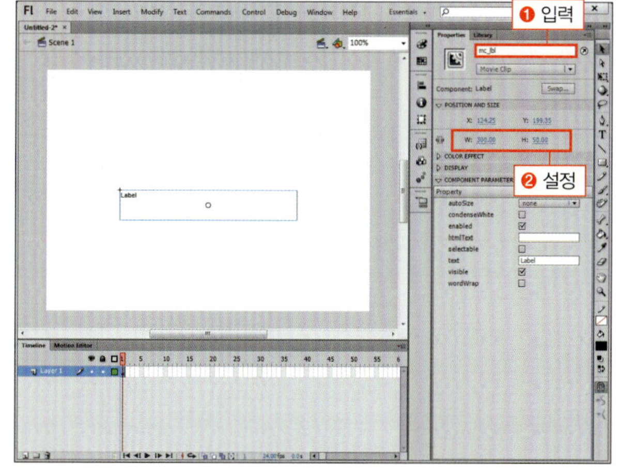

04. [Window]–[Actions]([F9]) 메뉴를 클릭해
[Actions] 패널을 엽니다. 액션스크립트 창에 다음
과 같이 작성합니다.

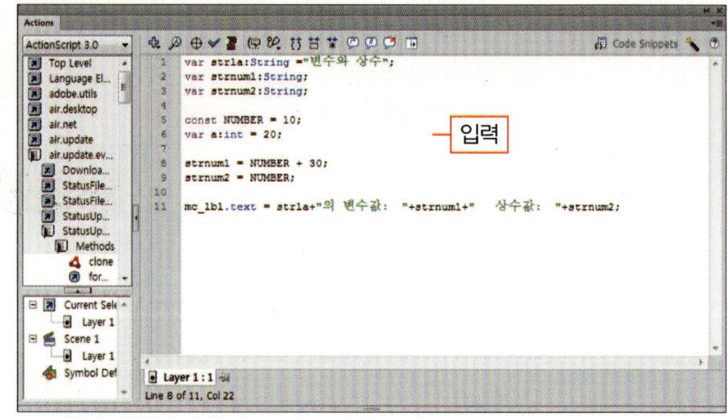


```
1 : var strla:String = "변수와 상수";
2 : var strnum1:String;
3 : var strnum2:String;
4 :
5 : const NUMBER = 10;
6 : var a:int = 20;
7 :
8 : strnum1 = NUMBER + 30;
9 : strnum2 = NUMBER;
10 :
11 : mc_lbl.text = strla + "의 변수값: "+strnum1+" 상수값:  "+ strnum2;
```


1 : strla라는 변수를 만들어 문자열(String)의 데이터형에 저장합니다.
2~3 : 각각의 변수에 문자열(String)의 데이터형을 지정합니다.
5 : 상수(NUMBER)에 10을 저장합니다.
6 : 정수형(int) 변수 a에 20을 저장합니다.
8 : 상수(NUMBER)와 30을 더하여 변수에 저장합니다.
9 : 상수(NUMBER)의 값을 변수에 저장합니다.
11 : 레이블명의 문자 속성에 변수들의 결합내용을 저장합니다.

05. [Ctrl]+[Enter]를 누르면 실행되는데 에러
가 발생됩니다. 즉, 8줄의 상수와 수를 더한 값은
바로 문자형 변수에 저장할 수 없습니다. 위의 문
제를 해결하기 위해서 2가지 방법으로 해결합니
다. 하나는 받는 변수를 숫자형으로 변경합니다.
다른 하나는 상수와 수를 더하는 것이 아니라 변
수를 이용하여 더하면 됩니다. 여기서는 2번째 방
법으로 변경하여 완성합니다.

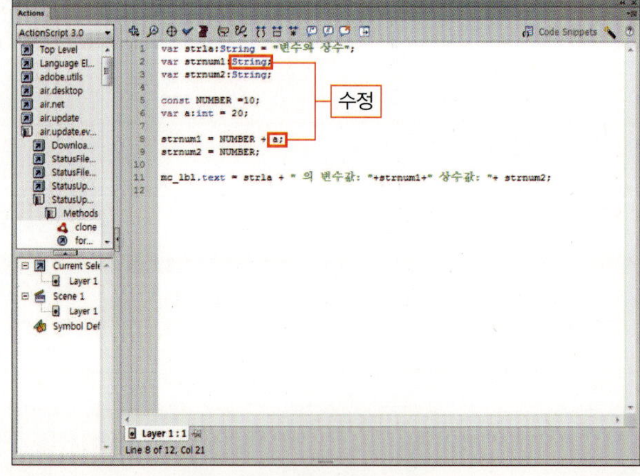

2 : var strnum1:Number;   // 변수에 숫자형 데이터형을 줍니다.

8 : strnum1=NUMBER + a;   // 상수와 변수를 더하여 문자형 데이터 변수에 입력합니다.

06. 결과를 확인합니다.

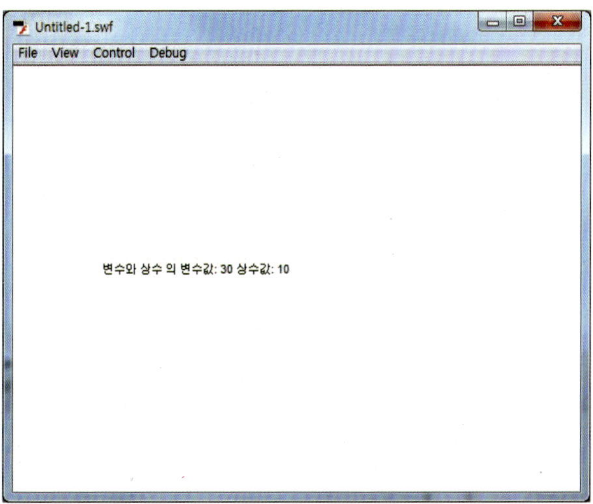

액션스크립트 3.0에서는 오브젝트지향 언어라 오브젝트를 보다 많이 활용합니다. 오브젝트는 플래시 상에서 사용되고 있는 모든 형태를 의미하는데 예를 들어, 입력 상자, 심벌, 이미지 등을 오브젝트로 지정하여 사용합니다.

■ 오브젝트

오브젝트는 속성, 메소드, 이벤트라는 중요한 성질을 가지고 있습니다. 특히, 오브젝트 3가지의 성질이 액션스크립트의 전부라고 할수 있을 정도의 매우 중요한 부분입니다.

속성(Property)는 오브젝트의 가지고 있는 특성을 말합니다. 예를 들어, 자동차의 속성은 '자동차 이름, 마력, 회사, 연비' 등을 의미합니다.

메소드(Method)는 오브젝트의 움직임을 말합니다. 예를 들어, 자동차의 메소드는 '출발한다. 멈춘다. 뒤로간다.' 등 오브젝트가 움직이는 모든 동작을 의미합니다.

이벤트(Event)는 오브젝트에 어떤 행동을 가할 때 발생되는 반응을 말합니다. 예를 들어, 자동차의 이벤트는 '브레이크를 밟으면 멈춥니다. 전조등바를 돌리면 전조등이 켜집니다.' 등 오브젝트에 반응되는 값을 의미합니다.

예) 자동차(오브젝트)

속성	메소드	이벤트
이름	출발한다.	악셀 페달을 밟으면 움직인다.
마력	멈춘다.	브레이크 페달을 밟으면 멈춘다.
회사명	후진한다.	후진 기아를 넣고 악셀을 밟으면 후진한다.
연비	문을 연다.	일정한 속도이상이 되면 문이 자동으로 잠긴다.

■ 무비클립의 속성

스테이지 위에 오브젝트를 가져다 놓고 액션스크립트를 지정하기 위해서는 오브젝트를 심벌로 전환합니다. 여기에는 크게 '무비클립', '버튼', '그래픽' 중 하나를 선택해 전환합니다. 그 중에서 가장 많이 사용되는 '무비클립'으로 전환되어 있을 때의 속성에 대해 알아보도록 하겠습니다.

속성	설명
alpha	투명도를 0∼1로 설정
rotation	시계 방향으로 회전하는 정도를 0∼360으로 설정
scaleX	가로 길이의 배율을 숫자로 설정
scaleY	세로 길이의 배율을 숫자로 설정
visible	화면에서 보여지는 여부 true, false
x	X 좌표의 위치 값을 숫자로 설정
y	Y 좌표의 위치 값을 숫자로 설정
width	넓이를 픽셀 단위의 숫자로 설정
height	높이를 픽셀 단위의 숫자로 설정

사용 예

① 툴 박스에서 [사각형 툴](▣)을 선택하고 스테이지에 드래그해 '사각형'을 그립니다.

② [선택 툴](▶)을 선택해 '사각형'을 클릭하고 F8 을 누릅니다. 대화상자에서 [Type]를 'Movie Clip'으로 설정하고 [OK] 단추를 클릭합니다.

③ [Properties] 패널의 [Instance Name]을 'mc_box'으로 설정하고 [Window]-[Actions](F9) 메뉴를 클릭해 [Actions] 패널을 엽니다.

④ [Actions] 패널에 다음과 같이 입력하고 Ctrl + Enter 를 누릅니다.

```
// 무비클립의 이름을 [mc_box]로 지정
   mc_box.alpha = 0.5;                    // 투명도가 50%로 설정합니다.
   mc_box.x = 100, mc_box.y = 200;        // 오브젝트의 위치가 x가 100, y가 200으로 이동됩니다.
   mc_box.rotation = −10;                 // 반시계방향으로 10° 회전합니다.
```

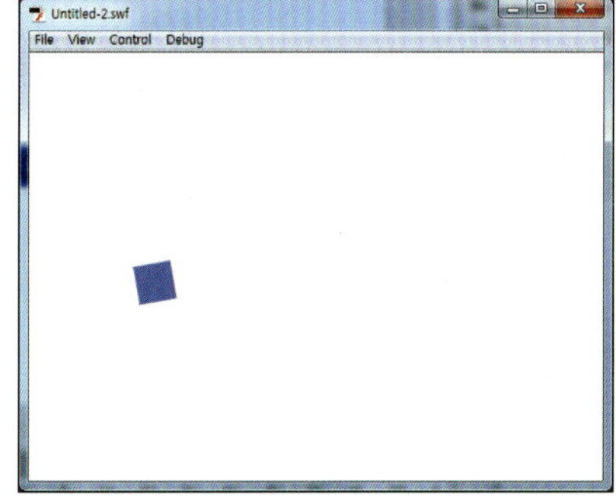

▲결과 창

■ 타임라인 메소드

오브젝트에서 사용되는 메소드(행동)를 지정하는데 그 중에 가장 많이 사용되는 것이 타임라인을 이용한 메소드입니다. 타임라인에서 사용되는 메소드(행동)로 오브젝트의 행동을 타임라인의 프레임 위치로 지정하여 움직임을 보여 줄 수 있는 방식입니다.

■ 마우스 이벤트(Mouse Event)

이벤트에는 여러 가지 이벤트가 있는데 가장 많이 사용되는 이벤트에는 마우스 이벤트와 키보드 이벤트 등이 있습니다. 윈도우 사용자라면 많이 사용하는 것이 마우스일 텐데, 그 마우스에 대한 이벤트 처리를 할 수 있습니다. 마우스는 클릭, 더블클릭, 오른쪽 버튼 클릭, 드래그 등을 할 수 있는데 이런 마우스의 동작으로 인해 발생되는 상태(이벤트)를 지정하고 해당 이벤트에 따라 메소드를 지정합니다.

이벤트의 종류	설명
CLICK	왼쪽 버튼 클릭 시
MOUSE_DOWN	왼쪽 버튼 클릭하는 순간
MOUSE_MOVE	왼쪽 영역 안에서 움직일 때
MOUSE_OUT	심벌 영역을 벗어날 때
MOUSE_OVER	심벌 영역과 겹칠 때
MOUSE_UP	심벌 위에 놓고서 왼쪽 버튼을 클릭한 후
MOUSE_WHEEL	심벌 위에 놓고서 왼쪽 버튼을 클릭한 후 휠 버튼을 움직일 때

선언 방식

```
1 : import flash.events.MouseEvent;
2 : 오브젝트명.addEventListener(MouseEvent.이벤트 종류, 함수명);
3 : function 함수명(event:MouseEvent):void{
4 : 이벤트 종류가 발생 시 일어나는 액션스크립트}
```

해석

1 : java 개념으로 마우스 이벤트 사용 시 필요한 클래스 따로 쓰지 않아도 addEventListener(이벤트)의 종류에 맞게 자동으로 생성됩니다. 즉, 따로 외워서 작성하지 않아도 됩니다.
2 : 오브젝트에 이벤트 리스티너(addEventListener)를 붙이고 마우스 이벤트의 종류를 설정하고 함수 이름을 먼저 지정합니다.
3 : 이벤트 리스티너에서 지정된 함수 이름을 가지고 마우스 이벤트의 종류에 따라 발생 시 어떤 동작을 하는지 결정해야 합니다.

① 새 도큐먼트에서 [Window]—[Componets](**Ctrl** + **F7**) 메뉴를 클릭해 [Componets] 패널을 엽니다. 'User Interface' 를 클릭하여 스테이지로 드래그해 버튼(button)을 스테이지 중앙으로 옮깁니다.

② 툴 박스에서 [사각형 툴](🔲)을 선택하고 스테이지 중앙에 드래그해 '사각형'을 그립니다.

③ [선택 툴](▶)을 선택해 '사각형'을 클릭하고 **F8** 을 누릅니다. 대화상자에서 [Type]를 'Movie Clip'으로 설정하고 [OK] 단추를 클릭합니다.

④ [Properties] 패널의 [Instance Name]을 'mc_box', 버튼은 [Instance Name]을 'mc_button'으로 입력하고 [Window]— [Actions](**F9**) 메뉴를 클릭해 [Actions] 패널을 엽니다.

⑤ [Actions] 패널에 다음과 같이 입력하고 **Ctrl** + **Enter** 를 누릅니다.

```
1 : import flash.events.MouseEvent;
2 : mc_button.addEventListener(MouseEvent.MOUSE_DOWN, Rmove);
3 : function Rmove(event:MouseEvent):void{
4 :   wheel.rotation -=10;}
```

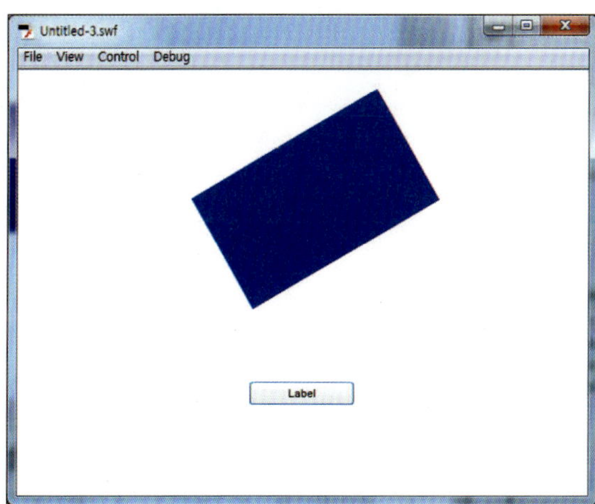

▲결과 창

예제 파일 | CD₩Part 09₩객체선언.fla 완성 파일 | CD₩Part 09₩객체선언_완성.fla

01. '객체선언.fla' 파일을 불러온 후 [Window]–[Components](**Ctrl**+**F7**) 메뉴를 클릭합니다. [Components] 패널에서 'User Interface'–'Button'을 클릭하고 드래그하여 스테이지 위에 배치합니다. '버튼'을 6개를 만듭니다.

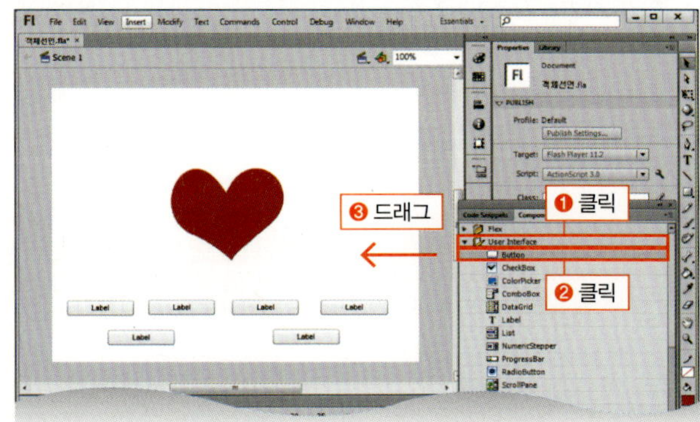

02. [선택 툴](▶)을 선택해 '버튼'을 클릭하고 [Properties] 패널의 [Property]–[label]을 클릭하여 다음과 같이 버튼의 이름을 변경합니다. '크게', '작게', '왼쪽', '오른쪽', '희미하게', '원래대로'로 설정합니다.

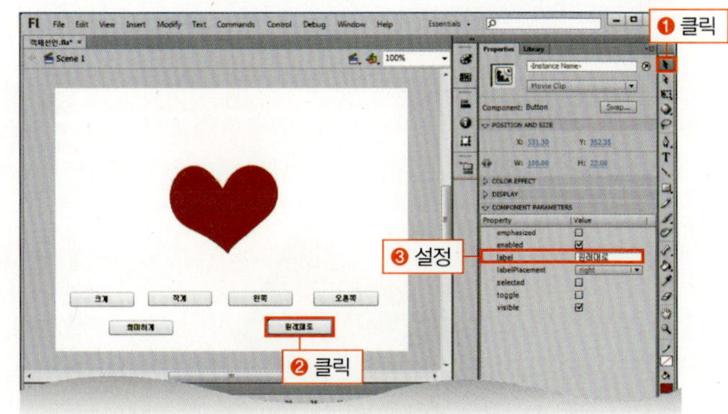

03. 다시 스테이지 위의 '버튼'을 클릭하고 [Properties] 패널의 [Instance Name]을 클릭하고 다음과 같이 설정합니다. 'mc_big', 'mc_small', 'mc_left', 'mc_right', 'mc_alpha', 'mc_default'로 설정합니다.

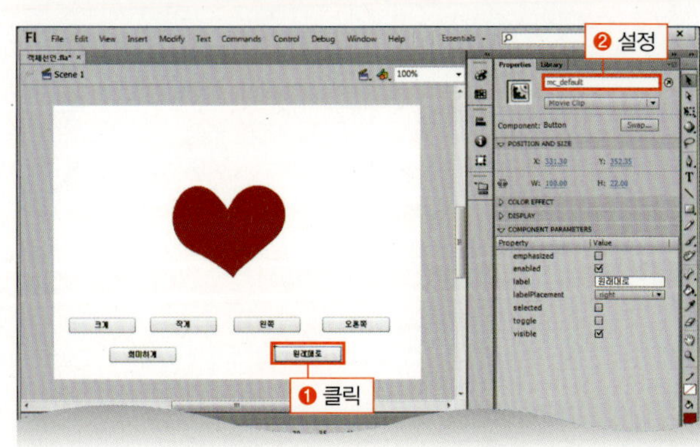

04. 마지막으로 '하트'를 클릭하고 **F8**을 눌러, 무비클립 심벌로 전환합니다.

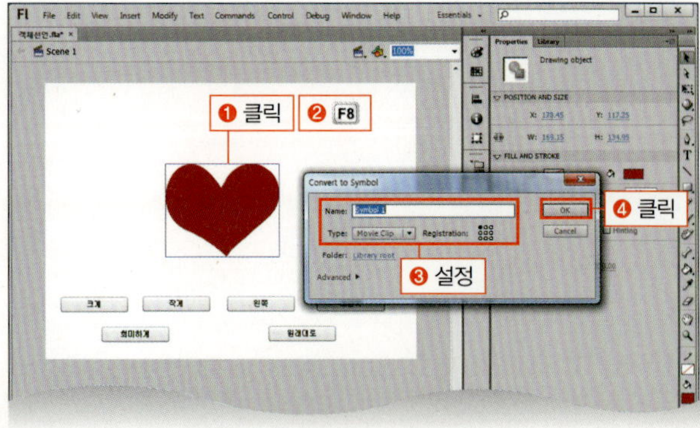

05. '하트'의 [Instance Name]을 'heart'로 변경
한 후 [Window]–[Actions]([F9]) 메뉴를 클릭해
[Actions] 패널을 엽니다. [Actions] 패널에 다음과
같이 입력합니다.

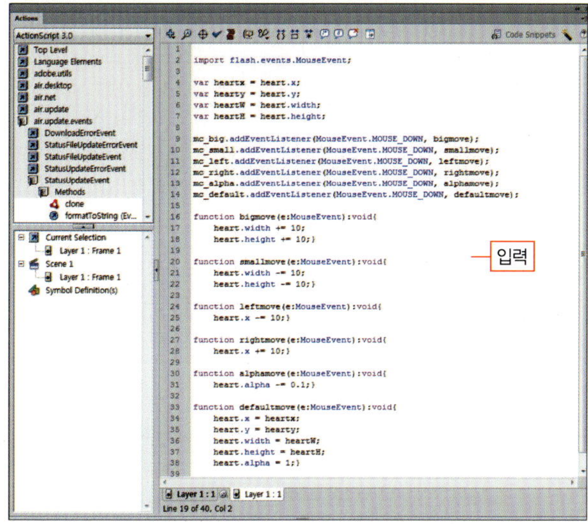


```
1 :
2 : import flash.events.MouseEvent;
3 :
4 : var heartx = heart.x;
5 : var hearty = heart.y;
6 : var heartW = heart.width;
7 : var heartH = heart.height;
8 :
9 : mc_big.addEventListener(MouseEvent.MOUSE_DOWN, bigmove);
10 : mc_small.addEventListener(MouseEvent.MOUSE_DOWN, smallmove);
11 : mc_left.addEventListener(MouseEvent.MOUSE_DOWN, leftmove);
12 : mc_right.addEventListener(MouseEvent.MOUSE_DOWN, rightmove);
13 : mc_alpha.addEventListener(MouseEvent.MOUSE_DOWN, alphamove);
14 : mc_default.addEventListener(MouseEvent.MOUSE_DOWN, defaultmove);
15 :
16 : function bigmove(e:MouseEvent):void{
17 :     heart.width += 10;
18 :     heart.height += 10;}
19 :
20 : function smallmove(e:MouseEvent):void{
21 :     heart.width -= 10;
22 :     heart.height -= 10;}
23 :
24 : function leftmove(e:MouseEvent):void{
25 :     heart.x -= 10;}
26 :
27 : function rightmove(e:MouseEvent):void{
28 :     heart.x += 10;}
29 :
30 : function alphamove(e:MouseEvent):void{
31 :     heart.alpha -= 0.1;}
```

```
32 :
33 : function defaultmove(e:MouseEvent):void{
34 : heart.x = heartx;
35 : heart.y = hearty;
36 : heart.width = heartW;
37 : heart.height = heartH;
38 : heart.alpha = 1;}
```


2 : 마우스 이벤트 클래스입니다. 따로 작성하지 않아도 마우스 이벤트 리스너 작성 시 생성됩니다.

4~7 : '하트'의 x, y, width, height의 기본 값을 보존합니다. 나중에 기본 값 시 사용하려고 합니다.

9~14 : 각 버튼에 대한 마우스 이벤트 리스터너를 생성합니다.

16~18 : 버튼을 눌렀을 때 오브젝트가 커지도록 width, height를 증가시켜 줍니다.

20~22 : 버튼을 눌렀을 때 오브젝트가 작아지도록 width, height를 축소시켜 줍니다.

24~25 : 버튼을 눌렀을 때 왼쪽으로 이동하도록 x 값을 줄여줍니다.

27~28 : 버튼을 눌렀을 때 오른쪽으로 이동하도록 x 값을 증가시켜 줍니다.

30~31 : 버튼을 눌렀을 때 alpha를 축소시켜 투명하도록 만들어 줍니다.

33~38 : 4~7에 저장했던 기본을 값을 불러와서 다시 넣어주고 alpha 값을 원래의 1로 변경합니다.

06. **Ctrl** + **Enter** 를 눌러 테스트 무비를 실행합니다.

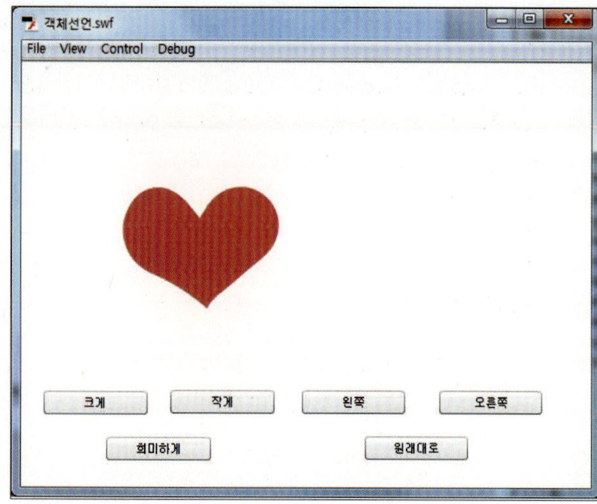

프로그램의 코딩에서 중요한 부분이 조건문과 반복문입니다. 조건문은 상태에 따라 다른 값으로 변경하여 처리할 수 있어야 하며 반복문은 같은 내용을 계속 코딩하는 것이 아니라 조건에 맞는 동안에만 짧은 코딩으로 여러 내용이 처리되도록 하여야 합니다.

■ if 조건문

조건문의 가장 대표적인 형태가 if문입니다. 조건식에 맞을 경우 아래의 실행문을 진행하고 맞지 않을 경우 실행하지 않습니다. 중복 if문 시 else if를 이용하여 여러 조건식을 던져 맞는 조건식의 실행문만 진행하도록 합니다.

사용 형식 단순 if문

```
if(조건식){
실행문;
}
```

사용 예

```
var a = 100;
if(a )= 50){
    trace( " 50보다 크다 " );
}
```

사용 형식 중복 if문

```
522if(조건식){
실행문1;
}
else if(조건식){
실행문2;
}
else {
실행문3;
```

```
var a = 85;
if(a )= 90){
    trace( " 학점은 A입니다. " );
}
else if(a )= 80){
    trace( " 학점은 B입니다. " );
}
else if(a )= 70){
    trace( " 학점은 C입니다. " );
}
else {
    trace( " 학점은 F입니다. " );
}
```

■ for 반복문

for문은 대표적인 반복문으로 가장 간단히 사용할 수 있습니다. while문에 비해 여러 조건들도 간단해 많이 사용됩니다.


```
for(var 변수명:자료형 = 값; 조건 ; 증가 값)
{
        실행문;
}
```

 구구단 만들기

```
for(var a:Number=1 ; a(=9 ; a++){
    for(var b:Number=1 ; b(=9 ; b++){
    trace(a+ " * " +b+ " = " +a*b);
    }
}
```

522

■ **while 반복문**

조건식이 만족하는 동안은 계속 실행문이 반복됩니다. 단순 반복문에 많이 사용되는 형식입니다.


```
while(조건식){
    실행문;
    증가 값;
}
```

 구구단 만들기

```
var a:Number = 1;
while(a<=9){
    trace( " 3 *  " +a+ "  = " + 3*a);
    a++;}
```

구구단의 3단을 만드는 형식입니다. 즉, a가 1~9까지 반복되면 값에 맞게 원하는 값이 나타납니다.

함수는 모든 프로그램에서 사용되는 형식입니다. 어떤 실행문들을 묶어 놓고 함수명을 정한 다음 필요할 때마다 함수명을 부르면 실행문을 진행할 수 있습니다. 또한, 클래스는 오브젝트의 생성이나 메소드, 이벤트를 생성 시 필요한 내장된 구문입니다. 예를 들어, 날짜와 시간에 관한 기능을 구현하고자 한다면 Date Class와 Timer Class를 사용해야 합니다. 즉, 특정 기능의 메소드나 속성을 사용하기 위해서는 그 클래스를 선언하고 작업해야 합니다.

■ 함수 선언

사용 형식

```
function 함수명(매개 변수:매개 변수 자료형):반환 값의 자료형{
    실행문;
    return 반환 값;
}
```

- **함수명** : 함수를 선언하기 위해 이름을 입력합니다. 한번 선언한 함수명은 계속 사용합니다.

- **매개 변수** : 함수 안에서 사용하기 위해서 사용되는 외부 값, 외부의 값을 함수에 입력하면 거기에 맞는 반환 값이 출력됩니다.

- **매개 변수 자료형** : 매개 변수에 들어가는 자료형의 형태를 의미합니다.

- **반환 값의 자료형** : 함수에서 값이 추출되는데 추출되는 값의 자료형 형태입니다. 없다면 일반적으로 void를 사용합니다.

- **반환 값** : 함수가 실행되면 외부로 추출되는 값을 의미합니다. 없다면 생략해도 됩니다.

사용 예

```
1 : function afunction(x:Number):Number{
2 :   var y:Number;
3 :   y = x + 10;
4 :   return y;
5 : }
6 : trace(afunciton(10));
```

해석

1 : 함수명을 afunction으로 선언하고 매개 변수(x)의 자료형을 Number로 줍니다.
2 : 자료형(Number)에 변수를 y로 선언합니다.
3 : y 값에 x를 더한 10을 줍니다.
4 : y 값을 외부로 추출하도록 하고 자료형을 Number로 줍니다.
6 : 선언된 함수명(afunction)에 10을 주고 y 값을 받습니다.

예제 파일 | CD₩Part 09₩함수와클래스.fla **완성 파일 |** CD₩Part 09₩함수와클래스_완성.fla

01. '함수와클래스.fla' 파일을 불러온 후 [선택 툴](▶)을 선택해 하단의 '원'을 선택하고 F8 을 눌러 무비클립 심벌로 전환합니다.

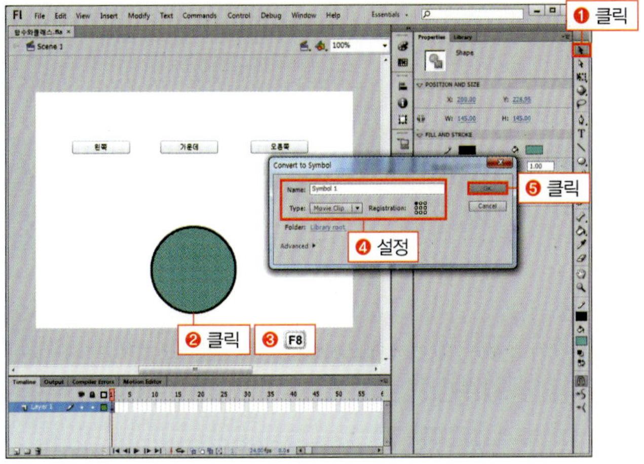

02. '왼쪽' 버튼을 클릭하고 [Properties] 패널에서 [Instance name]을 'mc_left', '오른쪽' 버튼은 'mc_right', '가운데' 버튼은 'mc_center', '원'은 'my'로 설정합니다.

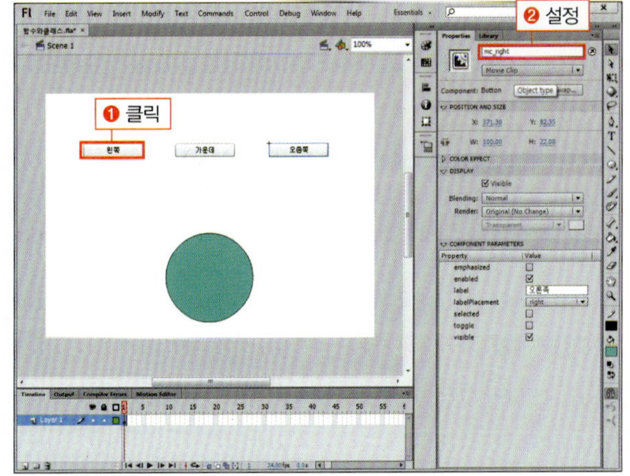

03. [Window]–[Actions](F9) 메뉴를 클릭해 [Actions] 패널을 열고 다음과 같이 작성합니다.

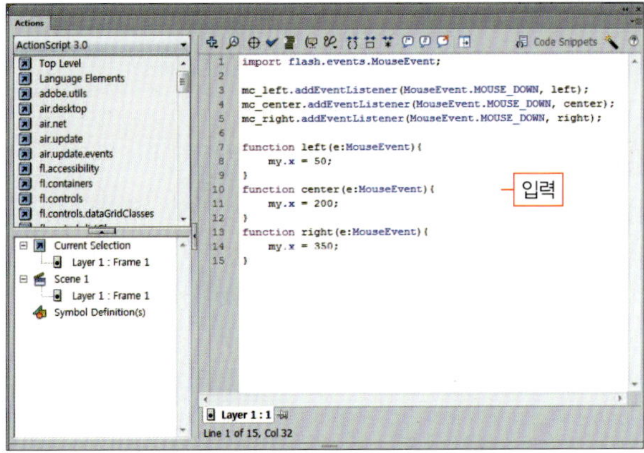

```
1 : import flash.events.MouseEvent;
2 :
3 : mc_left.addEventListener(MouseEvent.MOUSE_DOWN, left);
4 : mc_center.addEventListener(MouseEvent.MOUSE_DOWN, center);
5 : mc_right.addEventListener(MouseEvent.MOUSE_DOWN, right);
6 :
7 : function left(e:MouseEvent){
8 :  my.x = 50;
9 : }
10 : function center(e:MouseEvent){
11 :  my.x = 200;
12 : }
13 : function right(e:MouseEvent){
14 :  my.x = 350;
15 : }
```


1 : 마우스 이벤트를 처리하기 위해서 필요한 마우스 이벤트 클래스입니다. 직접 작성하는 것보다는 하단의 마우스 이벤트 리스 터너 함수를 처리하면 자동으로 생성됩니다.

3 : '왼쪽' 버튼의 마우스 이벤트 처리를 위한 이벤트 리스터너입니다. '왼쪽' 버튼을 클릭했을 때 left 함수가 발생하여 처리하게 됩니다.

4 : '가운데' 버튼의 마우스 이벤트 처리를 위한 이벤트 리스터너입니다. '가운데' 버튼을 클릭했을 때 center 함수가 발생하여 처 리하게 됩니다.

5 : '오른쪽' 버튼의 마우스 이벤트 처리를 위한 이벤트 리스터너입니다. '오른쪽' 버튼을 마우스로 클릭했을 경우 right 함수가 발생하여 처리하게 됩니다.

7~9 : '왼쪽' 버튼을 클릭했을 때 발생하는 left 함수가 실행됩니다. 실행문은 my 오브젝트의 x 값 위치가 50으로 이동되도록 하 여 왼쪽으로 이동합니다.

10~12 : '가운데' 버튼을 클릭했을 때 발생하는 center 함수가 실행됩니다. 실행문은 my 오브젝트의 x 값 위치가 200으로 이동 되도록 하여 가운데 위치로 이동합니다.

13~15 : '오른쪽' 버튼을 클릭했을 때 발생하는 right 함수가 실행됩니다. 실행문은 my 오브젝트의 x 값 위치가 350으로 이동되 도록 하여 오른쪽으로 이동합니다.

04. Ctrl + Enter 를 눌러 테스트 무비를 확인합니다.

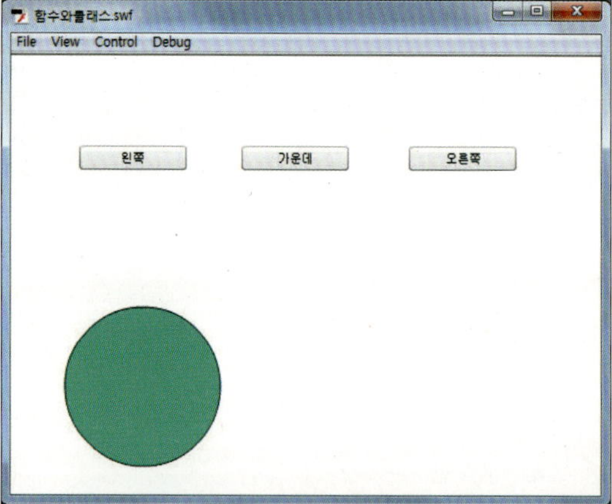

플래시에는 여러 방식으로 문자를 사용하는 경우가 있습니다. 오브젝트에 문자가 포함되면 그 오브젝트에는 텍스트 필드에 대한 속성을 지정할 수 있습니다.

■ 텍스트 필드 속성

특성	속성 값 유형	정의
text	String	텍스트 필드의 내용을 설정한다.
textColor	unit	텍스트의 색상 값을 설정한다.
background	Boolean	텍스트의 배경을 설정할 지를 결정한다.
backgroundColor	unit	텍스트의 배경 색상을 설정한다.
border	Boolean	테두리를 지정할 지를 결정한다.
borderColor	unit	테두리 색상을 설정한다.
autoSize	String	문자의 크기에 따라 텍스트 필드의 크기를 변경한다.
mutiline	Boolean	텍스트 필드가 여러 행 텍스트 필드인지 여부를 나타낸다.
length	int	텍스트 필드의 문자 수를 설정한다.
wordWrap	Boolean	텍스트 필드에 자동 줄 바꿈이 사용되는지 여부를 부울 값 표현한다.
htmlText	String	텍스트 필드의 내용에 대한 HTML 표현이 들어 있다.

사용 형식

```
import flash.text.TextField;          // 텍스트 필드에 필요한 클래스

var 생성할 텍스트명:TextField = new TextField();          // 텍스트 필드 클래스를 이용한 오브젝트 생성합니다.
생성할 텍스트명.x = 값;                  // x 좌표 값을 설정합니다.
생성할 텍스트명.y = 값;                  // y 좌표 값을 설정합니다.
생성할 텍스트명.width = 값            // 텍스트 가로 길이를 설정합니다.
생성할 텍스트명.height = 값            // 텍스트 세로 길이를 설정합니다.
addChild(생성할 텍스트명);            // 생성한 텍스트를 어느 위치에 넣을 것인지 결정. 따로 생략해서 입력하면 스테이지 위에
생성합니다.
생성할 텍스트명.textColor = 16진수 값          // 생성한 텍스트의 서식을 변경할 수 있습니다.
```

사용 예 텍스트 생성하기

```
1 : import flash.text.TextField;
2 :
3 : var mc_text:TextField = new TextField;
4 : mc_text.x = 10;
5 : mc_text.y = 20;
6 : mc_text.width = 200;
```

```
7 : mc_text.height = 200;

8 : mc_text.text = " 안녕하세요 ";

9 : mc_text.textColor = 0xFF0000;

10 : mc_text.background = true;

11 : mc_text.backgroundColor = 0xFFFF00;

12 : addChild(mc_text);

13 : mc_text.textColor = 0x00FF00;
```


1 : TextField 오브젝트가 생성되면 자동으로 클래스가 생성됩니다.

3 : mc_text라는 TextField 오브젝트를 생성합니다.

4~7 : 텍스트 필드의 x, y, width, height 값을 생성합니다.

8 : 텍스트 필드에 문자를 입력합니다.

9 : 텍스트 필드에 문자 색상을 넣습니다.

10~11 : 백그라운 색상을 설정합니다.

12 : 스테이지 위에 생성한 텍스트 필드를 만듭니다.

13 : 다른 글자 색상으로 변경합니다.

■ 텍스트 필드를 활용해 사칙연산 계산 프로그램 만들기

예제 파일 | CD₩Part 09₩사칙연산.fla **완성 파일 |** CD₩Part 09₩사칙연산_완성.fla

01. '사칙연산.fla' 파일을 불러온 후 각각의 무비클립에 [Instance Name]을 설정합니다. 1줄~2줄까지는 '_a ~ _h'로 설정합니다. 3줄~4줄은 '_puls', '_minus', '_times', '_divided'로 설정합니다. '계산' 버튼은 'go'로 설정합니다.

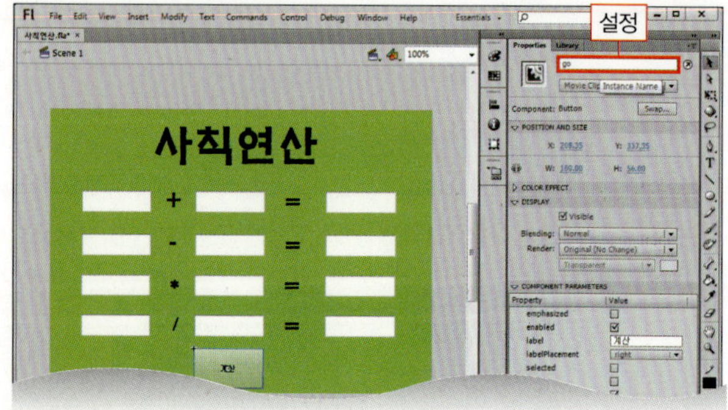

02. [Timeline] 패널의 '액션' 레이어를 선택하고 [Window]–[Actions](F9) 메뉴를 클릭해 [Actions] 패널을 엽니다. [Actions] 패널에 다음과 같이 입력합니다.

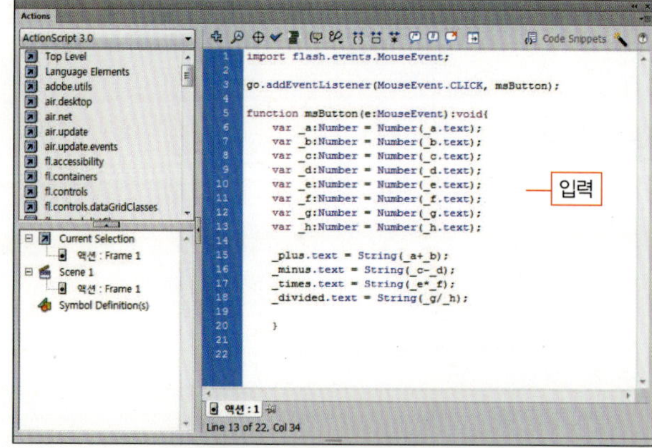

```
1 : import flash.events.MouseEvent;

2 :

3 : go.addEventListener(MouseEvent.CLICK, msButton);

4 :

5 : function msButton(e:MouseEvent):void{

6 :   var _a:Number = Number(_a.text);

7 :   var _b:Number = Number(_b.text);

8 :   var _c:Number = Number(_c.text);

9 :   var _d:Number = Number(_d.text);

10 : var _e:Number = Number(_e.text);

11 : var _f:Number = Number(_f.text);

12 : var _g:Number = Number(_g.text);

13 : var _h:Number = Number(_h.text);

14 :

15 : _plus.text = String(_a+_b);

16 : _minus.text = String(_c-_d);

17 : _times.text = String(_e*_f);

18 : _divided.text = String(_g/_h);

19 :

20 : }
```


1 : 마우스 이벤트를 처리하기 위한 클래스입니다.

3 : '계산' 버튼을 클릭하면 마우스 이벤트 리스터너가 발생하며 msButton 함수가 생성됩니다.

5~13 : 각 텍스트 상자의 텍스트 값(입력 받은 값)을 수로 변환(Number)하여 새로운 변수에 입력합니다.

15~18 : 덧셈, 뺄셈, 곱셈, 나눗셈의 각 변수끼리 계산(+, -, *, /)하여 다시 계산의 결과가 나오는 텍스트 필드에 입력합니다.

03. Ctrl + Enter 를 눌러 실행해 계산의 결과 값을 확인합니다.

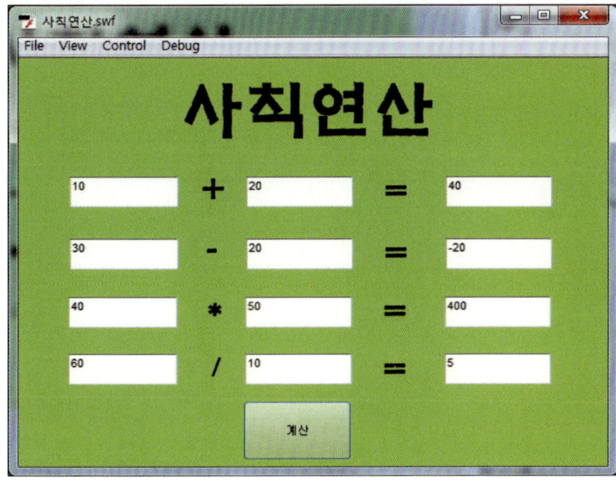

Lesson 03에서는 액션스크립트의 기초를 다루어 보았습니다. 여기서는 여러 실제 사용할 수 있는 예제를 다루면서 예제에 필요한 오브젝트, 메소드, 이벤트를 알아보도록 하겠습니다.

기초탄탄 ▶ 무비클립의 속성 알아보기

■ 무비클립의 활용

무비클립의 속성에는 위치 값을 가지고 있습니다. 또한, 속성에는 오브젝트들의 크기나 회전, 투명도, 비율들의 값을 변경하여 원하는 형태로 오브젝트를 표현합니다. 무비클립의 속성들의 종류는 이전에 알아보았으니 활용법에 대해 알아보도록 하겠습니다.

위치 변경

무비클립의 위치의 값을 x(가로), y(세로)에 담고 있습니다. 플래시의 일반적인 스크린의 크기는 550×400인데 임의의 무비클립을 스크린 위에 가져다 놓으면 그 무비클립은 위치 값을 가지게 됩니다. 그림에서 무비클립의 x, y 값은 무비클립의 왼쪽 상단의 (+)가 됩니다. 보통 무비클립의 'O'을 위치 값으로 보는데 'O'은 무비클립의 회전 중심축입니다.

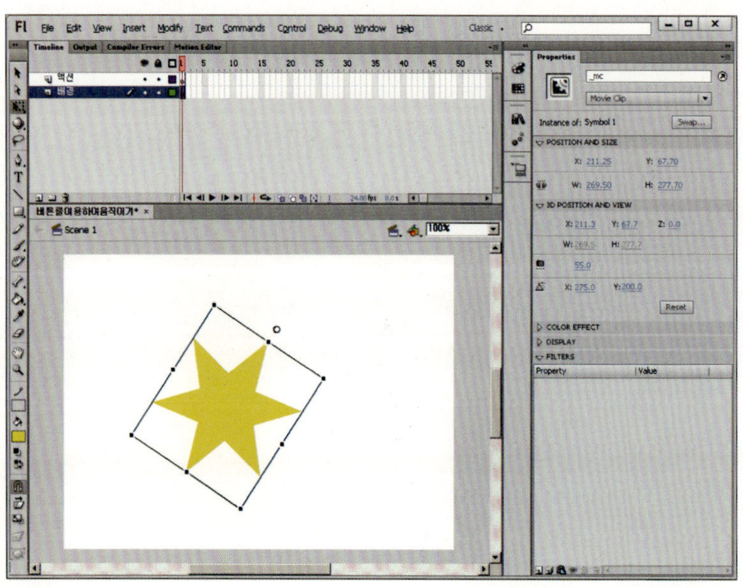

예를 들어, 그림의 무비클립의 [Instance Name]을 '_mc'로 설정하면 다음과 같습니다.

```
_mc.x = _mc.x + 10    // 무비클립이 오른쪽으로 10만큼 이동
_mc.x = _mc.x − 10    // 무비클립이 왼쪽으로 10만큼 이동
_mc.y = _mc.y + 100   // 무비클립이 아래로 100만큼 이동
_mc.y = _mc.y − 100   // 무비클립이 위로 100만큼 이동
```

회전

무비클립은 이동뿐만 아니라 회전도 가능합니다. 무비클립의 회전 중심축(O)을 기준으로 회전하게 됩니다.

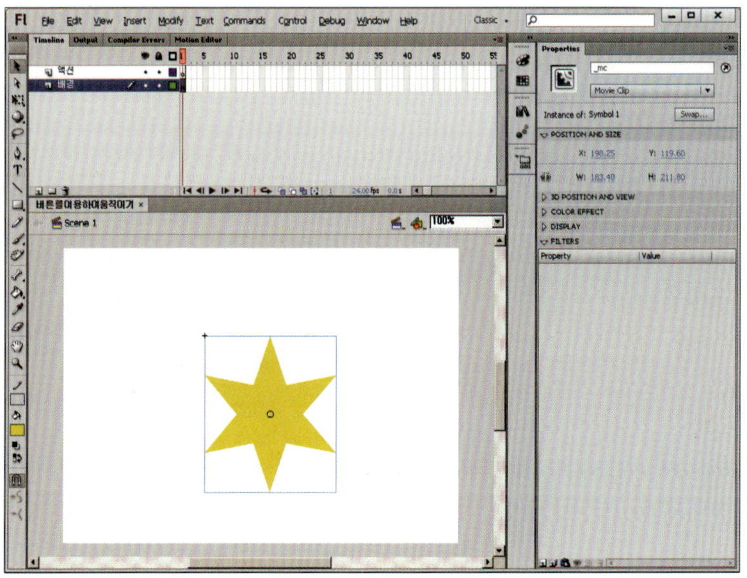

예를 들어 회전 중심축(O)을 무비클립의 상단으로 옮기고 [Instance Name]을 '_mc'로 설정하면 다음과 같습니다.

```
_mc.rotation = _mc.rotaion − 30;        // 중심축을 기준으로 반시계 방향으로 30° 회전
_mc.rotation = _mc.rotation + 30;       // 중심축을 기준으로 시계 방향으로 30° 회전
```

마우스 이벤트를 이용하여 버튼을 클릭했을 때 자동차가 이동할 수 있도록 합니다. [Video] 그룹의 버튼을 이용하여 상하좌우 방향으로 자동차가 이동하도록 하며 그 때마다 원하는 방향으로 변경되도록 합니다.

예제 파일 | CD₩Part 09₩버튼을이용하여이동하기.fla **완성 파일 |** CD₩Part 09₩버튼을이용하여이동하기_완성.fla

01. '버튼을이용하여이동하기.fla' 파일을 불러온 후 [Window]–[Components](**Ctrl** + **F7**) 메뉴를 클릭합니다. [Componets] 패널이 열리면 'Video'– 'PlayButton'을 클릭하고 드래그해 스테이지 위로 옮깁니다. 상, 하, 좌, 우 형태로 4개를 배치합니다.

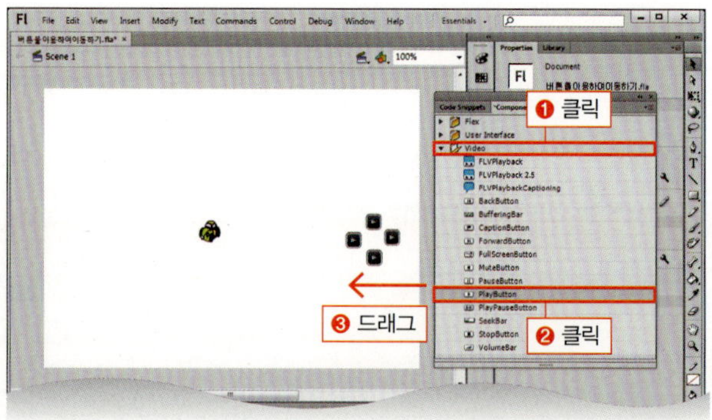

02. 4개의 버튼에서 상, 하, 좌의 버튼을 먼저 방향으로 변경해 봅니다. 먼저, [선택 툴]을 선택해 '상' 버튼을 클릭하고 [자유 변형 툴]을 선택한 후, **Shift** 를 누른 상태로 드래그해 크기를 조절합니다. '하' 버튼과 '좌' 버튼도 변경합니다.

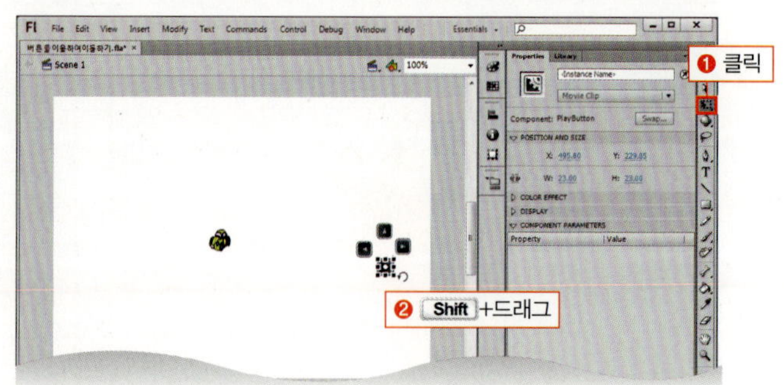

03. [Properties] 패널의 [Instance Name]에 '자동차'는 'mc_car', '상' 버튼은 'mc_top', '하' 버튼은 'mc_bottom', '좌' 버튼은 'mc_left', '우' 버튼은 'mc_right'로 설정합니다.

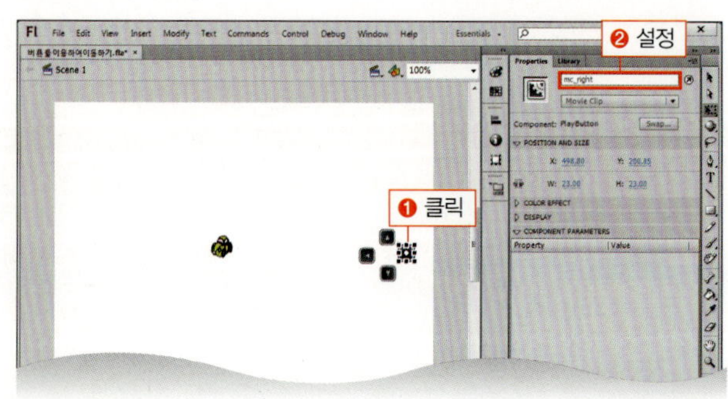

04. '자동차'를 더블클릭하면 편집 모드로 전환됩니다. '자동차' 가운데 중심점을 십자가(+)가 있는 부분으로 옮깁니다. 나중에 회전 시 자동차가 중심이 되어 회전되게 합니다.

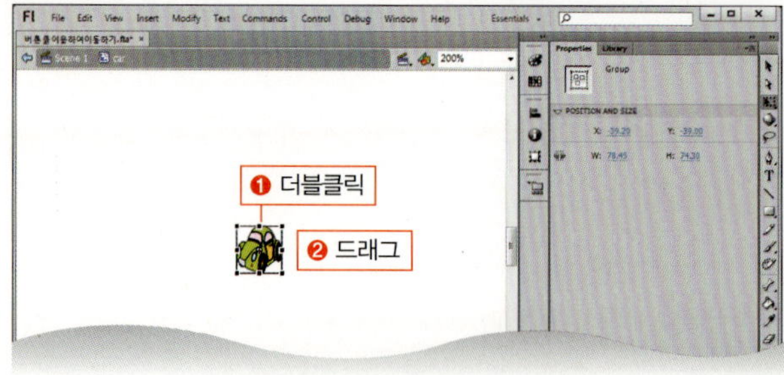

05. 상단의 Scene 1을 클릭하여 메인 화면으로 돌아온 다음, [Timeline] 패널의 '액션' 레이어의 1프레임을 클릭하고 [Window]–[Actions] (F9) 메뉴를 클릭해 [Actions] 패널을 엽니다. [Actions] 패널에 다음과 같이 입력합니다.

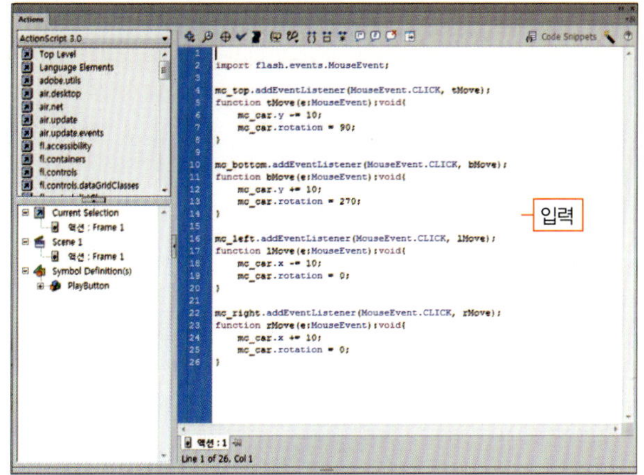


```actionscript
1 :
2 : import flash.events.MouseEvent;
3 :
4 : mc_top.addEventListener(MouseEvent.CLICK, tMove);
5 : function tMove(e:MouseEvent):void{
6 :  mc_car.y -= 10;
7 :  mc_car.rotation = 90;
8 : }
9 :
10 : mc_bottom.addEventListener(MouseEvent.CLICK, bMove);
11 : function bMove(e:MouseEvent):void{
12 : mc_car.y += 10;
13 : mc_car.rotation = 270;
14 : }
15 :
16 : mc_left.addEventListener(MouseEvent.CLICK, lMove);
17 : function lMove(e:MouseEvent):void{
18 : mc_car.x -= 10;
19 : mc_car.rotation = 0;
20 : }
21 :
22 : mc_right.addEventListener(MouseEvent.CLICK, rMove);
23 : function rMove(e:MouseEvent):void{
24 : mc_car.x += 10;
25 : mc_car.rotation = 0;
26 : }
```

2 : 마우스 이벤트에 사용되는 클래스입니다. 자동으로 생성되니 따로 작성하지 않아도 됩니다.

4 : '상' 버튼의 이벤트 리스터너 설정합니다. 마우스를 클릭할 때 tMove 함수가 작동됩니다.

5~7 : tMove 함수에 대한 설정입니다. mc_car의 y 값이 10씩 감소되어 위로 이동하고 90° 회전하여 이동합니다.

10 : '하' 버튼의 이벤트 리스터너 설정합니다. 마우스를 클릭할 때 bMove 함수가 작동됩니다.

11~13 : bMove 함수에 대한 설정입니다. mc_car의 y 값이 10씩 증가되어 아래로 이동하고 270° 회전하여 이동합니다.

16 : '좌' 버튼의 이벤트 리스터너 설정합니다. 마우스를 클릭할 때 lMove 함수가 작동됩니다.

17~19 : lMove 함수에 대한 설정입니다. mc_car의 x 값이 10씩 감소되어 왼쪽으로 이동하고 0° 주어 처음 방향대로 이동하도록
        합니다.

22 : '우' 버튼의 이벤트 리스터너 설정합니다. 마우스를 클릭할 때 rMove 함수가 작동됩니다.

23~25 : rMove 함수에 대한 설정입니다. mc_car의 x 값이 10씩 증가되어 오른쪽으로 이동하고 0° 주어 처음 방향대로 이동하
        도록 합니다. 자동차는 후진하도록 합니다. 혹, 180°을 주면 자동차는 뒤집어 집니다.

06. `Ctrl` + `Enter` 를 눌러 결과를 확인합니다.

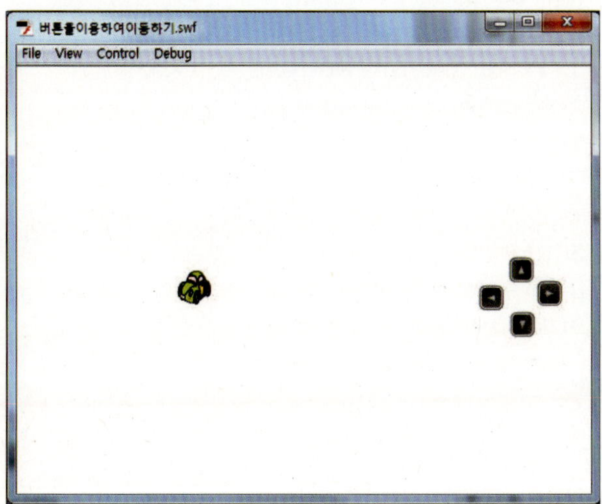

메뉴 바를 만들어서 메뉴를 내리면 왼쪽 화면의 이미지가 같이 내려갑니다. 바를 이용하기 위해서는 마우스 이벤트(Mouse Event)와 자연스런 이동을 위해 이벤트(Event)를 이용합니다.

■ Rectangle

사용 형식

오브젝트.StartDrag(중심점, 범위설정);
    // 중심점 : 마우스가 가지는 중심점과 오브젝트가 가지는 중심점을 같게 하는지를 결정, 같을 때는 true, 같지 않을 경우는 false로 지정함
    // 범위설정 : 생략이 가능하고 생략하면 전체범위로 설정하여 줌, 설정하려면 Rectangle(x 값, y 값, 너비, 높이)로 설정함
오브젝트.StopDrag(범위설정);

사용 예

cm_StartDrag(false, new Rectangle(200, 10, 0, 200));
// StrartDrag를 하면서 오브젝트의 위치를 지정합니다. x, y 값이 200, 10지점에서 출발하여 0의 너비와 200의 높이 만큼의 공간에서 움직이도록 설정합니다.

■ 움직이는 스크롤바 만들기

예제 파일 | CD\Part 09\스크롤바.fla   **완성 파일 |** CD\Part 09\스크롤바_완성.fla

01. '스크롤바.fla' 파일을 불러온 후 [Library] 패널의 'scroll'을 클릭하고 드래그하여 스테이지 오른쪽 상단으로 옮깁니다.

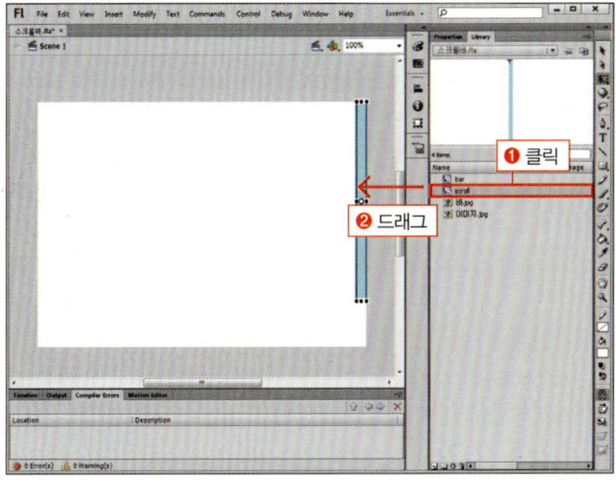

02. [Properties] 패널의 [POSITION AND SIZE]–[Y]를 '0', [H]를 '400'으로 설정합니다.

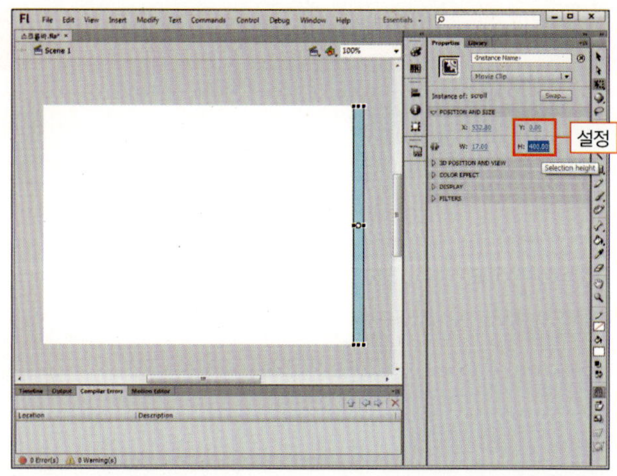

03. 다시 [Library] 패널에서 '_bar'를 클릭하여 드래그해 'scroll' 위에 배치합니다. [Properties] 패널에서 [POSITION AND SIZE]–[X]를 '533', [Y]를 '0'으로 설정합니다.

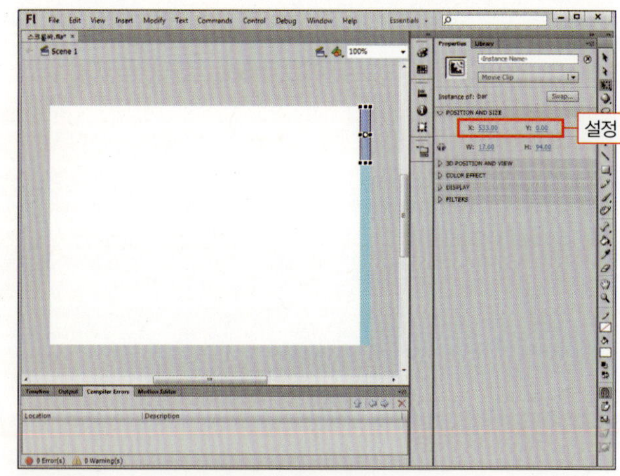

04. 또, [Library] 패널에서 '이미지.jpg'를 클릭하여 드래그해 스테이지 위로 옮깁니다. [Properties] 패널의 [POSITION AND SIZE]–[X]는 '0', [Y]는 '0', [W]는 '533'로 설정하여 이미지의 크기를 줄이고 정확한 위치로 옮깁니다.

05. 이미지를 바에 따라 움직이는 오브젝트로 변경하기 위해 이미지의 마우스 오른쪽 버튼을 클릭해 'Convert to Symbol'을 선택합니다.

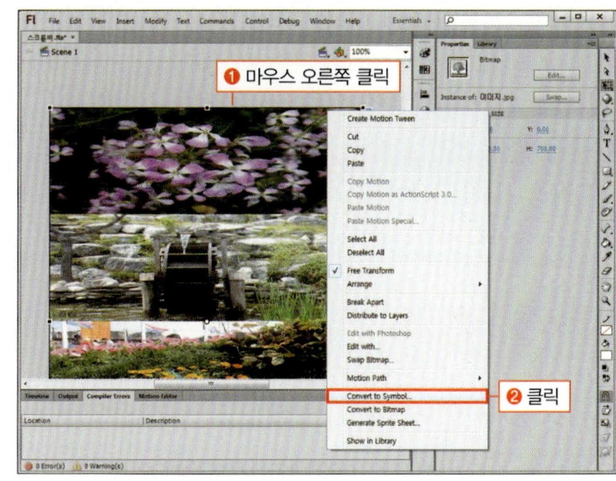

06. [Convert to Symbol] 대화상자에서 무비클립 심벌로 전환합니다.

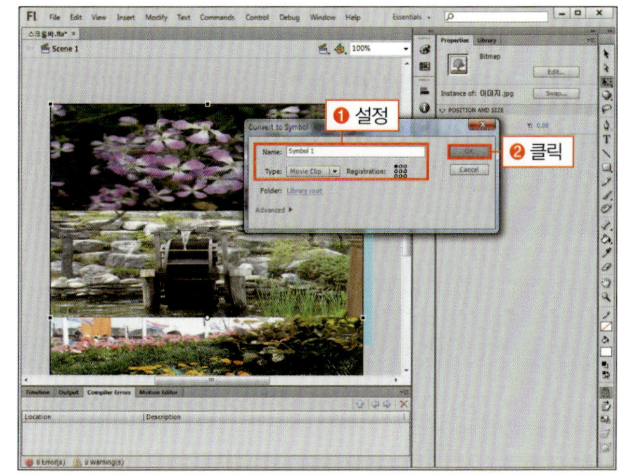

07. 스테이지 위에 바를 선택하고 [Properties] 패널에서 [Instance name]을 '_bar'로 설정하고 이미지를 선택한 다음 [Instance name]을 'mc_img'으로 설정합니다.

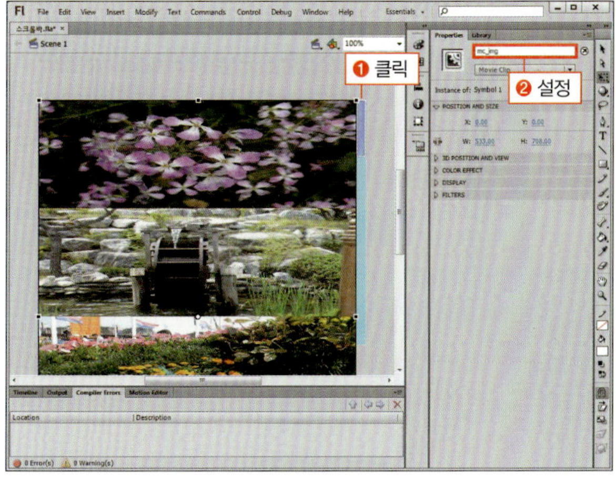

08. [Timeline] 패널에서 '액션' 레이어를 선택하고 [Window]–[Actions](F9) 메뉴를 클릭해 [Actions] 패널을 엽니다. [Actions] 패널에 다음과 같이 입력합니다.

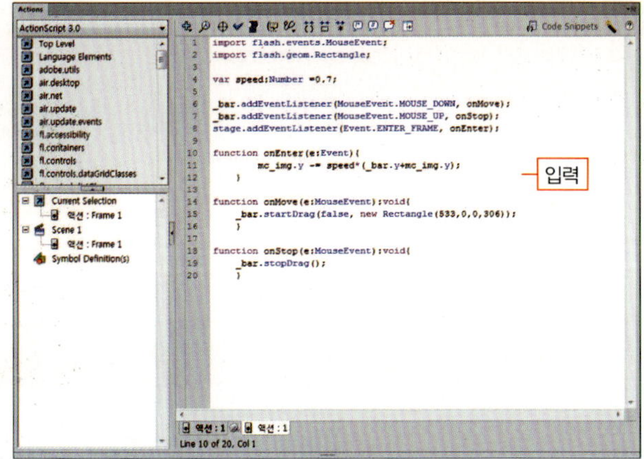


```
1 : import flash.events.MouseEvent;
2 : import flash.geom.Rectangle;
3 :
4 : var speed:Number =0.7;
5 :
6 : _bar.addEventListener(MouseEvent.MOUSE_DOWN, onMove);
7 : _bar.addEventListener(MouseEvent.MOUSE_UP, onStop);
8 : stage.addEventListener(Event.ENTER_FRAME, onEnter);
9 :
10 : function onEnter(e:Event){
11 : mc_img.y −= speed*(_bar.y+mc_img.y);
12 : }
13 :
14 : function onMove(e:MouseEvent):void{
15 : _bar.startDrag(false, new Rectangle(533,0,0,306));
16 : }
17 :
18 : function onStop(e:MouseEvent):void{
19 : _bar.stopDrag();
20 : }
```

1 : 마우스 이벤트를 설정하는 클래스입니다.

2 : Rectangle의 오브젝트 생성을 위한 클래스입니다.

4 : 바가 움직이기 위한 스피드를 설정을 위한 변수 지정입니다.

6 : 마우스로 바를 클릭하고 움직일 때 생성되는 함수(onMove)의 이벤트 리스티너입니다.

7 : 마우스로 바를 클릭할 때 생성되는 함수(onStop)의 이벤트 리스티너입니다.

8 : 스테이지 위에서 이벤트가 발생할 때 생성되는 함수(onEnter)의 이벤트 리스티너입니다.

10~12 : 이벤트 발생할 때 함수(onEnter)의 실행문으로 바(_bar)의 y 값과 이미지(mc_img)의 y 값을 더한 후 속도변수(speed)를
곱한 값을 이미지의 y 값을 빼면 이미지는 바를 내릴 때마다 상단으로 자연스럽게 이동되게 됩니다.

14~16 : 마우스를 클릭했을 때 함수를 실행하는데 드래그를 실행하는데 오브젝트를 생성하고 움직이는 범위를 설정합니다.

18~20 마우스를 놓았을 때 함수를 실행하는데 StopDrag 함수가 되도록 합니다.

09. Ctrl + Enter 를 눌러 결과를 확인합니다.

■ 키코드(keyCode)

키보드를 이용하여 무비클립을 이동할 수 있는데 사용방법은 마우스와 비슷합니다. 마우스는 버튼을 클릭하여 동작하였지만 키보드는 직접 눌러 작동하게 됩니다. 마우스 이벤트와 같은 방법으로 할 수 있는 방법은 키보드를 상·하로 이동만 가능하고 좌·우는 아직 키보드 이벤트에는 없어 키코드(keyCode)를 이용하여 상하좌우를 만들 수 있습니다.

키코드의 종류	설명
Keyboard.UP	키보드의 ↑(코드 : 38)
Keyboard.DOWN	키보드의 ↓(코드 : 40)
Keyboard.LEFT	키보드의 ←(코드 : 37)
Keyboard.RIGHT	키보드의 →(코드 : 39)
Keyboard.BACKSPACE	키보드의 Back Space (코드 : 8)
Keyboard.ENTER	키보드의 Enter (코드 : 13)

사용 형식

```
stage.addEventListener(키보드이벤트.KEY_DOWN, 함수명);


function 함수명(e:KeyboardEvent):void{
switch(e.keyCode){
    case 키코드의 종류;
    무비클립의 움직이는 방향 값;
    break;
```

사용 예

```
stage.addEventListener(keyboardEvent.KEY_DOWN, onkey);
// 스테이지가 오브젝트가 되어 이벤트 리스터너를 설정함. 키를 누를 때 발생함.


function onkey(e:KeyboardEvent):void{            // 함수 처리함
switch(e.keyCode){                               // 키코드를 설정하도록 함
    case Keyboard.Left:                          // 키보드의 왼쪽 방향키를 설정함
    car.x +=10;                                  // x 값을 증가하여 오른쪽으로 이동하게 함
    break;;                                      // 함수를 벗어남
```

■ 키보드를 이용해 자동차 이동하기

예제 파일 | CD\Part 09\키보드로이동하기.fla   **완성 파일 |** CD\Part 09\키보드로이동하기_완성.fla

01. '키보드로이동하기.fla' 파일을 불러온 후 [자유 변형 툴]()을 선택하여 '자동차'를 클릭하고 [Properties] 패널의 [Instance Name]을 'mc_car'로 설정합니다.

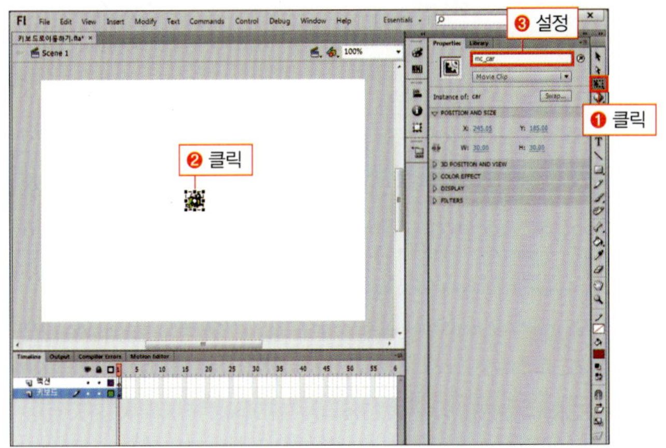

02. '자동차'를 더블클릭하면 편집 모드로 전환됩니다. '자동차'의 중심점을 왼쪽 상단의 십자가 (+)가 있는 부분으로 옮깁니다. 나중에 회전 시 '자동차'가 중심이 되어 회전되게 합니다.

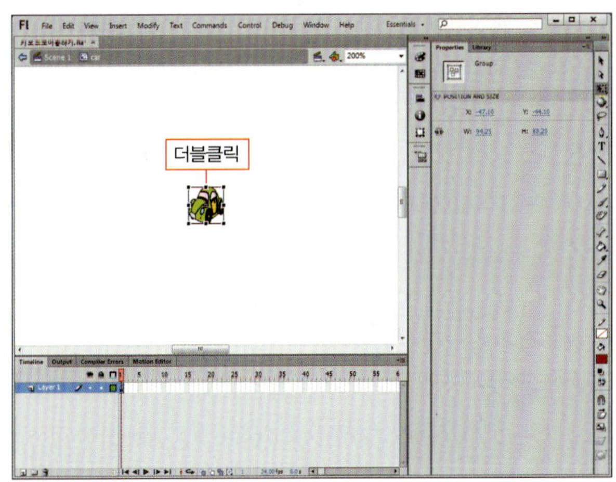

03. 상단의 [Scene 1]()을 클릭하여 메인 화면으로 돌아온 다음, [Timeline] 패널의 '액션' 레이어의 1프레임을 클릭하고 [Window]–[Actions] () 메뉴를 클릭해 [Actions] 패널을 엽니다. [Actions] 패널에 다음과 같이 입력하고 **Ctrl** + **Enter** 를 눌러 결과를 확인합니다.

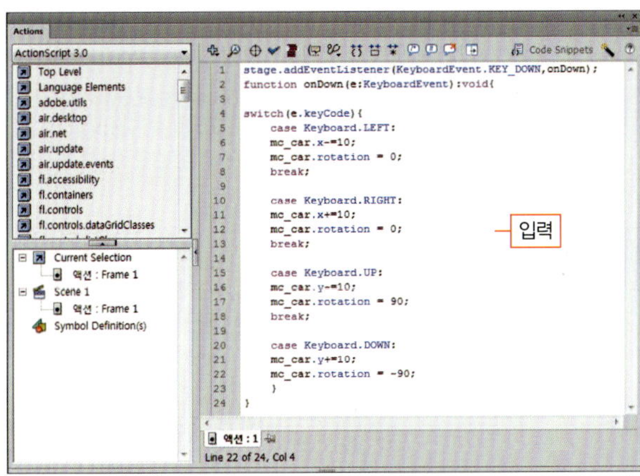


```
stage.addEventListener(KeyboardEvent.KEY_DOWN,onDown);
function onDown(e:KeyboardEvent):void{

switch(e.keyCode){
case Keyboard.LEFT:
mc_car.x-=10;
mc_car.rotation = 0;
break;

case Keyboard.RIGHT:
mc_car.x+=10;
mc_car.rotation = 0;
break;

case Keyboard.UP:
mc_car.y-=10;
mc_car.rotation = 90;
break;

case Keyboard.DOWN:
mc_car.y+=10;
mc_car.rotation = -90;
}
}
```

```
1 : stage.addEventListener(KeyboardEvent.KEY_DOWN,onDown);
2 : function onDown(e:KeyboardEvent):void{
3 :
4 : switch(e.keyCode){
5 :  case Keyboard.LEFT:
6 :  mc_car.x-=10;
7 :  mc_car.rotation = 0;
8 :  break;
9 :
10: case Keyboard.RIGHT:
11: mc_car.x+=10;
12: mc_car.rotation = 0;
13: break;
14:
15: case Keyboard.UP:
16: mc_car.y-=10;
17: mc_car.rotation = 90;
18: break;
19:
20: case Keyboard.DOWN:
21: mc_car.y+=10;
22: mc_car.rotation = -90;
23: }
24: }
```


1 : 키보드 이벤트이므로 스테이지를 오브젝트로하여 이벤트 리스터너를 설정하고 onDown 함수를 만들어 줍니다.

2 : onDown 함수에 키보드 이벤트가 만들어지도록 합니다.

4 : swich 함수를 주고 인수 값을 키코드(keyCode)가 받도록 합니다.

5～8 : 키보드의 ← 를 선택하면 자동차의 x 값을 축소하여 왼쪽으로 이동하게 하고 회전은 하지 않도록 0°를 줍니다. braek를
　　　주어 함수를 벗어납니다.

10～13 : 키보드의 → 를 선택하면 자동차의 x 값을 증가하여 오른쪽으로 이동하게 하고 회전은 하지 않도록 0°를 줍니다. braek
　　　를 주어 함수를 벗어납니다.

15～18 : 키보드의 ↑ 를 선택하면 자동차의 y 값을 축소하여 위쪽으로 이동하게 하고 회전은 90°를 주어 회전합니다. braek를
　　　주어 함수를 벗어납니다.

20～22 : 키보드의 ↓ 를 선택하면 자동차의 y 값을 증가하여 아래쪽으로 이동하게 하고 회전은 -90(270, 역시계방향 90)°를 주
　　　어 회전합니다. braek를 주어 함수를 벗어납니다.

지정된 오브젝트를 드래그할 수 있도록 만들어 봅니다. 오브젝트.stopDrag() 메소드 호출을 통해 명확하게 드래그 작업이 중지되거나 다른 오브젝트를 드래그할 수 있게 될 때까지 오브젝트는 드래그할 수 있는 상태로 있게 됩니다. 한 번에 하나의 오브젝트만 드래그할 수 있습니다.

■ 메소드 알아보기

startDrag() 메소드, stopDrag() 메소드

드래그 작업에 사용합니다.

사용 형식

```
function start(e:MouseEvent){
    오브젝트.startDrag();
}
function stop(e:MouseEvent){
    오브젝트.stopDrag();
}
```

hitTestObject() 메소드

오브젝트를 평가하여 obj 표시 오브젝트와 겹치거나 교차하는지 확인합니다. 특히, 무비클립의 충돌을 감지하는데 무비클립 간의 겹치는 현상이 일어날 때 이벤트를 발생시킵니다.

사용 형식

```
if (선택오브젝트.hitTestObject(충돌오브젝트)){   // 선택오브젝트와 충돌오브젝트가 겹치게 되는 현상이 발생되면
    오브젝트.x = 충돌오브젝트.x;                  // 충돌오브젝트의 x, y 값을 넣어 선택오브젝트가 정확히 이동
    오브젝트.y = 충돌오브젝트.y;
}else                                            // 오브젝트 간에 겹치지 않으면
    오브젝트.x = 원래 값.x;                       // 미리 저장한 x, y 값을 다시 넣어 되돌아 가도록 함
```

예제 파일 | CD\Part 09\접착.fla   **완성 파일 |** CD\Part 09\접착_완성.fla

01. '접착.fla' 파일을 불러온 후 [Properties] 패널
의 [Instance Name]을 설정합니다. '상단 오각형'
은 'p1', '상단 사각형'은 'p2', '상단 원'은 'p3', '하단
사각형'은 't1', '하단 원'은 't2', '하단 오각형'은 't3'
으로 설정합니다.

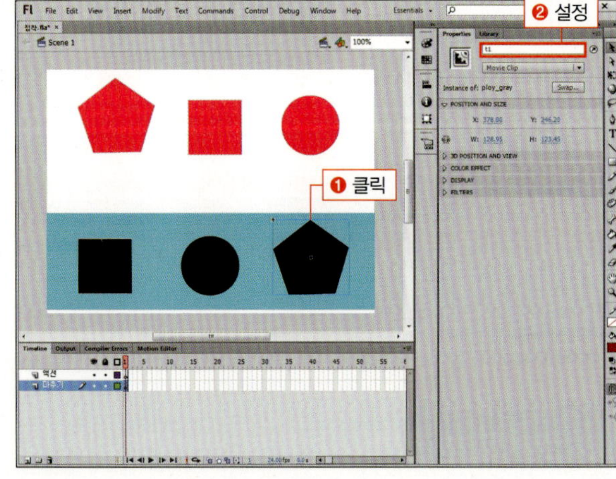

02. [Timeline] 패널의 '액션' 레이어의 1프레임을
클릭하고 [Window]-[Actions](F9) 메뉴를 클릭해
[Actions] 패널을 엽니다. [Actions] 패널에 다음과
같이 입력하고 **Ctrl** + **Enter** 를 눌러 결과를 확
인합니다.

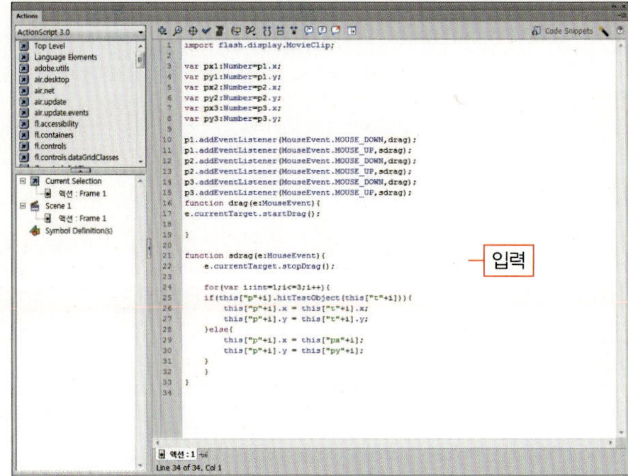


```
1 :  import flash.display.MovieClip;
2 :
3 :  var px1:Number=p1.x;
4 :  var py1:Number=p1.y;
5 :  var px2:Number=p2.x;
6 :  var py2:Number=p2.y;
7 :  var px3:Number=p3.x;
8 :  var py3:Number=p3.y;
9 :
10 : p1.addEventListener(MouseEvent.MOUSE_DOWN,drag);
11 : p1.addEventListener(MouseEvent.MOUSE_UP,sdrag);
12 : p2.addEventListener(MouseEvent.MOUSE_DOWN,drag);
13 : p2.addEventListener(MouseEvent.MOUSE_UP,sdrag);
14 : p3.addEventListener(MouseEvent.MOUSE_DOWN,drag);
15 : p3.addEventListener(MouseEvent.MOUSE_UP,sdrag);
16 : function drag(e:MouseEvent){
```

```
17 : e.currentTarget.startDrag();

18 :

19 : }

20 :

21 : function sdrag(e:MouseEvent){

22 : e.currentTarget.stopDrag();

23 :

24 : for(var i:int=1;i<=3;i++){

25 : if(this["p"+i].hitTestObject(this["t"+i])){

26 :         this["p"+i].x = this["t"+i].x;

27 :         this["p"+i].y = this["t"+i].y;

28 : }else{

29 :         this["p"+i].x = this["px"+i];

30 :         this["p"+i].y = this["py"+i];

31 : }

32 : }

33 : }
```


1 : 무비클립 클래스로 자동생성됩니다.

3~8 : 오각형(p1), 사각형(p2), 원(p3)의 x, y 값을 일정 변수에 저장합니다.

10~15 : p1, p2, p3의 클릭할 때와 마우스를 놓을 때의 이벤트 리스터너를 설정하고 클릭할 때는 drag 함수를, 놓을 때는 sdrag 함수를 실행합니다.

16~17 : drag 함수로 이벤트(e)에 대한 선택 오브젝트처리(currentTarget)로 오브젝트가 움직이도록(startDrag)을 할 수 있도록 합니다.

21~22 : sdrag 함수로 이벤트(e)에 대한 선택 오브젝트처리(currentTarget)로 오브젝트가 움직임이 멈추도록(stopDrag) 할 수 있습니다.

24~30 : 움직임이 멈추었을 때 어떤 일이 발생되도록 처리합니다.

24 : for문을 열어 i 값이 1, 2, 3이 되도록 합니다.

25 : 선택한 오브젝트(p1, p2, p3)와 겹치는 오브젝트(t1, t2, t3)가 충돌되는지(hitTestObject)를 감지합니다.

26~27 : 충돌이 된다면 겹치는 오브젝트의 x, y 값을 선택한 오브젝트의 x, y 값에 주어 정확히 겹치도록 합니다.

29~30 : 충돌이 일어나지 않는다면 선택한 오브젝트(p1, p2, p3)의 x, y 값에 원래 가지고 있던(px, py)의 값을 주어 처음 자리로 되돌아 가도록 합니다.

TIP : this["문자열"+변수]를 주어 한 번에 p1, p2, p3를 설정할 수 있습니다.

인터넷에서 사용하는 단어 중 플짤이라는 단어가 있습니다. 플래시로 만든 짧은 동영상을 말합니다. 이러한 동영상은 플래시로 만듭니다. 확장자는 'swf' 파일로 만들어져 인터넷에서도 자연스럽게 연결하여 사용할 수도 있습니다. 플짤을 가지고 동영상 플레이어를 만들어보도록 하겠습니다.

예제 파일 | CD\Part 09\말2.wmv, 바닷물고기.wmv, 원숭이2.wmv, 제주도.jpg **완성 파일 |** CD\Part 09\동영상플레이어_완성.fla

01. 새 도큐먼트에서 [ActionScript 3.0]을 클릭하여 새 도큐먼트를 준비합니다.

02. 플래시에서 사용할 동영상 파일을 FLV로 변환하기 위해 [시작 단추]–[모든 프로그램]–[Adobe]–[Adobe Media Encoder CS6]를 클릭하여 프로그램을 실행합니다. [Queue] 패널의 [add Source]를 클릭하여 동영상 파일인 '말2.wmv', '바닷물고기.wmv', '원숭이2.wmv'를 선택하고 [열기] 단추를 클릭합니다.

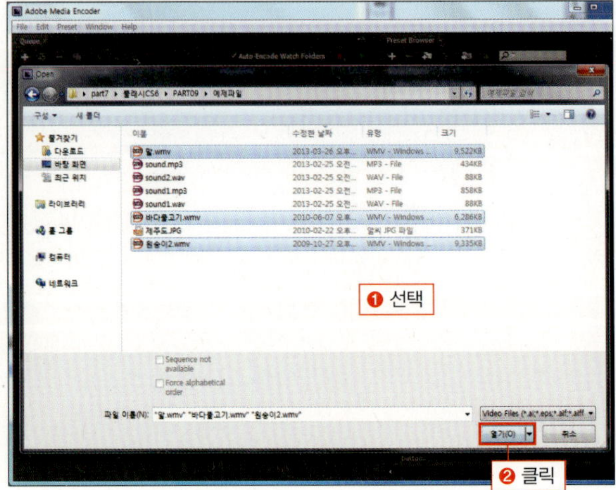

03. [Queue] 패널의 왼쪽 상단의 [Start Queue] 단추를 클릭하여 동영상 파일을 'FLV' 형식으로 변환합니다.

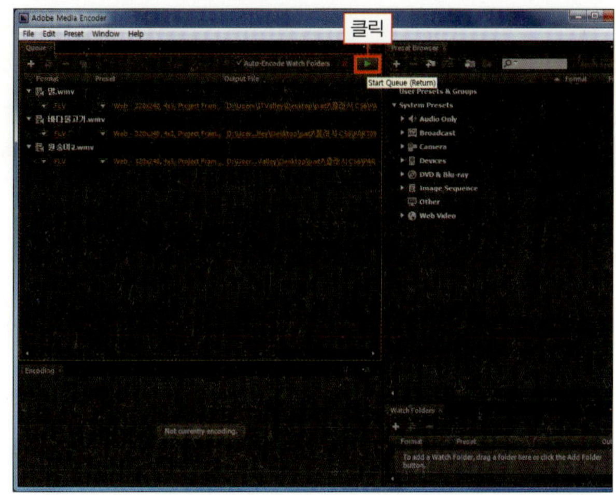

04. 변환이 끝나면 [Adobe Media Encoder CS6]을 닫고 플래시로 돌아와 [File]-[Import]-[Import to Library]를 선택합니다.

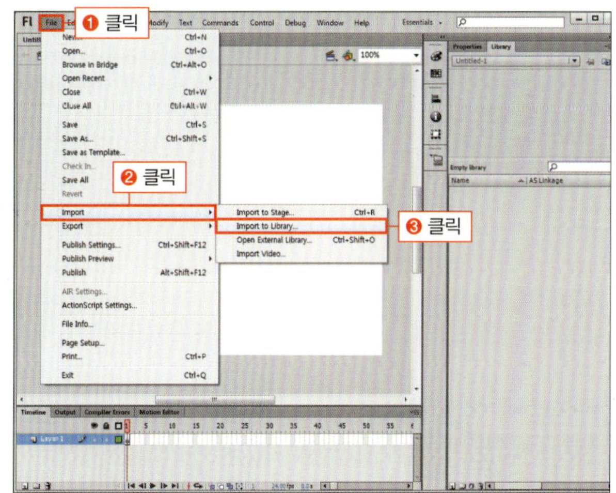

05. '말2.flv', '바다물고기.flv', '원숭이2.flv', '제주도.jpg'를 선택하여 [열기] 단추를 클릭해 [Library] 패널에 불러옵니다. [Library] 패널의 'FLV' 파일들을 스테이지로 드래그합니다.

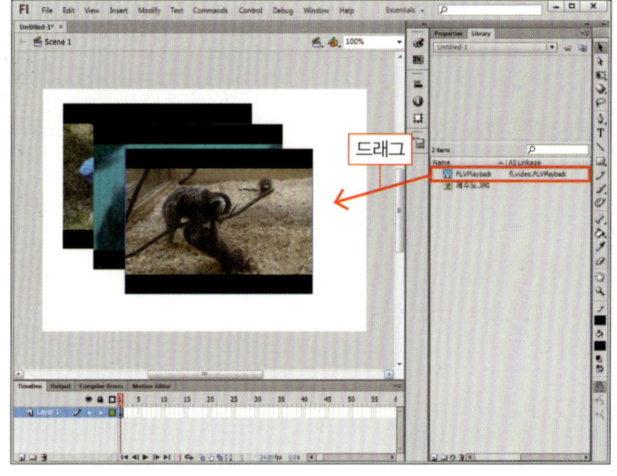

06. [Library] 패널에 있는 '제주도.jpg'를 클릭하여 드래그해 스테이지에 옮긴 다음, [Properties] 패널의 [POSITION AND SIZE]–[X], [Y]를 '0'으로 변경하고 [W]는 '550', [H]는 '400'로 변경하고 크기를 변경하고 마우스 오른쪽 버튼을 클릭하여 'Arrange'–'Send Backward'를 선택하여 가장 하단 위치로 보냅니다.

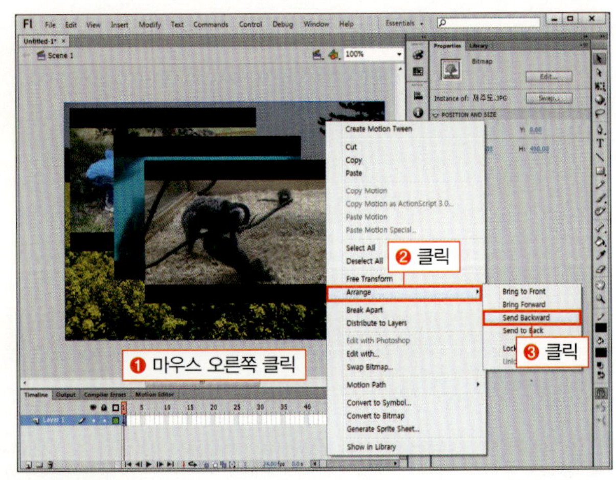

07. 스테이지 위에서 '말2'를 선택하고 [Instance name]을 'v1', [X]를 '10', [Y]를 '10'으로 설정합니다. '바다물고기'는 순서대로 'V2', '10', '10', '원숭이2'은 'V3', '10', '10'으로 설정합니다.

08. [문자 툴](T)을 선택하고 각각 3개 정도의 원하는 문장을 만들고 '중지' 문장을 만들어 봅니다. 크기와 글자체, 색깔은 원하는 대로 만듭니다.

09. [선택 툴](화살표)을 선택하고 각 4개의 문장을 클릭하여 **F8**를 누릅니다. 대화상자에서 버튼 심벌로 전환합니다.

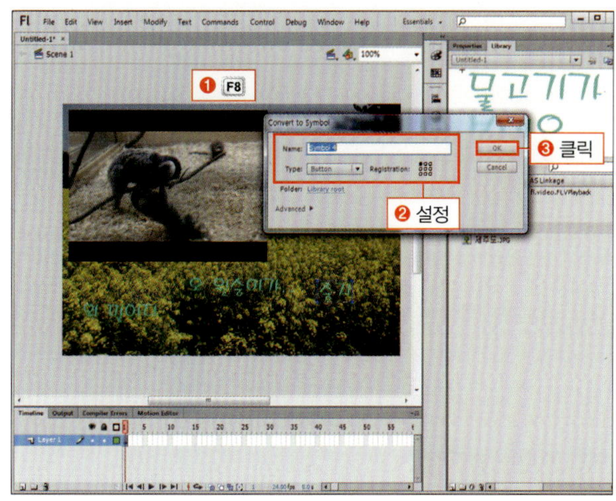

10. '말'이 들어간 문장에 [Instance name]을 's1', '물고기'의 문장에 's2', '원숭이'의 문장에 's3', '중지' 문장의 버튼에는 'mc_stop'을 설정합니다.

11. [Timeline] 패널에서 [New layer](아이콘)를 클릭하여 새로운 레이어를 만들고 이름을 '액션'으로 변경한 다음 'Layer 1' 레이어를 클릭한 다음 [Window]–[Actions](**F9**) 메뉴를 클릭해 [Actions] 패널을 엽니다. [Actions] 패널에 다음과 같이 입력합니다.

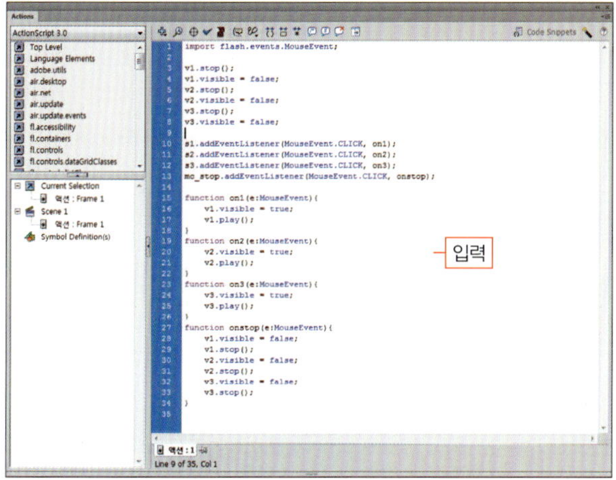

```
 1 :  import flash.events.MouseEvent;
 2 :
 3 :  v1.stop();
 4 :  v1.visible = false;
 5 :  v2.stop();
 6 :  v2.visible = false;
 7 :  v3.stop();
 8 :  v3.visible = false;
 9 :
10 : s1.addEventListener(MouseEvent.CLICK, on1);
11 : s2.addEventListener(MouseEvent.CLICK, on2);
12 : s3.addEventListener(MouseEvent.CLICK, on3);
13 : mc_stop.addEventListener(MouseEvent.CLICK, onstop);
14 :
15 : function on1(e:MouseEvent){
16 : v1.visible = true;
17 : v1.play();
18 : }
19 : function on2(e:MouseEvent){
20 : v2.visible = true;
21 : v2.play();
22 : }
23 : function on3(e:MouseEvent){
24 : v3.visible = true;
25 : v3.play();
26 : }
27 : function onstop(e:MouseEvent){
28 : v1.visible = false;
29 : v1.stop();
30 : v2.visible = false;
31 : v2.stop();
32 : v3.visible = false;
33 : v3.stop();
34 : }
```

해석

1 : 마우스 이벤트를 처리하기 위한 클래스입니다.

3~8 : 동영상 오브젝트인 v1, v2, v3의 진행을 중지시키고 우선은 스테이지에서 보이지 않게 합니다.

10~13 : 문장 오브젝트인 s1, s2, s3, mc_stop의 마우스가 클릭할 경우 이벤트 리스터너를 주면서 함수를 지정합니다.

15~17 : on1 함수에 대한 처리로 v1 영상을 실행하고 보이게 합니다.

19~22 : on2 함수에 대한 처리로 v2 영상을 실행하고 보이게 합니다.

23~26 : on3 함수에 대한 처리로 v3 영상을 실행하고 보이게 합니다.

27~34 : onstop 함수에 대한 처리로 v1, v2, v3가 모두 중지되고 보이지 않게 합니다.

12. **Ctrl** + **Enter** 를 눌러 결과를 확인합니다.

TIP : FLV 파일 형식

동영상 플레이어서 사용할 동영상은 플래시에서 사용하기 위해 모두 'FLV' 형식으로 변환하기 위해서 플래시를 설치하면 같이 설치되는 [Adobe Media Encoder CS6]를 이용하여 영상 파일을 'FLV' 형식으로 변환합니다. 'FLV' 형식의 파일을 플래시나 인터넷에서도 특별한 변환 없이 사용되는 파일 형식으로 고압축을 자랑합니다.

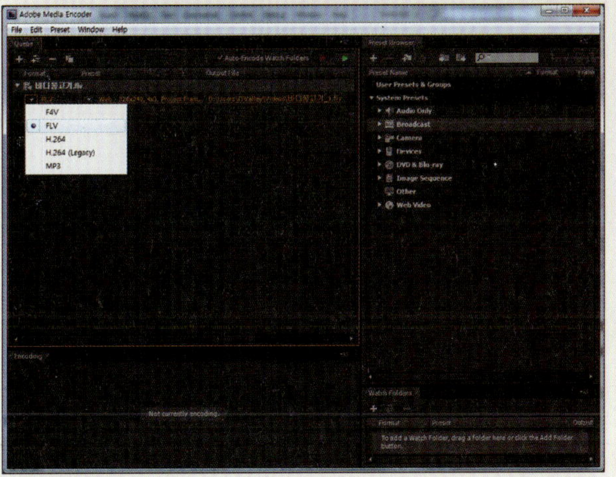

■ [Behaviors] 패널 `470P`

플래시에서 액션스크립트를 직접 작성하지 않고 프레임이나 심벌에 자동으로 액션스크립트를 추가할 수 있는 기능입니다. 액션스크립트 2.0 이하에서만 사용할 수 있습니다. 비헤이비어를 추가한 후 [Actions] 패널을 확인하면 자동으로 액션스크립트가 추가된 것을 확인할 수 있고 편집도 가능합니다.

■ 액션스크립트 3.0, 액션스크립트 2.0 `508P`

현재 플래시 CS6에서 액션스크립트는 2.0과 3.0으로 구분되어 사용됩니다. 액션스크립트 3.0은 객체지향 언어로 기능이 매우 향상되어 복잡하고 용량이 큰 데이터를 빠르게 처리할 수 있는 프로그래밍 언어입니다. 그만큼 배우기가 쉽지 않고 이전 버전과 함께 사용할 수 없다는 단점을 가지고 있습니다. 반면에 액션스크립트 2.0은 비교적 간단하고 쉽게 배울 수 있으며 이전 버전과 함께 사용할 수 있는 장점이 있지만 복잡한 계산과정이 필요한 프로그래밍에는 한계가 있습니다.

■ 오브젝트 `514P`

액션스크립트 3.0은 자바를 기반으로 만들어진 언어라 객체 지향 언어가 됩니다. 즉, 객체를 이용하여 프로그램을 작성해야 하는데 객체는 속성, 메소드, 이벤트라는 3가지 중요한 속성을 가지고 완성해야 합니다. 스테이지 위에 무언가가 만들어지면 이 만들어진 속성(특성), 메소드(움직임), 이벤트(움직일 경우 발생되는 현상)으로 모든 것이 이루어 집니다.

■ 이벤트 `516P, 532P`

모든 일의 결과에는 원인이 있듯이 플래시 무비에서도 어떠한 효과를 나타내기 위해서는 원인이 되는 동작이 필요합니다. 이것을 이벤트라고 합니다. 무비의 로딩과 함께 정해진 순서에 의해 자연적으로 발생되는 이벤트가 있고 사용자에 의해 이벤트가 발생하는 경우가 있습니다. 사용자에 의해 일어나는 이벤트는 대부분 마우스와 키보드를 사용한 버튼 이벤트입니다.

■ 함수와 클래스 `524P`

액션스크립트 2.0도 일반적인 함수를 사용합니다. 함수란 함수 이름을 설정하면 입력과 출력 값을 설정하고 함수 안에서 무언가의 계산이 이루어지도록 하는 것입니다. 이런 함수를 더욱 많이 사용하기 위해 필요한 것이 클래스인데, 3.0에서 자바 기반의 클래스를 이용하여 자바에 사용되는 함수기능으로 더욱 많은 함수를 이용해 프로그램의 활용도를 높입니다.

■ 메소드 `543P`

메소드는 객체를 어떤 방식으로 움직여 처리하는 지를 결정하는 것입니다. 이 메소드에는 많이 사용되는 메소드가 startDrag(), stopDrag()가 있는데 움직일 때의 반응을 처리하고 멈추었을 경우의 반응을 처리합니다. 또한, Rectangle() 함수를 이용하여 객체의 이동범위를 결정하고 hitTestOjbect() 함수를 이용하여 객체끼리의 겹칠 때의 반응을 처리하기도 합니다.

01 알파 값을 변경하는 스크립트를 작성하여 클릭하면 사라지는 무비를 만들어 봅니다.

예제 파일 : CD₩Part 09₩사라지는무비.fla   **완성 파일** : CD₩Part 09₩사라지는무비_완성.fla
동영상 해설 : CD₩Self₩실전9-1.wmv

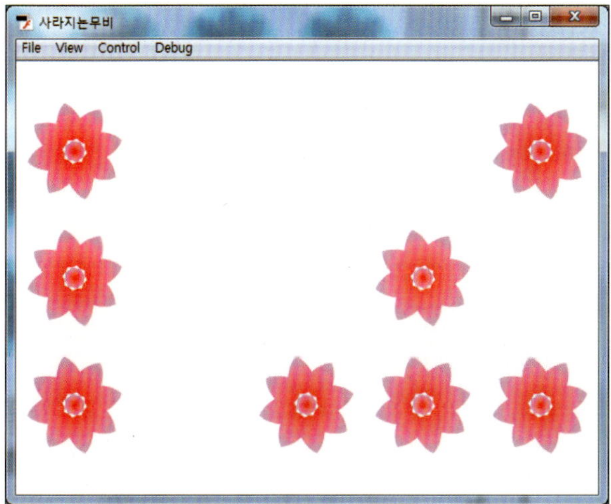

HINT

오브젝트의 'Alpha' 값을 '0'으로 변경하는 스크립트를 버튼 심벌에 적용하면 클릭할 때 사라지는 무비를 만들 수 있습니다.
(예) this._alpha=0

02 마우스로 클릭하면 이동하는 무비를 만들어 봅니다.

예제 파일 : CD₩Part 09₩오브젝트이동.fla   **완성 파일** : CD₩Part 09₩오브젝트이동_완성.fla
동영상 해설 : CD₩Self₩실전9-2.wmv

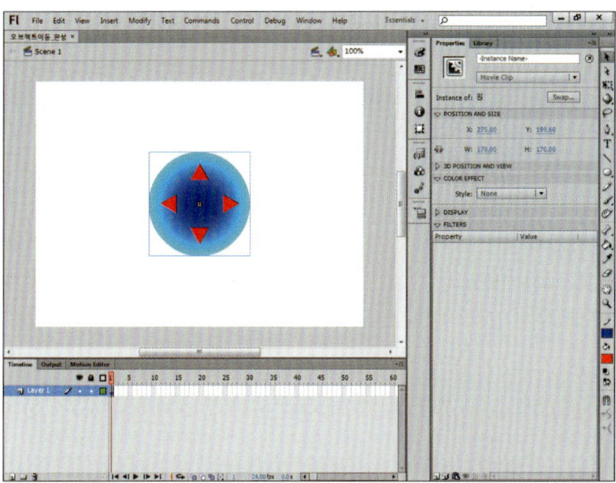

HINT

화살표를 클릭하면 화살표 방향으로 움직이도록 화살표마다 액션스크립트를 작성합니다.
(예) this._y=this._y-10

03 | 콤보 상자를 이용해 계산기를 만들어 봅니다.

예제 파일 : CD₩Part 09₩계산기.fla   **완성 파일** : CD₩Part 09₩계산기_완성.fla
동영상 해설 : CD₩Self₩실전9-3.wmv

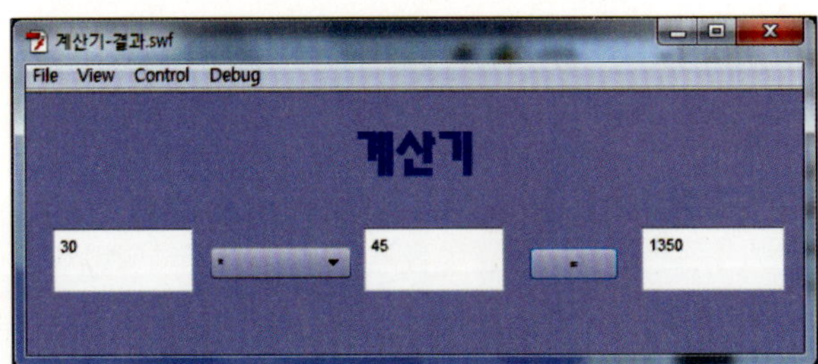

HINT

각각의 무비클립의 [Instance Name]을 설정하고 [Values] 대화상자에서 [data]와 [label]에 사칙연산을 순차적으로 입력하고
SelectedItem 메소드와 switch~case문을 사용하여 더욱 효율적으로 데이터 처리가 되는 계산기를 만들 수 있습니다.
(예) 오브젝트.selecteditem( ) 메소드

찾아보기

플래시 CS6 더 쉽게 배우기

1판 1쇄 발행 2013년 8월 23일
1판 2쇄 발행 2014년 9월 25일

저   자 | 문기선. 이정휘
발 행 인 | 김길수
발 행 처 | 영진닷컴
주   소 | (우)153-803 서울특별시 금천구 가산동 664번지
              대륭테크노타운 13차 10층
등   록 | 2007. 4. 27. 제16-4189호

가격 24,000원

ISBN | 978-89-314-4556-5

이 책에 실린 내용의 무단 전재 및 무단 복제를 금합니다.

도서문의처 | www.youngjin.com

YoungJin.com Y.
영진닷컴

대리점 개설문의 : 조승연 차장 010.8895.8248
FROM
FROM